KB143887

HANGIL
GREAT BOOKS

인류의위대한지적유산

HANGIL
GREAT BOOKS
176

# 대변혁 Ⅰ

## 19세기의 역사풍경

위르겐 오스터함멜 지음 | 박종일 옮김

한길사

HANGIL
GREAT BOOKS
·176

Jürgen Osterhammel
*Die Verwandlung der Welt: Eine Geschichte des 19*

Translated by Park Jong il

*Die Verwandlung der Welt: Eine Geschichte des 19*
by Jürgen Osterhammel
All rights reserved.
Korean Translation Copyright © 2021 by Hangilsa Publishing Co., Ltd.
©Verlag C.H.Beck oHG, München 2010.

All rights reserved by and controlled through Verlag C.H.Beck oHG, München.
This Korean edition is published by arrangement with Verlag C.H.Beck oHG,
München through Bestun Korea Literary Agency Co., Seoul.

이 책의 한국어판 저작권은 베스툰 코리아 출판 에이전시를 통해 저작권자와 독점 계약한
도서출판 한길사에 있습니다. 저작권법에 의해 한국 내에서 보호를 받는 저작물이므로
무단 전재와 무단 복제를 금합니다.

Published by Hnagilsa Publishing Co. Ltd., Korea, 2021

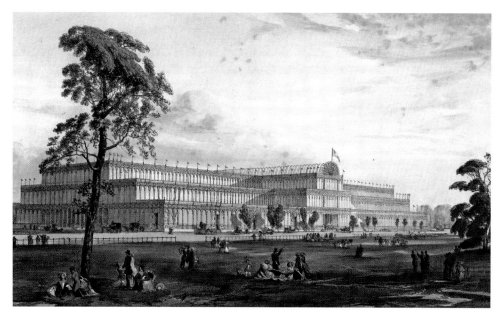

▲ 하이드 파크(Hyde Park)에 지어진 크리스털 팰리스(The Crystal Palace)

▼ 크리스털 팰리스 내부

최초의 세계박람회(1851년)를 위해 런던의 하이드파크에 세워진 전시 공간.
길이 600미터의 거대한 유리와 강재 결합 구조였다.
세계박람회는 "야만과 혼란을 이긴 제국주의 질서의
개선행진곡"으로 인식되었다.

◀ 조르주 가렌(Georges Garen, 1854-1913)이 1889년 파리 세계박람회 때
에펠탑의 모습을 그린 그림

▶ 파리 세계박람회 포스터

1889년 파리 세계박람회를 기념하기 위해 세워진 에펠탑은
당시 세계에서 가장 높은 타워였다.
세계박람회에는 35개국이 참가했으며 3,200만 명 이상의 관람객을 동원했다.
프랑스대혁명의 도화선이 된 바스티유 습격 100주년을 기념하기 위해 열렸으며,
프랑스의 군주제 폐지를 축하하는 것이 큰 주제였기 때문에
유럽의 군주제 국가들은 대부분 불참했다.
에펠탑은 건설 당시 많은 비판을 받았지만 3층에 걸친 전망대가 설치되면서
수많은 관광객이 찾는 프랑스의 대표 관광지가 되었다.

아이티혁명(Haitian Revolution) 콜라주
1791년부터 1804년까지 전개된 아이티혁명은
신세계 아프리카인의 역사에서 가장 중대한 사건으로
프랑스 식민지였던 생도맹그에서 일어났다.
당시 노예제를 폐지하기 위한 수많은 투쟁이 있었지만
아이티혁명만이 나라로서의 독립을 성공적으로 이뤄냈다.

정한의논도(征韓議論圖)

조선 정벌을 둘러싸고 벌어진 어전 토론회에서 이와쿠라(岩倉, 가운데 왼쪽)와
사이고(西鄕, 가운데 오른쪽)가 논쟁을 벌이는 장면이다.
이후 당시 정부 수뇌였던 사이고 및 군인, 관료 등 600여 명이 사퇴한
'메이지 6년 정변'(明治六年政変, 1873년)으로 발전하는데,
직접적인 원인이 정한론을 둘러싼 찬반논쟁이었기 때문에
정한론정변(征韓論政変)이라고도 한다.

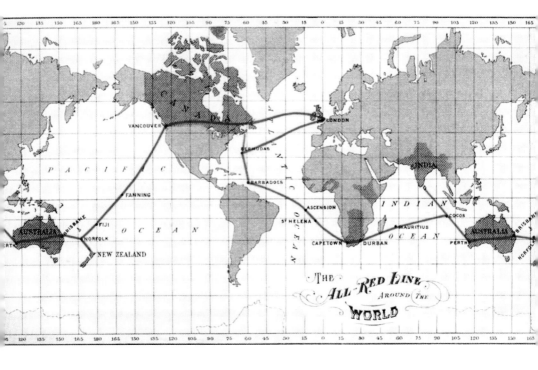

1902년 영국제국의 해저전신 선로

'All Red Line'은 영국제국을 연결하는 해저전신 선로의 비공식 호칭이다. 1858년 8월 16일 대서양 횡단 케이블을 통해 전송된 첫 번째 메시지의 일부는 다음과 같다. "유럽과 미국은 전신으로 통일됩니다. 가장 높은 곳에서 하나님께 영광을 돌리십시오." 당시 펜실베이니아에 거주하던 제임스 뷰캐넌 대통령은 대서양 횡단 케이블을 "신의 섭리가 전 세계에 종교, 문명, 자유, 법을 전파하기 위한 도구"라고 칭하기도 했다. 영국은 제국주의적 확장으로 전 세계에 식민지를 보유했으므로 영국제국을 연결하는 통신은 꼭 필요한 과제였다. 영국제국은 1902년에 제국 전체를 해저전신으로 연결했는데, 당시 해저전신 절반 이상이 영국제국 것이었다.

「왕과 황제들의 케이크 중국」
당시 중국에 대한 제국주의 국가들의 경향을 보여주는 삽화다.
뒤에 중국 관리를 세워놓고 중국을 나눌 방안을 토론하는 빅토리아 여왕(영국),
빌헬름 2세 황제(독일), 니콜라이 2세 황제(러시아), 마리안느(Marianne, 프랑스공화국의 상징),
메이지 황제(일본)가 있다. 삽화가 앙리 마이어(Henri Meyer)가 그렸으며
프랑스의 대표적인 일간지 『르 프티 주르날』(*Le Petit Journal*)의 1898년 1월 16일 자에 실렸다.

◀ 노르웨이의 로알 아문센(Roald Amundsen, 1872-1928)
▶ 영국의 로버트 스콧(Robert Scott, 1868-1912) 해군대령

아문센과 스콧의 탐험대는 남극점을 정복하기 위해 경쟁했다.
경쟁은 철저한 준비를 했던 아문센과 끝까지 오만했던 스콧의 태도에서
승부가 갈렸다. 아문센 탐험대는 1911년 12월 14일 오후 3시, 남위 90도
남극점에 도착했다. 그들은 인류 최초로 남극점에 도달한 사람이 되었다.
스콧 탐험대는 1월 17일에 남극점에 도착했지만 그곳에는 이미 노르웨이 국기가
펄럭이고 있었다. 아문센은 스콧 탐험대가 남극점에 도착할 때쯤
물자 부족에 시달릴 것을 우려해 식료품과 털옷을 남겨두었다. 실제로
스콧 탐험대가 남극점에 도착했을 때 그들은 물자 부족에 시달렸다고 한다.
하지만 자존심 때문인지 아문센이 남기고 간 물자를 거의 사용하지 않았다.
아문센은 이누이트가 입는 털가죽 방한복을 입었고 스콧은
야만인의 옷을 입을 수 없다고 하며 영국제 모직 방한복을 고집했다.
그 밖에 스콧은 개 대신 조랑말을 대동하는 등 결정적인 실책을
여러 차례 저질렀다. 그 결과 아문센은 무사히 귀환해 영웅 대접을 받았고
스콧 탐험대는 죽음으로 대가를 치렀다.

하인리히 바르트(Heinrich Barth, 1821–65)
사하라 이남의 아프리카는 19세기에
유럽인이 처음으로 발을 딛고 기록을 남긴 지역이었다.
프로이센의 언어학자이자 지리학자 그리고 인류학자였던 바르트는
아프리카를 탐험하면서 자신이 발견한 지역의
문화에 관한 상세한 기록을 남겼다.
그는 구술사의 효용을 이해한 초창기 학자 가운데 한 사람이었으며
아프리카 관련 귀중한 구술사 자료를 많이 남겼다.

아우구스투스 얼(Augustus Earle, 1793-1838)이 그린
리우데자네이루(Rio de Janeiro)의 매 맞는 노예

유럽인 가운데 가장 먼저 노예무역을 시작한 국가는 포르투갈이다.
15세기부터 노예를 거래했으며 아프리카 흑인을 아메리카 대륙,
특히 브라질 농장에 파는 노예무역으로 부를 축적했다. 포르투갈은 노예제도를
국가의 기반으로 삼았다고 할 만큼 오래전부터 광범위하게 노예무역을 벌였다.
브라질의 거대한 사탕수수·카카오 농장은 수많은 노예 노동력 없이는
운영이 불가능했는데, "설탕이 있는 곳에 노예가 있다"는 말이 나올 정도였다.

외젠 들라크루아(Eugène Delacroix, 1798–1863), 「키오스섬의 학살」(The Massacre at Chios)

19세기는 인종적 편견을 배경으로 하는 극단적 민족주의, 즉 '인종청소'가 범람한 시대였다.
'키오스 대학살'은 1822년 오스만제국 군대가 키오스섬에서 그리스인을 학살한 사건이다.
당시 키오스섬과 이웃한 섬인 사모스섬 사람들이 오스만제국에 대항하기 시작했다.
그들은 키오스섬에 상륙해 이슬람교의 예배당인 모스크를 파괴하고 투르크인을 공격하면서
키오스섬 주민들에게도 동참할 것을 권했다.
키오스섬 주민 대부분은 이에 동참하지 않았는데 터키군은 전쟁에 참가하지 않은
키오스섬에 상륙해 학살을 일으켰다. 키오스섬 사람들 가운데 8만 2,000명이 살해되었으며
그리스인 5만 명이 노예가 되었다. '키오스 대학살'이 끝난 후 살아남은 그리스인은
2,000명이 채 되지 않았다고 한다. 그리스어 낱말 '재앙'(katastrofi)이
이 사건을 일컫는 대명사로 쓰일 만큼 충격적이고 대대적인 학살이었다.

아이작 크뤽섕크, 「노예무역의 금지」

1791년 영국의 노예무역선 리커버리(Recovery) 호의 선장 존 킴버(John Kimber)가
흑인 노예를 싣고 항해하는 장면이다. 당시 노예들은 마치 '화물'처럼 적재되었다.
유럽인들은 비좁고 비위생적인 노예 '선적'으로 인한 질병을 막기 위해
정기적으로 노예들을 갑판에서 강제로 춤추게 했다.
이 그림은 두 명의 어린 여자가 춤추기를 거부하자 무자비한 채찍질로 이들을
사망에 이르게 한 것을 묘사한 것이다. 선장은 재판에 넘겨졌으나
결국 무죄로 석방되었다. 당시 수많은 승선노예 가운데 10-20퍼센트가
항해 도중에 사망했고 이는 훗날 '지옥의 항해'라 불리게 된다.

▲ 카미유 피사로(Camille Pissarro, 1830–1903),

　「오페라 거리, 아침 햇살」(Avenue de l'Opera, Morning Sunshine)

▼ 바리케이드를 이용한 1848년 혁명

나폴레옹 1세 시대의 영광을 파리에 재현하겠다는 나폴레옹 3세의 정치적 포부를
건축적으로 승화해 파리를 개조한 건축가는 오스망이었다.
이 사업은 '파리개조사업'이라 불리며 1853년부터 1870년까지 진행되었다.
처음에는 천문학적인 공사비용으로 큰 비난을 받았으나 준공 이후 영국 등
다른 나라의 찬사를 받았다. 당시 파리는 좁고 구부러진 도로가 많았고
비위생적이며 교통체증이 심했다. '파리개조사업'을 통해 도로폭을 넓히고
직선화했으며 상하수도망 재정비, 대규모 녹지사업 등 도심 생활환경을 크게 개선했다.
사실 이 사업의 가장 큰 목적은 시위자들이 바리케이드를 치지 못하게 하려는 것이었다.
당시 시위는 바리케이드를 통해 통행을 막는 '바리케이드전'이 주류였기 때문이다.
나폴레옹 3세는 도로폭을 넓혀 시위를 초기에 진압하는 게 자신의 정권을 유지하는 데 가장
중요한 요소라 여겼다. 이후 새로 짓는 모든 건물의 높이와 건물 전면의
기본 디자인은 동일해야 했다. 건물 외벽은 크림색 석재로 마감하도록 했다.
이런 규칙을 통해 도심부의 조화를 기도했다.

HANGIL GREAT BOOKS 176

# 대변혁 I

## 19세기의 역사풍경

위르겐 오스터함멜 지음 | 박종일 옮김

한길사

**일러두기**

1. 이 책은 *Die Verwandlung der Welt: Eine Geschichte des 19*, Verlag C.H.Beck oHG,
   München 2010을 저본으로 번역했고 영어본(*The Transformation of the World*, trnas. by
   Patrick Camiller, Princeton University Press, 2014)과 중국어본(世界的演變: 19世紀史, 强
   朝暉/劉風 譯, 社會科學文獻出版社, 北京 2016)을 참조했다.

2. 본문에 있는 각주는 이해를 돕기 위해 모두 옮긴이가 넣었다.

# 대변혁 19세기의 역사풍경    I

# 대변혁 19세기의 역사풍경  II

# 대변혁 19세기의 역사풍경

# 제18장 종교 · 2283

# 서론

　모든 역사는 세계사가 되는 경향이 있다. 사회학의 '세계사회' 이론에 따르면 세계는 '모든 환경의 환경'이며, 모든 역사적 사건과 그 서술의 궁극적인 배경이다. 역사 발전의 기나긴 과정(*longue dureé*)에서 지역을 넘으려는 추세는 끊임없이 강화되어왔다. 신석기시대의 세계사에서는 원거리의 밀접한 교류가 발견되지 않는다고 한다면, 20세기의 세계사는 기본적으로 조밀하게 교직된 전 지구적 관계망이란 환경에서 출발한다. 존 맥닐(John R. McNeil)과 윌리엄 맥닐(William H. McNeil)은 이것을 '인간망'(human web)이라 불렀는데 더 정확히 표현하자면 관계망들의 복합체라고 해야 할 것이다.[1]

　역사학자의 관점에서 보자면, 세계사와 옛 사람의 의식을 연결시켰을 때 세계사 서술은 특별한 설득력을 갖게 된다. 위성통신과 인터넷으로 연결되는 지금 세상에서도 수십억의 인구가 협소하고 폐쇄적인 지역환경 속에서 생활하고 있다. 이들은 현실적·정신적으로 환경의 속박을 벗어날 수 없다. 특권을 누리는 소수만이 '지구적' 시각에서 사고하고 행동할 수 있다.

　사람들은 통상적으로 19세기를 민족주의와 민족국가의 세기라고 부르는데 이는 타당하고 합리적인 평가라고 할 수 있다. 이런 19세기에서 각종 경계를 뛰어넘는, 초국가적·초대륙적·초문화적 행위와 관계의 요소를 처음으로 찾아낸 사람들은 '지구화'의 초기 흔적을 찾고 있는 현대 역사학자들이 아니다. 19세기를 살아가던 많은 당대인들이 확대된 사상과 행위의 지평을 그들 시대의 특징을 나타내는 하나의 표지라고 생각했다.

유럽과 아시아 사회의 중하층 구성원들은 눈길을 머나먼 나라로 향하고 그곳에서 희망을 찾았다. 수백만의 사람들이 위험을 두려워하지 않고 미지의 세계로 가는 여행에 나섰다. 정치가와 군사지도자들이 '세계정치'의 범주에서 사고할 줄 알게 되었다. 영국이 지구 전체에 영토를 가진 첫 번째의 제국으로 등장했고 다른 제국들도 이 모델에 비추어 자신의 야심을 가꾸어갔다. 무역과 금융은 근대 초기의 몇 세기보다 더 긴밀하게 통합되고 상호 연결된 관계망 속에 집중되었다.

1910년 무렵이 되자 요하네스버그와 부에노스아이레스 또는 도쿄에서 발생한 경제적 진동이 즉시로 함부르크, 런던 또는 뉴욕에서 감지되었고 그 역도 마찬가지였다. 학자들은 전 세계에서 정보와 자료를 모았다. 그들은 머나먼 곳에 사는 사람들의 언어와 관습과 종교를 연구했다. 기성 질서에 비판적인 사람들 ─ 노동자, 여성, 평화운동가, 인종주의 반대자, 식민주의 반대자 ─ 이 국제적으로 조직을 갖추기 시작했고 그들의 연대 범위는 유럽의 경계를 벗어난 경우가 많았다. 19세기는 부상하는 지구화의 흐름에 대해 자기 나름의 고민을 하고 있었다.

19세기를 연구하고자 할 때, 세계사적 접근은 임시방편의 해법이다. 그러나 이런 임시방편의 해법이 쌓여서 역사는 하나의 학문, 그 과정을 합리적 방법론을 통해 검증할 수 있는 과학으로 발전했다. 철저하고도 어쩌면 소모적일 수도 있는 자료 검증을 통해 학문이 과학으로 발전하는 과정이 19세기에 시작되었다. 그러므로 그 시대에 세계사 저술이 다른 학문의 뒷전으로 밀려난 것은 이상한 일이 아니다. 역사학자들은 새로운 전문 직업정신을 수용하기 어려웠다. 만약 그런 상황이 지금 일어난다고 해도 모든 역사가들이 세계사를 저술하

려하지는 않을 것이고 또 그렇게 해야만 하는 것도 아니다.[2]

역사 연구는 명백하게 한정된 사건들에 대한 깊고도 세심한 연구를 요구하며, 그 결과는 가르치거나 일반적인 이해를 원할 때 필수불가결한 포괄적 종합을 위한 재료가 된다. 그런 종합의 통상적인 구조는, 최소한 현대에서는, 개별 민족 또는 개별 민족국가의 역사이거나 아니면 한 대륙(예컨대 유럽)의 역사이다. 세계사는 아직도 비주류 학문으로 남아 있지만 더 이상 폐쇄적이고 진지하지 않은 학문으로 경시되어서는 안 된다. 물론, 어떠한 공간적 기준에서건 이론적 관점에서건 세계사의 근본적인 문제는 다음과 같은 것들이다.

"역사가는 역사 현상을 해석할 때, 자료가 제공하는 개별성과 (개별성을 처음 만났을 때 해석을 가능케 해주는) 보편적·추상적 지식을 어떻게 연결시킬 것인가? 역사가는 어떻게 검증을 통과할 수 있는, 더 큰 역사 단위와 과정에 대한 서술을 만들어 낼 것인가?"[3]

역사의 전문화는 이제는 돌이킬 수 없는 흐름이다. 그 결과 역사는 크게 보아 사회과학의 범주 안에 자리 잡았다. 시간의 깊이와 공간의 광대함에 관심을 갖고 있는 사회학자와 정치 이론가들이 역사 연구의 주류를 떠맡았다. 역사가들에게는 훈련을 통해 습득한 직업적 특성 때문에 거친 일반화나, 단선적인 인과론적 설명이나, 모든 것을 포용하는 멋진 공식을 달갑게 여기지 않는 경향이 있다. 포스트모더니즘적 사유의 영향을 받아 일부에서는 '거대서사'(grand narratives) 또는 장기 과정에 대한 해석은 가능하지도 논리적이지도 않다고 생각한다. 그러나 세계사 서술은 전문분야의 상세한 연구를 대중이 보고 느낄 수 있도록 설명하는 권위와 능력을 전문가들로부터 회수해 오려는 시도이다.

세계사는 역사 서술의 한 형태이며, 때때로 시도해야 할 기록이다. 위험은 저자의 몫이지 독자 대중의 몫은 아니다. 왜냐하면 독자 대중은 전문가들의 예리한 비판 덕분에 허위와 협잡으로부터 보호받을 수 있기 때문이다.

그래도 하나의 문제는 남는다. 왜 세계사는 한 사람이 써야 하는가? 왜 우리는 '학문공장'(academic factory)이 내놓는 여러 권으로 구성된 제품집단에 만족할 수 없는가(트뢸취, Ernst Troeltsch). 답변은 간단하다. 문제와 관점, 소재와 해석이 집중화된 조직이라야 세계사 서술의 건설적 조건을 만족시킬 수 있기 때문이다.

알아야 할 모든 것을 다 아는 것이 세계사 저술자의 핵심 자격은 아니다. 모든 세부사항의 정확성을 검증하고, 세계의 어느 지역이건 편견 없이 바라보고, 셀 수 없이 많은 분야에서 진행 중인 연구로부터 충분히 적절한 결론을 끌어낼 수 있을 만큼 풍부한 지식을 갖춘 사람은 없다. 세계사 저술자가 갖추어야 할 정말로 중요한 두 가지 자격이 있다.

첫째는 균형감각, 모순과 연결성을 감지할 수 있는 예민한 후각, 여기에 더하여 무엇이 전형적이며 대표적인지를 파악해내는 인식력이다. 둘째는 전문적 연구를 존경하는 겸손한 자세를 잃지 않는 것이다. 잠시 세계사학자의 역할을 맡은 사람이라면—하나 또는 그 이상의 전문분야에 전문가로 남아야 하는 사람이라면—다른 사람이 심혈을 기울여 연구한 성과를 몇 줄로 정리하는 것 말고는 할 수 있는 일이 없다. 반면에, 세계사학자들이 최상의 연구결과—반드시 가장 최근의 연구결과라야 할 필요는 없다—를 숙지하고 있지 않으면 그들의 작업은 무의미하게 될 것이다. 오래전부터 논란이 있어왔던 신화를 마치 사이비 종교의 교주처럼 오만하고도 무비판적으로 재생하는 세계사라면 조소거리가 되지 않을 수 없다. 종합의 종합, '모든 것의 얘기'[4]라면 지루하고 천박할 뿐이다.

이 책은 한 시대의 초상화이다. 이 책이 채택한 표현방식은 사람들이 다른 시대를 묘사할 때 채용한 방식과 원칙적으로 같다. 이 책은 세계사의 한 세기를 완벽하고도 백과전서식으로 다룬 것처럼 가장

할 의도는 없으며, 상세한 자료를 갖춘 해설서로서 독자에게 다가가고자 한다. 이 책의 이런 자세는 베일리(Christopher Bayly, Sir)의 『현대세계의 탄생』(The Birth of Modern World)과 맥을 같이한다.[5] 2004년에 세상에 나왔고 2년 뒤에 나온 독일어 번역본도 찬사를 받은 이 책은 근대 후기 세계사의 몇 안 되는 걸작 가운데 하나이다. 이 책은 반베일리 저작이 아니라 그것과 정신적인 혈통을 같이하는 대안이다. 이 책과 베일리의 저서는 다른 저서들보다 앞서서 지역을 국가, 문화 또는 대륙으로 나누는 방식을 버렸다. 두 저작은 다 같이 식민주의와 제국주의의 중요성을 알기 때문에 이것에 관한 설명을 위해 별도의 장을 두지 않고 저서 전편을 통해 일관되게 강조하고 있다. 두 저작은 다 같이 베일리가 그의 영문판 부제에서 언급한 '세계적 연결'(global connections)과 '세계적 비교'(global comparison)[6] 사이에는 분명한 구분이 없다고 가정한다. 두 가지는 서로 결합될 수 있고 또 그렇게 되어야 한다. 나아가 모든 비교가 엄격한 역사적 방법론을 통해 증명되어야 하는 것은 아니다. 연결과 비교를 적절히 통합할 수 있다면 때로는—반드시는 아니지만—현실과 동떨어진 비교보다 훨씬 더 많은 수확을 가져올 수 있다.

우리의 두 책은 강조하는 내용이 다르다. 베일리 교수의 학문적 배경은 인도이고 나의 경우는 중국이며 이 점이 반영되었기 때문이다. 베일리는 민족주의, 종교 그리고 '신체적 실천'(bodily practice)에 특별한 관심을 가졌고 그래서 이것이 그의 저서의 가장 훌륭한 단락이다. 나의 책에서는 이민, 경제, 환경, 국제정치, 과학이 보다 폭넓게 다루어지고 있다. 아마도 내가 베일리보다 약간 더 유럽 중심적인지 모른다. 나는 '유럽의 세기'로서 19세기를 베일리보다 좀더 깊이 주목한다. 또한 나는 미합중국의 역사에 매료되었다는 사실을 감추지 않았다. 이론적 구조면에서도 내가 역사사회학에 친근감을 느낀다는 사실이 더 분명하게 드러날 것이다.

크리스토퍼 베일리와 나 사이의 가장 중요한 차이 두 가지는 다른 데에 있다. 첫째, 나의 책은 시대의 연대기적 경계를 획정하는데 있어서 베일리의 책보다 훨씬 더 개방적이다. 나는 어떤 시대의 역사를 앞선 시대와 뒤따르는 시대로부터 격리된 특정 구획 속의 시기로 다루지 않았다. 내 책의 제목에 구획을 나누는 연대가 등장하지 않는 이유는 이 때문이다. 그래서 나는 특별히 한 장을 할애하여 시대구분과 시간의 구조에 관해 다루었다. 나는 '역사 속에서의' 19세기를 다양하게 구획했다. 19세기를 말하면서 앞으로는 1800년 이전, 심지어 1780년 이전까지의 시기로부터 뒤로는 현대 세계까지 관찰한다. 이렇게 함으로써 19세기의 중요성은 좀더 긴 시간의 축 속에서 입체적으로 부각될 수 있다.

19세기는 때로는 우리에게서 멀리 떨어진, 때로는 매우 가까운 시간이다. 대부분의 경우 19세기는 현대의 선사시대이지만 어떤 경우에 19세기는 바다 속에 가라앉은 아틀란티스처럼 흔적을 찾기도 힘들다. 결론은 사안에 따라 내려져야 한다. 나는 19세기를 시간적 경계가 분명한 역사적 대사건을 통해 관찰하지 않고 19세기 안의 중점 연대를 통해 관찰했다. 여기서 말하는 중점 연대는 대략 19세기 60년대에서 80년대 사이를 가리키는데, 이 시기에 전 세계에 영향을 미치는 여러 가지 혁신과 발명이 나타났고 개별적이고 독립적으로 진행되던 역사과정이 수렴하는 경향을 보이기 시작했다. 이런 관점에서 본다면 제1차 세계대전은 베일리의 해석과는 달리 역사 무대에서 예상 밖의 우연한 장면은 아니게 된다.

둘째, 내가 채택한 서사 체계는 베일리의 그것과 다르다. 세계사 서술방식 가운데 '시간집합형'이라 부를 수 있는 것이 있다. 훌륭한 판단력, 충분한 경험과 풍부한 상식을 갖춘 어떤 역사가들은 이 방식을 이용해 전체 세계사의 주류와 지류를 독자들에게 생동감 있게 보여준다. 존 로버츠(John M. Roberts)의 20세기 세계사가 그 대표적인 작품의 하나이다. 로버츠가 이해한 세계사는 "이야기를 한데 모아놓은 보편적 내용"이다.[7] 그는 모든 역사시기의 대표적인 중요 사건을 골라내어 그것들을 사전에 설정된 격식이나 관점의 대전제 없이 하나의 연속적인 서사로 구성해낸다. 에릭 홉스봄(Eric J. Hobsbawm)이 저술한 19세기 3부작도 이런 유형의 걸출한 저작의 하나이다. 그의 3부작은 내가 갖추지 못한 마르크스주의의 엄격한 학문적 자세를 갖추고 있는데, 그렇기에 명확한 방향성을 드러내고 있다.[8] 그는 매번 주제를 벗어났다가도 마지막에는 방향을 잃지 않고 애초에 서술하려했던 시대의 대 추세로 돌아온다.

베일리가 선택한 다른 길은 '공간집합형'이라고 할 수 있다. 이것은 탈중심적, 분산형 서술방식이라고 할 수 있는데, 시간의 흐름에 크게 구애받지 않는다. 이런 유형의 역사 서술방식은 리듬은 완만하며, 동시성과 유사성을 중시하고, 비교를 통해 숨겨진 상호의존성을 찾아낸다. 이 서술방식은 연대 문제에 있어서는 모호한 경우가 많고 구체적인 연도의 숫자를 밝히는 경우가 별로 없고, 그 서사는 전체 시대를 몇 개의 역사 단계로 분할하는 방식으로 전개된다. 그런데 이 분할도 엄격하지 않다. 베일리를 예로 든다면, 그는 연대를 세 덩어리―1780-1815년, 1815-1865년, 1865-1914년―로 나누었다. 로버츠는 변증법적으로 역사의 주류와 지류를 나누고 궁극적으로 어느 힘이 역사를 앞으로 움직여 가는지 집요하게 질문을 던졌다. 그러나 베일리는 개별 역사 현상의 연구에 힘을 쏟았고 세계사적 시각에서 그것을 탐구했다.

민족주의를 예로 들어보자. 우리는 민족주의가 유럽의 발명품이며 나머지 세계에서 받아들이는 과정에서 모호해지거나 잘못 해석되었다는 주장을 거듭 듣는다. 그 '나머지 세계'를 세밀하게 관찰한 로버츠는 민족주의적 단결의 발원지가 여러 곳이라는 매우 설득력 있는 관점을 제시했다. 다시 말해, 민족주의가 유럽으로부터 수입되기 전에 '애국적' 집단인식은 세계의 여러 곳에서 이미 형성되어 있었고 19세기 말과 20세기에 들어와서 그것이 민족주의적 관점으로 재해석될 수 있었다는 것이다.[9] 베일리의 역사 서술은 기본적으로 수평적이며 — 본인은 '횡적'(lateral)이라 부르고 싶어 한다[10] — 공간이 중심이다. 로버츠나 에릭 홉스봄의 역사 서술은 수직적이며 시간이 출발점이다. 그러나 이 두 가지 접근방식의 관계는 피할 수 없는 모호성, 달리 말하자면 서사적 표현과 구조적 표현 사이의 어쩔 수 없는 긴장관계를 보여준다고 할 수 있다. 이 두 가지를 조화시키려는 시도는 아직 만족할만한 성과를 내지 못하고 있다.

이 책의 구성은 베일리 쪽으로 기울어 있지만 그보다 더 멀리 나아가 있어서 어떤 면에서는 제3의 방향이라고 할 수 있을 것이다. 나는 한 역사가가 자신의 인지 수단을 가지고 한 시대의 역동성을 단일한 도식으로 담아낼 수 있다고 생각하지는 않는다. 세계체제 이론, 역사적 유물주의 또는 진화사회학은 서로 충돌할 수 있다. 그러나 역사학의 사명은 변화에 대한 설명을 시도하기에 앞서서 변화를 서술하는 것이다. 만약 설명을 먼저 시도한다면 역사가는 종합할 수 없는 개별 현상들의 완강한 저항에 부닥치게 될 것이다. 베일리는 당연히 이 점을 잘 알고 있었고, 그래서 한 세대의 확연히 구분되는 특징을 찾아냄으로써 문제를 해결하려 했다. 그의 주요 논점은 1780년에서 1914년 사이에 세계는 보다 획일화되었지만 동시에 그 내재적인 차이도 더 분명해졌다는 것이다.[11] 그는 '현대세계의 탄생'은 완만한 과정이었으며 1890년 이후의 '대 가속화'와 함께 완성되었다고 주장한다. 나는 베일리가 앞으로의 저작에서 이 과정을 보다 종합적으로 분석해 줄 것으로 기대한다.[12] 베일리는 역사적 사실의 각 분야별 경계를 좀더 명확히 하지 않았기 때문에 각 분야 특유의 논리를 분명하게 파악할 수 없었다. 그의 서술에서는 단지 공업화, 국가형성, 종교적 부흥 등의 문제만 분산된 과정으로서 분석되었다. 19세기 세계에 관한 보편적인 '중심서사'(master narrative)는 수많은 국부적 관찰과 해석으로부터 나올 수 있고, 그런 관찰과 해석은 항상 상상을 자극하고 신뢰감을 준다.

나는 '거시서사'(grand narrative)의 정당성을 좀더 확실하게 설득하려고 시도했다. 포스트모더니즘의 비판이 거시서사가 시대착오적인 서사체계임을 증명하지도 못했고 오히려 이 서사체계에 대한 우리의 신뢰를 강화시켜주었다. 당연히 거시서사는 여러 단계에서 전개될 수 있다. 19세기의 세계적 공업화 또는 도시화의 역사도 충분히 '거시적'이라 불릴 수 있다. 인류 집단생활의 질서 가운데서 이런 측면은 극단적으로 보편적이라 할 수 있으나 거의 파악할 수 없는 전체 가운데 한 부분으로서의 윤곽이 오히려 더 분명하게 식별되는 것이 이 책의 기본 구조이다.

첫 눈에 보기에는 백과전서식 서술이란 느낌이 들지만 실제로 이 책은 연속적인 순환체를 구성하고 있다. 페르디낭 브로델(Ferdinand Braudel)은 이와 유사한 방법을 두고 다음과 같이 말했다.

"역사학자는 과거로 통하는 문 가운데서 자신에게 가장 익숙한 문을 먼저 연다. 그러나 가능한 한 더 멀리 보고자 한다면 다른 문을 두드려야 하고 또 다음 문을 두드려야 한다. 그때마다 새롭고 조금 다른 풍경이 드러날 것이다. 그러나 역사는 이 모든 풍경을 한군데 모은다. 역사는 모든 이웃 관계, 공동 소유, 끝없는 상호작용의 합이다."13)

나는 모든 부분 영역에서 그 자체의 '작동방식'(또는 '논리'), 총체적인 발전과정과 부분적인 영역에서의 변형의 관계를 찾아내려 한다. 모든 부분 영역은 특유의 시간 구조, 즉 특별한 시작, 특별한 결말, 특수한 박자와 리듬을 갖고 있다.

세계사는 '유럽중심주의'와 그 밖의 모든 형태의 유치한 문화적 자기중심주의를 넘어서야 한다. 그러자면 전지적(全知的) 해설자의 자기기만적인 중립성 또는 '전 지구적' 시각을 경계하고 의식적으로 관점의 상대성을 지켜야 한다. 이것은 누가 누구를 위해 저술하는지를 잊지 말아야 한다는 뜻이다. 만약 유럽(독일) 학자가 유럽(독일) 독자를 대상으로 저술한다면 아무리 사해동포주의적 관점을 갖고 있다 하더라도 저자와 독자가 어떤 사람인지 흔적이 드러나게 마련이다. 작자의 기대감, 배경 지식, 문화적 관성 등 그 어느 것도 지역중립적일 수 없다. 이런 상관성에 비추어볼 때, 인식의 편중화와 역사적 사실의 중심/주변 구조는 별개의 것이 될 수 없다는 결론에 이르게 된다.

이 문제에는 방법론적 내용과 경험론적 내용이 포함되어 있다. 방법론 면에서 보자면, 적합한 자료의 부족과 부족한 자료를 바탕으로 한 역사 서술은 목소리 없는 주변부 희생자들을 위해 역사적 정의를 세우겠다는 좋은 의도에서 나온 노력을 좌절시킨다. 경험론적으로 말하자면, 세계 여러 지역 사이의 비중이 역사 발전단계에 따라서 날라진다. 정치적·군사적 세력, 경제적 실력, 문화적 창조력의 분포는 시대에 따라서 달라진다.

모든 세기 가운데서 특히 19세기는 유럽중심주의의 영향을 받지 않고서는 서술할 수 없다. 19세기만큼 유럽의 세기였던 세기는 없었다. 철학자이자 사회학자인 카를 아캄(Karl Acham)이 적절히 표현했듯이, 19세기는 "유럽의 주도권이 압도적이었고 그 압도성이 더욱 압도적으로 강화되어가던 시대였다."[14] 유라시아의 서쪽 반도가 자신보다 훨씬 넓은 지구의 나머지 지역을 지배하고 착취한 적은 이전에는 없었다. 유럽에서 시작된 변화가 나머지 세계에 그처럼 충격을 준 적도 이전에는 없었다. 유럽의 문화가 유럽 식민지를 훨씬 벗어난 지역에서까지 열정적으로 받아들여진 적은 이전에는 없었다. 19세기는 나머지 대륙이 유럽을 자신들의 척도로 삼았다는 점에서도 유럽의 세기였다.

유럽은 나머지 대륙을 삼중으로 위협했다. 첫째, 유럽은 세력을 갖고 있었고 그 세력은 대부분의 경우 잔인함과 폭력으로 표출되었다. 둘째, 유럽은 영향력을 갖고 있었고 그 영향력을 자본주의의 확산에 실어 수많은 통로를 통해 실현하는 방법을 알고 있었다. 셋째, 유럽은 실제로 보여줄 수 있는 사례를 갖고 있었고 그 사례의 힘은 대부분의 희생자들조차도 부정할 수가 없었다. 이런 복합적 우위는 유럽이 확장을 시작하던 근대 초기에는 존재하지 않았다. 포르투갈이든, 스페인이든, 네덜란드이든, 영국이든 (대략 1760년 이전에는) 그들의 세력을 세상의 먼 곳까지 확산시킴에 있어서 19세기의 영국과 프랑스만큼 '나머지'에게 강력한 문화적 충격을 주지 못했다.

19세기사는 유럽에서, 유럽에 의해 만들어졌다. 그 앞의 18세기나 그 뒤의 20세기도 이런 양상을 보여주지 못했고 더 앞선 세기는 말할 것도 없었다. 일찍이 유럽이 이처럼 폭발적인 혁신과 주도권 ─ 다른 각도에서 보자면 정복력과 교만함 ─ 을 보여준 적은 없었다.

'왜 유럽인가?'라는 질문을 두고 계몽시대로부터 막스 베버(Max Weber)를 거쳐 데이비드 란데스(David S. Landes), 미카엘 미테라우어(Michael Mitterauer), 케네스 포머란츠(Kenneth Pomeranz)에 이르기까지 답을 찾고자 했다. 그러나 이 책이 해답을 찾고자 하는 중요 문제는 이것이 아니다. 20, 30년 전까지만 해도 학계에서는 '유럽의 특수한 길'을 기조로 한 세계근대사를 썼다. 오늘날 역사가들은 유럽(또는 '서방')의 오만을 회피하려 노력하고 있고 보편화와 상대화를 통해 '특수한 길'이란 독침을 제거하려 한다. 미테라우어가 말했듯이 "문명이란 공간의 특수한 길은 여러 종류가 있고 유럽의 길은 그 가운데 하나일 뿐이다."[15] 이런 맥락에서 19세기는 다시 들여다보아야 할 가치가 있다.

최근 비교역사학자들 사이에서는, 근대 초기의 유럽과 세계의 다른 지역 사이의 사회적·경제적 차이가 앞 세대 학자들이 생각해왔던 것만큼 그렇게 극적이지 않았다는 강한 공감대가 형성되어 있다. 그래서 부유한 지역과 빈곤한 지역 사이의 '협상차'(鋏狀差, Weltschere) 또는 '대분기'(大分岐, great divergence) 문제도 시간상으로는 19세기로 미루어졌다.[16] 우리는 이런 조류에 순응해야겠지만 이 문제가 이 책의 주제는 아니다.

'예외론'(Exzeptionalismus)의 안경을 끼고 역사자료를 분석하면 처음부터 유럽과 그 밖의 문명의 공통점이 아니라 차이에 주목하게 된다. 이때 우리는 비교선험론(比較先驗論, kontrastives Apriori)이란 상투적 형식에 쉽게 빠질 수 있다. 비교선험론은 세속선험론(世俗先驗論, öcumenisches Aprioi)의 극명한 대립면이다. 세속선험론은 인류의 인문조건(conditio humana)을 시종일관 강조하는데 관점의 단편성이란 면에서는 비교선험론에 뒤지지 않는다. 현명한 해법은 무익한 '동·서방' 이분법을 버리고 구체적인 사례로부터 출발하여 유럽──그 구체적인 범위가 어떻든 간에──과 세계 다른 지역 사이의 차이를 비교하는 것이다.

이 책은 세 부분으로 나뉜다. 제1부 '근경'(近景)은 후속 내용의 전제와 기본 매개변수(parameter)──자기관찰, 시간, 공간──를 논한다. 시간과 공간의 대등한 분석을 통해 우리는 세계사 서술은 탈(脫)시간분화/'공간전향'(spatial turn)과 불가분의 관계에 있다는 느낌을 받게 될 것이다. 그리하여 제2부의 여덟 개 장에서는 각 장마다 하나씩의 역사적 사실을 독자들에게 '전경도'(全景圖, panorama)로 보여줄 것이다. 여덟 폭으로 이루어진 '전경도'는 세계의 모든 부분을 균등하게 보여준다고 말할 수는 없지만 중요한 것을 빠뜨리지 않으려고 노력했다고는 말할 수 있다.

제3부 '주제'의 일곱 개 장에서는 전경도 방식의 서술을 피하고 초점을 좁혀 구체적인 문제에 관해서 격식에 얽매이지 않고 언급할 것이다. 이 과정에서 나는 적지 않은 내용, 특히 보편적 결론을 입증할 사례들을 의도적으로 제외시켰다. 만약 끝까지 전경도 방식으로 서

술하고자 했더라면 나의 능력은 물론이고 독자들의 인내심도 감당하지 못했을 것이니 모두에게 괴로운 일이 되었을 것이다. 달리 말하자면, '전경도'에서 '주제'로 옮겨옴으로써 이 책의 무게중심이 종합(Synthesis)에서 분석(Analysis)으로 옮겨왔다.

이 두 가지 연구와 서술방식은 서로 첨예한 대립관계에 있지 않다. 이 책의 여러 장은 서로 연결되어서 하나의 일관된 전체를 구성하도록 배치되었지만 독자의 취향과 편의에 따라서 선택적으로 읽을 수도 있다. 어쨌든, 일단 이 책을 읽기 시작하고 나면 걱정하지 않아도 된다. 독자는 쉽게 비상출구를 찾을 수 있을 것이다.

주석의 양과 길이는 되도록 압축했다. 참고문헌*도 주석에서 언급된 책으로 한정했다. 이 목록은 고전적 저작의 일람표도 아니고 방대한 규모의 참고자료를 완벽하게 정리할 방법도 없다. 정기 간행물에 게재된 우수한 문장은 수도 없이 많지만 이 책에서 열거된 이름은 극소수이다. 그 밖에 나의 언어능력의 한계 때문에 겪은 고통은 나 자신만 안다.

---

* 한국어판에는 참고문헌을 따로 만들지 않았다. 참고문헌의 목록 자체가 한 권의 책을 이룰 만큼의 분량이기 때문이다. 참고문헌에 관심을 가진 독자들을 위해서는 주석에서 개별 참고문헌의 간지(刊誌)를 상세하게 옮겨놓았다.

# 주註

1) McNeil, J.R./McNeil, W.H.: *The Human Web: A Bird's-eye View of World History*, New York, 2003.

2) 현재의 상황에 관해서는 Conrad, Sebastian/Eckert, Andreas: *Globalgeschichte, Globalisierung, multiple Modernen. Zur Geschichtsschreibung der modernen Welt*(Conrad u.a., *Globalgeschichte. Eine Einführung*, München 2007, pp.7-49에 수록)를 참조할 것.

3) Acham, Karl/Schulze, Winfried: *Einleitung*(in idem. ed.: *Theorie der Geschichte*, München, 1990, vol.6, pp.9-29).

4) *New York Review of Books*, 2000년 9월 21일자에 실린 Tony Judt가 쓴 수필의 제목.

5) Bayly, C.A.: *Die Geburt der modernen Welt. eine Globalgeschichte 1780–1914*, Frankfurt a. M., 2006. 이 책의 원저명은 *The Birth of the Modern World 1780-1914: Global Connection and Comparisons*, Oxford, 2004이다. 번역서에는 일부 누락이 있으므로 영문 원저를 읽어보도록 권한다. 이 책에 관한 나의 서평 *Baylys Moderne*가 Neue Politische Literatur 50 (2005), pp.7-17에 수록되어 있다.

6) 초기 저작의 부제는 '관련사와 문명비교'다. Osterhammel, Jürgen, *Geschichtswissenschaft jenseits des Nationalstaats. Studien zu Beziehungsgeschichte und Zivilisationsvergleich*, Göttingen, 2001을 참조할 것.

7) Roberts, J.M.: *Twentieth Century. A History Of The World From 1901 To The Present* London, 1999, p.xvii.

8) Hobsbawm, Eric J.: *Europäische Revolutionen*, Zürich, 1962.
   Hobsbawm, Eric J.: *Die Blütezeit des Kapitals. Eine Kulturgeschichte der Jahre 1848–1875*, München, 1977.
   Hobsbawm, Eric J.: *Das imperiale Zeitalter 1875–1914*, Frankfurt a. M., 1989.

9) Bayly: *Geburst der modernen Welt*, p.248.

10) 위의 책, p.16.

11) 통합과 분화는 기능주의 사회학이 집중하는 화제다. 역사학자의 입장에서 그것은 찬양할 만하지만 좀더 내용이 채워져야 할 필요가 있다.

12) Bayly: *Geburt der modernen Welt*, pp.564-609. '대가속'(大加速, great acceleration)같은 개념은 그 정의의 임의성이 강하다. 베일리의 영향을 받지 않은 다른 학자도 동시에 "대가속"이란 개념을 제시했는데, 1890-1914년이 아니라 20세기 전체를 그 개념의 범주에 포함시켰다. Christian, David: *Maps of Time. An Introduction to Big History*, Berkeley, CA, 2005, pp.440-464를 참조할 것.

13) Braudel, Ferdinand: *Zum Begriff der Sozialgeschichte*, 1959. 같은 저자의 *Schriften zur Geschcihte*, Stuttgart, 1992-93, vol.1, pp.167-182에 수록.

14) Acham, Karl/Schulze, Winfried: *Einleitung*, p.16.

15) Mitterauer, Michael: *Warum Europa? Mittelalteriche Grundlagen eines Sonderwegs*, München, 2003, p.9.

16) 여러 논점의 요약에 관해서는 Vries, Peer H.H.: *Via Peking back to Manchester. Britain, the Industrial Revolution and Chin*a, Leiden, 2003을 참조할 것.

# 제1부 근경 近景

제 *1* 장

# 기억과 자기관찰

### 19세기의 영구화

**오페라 가르니에**(Opéra Garnier)

프랑스 파리 오페라 거리에 있으며 2,200석을 수용하는 오페라하우스다.
신바로크 양식으로 설계되었고 건축적으로 걸작 가운데 하나로 평가받는다.
19세기 30년대에 오페라는 예술이라는 금자탑의 꼭대기에 올랐고
파리의 음악사는 세계의 음악사였다.

**마나우스(Manaus)의 오페라하우스**
1891-96년에 고무농장으로 천문학적인 부를 모은 인물이
아마존 원시림 깊은 곳이었던 마나우스에 호화찬란한 오페라하우스를 세웠다.
세계 각지에서 최고의 자재가 동원되었는데, 대리석은 이탈리아의 카라라(Carrara)에서,
샹들리에는 마찬가지로 이탈리아 베니스의 섬 무라노(Murano)에서 가져왔으며,
강재는 스코틀랜드의 글래스고(Glasgow)에서, 주철은 파리에서 생산된 것이었다.

하노이 오페라하우스
1911년 프랑스는 자신들의 문화적 우수성을 입증하기 위해
식민지 수도 하노이에 웅장한 오페라하우스를 세웠다.

**뉴올리언스 오페라하우스(The New Orleans Opera House)**
1859년 개관 직후의 모습으로 마리 페르삭(Marie Persac, 1823-73)이 그렸다.
오랫동안 이 극장은 신대륙에서 가장 호화로운 오페라하우스였다.

◀ 제니 린드(Jenny Lind)

　　19세기에는 세계 각지를 순회하면서 공연하는 오페라 스타가
　　일종의 특수 신분으로 등장했다.
　　1850년에 '스웨덴의 나이팅게일'이라 불리던 제니 린드가
　　93회로 예정된 세계 순회공연에 나섰을 때
　　첫 번째 공연이었던 뉴욕 공연에서 7,000명의 관중이 극장을 찾았다.

▶ 넬리 멜바(Nellie Melba)

　　넬리 멜바의 본명은 미첼(Helen Mitchell)이었지만
　　예명을 자신의 고향 멜버른(Melbourne)에서 따와 넬리 멜바(Nelie Melba)라고 지었다.
　　그는 1887년에 유럽에서 첫 번째 공연을 가진 후 단기간에 스타가 되었고
　　진정한 의미에서 대륙의 경계를 뛰어넘은 음악 스타의 첫 번째 부류였다.

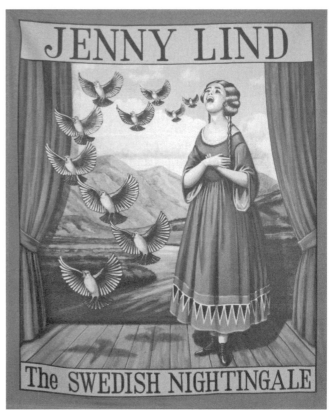

▲ '스웨덴의 꾀꼬리' 제니 린드의 공연 포스터.
▼ 넬리 멜바의 데뷔 20주년 기념 코벤트가든 공연 기사 사진
(1908년 6월 27일 『일러스트 런던 뉴스』Illustrated London News)

▲ 대영박물관(The British Museum)

대영박물관은 영국 최대의 국립박물관으로 제국주의 시대에 전 세계에서 수집한
유물을 전시하고 있다. 특히 방대한 이집트 유물 컬렉션을 소장하고 있다.
1753년에 건립되었으며 애초의 사용목적은 국립도서관이었다.
이 도서관의 열람실에서 쑨원은 중국혁명을 구상했고
카를 마르크스는 공산주의 이론을 세웠다.

▼ 앤서니 파니치(Anthony Panizzi, 1797–1879)

파니치는 이탈리아와 스위스에서 추방을 겪은 후 영국에 정착한다.
런던대학교에서 이탈리아어를 강의했지만 폐강되었다.
대영도서관의 전신인 대영박물관 부속 도서관의 사서로 근무했으며
1856년에는 대영도서관의 관장이 되었다. 이때부터 도서 목록을 도서관 이용자의
편의에 맞게 수정하는 등 과학적인 사서체계의 기초를 놓았다.

**19세기 파리 루브르 박물관의 동쪽 외관**
루브르 박물관은 세계적으로 손꼽히는 박물관이고
현재 세계문화유산으로 지정되어 있다.
1793년 8월 10일 몰락 귀족에게서 징발한 수집품을
전시하면서 박물관으로서 루브르가 탄생한다.

미국 의회도서관

19세기에는 모든 대륙에서 영국을 모델로 한
국가도서관이 잇달아 등장했다. 젊은 미국에서
1800년에 설립된 의회도서관은 20세기 30년대에 들어와
세계 최다 장서량을 보유한 도서관이 되었다.

세계박람회 개막식에서의 빅토리아 여왕
영국은 최초의 세계박람회에서 국력을 과시하기 위해 최신의 자재와
최고의 기술을 적용한 전시장(수정궁, Crystal Palace)을 지었다.
이 건물은 1936년 화재로 소실되었다.

에펠탑(Tour Eiffell)의 건조과정

사진은 각각 1887년 12월(아래), 1888년 8월(왼쪽 위), 1889년 3월의 에펠탑이다.
프랑스대혁명 100주년을 기념해 열린 세계박람회의 출입문이자 상징조형물로 세워졌다.

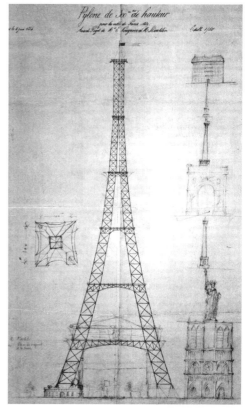

◀ 에펠탑의 설계자 귀스타브 에펠(Gustave Eiffel)

1887년 발행된 풍자만화다. 에펠은 프랑스의 건축가이자 구조 공학자로
에펠탑뿐 아니라 파나마운하의 수문 공사와 뉴욕 자유의 여신상의 설계 과정에
참여했다. 처음 에펠탑을 지으려 했을 때는 파리의 미관을 해치는 흉물이라는
평가를 들었지만 이후 에펠탑은 대표적인 프랑스의 랜드마크가 되었다.

▶ 에펠탑 스케치

에펠이 그린 에펠탑의 첫 개념 스케치로서 에펠탑을
노트르담 사원, 자유의 여신상과 비교한 것이 인상적이다.

◀ 1771년에 출간된 『브리태니커 백과사전』(encyclopaedia Britannica)의 초판본

▶ 1854년에 출간된 『독일어 사전』(Deutsches Wörterbuch) 초판본의 속표지

　인류의 기존 지식과 미지의 세계에 대한 관심을 집대성한 백과사전은 도서관,
세계박람회와 함께 19세기에 등장한 '기억의 장소'이자 '지식의 전당'이었다.

◀ 『뭄바이 사마차르』(Bombay Samachar) 창간호 1면
1830년 인도에서 창간된 구자라트어(힌디어) 신문으로 아시아에서 가장 오래되었다.

▶ 『타임스』(The Times) 1788년 12월 4일 자 1면
세계에서 가장 오래된 일간 신문으로 1785년에 존 월터(John Walter)가
『The Daily Universal Register』라는 이름으로 창간했다가
1788년 1월 1일에 현재 이름인 『타임스』가 되었다.

◀ 상하이의 일간신문 『신보』(申報) 창간호

1872년 4월 30일에 창간된 후 중화인민공화국이 수립된 1949년에 정간될 때까지
가장 영향력 있는 중국어 신문이었다.

▶ 1898년 5월 마닐라만 해전의 승리를 전하는

『뉴욕월드』(New York World) 1면 기사

『뉴욕월드』는 1860년 뉴욕에서 창간되어 1931년까지 발행되었다.
1883–1911년 조지프 퓰리처(Joseph Pulitzer)가 경영을 맡은 기간 동안에
황색 저널리즘의 선구자로 변신했다.
1898년에 판매부수 150만부의 대기록을 세웠다.

윌리엄 러셀(William Russel, 1820-1907)

러셀은 반란, 폭동, 전투의 현장을 찾아다니며 취재했으며,
사실상 첫 번째 종군기자였다. 그는 인도, 남아프리카, 이집트에서
보고 느낀 것을 전달했고 크리미아전쟁, 미국의 남북전쟁,
1871년의 프랑스-프로이센전쟁을 취재해 런던『타임스』로 송신했다.
러셀은 호전주의자도 아니고 제국주의적 모험을 좋아하지도 않았지만
전쟁 저널리즘을 문학의 정상으로 끌어 올렸다.
후세의 종군기자 가운데 그를 능가하는 업적을 낸 사람은 없다.
『타임스』는 그가 창조한 보도형식을 특화 발전시켜 자신의 전통으로 정착시켰다.

파울 로이터(Paul Reuter, 1816−99)
독일 출신의 무명 인사였던 그가 1860년에는 영국 여왕을 알현했다.
로이터사는 전 세계적인 보도 능력을 가진 유일한 통신사였고
1861년 이전에 이미 독자적인 전 지구적 취재망을 구축했다.
간결한 뉴스를 위한 표준을 설정했으며 에이브러햄 링컨의 암살 특종 등을
처음으로 유럽에 보고하기도 했다.

헤르만 비요프(Hermann Biow, 1804-50)가 남긴 함부르크 화재 후의 모습

독일 최초의 사진사인 비요프는 1842년 함부르크의 알스터(Alster) 지역에서
대화재가 발생했을 때 폐허의 모습을 다량의 다게레오타이프(Daguerreotype) 사진으로
찍어 남겼다. 이때 찍은 사진은 재난 사건에 관한 인류 최초의 사진 기록이었고,
폐허가 된 증권거래소 지붕에서 찍은 것으로 알려져 있다.

피터 슈어(Peter Suhr), 「대화재」, 1824.

앞서 비요프가 사진 기록으로 남긴 1842년의 대화재를 그린 그림이다.
화재는 3일 동안 지속되었으며 약 7만 명이 대피한 것으로 알려져 있다.
주택, 창고, 교회, 학교, 은행 등 도시가 절반 가까이 파괴되었고,
약 2만 명이 노숙자가 되었다. 생존자를 돕기 위한 국제적 호소로
기부금이 모였는데 가장 큰 금액을 기부한 사람은
러시아의 니콜라이 1세와 프랑스의 루이 필립 왕이었다.

왼쪽 위에서부터 시계방향으로 펠릭스 나다르, 프란츠 리스트, 조르주 상드,
나다르의 아들과 요코하마 쇄항 담판 사절단이고 모두 나다르가 찍은 초상사진이다.

### 펠릭스 나다르(Felix Nadar, 1820–1910)의 회전자화상
나다르는 프랑스의 만화가이자 사진작가였다.
그가 찍은 수많은 당대 저명인사의 초상 사진은 19세기 사진 예술의 걸작으로 손꼽힌다.

### 프란츠 리스트
헝가리 출신이며 피아니스트이자 작곡가다. '피아노의 왕'이라고 불린다.

### 조르주 상드
대표적인 낭만파 작가이며 현재 여성해방운동의 관점에서도 재평가되는 인물이다.

### 나다르의 아들과 요코하마 쇄항 담판 사절단(橫浜鎭港談判使節団)
1863년 12월 29일부터 이듬해 7월 22일까지 막부가 프랑스에 파견한 외교 사절단인
요코하마 쇄항 담판 사절단 일행으로 왼쪽은 단원 야쓰 칸시로(谷津勘四郎),
오른쪽은 감독관 사이토 지로타로(齋藤次郎太郎)다.

매튜 브래디(Mathew Brady, 1822–96)

그는 미국 남북전쟁을 사진이란 형식을 통해 후대에
생생한 기억으로 남겼다. 그는 대형 전투가 벌어지는 현장을
부지런히 따라다니며 현장의 모습을 화학적 방법으로
가공한 유리 현상판 7,000장에 담았다.
전장에서 찍은 생생한 사진들과 살아 있거나
죽어가는 군인들의 실제 모습은 영웅주의를 주제로 한
전쟁 회화가 쇠락의 길로 접어드는 표지가 되었다.

◀ 대통령후보가 되기 직전의 링컨
1860년 2월27일 뉴욕 쿠퍼 대학(Cooper Union) 강연 때에 브래디가 촬영했다.

▶ 매튜힐의 남부군 전사자
브래디가 촬영한 미국 남북전쟁 사진이다.

1888년의 코닥(Kodak)사의 필름 사진기 광고
"사진에 대한 지식은 필요하지 않습니다."
1888년에 등장한 필름사진기 덕분에 사진은 대중의 표현수단으로 진화한다.

▲ 「공장 노동자들의 퇴근」
(Employees Leaving The Lumiere Factory, La Sortie Des Usines Lumiere)
프랑스에서 제작된 루이 뤼미에르 감독의 1895년 흑백 무성 다큐멘터리 영화다.

▼ 뤼미에르 형제
오귀스트와 루이 형제는 기계 제작자인 동시에 제작·흥행·배급 등
현재의 영화제작 보급형태의 선구적인 역할을 한 영화의 시조다.

19세기는 오늘날 어떤 의미를 갖는가? 역사가가 아닌 비직업적 관점에서 역사를 연구하는 사람에게 19세기는 과연 어떤 모습일까? 19세기 역사에 대한 우리의 접근은 이 시대가 후세에게 보여준 여러 가지 모습에서 시작한다. 그 모습은 단순히 우리 마음속에 있는 19세기의 '이미지', 우리가 19세기에서 보고 싶어 하는 것, 우리가 구상하는 19세기가 아니다. 그 구상이란 것이 순전히 임의적일 수도 없고, 우리 시대의 기호와 이해관계의 영향으로부터 벗어날 수도 없다. 오늘날 우리가 19세기에 대해 갖고 있는 인식은 우리 시대의 자기인식의 흔적을 강하게 드러낸다. 우리 시대의 자기성찰(Reflexivität), 특히 우리 시대가 만들어낸 새로운 미디어의 세계가 19세기를 관찰하는 방식에 시종 중대한 영향을 미치고 있다.

햇수로 치더라도 지금으로부터 온전하게 한 세기가 더 되는 19세기가 완전하게 개인적인 추억의 지평 너머로 사라지는 사건이 최근에 일어났다. 2006년 6월, 해리엇(Harriet) ─1835년에 청년과학자 다윈이 갈라파고스 군도에서 처음으로 만났던 바다거북[1] ─ 이 오스트레일리아의 한 동물원에서 수명을 다하고 죽었다. 이제 지상에 남아 있는 사람 가운데서 1900년 여름의 중국 의화단운동을 직접 경험한 사람은 없고, 1899-1902년에 남아프리카에서 일어난 (보어)전쟁이나 1901년 1월에 잇달아 세상을 떠난 베르디와 빅토리아 여왕의 장엄한 장례식을 기억하는 사람은 없다.

마찬가지로, 1912년 9월에 있었던 일본 메이지(明治) 천황의 성대한 장례식과 1914년 8월에 일어났던 제1차 세계대전에 대해 직접적인 기억을 가진 사람은 없다. 2007년 11월, 타이타닉호 재난의 마지막 생존자가 세상을 떠났다.[2] 이 인물은 1912년 4월 14일 타이타닉호가 침몰했을 때 강보에 싸인 아기였다. 2008년 5월, 독일의 마지막 제1차 세계대전 참전병사도 이승을 떠났다. 그 뒤로 19세기에 관한 추억은 더 이상 개인의 기억이 아니라 미디어가 전해주는 소식, 읽어야 알 수 있는 흔적의 하나가 되었다.

이런 흔적들은 학술서나 대중적 역사서의 페이지에서, 박물관 소장품 중에서, 소설과 유화와 빛바랜 사진과 오래된 음악의 선율 속에서, 또는 도시의 경관과 더불어 존재한다.

19세기는 더 이상 주관적 추억의 대상이 아니라 객관적으로 서술되어야 하는 그 무엇이 되었다. 19세기 이전의 시대도 마찬가지다. 그러나 문명의 표현방식의 역사에서 19세기는 이미 18세기와는 확연하게 구분되는 자리를 차지했다. 그 표현방식과 메커니즘은 대부분이 19세기 자신이 발명한 것들로부터 나왔다. 우리에게 19세기를 연구하고 이해하는 자료들을 제공해주는 박물관, 국가기록보관소, 국가도서관, 촬영기술, 사회통계학, 영화 등은 19세기의 발명품이다. 19세기는 기억이 체계화된 시대이고 기억이 자기관찰로 승화된 시대이다.

19세기가 오늘날 인류의 의식에 미학적 규범·정치적 전통의 형성이라는 점에서 중요한 자리를 차지하게 된 것은 결코 우연이 아니다. 중국이 하나의 예증이다. 중국의 입장에서 19세기는 정치는 물론이고 경제적 의미에서도 참담한 재난의 세기였다. 중국인의 보편적 인식 속에서 이런 인상은 지워지기 어렵다. 중국인은 침체와 굴욕으로 얼룩진 19세기의 역사를 추억하고 싶어하지 않는다. 관변 선전도 19세기의 역사를 미화하려 한 적이 없다. 이제 서방 '제국주의'에 대한 비난이나 성토는 점차 수그러들고 있다. 현재 부흥의 길로 나아가고 있는 중국과 19세기의 피해자 역할은 어울리지 않기 때문이다.

문화적 관점에서도 중국인에게 19세기는 퇴폐와 몰락의 대명사이다. 이 시대 사람들이 볼 때 19세기에 나온 예술작품이나 철학 저작 가운데서 더 멀리 떨어진 과거의 고전적 작품이나 저작과 비견할만한 것은 하나도 없다. 오늘의 중국인에게 19세기는 (18세기의 몇몇 위대한 제왕을 포함하여) 고대의 왕조보다 더 먼 존재다. 각종 역사 연

극과 역사를 소재로 한 영화에서 고대의 제왕들은 매번 '새롭게 태어나고 있다.'

이 문제에서 일본은 중국과 비교할 때 하늘과 땅만큼의 차이를 보인다. 19세기의 일본은 그 무엇과도 비교될 수 없는 명성을 누렸다. 1868년에 시작된 메이지유신(明治維新) ── 메이지혁신이라고도 한다 ── 은 일본의 민족국가 창건의 출발점이 되었을 뿐만 아니라, 독특한 현대사회가 형성된 시기이기도 하다. 지금까지도 메이지유신은 일본인의 의식 속에서 숭고한 지위를 차지하고 있는데, 그 의의는 1789년의 대혁명이 프랑스인에게 끼친 영향과 맞먹는다.[3)]

19세기에 대한 미학적 평가 또한 중국과는 전혀 다르다. 중국에서 현대문학은 20세기 20년대에 들어와서야 싹을 틔웠지만 일본에서는 '1868년 세대'로 대표되는 신문학이 일찍이 19세기 80년대에 이미 전성기에 이르렀다.

미국의 역사 기억에서 19세기는 일본의 경우와 유사한 매력을 갖고 있다. 미국에서 1861-65년의 남북전쟁은 민족국가 역사상 중대한 사건으로 인식되고 있으며 그 의의는 18세기 말의 아메리카합중국 성립에 뒤지지 않는다. 승리한 북부 백인, 패배한 남쪽 백인, 전쟁이 끝난 뒤 해방된 노예, 이 세 집단의 후예가 남북전쟁에 부여하는 의의는 각기 다르고, 따라서 각자 자기에게 '유리한 역사'를 썼다. 그러나 공통점은, 각 집단(의 후예들)이 내전을 시인 로버트 워런(Robert P. Warren)이 말한 바와 같이, 공동의 '감지된 역사'로 인식한다는 것이다.[4)] 오래전부터 내전은 집단적 트라우마로서 영향을 끼쳐왔고 남부에서는 아직도 이 상처가 아물지 않고 있다.

역사적 기억이 언제나 그렇듯, 원시적 신분 인식뿐만 아니라 실제적 이익을 만족시킬 방법을 찾아내야 한다. 남부의 선전가들은 내전의 핵심이 노예제의 존폐 여부였다는 사실을 어떻게든 감추고 (연방을 구성하는) '주의 권리'를 앞세우려 한다. 그러나 북방의 적수들은 모든 수단을 동원하여, 1865년에 암살당한 '내전 대통령' 에이브러햄 링컨을 신화화하려 한다. 독일의 국가원수(독일인의 마음속에 사랑보다는 존경의 대상으로 남아있는 비스마르크를 포함하여) 중에서 어느 누구도, 또한 영국 또는 프랑스의 지도자(논쟁의 여지가 많은 나폴레옹 1세도 포함하여) 중에서 어느 누구도 링컨만큼 후대의 숭배를 받지 못했다. 루스벨트 대통령은 1938년에 "링컨이라면 어떻게 할까(What would Lincoln do)?"라는 질문을 공개적으로 할 수 있었다.[5] 이 민족영웅은 후손들이 필요할 때 불러낼 수 있는 구원자가 되었다.

# 1. 시각과 청각

## 19세기의 예술형식, 오페라

지나간 시대는 공연 무대 위에서, 기록보관소에서, 전설 속에서 살아난다. 오늘날 19세기 문화가 공연되고 소비되는 곳에서 19세기는 생생하게 부활한다. 19세기 유럽의 가장 특징적인 예술형식인 오페라는 그런 부활의 좋은 사례이다.

유럽의 오페라는 서기 1600년 무렵에 이탈리아에서 태어났다. 그때는 중국 남쪽 지역의 도시에서 희곡(戱曲)이 첫 번째 번영의 물결을 맞은 지 수십 년밖에 되지 않은 시점이었다. 중국의 희곡은 유럽의 영향을 받지 않은 독특한 예술 유파이며 1790년 이후 경극(京劇, 서방에서는 베이징 오페라라고 부른다)의 탄생과 함께 전성기를 맞았다.[6]

이 시기에 여러 우수한 오페라 작품이 잇달아 세상에 나왔지만 이탈리아 밖에서 오페라의 문화적 지위는 대단치 못했다. 글루크(Christoph Willibald Gluck)와 모차르트(Wolfgang Amadeus Mozart)가 등장하고 나서야 오페라는 가장 고상한 무대예술 형식으로 발전했다. 19세기 30년대가 되자 오페라는 예술이라는 금자탑의 꼭대기에 올랐다.[7]

경극도 오페라와 유사한 발전과정을 거쳤다. 19세기 중엽 경극은 예술형식이나 연출조직 면에서 성숙기에 접어들었다. 유럽의 오페라는 순탄한 길을 걸으며 발전했으나 동방의 자매예술이라고 할 베이징 오페라는 전통과 철저히 단절되었을 뿐만 아니라 서방 색채가 강한 미디어 문화가 침입하면서 최종적으로는 민간 연극이란 틈새 무대에서 살아남았다.

오늘날, 리스본에서 모스크바에 이르기까지, 19세기에 지어진 오페라극장은 여전히 관중으로 넘쳐나고 그곳에서 상연되는 작품도 대부분이 19세기 작품이다. 오페라의 세계화는 일찍부터 막을 열었다. 19세기 중엽, 오페라는 세계 문화의 수도라고 불리는 파리에 '상륙'했다. 1830년 무렵 파리의 음악사는 바로 세계의 음악사였다.[8] 파리 오페라극장은 프랑스 최초의 오페라극장이었을 뿐만 아니라 파리 오페라극장이 작곡가에게 지급하는 보수도 최고 수준이었다. 높은 보수의 유혹을 받아 수많은 경쟁자가 몰려들어 파리 오페라극장은 음악가들의 '자석의 성'(Magnetstadt)이란 이름을 얻었다.[9] 파리에서 명성을 얻으면 그것이 바로 세계적 명성이었고 파리에서의 실패는 씻을 수 없는 치욕과 다름없었다. 1861년, 당시 확고한 명성을 누리던 바그너(Richard Wagner)와 그의 작품 「탄호이저」(Tannhäuser)는 파리에서 깊은 상처를 입었다.

일찍이 19세기 30년대에 유럽의 오페라가 오스만제국에서 상연되었다. 1828년, 저명 작곡가 가에타노 도니제티(Gaetano Donizetti)의 형 주세페 도니제티(Giuseppe Donizetti)가 이스탄불 술탄의 궁정악단 지휘자로 취임했다. 그는 현지에 유럽풍의 악단을 만들었다. 독립 왕국인 브라질에서, 특히 1840년 이후 페드로 2세(Pedro II)의 통치 시기에 오페라는 국왕이 지원하는 공식 예술형식이 되었다. 빈첸초 벨리니(Vincenzo Bellini)의 「노르마」(Norma)가 이곳에서 여러 차례 상연되었고 로시니(Rossini)와 베르디(Verdi)의 작품도 이곳의 무대에 올려졌다.

브라질이 공화국이 된 후 1891-96년 사이에 고무농장으로 천문학적 부를 모은 인물이 당시에는 아마존 원시림 깊은 곳이었던 마나우스(Manaus)에 호화찬란한 오페라극장을 지었다. 이 건물을 짓는 데는 세계 각지로부터 최고의 자재가 동원되었다. 목재는 이웃 나라에서 가져왔고 대리석은 카라라(Carrara)에서, 샹들리에는 무라노(Murano)에서, 강재는 글래스고(Glasgow)에서, 주철은 파리에서 생산된 것이었다.[10]

오페라는 바다 건너 식민지에까지 전해졌다. 프랑스문화의 우월성은 식민지에 세워진 당당한 오페라극장 건물을 통해 입증되었다. 그 가운데서 가장 웅장한 건축은 1911년에 프랑스령 인도차이나의 수도 하노이에 세워진 오페라극장이었다. 다른 많은 오페라극장과 마찬가지로 이 극장도 1875년에 준공된 파리의 가르니에(Garnier) 오페라극장을 모방하여 건조되었다. 가르니에의 객석 수는 2,200석으로서 당시 세계에서 가장 큰 극장이었다. 하노이 오페라극장의 객석 수는 870석, 이 도시에 거주하던 프랑스인이 4,000명이 안 되는 점을 고려하면 프랑스 본국의 웬만한 지방극장이 무색해지는 규모였다.[11]

오페라가 북아메리카에 뿌리내린 시기는 위의 지역들보다 빨랐다. 1859년, 뉴올리언스에서 프랑스 오페라하우스(French Opera House)가 정식으로 문을 열었다. 오랫동안 이 극장은 신대륙에서 가장 호화로운 극장의 하나였다. 당시 인구가 6만이었던 도시 로스앤젤레스에도 오페라 열풍이 불었다. 1860년의 이 도시 오페라극장 입장권 판매량은 21만 9,000장이었다. 1883년에 완공된 뉴욕 메트로폴리탄 오페라극장(Metropolitan Opera House)은 새로운 세기에 들어와서는 세계 정상급 오페라극장이 되었고 동시에 미국 상류사회의 자기과시 무대가 되었다. 미국 상류사회의 생활방식은 유럽 상류사회의 그것과 거의 차이가 없었다. 메트로폴리탄 오페라극장의 설계자는 건축예술과 무대연출 기술 방면에서 런던의 코번트 가든(Covent

Garden), 밀라노의 라스칼라, 파리 오페라극장의 각종 요소들을 융합했다.[12] 이 극장의 공연 레퍼토리는 전부 유럽 작품이었다. 거슈윈 (George Gershwin)의 「포기와 베스」(Porgy and Bess, 1935년)가 나오기 전까지는 미국 작곡가가 오페라나 뮤지컬에 공헌한 바가 거의 없었다.

일부 예상치 못한 지역에서도 오페라의 열풍이 불었다. 19세기 30년대에 칠레에서 로시니 열풍이 불었다.[13] 일본에서는 정부가 19세기 70년대부터 서양음악 보급을 대대적으로 지원하기 시작했다. 1894년에 유럽의 오페라가 일본에서 처음 상연되었다. 공연작품은 구노(Charles Gounod)의 「파우스트」(Faust)에서 몇 장면을 발췌한 것이었다. 하지만 1875년, 한 이탈리아 여가수가 도쿄 무대에 올라 공연할 때 오페라극장의 좌석 점유율은 참담했고 심지어 공연 중에 찍찍거리는 쥐 소리도 또렷하게 들릴 정도였다. 20세기로 접어든 뒤에야 점차 안정적인 오페라 관객집단이 형성되었고, 1911년에 완공된 첫 번째 대형 서방식 오페라극장이 오페라 연출의 고정 무대가 되었다.[14]

19세기에는 세계 각지를 순회하면서 공연하는 오페라 스타가 일종의 특수 신분으로 등장했다.[15] 1850년에 '스웨덴의 나이팅게일'이라 불리던 제니 린드(Jenny Lind)가 93회로 예정된 세계 순회공연에 나섰을 때 첫 번째 공연지인 뉴욕에서는 7,000명의 관중이 극장을 찾았다. 소프라노 가수 미첼(Helen P. Mitchell)——예명을 고향 멜버른에서 따와 넬리 멜바(Nelie Melba)라고 지었다——은 1887년에 유럽에서 첫 번째 공연을 가진 후 짧은 시간 안에 스타가 되었다. 그는 진정한 의미에서 대륙의 경계를 뛰어넘은 음악 스타의 첫 번째 부류에 속한다. 1904년 이후 그는 음반 취입이란 방식을 통해 자신의 목소리를 복제했다. 당시까지 아직 미개하다는 평을 듣던 자신의 조국에서 멜바 부인은 문화적 자신감을 세워준 우상이 되었다.

19세기의 유럽 오페라는 한때 세계적인 사건이었고 지금도 여전히 그러하다. 19세기 오페라 레퍼토리는 지금까지 전해 내려오고 있고 무대 위에서 상연되는 횟수도 줄지 않고 있다. 로시니, 벨리니, 도니제티, 비제는 물론이고 베르디, 바그너, 푸치니의 작품은 지금도 당연히 상연되는 오페라 목록에 올라 있다. 그러나 구름처럼 많던 음악 작품 가운데서 후세에까지 전해지는 작품은 소수에 지나지 않을 수밖에 없다.

마찬가지로 한 시대를 풍미했던 작품 가운데서 다음 세대까지 살아남은 노래는 몇 안 된다. 가스파르 스폰티니(Gaspar Spontini), 자코모 마이어베어(Giacomo Meyerbeer) 같은 작가는 그들이 활동하던 시대에는 상당한 명성을 누리던 대가였지만 지금은 그들의 작품이 상연되는 경우는 드물다. 이들의 이름과 작품은 그나마 알려져 있기라도 하지만 기록보관소의 먼지더미 속에 파묻혀 찾아보는 이 없는 음악가의 작품도 숱하다.

오늘날 독일과 중세를 소재로 한 수많은 오페라 작품 가운데서 바그너와 동시대에, 혹은 그 뒤에 햇빛을 본 작품은 몇 개나 될까? 19세기의 연극이나 19세기의 또 하나의 전형적 예술형식인 소설에 관해서도 같은 얘기를 할 수 있다. 독일의 현대 사실주의 작품 가운데서 지금도 읽히고 있는 것은 대체로 테오도어 폰타네(Theodor Fontane)의 작품뿐인 것 같다.[16] 빌헬름 라베(Wilhelm Raabe), 아달베르트 슈티프터(Adalbert Stifter), 고트프리트 켈러(Gottfried Keller)의 작품은 모두가 '보호대상'이 되었으니 그 아래 급 작가들의 작품은 말할 것도 없다.

다른 나라의 경우도 유사한 방식을 적용하여 19세기의 우수한 문화를 살아남은 작품과 사라진 작품 두 종류로 분류할 수 있을 것이다. 19세기의 문화는 여전히 살아 있으나 엄격한 선별기준 ── 예술적 품위와 문화산업의 법칙 ──을 통과한 것들만 살아서 움직이고 있다.

## 도시의 면모[17]

19세기의 또 하나 독특한 표현은 도시의 면모다. 19세기는 당대 도시의 일상의 배경이자 무대였다. 런던, 파리, 빈, 부다페스트, 뮌헨 같은 도시의 외관은 19세기 도시계획자와 건축설계자가 남긴 흔적을 지니고 있다. 옛 전통의 건축 언어를 채용하여 그 일부는 신고전주의, 다른 일부는 신로마네스크나 신고딕 양식으로 표현했다. 워싱턴에서 콜카타에 이르기까지 정치적 의미가 있는 공공건물은 일률적으로 유럽의 고전 형식을 모방했다. 이들 도시의 19세기 건축사는 유럽의 건축전통이 시대를 넘나드는 전시회장이라고 할 수 있다. 이와는 반대로 아시아의 몇몇 대도시에서는 분명한 19세기적 특징을 지닌 건축의 실체는 극히 소수만 보존되어 내려올 수 있었다. 예컨대, 수백 년 동안 일본의 수도였던 도쿄(東京. 역사에서는 에도江戶라 불렀다)는 지진과 화재, 미군의 공습, 끊임없이 벌어진 도시개발 때문에 수십 년 전에 세워진 건물도 흔적을 찾기가 어렵고 심지어 메이지 시대의 유적도 치워지고 없다.

세계 여러 지역 대도시의 상황은 각기 다르겠지만 대체적으로 다음과 같은 두 가지 극단적 상황 사이의 어딘가에 놓여 있다. 하나는 (빈의 링슈트라쎄Ringstrasse 같은) 잘 보존된 도시 앙상블이고 다른 하나는 19세기의 실질적 소멸이다. 시간의 침식력은 선택적으로 작동했다. 19세기의 공업적 건축물은 중세의 기념물보다 더 빠른 속도로 사라졌다. 심지어 어떤 곳에서는 산업 '혁명'이 어떤 의미를 갖는지 느낄 수 있는 건축물 ─ 좁은 계곡에 하룻밤 사이 들어선 대규모 공장, 교회 탑보다 높은 구조물이 없던 세계에 높이 솟아오른 굴뚝 ─ 은 하나도 남아 있지 않다.

## 2. 기억의 보관소, 지식의 보고, 보존매체

기록보관소, 도서관, 박물관, 그 밖의 보존을 목적으로 하는 수장고는 '기억의 보고'(Erinnerungsort)라고 할 수 있다. 과거에 대한 집단적 상상력의 결정체인 기억의 장소와 함께 기억의 보고는 우리의 특별한 관심의 대상이 될 만한 가치가 있다. 오늘날에는 분명해졌지만 기억의 보고의 분류는 시간의 흐름과 함께 점진적으로 형성되었다. 매우 오랫동안 도서관은 특히 다량의 원고를 수장하고 있을 때 기록보관소와 구분되지 않았다.

18세기 유럽, 특히 독일에서는 동호인들끼리 골동품에 관해 공부하고 관련 정보를 교환하기 위해 모이는 공간에 제공하기 위해 제작된 역사와 미학적 평가를 담은 간행물을 통틀어서 박물관(museum)이라 불렀다. 19세기에 들어와서야 박물관은 공공성을 띠게 되고 대중을 상대로 개방되었다.

이런 기억의 보고는 여러 가지 방식으로 '과거'를 보존하여 일종의 가상의 '현재'를 만들어낸다. 그러나 보존만 한다면 문화적 과거는 죽은 것이다. 이해되고 해석되는 과정을 통해 과거는 생명을 얻는다. 그리고 우리는 그런 이해와 해석을 위해 행해지는 모든 준비 작업을 교육이라 부른다.

## 기록보관소

19세기에 들어와서 이전의 어떤 세기보다도 기록물이 중요해졌다. 유럽에서 19세기는 국가가 모든 기록을 차지한 시대였다. 이런 목적으로 세워진 국가 기록보관소는 통치행위의 유적이 집중적으로 보관된 장소였다. 기록보관소와 함께 직업과 사회적 신분의 하나로서 기록 관리원과 전문적으로 문헌을 연구하는 공공기록 역사가가 등장했다. 베네치아, 빈, 스페인의 시만카스(Simancas) 등에서 역사학자가 제후 또는 국가의 수장품을 연구범위 안으로 끌어들였다.

헌정(憲政)국가에서는 공공 기록관리소를 세우는 일은 국가 고유의 임무로 인식되었다. 1790년 9월, 프랑스공화국 정부는 아직은 규모면에서 국민의회의 기록보관소라고 말하기 어렵던 기록보관소를 '국가기록보관소'(Archive nationales)라고 이름 붙였다. 대혁명 기간 동안 몰수된 재화, 특히 교회로부터 몰수된 재산이 급격하게 늘었다. 나폴레옹은 기록보관소 정책을 요란스럽게 추진했다. 그는 이탈리아와 독일로부터도 다량의 문헌자료를 파리로 실어왔다. 이렇게 하여 파리 국가기록보관소는 유럽의 중앙기록보관소(la mémoire de l'Europe)가 되었다.*

1838년, 영국은 공공 기록보관소(Public Record Office)를 설립하기 위한 법률을 마련했다. 1883년, 전설적인 분위기를 풍기는 바티칸 기록보관소가 정식으로 대중에게 개방되었다. 19세기 20년대에 레오폴드 랑케(Leopold Ranke)**와 제자들이 '신역사학'의 기치를 내걸고 문헌연구를 가장 중요한 임무로 인식했다. 과거는 문자 자료, 특히 공개된 적이 없는 자료로부터 재구성되었다. 이제 역사학도 좀더 과

---

* '유럽의 기억'이란 뜻이다.
** 19세기 독일의 저명한 역사학자, 서방 근대 역사학의 창시자 가운데 한 사람.

학적이고, 좀더 검증을 견뎌낼 수 있으며, 기성 신화에 대해 좀더 비판적인 학문으로 바뀌었다. 동시에 역사학은 점차 정부의 기록관리 정책에 일정 정도 의존하게 되었다. 역사학자들로서는 문헌에 대한 접촉이 연구의 불가결한 요소가 되었는데 정부가 문헌에 접근할 수 있는 기회를 통제하고 있었기 때문이다. 기록 보존의 체계화·조직화는 새로운 유형의 역사학자를 만들어냈다. 역사학자의 학문적 능력은 사건과 수치에 대한 개인적 기억력과 분리되었다. 박학가(博學家)는 본받아야 할 모범에서 가련한 괴물로 전락했다. 인문학자들은 자연과학자들이 원인과 결과의 관계를 검증하는 연구방법을 모방했다.[18]

　기록보관소는 유럽인의 발명품은 아니지만 19세기에 유럽만큼 문헌자료의 수집에 관심을 가졌던 다른 지역과 나라는 없었다. 중국에서는 문헌사료의 보존은 오랜 옛날부터 국가의 직무로 인식되어 왔으나 개인이 수장에 흥미를 보인 경우는 드물었다. 과거든 현재든 극소수의 비국가 단체——사찰, 동업조합, 족벌가계——만 자신의 기록보관소를 보유했다. 통상적인 상황이라면, 새로운 왕조가 전왕조의 공식 역사서 편찬을 끝내면 곧바로 전왕조가 남긴 사료를 태워 없앴다. 1921년, 베이징의 국가역사박물관은 6만 킬로그램에 달하는 기록물 자료를 깡그리 폐지 수집상에게 매각했다. 다행스럽게도 수장의 의의를 이해하는 학자 뤄전위(羅振玉)가 나서서 간섭한 덕분에 이 자료는 살아남았고 현재 타이완의 중앙연구원에 수장되어 있다.

　20세기 30년대까지도 청대(淸代, 1644-1911년)의 관부 인쇄물과 손으로 쓴 기록들이 여전히 폐지로 팔리고 있었다. 중국은 역사편찬에 관해서는 존경스러운 전통을 갖고 있었지만 19세기까지도 기록물 보존에 대한 인식이 없었다. 1925년에 창설된 고궁박물원(古宮博物院)의 문헌부는 현대 기록물 관리와 보존의 정신을 받아들인 첫 번째 문헌 연구기관이다.[19]

오스만제국의 통치자들은 국가의 통일을 유지하기 위해서는 문헌기록이 중요한 역할을 한다는 인식을 갖고 있어서 일찍부터 많은 양의 문자자료가 생산·보존되어 왔고 이를 관리 연구하는 전문가집단이 양성되었다. 궁정과 중앙정부의 공문서 이외에 제국의 각지에서 수집된 징세등기부와 법원문서(Kadi-Register)*도 보존되어 있다.[20) 유럽, 오스만제국 그리고 일부 지역에서는 19세기 이전에도 문헌을 관리하는 일이 행해지고 있었지만 체계적인 분류, 보존, 평가가 이루어진 것은 19세기에 들어선 뒤의 일이었다.

## 도서관

문화유산을 관리하고 수장하는 곳으로서의 '기억의 보고'에는 도서관도 포함된다. 17세기와 18세기는 유럽에서 도서관 건립이 활발했다. 라이프니츠(Gottfried Wilhelm Leibnitz)는 1690-1716년에 볼펜뷔텔(Wolfenbuettel)의 아우구스트(August) 공작 저택에서 방대한 수장도서의 정리작업을 했다. 얼마 뒤 부근의 괴팅겐에 건립된 대학도서관은 한동안 세계에서 가장 잘 정리된 도서관이란 평가를 받았다. 1753년에 건립된 대영박물관은 애초의 사용목적이 국가도서관이었다. 1757년에 왕실도서관이 이곳에 편입되면서 다음과 같은 규정이 생겼다.

"대영제국의 판도 안에서 발행되는 모든 책은 한 부를 왕실도서관 수장용으로 납부할 것."

영국에 망명 중이던 이탈리아인 안토니오 파니치(Antonio Panizzi. 후에 Sir Anthony가 된다)는 1831년부터 대영박물관에서 사서로 일하기 시작했고, 1856-66년에는 도서관장을 맡았다. 이 기간 동안 그는

* '카디'는 이슬람 국가의 법관을 가리키는 아랍어.

과학화된 사서체계의 기초를 닦았다. 체계적이고 통합된 도서목록과 학술계 독자의 욕구를 만족시키기 위한 열람실을 마련했다. 높고 둥근 천정의 열람실은 세계의 부러움을 샀다.[21)]

19세기에는 모든 대륙에서 영국을 모델로 한 국가도서관이 잇달아 등장했다. 미국, 캐나다, 오스트레일리아의 국가도서관은 의회도서관의 기초 위에 확장, 수립되었다.[22)] 어떤 도서관은 학술연구 기관과 연결되었다. 국가도서관은 사회적 신분이 높은 독자와 진지하게 연구하는 학자들에게 문호를 개방했다. 이들은 조국의 '인쇄된 기억'을 보호했을 뿐만 아니라 동시에 지식을 수집하는 임무도 짊어졌다. 세계 각지로 나가 모든 민족과 모든 시대의 지식과 지적 재화를 한곳으로 모아 세계 정상급의 도서관을 만들었다.

이런 일이 가능했던 데는 세계적인 연결망을 가진 도서교역 시장과 개인도서관이 소장한 고서의 매매를 중개하는 골동품시장이 중요한 역할을 했다. 대형 도서관들은 자신의 조직 내에 동방부(東方部)를 설치하고 각종 희귀언어의 서적을 수집했고 때로는 특사를 파견하여 서적을 구매했다.

도서관은 한 국가가 평등하거나 혹은 우월한 문화적 지위를 추구하는 야심을 상징했다. 젊은 아메리카합중국에서 1800년에 건립한 의회도서관(Library of Congress)이 그런 사례의 하나이다. 20세기 30년대부터 의회도서관은 전 세계에서 장서량이 가장 많은 도서관으로 올라섰다. 이것은 신대륙이 구대륙으로부터 문화적으로 해방된 하나의 상징이었다.

늦게 통일된 나라에서는 이런 일을 해내기가 어려웠다. 1919년까지도 프로이센주의 도서관은 국립이란 수식어를 붙이지 못했고 이탈리아는 지금까지도 종합적인 중앙도서관을 세우지 못했다. 도시의 도서관은 교육받기를 갈망하는 대중에게 기회를 제공했을 뿐만 아니라 시민의 자부심의 상징이기도 했다. 그러나 도서관 발전을 위해 국가재정이 투입되고 법률적 지원이 보편화된 것은 19세기 중엽 이후의 일이었다.

미국에서는 개인의 후원이 다른 어떤 나라보다 중요한 역할을 했다. 1895년 이후 후원금으로 세워진 뉴욕 공공도서관은 여러 시립도서관 가운데서 가장 명성이 높았다. 19세기 서방에서 도서관은 명실상부한 지식의 전당이 되었다. 파니치가 이끄는 도서관이 주축이 된 대영박물관은 그 웅장하고 화려한 고전주의 양식의 외관 때문에 건축 분야에서도 찬란한 빛을 발했다. 미국 의회도서관은 19세기 90년대에 확장하면서 대영박물관 도서관의 건축양식을 차용했고 거기에 더하여 유화, 모자이크, 조각으로 내부를 장식했다. 이 방대한 지식의 보고는 국가적으로도 국제적으로도 영향을 미쳤다.

망명자들이 도서관에서 모반의 계획을 가다듬었는데 중국의 혁명가 쑨원(孫文)도 그 한 사람이었다. 그는 1896–97년에 대영박물관 도서관에서 청 왕조를 무너뜨릴 계획을 세웠다. 그보다 앞서 역시 이곳에서 마르크스가 자본주의 제도에 반대하는 투쟁의 과학적 논증을 완성했다.

도서관은 서방의 독점물은 아니었다. 역사를 돌아보면 이 점을 분명히 알 수 있다. 중국은 일찍이 한무제(漢武帝) 시기(기원전 141–기원전 87년)에 궁중에 황실장서각을 세웠다. 그곳의 장서를 정리하기 위해 당시의 중국 문인들이 발명한 분류체계는 후세에도 장기간 사용되었다. 그러나 중국의 도서관은 파란만장한 운명을 경험했다. 기원전 2세기에서 기원후 19세기에 이르기까지 궁정에서 수장한 책과 원고는 최소한 14차례의 괴멸적인 파괴를 겪었다. 도서관은 그때마다 다시 지어졌고 책과 원고도 그때마다 원점에서 다시 수집되었다. 목판인쇄술이 보급된 11세기 이후 많은 개인 서원(書院), 문인, 수장가가 잇달아 대형 도서관을 짓기 시작했다. 청대에는 사료에 기록된 수장가와 서고가 500사례를 넘었다. 인쇄본 서적과 민간의 필사본

수량이 방대하여 도서목록을 편찬하는 것이 문인들의 가장 고상한 직책이 되었다.[23)]

중국의 경우 도서관과 목록 색인은 서방문화의 수입품은 아니었으나 공공도서관이란 개념은 서방에서 온 것이었다. 1905년, 중국 최초의 공공도서관이 중국 중부의 호남성 수도 장사(長沙)에서 문을 열었다. 오늘날 중국에서 최대의 도서관은 베이징도서관(약칭 北圖)이다. 이 도서관은 1909년에 세워졌고, 1912년에 시민들에게 개방되었으며, 1928년에 국가도서관의 지위를 얻었다. 중국에서 현대적인 도서관은 자신의 전통이 자연스레 확장된 결과는 아니다. 공공의 교육공간이자 학습의 도구로서의 도서관이란 이중적 개념은 서방에서 온 것이다. 중국은 이 개념을 20세기 초의 혼란기에 받아들였다.

일본의 전통 가운데는 국가가 문자자료의 수장자 역할을 한 경우는 거의 없다. 방대한 분류체계는 장서라는 행위에서 필수불가결의 요소이며 중국의 도서 수장의 최대 특색이었지만 이것이 일본에는 없었다. 오래전부터 일본의 장서는 줄곧 중국을 지향했다. 18세기 초에 세워진 막부(幕府)의 도서관은 공공성이 없었고 고대 중국어 고전을 위주로 수장했으며, 당시에 점차 발전하고 있던 일본어 서적의 생산에는 관심을 두지 않았다. 중국의 경우도 그랬지만 일본이 대외개방(1853년)한 직후부터 서방세계의 도서 수집가들이 찾아왔다. 구미 국가의 방대한 중국어와 일본어 장서는 세 가지 요소—서방의 도서수장에 대한 관심, 아시아의 자신의 교육전통에 대한 일시적 경시, 저렴한 도서가격—가 복합적으로 작용한 결과이다. 1866년 이후 일본의 출판가이자 교육가 후쿠자와 유기치(福澤諭吉)가 서방의 공공도서관 개념을 일본에 소개했다. 후쿠자와는 1862년에 외교사절로서 서방국가를 방문한 적이 있었다. 그러나 급속한 현대화에 몰두했던 일본에서 대중에게 개방하거나 연구를 목적으로 하는 도서관은 19세기 말에 가서야 현실이 되었다.[24)]

아랍세계는 지리적으로는 유럽과 가까웠으나 책의 역사에서는 그렇지 않았다. 중국은 오래전부터 목판인쇄술을 이용하여 문자 자료를 복제해왔기 때문에 필사자 혹은 복제자의 직업적 지위라는 면에서 중국은 아랍세계에 훨씬 미치지 못했다. 아랍세계는 19세기 초에 와서야 인쇄산업의 혁명이 일어났다. 18세기 초기 이전에는 아랍어 서적과 터키어 서적 대부분이 기독교를 믿는 유럽에서 인쇄되었다. 아랍세계에 거주하는 기독교도와 선교사들이 무슬림과 함께 새로운 인쇄산업에서 활약했다.

오스만제국에서는 소량의 유럽서적을 수장한 개인 또는 반(半)공공 성격의 도서관이 등장했다. 라틴문자가 정식으로 터키공화국에 도입되기 전에 오스만제국과 그를 대체한 터키는 2세기에 이르는 긴 세월 동안 고작 2만 본에도 미치지 못하는 소책자를 발행했다. 그중에서 많은 서적의 인쇄량은 가련할 정도로 적었다. 오스만제국과 아랍세계의 제한적인 도서생산 규모의 영향 때문에 현지의 공공도서관의 발전은 동아시아 국가보다 시작도 늦었고 속도도 느렸다.[25)]

## 박물관

박물관의 활동 역시 그 표준과 형식이 19세기에 생겨났다. 박물관의 교육기능에 약간의 혁신이 이루어지기는 했지만 오늘날에도 박물관에 대한 요구사항과 진열방식은 여전히 19세기의 전통을 따르고 있다. 박물관의 기본적인 범주―예술류, 민속류, 기술류 박물관―도 이 시기에 형성된 것이다. 간간히 백성들에게 개방되던 왕실 수장고가 대혁명 시대에 와서 공공박물관으로 변했다.

예술박물관은 다음과 같은 각종 개념이 종합적으로 구현된 박물관이다. 빙켈만(Johann T. Winckelmann)*이 앞서서 제시한 예술의 자주성 개념, 예술품은 그 재료의 물성을 초월한다는 '가치'의 사상, 예술가·전문가·아마추어 애호가와 예술을 지지하고 자금을 댈 의사가 있는 왕족(예컨대, 바바리아 국왕 루트비히 1세)과 귀족이 공동으로 구성하는 '미학공동체의 이상'[26]이 박물관의 발전을 촉진한 것은 날로 분화해가는 사회 환경이었다.

사람들은 대담한 문제를 제기했다. 예술은 궁극적으로 국가 소유인가 아니면 왕공귀족의 소유인가? 19세기 초에는 이것은 극히 민감한 문제였다. 프랑스대혁명으로 개인소장의 예술품을 몰수하여 국유로 한 극단적인 선례가 생겼기 때문이다. 이렇게 국유화된 예술품은 유럽 최초의 공공박물관인 루브르박물관을 만드는 바탕이 되었다.

미국의 상황은 이와는 전혀 달랐다. 당시의 미국은 마크 트웨인(Mark Twain)이 말한 '도금된 시대'(glided age)를 맞고 있었다. 부자와 초부호들이 내놓은 넉넉한 후원금이 19세기 70년대부터 시작된 박물관 건설 바람의 중요 동력이 되었다. 많은 박물관 건물이 민·관 공동기금으로 건설되었으나 대부분의 예술품은 개인 수장가가 시장에서 매입한 것이었다. 역사가 짧은 미국에서 자국의 수장품은 거의 없는 것이나 마찬가지였다. 미국의 수장 열기는 대서양 양안의 예술시장의 발전을 가져왔다. 유럽의 '새로운' 수집열기도 이 예술시장 덕분에 생겨났다.

19세기에 박물관 건축——뮌헨의 고화랑(Alte Pinakotheck), 빈의 예술사박물관(Kunsthistorisches Museum), 런던의 빅토리아 알버트 박물관(Victoria and Albert Museum)——의 웅장한 기세는 도시경관의 일대 변혁을 불러왔다. 도시에서 궁전의 건설이 정지된 뒤로는 박

* 18세기 독일의 고고학자, 예술사학자.

물관과 건물의 위용을 다툴만한 것은 오페라극장, 시청, 기차역, 의사당 — 예컨대, 1836-52년에 지어진 템스강변의 신고딕식 의사당, 오타와와 부다페스트의 의사당 — 뿐이었다.

예술품 수장을 일종의 영광으로 생각하는 민족주의적 정서도 한몫을 했다. 1815년 이후, 나폴레옹이 전리품으로 약탈하여 파리로 가져왔던 수많은 예술품이 모조리 반환되었다(이 때문에 루브르궁 소장품의 4/5가 줄어들었다). 이렇게 회수된 예술품을 전시할 상징적인 공간이 긴급하게 필요했다. 동시에 민족주의적 경향의 역사적 소재를 채용한 회화작품이 유행을 이루었다. 그 가운데 일부 대작들, 특히 19세기 중엽 유럽 역사회화의 전성기에 창작된 작품은 지금도 여러 나라의 국립화랑을 장식하고 있다.

박물관 내·외부 설계는 교육 프로그램의 소재가 되었다. 이 프로그램을 처음 만든 사람들은 예술사학자와 훈련된 큐레이터들이었다. 그 이전의 수백 년 동안, 유럽이든 중국이든 이슬람세계든 또는 그 밖의 지역이든 일부 학식이 풍부한 전문가와 애호가들이 좁은 범위의 주변사람들을 상대로 그런 교육프로그램을 만들고 실행해왔다. 그 대표적인 인물이 예술품과 자연표본 수장에 탐닉했던 괴테였다.

이제 유럽에서 전문가의 지위가 올라가자 박물관은 전문가의 도움을 받아 예술사를 배우는 장소가 되었다. 이 밖에, 파리의 뤽상부르 박물관(Musée du Luxembourg)처럼 당대 예술 전시를 주목적으로 하는 국가박물관이 여럿 세워지면서 예술가들은 대중의 지지와 찬사를 받기 위해 노력했다. 박물관의 기능은 생활과 예술을 떼어놓고 보존 또는 '박물하는' 장소에 그치지 않고 새로운 사물을 보여주는 곳으로 확장되었다.

'역사'박물관은 고대 유물을 수집하고 전시하는 장소란 전제를 벗어났다. 그런 유형의 첫 번째 박물관이 알렉산더 르노와르(Alexander

Lenoir)가 1791년 대혁명 시기에 세운 프랑스 역사기념물박물관 (Musée de Monuments Francais)이었다. 이 박물관은 설립자 르노와르가 프랑스 역사에서 중요하다고 판단한 인물의 조각상, 묘비, 초상화를 연대순으로 진열했다.[27]

나폴레옹전쟁 이후 유럽 각지에서 역사를 주제로 한 국립박물관들이 세워졌다. 헝가리는 1802년에 이미 역사박물관을 세웠고, 왕실 수장품만으로는 한계가 있어 귀족들로부터 주요 수장품을 기증받았다. 그 후 스칸디나비아 각국도 잇달아 역사박물관을 세웠다. 영국에서는 민족과 제국의 영광을 드높이기 위해 의회가 1856년에 국가초상미술관(National Portrait Gallery)을 세웠다.

역사박물관의 건립은 '역사문물'에 대한 새로운 인식의 바탕 위에서 이루어졌다. 하나의 문물이 진열될 때는 단순히 '오래된' 것이라서 그렇게 하지는 않는다. 한편으로는 관람자가 그것을 보고 한 순간에 가치를 알아볼 수 있어야 하고, 다른 한편으로는 구출되고 보존되어야 할 긴박성과 필요성을 갖춘 것이라야 한다. 독일에서는 1815년 이후 여러 지역에서 '조국'의 역사를 다시 평가하는 활동을 목적으로 하는 역사 또는 고대연구회가 생겨났다. 그러나 국가박물관의 등장은 좀더 시간을 두고 기다려야 했다. 1852년이 되어서야 독일의 국가박물관 건설 결정이 나왔다. 그 후 애국주의 운동의 열풍 속에서 중세기를 중점으로 하는 게르만('도이치'가 아니다!) 국가박물관이 뉘른베르크에 세워졌다.[28] 그러나 1871년에 독일제국이 수립되고 난 후에는 수도에 중앙박물관을 세운다는 발상은 나오지 않았다.

아시아와 아프리카 지역에서 역사박물관의 대다수는 각국이 정치적 독립을 실현한 뒤에 등장했다. 이들 국가의 예술품, 문헌자료, 발굴유물의 많은 부분이 식민종주국의 대도시 박물관에 흩어져 있었다.[29] 이집트의 역사유물 유출은 일찍이 1798년 프랑스군의 침입 때부터 시작되었다. 1805-48년 동안 이집트를 통치했던 무함마드 알리(Muhammad Ali)가 1835년에 문물반출 금지령을 내렸지만 오히려 그 자신은 진귀한 유물을 여러 나라에 선물했다. 카이로의 이집트박물관은 주로 고고학자 오귀스트 마리에트(Auguste Mariette)의 개인적인 노력 덕분에 세워졌다. 마리에트는 1858년에 이집트정부의 문물국장에 임명되었다.

이 시기 무슬림 통치자들은 후기 파라오 양식으로 지어진 박물관에 대해 이중적인 생각을 갖고 있었다. 그들은 이교도 미이라를 싫어했다. 한편으로 그들은 이슬람시대 이전의 문물에 대한 유럽인의 관심이 날로 높아져가고 있는 상황에서 박물관이 이집트의 위상을 높이는데 크게 도움이 된다고 판단했다.[30] 이스탄불(콘스탄티노플)[31]의 박물관을 언급할 때 기억해야 할 중요한 일은, 오스만제국은 1874년에 제국의 영토 내에서 외국인이 주도하는 유물발굴에서 나온 유물의 절반을 제국정부가 분배받는 제도를 확립했다는 점이다. 중국에서는 1925년에 정부가 수천 채의 누각과 전각으로 구성된 옛 황궁―퇴락해가고 있던 자금성(紫禁城)―을 박물관으로 지정하고 대중에게 개방했다. 그러나 중국정부가 민족주의를 주제로 한 역사박물관을 건립한 것은 1958년의 일이었다.

민속박물관과 애국주의 혹은 민족주의 조류는 간헐적으로 연결되었다.[32] 민속박물관이 처음 등장한 때는 19세기 중엽이었는데, 어떤 것은 왕실 수장고의 연장이었고, 어떤 것은 개인 수장품을 기반으로 수립되었다. 1886년에 국립민속박물관이 베를린에서 문을 열었다. 이것은 당시 세계에서 수장품이 가장 많은 민속박물관이었다. 독일의 민속학 연구는 식민주의의 파생물이 아니라 그보다 앞선 시대의 독일 문화계에 깔린 진보적 인문주의의 전통에서 나왔다.[33] 독일의 여행가와 민속학자가 세계를 누비고 다니며 문물을 수집했다. 그들은 시작부터 엄격한 기준을 세웠다. 그들은 박물관의 기능이 사람들의 원시적 호기심을 만족시키는 '수량'에 국한되어서는 안 된다고 믿었고, 박물관에 전시되는 것은 물품이 아니라 과학 연구의 재료가 되어야 하며, 박물관의 주요 기능은 연구 활동과 전문 인력의 양성이 되어야 한다고 생각했다.[34]

유럽의 민속박물관에 진열된 전시품은 대부분이 약탈 또는 약탈에 가까운 구매를 통해 유럽인의 수중에 들어온 전리품이었으며 조상이 남겨준 골동품과 민족유산이 아니었다.[35] 문물을 전시하는 목적은 인류 생활방식의 다양성을 보여주는 것인데, 유럽의 민속박물관이 생각한 인류는 당시 사람들의 표현으로는 '원시인'이었다. 박물관 하나하나가 이제 막 바람이 일기 시작하여 아직 미숙한 국제적 수집과 전시의 경연장이었다. 화랑이 그랬듯 박물관 전문가들은 얼마 가지 않아 전 세계의 수장품 상황을 손바닥 보듯이 알게 되었다. 박물관들의 상호경쟁은 전 지구적 물질문화 전시운동을 부채질했다. 박물관들이 애초의 설립목적과는 반대되는 역설적 기능을 보여주었다.

1891년에 고갱(Paul Gauguin)같은 아방가르드파 화가는 '원시'의 힘을 느끼기 위해 남태평양 섬으로 갔지만 이제는 그런 영감을 얻기 위해 박물관을 찾는 것으로 족했다.[36] 유럽과 북아메리카로 실려와 전시된 것은 물건만이 아니라 사람도 있었다. 서방인에게 다른 종류의 인간과 그들의 '원시성'을 보여주려는 '과학적'이거나 혹은 상업적인 고려가 이런 전시를 만들어냈다. 19세기 말이 되자 살아 있는 사람을 전시하는 일은 서방 대도시의 오락생활의 한 부분이 되었다. 산 사람 전시는 순회전시의 형식으로 독일 남부 콘스탄츠(Konstanz) 같은 소도시에서도 열렸다. 이것이 문화가 나날이 발전하던 시대 19세기 말의 풍경이었다.[37] 1850년 이전에는 이런 전시는 매우 드물었다.

제2차 세계대전이 끝난 뒤 인도주의적 고려에서 이런 전시는 철저하게 금지되었다. 20세기에는 상업적 목적으로 '비백인종' 또는 장애인을 전시하는 행위는 비난의 대상이자 범죄행위가 되었다. 그럼에도 불구하고 민속박물관의 개념은 탈식민시대에도 여전히 유지되고 있으며, '원시' 생활방식의 실물전시는 다민족세계의 공동 문화유산을 보호한다는 미명하에 지금도 행해지고 있다. 19세기식의 박물관 자체가 탈식민화한 것이다.

## 세계박람회

19세기의 신발명품의 하나가 세계박람회였다. 이것은 파노라마식 시각과 백과전서식 기록의 가장 역동적인 결합이었다.[38] 또한 이것은 "쉽게 사라지는 것들과 시대를 넘어 작용하는 관성"을 전달하는 '매개'였다.[39] 세계박람회의 시발은 런던 하이드 파크에서 열린 만국공업박람회(Great Exhibition of the Works of Industry of All Nations, 1851년)였다. 박람회가 열렸던 화제의 '수정궁'은 길이가 600미터에 이르는 유리와 강재 결합구조의 대형 강당인데 지금도 사람들의 기억 속에 또렷이 남아 있다.

이 건물은 런던 교외로 옮겨졌다가 1936년에 화재로 사라졌다. 이 박람회는 방금 막을 연 철도시대의 산물이었다. 철도가 생겼기 때문에 10만여 점의 전시품과 100만 명 이상의 관람객이 각지에서 전시장으로 이동할 수 있었다.

이 전시회를 통해 '세계박람회 여행업'(expo tourism)의 가능성도 열렸다. 이런 대형 박람회가 세계에 미친 영향은 구체적으로 두 가지 방면에서 나타났다. 하나는 박람회가 보여준 풍부한 상징성이다. 어떤 사람은 이 박람회가 세계평화와 사회의 조화를 추구하는 시대의 시작을 알리는 표지라고 평했다. 어떤 사람은 전 세계를 향하여 영국의 경제적·기술적 우월성을 확인시키는 기회라고 표현했다. 또 어떤 사람은 야만과 혼란을 이긴 제국 질서의 개선곡이라고 비유했다. 다른 하나는 박람회에서 적용된 정확한 물품 분류법이다. 박람회는 전시품을 체계적으로 관리하기 위해 강(綱, class), 유(類, division), 아류(亞類, subdivision) 등으로 분류했다. 이 분류법은 초기 자연사의 분류방법을 훨씬 뛰어넘는 것이었다. 이 분류법의 등장으로 자연, 문화, 공업이 하나의 방대한 체계 안에 통합되었다.

이 분류법의 배후에는 시간의 종적계층화(縱的階層化)란 개념이 숨겨져 있었다. 이것은 모든 인류가 다 같이 높은 단계의 문명세계에 진입하는 것은 아니라는 주장을 박람회라는 기회를 이용해 펼치고자 하는 의도였다.[40] 런던박람회 이후 1914년에 이르기까지 각종 세계박람회 또는 대형 국제전람회가 끊이지 않고 열렸다. 박람회 때마다 독특한 시간과 공간 좌표가 제시되어 그 박람회가 지향하는 이념적 방향을 보여주었다. 파리(1855, 1867, 1878, 1889, 1900년), 안트워프(1885, 1894년), 바르셀로나(1888년), 브뤼셀(1888, 1897, 1910년), 시카고(1893년), 겐트(1913년), 런던(1862년. 1886년에는 식민지와 인도박람회Colonial and Indian Exhibition가 열렸다), 리에쥬(Liège, 벨기에, 1905년), 밀라노(1906년), 멜번(1880년), 필라델피아(1876년), 세인트루이스(1904년), 빈(1873년)…….

관람객 수가 가장 많았던 때는 1900년의 파리 세계박람회였는데 5,000만을 넘었다. 후세에 가장 깊은 인상을 남긴 것은 1889년의 파리 세계박람회였다. 이 전시회를 위해 에펠탑이 세워졌다. 세계박람회는 외부세계를 향해 메시지를 던지는 대사건이었다. 예컨대, 1876년의 필라델피아박람회는 세계가 처음으로 아메리카합중국의 과학기술과 공업의 잠재력을 목격한 기회였다. 모든 세계박람회는 세상 사람들에게 당대 사회의 면모를 보여준다는 하나의 공통된 목표를 갖고 있었다. 가장 선진적인 업적, 가장 유행하는 화두가 전람회의 주제였다.

'낯선' 문명과 민족에 대한 관심도 세계박람회와 모순되지 않았다.

사람들은 다른 문화 혹은 다른 인종의 발전 초기단계의 모습을 전시함으로써 먼 곳과 그곳에서 살아가고 있는 종족도 지식을 기반으로 한 세계질서의 구성원이 될 수 있음을 증명하고자 했다. 세계박람회는 동시대의 어떤 매체보다도 분명하게 대서양 서쪽, '서방'의 보편적 자부심을 보여주었다.


## 백과전서

인류의 기존 지식과 미지의 세계에 대한 관심을 집대성한 웅대한 백과전서는 기록보관소, 박물관, 세계박람회와 마찬가지로 '기억의 장소'이자 '지식의 전당'이다. 『대영백과사전』(*Encyclopædia Britannica*, 1771년 초판), 브록하우스(Brockhaus)와 마이어(Meyer) 출판사가 출판한 백과전서 그리고 근대초기의 백과전서 전통을 바탕으로 하여 발전되고 확대된 여러 가지 유사한 출판물이 있었다.[41] 이 책들의 내용은 시대의 변화에 따라 변화해왔고 판본도 끊임없이 새로워졌다.

민족주의자들은 일찍부터 백과전서의 가치를 알아보았다. 그것은 과학적 역량의 결집이자 문화적 지표였으며 동시에 세상 사람들로부터 주목받는 자신감과 문화적 창조력의 상징이었다. 바로 이런 이유 때문에 역사학자이자 정치가인 프란치섹 팔라츠키(František Palacký)는 1829년에 체코대백과전서를 편찬, 출판하겠다는 계획을 제시했다. 1888-1909년에 체코는 총 28권의 백과전서를 내놓았는데 규모면에서 이보다 큰 것은 『대영백과사전』밖에 없었다.[42]

세기가 바뀔 무렵 모든 유럽국가와 미국이 최소한 여러 권으로 구성된 '실용백과전서' 한 질 이상을 보유하게 되었다. 모든 국가가 자신의 백과전서가 세계 모든 지역, 모든 시대, 모든 민족의 지식을 결집하고 과학의 최신 성과를 기록한 '만능보감'이 되기를 원했다. 이런 백과전서의 존재·의의는 단순히 정보를 검색하는 도구나 시민의 학습을 위해 제공되는 보조수단으로 끝나지 않았다. 자모 순서대로 편집·배열하는 방식은 분류학의 규범을 벗어났지만 사용자가 찾기 쉽도록 모든 소재를 직선으로 배열하는 가능성을 열어놓았다. 수고를 마다않고 몇 년에 걸쳐 A에서 Z까지 내용 전부를 독파하는 독자도 있었다.

오늘날의 관점에서 보면 가장 인기 있고 내용 또한 가장 완벽한 19세기 백과전서라고 한다면 피에르 라루스(Pierre Athanase Larousse)가 1866-76에 편찬·출판한 17권 본 『19세기 백과대사전』(*Grand dictionnaire universel du XIXe siècle*)을 꼽을 수 있을 것이다. 라루스는 몇 년 동안 파리의 가난한 문인들에게 부수입의 기회를 제공했지만 2만 4,146쪽에 이르는 방대한 저작의 대부분은 그의 붓끝에서 완성되었다.

라루스는 극단적인 공화파였고 대혁명의 지지자이자 프랑스 제2제정의 반대자였다. 그런데 그가 반대했던 국가는 그에게 관용을 베풀었다. 검열관은 그의 작품을 통과시켜 주었다. 라루스가 백과전서를 편찬했던 목적은 시민을 교육시키고자 함이 아니라 민주주의를 위해 '민중'이 준비하도록 돕는 것이었다. 백과전서의 인쇄에 사용된 종이의 질은 아주 좋지 않았고 삽화도 제한적이었다. 그런 만큼 책의 가격도 저렴했다. 저자는 책에서 어떤 화제든 거리낌 없이 표현했다.[43]

라루스의 백과전서는 내용이 매우 도전적이고 전복적이었다. 오스만제국의 술탄 압뒬하미트 2세(Abdul Hamid II)는 이 책의 단 한 쪽이라도 자신이 통치하는 나라에 들어오지 못하도록 온갖 조치를 다했다. 당연한 애기지만 머리만 쓴다면 터키인도 서적상을 통해 이 책을 들여올 수 있었다. 19세기 90년대에 어떤 사람은 17권 본 '라루스'를 사기 위해 부피가 3,500쪽에 이르는 대작 탐정소설을 번역했다. 매우 풍자적인 일인 그가 번역한 탐정소설은 술탄 궁정의 오락용이었다. 또 어떤 광적인 애호가는 프랑스 백과전서 전체를 풀어헤쳐서 통상적인 우편물로 위장하여 조금씩 지속적으로 터키로 들여왔다.[44]

유럽의 새로운 조류를 맞이했을 때 발달된 백과전서의 오랜 전통을 갖고 있던 중국의 상황은 어땠을까? 아무리 늦어도 11세기 초부터 중국은 끊임없이 백과전서—중국에서는 '유서'(類書)라 불렀다—를 편찬하는 작업을 계속해왔다. 이런 종류의 책은 모든 학문 분야의 고전적의 복사본과 발췌본을 한군데 모은 것이었다. 유서의 주요한 편찬목적은 과거시험에 참가하려는 생원들에게 수험준비서로 제공하는 것이었다. 유럽에서는 달랑베르(Jean-Baptiste le Rond d'Alembert)와 디드로(Denis Diderot)가 1751-80년에 공동 편찬한 거작『백과전서』(Encyclopédie)를 출판한 뒤로 자모 순서대로 배열된 백과사전이 공개적인 토론의 원칙이자 과학발전을 위한 논단이었지만 중국에서 백과사전은 시종 전통적 지식의 침전지일 뿐 어떠한 비판적 기능도 갖지 못했고 끊임없이 주석만 늘어났다. 20세기에 들어와 서방 모델의 백과사전이 중국에 들어오자 '유서'라는 도서 유형은 소리도 없이 사라졌다.[45]

여기서 한 가지 반드시 언급하고 넘어가야할 주제는 백과사전이 아닌 일반 언어사전의 발전상황이다. 유럽에서는 19세기가 되어서야 언어사전에 관한 작업, 다시 말해 한 종류의 언어가 문자로 표현될 수 있는 모든 가능성을 완벽하게 정리하여 기록해두려는 작업이 본격적으로 시작되었다. 어떤 의미에서 보자면 이런 작업은 유럽에서는 낭만파가 등장한 뒤로 그 의미와 가치를 인정받았다고 할 수 있다. 그러나 중국에서는 강희제(康熙帝)가 1700년 무렵에 내린 명령에 따라『강희자전』(康熙字典)이 세상에 나온 뒤로 이런 작업은 풍성한 성과를 냈다. 1852년에 야콥과 빌헬름 그림(Jacob, Wilhelm Grimm) 형제가『독일어대사전』(Deutsches Wörterbuch) 편찬 작업을 시작했고,

1879년에는 제임스 머레이(James Murray)가 『옥스퍼드영어사전』 (*Oxford English Dictionary*) 편찬에 착수했다. 이들이 당대에 끼친 영향이 거대했고 이들은 사람들로부터 존경받는 문화적 영웅이었다.

흔히 민족주의의 시대라고 불리는 역사시기에 이처럼 방대한 지식 저장매체의 보편성이 어떻게 하여 실현됐을까. 지금 시점에서 우리가 19세기를 돌아볼 때 충분히 전 지구적 시각에서 19세기를 관찰할 수 있는 까닭은 19세기가 자신을 그런 각도에서 관찰했기 때문이다. 도서관, 박물관, 백과전서가 전 세계에 보급되었다는 것은 유럽 지식 사회가 새로운 발전단계에 접어들었음을 의미했다.

이 시기의 주요한 사상 유파 ── 실증론, 역사론, 진화론 ── 는 지식의 누적성과 비판성에 대해서는 일치된 인식을 갖고 있었다. 이런 인식과 지식이 가진 공공적 의의에 대한 인식은 밀접하게 연결되어 있었다. 지식은 교육의 기능을 가져야 함은 물론이고 실용적 가치도 가져야 한다. 새로운 형태의 매체가 등장하자 새로운 사물과 낡은 사물이 서로 융합될 수 있었다. 이전에 존재했던 어떤 문화에서도 학문이 이와 유사한 방향으로 발전한 경우가 없었다. 그러나 일부 문명에서는, 예컨대 일본과 중국에서는 교육계의 엘리트들이 유럽의 새로운 이념과 제도가 전파될 때 적극적인 태도를 보였고 더 나아가 주도적으로 새로운 내용을 보태기도 했다. 이런 전파과정은 19세기의 마지막 30년 동안에 시작되었지만 세계의 나머지 대부분의 지역에서는 1900년에 들어와서야 의미 있는 움직임이 나타났다.

19세기는 기억이 잘 보존된 시대였다. 지금도 19세기가 선명한 존재를 드러낼 수 있는 이유가 여기에 있다. 19세기에 탄생한 수장과 전람의 제도와 기구는 그것들이 창설되던 당시에 설정된 여러 가지 목표와 제약을 넘어서 지금까지 여전히 번성하고 있다.

# 3. 관찰, 묘사, 사실주의

　19세기가 남긴 또 하나의 중요한 유산은 19세기 사람들이 그 시대에 관해 남겨놓은 방대한 서술과 해석이다. 자신에 대한 관찰은 19세기의 특권도 특징도 아니다. 헤로도토스로부터 투키디데스를 거쳐 아리스토텔레스에 이르기까지, 공자로부터 고대 인도의 정치가 카우틸랴(Kautilya)에 이르기까지 모든 대문명에는 대표적인 인물이 등장했다. 그들은 자신이 처한 역사 단계에 대해 투철하게 사고했고 그 결과를 세속적인 철학으로 표현했다. 유럽의 19세기가 창조적이었다고 할 수 있는 이유는 규범적인 국가철학과 사회철학 이외에 당대를 묘사하고 그 시대의 각종 현상의 배후에 있는 방식과 법칙을 찾아내려는 과학이 등장했기 때문이다.

　마키아벨리 이후 정치와 사회생활의 진실한 작동 방식을 탐구하려는 시도는 여러 차례 있었다. 일찍이 17세기에 우수한 여행 작가들이 '비유럽' 사회의 작동 방식에 대해 깊이 있는 분석을 시도했다. 유럽에서는 몽테스키외(Montesquieu), 튀르고(Anne Robert Jacques Turgot)와 프랑스의 중농주의자들, 18세기 영국의 경제학자들, 그리고 독일과 오스트리아의 궁정 재무관과 통계관(당시에 '통계학'의 대상은 비계수적 데이터를 포함했다) 등 모두가 현실사회 묘사에 중요한 공헌을 했다. 슘페터(Joseph Aloïs Schumpeter)가 자신의 경제사상사 분야의 고전적 저작에서 '이론'에 대응되는 개념으로서 제시한 '실증적 연구'(factual investigation)는 유럽인들이 앞선 어느 세기보

다도 훨씬 많은 자기관찰과 자기묘사의 재료를 만들어 낸 19세기에 새로운 의미와 중요성을 부여했다.[46]

사람들이 사회 저층의 생활조건에 관심을 기울이게 되면서 사회보도(social reportage)와 실증조사(enquête)라는 새로운 연구 분야가 등장했다. 보수적이거나 급진적이거나를 따질 것 없이 모든 학자가 부르주아지 ── 대다수의 학자들 자신이 이 계급 출신이었다 ──를 비판의 확대경 아래에 놓았다. 중량급의 정치·사회 분석가들, 예컨대 맬서스(Thomas Robert Malthus), 헤겔(Georg Wilhelm Friedrich Hegel), 토크빌(Alexis de Tocqueville), 밀(James Mill), 마르크스(Karl Marx), 마샬(Alfred Marshall)과 청년시절의 베버(Max Weber)를 포함한 독일 경제학의 '역사학파'의 대표적 인물들이 모두 인과관계에 관한 이론적 탐색과 실증적 연구를 긴밀하게 결합시켰다. 19세기의 시대적 특성인 실증주의 철학의 경향은 여기서 나왔다.

### 파노라마식 관찰과 사회보도

사회를 정확하게 관찰하고 문학의 언어로 표현하는 것이 파노라마식 관찰이다. 프랑스대혁명 전야에 세바스띠앙 메르시에(Sebastian Mercier)가 내놓은 『파리화집』(Tableau de Paris) ── 파리의 도시생활을 묘사한 12폭의 화집 ──이 이런 관찰방식의 전범이 되었다. 메르시에는 철학적 방식으로 파리를 묘사하기를 거부했다. 그 자신의 말을 빌리자면, 그는 이 도시의 내부에서 이 도시에 대한 조사를 진행했고, 화려한 표면에는 드러나지 않는, 스스로 드러난 것들의 배후에 있는 진상을 관찰했다. 로망어 학자 슈티르레(Karlheinz Stierle)는 파리란 도시의 내부구조를 서술한 저작에서 메르시에를 "관심을 가져야 할 새로운 영역의 위대한 발견자 가운데 한 사람"이라고 평했다. 메르시에는 도시를 거대한 사회적 우주로서 우리 앞에 보여주는 '해부학적인 작업'을 완성했다. 그 후 레티프 브레톤느(Restif de La Bretonne)는 『파리의 밤, 혹은 밤의 관찰자』(*Les Nuits de Paris ou le spectateur nocturne*)란 책에서 메르시에의 문학적 형식을 빌려와 사실적 서술과 허구를 뒤섞는 기법으로 파리의 밤의 세계를 묘사했다.[47]

그 뒤로 수십 년 동안에 사회보도는 점차 문학화의 경향을 탈피했다. 훔볼트(Alexander von Humboldt)는 1800-1801년과 1804년 두 차례의 쿠바 여행에서 느낀 바를 바탕으로 쿠바를 소개하는 책을 저술하고 1825년에 처음 (프랑스어로) 출판했다. 이 책에서 훔볼트는 학문 연구자의 객관적인 시선으로 극적이거나 감성적인 표현을 피하면서 사실만을 적시함으로써 효과적이면서도 엄격하게 노예제도를 비판했다.[48] 1807년, 의사 뷰캐넌(Francis Buchanan)이 인도 남부 농업사회를 관찰한 저작을 출판했다. 이 책은 세밀한 묘사를 통해 현지의 일상을 재현했다. 뷰캐넌은 동인도회사의 의뢰를 받아 이 책을 저술했는데 당시 인도 아대륙의 대부분을 이 회사가 지배하고 있었다.[49] 계몽주의의 건전한 '정치보고서'와 민속학적 시각이 결합된, 식민지를 배경으로 한 첫 번째의 '현대적' 사회보도 작품들이 이렇게 등장했다.

공장주의 젊은 아들 엥겔스는 1845년에 출판된 『영국 노동자 계급의 상황 ─ 직접적인 관찰과 신뢰할만한 자료를 근거로 하여』(*Die Lage der arbeitenden Klasse in England. Nach einer Anschauung and authentischen Quellen*)란 저서에서 "대영제국 무산계급의 전통적인 환경"을 묘사했다.[50] 이 저서의 형식은 해외 여행기와 정부 청서(青書, Blue Books)의 특징을 결합한 것이었다. 청서란 영국 의회의 위임을 받아 작성된 조사보고서인데 오늘날까지도 19세기 영국사회의 발전을 이해하는 데 필수적인 경로의 하나이다. 엥겔스가 저서에서 묘사한 개인과 그들의 생활상황은 실명과 함께 구체적으로 표현되어 있어서 신뢰성과 생동감을 더해주었다.

그 뒤에 작가 겸 기자 헨리 메이휴(Henry Mayhew)가 엥겔스와 유사한 수법으로 12년에 이르는 관찰과 계획적인 인터뷰를 바탕으로 런던 하층민의 생활상을 기술한 4권으로 구성된 방대한 저서 『런던의 노동자와 빈민』(*London Labour and London Poor*)을 1861-62년에 출판했다. 메이휴 본인은 이 저작에 대해 자부심을 갖고 있었으며 스스로 "한 민족이 자신의 역사를 자기 입으로 구술한 첫 번째 시도"라고 평했다.[51]

광산기술자 프레데릭 르 플레(Frédéric Le Play)는 19세기 30년대부터 몇몇 유럽 국가의 수공업 노동자집단의 생활상에 관한 조사를 시작했다. 그는 우랄산맥의 유목민에서부터 셰필드(Sheffield)의 제도장(制刀匠), 오스트리아의 숯 굽는 노동자에 이르기까지 다양한 인물들에 대한 심층적 관찰을 바탕으로 강렬한 호소력을 지닌 사회적 초상화를 그려냈다.[52]

종교적 박애주의와 정치적 개혁의 열정을 품고 있던 리버풀의 부유한 상인이자 선주인 찰스 부스(Charles Booth)는 런던 도시빈민의 생활상을 세밀하게 관찰하여 이 문제에 관한 철저한 분석 저작을 내놓았다. 그는 17년 동안의 조사를 마친 후 자신의 연구 결과를 1889-91년에 책으로 출간했다. 『런던사람의 생활과 노동』(*Life and Labor of the People in London*)이란 거작의 제3판이 발행되었을 때(1902-3년)는 그 규모가 이미 17권에 이르렀다. 부스는 충격적이거나 선정적인 사례를 앞세워 독자들을 자극하는 수법을 피하고 풍부하고도 상세한 수치자료를 제시하여 독자들을 설득했다. 그는 빅토리아 여왕 시대 후기의 런던을 파노라마처럼 보여주었다. 메이휴가 인상파적 기법을 사용했다고 한다면 부스는 사회통계학적 기법을 동원해 표본적인 계층의 생활상을 사실적으로 그려냈다. 부스는 빈곤을 몇 가지 유형으로 분류했고, 그가 처음 제시한 '빈곤선'(line of poverty)이란 개념은 지금까지도 사용되고 있다. 그의 저작은 사회보도로부터 실증적 사회조사로 한 걸음 나아갔다.


## 사실주의 문학

사회보도와 '형제사이'라고 할 수 있는 사실주의 소설은 19세기 유럽의 전형적인 예술형식의 하나이다. 사실주의 소설은 '실제생활'을 재생하는 데 만족하지 않고 그 안에 들어 있는 사회적·심리적 동인을 찾아내려 했다.[53] 발자크(Honoré de Balzac)는 1829-54년 사이에 발표한 연작소설 『인간희극』(*La Comédie humaine*)에서 당시 프랑스 사회에 대해 해부학적인 기법으로 전면적인 진단을 시도했다. 볼프 레페니스(Wolf Lepenies)*는 19세기에 관한 사회학 논저에서 발자크가 "약간의 해학과 풍부한 사회의식을 가지고" 스스로를 '사회과학 박사'(docteur ès sciences sociales)라 불렀다고 썼다. 레페니스는 91편의 장편과 중편 소설로 구성된 『인간희극』은 '하나의 사회체계'를 보여주었으며, "사회학의 시조 콩트(Auguste Comte)가 학문을 통해 도달하려 했던 목표"를 문학의 형식을 빌려 완성한 작품이라고 평가했다.[54] 사회학이 정식 학과—사회학이란 명칭은 1838년에 콩트가 처음 제안했다—로 성립되기 전에 소설 작가가 사회를 연구한 진정한 전문가였다.

사회학이 출현한 뒤에도 소설가들은 사회학자들과 일종의 창조적인 경쟁관계를 유지했다. 제인 오스틴(Jane Austen)의 『이성과 감성』(*Sence and Sesibility*, 1881년)에서부터 토마스 만(Thomas Mann)의 『부덴브룩스 일가』(*Buddenbrooks*, 1901년)와 막심 고리키(Maxim Gorky)의 『어머니』(*Mother*, 1906-1907년)에 이르기까지 일련의 '사회'소설이 19세기 전체를 관통했다. 이들 소설이 그려낸 도덕적 규범, 행위

---

* Wolf Lepenies(1941~ ), 독일의 사회학자, 정치학자, 작가.

방식, 신분차이, 물질적 조건은 사회학자들이 학문을 통해 해독해 낸 내용에 비해 전혀 손색이 없었다. 제임스 쿠퍼(James Fenimore Cooper), 헨리 제임스(Henry James), 찰스 디킨스(Charles Dickens), 조지 엘리엇(George Elliot), 앤서니 트롤로프(Anthony Trollope), 귀스타브 플로베르(Gustave Flaubert), 에밀 졸라(Émile Zola), 이반 투르게네프(Ivan Turgenev), 레프 톨스토이(Lev Tolstoy), 테오도어 폰타네(Theodor Fontane) 등은 모두 이 세기의 사회사·사회관습사·사고방식의 역사를 목격한 중요한 증인들이었다.

영국, 프랑스, 러시아는 사실주의 문학의 주요 근거지였다. 이 세 나라 이외의 다른 나라에서 당시 사회에 대한 묘사를 중점으로 하는 '사실주의' 소설 형식의 발전 상황은 어땠을까.[55]

어떤 문화권에서는 사실주의 문학이 19세기에 이미 자리를 잡았지만 또 어떤 문화권에서는 그 전파가 늦거나 아예 보급되지 않았다. 미국에서는 1865년의 내전이 끝난 뒤 사실주의 문학은 탐욕적인 개인주의가 빚어낸 사회적 가치의 파괴와 문화적 순응주의를 겨냥하여 비판의 목소리를 내는 수단이 되었다.[56] 유럽의 문학대국, 예컨대 이탈리아나 헝가리에서는 역사소설이나 심리소설과 구분되는, 사회현상을 사실적으로 서술하는 문학은 19세기에도 주변문학으로 남아 있었다. 그런가 하면 오히려 자국의 문학이 바깥세계에 잘 알려지지 않은 국가에서 당대 사회의 문제를 고민하는 소설이 드물지 않게 출간되고 있었다.

포르투갈 작가 조제 마리아 에사 드 케이로스(José Maria de Eça de Queirós)는 발자크의 『인간희극』의 기법을 빌려 포르투갈 사회 각 계층의 생활 전모를 보여주는 연작 소설 『포르투갈인의 생활풍경』(Cenas de vida portuguesa)을 계획했다. 그러나 이 연작의 최종 완성작품은 몇 부에 불과했다. 그 가운데 가장 유명한 작품이 19세기 70년대 리스본의 살롱생활을 묘사한 『마야 일가』(Os Maias, 1888년)이다. 폴란드에서는 볼레스와프 프루스(Bolesław Prus)가 소설『인형』(*Lalka*, 1887-9년)에서 미학적 수법으로 당시 사회상황, 특히 귀족과 평민의 관계를 선명하게 그려냈다. 알렉산더 켈란(Alexander L. Kielland)의『가르만과 보르스』(*Garman og Worse*, 1880년)가 노르웨이 문학계에서 차지하는 위치는『인형』이 폴란드에서 차지하는 그것과 유사했다. 이 작품 특유의 풍자적 기법은 토마스 만이『부덴브룩스 일가』를 구상할 때 일정한 영향을 미쳤다. 칠레의 알베르토 가나(Alberto B. Gana)가 쓴 장편소설『마르틴 리바스』(*Martin Rivas*)는 라틴아메리카 사실주의 문학의 비조라고 할 수 있는데, 칠레가 농업 전제국가에서 자본주의 사회로 변환하는 모습을 거울처럼 보여주었다.

네덜란드 문학계에서 에두아르드 데커(Eduard D. Dekker)가 1860년에 물타툴리(Multatuli)란 필명으로 발표한 장편소설『막스 하벨라르』(*Max Havelaar*)는 특수한 지위를 차지하는데, 그 형식이 작가의 고상하고 초월적인 기법을 잘 드러내고 있다. 이 작품은 오늘날까지도 네덜란드 서사문학의 정점으로 꼽힌다. 이 작품은 네덜란드령 동인도(지금의 인도네시아)에서 행해지고 있던 식민정책을 가차 없이 폭로했기에 당시에 매우 중요한 의미를 지녔었다. 물타툴리의 비판은 네덜란드의 대중과 의회에 거대한 영향을 미쳐 정부로 하여금 식민지에서 자행되던 일부 악랄한 행위를 중단하게 만들었다.

19세기에 처음으로 유럽과 접촉한 아시아와 아프리카 문화권의 상황은 어땠을까. 대영제국의 자치령에서는 정착민 문학이 등장했다. 그러나 원주민의 목소리는 20세기가 시작되어서야 들리기 시작했다. 올리버 슈레이너(Olive Schreiner)가 1883년에 발표한 소설『아프리카 농장의 이야기』(*The Story of an African Farm*)가 처음으로 남부 아프리카의 사회상황을 묘사했다. 오스트레일리아에서는 죄수의 운명이 19세기 소설의 주제였다. 마크스 클라크(Marcus Clarke)가 실제 사건을 바탕으로 하여 창작한 장편소설『무기징역』(*For the Term of His*

*Natural Life*, 1870-72년)은 이런 주제를 반영한 사회비판 소설의 고전이다. 새라 던컨(Sara J. Duncan)은『제국주의자』(*The Imperialist*)에서 캐나다의 민족의식의 각성에 대해 묘사했다. 중국에서『홍루몽』(紅樓夢)의 탄생은 명(明)대와 청(淸) 초기의 위대한 문학전통을 정점으로 끌어올렸다. 이 작품은 사회사적 의의가 풍부한 가족사를 서술했다. 작자 조설근(曹雪芹, 1715-64)이 생존해 있을 때 이 소설은 필사본의 형태로 사회에서 유포되고 있었다. 1792년에 첫 번째 인쇄본이 나온 뒤로『홍루몽』은 중국의 집집마다 한 권씩 비치된 인기작품의 하나가 되었다. 19세기에 중국에서는『홍루몽』에 필적할만한 새로운 문학적 업적이 나오지 않았다.

서방의 침입이 가져온 사회적 격변은 아주 뒤늦게 소설이라는 문학작품에 반영되었다. 중국에서는 지금까지 태평천국운동을 주제로 한 소설이나 전수교 선교사들의 중국을 향한 도전을 묘사한 우수한 소설작품이 나오지 않고 있다. 사회상황의 변화를 반영한 소설로서 가장 이른 시기에 나온 작품은 한방경(韓邦慶)의『해상화열전』(海上花列傳, 1894년)인데, 상하이의 기원에서 기녀와 고객 사이에 발생한 사건과 상하이의 외국인과 중국인의 접촉상황을 묘사했다.

세기의 전환기에 중국은 의화단(義和團)운동의 영향으로 거대한 사회적 변화를 겪게 된다. 그 뒤부터 사회현실을 암울하게 묘사한 소설이 잇달아 등장했다. 오옥요(吳沃堯, 당시 중국에서 최고의 다작 작가)의『한해』(恨海)는 그중에서 가장 유명한 작품이다. 이 소설은 그 시기 사회생활의 보편적인 분위기를 생동감 있게 그려냈다.[57] 총체적으로 보아 중국의 사회비판 소설은 서방으로부터의 수입품이 아니라 중국 서사문학 전통의 연속이었다. 이 전통은 유럽의 영향을 받지 않은 상황에서 16세기에 중국에서 독자적으로 발전하기 시작했다. 그러나 사실주의 소설의 지위가 당시 유럽의 주류적 지위와는 달랐다. 중국의 사회비판 소설은 20세기 30년대에 들어와서야 여러 문학 유형 가운데서 중요한 자리를 차지하게 된다.

일본에서 여러 문학유형의 관계는 중국이나 유럽과는 전혀 달랐다. 일찍이 11세기에 몇몇 궁정 여성작가의 작품—그중에서 무라사키 시키부(紫式部)의 『겐지 이야기』(源氏物語)를 첫 번째로 꼽을 수 있다—이 소설형식의 서사문학의 극치에 이르렀다. 도쿠가와(德川) 시대에 사람들로부터 가장 사랑받는 문학형식은 시가와 희극이었다. 일본이 개항한 뒤, 특히 1868년—일본 현대문학이 탄생한 해—이후 서방 문학형식의 영향으로 일본 고유의 서사문학은 대중의 관심에서 멀어졌는데 그 속도가 중국의 경우보다 훨씬 빨랐다. 일본의 첫 번째 현대소설은 후타바테이 시메이(二葉亭 四迷)의 『뜬구름』(浮雲, 1885-86년)이었다. 이 소설은 구어체 문장으로 쓰여서 교육수준이 낮은 독자도 읽을 수 있었다. 1894-95년의 청일전쟁이 끝난 뒤 일본은 승리했음에도 불구하고, 어쩌면 승리했기 때문에 현대화에 따른 국내 모순이 드러났다. 많은 작가들이 사회비판을 창작의 주제로 삼기 시작했지만 묘사의 대상은 개인 또는 가정이란 좁은 범위를 벗어나지 못했다. 발자크나 졸라의 파노라마식 사회해부는 메이지시대 후기의 일본 작가에게서는 찾아보기 어려웠다.[58]


## 여행기

사실주의 소설과 아울러 여행문학은 19세기 당시에도 세계를 향한 필수불가결한 지식의 원천이었을 뿐만 아니라 19세기를 연구하는 현대의 역사학자들에게도 당시를 이해할 수 있는 매우 중요한 경로였다. 그러나 근대 초기와 비교했을 때 여행문학의 중요성은 약간 낮아졌다. 근대 초기에는 여행기 이외에 이국을 이해할 수 있는 정보의 통로가 거의 없었다. 19세기의 몇몇 여행기 작품은 세계문학에서 당당하게 한 자리를 차지했을 뿐만 아니라 가장 권위 있는 역사 고증자료의 하나였다.

뛰어난 여행기의 예를 들자면 다음과 같은 것들이 있다. 독일을 이 해하는 데 엄청난 자료를 제공해주는 스탈 부인(Madame de Staël) 의 여행기『독일론』(De l'Allemagne, 1813), 알렉산더 훔볼트의 1799-1804년 남아메리카 여행기, 메리웨더 루이스(Meriwether Lewis)와 윌리엄 클라크(William Clark)가 제퍼슨 대통령의 지시를 받고 1804년 5월부터 1806년 9월까지 북아메리카대륙을 횡단하면서 쓴 탐험일기, 프랑스의 청년 법관 토크빌이 1831-32년에 미국을 방문하고 나서 쓴 보고서, 자연과학자 찰스 다윈(Charles Darwin)이 1831-36년에 갈라파고스제도를 탐사한 기록, 하인리히 바르트(Heinrich Barth)가 영국군으로 복무하면서 1849-55년에 북아프리카와 중앙아프리카 를 탐험한 보고서, 리처드 버튼(Richard Burton)이 1853년 메카와 메 디나를 순례한 해설서, 프란츠 융훈(Franz Junghuhn)이 19세기 50년 대에 남긴 자바제도에 관한 백과전서식 소개서, 베스트팔리아 왕국 의 아우구스트 폰 학스타우젠(August von Haxthausen) 남작의 1847-52년의 1만 킬로미터에 이르는 러시아 농촌 여행기(러시아제국[59] 의 도시 지식인들은 이 저작을 통해 처음으로 농촌 동포들의 실제 생 활환경을 이해하게 되었다), 1877-1912년에 출판된 폰 리히트호펜 (Ferdinand Freiherr von Richthofen) 남작의 총 5권으로 된 중국여행 기(1861-72년의 중국여행 기록. 당시에 유럽인으로서 중국 내륙 핵심 부에 발을 디딘 사람은 거의 없었다).[60]

여기 예로 든 모든 여행기는 하나의 공통점을 갖고 있었다. 그것은 처음 발견한 사물에 대한 비할 데 없는 기쁨이었다. 이후의 역대 여 행자들 사이에서 이런 기쁨은 갈수록 옅어졌고 지금은 누구도 그 느 낌을 재현할 수가 없게 되었다. 모든 여행기 저자들——무언가 숨길 게 많은 탐험가 버튼 경을 예외로 하고——의 또 하나의 공통점은 과 학에 대한 강렬한 자부심과 책임감이었다. 이 '위대한' 여행의 많은 부분이 학술계에서 입신양명하려는 젊은이들의 대담한 계획에서 비롯되었다. 훔볼트가 아메리카 대륙을 탐험하고 난 뒤의 한 세기 동안 여행은 유럽에서 과학적 권위를 쌓을 수 있는 중요한 경로였고 그 중요성은 이후 또는 이전의 세기를 훨씬 능가했다.

근대 초기와 다른 점은 유럽을 여행하는 해외 여행객도 끊임없이 증가했다는 것이었고, 그들은 보고 들은 바를 기록하여 동포들에게 전해주었다. 이런 사람들 가운데서 중국에서 온 사절, 일본 내각의 대신, 인도와 북아프리카의 학자, 보츠와나의 국왕, 오스만제국의 술탄──1867년에 파리 세계박람회를 참관한 압둘아지즈(Abdulaziz)는 기독교 유럽을 방문한 첫 번째 터키 군주였다──같은 동방의 통치자, 그 밖에 유럽을 세 차례나 방문하고 직접 또는 다른 사람에게 의뢰하여 유럽 여행일기를 쓴 적이 있는 이란의 샤 나시르 알딘(Nasir al-Din)과 1897년에 처음으로 유럽을 방문하여 관찰한 샴의 국왕 출라롱콘(Chulalongkorn) 등이 있었다.[61] 몇몇 아시아 학자들, 예컨대 방글라데시의 람 모한 로이(Ram Mohan Roy, 1831년에 영국에 도착했고 1833년에 브리스톨에서 사망했다)는 1876-77년에 세계일주 여행을 하고 일기 형식의 여행기를 발표한 첫 번째 중국인──하급 관리 이규(李圭)──이었다. 그는 자기 나라의 서방에 대한 인식에 중대한 영향을 미쳤다.[62]

동아시아 국가에서 여행과 상호관찰을 주제로 한 문학도 괄목할 만한 성과를 냈다. 부운룡(傅雲龍)이 편찬한 일본을 전면적으로 소개한 30권의 『유력일본도경』(遊歷日本圖經)이 바로 그런 예의 하나였다. 부운룡은 조정의 명을 받아 1887-89년에 일본과 북아메리카에 사절로 갔었고 귀국 후에 병부(兵部) 주사(主事)가 되었다. 그 밖에 동아시아 대륙의 사정을 소개하는 데 있어서 일본인도 적지 않은 기여를 했다.[63]

세계 각국으로부터 유럽으로 몰려온 해외여행자 가운데서 가장 큰 집단은 역시 신대륙 사람들이었다. 그들 가운데는 뿌리를 찾으려는 남아메리카와 북아메리카 사람들이 있었고 '아름다운 신세계'의 대표라는 자부심을 가진 마크 트웨인 같은 사람도 있었다. 19세기 후반이 되자 유럽인들은 더는 몽테스키외처럼 『페르시아인의 편지』(Lettres persanes)라는 작품을 창작하여 "낯선 이의 거울"을 통해 자신의 일그러진 모습을 관찰하거나 풍자할 필요가 없어졌다. 다른 세계가 유럽을 어떻게 보고 있는지 분명하게 말하기 시작했다.

그런 다른 세계에는 식민지도 포함되어 있었다. 특히 영국령 인도에는 유럽으로부터 깊은 영향을 받은 지식계층과 정치적·문학적으로 역동적인 활동을 하는 집단이 살고 있었다.[64] 19세기에 유럽에 대한 아시아의 인식과 반응은 유럽에서 싹트고 있던 '오리엔탈리즘'(Orientalism)에 비견될만한 체계적인 '옥시덴탈리즘'(Occidentalism)의 수준까지는 도달하지 못했다. 오직 일본에서만 '네델란드 연구'(蘭學)가 유사한 수준의 학문적 기초를 갖추고 있었다. 이 학설은 막부로부터 유일하게 통상을 허락받고 나가사키(長崎)에 거주하고 있던 네덜란드인과 그들이 일본에 들여온 서방문화를 관찰과 연구의 대상으로 하여 18세기에 성립되었다.[65] 북아메리카의 지리학계가 유럽 문제의 연구에 착수했을 때 채용한 수단은 유럽에서 온 과학이었다.

## 측량과 지도제작

19세기에 연구목적의 여행자, 지리학자, 지리적 탐색에 몰두한 작가들은 여전히 전 세계에서 정보와 수치 데이터를 수집하여 유럽에 제공하는 최대 집단이었다. 이런 사람들의 활동이 갈수록 더 많이 열강의 제국주의 혹은 식민주의 계획 속에 수용된 것은 따라서 놀라운 일은 아니었다.[66] 지리학의 본질적인 일면은 점점 강화되는 제국주

의와 연결되어 있었다. 물론 19세기 전반기에 카를 리터(Carl Ritter)
와 알렉산더 폰 훔볼트처럼 유럽의 정복에 분명하게 반대한 지리학
자가 없었던 건 아니다. 다른 한편으로, 지리학이 자연과 사회의 진
실한 상태를 정확하게 그려낸 성과는 18세기와 19세기의 위대한 과
학적 업적의 하나였다. 이 성과 덕분에 유럽은 다른 문명을 초월하는
강력한 우위를 차지할 수 있었다.

　연구목적의 여행자들이라 해도 각양각색의 비이성적 동기와 망상
때문에 움직인 사람이 없지 않았다. 그러나 그들이 해낸 방대한 작업
이 인류가 세계를 정확하게 인식하는 데 커다란 도움을 준 사실은 부
정할 수 없다.[67] 측량과 지도제작 분야에서 나온 성과는 특히 뛰어났
다.[68] 지구표면의 모든 육지와 해양을 측량하고 지도로 그려내는 일
은 근대 과학의 거대한 집단작업의 하나였고 유럽의 해상패권과 뗄
수 없는 연관성을 갖고 있었다. 이 작업의 시초는 포르투갈과 스페인
의 지도였고, 1700년 이후 네덜란드의 전 세계 지리탐사 계획을 통해
지속되다가 18세기에 측량기술의 발전과 유럽의 해양진출 확대에
힘입어 비약적으로 성장했다.

　19세기 80년대 이후 인류는 사하라 이남 아프리카 지역 ─ 오랫동
안 세계의 '가장 어두운' 부분이라 불리었다 ─ 의 물리적 형태와 상
황을 대체적으로 정확하게 그려낼 수 있게 되었다. 18세기가 측량기
술과 제도학의 혁명의 시대라고 한다면 19세기는 이러한 방법이 전
세계에서 응용된 시대라고 할 수 있다. 무수한 여행과 끝없는 측량의
결과로 인간은 마침내 이 세계에 대한 전면적이고 철저한 측량을 실
시할 수 있었다.

　19세기 말에 이르러 인간은 지구 전체의 지도를 만들었다. 위성 측
량과 컴퓨터 제도 기술이 등장하지 않았던 때에 이 지도의 권위는 어
느 누구도 감히 넘어설 수가 없었다. 일부 비서방인들도 정보 제공자
와 정보 수집자의 자격으로, 과학연구의 동반자 또는 고문의 자격으

로 유럽인의 측량과 제도 활동에 참여했다. 이들 가운데 대다수가 형식상으로는 종속적인 지위에 있었지만 그들이 제공하는 현지의 지식이 없었더라면 지구 전체를 온전하게 그려내는 작업은 영원히 완성되지 못했을 것이다.

서방 이외의 지역에서 정확도 면에서 유럽의 기준에 근접하는 독립적인 측량과 제도 활동을 가장 먼저(그리고 오랫동안 유일하게) 벌인 나라는 일본이었다. 이 활동은 처음에는 개인이 시작했고, 그 동인의 하나는 18세기 90년대에 러시아 선박이 일본 근해에 나타나면서 몰고 온 공포였다. 메이지시대로 진입한 1868년 이후에 제도학은 정부가 대규모 재정을 투입하는 국가적 연구과제가 되었다.[69]

유럽을 제외한 전통적인 과학 강국 가운데서 중국은 원래 '현대' 지리학이 가장 일찍 탄생한 나라였다. 중국에서 풍부하고도 실천적인 내용을 담은 지방지를 편찬하는 일은 모든 지방관의 직무 가운데 하나였다. 고대의 전적이 엄격하고 치밀한 고증을 거치듯이 지리학도 실증주의(이른바 고증학考證學)의 검증을 통과해야 했다. 17세기 후기에 고증학은 학술계에서 인증을 받는 주요한 연구방식이 되었다.[70] 그러나 19세기 중국 지리학의 결함은 국가가 지원하는 중대 연구과제 —이 점은 유럽의 중요한 특색이었다 —가 아니라는 점이었다.[71] 중국 지리학은 시종 편협한 실용적 행정목적과 주도적 지위를 차지한 역사편찬학의 통제를 벗어나기 어려웠다. 지리학은 역사편찬학의 한 분파로서 그것을 지원하는 임무만 맡았다. 이 밖에도, 17세기에 서방 선교사들을 통해 중국에 전해진 선진적인 측량과 제도 기술이 점차 잊혀져버렸다. 20세기 20년대 이후 탄생한 중국의 현대 지리학은 자국의 전통을 복원하는 동시에 서방 지리학의 중요한 정수를 받아들였다. 중국의 현대지리학은 그러므로 동·서방 교잡종이라 할 수 있다.[72]

## 사회학

지리학은 시야는 세계를 보면서 뿌리는 지역에 내려야 하는 과학이다. 지리학의 한 분파인 경제지리학은 유럽과 북아메리카의 공업화 과정의 부산물로서 생겨났고 식민 지리학은 서방의 약탈적인 영토 확장의 동반자로서 생겨났다. 훨씬 더 중요한 자기관찰 기관으로서 최근에 생겨난 것이 사회학이다. 사회학은 이론적 바탕을 갖춘 문제 제기를 통해 이왕의 사회보도를 초월하면서도 동시에 사회현상의 실증적 묘사와의 관련성도 소홀히 하지 않았다. 경제학의 영역에서는 애덤 스미스(Adam Smith)의 획기적인 저작 『국부론』(1776년)이 나오기 전에 이런 관련성이 이미 분명하게 표현되었다. 추상적인 이론 모델을 수립하는 추세는 1817년 리카도(David Ricardo)의 저작에서 그 싹을 틔웠다. 진정한 의미에서 지배적 주류로 자리 잡게 된 것은 주관적 효용을 표현하는 수학적 이론과 시장균형 이론이 오스트리아, 스위스, 영국에서 거의 동시에 제시된 1870년 이후에 나타났다. 그 밖의 지역, 특히 독일에서는 과거와 현재의 경제의 유형과 변화를 경험에 근거하여 연구하는 '국민경제학'(Nationalökonomie)이 주류를 차지하고 있었다. 1872년에 설립된 사회정책협회(Verein für Socialpolitik)가 바로 이런 연구방향을 추구하는 연구 단체였다. 이 협회는 이후 수년 동안 사회에 관한 지식을 축적하는 데 크게 기여했다.

프랑스의 오귀스트 콩트와 영국의 허버트 스펜스(Herbert Spencer)는 사회학의 아버지라 불린다. 사회학은 원래 이론적 학문으로 인식되었다. 역사주의와 사료비판의 본거지라 할 수 있는 독일에서는 독일어 사용권 최초의 사회학자 로렌츠 폰 슈타인(Lorenz von Stein)의 『프랑스사회운동사』(Geschichte der sizialen Bewegungen in Frankrech, 1842)가 나온 이후 사회학은 역사학과 긴밀한 관계를 맺어왔고, 따라서 영국과 프랑스의 사회학에 비해 덜 사변적이고 더 포괄적이었다. 19세기 말, 세계 각지(미국을 포함하여)에서 사회학은 (이전 같으면 정부가 지원했을 조사이거나 찰스 부스 같은 개인적인 개혁가의 '전속 영지'였을) 사회에 대한 실증적 연구를 모두 자신의 영역 안으로 받아들였다.

1895년, 영국에서는 대학에 소속되어 전문적으로 사회학 연구에 종사하는 기구로서 런던정치경제학원(London School of Economic and Political Science)이 설립되었다. 이 혁신적인 조치는 사회학 발전의 일대 전기가 되었다. 이때부터 사회학은 이론과 실증적 연구가 통일된 학문으로 진화했다. 그러나 이 학원에 정식으로 사회학이란 과정이 설치된 것은 1907년의 일이었다. 영국의 사회학의 전문화 속도는 유럽 대륙에 비해 아주 완만했다. 미국에서는 개교한지 얼마 안되는 시카고대학에 독립적인 사회학과(department)가 설치되었는데(1892년), 그 혁신적 의의는 런던정치경제학원의 설립에 못지않았다.[73]

19세기 90년대 이후 사회학은 하나의 학과로서 사회적 실증연구에 비교적 의미 있는 도움을 줄 수 있게 되었다. 이제 사회학은 발전된 현대사회의 자기관찰의 한 방법론으로서 실제적인 출발을 했다. 사회학의 전파속도는 매우 빨랐다. 유럽과 미국의 영향력이 결집되는 동남아시아에서 특히 그러했다. 동경제국대학에는 일찍이 1893년에 사회학과가 설치되었다. 유럽의 'society'란 개념에 상응하는 일본어 단어가 등장한 지 몇 년 되지 않았을 때의 일이었다.[74]

중국에서 처음으로 사회학을 가르친 사람들은 외국인 교수들이었다. 이들은 도시 동업조합, 청 왕조의 통치체계와 권력집단 내부의 관계, 북방 농촌사회의 구조 등의 연구에서 일정 부분의 성과를 냈다. 1915년, 뒤르켐(Émile Durkheim), 베버, 짐멜(Georg Simmel) 등 사회학의 창업 원로들이 아직 생존해 있을 때에 중국인이 중국사회를 대상으로 하여 연구한 첫 번째 사회학 저작이 출판되었다. 같은 해에 몇몇 대학에서 중국인 교수가 사회학을 가르치지 시작했다. 이후 중국에서 사회학의 연구중심은 점차 당대 중국사회에 대한 마르크스주의적 관점의 분석으로 옮겨갔고 연구 성과도 상당했다.[75]

19세기 이전에는 어떤 사회도 지속적이며 제도화된 기초 위에서 자기관찰을 위한 공간을 만들어 낸 적이 없었다. 이전의 많은 문명이 자신들의 사회에 대한 묘사이자 동시에 해석인 사료를 만들어 냈다. 18세기에, 훗날 '사회학적'이라 불리게 되는 몇 가지 중요한 통찰이 이미 이루어졌다. 프랑스의 의사 케네(François Quesnay)는 사회의 유형을 경제를 중심으로 한 순환과정의 한 단계로 파악하는 관점을 제시했다. 스코트랜드, 잉글랜드, 프랑스의 계몽주의자들도 자기나름의 다양한 '인간의 과학'을 제시했다. 그러나, 유럽의 사회변화가 가속화되면서 지속성 있는 사회적·과학적 논쟁은 1830년대 까지는 지식분자나 자선사업에 열중하는 개혁가 사이에서 이루어지다가 세기말이 되어서야 비로소 대학 내부에 뿌리를 내렸다.

여기서 지적해두어야 할 것은, 사회과학은 일종의 유럽의 독특한 발명품이었으며 얼마 가지 않아 성공적인 '수출상품'으로 진화했다는 점이다. 정치경제학은 일본과 인도에서 주목받았고 그 선구자들—특히 애덤 스미스와 J.S. 밀—은 유럽 이외의 지역에서 가장 많이 번역된 유럽의 저자들이었다.[76] 정치경제학의 극단적인 응용사례는 그것이 식민주의를 비판하는 도구로 사용된 경우였다. 인도인들은 인도 아대륙으로부터 강제적인 '부의 유출'(drain of wealth)—인도인 관리이자 경제사학자인 로메쉬 춘데르 두트(Romesh Chunder Dutt)가 처음 만들어 낸 말이다—을 반대했다. 유럽과 일본의 제국주의 분석가들도 세기가 바뀔 무렵에 같은 결론에 도달했다.

# 4. 통계학

## 인구통계

19세기는 '현대' 통계학의 창립단계였다. 통계는 무작위적인 데이터의 집적이 아니라 주도면밀하게 데이터를 수집하고 수학적인 처리를 거친 결과이다. 국가는 꾸준히 통계업무를 늘려왔다. 복잡한 통계업무를 처리할 조직적인 역량을 정부만 갖고 있었기 때문이다. 통계학은 19세기 후반에 와서 지금 우리가 익숙하게 알고 있는 모습을 갖추었다. 통계는 사회가 지속적으로 시행하는 자기감독(self-monitoring)의 가장 중요한 수단이다.

통계학의 원형은 인구조사였다. 고대부터 통치자들은 백성의 머릿수를 셌다. 통계의 주목적은 군사와 재정의 자원을 파악하는 것이었고 주요내용은 가구수, 인구수, 가축의 수량이었다. 영토가 광활한 대국은 전국적인 조사는 할 수가 없었고, 통계의 내용도 누락이 많았고, 그 결과도 다음 세대에 전해줄 방법이 없었다. 어느 나라가 어느 때에 실시한 인구조사 데이터가 지금도 참고할만한 가치가 있는지는 답을 찾기 어려운 문제다. 관련된 사료를 확보하고 있는 역사학자나 지리학자들만이 부득이한 경우 억지로 답을 내놓을 수 있다. 인구통계 방면에서 유럽 또는 '서방'은 특별한 우위를 보여준 적이 없다.

중국의 경우 가장 오래되고 지금도 도움이 되는 인구통계는 1368-98년의 데이터이다. 당시 명 왕조의 첫 번째 황제가 중앙정권의 권력

을 강화하기 위해 인구조사령을 내렸다.[77] 일본은 9-11세기에 호적
등기제도를 수립했는데, 그 기본 골격은 지금까지 유지되고 있다. 당
대의 인구통계 연구에 참고할만한 첫 번째의 전국적 범위의 인구조
사는 1721년에 실시된 것이다. 그러나 일본의 근대 초기 사회를 이해
하기 위해 더 중요한 것은 대대로 전해져 내려오는 풍부한 지방 사료
이다.[78]

　오스만제국의 국가관리 기구는 일정한 시간 간격을 두고 정기적으
로 새로운 점령지에 대해 인구조사를 실시했는데, 조사항목엔 재정
적·군사적 요소가 주를 이루었다. 출신 종족은 조사 대상이 아니었
고 종교적 성향은 조사 대상이었다. 1855년 이전까지는 무슬림이 아
니면 인두세를 내야 했기 때문이다. 오스만제국은 1828-31년에 유
럽과 아나톨리아 지역의 남성을 대상으로 첫 번째 인구조사를 시행
했다. 오스만제국의 인구통계학의 역사는 이때부터 시작된다.[79] 당
시 명목상으로는 여전히 오스만제국의 속주의 하나였던 이집트도
1848년에 인구조사를 실시했는데 그 수치는 일정 정도는 신뢰할 수
있다.

　스웨덴은 유럽 국가 가운데서 인구통계의 선구자였다. 스웨덴의
첫 번째 인구조사는 1755년까지 거슬러 올라 갈수 있다. 1787년, 스
페인의 위대한 '계몽황제' 카를로스 3세(Carlos III)가 인구 통계를
지시했다. 이때의 인구조사는 선진적인 기법을 채용했고 그래서 유
럽 역사에서 첫 번째의 '현대적' 인구통계라 불린다.[80] 세기가 바
뀔 무렵에 유럽의 대국들은 모두 인구통계의 현대화 단계에 진입했
다.[81]

　현대 인구통계의 전제는 규칙성, 제도화, 과정의 검증가능성이다.
제도화의 측면에서는 다음 네 가지 요소가 갖추어 져야 한다. 1. 데
이터의 채집·평가·발표를 책임지는 정부조직(대체로 내무부에 속한
통계국). 2. 중앙정부 차원에서 업무 협조를 담당하는 고위관리로 구

성된 상설조직(예컨대, 통계위원회). 3. 고문으로서 통계업무의 개선 대책을 제시하는 의사, 교수, 엔지니어, 관리로 구성된 민간위원회. 4. 각 도시 차원의 통계 담당관서(이런 조직은 19세기 후반기에 들어 와서야 일반화 되었다).

이 네 가지 조건은 하룻밤 사이에 모든 지역에서 동시에 갖춰질 수 는 없다. 1801년에 처음으로 인구조사를 실시한 영국, 대혁명과 나폴 레옹 통치시기의 프랑스가 이 방면의 선구자였다. 1810년, 프로이센 과 오스트리아 두 나라가 잇달아 통계국을 설치했으나 통계능력은 당시 기준으로 보아도 매우 낮았다. 다민족 대국에서 완벽한 데이터 를 수집한다는 것은 불가능에 가까운 일이었다. 그러나 네덜란드, 벨 기에 같은 소국은 1839년 이후 인구통계 분야에서 모범이 되었다.

1870년을 전후하여 유럽 각국은 다투어 현대적 통계 기구를 설 치했다. 국제통계학대회(International Statistical Conference)가 각국 이 지켜야 할 기술표준을 제정했다. 미국은 (유럽에 비해 약간 빠른) 1790년부터 현대적 표준에 부합하는 인구조사를 실시했다. 1840년 에 실시된 제6차 인구조사에서는 여러 가지 사고가 일어나고 착오와 누락이 잇달아 생겨났지만 그래도 거국적 사업은 비교적 원만하게 완성되었다.[82]

인도의 전국적 인구조사는 상상할 수 있는 범위 안에서 가장 힘든 통계학 작업이었다. 중국, 일본, 버마와 다른 점은 식민지가 되기 전 시기의 인도 아대륙 통치자들이 백성의 숫자에 대해 냉담했다는 점 이었다. 반대로, 영국인은 일찍부터 국가현황에 대한 실증적 연구에 힘을 쏟았다. 그들이 했던 첫 번째 작업은 인도의 대도시 관련 정보 의 수집이었는데 그 안에는 지리적 위치, 신분별 인구의 수량 등이 포함되어 있었다.[83]

1820년, 내용은 아직 완벽하지는 않았지만 첫 번째의 인도 지리사 전(gazetteer)이 완성되었다. 이 사전에는 실제 인구에 근접한 수치도 나오지 않았고 인도사회 내부의 구조에 관한 어떤 정보도 담겨 있지 않았다. 유럽인이 발명한 각종 통계 기준은 인도에서 그대로 적용되기 어려웠다. 인도인이 생각하는 '가정', '호구', '마을'의 개념은 달랐다. '성년'과 '아동'의 연령 기준도 달랐다. 카스트가 특정 직업과 관련이 있는지도 알 수 없었다. 한 사람이 어떤 카스트에 속하는지를 판단하는 특징이 무엇인지도 알지 못했다.

수십 년 동안의 시행착오를 거듭한 끝에, 각종 수치의 정확도가 일정하지는 않지만 주(州) 단위의 인구 숫자가 밝혀졌다. 1881년이 되어서야 정부는 비교적 엄격한 방법으로 10년에 한 차례의 전국적인 인구조사를 실시할 수 있게 되었다. 마침내 인도는 만족스러운 인구 통계 결과를 갖게 되었다.[84] 그러나 이런 결과를 얻기 위해서는 계급제도가 강화되는 대가를 치러야 했다. 인구통계가 결코 간단한 작업이 아닌 현실을 평계로 하여 인위적인 신분질서가 강조되었다. 그 결과 사람들은 인도는 주로 종교에 의해 통제되는 사회라는 인상을 갖게 되었다. 영국에서는 인구통계의 조사항목에 종교는 들어가 있지 않았는데 영국령 인도에서는 종교가 사회계층을 구분하는 결정적 기준이 되었다. 그 결과 공동체의 존재가 부각되고 이후의 인도 정치에서 중요한 역할을 하게 되었다.

영국과 인도 양쪽의 인구 통계학자와 그들의 작업을 도운 인류학자들은 하나의 신념 ─ 사회질서를 안정시키기 위해서는 카스트제도를 공고하게 해야 한다 ─ 을 공유하고 있었다. 그러다보니 각종 인종이론이 등장했다. 1901년의 인도 인구조사는 과학적 기법이란 측면에서는 비교적 높은 수준에 다다랐으나 그 출발점에는 "사회의 계급질서는 인종적 순도의 높고 낮음을 직접적으로 반영한다"는 판단이 자리 잡고 있었다.

현대의 인구통계는 단순한 사람 수의 누적이 아니다. 특히 스칸디나비아 지역에서는, 다른 지역에서는 한참 훗날에 가서야 인구통계의 고정 항목이 되는 내용——예컨대 출생상황(합법과 비합법으로 나누었다), 임신연령, 결혼연령, 사망연령——을 일찍부터 인구통계에 포함시켰다. 어떤 지역 또는 국가가 이런 분야의 수치 통계를 갖고 있는지, 언제부터 이런 수치를 공문서에 등록하고 기록으로 보관하기 시작했는지 여부는 그 지역 또는 국가의 교회와 행정당국의 태도에 따라 결정되었다. 가톨릭 국가인 필리핀에서는 약간의 누락은 있지만 신뢰할 수 있는 장기간의 인구통계를 교구 등기부에서 찾을 수 있다. 일반적으로 결혼이 국가로부터 합법성을 인정받아야 하는 공공사무가 되면 인구통계 데이터는 빠르게 개선된다. 중국처럼 결혼이 개인적 사건으로 머물고 있는 나라에서는 그런 데이터를 찾기 어렵다.

## 통계와 국가정치

인구통계는 공공사무이며 통치자의 정책 가운데 하나이다. 국가가 사회의 자기관찰 기관(器官)의 하나가 되면서 19세기에는 몇 가지 옛 전통이 지속되었다. 중부유럽 국가들은 국가의 현재와 관련된 각종 데이터를 수집하는 '국정학'(國政學, Polizeiwissenschaft)*을

* 독일어 'Polizeiwissenschaft'를 영어로 직역하면 '경찰 과학'(Police science)이 된다. 그러나 이 경우의 'Polizei'는 '공공 정책'(Public Policy) 또는 넓은 의미에서 '정치'(Politics)로 번역되어야 할 것이다. 이 학문은 18세기 초에 생겨나 19세기 중반까지 지속되었다. 이 학문의 주 연구대상은 사회의 내부질서이다. 내부질서에는 포괄적으로 말해 오늘날의 공법, 행정학, 초기 정치경제학, 공중보건, 도시관리(질병관리 차원의)와 도시계획이 포함되었다. 역자는 이러한 역사적 배경을 담아낼 수 있는 우리말로서 '국정학'을 택했다(영문 본에서는 'science of public governance'라고 번역했고, 중국어 본에서는 '국세학'(國勢學)이라 번역하고 있다).

국가의 임무로 지켜왔고 영어권에서는 이것을 '정치산술'(political arithmmetic)의 범주에 포함시켰다. 그렇다면 19세기의 통계학에서 새로운 내용은 무엇인가? 개선된 관찰 기법과 결과를 보존하는 정부 조직 그리고 보다 객관적으로 접근하려는 태도다. 19세기가 되어서야 사람들은 '전체 주민'이란 의미로서 인구를 이해하기 시작했다. 수리통계학의 발명은 바로 이런 이념의 구체적인 반영이었다.

1890년이 되자 이 '신형' 통계학은 이미 완전한 학과로 발전했다. 1825년부터 벨기에의 천문학자이자 수학자인 아돌프 커틀레(Lambert Adolphe Jacques Quetelet)는 수치자료상의 평균치와 사회법칙의 관계를 규명하려 시도했고, 이를 통해 각종 사회현상의 배후에 있는 규칙성을 수학적 기법으로 설명하려 했다. 그는 단순한 수치자료를 초월하는 '사회물리학'을 창설하려 했고 그 과정에서 근대 역사상 위대한 허상의 하나인 통계적 '평균인'(l'homme moyen)을 발명했다.[85] 이 때문에 커틀레는 19세기의 가장 영향력 있는 사상가의 한 사람으로 꼽혔다.

19세기 30, 40년대에 통계학의 열풍이 유럽 국가에 빠르게 퍼져나갔다. 이전에는 몰랐거나 혹은 흔하던 사물이 관심을 받기 시작했다. 통계가 생겼기 때문에 처음으로 빈민이 대규모 집단으로서 사람들의 시야에 들어왔다. '빈곤'이라고 하는 추상적인 지표가 태어나자 사람들은 이 집단에 대해 도덕적인 관심을 가지기 시작했다. 각종 통계학 협회와 신문 잡지가 각지에서 잇달아 등장했고 수치를 수집·평가·보존하는 국가기관도 속속 설립되었다.

정치의 정확한 정보에 대한 의존성이 앞선 어떤 시대보다도 높아졌다. 프랑스에서는 보나파르트가 집정관이던 1801년에 각 현 단위에서 정기적·체계적인 국가 수치통계를 실시하라는 명령이 내려졌다. 나폴레옹 정부는 시민사회에 대해 심층적인 간섭을 원했고, 그러자니 관련된 일체의 정확한 정보를 전면적으로 장악해야만 했다.[86]

지방 관료체계가 발달하지 않았던 영국에서 의회제 정부도 실증적 조사를 통해 획득된 수치(facts)를 할 수 있는 모든 방법을 동원해 광범위하게 응용하려 했다.[87]

노동자 거주지역의 위생 상태에서 군대의 의료조건에 이르기까지 이런 수치가 간여하는 영역은 무궁무진했다. 수치를 수집하는 업무는 왕실위원회(Royal Commission)에 주어졌고 위원은 의회에서 임명했다. 위원회는 특정 기간 동안 특정 임무를 집행하는 조사위원회였다. 위원회의 조사결과는 대중에게 개방되었다. 디킨스는 소설『힘든 시절』(*Hard Times*, 1854)에서 토마스 그래드그린드(Thomas Gradgrind)란 인물의 형상을 내세워 수치 통계원과 고지식한 실증주의자를 조롱했다. 그러나 실증주의 사상은 통치자에게는 국가정책에 필요한 풍부한 지식을 제공해주었을 뿐만 아니라 동시에 마르크스와 같은 반실증주의자와 체제비판자의 이론에도 날개를 달아주었다.

미국에서도 통계학이 공공생활에서 중요한 역할을 하고 있었고 통계학의 중요성은 영국이나 프랑스에 비해 전혀 손색이 없었다. 통계학적 시각이 있었기에 전면적인 사회통합을 상상할 수 있었다. 통계 숫자가 있었기에 환상적이며 비교할 데 없는 아메리카합중국의 거대한 영역을 세계에 보여줄 수 있었다. 같은 이유에서 통계학은 이탈리아 통일 문제에서도 중요한 역할을 했다. 통계학은 민족통일을 실현하기 위한 준비작업의 하나였으며 아울러 새로운 세대의 엘리트들이 무장할 수 있는 일종의 특수 지식이었다. 정치적 통일이란 목표가 아직 달성되지 않은 상태에서 통계학적인 조사가 각 분야에서 활발하게 진행되었다. 자유주의파 인사들도 통계학에 흥미를 갖기 시작했다. 그들은 통계학의 도움을 받아 국가의 인구와 자원에 관한 정보를 장악하기를 바랐고 이를 통해 중앙정부의 관점에서 하급기관의 업적을 평가할 수 있다는 사실을 알게 되었다. 이런 의미에서 이

탈리아는 통계학의 대형 피조물이라 할 수 있다.[88]

19세기는 통계와 측량의 세기였다. 세계를 전면적으로 서술하고 해석하려는 분류학의 이상은 숫자의 힘(통계학적 가공의 힘 또는 '사회수학'social mathematics의 힘)을 빌려 ─ 후기 계몽주의 시대의 빛나는 별이었던 콩도르세(Nicolas de Condorcet) 후작이 말한 대로 ─ 인간 이성이 진리 자체를 알 수 있게 될 것이란 믿음으로 발전했다. 19세기에 사회는 유사 이래 처음으로 자신을 측량하고 그 결과를 기록으로 보존하기 시작했다.

어떤 면에서 보면 이 방면에서 인간이 지나치게 멀리 나갔다는 평가를 피할 수 없다. 일부 국가가 쌓은 통계지식은 학술과 행정 영역에서 실제 응용할 수 있는 능력을 훨씬 초과했다. 통계학은 이때부터 정치적 수사가 되었고 지금도 그러하다. 통계학자가 부득이한 상황에서 만들어낸 어떤 통계개념은 국가 관료의 손안에서 도구가 되었다. 기술적인 필요에서 만들어 냈던 사회통계의 범주 ─ 계급, 계층, 카스트, 인종 ─ 는 행정관서의 편의대로 사회의 모습을 빚어내는 권력이 되었고, 사실상 사회의 인식 자체를 규정짓는 권력이 되었다.

통계학은 두 얼굴을 갖고 있었다. 하나는 사회를 묘사하고 해석하는 도구고 다른 하나는 인간을 사회적 신분으로 분류하고 그 틀 안에 가두는 장치다. 어느 면에서 보더라도 통계학은 사회적 상상력의 핵심 요소가 되었다. 통계학의 두 번째 얼굴이 극명하게 드러난 곳이 식민지 세계였다. 익숙한 환경을 떠나와 잘 이해되지 않는 사회적 관계로 작동하는 식민지 세계로 온 많은 유럽인 관찰자들과 행정 관료들은 주관적 억측을 객관성, 정확성으로 믿고 싶은 유혹에 쉽게 빠져들었다. 그래서 그들은 인구의 진정한 모습을 가리는 장애물을 제거할 수 없었다.

# 5. 신문

## 신문과 언론의 자유

19세기에 사실주의 소설, 통계학, 사회에 대한 실증적 연구보다 더 널리 퍼진 것이 신문이었다. 작게는 지방의 작은 신문에서부터 크게는 세기말 세계 각지의 소식을 전해준, 독자가 모든 대륙에 퍼져 있는 런던 『타임스』에 이르기까지 매주 혹은 매일 출판되는 각종 신문과 잡지는 모든 상상이 미칠 수 있는 범위 안에서 사람들이 연결하고 교류할 수 있는 공간을 열었다. 신문업이 뿌리를 내린 곳이면 그곳의 정치적 소통 환경에는 즉시 커다란 변화가 생겼다. 언론자유—처벌을 받지 않는다는 전제하에서 공개적으로 표현된 의견을 위해 제공되는 지속적인 안전보장의 기회—에 대한 요구는 전 세계 모든 나라에서 변혁을 추진하는 커다란 동력이 되었다.

신문업의 탄생은 인류를 위한 진정한 의미의 공공 공간을 창조했다. 모든 시민은 이곳에서 '목소리'를 낼 수 있으며 이를 통해 정보를 획득할 권리를 누린다. 미국의 건국 원로들은 사회 구성원이 충분한 정보를 제공받아야 시민으로서 짊어져야 할 책임을 이행할 수 있다고 주장했다. 그러나 대중매체가 미국과 기타 소수의 국가에서 등장한 뒤 이런 낙관적 기대에 동조하는 사람은 많지 않았다.[89]

신문이 새롭게 열어놓은 공간에 대해서는 다른 해석도 가능하다. 어떤 사람은 그 공간을 사회의 자기반성의 새로운 플랫폼으로 평가

한다. 여러 형식의 평면매체 사이의 경계는 유동적이었다. 19세기 초의 수십 년 동안에는 '소책자'(pamphlet) ── 독립적으로 극소량 발행되는 문자출판물 ── 가 유럽에서 성행했는데, 검열을 피하기에는 서적이나 신문보다 훨씬 쉬웠기 때문이다.

다른 형식의 출판물이 상호 침투한 전형적인 예가 장편소설이었다. 디킨스의 대부분의 작품은 처음에는 모두 신문에 연재되는 형식으로 발표되었다. 신문의 특징은 다음 몇 가지로 요약될 수 있다. 1. 고정적이고 주기적인 출판형식. 2. 집단('편집부')에 의해 생산되는 성격. 3. 여러 판면으로 나누는 구조. 4. 독자의 지역과 사회적 경험의 범주를 초월하는 신문 내용의 선정. 5. 끊임없이 높아진 시효성(時效性). 1856년의 독일신문의 전체 내용 가운데서 당일 뉴스 점유율은 11퍼센트였으나 1906년에는 95퍼센트에 달했다.[90] 6. 꾸준한 상업화(최신의 기술을 흡수한 제작방식). 대중매체가 출현한 뒤로 매체의 자금수요는 그래서 대폭 증가했다. 7. 시장상황의 급변으로 정기구독자 이외의 독자의 구독행위에 대한 의존.

신문은 독자를 정치적으로 성숙한 주체로 보면서 동시에 독자를 특정 목적에 동원하기 시작했다. 19세기 중반부터 20세기 20년대 말(이때 라디오가 미국과 유럽에서 널리 보급되기 시작했다)까지 미디어의 세계에서 신문에 필적할만한 상대는 없었다. 신문업은 훗날처럼 소수의 손에 집중되어 있지 않았기 때문에, 미국의 경우를 예로 들자면 20세기에 접어들 무렵에 인쇄매체의 종류나 숫자는 그 이전이나 이후의 어떤 시대보다도 월등하게 많았다. 이 시기에 신문업계의 '거두'(tycoon)는 미국, 영국, 오스트레일리아 같은 나라에서는 독특한(sui generis) 정치적 힘을 갖고 있었다.

신문의 황금기는 언론의 자유가 있을 때 시작될 수 있었다. 독일 등 일부 국가에서는 신문 제작기술은 개량되었으나 검열제도는 완화되지 않았다. 비교적 정치문제를 적게 언급하는 '가족신문'

(family sheet) 성격의 잡지——예컨대, 화보류 간행물의 선구인 『정원』(*Gartenlaube*, 1853년 창간)——가 신문보다 경영면에서 수월했다.

1819년 카를스바트결의(Karlsbader Beschlüsse)가 공포된 뒤로 독일연방 소속의 각 주는 극단적으로 엄격한 신문법을 제정했다. 이 법은 조문 그대로 시행하기가 매우 어려웠으나 검열기관은 이 법을 근거로 하여 신문발행인과 종사자들의 모든 행동을 감시할 수 있었다. 1848년의 대혁명 후에 '카를스바트체제'는 회복되지 못했고 특히 출판 전 예비검열 제도는 효력을 잃었다. 일부 과정이 취소되기는 했으나 국가기관은 인쇄매체를 통제하기 위해 더 유력한 다른 수단을 찾아냈다. 경찰과 법원이 신문검열관의 역할을 넘겨받았다.

1864년, 뷔르템베르크(Württemberg) 왕국이 독일연방 소속 국가 가운데서 첫 번째로 전면적인 언론자유를 허용했다. 그러나 1874년에 '제국신문법'이 공포되고 나서야 예비검열 제도는 독일연방에서 사라졌다. 이후도 정부는 눈에 거슬리는 신문에 대해서는 괴롭히기는 했지만 멋대로 탄압할 수는 없었다.

비스마르크는 가톨릭교회와 특히 사회민주주의자들을 공격하면서 신문에 대한 간섭의 손길을 늦추지 않았다.[91] 비스마르크시대에 신문업 종사자들은 언제든지 사법부로부터 박해를 받을 수 있었다. 제국의 수상은 한 발짝 더 나아가 보수파 신문을 조종하여 자신의 정책을 지지하도록 했다. 1890년 이후가 되어서야 부르주아 신문 잡지——사회주의 사상을 전파하는 신문·잡지는 제외하고——는 영어권에서는 오래전부터 당연시되던 언론의 자유를 누릴 수 있게 되었다.[92]

영국으로 대표되는 영·미 문화권은 언론자유의 영역에서는 특수한 위치를 차지했다. 일찍이 1644년에 존 밀턴(John Milton)은 『출판자유론』(*Areopagitica*)*에서 신문에 대한 사전검열제를 폐지하라고 요구했고 그의 주장은 후세에 지속적인 영향을 미쳤다. 미국은 1798년

헌법 제1수정조항을 통해 의회가 언론과 출판의 자유를 제한하는 어떤 법률도 제정하지 못하게 했다. 이 조항은 해석에 이론의 여지가 많았다. 1798년 이후 이 조항의 해석을 두고 끊임없이 논쟁이 벌어졌다. '선동목적의 비방'(seditious libel)의 경계는 어디까지인가? 이 죄목은 '공적 인물'을 모욕으로부터 보호하기 위해 만든 옛 영국법 조항에서 도입한 것인데 그 임의성 때문에 악명이 높았다.[93] 그러나 전체적으로 볼 때 19세기의 미국은 언론의 자유가 보장된 나라로 볼 수 있었다. 시간이 흐르면서 신문은 정부를 겨냥한 제도화된 균형세력(제4의 권력, fourth estate)이란 의식이 사람들의 마음 속 깊은 곳에 자리 잡았다. 영국에서는 1695년부터 정부가 비판적인 신문을 직접적으로 억압할 법적 권리가 없어졌다. 그러나 정부는 출판물에 과세하는 방법 —— 이른바 '인지세'(stamp duty) —— 을 통해 신문의 발행과 유통을 방해했다. 인지세는 1855년이 되어서야 폐지되었다.

캐나다, 오스트레일리아, 뉴질랜드에서는 신문이 영국과 미국보다 약간 늦게 등장했다. 인구가 430만 명에 불과한 캐나다에서 1880년 한 해 동안에 우체국을 통해 발송된 신문의 양이 3,000만 부에 가까웠다.[94] 19세기 50년대 말에 멜버른을 방문한 영국의 한 여행자는 아침 일찍 산책길에서 집집마다 문 앞에 신문이 한 부씩 놓여 있는 것을 보고 놀랐다. 식민 당국의 간섭이 비교적 적었던 탓에 인구가 적

---

\* 정식 제목은 『*Areopagitica: A speech of Mr. John Milton for the liberty of unlicensed printing to the Parliament of England*』이다. Areopagitica는 그리스어 Areopagitikos(*Αρεοπαγιτικός*)의 영어식 표기이다. Areopagitikos는 아테네의 웅변가 이소크라테스(Isocrates)가 기원전 4세기에 한 연설이며 그 제목은 연설 장소인 아테네의 아레이오스 파고스(Areopagus) 언덕에서 나왔다. 일설에는 이 제목이, 사도 바울이 아레이오스 파고스에서 외국의 신을 찬양하고 이상한 가르침을 퍼뜨리고 있다고 고발당했을 때 자신을 변호한 연설(사도행전 17:18–34)에서 따온 것이라고 한다.

은 오스트레일리아에서 신문은 민주적 '시민사회'의 교류밀도를 높이는 데 중요한 작용을 했다. 신문은 대영제국의 수도에서 발행되는 각종 신문으로부터 나온 풍부한 정보를 독자들에게 제공했을 뿐만 아니라 오스트레일리아의 목소리를 런던에 전달하는 중요한 경로였다. 신문은 빠르게 성장하여 현지 사회의 중요한 정치세력이 되었다.[95]

각국의 구체적인 사례를 하나하나 열거하면서 검열제도가 궁극적으로 언제부터 법률과 제도상으로 철저하게 폐지됐는지를 설명하기란 참으로 힘든 일이다. 취재·편집과 출판에 대한 '유형'의 행정적 간섭이 언제부터 우발적인 사건의 수준으로 줄어들었는지를 확정하는 것은 보다 더 힘든 일이다. 행정적 간섭의 방식으로는 보증금 징수, 경찰의 편집부 수색, 몰수와 기소 위협 등이 있었다.

각국이 출판물에 대한 징벌 목적의 사후 검열을 폐지한 시기는 일반적으로 사전 검열제를 폐지한 시기보다 늦었다. 스페인 등 일부 국가에서는 신문업의 경영환경이 너무나 열악해서 신문기자는 반드시 제2의 직업을 가지거나 정객과 결탁해야만 생계를 유지할 수 있었다. 이런 지역에서는 가장 자유로운 신문법이 있다하더라도 무용지물이었다.[96] 노르웨이는 유럽 대륙에서 맨 처음 언론자유를 실행한 국가였고(1814년) 벨기에와 스위스가 그 뒤를 이었다(1830년). 1848년에는 스웨덴, 덴마크, 네델란드가 이 대열에 참여했다.[97]

일찍이 1789년에 프랑스의 혁명가들이 '인권과 시민권 선언'(제11조)에서 "사상과 관점의 자유로운 표현"을 "인류의 가장 귀한 권리의 하나"라고 불렀다. 그러나 실천이란 면에서 보자면 이 선언은 당시에는 그리 큰 의미를 갖지 못했다. 나폴레옹 3세 치하의 프랑스 제2제국(1851-70년)에서 집권자들은 처음에는 신문·잡지와 서적 출판에 대한 통제의 강화와 탈정치적 개조를 위해 온갖 노력을 기울였다. 60년대 이후 국가가 준의회제로 전환되면서 출판물에 대한 통제는 점차 완화되었다.[98] 제3공화국에 들어와 파리코뮌 실패 (1871년) 후의 국가테러 수준의 억압정책이 폐지(1878년)되고 나서 진정한 의미의 자유로운 공공 공간이 탄생했다.

1881년에 공포되어 시행에 들어간 가장 모범적인 신문법은 프랑스 신문 역사의 새로운 시대를 열었다. 이 '아름다운 시대'(Belle Époque)*에 정치적인 신문·잡지는 내용의 수준 면에서나 정치적 관점의 다양성이란 면에서 1914년 이후에는 결코 도달하지 못한 최고봉에 올랐고, 경제발전을 촉진하는 동시에 공화국의 각종 정책에 중요한 영향을 미쳤다.[99] 정치적으로 분열된 프랑스는 1881년의 대전환기를 맞을 때까지 언론의 자유를 두고 유럽의 어떤 나라보다도 치열한 논쟁을 벌였다.

합스부르크 왕조에서는 19세기 70년대에 와서야 관점을 자유롭게 표현할 수 있는 환경이 점진적으로 형성되었다. 그러나 제1차 세계대전이 폭발하기 전에는 신문사가 수색·몰수당하는 일이 끊임없이 일어났다. 방대한 다민족 국가에서 신문업이 일어난다는 것은 민족 문제가 더 복잡해졌다는 것을 의미했다. 분열주의를 조장한다고 인정되는 표현은 아무 때라도 반란의 혐의를 뒤집어 쓸 수 있었다.[100] 러시아는 1865년에 신문에 대한 제약을 완화하는 법령을 반포함으로써 "검열과 제약이 있는 환경하에서 상대적으로 독립적인 신문이 등장할 수 있는" 조건을 만들었다.[101] 이때 비교의 대상은 같은 시대의 영국이나 미국 또는 스칸디나비아 국가가 아니라 개혁 전의 러시아 자신이었다. 이들 국가의 신문은 활력이 넘치고 제약이 없는 환경하에서 자유롭게 발전하고 있었다. 러시아는 이때의 개혁을 통해 서구국가를 모델로 하여 사전 검열에서 사후 사법적·행정적 통제로 가는 과도기에 들어섰다. 1905년 이후 러시아의 신문업은 형식상으

* 19세기 말에서 20세기 초까지의 프랑스 역사상의 번영기를 일컫는다.

로는 서방과 마찬가지로 자유로웠으나 여전히 불시에 닥치는 당국의 괴롭힘과 소란을 감수해야 했다. 이는 같은 문제를 갖고 있던 독일이나 오스트리아보다 훨씬 더 심했다. 그러므로 우리는 보편적으로 낙후한 세계에서 유럽 전체만 언론자유의 성지였다고 생각해서는 안 된다.

## 아시아와 아프리카의 신문

유럽과 미국의 발명품이었던 일간 신문은 빠른 시간 안에 북대서양 이외의 세계도 받아들였다. 식민체제가 기회를 제공하자 토착 지식계층이 그것을 이용하여 토착 언어 또는 식민 종주국의 언어로 자신의 목소리를 냈다. 가장 전형적인 예가 영국의 식민지 인도였다. 인도에서 신문은 유럽과 거의 같은 시기에 발전했다. 차이점이라고 한다면, 인도는 신문을 받아들이면서 동시에 인쇄기도 받아들였다는 점이었다. 이로 인해 이중적 매체혁명이 일어났다.

첫 번째 영어신문은 1780년 콜카타에서 나왔고 첫 번째 인도어(뱅갈리, Bengali) 신문은 1818년에 나왔다. 1830년에 창립된 구자라트어(힌디어, Hindi) 신문『뭄바이 사마차르』(*Bombay Samachar*)는 지금도 발행되고 있다. 얼마 후 인도인이 설립한 영어신문도 잇달아 등장했다. 모든 신문이 석판인쇄를 채택했고 석판인쇄 기술은 빠르게 소도시로 퍼져나갔다.

인도에서 새로운 매체가 신속하고도 열정적으로 그리고 성공적으로 수용된 또 하나의 이유는 인도가 갖고 있던 풍부한 문자 보도 문화를 신문 발전의 기초로 삼을 수 있었기 때문이다.[102] 1835-57년은 인도의 신문이 자유로운 환경에서 활발하게 발전한 시기였다. 같은 시기의 독일의 입장에서 보자면 꿈같은 환경이었다. 1857년의 대봉기 이후 식민정부는 현지 인도인의 비판에 민감해졌고 신문에 대한 통제를 크게 강화했다. 그러나 이런 통제는 여론 전파를 봉쇄하는 정도로까지 나아가지는 않았다. 총독이 이끄는 인도정부는 매체를 이용하는 수법을 잘 알고 있었다. 정부는 신문을 민중에게 정보를 전달하는 도구이면서 인도사회의 각종 정보와 민중의 정서를 포착하는 경로로 활용했다. 위에서 설명한 실질적인 고려 이외에, 인도를 통치하는 영국정부를 구속하는 영국의 법률전통도 영향을 미쳤다. 바로 이런 요소들의 영향 때문에 19세기 인도는 신문 발행체제가 고도로 발달한 나라의 하나가 될 수 있었다. 그러나 이런 논리는 기타 유럽 열강이 통치하는 식민지에는 통용되지 않았다. 네덜란드의 민주주의는 영국에 결코 뒤지는 수준이 아니었으나 영국령 인도와 비교했을 때 네덜란드령 동인도의 언론과 공공 생활은 얼어붙은 수준이었다.[103]

신문의 발전 상황에서도 중국은 달랐다. 인도와 달리 오랜 인쇄의 전통을 가진 중국에서 신문은 고유의 특색을 갖고 있었다. 대략 1730년부터 『경보』(京報)가 발행되기 시작했다. 이 신문의 원형은 대략 1,000년 전으로 거슬러 올라간다. 『경보』는 관부에서 발행하는 일종의 정기 간행물로서 전담 '편집부'가 없이 조정 소식, 황제의 지시, 상소문, 도찰원(都察院)의 보고서 등을 모아서 실었다.

이 궁정 간행물은 1900년 이후 좀더 신문의 성격을 띠는 『정치관보』(政治官報)로 진화했다가 1911년에 왕조의 몰락과 함께 사라졌다.

진정한 의미에서 현대적인 신문은 개신교 선교사들이 중국에 들여왔다. 1842년에 중국이 대외적으로 문호를 개방하기 전에 신문이 제작되던 지점은 해외(말라카, 바타비아/자카르타)였고 그 뒤로 홍콩(香港), 광동(廣東), 상하이(上海)로 옮겨졌다. 이런 곳에서 발행되던 신문은 초기부터 중국어를 사용했고 대상 독자는 잠재적 신도였다. 신문의 내용은 기독교 교리의 선전이 주류를 이루면서 서방세계의 일상 문화에 관한 소식도 포함되었다. 그러나 이 신문들은 정치적 간행물이 아니었다. 1842년 아편전쟁이 끝난 후 통상항 혹은 조약항, 그중에서 특히 중요한 상하이의 치외법권 지역에서 외국신문들이 꽃을 피웠다. 이곳의 신문들은 통상항에 거주하는 유럽과 미국 상인의 의견과 이익을 주로 대변했지만 중국 국내에서 발생한 각종 사건에 관해서도 광범위하게 보도했다. 1862년부터 중국인이 발행하는 신문도 중국정부의 관할 밖에 있던 톈진과 상하이 등의 통상항 또는 영국이 식민통치하던 홍콩에서 발행되었다.

새로운 세기가 시작될 무렵 몇몇 중국 신문, 예컨대 1872년에 창간되었고—명성과 지위가 대체로 비슷한 『베를린일보』(*Berliner Tageblatt*)의 창간과 같은 해—1949년에 정간된 상하이의 일간신문 『신보』(申報, 창간 때의 제호는 『신강신보』申江新報)는 유럽의 근엄한 신문에 비해 전혀 손색이 없었다. 1909년까지 『신보』는 중국과 영국의 합작회사 형태로 운영되었다. 1911년 신해혁명(辛亥革命) 전까지 『신보』의 하루 발행부수는 시종 1만 부를 넘지 못했다. 이 신문의 편집진은 런던 『타임스』를 모델로 하여 독자들에게 적시에 정확한 정보를 제공하려 노력했다. 그들은 고대의 정치논평 또는 간언을 현대적인 형식의 사설로 전환시켰다. 중국에서건 영국에서건 19세기 후기에 이런 형식의 문장이 크게 성행했다. 『신보』는 창간 직후부터 통상항의 범위를 훨씬 넘어선 지역의 독자들로부터 환영을 받았다. 신문을 읽는 중국 지식인들이 볼 때 『신보』의 사설은 당대의 핵심 문제를 논하는 고대 격문의 새로운 변종이었다. 사설은 고대의 경전을 인용한 격정적인 선동성 주장으로 가득했다.[104] 『신보』가 나온 뒤로 전 세계 신문의 발전 흐름은 중국에서도 모습을 드러냈다. 제1차 세계대전이 끝난 뒤로, 유럽에서 그랬듯이 중국에서도 신문의 '미국화'에 대한 우려가 자주 거론되었다.

중국 신문의 특징은 정치적 관점의 표현과 정치적 선전을 목적으로 하는 출판물이었다는 점이다. 1894-95년의 청일전쟁에서 중국이 패한 후 다양한 정치적 입장을 지닌 지식인들이 이런 간행물을 이용해 중국이 처한 현실적 위기를 분석하고 국가의 미래에 대한 구상을 밝히기 시작했다. 이와는 반대로 일본에서는 전쟁이 대중의 애국주의적 열정을 자극했다. 신문은 여기에 편승하여 일본의 해외진출 야심을 정당화했고 그 결과 신문의 판매량의 1/4이나 증가했다.[105]

중국의 '비판적인' 간행물은 대다수가 해외 또는 통상항에서 출판되었고, 출판량도 대형 일간지보다 훨씬 적었으며, 고상한 품격을 표방한 탓에 대중이 접근하기 어려웠다. 그러나 이런 간행물은 신흥 '중등'계층 ― 개혁적 성향의 언론인들은 '중등사회'라고 불렀다 ― 의 정치적 계몽에는 매우 중요한 역할을 했고 그 영향력은 멀리 내륙의 대도시에까지 미쳤다.[106]

이런 간행물은 중국의 신문계에 새로운 논전의 기풍을 불러일으켰다. 그러나 중국 조정은 인도 정부와는 달리 신문과 정기간행물에 대해 관용적인 태도를 보이지 않았다. 식민지 인도에서 신문이 일정 정도 자유롭게 발전할 수 있었던 것은 정부의 관용적인 태도 덕분이었다. 1911년 이전에는 중국어 신문이든 영어 신문이든 모두 홍콩이나 상하이 같은 해안지역 도시의 '치외법권 지역'에서 외국 법률의 보호를 받아 어렵게 생명을 이어갔다. 이곳에서 중국과 영국의 기자들은 긴밀하게 협력하며 일했다. 중국의 변혁 문제에 관한 공동의 관심사가 그들을 묶어주었다.[107]

오스만제국에서도 19세기 70년대는 신문이 점차 국가의 통제를 벗어나 우여곡절을 겪으면서 독립을 향해 나아가던 시기였다. 첫 번째의 반(半)관영 주간신문(아랍어)이 1861년에 창간했다가 1883년에 폐간했다.[108] 오스만제국도 당연히 자신의 출판 검열제도를 갖고 있었고 그 근거가 되는 법률은 1867년에 폐지되었다. 압될하미트 2세(Abdul Hamid II) 통치시기에 정부는 1878년부터 여론에 대한 통제를 시작했고 국내의 인쇄매체는 숨을 죽여야 했다.

오스만제국에는 홍콩이나 상하이 같은 치외법권 지역이 없었으므로 반대파 신문과 잡지는 파리, 런던, 제네바 등지에서 인쇄되어 그중 일부가 개인이 편지를 보내는 방식으로 몰래 국내로 들어왔다.[109] 그러나 형식상으로는 여전히 오스만제국에 예속되어 있던 이집트에서는 상황이 전혀 달랐다. 통치자 이스마일(Khedive Ismail)은 신문과 좋은 관계를 유지하려 노력했고 신문을 교묘하게 자신의 목적에 이용했다. 이스마일은 신문을 정부의 하수인으로 만들려고 하면 그 결과는 오히려 반대가 된다는 점을 잘 이해하고 있었다. 그는 신문을 대외적으로는 독립된 모습을 보여주게 하고 자신은 뒤에 숨어 보이지 않는 곳에서 조종한다면 자신에게 훨씬 유리하다고 판단했다. 그는 자국 기자와 외국 기자에게 풍성한 예물을 보내고 영국과 프랑스의 신문사에게는 드러나지 않게 자금지원을 했다.[110]

신문의 상대적인 자유는 민간의 신문사 창업 의욕을 자극했다. 가장 중요하고도 대표적인 사례가 1876년 레바논 혈통의 천주교도 타클라 형제(Salim and Bishara Taqla)가 설립한 『알-아람』(Al-Ahram)* 지였다. 1881년부터 일간지로 바뀐 이 신문은 독자들에게 세계 각지의 믿을만한 소식을 적시에 제공해주었고 일정 분량의 비판적 평론도 제공했다. 독자들은 이 신문을 통해 더 많은 자유를 지지하고 외국의 간섭을 반대하는 타클라 형제의 태도를 분명하게 느낄 수 있었다. 1877-82년에 카이로와 알렉산드리아 두 도시에서 발행되던 정치적 신문은 30종에 이르렀고 1일 총 발행부수는 2만 4,000부수를 넘었다(1881년 가을의 통계).[111] 신문에는 소속 기자가 작성한 기사와 함께 『타임스』나 『르 데바』(Le Débat) 같은 유럽 신문의 번역 기사도 실렸다.

* 아랍어로 피라미드란 뜻이다.

1882년 영국에 점령당하기 전에 이집트에서는 이미 여러 종류의 아랍어와 유럽어 신문이 나오고 있었다. 그 후 영국이 실질적인 통치권을 행사하던 시기(1882-1922)에 이집트 신문의 번영은 지속되었다. 인쇄기술의 확산, 문자해독 인구의 증가, 기자란 직업의 전문화, 영국 점령당국의 자유로운 입장 등이 합쳐져 이집트는 중동지역에서 언론자유의 섬이 되었다. 19세기의 마지막 사반세기 동안에 이미 이집트에서는 규모는 작지만 고정적인 신문 독자층이 형성되었고 이들을 중심으로 정치적 의견을 활발하게 표출하는 집단이 생성되었다. 당시 사회에서 사람들의 정보에 대한 욕구는 문자 해독률보다 더 빠른 속도로 증가하고 있었고, 따라서 뉴스는 입에서 입으로 전해지는 방식으로 사람들의 욕구를 만족시켰다. 오스만제국에서는 1908년 청년터키당이 혁명을 일으켜 술탄의 독재를 끝내자 속박에서 풀려난 신문 발행제제가 시민사회에 뿌리를 내렸다.[112]

## 신문의 대중화

신문발행의 혁신은 대부분 미국에서 시작되었다. 산업시대 초기에 인쇄기술의 가장 중요한 혁신도 미국에서 일어났다. 최초의 윤전인쇄기가 1846년에 필라델피아에서 설계·조립되었다. 1886-90년에 독일계 이민자이자 볼티모어의 시계수리공이던 오트마르 메르겐탈러(Ottmar Mergenthaler)가 발명한 건반조작형 주조식자기(鍵盤操作型 鑄造植字機)가 활판인쇄기의 난제이던 느린 식자 속도를 해결했다. 건반으로 조작하는 방식으로 활자주조와 식자를 일체화한 이 기계는 인쇄기술 역사에서 구텐베르크 이후 가장 큰 의미를 갖는 혁신이었다.[113]

경영 방면의 혁신도 역시 미국에서 시작되어 유럽으로 전해졌다. 19세기 30년대에 미국 동부해안 지역에서 '페니 프레스'(penny press, 염가신문)가 등장하자 신문 발행량은 통계를 낼 수 없을 정도로 늘어났다. 이런 부류의 신문은 대중을 대상으로 조악한 지질의 용지에 인쇄하고 저렴한 가격으로 판매했다. 이런 신문에는 주식시장에 관한 뉴스는 실리지 않았고 범죄 사건과 선정적인 사회동향이 기사의 주류를 이루었다.

같은 시기에 (신문사가 기자를 파견하여 의문의 살인사건, 비도덕적 범죄, 정치적 추문을 조사하여 보도하는) '탐사 저널리즘'(investigative journalism)도 등장했다. 이후 수십 년 동안 유럽에서 온 여행자들은 미국의 신문에서는 추악한 냄새가 난다고 고개를 저었다. 그러나 이런 부류의 신문이 영국에서도 보편화되고 유럽의 여러 나라에서 잇따라 등장했다.[114] 대중지는 민주주의의 성장과 함께 성장했고 유럽에 앞서 미국에서 수십 년 전에 출현했다. 노동자 계층이 선거권을 갖게 되자 사회적 소통에서 노동자들이 중시되기 시작했다. 이런 신문들은 그 시대를 분석하기보다는 그 시대를 그대로 반영했다.

이런 신문들이 줄곧 성장하면서 대중매체의 표지가 되는 새로운 시대가 미국에서 열렸다. 새로운 시대가 형성되는 데는, 이전에는 입에서 입으로 공짜로 얻던 뉴스를 듣기 위해 기꺼이 돈을 내고 신문을 사겠다는 시민의식이 바탕이 되었다.[115] 1860년, 『뉴욕 헤럴드』(New York Herald)가 하루 판매부수 7만 7,000부로 세계에서 발행량 최다 신문이 되었다. 1835년에 창간된 이 신문은 풍부한 뉴스 기사로 중산층 독자의 사랑을 받았다. 호레이스 그릴리(Horace Greely)가 창간한 『뉴욕 트리뷴』(New Tribune)은 처음으로 엄숙성과 통속성을 조화시킨 미국의 신문이었다. 마르크스는 이 신문에 런던 주재기자의 자격으로 기사를 썼다. 1860년 무렵 『뉴욕 트리뷴』 주말 판의 독자 수는 20만에 이르렀다.[116]

미국에서 대중지가 성장할 수 있었던 조건의 하나는 광범위한 철도망이었다. 기차가 하룻밤 사이에 잉크냄새가 아직 남아 있는 신문을 전국 각지로 실어갈 수 있었다. 프랑스의 첫 번째 대중지는 모와즈 밀로(Moise Millaud)가 1863년에 창간한 『르 쁘띠 주르날』(*Le Petit Journal*)이었다. 이 신문의 가격은 주류 신문의 1/4이었다.[117] 영국의 신문계에서는 보수적 지식인 신문이 주류의 지위를 차지한 기간이 미국의 경우보다 훨씬 길었지만, 1896년에 『데일리 메일』(*Daily Mail*)이 나오고 나서 형세는 역전되었다. 사람들이 노스클리프 경(Sir Northcliffe)이라 불렀던 이 신문의 창업자 알프레드 함스워스(Alfred Charles William Harmsworth)는 런던 플리트가(Fleet Street)*의 첫 번째의 신화적 거물이 되었다. 1900년, 남아프리카전쟁이 일어나 신문보도에 대한 대중의 관심이 높아지자 창간한지 얼마 안 되는 이 조간 대중신문은 98만 9,000부라는 믿기 어려운 판매부수를 올렸다. 세계적으로 이것을 초과하는 기록은 미국의 신문재벌 조지프 퓰리처(Joseph Pulitzer) 휘하의 『뉴욕 월드』(*New York World*)가 세운 150만부(1898년)밖에 없다.[118] 런던 『타임스』의 권위와 정치적 영향력이 가장 높았을 때 독자수가 고작 3만이었다(이 신문의 발행인이 생각했던 목표 독자가 딱 그만큼이었다).[119]

끊임없이 높아진 신문의 사회적 중요성을 보여주는 다른 숫자들도 있다. 1870년 미국의 하루 평균 신문 판매량은 260만 부였던 것이 1900년에는 1,500만 부를 넘어섰다.[120] 정치적 '십자군 신문'(crusading press)이 미국과 영국에서 거의 동시에 출현했다. 헝가리 이민자 출신의 조지프 퓰리처는 『뉴욕 월드』의 소유주이자 편집책임자였다. 그는 1880년대 초부터 이 신문을 탐사보도와 사회비평의 전문 신문으로 특화시켜 재정적으로도 성공했다. 영국에서는 스테드(W. T. Stead)──인터뷰란 취재방식을 처음으로 고안한 인물──가 자신이 세운 『펠 멜 가제트』(*Pall Mall Gazette*)에 정보와 정치선전을

---

* 18, 19세기 영국 신문 출판 산업의 중심지.

결합시킨 기사를 주로 실었다. 이런 신문은 단순히 일어난 사건에 반응하지 않고 사건 자체를 만들어 내려했다. 그들은 정부에 여론의 압력을 가해 낡은 법을 폐기시키거나 새로운 법을 통과시켰다.

유럽 대륙에서와는 달리 이제 신문은 더 이상 정당과 사회동향의 확성기가 아니었다. 신문 소유주와 편집자는 자신의 확신이나 편견을 마음대로 전파할 수 있었다. 역설적이게도 (광고 수요의 증가와 함께 새로운 단계로 접어든) 신문의 상업화는 오히려 신문 소유주의 독립성을 강화시켜 주었다. 수입의 절반이 광고로부터 나온다면 신문 소유주나 편집책임자는 정치적 후원자나 정당에 의존할 필요가 없게 된다.[121]

오늘날 우리가 알고 있는 권위지(quality press)와 좀더 세분화할 때 대중지로 분류되는 신문들은 모두 19세기의 마지막 20, 30년 동안에 등장했다. 이와 동시에, 사회적 신분의 하나로서 현대의 기자라는 직업이 점차 형성되었다. 1900년을 전후하여 이미 출판의 자유가 있고 문맹퇴치 정책으로 열독 능력을 갖게 된 광대한 독자군이 존재하는 국가에서는 뉴스를 수집하고 전달하는 직업적 소양을 갖추고 훈련을 받은 전문가집단이 등장했다.

일본이 그런 국가의 하나였다. 일본의 신문업계는 현대 이전의 활발했던 출판업을 기초로 하여 서방의 발전을 따라가려는 발걸음을 재촉하여 끊임없이 거리를 좁혀왔다. 19세기 70, 80년대에 일본은 구조적으로 완벽한 신문 발행체계를 갖추었다. 일본은 국제적으로 가장 선진의 신문제작 기술을 도입하고 1868년 메이지유신 시대로 진입한 이후의 사회환경의 변화——국가교육 체계의 확대로 높아진 문자 해독률, 전국적인 우편망, 정당과 의회제도의 도입에 따른 공공영역의 구조적 변화——에 편승하여 새로운 유형의 기자와 신문 경영자가 양성되었다.

일본은 초기 주요 신문이 등장했을 때 (중국과는 달리) 외국인의 손을 빌리지 않았다. 일본은 단지 서방문화의 기본 요소를 빌려와 거기에 자신의 고유한 특색을 가미했다. 신문계와 고등교육 기관의 긴밀한 관계는 지금까지도 이어지는 일본 신문계의 특징의 하나이다. 엘리트 대학의 교육은 주류 신문의 편집자 대열에 진입하는 지름길이었다. 그 밖에도 도쿄와 오사카란 양대 신문발행 중심지 사이의 오랜 경쟁관계는 중앙집권과 단일 관리체계가 보편화된 일본이란 나라에 어느 정도의 활력을 보탰다.[122]

## 하나가 되는 세계

19세기 신문계의 특징의 하나는 권위 있는 신문들이 세계적인 활동을 했다는 점이다. 주요 신문들은 전 세계의 뉴스를 알리는 것이 임무라고 생각했고, 이는 독자에게 전 세계의 뉴스를 제공할 수 있는 신문이라야 주요 신문에 끼일 수 있다는 의미였다. 해외 주재기자가 새로운 유형의 직업으로 떠올랐다.

처음에 해외 주재기자는 종군기자와 잘 구분이 되지 않았다. 처음으로 반란, 폭동, 전투의 현장을 찾아다니며 취재하여 본국에 있는 독자들에게 알려준 기자는 런던 『타임스』의 윌리엄 하워드 러셀(William Howard Russel)이었다. 그는 인도, 남아프리카, 이집트에서 보고 느낀 것, 크리미아 전쟁, 미국의 남북전쟁, 1871년의 프랑스-프로이센 전쟁을 직접 보고 느낀 것을 전달했다. 호전주의자도 아니고 제국주의적 모험을 좋아하지도 않았던 러셀은 전쟁저널리즘을 문학적 정상까지 끌어 올렸는데, 후세의 동업자 가운데서 그를 능가하는 업적을 낸 사람은 없다.[123] 런던 『타임스』는 그가 창조한 보도형식을 특화·발전시켜 자신의 전통으로 정착시켰다.

러셀이 기자생활을 막 시작했을 때 기사를 보내는 수단은 우편뿐이었다. 그 후 사반세기의 짧은 시간 안에 지구를 덮는 전신망이 완성되어 원거리 뉴스전달이 가능해졌다. 1844년, 장거리 전보가 사용되기 시작했다. 1851년, 영국해협을 횡단하는 첫 번째 해저전신선이 부설되었다. 1866년, 북대서양을 횡단하는 해저전신선이 개설되었다.[124] 1862년, 전 세계 육상 전신선의 총연장이 24만 킬로미터에 이르렀다. 1876년, 대영제국 식민지와 런던이 전신망을 통해 하나로 연결되었다. 1885년, 유럽과 세계의 대도시 대부분이 해저 전신망으로 연결되었다.

이때의 전신은 과도한 부하와 높은 이용가격 때문에 손쉽게 이용할 수 있는 통신수단은 아니었다(1898년의 『타임스』의 한 해 총지출 가운데서 전신비용이 차지하는 비율이 15퍼센트였다). 이 시기의 전신망을 '빅토리아시대의 인터넷'이라고 부르기도 하지만 아무래도 과분한 명예인 것 같다. 그러나 최소한 역사에 전례가 없는 'world wide web'의 기본 모형이라고 할 수는 있을 것이다.[125] 오늘날의 인터넷과 비교했을 때 이때의 전신망은 집중화 정도가 더 높았다. 전신망이든, 전 세계의 전신산업의 자금 흐름이든 모두가 런던 한 곳으로 모였다. 이때의 전신산업의 주 고객은 신문업계보다는 무역 분야였다.

신기술이 등장함으로써 통신사가 활동할 수 있는 기반이 갖추어졌다. 1851년, 독일 카셀(Kassel) 출신의 율리우스 로이터(Julius Reuter)가 런던에 사무실을 열었다. 바로 이해에 영국해협 양안 사이의 정보전달 속도가 몇 시간 내로 줄었다. 로이터보다 앞서서 두 사람의 유대인 기업가──파리의 샤를르 하바스(Charles Havas)와 베를린의 베른하르트 볼프(Bernhard Wolff)──가 파리와 베를린에서 각기 통신사 혹은 '전보국'을 창립했다. 미국에서는 1848년에 연합통신사(AP:Associated Press)가 설립되었다. 이런 통신사는 신문뿐만 아니라 정부와 개인 고객──예컨대 1864년부터 빅토리아 여왕 개인에게 뉴스를 공급했다──에게도 뉴스를 제공했다.

로이터는 이런 뉴스 서비스를 통해 언론계의 선도 인물이 되었다.

독일 출신의 무명 인사였던 그가 1860년에는 영국 여왕을 알현했다. 크리미아전쟁(1853-56년)은 주요 통신수단으로서 전신을 이용하지 않고 보도된 마지막 국제적 사건이었다. 로이터사는 모든 통신가 가운데서 전 세계적 보도 능력을 가진 유일한 통신사였다. 1861년 이전에 로이터사는 이미 독자적인 전 지구적 취재망을 구축했다. 여기에는 인도, 중국, 오스트레일리아, 뉴질랜드, 남아프리카가 포함되었다. 로이터사는 전신선로가 아직 보급되지 않은 지역에서는 증기선사가 제공하는 특급우편을 이용했다. 로이터사의 기자가 유럽의 독자들을 대신해서 미국 내전(1861-1865년)을 시작부터 끝까지 관찰했다.

대형 통신사는 뉴스보도 이외에도 독자들에게 자연과학, 예술, 체육 분야의 각종 소식을 끊임없이 제공했다. 로이터 뉴스제국의 세력은 꾸준히 확대되어 '대영제국의 국가기구'의 하나가 되었다.[126] 통신사는 뉴스 취재와 전파의 세계화를 추진했고 평론을 더하지 않은 보도에도 힘을 쏟았다. 이런 면에서 보자면 통신사는 뉴스의 '객관성' 이념의 선구자라 할 수 있었다. 그러나 다른 시각에서는 통신사가 '획일화된 저널리즘'(Einheitsjournalismus)의 흐름을 조장했다고 볼 수 있었다. 원칙적으로 말하자면 통신사가 제공한 뉴스를 활용한 모든 신문의 기사는 내용이 동일할 수밖에 없기 때문이다. 런던『타임스』를 비롯한 소수의 신문만이 독자적인 해외 취재망을 갖추고 있어서 통신사에 대한 의존을 벗어날 수 있었다.『타임스』가 받드는 원칙 가운데 하나가 최소한 대영제국의 이익과 관련된 문제인 경우에는 독자적으로 직접 취재한다는 것이었다.[127]

구텐베르크가 인쇄술을 발명하고 400년 뒤에야 정기적으로 발행되는 인쇄매체가 교육받은 지식계층의 일상생활에 영향을 주는 요소가 되었다. 그러나 이때의 교육받은 지식계층은 사회전체로 보아 아직 소수였다. 오늘날 우리가 알고 있는 신문업의 기본적인 구조는 19세기 후반기에 만들어진 것이다. 신문은 최신 기술을 이용했다. 신문은 시장의 법칙을 따르면서 동시에 법률과 정치적 환경으로부터 제약을 받았다. 따라서 언론의 자유는 전 세계 진보적 인사들의 기본적인 요구였다.

여러 가지 문제에서도 그렇지만 이 방면에서도 동서방의 차이를 강조하는 것은 별 의미가 없다. 대영제국의 여러 식민지에서 언론자유의 정도는 중동부 유럽 국가보다 높았다. 신문업이 발전하자 기자는 새로운 사회신분으로 등장했을 뿐만 아니라 '지식계층'을 대표하는 중요한 세력의 하나로 떠올랐다. 머나먼 인도와 중국에서도 기자의 정치적 영향력은 결코 적지 않았다. 기자가 있음으로써 대중이 얼굴을 갖게 되었다. 신문기사의 문장이 엘리트들이 사용하는 고전적 문어에서 더 많은 대중—새로이 문자해독력을 갖추게 된 사람들을 포함하여—이 쉽게 이해할 수 있는 일상어로 바뀌는 과정에서 뛰어난 기자들의 역할이 컸다.

'사실주의' 예술, 통계학, 실증적 사회과학과 함께 신문은 미디어 기반의 의사소통이 극적으로 확대된 세계에서 사회적 자기관찰의 중요한 수단이 되었다. 그러나 통신은 기술의 성격상 아직 독점 상태에 놓여 있었다. 1899년, 젊은 이탈리아 기술자 줄리엘모 마르코니(Guglielmo Marconi)가 동업자인 세르비아계 미국인 니콜라 테슬라(Nicola Tesla)가 발명한 기술을 이용하여 영국해협을 건너는 무선 신호를 송출하는데 성공했고, 1901년에는 더 나아가 대서양을 횡단하는 무선 신호 송출에 성공했다. 이때의 무선통신은 아직은 라디오라는 대중매체로 발전하지 못했다. 라디오가 나온 것은 제1차 세계대전 뒤의 일이었으며 군대가 무선기술을 활용한 덕분이었다.[128]

# 6. 사진

## 진짜의 탄생

마지막으로, 19세기는 표면적 세계에서 발생한 현상을 기록하기 위해 광학과 화학 기술을 이용하는 방법을 찾아냈다.[129] 이 발명은 이 시대가 후세에게 남겨준 기억을 만드는 데 크나큰 영향을 미쳤다. 생생하고 진실한 영상기록이 세상에 나온 그 순간을 경계로 하여 전체 19세기는 둘로 나뉘어졌다. 1827년에 세상을 떠난 베토벤(Ludwig van Beethoven, 1770-27)의 모습이 어땠는지 아는 사람은 없다. 그러나 우리는 1849년에 세상을 떠난 쇼팽(Frédéric François Chopin, 1810-49)의 수척한 모습을 사진을 통해 알고 있다. 슈베르트는 초상화로 후세에 모습을 남겼지만 로시니는 그보다 5년 연상인데도 더 오래 살았기 때문에 위대한 사진작가 나다르(Félix Nadar)의 스튜디오에서 찍은 초상 사진을 남겼다. 낭만파와 이상주의 시대의 문화예술계 거물 가운데서 오직 소수만 사진 시대의 도래를 목격하는 행운을 누렸다.

사진의 시대는 1838-39년 다게레오타이프(daguerreotype, 다게르의 은판 촬영술)의 발명과 그로부터 2년 뒤에 생긴 첫 번째의 촬영 스튜디오와 함께 시작되었다. 셸링(Friedrich Wilhelm Joseph Schelling)과 알렉산더 훔볼트는 만년에 초상사진을 찍은 적이 있었지만 헤겔, 괴테, 훔볼트의 형 빌헬름 훔볼트 등은 그런 행운을 만나지 못했다.

1847년, 빌헬름 4세 왕이 독일 최초의 사진사인 함부르크의 헤르만 비요프(Hermann Biow)를 베를린으로 불러 이 신기술을 이용해 황실 가족의 사진을 찍도록 했다. 이날, 현장에 있던 저명인사 훔볼트도 촬영사에게 자신의 초상사진을 찍어주도록 부탁했다.[130]

1839년, 은판 촬영술이 세상에 나온 지 몇 달밖에 되지 않았을 때 훔볼트는 혁명적인 의의를 알아챘다. 50년대 초에 사진 복제기술이 발명되자 '지명도'란 어휘는 새로운 함의를 갖게 되었다. 링컨, 비스마르크, 황제 빌헬름 1세 등 군주와 정치지도자들의 초상이 집집마다 걸렸다. 신문에 그림이 실리기 전 ── 적은 비용으로 사진을 복제하는 기술은 1880년대 초에 나왔다 ── 에는 사람들의 인물 변별 능력은 제한적이었다. 미국 내전의 영웅 율리시스 그랜트(Ulysses S. Grant) 장군이 뉴욕 역에 도착했을 때 기자들은 군중 속에 묻혀 있던 그를 알아낼 수 없었다.[131]

비요프는 1842년 함부르크의 알스터(Alster) 지역에서 큰 불이 났을 때 폐허의 모습을 담은 다량의 다게레오타이프 사진을 찍었다. 이 것은 재난사건에 관한 인류 최초의 영상기록이었다.[132] 크리미아 전쟁(1853-56년) 이후 유럽국가 혹은 북아메리카국가가 참여한 모든 전쟁은 진귀한 사진자료를 남겼다. 중국의 태평천국운동(1850-64년)과 관련한 어떤 영상자료도 찾을 수 없지만 같은 시기에 일어난 미국내전(1861-65년)은 사진이란 형식을 통해 후대에 생생한 기억을 남겨주었다. 이 사진은 전부 한 사람의 사진사 매튜 브래디(Mathew B. Brady)의 손에서 나왔다. 전쟁 기간 동안 그는 대형 전투가 벌어지는 현장을 부지런히 따라다니며 현장의 모습을 화학적 방법으로 가공한 유리 현상판 7,000장에 담았다.[133]

이 시기에 회화와 사진은 대부분의 경우 공존할 수 있었다. 그러나 전장에서 찍은 생생한 사진들, 즉 살아 있거나 죽어가는 군인들의 실제 모습은 영웅주의를 주제로 한 전쟁 회화가 쇠락의 길로 접어드는 표지였다. 1888년에 값싸고, 휴대하기 쉽고, 조작도 간편한 코닥 (Kodak) 필름 사진기가 나와 인류의 시각 기록을 위한 새로운 수단을 제공했다. 1876-78년에 발생한 인도의 대기근에 관해서는 소량의 사진만 세상에 전해오고 있다. 그로부터 약 20년 뒤 다시 기근이 발생했을 때 모든 여행자 또는 선교사가 사진기를 이용해 현장을 기록하여 역사의 증인이 될 수 있었다.[134] 사진기술의 발전 초기단계에서 그 예술성과 사진작가로서의 창조적 성취가 세상 사람들로부터 인정받는 경우는 아주 드물었다.[135] 사진의 매력은 단지 전대미문의 객관성과 사실성(寫實性)을 갖춘 기술 매체라는 점에 머물렀다.

사진의 가치는 일찍부터 자연과학—첫 번째가 천문학, 그 다음으로 의학—분야에 응용되면서 구체적으로 드러났다. X선 촬영술의 발명은 인류에게 미지의 왕국으로 들어가는 대문을 열어주었다.[136] 19세기 60년대부터 인류의 노동하는 장면을 보여주는 사진작품이 대량으로 쏟아져 나왔다. 그보다 몇 년 전에는 여행과 과학—지리와 인문—사진이 주목을 받았다.

## 좁아진 세계

갈수록 많은 사람이 사진기를 들고 탐험여행에 나서거나 고고학적 명승지—첫 번째의 대상은 당연히 이집트였다—와 이색적인 민족이 사는 지역을 찾아 나섰다.[137] 서방의 어떤 나라보다도 해외에 많은 영토를 가진 영국에서 대중은 사진을 통해 처음으로 대영제국의 지붕 아래에 어떤 인종과 어떤 사물이 모여 있는지를 보았다. 지난 수백 년 동안 삽화가 실린 여행기가 유럽인들이 이역에 대한 감성과 인상을 형성할 수 있는 유일한 매체였다. 여행기와 비교했을 때 사진은 독자에게 더 많은 세부 사정과 분위기와 구체적인 모습을 보여주었다. 460장의 사진을 실은 총 18권으로 구성된 거작 『인도인』(*The*

*People of India*, 1868-75년)에서 인도는 유사 이래 처음으로 풍부하고 시각화된 모습으로 독자들 앞에 나타났다.[138]

사진기는 오랫동안 유럽인과 미국인의 전유물이었다. 그들은 사진기가 제국주의 전쟁에서 유용하게 이용될 수 있는 도구라는 사실을 알아차렸다.[139] 대도시를 적대적으로 바라보는 사진적 시각은 한참 뒤에 등장했다. 많은 사진작가가 고국에서 멀리 떨어진 곳에서 사물을 관찰하는 경험을 쌓고 돌아와서는 가까운 곳에 있는 사물을 관찰하기 시작했다. 4권짜리 사진집 『중국과 중국인의 영상』(*Illustrations of China and Its People*, 1873년)을 낸 사진작가 존 톰슨(John Thomson)은 유럽으로 돌아온 후 몇 년 전 헨리 메이휴가 기자의 기법으로 묘사한 런던 빈민층의 생활상에 카메라의 초점을 맞추었다.

시각을 바꾸어서 본다면 우리는 사진기가 동·서방 사이에 일종의 실질적인 중립과 평등을 만들어낸 사실을 발견하게 된다. 사진기는 이국적 정취를 과장하는 데 있어서 화필을 따라갈 수 없었다. 1842년, 프랑스의 사진작가 지로 드 프랑제(Joseph-Philibert Girault de Prangey)는 중세 유럽 건축과 이슬람 건축을 다게레오타이프 사진으로 찍어 두 양식이 미학적 관점에서 보자면 매우 근접해 있다는 사실을 보여주었다.[140]

사진이 없었더라면 19세기 후반 유럽인의 '이역'에 대한 감성과 인식은 형성되지 못했을 것이다. '인종 사진박물관'을 열겠다는 편집증적인 시도는 전혀 상반되는 결과를 낳았다. 빈곤을 묘사한 사진들 ─ 예컨대, 중국의 아편 흡연관과 1857년 폭동 후의 인도의 황량한 풍경 ─ 은 서방인의 '동화 같은' 동방세계에 대한 환상을 철저하게 부숴놓았다. 다른 한편으로, 이런 사진들은 이제 이민족은 전통적으로 묘사해왔던 것처럼 고상한 야만인이 아니라는 사실을 깨우쳐주고 이역에 대해 구체적인 인식을 갖게 해주었다. 아울러 식민통치자들은 보다 손쉽게 그들의 식민통치가 본국의 대중에게 이익이 된다는 사실을 보여줄 수 있었다.

사진기술을 도입한 첫 번째 비서방 국가는 오스만제국이었다. 19세기 50년대에 제국의 대도시에서는 사진관이 등장했는데, 서부유럽과 중부유럽 국가의 경우와 비슷한 시기였다. 처음에 사진관의 운영자는 모두 유럽인 또는 비무슬림 소수민족이었고 첫 번째 고객 또한 유럽인이었다. 새로운 세기가 도래하기 전 마지막 20년 동안 가족사진 촬영이나 직원 단체사진은 무슬림 중상층 계층의 일상 문화의 고정항목이었다.

정부도 군사적 목적에서 일찌감치 사진에 관심을 기울였다. 독재자 압뒬하미트 2세는 사진을 활용해 지방 관원에 대한 감독을 강화했다. 술탄은 사진을 통해 국가 건설공사의 진전 상황을 대체적으로 파악할 수 있었다. 또한 술탄은 이 새로운 매체를 유럽인들 앞에서 제국의 면모를 보여주는 수단으로 활용했다. 일설에 따르면, 술탄은 사윗감을 고를 때 후보자의 사진을 공주들에게 보여주고 의견을 물었다고 한다.[141]

사진은 많은 국가에서 일상생활의 한 부분이 되었다. 오늘날 우리에게 익숙한 사진의 여러 분파―광고, 선전, 그림엽서 등―는 모두 19세기에 시작되었다. 사진사로 생계를 유지하는 직업도 흔해졌다. 소도시에도 스튜디오와 사진관이 생겼다. 1888년에 세상에 나온 코닥 카메라는 이 신매체의 '민주화'를 실현했고 나아가 사진작가의 예술적 소양에 대한 요구 수준도 낮추어놓았다. 전문적인 훈련이나 전문적인 지식이 부족해도 누구든 사진기를 다룰 수 있었기 때문이다. 가볍고 정교하며 값싼 사진기와 필름의 등장으로 비전문가도 사진기술을 이용해 여러 가지 영상을 만들 수 있게 되었다. 거의 모든 중산층 가정이 전문가가 찍은 가족 기념사진을 무더기로 가지고 있거나 가족 가운데 누군가가 찍은 사진첩을 가지고 있었다.

19세기에 태어났거나 19세기에 완성된 관찰체계 가운데서 객관화란 면에서 가장 큰 성과를 낸 것이 사진이었다. 사람들이 이 매체의 인위적 조작 가능성, '주관성,' 그리고 예술적 가능성에 대해 인식한 뒤에도 사진의 객관성이란 특징은 여전히 흔들리지 않았다. 물론 많은 사진들이 가공되었고 많은 사진이 그 시대의 편견과 기성관념을 표출했다. 사진도 그래서 중요한 '해체'의 대상이 되었다.[142] 그러나 사진은 마침내 인류가 시각적 수단을 통해 세계를 인식하는 전혀 새로운 길을 열어주었고 동시에 예술적 재능과 훈련이 부족한 사람들에게도 영상 창작의 도구가 되어주었다.

## 움직이는 영상

1895년은 영화의 원년이다.[143] 3월 22일, 파리에서 공장주의 아들인 뤼미에르 형제(Auguste, Louis Lumière)와 기술자 쥘 카르팡티에(Jules Carpentier)가 움직이는 영상 '시네마토그라프' (Cinématographe)를 처음으로 공개했다. 뤼미에르 형제는 지체 없이 촬영 카메라, 상영장치, 필름을 판매용 제품으로 내놓았다. 사진과는 달리 이 새로운 기술은 출발점에서부터 공업적 생산에 착수할 준비가 되어 있었다. 그해 12월에는 일찌감치 대중을 상대로 유료 상영도 시작했다. 뤼미에르 집안은 신종 기기를 능숙하게 다룰 수 있는 기술자 집단을 양성하여 세계 각지로 내보냈다. 1896-97년, 마드리드에서 카잔(Kазан)까지, 베오그라드에서 움살라까지 유럽 전체와 미국 동해안의 일부 도시에서 뤼미에르의 영화가 상영되었다.

1896년 5월 26일에 열린 니콜라이 2세(Nicholas II) 황제의 대관식 기록영화는 당시에 가장 인기 있는 영화였다. 러시아의 군대가 서방으로 진군하자 이 영화도 빠르게 전 세계로 퍼져나갔다. 1896년, 이스탄불, 다마스쿠스, 예루살렘, 카이로, 뭄바이, 멕시코시티, 부에노스아이레스와 오스트레일리아의 몇몇 도시에 뤼미에르회사의 상영 기술자들이 다녀갔다. 1899년이 되자 상하이, 베이징, 도쿄, 요코하마(橫濱)에서도 영화가 상영되기 시작했다.[144] 이와 동시에 거의 모든 지역에서 자신의 영화를 찍기 시작했다.

1896년부터 여러 대륙에서 왕실활동, 군사연습, 일상생활을 영화로 기록하는 일이 유행이 되었다. 스페인의 투우, 나이아가라 폭포, 일본의 게이샤와 각양각색의 시정생활이 영화의 초기 소재가 되었다. 이때부터 영화는 보도매체로서 첫걸음을 내디뎠다. 영화의 세계화는 영화의 내용에도 영향을 미쳤다. 상하이의 어느 차관(茶館)에서 프랑스의 이 신기술을 처음으로 소개한 영화기사는 뉴저지 메이플우드 출신의 제임스 리칼턴(James Ricalton)이었다. 그는 동아시아의 관중들에게 러시아 황제의 파리방문, 시카고 세계박람회에서 공연한 이집트 벨리댄스의 기록 영화를 보여주었다.[145] 많은 나라에서 한때 최고의 인기를 모았던 영화는 뤼미에르가 자기 공장의 노동자들의 생활을 소개한 기록영화였다.[146]

이 새로운 매체는 일찌감치 연출과 기록이라는 이중적인 본성을 드러냈다. 1900년 여름 중국 북방에서 의화단(義和團)운동이 일어났을 때 현장에 나가 기록할 촬영기사가 없었다. 사람들은 영국의 목초지와 프랑스의 공원에서 공포스러운 장면을 재현하고 이를 영화로 찍어서는 이 사건을 기록한 진실한 증거라며 외부세계에 공개했다. 그 가운데 가장 충격적인 장면은 의화단원이 기독교 교회를 공격하는 장면이었다. 그런데 후세에 전해져 내려오고 있는 진짜 기록영화 사료는 의화단운동이 진압된 뒤 베이징에서 찍은 것이었다.[147] 그러나 영화의 진실과 허구를 판별하는 것은 정말 어려운 일이었다. 예술영화의 시조라고 불리는 조르주 멜리에스(Georges Méliès)는 1년 전에 있었던 영국왕 에드워드 7세의 즉위식을 세밀하게 연구한 후 영국의 행사 전문가의 도움을 받아 촬영소에서 『국왕 에드워드 7세의 대관식』(*Le Sacre d'Édouard VII*, 1902년)이란 유명한 영화를 만들었다. 그는 이 영화 이전에도 드레퓌스(Dreyfus) 사건(1899년)을 다룬 영화를 만들었는데, 신문과 잡지에 실렸던 사진자료를 편집하여 동영상으로 전환시켰다.[148]

최근의 미디어 연구동향을 보면 관점과 주관적 요소를 강조하고 진실이나 객관성을 요구하는 의견에 대해서는 의문을 제기하는 경향이 보인다. 그런데 미디어의 자료 조작 가능성과 기술적 조작 가능성을 목격한 최근의 경험으로 미루어 보아 이런 의문은 상당한 설득력을 갖고 있다고 할 수 있다. 예술도 '사실주의'의 모델로부터 멀리 벗어나 있으며—19세기에 일어났다가 그 후로 결코 사라진 적이 없는—기록성을 중시하는 문학과 영화의 흐름조차도 원래의 순수성을 많이 상실했다. 그러므로 19세기의 특징이었던 객관화에 대한 열정과 실증론에 대한 존경을 이해하기란 결코 쉬운 일이 아니다. 이런 각도에서 본다면 진실의 추구가 표지였던 19세기는 하나의 낯선 세계가 된다. 비록 그 세계에서 낭만파에서 니체에 이르기까지 실증주의와 사실주의를 신격화하는 풍조에 대해 경고를 발한 사람들이 있기는 했지만.

반면에, 19세기는 현 시대의 선사시대에 해당한다. 19세기에 생겨난 각종 제도와 사회적 자기관찰의 방식은 TV가 널리 보급되고 심지어 20세기 말에 '디지털혁명'이 일어났어도 근본적인 변화는 없었다. 협소한 엘리트 문화권을 넘어선 대중 매체를 통한 소통, 지식과 보편적 관심의 대상물을 보존하기 위한 국가적 계획과 투자, 통계와 사회조사를 통한 사회변화에 대한 추적과 이와 동시에 형성된 사회적 자기인식, 대량 신속한 인쇄와 사진과 녹음기술—1888년에 원형 기술이 발표되었고 그 다음해에는 벌써 비스마르크의 음성을 기록했다—을 이용해 문자와 예술품을 재생하는 기술 등 이 모든 것들은 1800년의 시점에서는 상상도 할 수 없는 먼 미래의 일이었지만

1910년의 시점에서는 당연한 일이 되었다.

19세기는 과거의 역사와 모순으로 가득 찬 관계를 형성했다. 그런 관계는 오늘날의 인류의 입장에서 봐도 전혀 이상하지 않다. 미래에 대한 낙관적 개방성, 혁신에 대한 호감, 기술적·도덕적 진보에 대한 믿음이 19세기만큼 높았던 때는 없었다.

19세기는 동시에 역사주의가 성행한 시대였다. 역사주의의 조류가 모방과 재현을 강조하면서 동시에 수장과 보존을 중시한 시대였다. 19세기는 박물관과 기록보관소의 시대이자 고고학과 고증학의 시대였다. 19세기는 수집·보호·정리의 방식으로 고대로 들어가는 통로를 열었고 그 통로를 이 시대 우리가 여전히 사용하고 있다. 1800-1900의 100년 동안에 인류의 초기 역사에 관한 기록된 지식은 기하급수적으로 늘어났고 그 속도도 과거의 어떤 세기보다도 비교할 수 없이 빨랐다.

엄격하게 말하자면 위에서 서술한 특징은 서방 —유럽과 각 방면에서 빠르게 흥기하고 있던 북아메리카—에만 해당된다. 각종 기술과 문화적 혁신은 모두 서방에서 일어났고 서방에 의해 세계로 퍼져나갔다. 그중의 일부(예컨대 전보)는 제국주의 무력과 제국주의 자본의 지원을 받았고, 다른 일부(예컨대 신문, 오페라, 서방식 음악오락)는 비제국주의적 '취향수출'이나 관련국의 자발적 도입이란 복잡한 과정을 통해 퍼져나갔다. 이집트인에게 신문을 발행하라고 강제한 사람은 없었고 일본인에게 구노와 베르디를 들으라고 강요한 사람도 없었다. 동쪽에서 서쪽으로 향하는 문화이동도 있었다. 한때 일본과 아프리카의 예술이 유럽에서 유행한 적이 있었다.[149] 그러나 새로운 사유, 기술, 제도 그리고 (늦어도 1930년 이전에) 세계적 '현대성'의 표지라고 검증된 '결정적 요소들' 가운데서 19세기 유럽에서 발명되고 여러 가지 경로를 통해 세계로 퍼져나가지 않은 것이 하나도 없었다. 그 중심에 있는 기억과 관찰의 내용은 유럽의 지역적·문화적 특징으로 남았고 한결같이 서방의 영향 아래에 있었다. 물론 그것을 전달하는 매체의 형식은 현지화 과정에서 수용과 (유럽화에 대한 부분적 두려움을 동반한) 저항의 정도는 나라마다 차이는 있었지만 말이다.

# 주註

1) *Süddeutsche Zeitung,* 2006년 6월 24일 자.

2) *Süddeutsche Zeitung,* 2007년 11월 9일 자.

3) Gluck, Carol.: *The Past in the Present,* (Andrew Gordon[ed.]: *Postwar Japan as History,* Berkeley, CA 1993, pp.64-95에 수록).

4) Blight, David W.: *Race and Reunion, The Civil War in American Memory,* Cambridge, MA, 2001, p.1에서 인용.

5) Peterson, Merril D.: *Lincoln in American Memory,* New York, 1994, p.320.

6) Schreiber, Ulrich: *Die Kunst und Oper,* Frankfurt am Main, 1988-2000, v1. pp.28-36. Mackerras, Colin P.: *The Rise of Peking Opera, 1770-1870, Social Aspects of the Theatre in Manchu China,* Oxford, 1972, p.11.

7) Johnson, J. H.: *Listening in Paris,* Berkeley, CA 1995, p.239.

8) Walter, Michael: *"Die Oper ist ein Irrenhaus," Sozialgeschichte der Oper im 19. Jahrhundert,* Stuuttgart, 1997, p.37. 오페라사의 유럽 또는 세계사에서의 위치에 관해서는 *Journal of Modern European History,* V.I, 2007을 참조할 것.

9) Scherer, F. M.: *Quarter Notes and Bank Notes, The Economics of Music Composition in the Eighteenth and Nineteenth Centuries,* Princeton, NJ, 2004, p.128.

10) Burns, E. Bradford: *A History of Brazil,* 2$^{nd}$ ed., New York, 1980, p.335.

11) Papin, Philippe: *Histoire de Hanoi,* Paris, 2001, p.238.

12) Berenson, Ruth: *The Operatic State, Cultural Policy and the Opera House,* London, 2002, p.132.

13) Parker, Roger: *"The Opera Industry."* Samson, Jim(ed.): *The Cambridge History of Nineteenth-Century Music,* Cambridge, 2002, p. 87-119에 수록.

14) Takenaga Toru: *"Wagner Boom in Meiji-Japan"* (*Archiv für Musicwissenschaft 62,* [2005], p.15, 20에 수록).

15) Rutherford, Susan: *The Prima Donna and Opera, 1815-1930,* Cambridge, 2006.

16) Schlaffer, Heinz: *Die kurze Geschichte der deutschen Literatur,* München 2002.

17) 이 책 제6장을 참조할 것.

18) Pomian, Krzysztof: *Sur l'istoire,* Paris, 1999, p.347. Fohrmann, Juergen, et. al.: *Gelehrte Kommunikation, Wissenschaft und Kommunikation zwischen dem16. und 20. Jahrhundert,* Wien, 2005, p.326.

19) Esherick, Joseph W. and Ye Wa: *Chinese Archive, An Introductory Guide,* Bekerley, CA, 1996, p.7, 10.

20) 터키의 기록보관소의 역사에 관해서는 Faroqhi, Suraiya: *Approaching Ottoman History, An Introduction to the Sources,* Cambridge, 2004, p.49-61을 참조할 것.

21) Wilson, David M.: *The British Museum, A History,* London, 2002, p.118(삽화

19).

22) 일본 의회도서관은 1948년에 전국에거 가장 중요한 도서관이 되었다. 이때 황실도서관 수장 도서도 편입되었다.

23) MacDermott, Joseph P.: *A Social History of Chinese Book, Books and Literati Culture in Late Imperial China,* Hong Kong, 2006, p.166.

24) Kornicki, Peter: *The Book in Japan, A Cultural History from the Beginning to the Nineteenth Century*, Leiden, 1998, p.364, 382, 384, 407, 410, 412.

25) 아랍세계의 도서의 역사에 관해서는 Atiyeh, George N.: The "The Book in the Modern Arab World, The Case of Lebanese and Egypt"(in idem, *Book in the Arab World*, 1995, pp.233–53에 수록)을 참조할 것.

26) Sheehan, James J.: *Museum in the German Art World, From the End of the Old Regime to the Rise of Modernism*, Oxford, 2000, p.9.

27) Plato, Alice von: *Praesentierte Geschichte, Ausstellungscultur und Massenpublikum im Frankreich des 19. Jahrhundert,* Frankfurt a. M. 2001, p.35.

28) Hochreiter, Walter: *Vom Musentempel zum Lernort, Zur Sozialgeschichte deutscher Museen 1800-1914*, Darmstadt, 1994, p.64.

29) 1750–1850년의 인도와 이집트 유물의 수장 정황에 관해서는 Jasanoff, Maya: *Edge of Empire, Conquest and Collecting in the East, 1750-1850,* New York, 2005 를 참고할 것.

30) Reid, Donald Malcolm: *Whose Paraohs? Archaeology, Museums, and Egyptian National Identity from Napoleon to World War I,* Berkeley, CA, 2002, pp.104–106.

31) 이 책에서는 독일 오스만학 학자들의 관습을 좇아 1930년에 정식으로 명명되고 사람들에게도 더 익숙한 '이스탄불'이란 이름을 사용했다. 이스탄불은 19세기 터키어 구어이다. 서방의 사료는 대부분 'Stamul' 또는 'Stamboul'로 기록했고 외교사학자들은 지금도 관습적으로 'Konstantinopel'로 부른다.

32) Laukoetter, Anja : *"Das Voelkerkundemuseum"*(Geisthoevel, Alexa, and Knoch, Habbo[ed.]: *Orte der Moderne, Erfahrungswelten des 19. and 20. Jahrhundert,* Frankfurt a. M., 2005, pp.218–227에 수록)을 참고할 것. 영국과 뉴질랜드의 수장 전시 정책과 문화의 연구에 관해서는 Henare, Amiria J. M.: Museums, Anthropology and Imperial Exchange, Cambridge, 2005, chs.7, 8을 참고할 것.

33) Penny, H. Glenn: *Objects of Culture, Ethnology and Ethnographic Museums in Imperial Germany*, Chapel Hill, NJ, 2001, p.2.

34) Zimmerman, Andrew: *Anthropology and Antihumanism in Imperial Germany*, Chicago, 2001, p.173.

35) 영국 군대가 1897년에 서아프리카에서 벌인 "토벌대식 탐험"에 관해서는 Coombes, Annie: *Reinventing Africa, Museums, Material Culture and Popular Imagination in Late Victorian and Edwardian England,* London, 1994, pp.9–28을

참고할 것. 탐험대의 작전은 베닝을 깨끗이 약탈하고 그 유명한 '베닝 브론즈'를 대영박물관으로 실어옴으로써 끝났다.

36) Conrad, Peter: Modern Times, Modern Places, London, 1998, p.347.

37) 19세기 80년대에 브뤼셀, 파리, 고텐부르크, 모스크바, 부퍼탈, 이스탄불을 순회하며 열린 오스트랠리아 원주민전에 관해서는 Poignant, Roslyn: *Professional Savages, Captive Lives and Western Spectacle,* New Haven, CT, 2004를 참고할 것.

38) 이 문제를 다룬 학계의 저작은 많다. 몇 가지 예를 들면 다음과 같다. Greenhalgh, Paul: Ephemeral Vistas, The "Expositions and World's Fairs, 1851–1939, Manchester, 1988. Hoffenberg, Peter H.: *An Empire on Display, English, Indian and Australian Exhibitions from the Crystal Palace to the Great War,* Berkeley, CA, 2001. Tenorio Trillo, Maucicio: *Mexico at the World's Fairs,* Berkeley, CA, 1996. Barth, Volker: *Mensch versus Welt, Die Pariser Weltausstellung von 1867,* Darmstadt, 2007.

39) Geppert, Alexander C. T.: *Welttheater, Die Geschichte des Europaeischen Ausstellungswesens im 19. und 20. Jahrhundert.* (Neue Politische Literatur, 2002, pp.10–61에 수록)

40) Haltern, Utz: *Die Londoner Weltausstellung von 1851, Ein Beitrag zur Geschichte der buergerlich-industriellen Geselschaft im 19, Jahrhundert,* Muenster, 1971과 Bosbach, Franz/Davis, John R.(ed.): *Die Weltausstellung von 1851 und ihre Folgen,* München, 2002를 참고할 것.

41) Headrick, Daniel R.: *When Information Came of Age, Technologies of Knowledge in the age of Reason and Revolution,* Oxford, 2000, p.142.

42) Sayer, Derek: The Coasts of Bohemia, A Czech History, Princeton, NJ, 1998. p.96.

43) Rétif, André: *Pierre Larousse et son œuvre : 1817-1875,* Paris, 1975, p.165

44) Cykar: *Fortschritt durch Wissen,* 2001, pp.35, 74–76.

45) Kaderas, Christoph: *Die Leishu der imperialen Bibliothek des Kaisers Qianlong(reg. 1736-96),* Wiesbaden, 1998, pp.257–280.

46) Schumpeter, Joseph A.: *History of Economic Analysis,* London, 1954, p.519.

47) Stierle, Karlheinz: *Der Mythos von Paris, Zeichen und Bewusztein der Stadat,* München, 1993, p.108(인용어), 113, 128.

48) *Essai politique sur l'île de Cuba.* (Humboldt, Alexander von: *Relation historique du Voyage aux régions équinoxiales les du Nouveau Continent,* Paris, 1814-25, vol.3,에 수록. 독일어본은 *Studienausgabe,* hg. v. Hanno Beck, 7 Bde., Darmstadt, 1989–93을 참조할 것.

49) Buchanan, Francis: *A Journey from Madras through the Countries of Mysore, Canara*

*and Malabar,* London, 1807.

50) Marx, Karl/Engels, Friedrich: *Werke,* 43 Bde., Berlin(DDR), 1957-90, Bd.2(1970), p.233.

51) Mayhew, Henry: *London Labour and the London Poor*, London, 1861-62, vol.I, iii.

52) 그의 많은 작품 가운데서 대표작은 *Ouvriers européens. Études sur les travaux, la vie domestique et la condition morale des populations ouvrières de l'Europe, précédée d'un exposé de la méthode d'observations*, Paris, 1855이다.

53) 사실주의의 조류는 회화와 베르디의 오페라 등 다른 예술 분야에서도 나타났다.

54) Lepenies, Wolf: *Die Drei Kulturen, Soziologie zwischen Literatur and Wissenschaft*, München, vi.

55) 19세기 세계소설사에 관해서는 Moretti, Franco: *Il romanzo. Storia e geografia*, Torino, 2002, vol.3를 참고할 것.

56) Fluck Winfried: *Das kulturelle Imaginäre. Funktionsgeschichte des amerikanischen Romans 1790 - 1900.* Frankfurt, 1997, p.260

57) Schmidt-Glintzer, Helwig: *Geschichte der chinesischen Literatur*, Bern, 1990, pp.490-493.

58) Kato Shuichi: *Geschichte der japanischen Literatur,* Darmstadt, 1990, pp.497, 533-539. Hammitzsch, Horst(hg): *Japan-Handbuch*, Stuugart, 1984, pp.893-900, 1052-1058.

59) 독일의 동유럽사연구자들은 통상적으로 짜르 치하의 러시아를 'Russlaendisches Reich'(러시아제국)이라 부른다. 독자의 편의를 위해 이 책도 통상적인 호칭을 따라 '러시아제국'으로 표기했다. 권위 있는 해석으로 서Kappeler, Andreas: *Rußland als Vielvölkerreich. Entstehung, Geschichte, Zerfall.* München 1992를 참조할 것.

60) 작자의 대부분의 작품에 대한 평술은 고전적인 명저 Henze Dietmar: *Enzyklopädie der Entdecker und Erforscher der Erde*, Graz, 1978-2004을 참고할 것.

61) 보다 상세한 내용은 Osterhammel, Jürgen: *Ex-zentrische Geschichte, Aussenansichten europaeischer Modernitaet*(Jahrbuch des Wissenschaftskollegs zu Berlin 2000/2001, Berlin, 2002, pp.296-318에 수록)를 참조할 것.

62) Robertson, Bruce Carlisle: *Raja Rammohan Ray, The Father of Modern India*, Dehli, 1995. 이규의 일기를 영어로 번역한 Desnoyers, Charles: *A. Journey to the East*, Ann Arbor, MI, 2004.

63) Wang Xiaoqiu: *"A Masterful Chinese Study of Japan from the Late-Qing Period, Fu Yunlong and his 'Youli Riben Tujing'"*(Fogel, J. A.(ed): *Sagacious Monks and*

*Bloodthirsty Warriors, Chinese Views of Japan in the Ming-Qing Period,* Norwalk, CT, 2002, pp.200-217에 수록).

64) Das, Sisir Kumar: *A History of Indian Literature 1800-1910,* New Dehli, 1991, vol.8, pp.83, 100, 132.

65) Keene, Donald Lawrence: *The Japanese Discovery of Europe, Honda Toshiaki and other discoverers 1720–1930,* rev.ed., Stanford, CA, 1969를 참조할 것. 그리고 이 책 제4장을 참고할 것,

66) Godlewska, Anne/Smith, Neil: *Geography and Empire,* Oxford, 1994.

67) 여행과 탐험의 비이성적인 면에 관해서는 Fabian, Johannes: *Im Tropenfieber. Wissenschaft und Wahn in der Erforschung Zentralafrikas,* München 2001과 Driver, Felix: *Geography Militant. Cultures of Exploration and Empire,* Oxford, 2001을 참조할 것.

68) 근대 지도사에 관한 뛰어난 논술로서 Headrick, Daniel R.: *When Information Came of Age,* pp.96-141과 Schneider, Ute: *Die Macht der Karten. Eine Geschichte der Kartographie vom Mittelalter bis heute,* Darmstadt, 2004를 참조할 것.

69) Yonemoto, Marcia: *Mapping Early Modern Japan, Space, Place, and Culture in the Tokugawa Period,* Berkeley, 2003, p.173.

70) 고증학의 흥기에 관해서는 Elman, Benjamin A.: *From Philosophy to Philology, Intellectual and Social Aspects of Change in Late Imperial China.* Cambridge, Massachusetts, 1984, pp.39-85를 참조할 것.

71) 가장 대표적인 나폴레옹시대에 관한 저작으로서는 Godlewska, Anne: *Geography Unbound,* Chicago, 1999, pp.149-190을 참조할 것.

72) Dabringhaus, Sabine: *Territorialer Nationalismus, Geschichte und Geographie im China der Republikzeit* (1900 – 1949). Köln, 2006, p.57.

73) Dahrendorf, Ralf: *LSE. A History of the London School of Economics and Political Science, 1895–1995.* Oxford, 1995, pp.3, 94. Ross, Dorothy: *The Origins of American Social Science,* Cambridge, 1991, p.123.

74) Schwentker, Wolfgang: *Max Weber in Japan. Eine Untersuchung zur Wirkungsgeschichte 1905–1995.* Tübingen 1998, pp.62-64.

75) Gransow, Betina: *Geschichte der chinesischen Soziologie,* Frankfurt a. M. 1992, pp.62-64.

76) Lai, Cheung-chung(ed.): *Adam Smith across Nations, Translation and Receptions of The Wealth of Nations,* Oxford, 1999.

77) HoPimg-ti: *Studies,* 1959, p.97.

78) Hanley, Susan B./Yamamura Kozo: Economic and Demographic Change in Preindustrial Japan,1600-1868, Princeton, NJ, 1977,p.41. Hayami Akira: *The Historical Demography of Pre-modern Japan,* Tokyo, 1997, pp.21-38.

79) Karpat, Kemal H.: *Ottoman Population, 1830-1914, Demographic and Social Characteristics*, Madison, WI, 1985, p.22.

80) Livi-Bacci, Massimo: *A concise History of World Population*, Oxford, 1997, p.30.

81) 유럽 각국의 통계국이 설립된 구체적 정황에 관해서는 Dupâquier, Jacques / Dupâquier, Michel: *Histoire de la démographie, La statistique de la population des origines à 1914,* Paris, 1985, p.256을 참조할 것.

82) Cohen, Patricia Cline: *A Calculating People, The Spread of Numeracy in Early America*, Chicago, 1982, p.176.

83) Cohn, Bernard S.: *An Anthropologist among the Historians and Other Essays,* Dehli, 1987, pp.231-250.

84) Maheshwari, Shriram: *The Census Administration Under the Raj and After*, New Dehli, 1996, p.62.

85) Cole, Joshua: *The Power of Large Numbers. Population, Politics and Gender in Nineteenth Century France,* Ithaca, NY, 2000, pp.80-84.

86) Bourguet, Marie-Noëlle: *Déchiffrer la France. La statistique départementale à l'époque napoléonienne* Paris, 1988, p.68, 97.

87) Cullen, Michael J.: *The Statistical Movement in Early Victorian Britain. The Foundations of Empirical Social Research,* New York, 1975, p.45.

88) Patricia, Silvana: *Numbers and Nationhood. Writing Statistics in Nineteenth Century Italy,* Cambridge, 1996, p.4.

89) 이런 관점은 사상사학자들 사이에서 흔히 드러난다. Brown, R. R.: *The Strength of People. The Idea of an Informed Citizenry in America,* Chaple Hill, NC, 1996을 참조할 것.

90) Stöber, Rudolf: *Deutsche Pressegeschichte. Einführung, Systematik, Glossar,* Konstanz, 2000, p.164.

91) in idem. p.136.

92) Lenman, Robin: 'Germany' (Goldstein, Robert Justin [ed.]: *The War for the Public Mind. Political Censorship in Nineteenth-Century Europe*, Westport, CT, 2000pp.35-79 에 수록)

93) '선동비방죄'에 관해서는 Levy, L. W.:*Emergence of a Free Press,* New York, 1985, ch.1을 참조할 것.

94) Bumsted, J.M.: *The Peoples of Canada, A Post-Confederation History,* Toronto, 1992,p.1.

95) Macintyre, Stuart: *A Concise History of Australia,* Cambridge, 1999, p.118.

96) Carr, Raymond: *Spain 1808-1975*, Oxford, 1982, p.287.

97) Gloldstein, Rovert Justin: *Political Censorship of the Arts and the Press in Nineteenth Century Europe,* Basingstoke, 1989, pp.34-43 (p.35. 도표 2.1).

98) Price, Roger: *French Second Empire, An Anatomy of Political Power,* 1852-1871 Cambridge, 2001, pp.171-187. CharleLe, Christophe: *Siècle de la presse (1830-1939),* Le Seuil, 2004, p.111.

99) Gloldstein, Rovert Justin: 'France'(in idem, *The War for the Public Mind.* p.156에 수록). Livois, René de: *Histoire de la presse française,* Lausanne, 1965, vol.2, p.393.

100) Höbelt, Lothar Alexander: "*The Austrian Empire*"(Goldstein, Robert Justin[ed.]: *The War for the Public Mind,* pp.226f에 수록)

101) Beyrau, Dietrich/Hildemeier, Manfred: "*Von der Leibeigenschaft zur frühindustriellen Gesellschaft(1856 bis 1890)*"(Schramm, Gottfried ed.: *Handbuch der Geschichte Russlands,* Stuttgart, vol.3, pp.6-201에 수록), p.90.

102) Bayly, Christopher Alan: *Empire and Information: Intelligence Gathering and Social Communication in India, 1780-1870,* Cambridge, 1996, p.239.

103) Abeyasekere, Susan: *Jakarta, A History,* Singapur, 1989, p.59

104) Janku, Andrea: *Nur leere Reden. Politischer Diskurs und die Shanghaier Presse im China des späten 19. Jahrhunderts.* Wiesbaden, 2003, p.179

105) Huffman, James L.: *Creating a Public. People and Press in Meiji Japan,* Honolulu, 1997, p.222.

106) Judge, Joan: *Print and Politics: 'Shibao'and the Culture of Reform in Late Qing China,* Stanford, CA, 1996, p.33.

107) Vittinghoff, Natascha: *Die Anfänge des Journalismus in China (1862–1911).* Wiesbaden 2002, pp.73f.

108) Ayalon, Amihai: *The Press in the Arab Middle East,* New York, 1995, p.30.

109) Herzog, Christoph: "*Die Entwicklung der turkisch-osmanischen Presse im Osmanischen Reich bis ca. 1875*"(Rothermund, Dietmar ed.: *Aneignung un Selbstbehauptung. Antworten auf die europaeische Expansion,* Munchen, 1999, pp.15-44에 수록)

110) Ayalon, Amihai: *The Press in the Arab Middle East,* p.41.

111) Ayalon, Amihai: "*Political Journalism and Its Audience in Egypt, 1875-1914.*" (*Culture and History* 16(1997), p.100-121에 수록)

112) 알레포(Aleppo) 사례연구에 관해서는 Watenpaugh, Keith David: *Being Modern in the Middle East: Revolution, Colonialism, Nationalism and the Arab Middle Class,* Princeton, NJ, 2005, pp.70f.

113) König, Wolfgang/Weber, Wolfhard: *Netzwerke, Stahl und Strom, 1840 bis 1914,* Berlin, 1990, pp.522-525. Smil, Václav: *Creating the Twentieth Century: Technical Innovations of 1867-1914 and Their Lasting Impact,* New York, 2005, pp.204-206.

114) 탐사저널리즘의 기원과 '추문폭로 신문'으로의 변질 과정에 관해서는

Leonard, Thomas C.: *The Power of the Press. The Birth of American Political Reporting,* New York, 1987, p.137f를 참조할 것.

115) Leonard, Thomas C.: *News for all. America's Coming-of-Age with the Press,* New York, 1995, p.47.

116) 이런 유의 신문에 관한 뛰어난 저작으로서 Emery, Edwin: *Press and America. An Interpretative History of Journalism,* Englewood Cliffs, NJ, 1954, pp.225-235.

117) Livois, René de: *Histoire de la presse française,* vol.1, p.274.

118) Juergens, George: *Joseph Pulitzer and the New York World,* Princeton, NJ, 1966, p.vii.

119) Cranfield, Geoffrey A.: *The Press and Society,* Lonon, 1978, p.160, 220.

120) Emery, Edwin: *Press and America,* p.345.

121) 미국의 상황에 관해서는 Baldasty, Gerald J.: *The Commercialization of News, in the Nineteenth Century,* Madison, WI, 1992, pp.59f를 참조할 것. 영국의 상황에 관해서는 Brown, L.: *Victorian News and Newspapers,* Oxford, 1985, pp.16f.

122) Huffman, James L.: *Creating a Public.*

123) 그의 작품집 Russell, William Howard: *Meine sieben Kriege,* Frankfurt a. M., 2000과 Daniel, Ute(ed): *Augenzeugen. Kriegsberichterstattung vom 18. zum 21. Jahrhundert,* Göttingen 2006을 참조할 것.

124) Headrick, Daniel R.: *The Tools of Empire: Technology and European Imperialism in the Nineteenth Century,* New York, 1981, p.158. 이 책 제14장도 참조할 것.

125) Potter, Simon J.: *Communication and Integration, The British and Dominions Press and the British World, c. 1876-1914,* p.196(*Journal of Imperial and Commonwealth History* 31(2003), pp.190-206에 수록). 과학해설서이기는 해도 Standage, Tom: *The Victorian Internet, The Remarkable Story of the Telegraph and the Nineteenth Century's On-Line Pioneers,* London, 1998도 읽어볼 가치가 있다.

126) Read, Donald: *The Power of News, The History of Reuters,* Oxford, 1992, p.7, 32, 40. Potter, Simon J.: *News and the British World. The Emergence of an Imperial Press System, 1876-1922,* Oxford, 2003, pp.16-35, 87-105도 참고할 만하다. 통신사와 신문사의 기업발전사에 관해서는 Winseck, Dwayne B./ Pike, Robert M.: *Comminication and Empire. Media, Markets and Globaliztion, 1860-1930,* Durham, NC, 2007, chs.6-7을 참고할 것.

127) 해외 주재기자 문제에 관해서는 Brown, L.: *Victorian News and Newspapers,* ch.10을 참고할 것.

128) Briggs, Asa/Burke, Peter: *A Social History of the Media, From Gutenberg to the Internet,* Cambridge, 2002, pp.155-163.

129) 사진기술 발명 이전의 관찰기술과 수단에 관해서는 여기서 언급하지 않았다. 관련 논술로서 Crary, Jonathan: *Techniques of the Observer, On Vision and Modernity in the Nineteenth Century*. Cambridge, MA, 1990을 참고할 것. 그 밖에, 사진과 '사실주의' 회화의 복잡한 관계에 관해서는 여기서 언급하지 않았다. 관련 논술로서는 Fried, Michael: *Menzels Realismus. Kunst und Verkörperung im Berlin des 19. Jahrhunderts*. München, 2008, pp.277-283을 참고할 것.

130) Hörisch, Jochen: *Der Sinn und die Sinne–Eine Geschichte der Medien*. Frankfurt a. M., 2001, pp.227-229.

131) Leonard, Thomas C.: *The Power of the Press*. p.100.

132) Gernsheim, Helmut: *Geschichte der Photographie. Die ersten hundert Jahre*, Frankfurt am Main, 1983, p.154.

133) Newhall, Beaumont: *Geschichte der Photographie*. München, 1984, p.90.

134) Davis, Mike: *Late Victorian Holocausts, El Niño Famines and the Making of the Third World*, New York, 2001, pp.147f.

135) Jäger, Jens: *Photographie, Bilder der Neuzeit*, Tübingen, 2000, pp.48, 51.

136) Stiegler, Bernd: *Philologie des Auges. Die fotografische Entdeckung der Welt im 19. Jahrhundert*, München, 2001, pp.136-141.

137) 민속학적 정취를 담은 첫 번째 사진은 전시회의 도록이었다. Theye, Thomas (ed.): *Der geraubte Schatten–Die Photographie als ethnographisches Dokument*, München 1989, p.61.

138) Gernsheim, Helmut: *Geschichte der Photographie*. p.584.

139) Ryan, James R.: *Photography and the Visualization of the British Empire*, London, 1997, pp.73f.

140) 관련 사례로서 Gernsheim, Helmut: *Geschichte der Photographie*. p.212를 참조할 것.

141) Faroqhi, Suraiya N.: *Kultur und Alltag im Osmanischen Reich. Vom Mittelalter bis zum Anfang des 20. Jahrhunderts*, München, 1995pp.285f.

142) 이 방면의 가장 성공적인 사례는 Ayshe Erdogdu: *Picturing Alterity, Representational Strategiesin Victorian-Type Photographs of Ottoman Men*(Hight, Eleanor M./Sampson, Gary D. [ed.]: *Colonialist Photography, Imagining Race and Place*, London, 2002, pp.107-125에 수록)이다.

143) 영화의 초기 발전사에 관해서는 Hörisch, Jochen: *Der Sinn und die Sinne*, pp.284-292를 참조할 것.

144) Rittaud-Hutinet, Jacques: *Le cinéma des origines. Les frères Lumière et leurs opérateurs*, Seyssel, 1985, pp.32, 228-239.

145) Leyda, Jay: *Dianying/ Electric Shadows. An Account of Films and the Film Audience*

*in China*. Cambridge, MA, 1972, p.2.

146 ) Harding, Colin/ Popple, Simon: *In the Kingdom of the Shadows. A Companion to Early Cinema*, London, 1996, p.20.

147 ) Leyda, Jay: *Dianying/ Electric Shadows*. p.4.

148 ) Toeplitz, Jerzy: *Geschichte des Films, 1895-1927*, München, p.25.

149 ) 이 책 제16장을 참조할 것.

# 제 2 장

# 시간

## 19세기는 언제인가?

◀ 요한 드로이젠(Johann Droysen, 1808-84)

드로이젠은 독일의 역사가로 독일 혁명으로 설치된 입헌기관인
프랑크푸르트 국민의회 소속이었으며,
'헬레니즘'(Hellenismus)이란 시대의 명칭을 처음 사용했다.

▲ 쥘 미슐레(Jules Michelet, 1798-1874)와

미슐레는 프랑스의 역사가로 실증적인 자료를 바탕으로 역사를 서술했으며
맥락을 중요하게 여기는 '역사주의'를 주장했다.
대표작으로 총 7권으로 구성된 『프랑스 대혁명사』가 있으며,
유럽 중세사의 기초를 닦기도 했다.

▼ 야코프 부르크하르트(Jacob Burckhardt, 1818-97)

부르크하르트는 스위스의 미술사와 문화사를 연구한 역사가다.
대표적인 저서로 『이탈리아 르네상스의 문화』(Die Kultur der Renaissance in Italien)가
있으며 '르네상스'(Renaissance)란 시대의 명칭을 처음 사용했다.

◀ 요한 하위징아(Johan Huizinga, 1872-1945)
하위징아는 네덜란드의 역사가이자 철학자로
'중세후기'(Late Middle Ages)란 시대의 명칭을 처음으로 사용했다.

▶ 피터 브라운(Peter Brown, 1935- )
아일랜드 사람인 브라운은 프린스턴대학교 역사학과의 명예교수이고
'고대후기'(Late Antiquity)란 시대의 명칭을 처음으로 사용했다.

장자크 데살린(Jean-Jacques Dessalines, 1758~1806)
아이티의 국민적 영웅이며 프랑스로부터 독립한 후
첫 번째 지도자가 되었다. 1804년 아이티는
세계에서 첫 번째 흑인 독립 공화국이 되었다.

**투생 루베르튀르(Toussaint Louverture, 1743–1803)**
아이티의 혁명가이자 지도자다. 노예로 태어나 마부로 일했지만
볼테르 등 계몽주의 사상가들의 책을 읽으며 자랐다.
아이티의 독립을 이끌어냈으며 '아이티 독립의 아버지'라 불린다.

◀ 호세 데 산마르틴(José Francisco de San Martín Matorras, 1778-1850)
    호세 데 산마르틴은 아르헨티나의 장군이며 페루의 정치가다.
    당시 스페인의 지배를 받고 있던
    남아메리카 남부 지역의 독립 운동을 전개했다.

▶ 시몬 볼리바르(Simón Bolívar, 1783-1830)
    호세 데 산마르틴과 함께 남아메리카의 해방자라 불린다.
    오늘날의 베네수엘라, 볼리비아, 콜롬비아, 에콰도르, 페루, 파나마를
    스페인의 식민지로부터 독립국가로 이끌었다.

天王洪秀全畫像

◀ 태평천국 천왕 옥새
태평천국은 청나라에 불만이 있는 사람들을 적극적으로 흡수했다.
광시성에서 궐기한 후 파죽지세로 청나라 군대를 격파했으며
난징을 함락할 때는 20만 명 이상의 병력이 모였던 것으로 알려져 있다.

▶ 홍수전 초상
광둥성 태생으로 기독교를 기반으로 하는 태평천국을 건국했다.
그는 꿈 이야기를 근거로 자신이 여호와의 둘째 아들이자
예수 그리스도의 동생이라고 주장했다.
이런 이단성은 유럽인들이 태평천국 진압에 가담하는 계기가 된다.

▲ 교토에서 도쿄로 옮기는 16세의 천황

▼ 메이지천황 초상

메이지시대에 일본 대장성 산하 인쇄국(조폐국)에 고용된
이탈리아 화가 키오소네(Edoardo Chiossone, 1833-98)가 1888년에 그린 초상을
사진가 마루키 리요(丸木 利陽, 1854-1923)가 찍은 사진.

키오소네가 그린 사이고 다카모리(西鄕隆盛, 1828–77) 초상화.
사이고 다카모리는 군인이자 정치인으로
메이지 유신의 주역이었다. 조선정벌론을 주장했으며
세이난 전쟁에서 패배한 후 할복했다.

카와나베 교사이(河鍋曉齋 1831-89)의 풍자화

메이지시대의 일본인은 서방의 모습을 개화의 표준으로 삼았다.
이 그림도 '문명개화'(文明开化)가 주제이며
왼쪽부터 차례로 '개화한 사람', '반 개화한 사람', '미개한 사람'이다.

조지 매카트니(George Macartney)

매카트니는 1793년에 영국에서 중국으로 간
최초의 사절이었다. 당시 청나라는 쇄국 정책을 펼치고 있어
유럽의 상인들이 별다른 수입을 올리지 못하고 있었다.
영국은 건륭제(乾隆帝)의 82번째 생일을 축하한다는 명분으로
특별 사절단을 편성하는데, 이는 영국의 외교 촉수가
처음으로 중국에 뻗친 일이었다.

▲ 열하행궁(熱河行宮)에서
사절단의 알현 행렬

건륭제는 탄신 만찬에서 매카트니가
가져온 조지 3세의 친서를 받는다.
무역을 확장하고 공사를 파견하겠다는
내용이 들어 있었다고 전해진다.
다만, 광저우 부근을 할양해 영국이 쓰게
해달라는 내용이 들어 있었는데
건륭제는 이를 거부한다.

▼ 매카트니 사절단 수행화가
윌리엄 알렉산더(William Alexander)가
남긴 건륭제

당시 청제국은 주변 제국에서 온
외교사절을 '황제의 덕'을 연모하는
조공사절로 여겼다. 그들은
삼궤구고두(三跪九叩頭) 즉, 세 번
절하고 머리를 아홉 번 땅에 조아리는
예를 요구했는데 매카트니는 이를
거절한다. 결국 건륭제 뒤에 영국
국왕의 초상화를 건 뒤 한쪽 무릎을
굽히고 손에 입맞춤하는 영국식 의례를
취하는 것으로 합의했다.

▲ 알렉산더가 그린 건륭제에게 절하는 관리
▼ 알렉산더가 그린 건륭제가 하사한 향주머니

1830년대라는 전환점. 왼쪽 위부터 시계방향으로 헤겔, 벤담, 슈베르트, 베토벤

1831년 게오르크 빌헬름 프리드리히 헤겔(Georg Wilhelm Friedrich Hegel 1770 – 1831)의
사망으로 이상주의가, 1832년 제레미 벤담(Jeremy Bentham, 1748 – 1832)의 사망으로
엄격한 공리주의가 막을 내렸다.
1827년의 루트비히 판 베토벤(Ludwig van Beethoven, 1770 – 1827)과
1832년 프란츠 슈베르트(Franz Schubert, 1797 – 1828)가 세상을 떠나자
고전주의 음악이 끝나고 낭만주의(슈만, 쇼팽, 베를리오즈, 리스트)가 두각을 나타냈다.

왼쪽 위부터 시계방향으로
로베르트 슈만(Robert Schumann, 1810-56),
프레데리크 쇼팽(Frédéric François Chopin, 1810-849),
프란츠 리스트(Franz Liszt, 1811-86), 엑토르 베를리오즈(Hector Berlioz, 1803-69)

 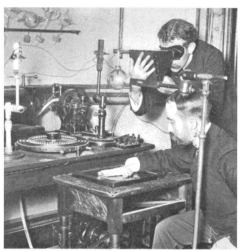

왼쪽 위부터 시계방향으로 백열등, 맥심 기관총, X-Ray 진단술, 자동차

▲ 1897년 마르코니의 무선전신기 트랜스미터(가운데)와
리시버(아래)를 시험하는 영국 우정성의 기술자들
마르코니는 헤르츠의 전자기파 이론에 기초해 현대 장거리
무선통신의 기초를 이루었으며 이 시연은
바다를 건너는 무선 신호 전송의 세계 최초 시연이었다.

▼ 사이러스 웨스트 필드(Cyrus West Field, 1819-92)와
인류 최초의 해저케이블 부설선 Great Eastern 호
필드는 미국의 기업가이자 금융가였다. 그는
동료 기업인들을 모아 대서양전신회사(Atlantic Telegraph Company)를 설립하고
1858년에 대서양을 횡단하는 첫 번째 해저케이블을 부설했다.

▲ 증기선을 타고 자유의 여신상 앞을 지나는 이민자들
　1880년대 유럽에서 미국으로의 이민이 급격하게 증가했다.

▼ 캐슬가든(Castle Garden)에 도착한 이민자들
　캐슬가든은 미국 최초의 이민자 수용소로서 맨해튼에 있었다.
　1855~90년 사이에 800만 명 이상의 이민자가 이곳을 거쳐 갔다.

**아프리카의 거인 세실 로즈**
로즈는 영국의 정치인이자 제국주의자다.
이 삽화는 케이프타운에서부터 카이로까지 연결하는
전신선 설치 계획을 밝힌 로즈를 풍자한 것이다.
풍자화가 에드워드 샘본(Edward Sambourne)이 영국의 카툰 잡지
『펀치』(*Punch*)의 1892년 12월 10일 자에 실었다.

◀ 아프리카 분할 풍자화

베를린회의(Berlin Conference)에 참석한 벨기에 국왕 레오폴드 2세와
기타 제국주의 세력을 풍자한 삽화다.
1884-85년에 열린 베를린 회의는 영국, 프랑스, 독일의
아프리카 분할과 벨기에의 콩고에 대한 식민 침략을 정당화했다.
특히 콩고는 벨기에 국왕 레오폴드 2세의 개인 식민지로 주어졌다.

▶ 손목을 절단하는 형벌을 받은 콩고자유국의 원주민 노동자들

1885-1908년 사이에 콩고에서는 수많은 가혹행위가 이루어졌다.
고무 채취 할당량을 채우지 못한 노동자들은
손목이 절단되는 형벌을 받았다.

왼쪽 위부터 시계방향으로 고흐, 세잔, 말라르메, 드뷔시.
'현대고전주의' 예술을 대표한 반 고흐(Van Gogh, 1853-90)와
폴 세잔(Paul Cézanne, 1839-1906)의 후기 회화작품.
프랑스의 시인으로 랭보와 더불어 19세기 후반 프랑스 시단을 주도한
스테판 말라르메(Stéphane Mallarmé, 1842-98)와
프랑스 작곡가 클로드 드뷔시(Claude Debussy, 1862-1918)
등은 1880년대 유럽의 문화적 부흥기를 이끌었다.

1885년 12월 28–30일에 뭄바이에서 열린 인도 국민대회 창립회의

1880년대는 강한 비판정신을 바탕으로 한 민족적
자아의식이 형성된 시기였다. 인도에서는 국민대회가 열렸고
베트남에서는 민족저항운동이 일어났다.

샌포드 플레밍(Sandford Fleming, 1827-1915)
플레밍이 24개의 시간대를 창안함으로써
표준시(World Time)가 탄생했다.

▲ 빅토리아 시계탑(Victoria Clock Tower)

이 시계탑은 런던의 맨채스터 거리와 베드포드 로우 교차로에 있다.
빅토리아 여왕 즉위 60주년을 축하하기 위해 대영제국의 각지에 시계탑이 세워졌다.
시계를 품은 교회 첨탑의 파생물이면서 문화적으로는
가치중립적인 새로운 시계탑의 등장으로 시간은 대중에게
보고 들을 수 있는 존재가 되었다.

▼ 1890년경에 제작된 회중시계

'회중시계의 민주화'로 '시간 지키기'가 모든 사람의 미덕이 되었다.
공업화 시대의 가장 중요한 발명품은 증기기관이 아니라 시계다.
노동자들은 시계를 갖게 되자 노동부하에 대해 계량적 인식을 갖게 되었고
노동시간 단축을 위한 투쟁이 일어났다.

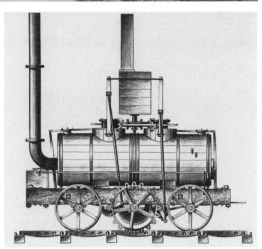

▲ 「요크셔의 의상」(The Costume of Yorkshire)
광부 의상을 입은 인물의 배경에
미들턴 레일웨이에서 운행되는 살라망카 기관차가 보인다.

▼ 살라망카(Salamanca) 기관차
철도와 전보가 등장함으로써 사람과 화물의 운송과 정보의 전달은
운송용 가축의 생물학적 능력에 얽매이지 않게 되었다.
살라망카 기관차는 상업적 운영에 성공한 최초의 증기기관차로
머레이(Matthew Murray)가 제작해 영국 리즈(Leeds)지역의
미들턴 레일웨이(Middleton Railway)에서 1812년부터 운행했다.

# 1. 시대구분과 시대의 특징

## 역법적 의미의 세기

언제를 19세기라고 하는가. 우리가 어떤 '세기'를 말할 때는 말하지 않아도 알고 있는 하나의 개념, 즉 모든 사람이 마음속으로 동의하고 있는 구체적이고 공통된 개념을 떠올리게 된다. 그러나 하나의 세기란 1801년에서 시작하여 1900년으로 끝나는 시간의 단락이란 의미 이외에 다른 의미를 가질 수 있다. 시간의 척도로서 세기에 대해 사람들은 감성적 경험을 할 방법이 없다. 새로운 세기가 시작될 때 우리의 감각기관은 밤낮이 교차하거나 사계절이 바뀔 때 느끼는 것처럼 감지하지 못한다. 세기가 바뀔 때 우리는 계산에 의존하여 인지한다. 세기는 역법의 산물이며 16세기에 들어와서야 통용되기 시작한 시간을 계산하는 단위이다.

역사학의 입장에서 보자면, 세계사학자 존 로버츠(John M. Roberts)가 말했듯이 그것은 "일종의 편의적인 계산일 뿐이다."[1] 역사학자는 모든 역사 단계가 식별되는 '객관적' 특징이나 특성을 갖고 있다는 믿음에서 벗어날수록, 시대구분이란 시간의 순서를 배열하기 위해 만든 인위적인 약속이란 점을 알게 될수록 백 년을 단위로 하여 시간을 나누는 간단하고도 도식화된 방식에 대해 회의하게 된다. 구체적으로 살펴보건대, 19세기를 가르는 앞뒤 양쪽의 분계점은 아무런 특징이 없는 평범한 연도일 뿐이어서 세기를 구분하는 형식주의가 선명하게 드러난다. 역법으로 세기의 시발점이나 세기의 종결점이라고 해서 역사적으로 심대한 영향을 미치는 사건이 발생한 해와 일치한 적은 없었다. 표시하는 숫자에 '0'이 두 개나 세 개 딸린 연도라고 해서 인류가 영원히 기억하는 중대한 전환점이 될 수는 없다. 우리의 기억 속에 깊은 인상을 남기는 년도는 2000년이 아니라 2001년이다.

역사학자의 입장에서 이것은 좋은 일이다. 한 폭의 그림을 감상할 때 화폭의 변두리가 좁을수록 감상자는 그림 자체에 시선을 집중할 수 있다. 세기의 구획 문제를 해결하면 역사적 시대구분과 관련된 모든 문제를 일거에 해결할 수 있다. 맹목적 정의(定意)를 바탕으로 하여 공간적·문화적 요소의 제약을 받지 않는 행동기준을 설정하고 모든 형식의 변형을 그 안에 수용한다면 역사의 시대구분 문제를 둘러싼 끊임없는 분쟁을 벗어날 수 있을 것이다. 우리가 사진기로 풍경을 찍을 때 생각하는 '틀'을 여러 가지 역사과정의 내용을 파악할 때에 적용한다면, 우리는 그 속의 특정 과정에 우선적인 지위를 부여함으로써 하나의 과정으로 다른 과정을 평가하는 척도로 삼는 일을 피할 수 있을 것이다.

지금까지 각종 역사서는 어느 해 — 예컨대 1688년 또는 1800년 — 에 세계의 어느 장소에서 어떤 일이 일어났는지를 서술해왔다.[2] 이런 파노라마식 서술방식은 여러 사건의 '형식적' 동시성을 통해 '실체적' 비동시성을 드러나게 하는 효과를 만들어 낸다. 이런 동시성의 문제는 한 세기를 묘사할 때에도 적용된다.

시간의 폭이 100년으로 늘어나면 역사의 변화도 자연히 우리의 시야에 들어오게 된다. 카메라의 초점을 역법 상의 한 세기에 맞춰보자. 세기의 시작과 끝 양쪽 끄트머리를 찍은 스냅사진을 비교해보면 세계의 여러 지역에서 서로 다른 발전단계의 역사과정이 존재함을 포착할 수 있다. 이때, 우리가 잘 알고 있는 서방사회의 진화과정을 묘사한 각종 서술에서도 그리고 다른 시대를 묘사한 서술에서도 같은 양상이 드러난다.

그럼에도 불구하고 이런 형식주의는 우리를 만족시키지 못한다. 내용을 고려하지 않은 역사적 시대구분법은 시점과 종점을 명확히 할 수는 있지만 우리의 역사인식에 아무런 도움도 주지 못한다. 이것이 역사학자들이 흔히 시대구분법을 회피하는 태도를 보이는 이유이다. 어떤 역사학자는 시대구분이야말로 "역사편찬을 과거를 파혜치는 학문으로 추락시키는 핵심적인 방식"이며 역사학 이론의 가장 심각한 문제라고 주장한다.[3] 이런 극단적인 관점에 찬성하지 않는 사람들은 '긴 세기'와 '짧은 세기'란 화두를 들고 나와 토론을 벌이고 있다.

많은 역사학자가 1789년의 프랑스대혁명에서부터 1914년 제1차 세계대전의 폭발까지 100년이 넘는 시기를 전부 19세기의 범주 속에 포함시키는 '긴 세기' 이론을 지지하는 경향을 보인다. 그런가하면 일부에서는 19세기를 역법에서 말하는 100년보다 짧게 보아야 한다는 '짧은 세기'론을 주장한다. 이들은 국제정치를 시기구분의 기준으로 삼고, 유럽의 새로운 질서를 세운 1814-15년의 빈 회의(Congress of Vienna)와 미국이 국제무대에 등장하는 계기가 된 1898년의 미국-스페인전쟁을 19세기의 시작과 끝을 나타내는 표지로 본다.

이처럼 대안으로 제시된 내용 기반의 시간이란 틀은 구체적인 해석상의 색깔이 어떤 것인지를 드러낸다. 따라서 한 세기의 길이와 모양을 따져 묻는 것은 결코 현학적인 논쟁이 아니다. 모든 역사학자는 싫든 좋든 반드시 이 문제에 대한 대답을 내어놓아야 하기 때문에 처음부터 분명한 태도를 밝히지 않으면 안 된다.

그렇다면 우리는 연속적 통일체로 구조화된 시간 안에서 19세기를 어디에 위치시켜야 할까. 유럽에서 발생한 정치적 사건, 경제적 순환, 지적인 조류가 연속적 통일체를 구성하는 유일한 요소가 아니라고 한다면 답변은 더욱 어려워진다.

세기는 시간의 한 조각이며 그 의미는 후세가 부여하는 것이다. 기억이 시간을 정리하고 배열한다. 기억은 때로는 시간을 오래된 과거 속으로 밀어넣기도 하고 때로는 시간을 바로 눈앞의 현재로 끌어낸다. 기억은 시간을 늘리기도 하고 압축시키기도 하며 심지어 어떤 때는 없애버리기도 한다. 종교적 직접성은 흔히 시간을 뛰어넘는다. 창시자, 선지자 또는 순교자는 지금, 여기서 완전하게 존재할 수 있다.

그런데 19세기 역사주의가 그것을 과거 속에 가두어버렸다. 선형 편년(線形編年)은 추상적이어서 인류의 시간 감수성과 맞지 않는 경우가 많다. 연대순으로 배열한 시간 연속성이 보편적으로 인정된 후로 많은 비서방 문화권에서 과거에 발생한 사건들의 연대를 확정하는 일이 문제가 되었다. 선형 질서를 통과해야만 역사 지식을 앞뒤 순서대로 배열할 수 있게 되었고, 역사주의의 기준에 맞춰 역사를 설명할 수 있게 되었다.

세계 각국에서 '현대' 역사 연구와 고고학은 다 같이 연대를 확정하는 문제를 자신의 가장 중요한 일로 꼽았다. 이 방면에서 일본은 유럽을 제외한 지역에서 선창자였다. 일본에서는 세기가 바뀔 무렵에 시간을 수직계열로 배치한 비교적 완전한 국가 역사연표가 최종적으로 제정되었다.[4] 깊고도 풍부하며 유럽과 필적할만한 역사 편찬학의 전통을 가진 중국에서는 편년사를 수정하는 이외에 필수적인 사료 비판학이 20세기 20년대에 시작되었다.[5] 그 밖에 여러 나라—예컨대, 아프리카와 남태평양—에서 인류의 활동을 증명해주는 고고학적 발견이 나왔지만 근대 부분까지를 포함하여 연대를 확정하기는 매우 어려웠다. 하와이의 경우, 학자들은 처음으로 문자 기록이 나온 1795년 이전을 통틀어 '사전사'(史前史, proto-historical) 시기라고 부른다.[6]

나는 이 책의 서술에서 다음과 같은 원칙을 세웠다. 나의 19세기는 몇 년 몇 월에 시작되어 몇 년 몇 월에 끝나는 시간의 연속적 통일체가 아니다. 내가 흥미를 갖는 역사는 백 년 또는 그보다 긴 시간에 걸쳐서 "이리하여……그 뒤로……"라는 형식으로 표현되는 서사적 선형적 과정이 아니라 다양한 전환과 변화의 과정이다. 모든 역사적 변화는 특수한 시간구조, 특수한 속도, 특수한 전환점, 특수한 공간 차이와 일정 정도의 지역적 특색을 보여준다. 이러한 시간구조를 보여주는 것이 이 책의 주요 목적이다. 따라서 이 책은 대량의 연대 숫자를 포함하고 있다. 일부 연대의 시대구분과 관련하여서는 자세한 내용을 반복적으로 언급할 것이다. 모든 역사적 변화의 시작과 종결은 여러 시점에서 발생한다. 그 시간적 연속성은 두 가지 형태로 나타난다.

첫째, 변화는 정도의 차이는 있지만 앞선 역사 발전단계의 흐름을 이어가고 있다. 우리가 흔히 사용하는 '초기 근대'라고 하는 표현이 그 한 예다. 천지가 뒤집히는 혁명일지라도 아무런 바탕이 없는 상황에서는 발생하지 않는다.

둘째, 19세기는 지금 이 시대의 '사전사'이다. 19세기에 시작된, 또는 19세기적 특징을 가졌다고 평가되는 역사적 변화가 1914년(또는 1900년)이 되자 일시에 멈춰버린 사례는 없다. 따라서 이 책에서 나는 의도적으로 규범을 무시하고 시선을 20세기로 향할 것이며 때로는 우리가 살고 있는 오늘까지 시야에 포함시킬 것이다. 내가 설명하고 서술하고자 하는 대상은 폐쇄적이고 자기만족적인 19세기사가 아니라 기나긴 역사의 발자취와 융합된 관계, 다시 말해 역사 '속의' 19세기다.

명료한 시대구분보다 시간의 연속성을 더 중시하는 관점에서 보면 구체적인 연도를 강조하는 것은 의미가 없다. 그래서 나는 두 가지 방식의 거시적 시대구분을 채택하고 그 둘 사이에서 수시로 옮겨다닐 것이다. 어떤 경우에 내가 말하는 19세기는 실질적 내용이 없는 형식화된 시간이며(1801-1900년) 역법적 의미의 19세기이다. 다른 경우에 내가 가리키는 19세기는 '긴 세기'이며 앞뒤 맥락을 분석해 보아야만 비로소 윤곽이 드러나는 19세기이다.

이 '긴 세기'는 대략 18세기 70년대에 시작되는데, 상징적 의미를 지닌 '세계사적' 중대 사건을 표지로 내세운다면 아메리카합중국의 수립을 가져온 혁명을 꼽아야 할 것이다. 긴 19세기의 끝을 상징하는 표지로서 편리하고도 극적으로 효과적이며, 전통적 기준에서도 받아들일 수 있는 사건은 1914년 8월 제1차 세계대전의 폭발이라 할 수 있다. 이것은 세계경제에 분명한 변화가 있었다는 점에서 설득력이 있지만 다른 분야에서는 그렇지 못했다. 1차 대전은 그 자체가 중요한 변화의 시기였으며 연쇄적인 파급효과도 컸다. 시작은 프랑스 북동부와 발트해 지역 사이에서 벌어진 군사적 충돌이었으나 곧 동·서 아프리카로 확산되었고 결과적으로는 '세계'전쟁이 되었다.[7]

모든 관련국의 내부 상황은 1916-17년에 와서 극적으로 바뀌었다. 1919년은 유럽, 중동, 아프리카에서 정치적 재편성의 해가 되었다. 아일랜드에서 이집트에 이르기까지, 인도에서부터 중국과 한국에 이르기까지 혁명적 또는 반식민주의 봉기가 일어났다. 많은 사람이 예언한 평화는 찾아오지 않았고 이 때문에 실망감이 세계를 덮었다.[8] 완곡하게 표현하자면 전쟁이 끝나고 나서야 인류는 자신이 더 이상 19세기에 살고 있지 않다는 사실을 깨닫게 되었다.

어떤 시각에서 보자면 18세기 70년대에 시작된 '긴' 19세기는 20세기 20년대에 끝났다고 할 수 있다. 새로운 기술과 이념이 1914년 이전의 과거와 전후의 현재를 명확하게 갈라놓은 때가 이 시기이기 때문이다. '역법'과 '긴 세기'의 관점이 19세기에 대한 시간의 정의를 달리 하듯이 역사학자의 눈으로 보는 연대와 그 시대를 살아가는 사람들의 눈으로 보는 연대가 다를 수 있다. 이와 관련된 구체적인 문제를 토론하는 것이 이 장의 주제다.

## 시대의 구조

역사적 연대를 형성하는 여러 방식 가운데 하나는 시간을 몇 개의 사건으로 압축시키는 것이다. 최소한 현대 유럽인의 의식 속에서 과거는 연속되는 시간의 덩어리이다. 모든 시대의 명칭은 기억을 정리하여 정화시킨 표현이 아니라 대부분의 경우 역사적 반성이나 사후적 구상의 결과물이다. 많은 시대의 명칭은 권위 있는 역사학자들이 최근의 저작에서 처음으로 붙여준 것이다. 몇 가지 예를 든다면, '헬레니즘'(Hellenism: 드로이젠), '문예부흥'(Renaissance: 미슐레와 부르크하르트), '중세후기'(late Middle Ages: 하위징아), '고대후기'(late auntiquity: 브라운) 등이 그렇다.*

어떤 시대명칭은 학계에서 발명하고 전공자들만 사용하고 있어서 대중은 전혀 알지 못하는 경우도 있다. '초기근대'(early modern age)

---

* 요한 드로이젠(Johann Droysen, 1808-84). 독일의 역사학자. 저서 『*Geschichte des Hellenismus*』(1836–1843)에서 헬레니즘이란 표현을 처음 사용했다.
  쥘 미슐레(Jules Michelet, 1798-1874). 프랑스의 역사학자. 저서 『*Histoire de France*』(1855)에서 르네상스란 표현을 처음 사용하고 정의했다.
  야코프 부르크하르트(Jacob Burckhardt, 1818-97). 스위스 역사학자. 저서 『*The Civilization of the Renaissance in Italy*』(1860)를 통해 문예부흥기의 예술과 문화를 조명했다.
  요한 하위징아(Johan Huizinga, 1872-1945). 네덜란드 역사학자, 현대 문화사학의 창시자 가운데 한 사람, 중세 문화에 관한 대표작 『*Herfsttij der Middeleeuwen*』(1919) — 영역본 제목은 『*The Waning of the Middle Ages*』(1924) — 이 있다. 영역본은 『*The Autumn of the Middle Ages*』(1996)란 제목으로 다시 나왔다.
  피터 브라운(Peter Brown, 1935- ). 아일랜드의 역사학자. 고대후기란 개념을 처음 제시한 저작이 『*The World of Late Antiquity*』(1971)이다.

가 대표적인 예이다. 20세기 50년대 초에 학계에서 역사시기에 대한 명칭으로서 이 용어가 제시되었고 학자들로부터 순조롭게 수용되었다. 당연히 독립적인 연구 분야로도 인정을 받았다. 심지어 어떤 사람은 '초기근대'가 네 번째의 역사시기*가 되어야 하며, 그래야 구약 『다니엘서』에서 예언한 네 번째의 세계제국과 숫자상으로 맞아떨어진다고 주장했다.[9]

'현대성'(modernity)이란 표현에 이르면 의미는 더욱 모호해진다. 이 개념은 유럽의 16세기 이후의 모든 시기에 무차별적으로 적용되고 있고 어떤 경우에는 11세기 '중세' 중국에도 적용되어서 논란을 불러일으키고 있다. 사회사에서는 이 개념을 1830년대 이후의 시기에 적용했고, 문화·예술사에서는 보들레르, 드뷔시, 세잔 이후에만 이 개념을 적용했다.[10] 개략적인 시기 정의조차 없이 편재적(遍在的)으로 사용되는 현대성(modernity), 후현대성(post modernity), 다원현대성(multiple modernities)이란 개념은 시대구분 인식이 꾸준히 희박해졌음을 보여준다. 따라서 우리가 '초기근대'는 대학 강단에서나 통하는 마지막 남은 시대구분의 개념이라고 추론할 근거는 충분하다.[11]

어디서부터 어디까지를 19세기로 볼 것인가 하는 문제와 관계없이 거의 모든 학자가 19세기를 어떤 역사시기에도 속하지 않는 독자적 시대로 받아들이고 있는 것 같다. 지금까지는 통상적으로 몇 개의 세기가 묶여서 하나의 역사시기('중세기'는 10개의 세기, '초기근대'는 3개의 세기)를 구성했는데 19세기만은 홀로 남아 있다. 지금까지 '후기근대'란 명칭을 19세기에 적용하자고 진지하게 제안한 사람은 없었다.

19세기를 '근대'에 포함시킬지 아니면 '현대'에 귀속시킬 것인

* 유럽 역사학자들은 통상적으로 세계사의 시기를 고대, 중세, 근대 셋으로 나눈다.

지 하는 문제를 두고 독일에서는 여러 가지 논란이 있다. 근대에 귀속시키면 19세기는 1800년 이전에 시작된 역사적 흐름의 정점으로 볼 수 있고, 현대에 포함시킨다면 19세기는 곧 제1차 세계대전과 함께 시작된 새로운 시대의 '전사'(前史)가 된다.[12] 프랑스대혁명 이후의 유럽 역사에 관한 걸출한 저작을 남긴 홉스봄(Eric J. Hobsbawm)은 19세기를 총체적으로 개괄하는 명칭을 만들지 않았다. 그는 19세기를 세 시기로 나누어 혁명의 시대(1789-1848), 자본의 시대(1848-1875), 제국의 시대(1875-1914)라 불렀다[13](그는 '긴 세기'란 관점을 택했다). 그 밖에, 사상사의 측면에서 볼 때도 18세기는 늘 '계몽시대'라는 통일된 명칭으로 불리는데, 19세에 맞는 그와 같은 명칭은 찾아낼 수 없었다. 그러므로 19세기는 파편화된 세기, 무명의 세기, 쉽게 정의할 수 있는 두 시대 사이에 끼어 있는 긴 과도기라고 부를 수 있다. 어쩌면 난감한 세기일지도 모른다.

## 2. 역법과 시대구분

1800년 또는 1801년에 지구상의 대다수 지역에서 사람들은 새로운 세기의 시작에 대해 전혀 몰랐다. 프랑스에서는 정부가 의도적으로 그해의 의미를 희석시켰다. 1792년에 프랑스는 공화국이 수립된 그해를 원년으로 선포했다(1793년은 공화국 2년에 해당한다). 더 나아가 1793년부터는 지금까지 사용하던 그레고리력(Gregorian Calendar)과는 다른 새로운 역법을 시행했다. 1806년에 그레고리력으로 돌아가기 전까지 새로운 역법에 대한 대중의 반감은 갈수록 커졌다. 새로운 역법은 연도뿐만 아니라 월의 계산 방식도 바꾸었다. 예컨대, 서기 1801년 1월 1일은 새로운 역법에 따르면 공화국 9년 4월(Nivôse, 눈[雪]의 달) 11일이 된다. 무슬림의 날짜 계산 방식에 따르면 1801년 1월 1일은 이슬람력 1215년 8월의 어느 평범한 날이 된다. 이슬람력은 선지자 무함마드가 메디나로 옮겨간 서기 622년 7월 16일을 기원(紀元)으로 친다. 그러므로 이슬람교를 믿는 지역에서는 서기 1786년에 이미 새로운 세기(13세기)로 진입했다.

서기 1801년은 태국 등 불교국가에서는 불기 2343년에 해당하고 유태력으로 계산하면 5561년이었다. 중국에서 이해는 가경(嘉慶) 5년 경신년(庚申年)이었다. 지역이 광대한 중화제국에서는 여러 역법을 동시에 사용했다. 회족(回族), 장족(藏族), 이족(彝族), 태족(傣族) 등 소수민족은 각자 다른 역법으로 시간을 계산했다. 중국인들의 관점에서 보자면 새로운 기원의 시작은 1800년이나 1801년의 첫

날이 아니라 1796년 2월 9일이었다. 이날은 재위 60년의 건륭제가 황위를 15번째 아들 옹염(顒琰)에게 물려주는 날이었고, 옹염은 즉위한 뒤 연호를 가경으로 정했다. 베트남은 아시아에서 가장 먼저 서기를 받아들인 나라였다. 1802년 통일 뒤에 베트남 정부는 특수한 정치적 목적 때문에 서기를 받아들이기로 결정했으나 민간에서는 명(明)나라의 역법을 그대로 사용했다. 중국에서 이 역법은 1644년 명 왕조가 멸망한 후 바로 폐기되었다.[14] 역법 문제에 있어서 이런 사례는 부지기수이다. 그만큼 인류의 역법은 풍부하고 다양했다. 이 모든 것은 우리에게 하나의 정보를 알려준다. 1800년 또는 1801년 무렵 세기가 바뀌는 의미는 기독교가 성행한 지역에서나 통했다. '세기의 교체'가 감지될 수 있는 지역, 바로 그곳이 '서방'이었다. '우리의' 19세기는 '서방'에서만 시작되었을 뿐이다.

### 그레고리력과 기타 역법

역법의 다양함에서 놀라움을 느낀다면 유럽의 경우를 생각해 볼 일이다. 유럽에서도 역법의 통일은 점진적이고 완만한 과정을 거쳤다. 그레고리력은 1582~84년 가톨릭 국가에 소개되었고 얼마 뒤 스페인의 해외식민지에 전해졌다. 1600년에는 스코틀랜드가 그레고리력을 도입했다. 그러나 잉글랜드와 전체 대영제국이 그레고리력을 받아들인 것은 그로부터 170년이 지난 뒤의 일이었다.[15] 루마니아, 러시아, 터키가 정식으로 그레고리력을 받아들인 것은 각기 1917년, 1918년, 1927년의 일이었다. 그레고리력은 근대 유럽의 가장 성공적인 문화수출품의 하나라고 할 수 있다.

그레고리력은 사실은 전혀 새로운 역법이 아니라 율리우스력(Julius Caesar's Calendar)을 기초로 하여 기술적으로 개량한 것이었다. 종교개혁을 반대하던 교황 그레고리우스 13세(Gregorius XIII,

1575-85년 재위)가 새로운 역법의 제정을 주도했지만 그렇게 해서 만들어진 역법을 지구상에서 가장 구석진 곳까지 전파한 나라는 개신교 국가인 영국이었다. 식민지 이외의 지역에서 그레고리력의 도입은 대부분 자발적 선택이었으며 문화적 패권주의가 기타 '문명'에 강요한 결과는 아니었다.

그레고리력을 도입하면서 논란이 일어났던 나라에서 그 원인은 대체로 기술적인 문제이거나 현실적인 요인에 대한 고려였다. 한 예를 들자면, 실증주의 철학자 콩트는 자신이 설계한 역법의 시행을 극력 주장했다. 그의 역법은 1년을 13달로 나누고 한 달은 28일, 1년은 기본적으로 364일의 바탕 위에서 하루를 추가했다. 1849년에 제시된 콩트 역법의 또 하나의 특징은 달의 이름에 인류 문명의 발전을 위해 커다란 공헌을 한 인물의 이름을 붙인 점이었다. 모세의 달, 아르키메데스의 달, 샤를르마뉴 대제의 달, 단테의 달, 셰익스피어의 달…….[16] 역법 과학의 각도에서 보자면 콩트의 제안은 결코 비실제적이라고 할 수는 없었다. 이후 그가 고안한 역법을 기초로 하여 개량한 제안이 여러 차례 나왔다.

러시아 동방정교회는 아직도 개량되지 않은 율리우스력을 사용하고 있다. 율리우스력은 기원전 45년에 태어났다. 고대 로마의 대사제였던 율리우스 카이사르(Julius Caesar)가 고대 그리스와 이집트 천문학자들의 고전적인 시간관념을 기반으로 하여 역법을 제정했다. 이 역법을 수백 년 동안 사용해본 결과 몇 년만에 한 번씩 1년에 며칠을 추가해야 하는 결함이 있었다. 오스만제국과 그 후신인 터키에서는 상황이 더 복잡했다. 선지자 무함마드는 달을 시간을 측정하는 기준으로 정하고 음력이 유일하게 유효한 역법이라고 선포했다. 그런데 민간에서는 비잔티움 시대의 율리우스 태양력을 사용하던 전통도 남아 있었다. 오스만 궁정은 태양력을 사용하는 것이 국가통치 면에서는 더 간편하다는 사실을 알면서도 계절을 기준으로 하여 회계 연도를 나눈 역법을 사용하기로 결정했다. 농산물을 현물세로 거두 어들이자면 이런 방식이 매우 중요했기 때문이었다. 양력과 음력 사 이에는 어떤 직접적인 연관성도 없고, 따라서 두 역법 사이에 중복과 엇갈림은 피할 수가 없었다.

지구상에서 지금까지도 토착역법과 그레고리력이 함께 사용되고 있는 지역이 적지 않다. 일부 이슬람국가에서는 농촌은 아직도 음력 을 사용하고 있지만 도시 주민은 일찍부터 국제적으로 통용되는 양 력을 사용하고 있다.[17] 세계 각지의 화교들──그중에 세계화의 선구 자들이 적지 않다──은 하나의 예외도 없이 음력을 기준으로 신년을 축하한다.

각종 '전통'과 '현대'의 역법 이외에 새로 발명된 역법도 적지 않 다. 어떤 신흥 민족국가에서는 과거의 역사와 건국사를 기념하기 위 해 상징적인 좌표──국경일, 영웅기념일 등──를 설정한 역법을 사 용하고 있다. 이란의 바하이(بهائى  Bahā'i)교는 창시자가 득도한 1844년을 기원으로 설정하고 1년은 19개월, 한 달은 19일인 독특한 역법을 사용하고 있다.[18]

세계 각지의 역사연대 표시는 모두가 서기(라틴어로 AD: Anno Domini. 오늘날에는 대다수가 'Common Era', 즉 '공원'[公元]이라 부 른다)로 계산하고 있지는 않다. 현재 우리가 채용하고 있는, 시점을 숫자로 정확하게 표시하는 방식은 기원 원년(annus domini)을 기점 으로 하여 그전과 이후를 계산하는 선형 기년법이다. 이 방식이 처 음 등장한 때는 6세기였으며, 1627년에 예수회 선교사 페타비우스 (Dionysius Petavius, 또는 Denis Pétau)가 개량한 것인데 데카르트의 적극적인 지지를 받았다.[19] 이 기년법은 19세기에 세계로 퍼져나갔 지만 기존의 모든 기년법을 대체하고 유일하게 통용되는 역법으로 자리 잡지는 못했다.

지구상에서 가장 발달한 지역의 하나인 타이완에서는 지금까지도 고대 왕조와 유사한 연호 기년법이 사용되고 있다. 타이완은 왕조를 무너뜨린 혁명이 일어났던 1912년을 원년으로 하고 혁명으로 인해 성립된 공화국을 의미하는 '민국'(民國)이란 연호를 사용한다. 고대 중국에서는 유대교, 기독교 또는 이슬람교에서 사용하는 연속적 기년과는 달리 한 황제가 즉위하면 즉시로 새로운 연호를 사용하기 시작했다(공산당이 권력을 장악한 뒤에야 중국 대륙에서도 서기를 채택했다).

일본도 지금까지 천황의 연호로 연도를 표시한다. 이 기년법에 따르면 1873년은 메이지(明治) 6년이 된다. 일본은 이 밖에도 1869년의 칙령에 따라 연속적이며 왕위의 변경에 영향을 받지 않는 기년법을 사용하고 있다. 일본 신화에 나오는 태양신의 후예인 진무(神武) 천황이 즉위한 해를 원년으로 하는 기년법인데, 이 방식에 따르면 1873년은 황기(皇紀) 2533년이 된다. 일본인들은 이런 기년법을 채택한 이후 일본과 서방의 선형 시간관 사이의 연관성을 찾아냈다.[20] 일부 역사학자들이 '황기'에 대해 완곡하게 이견을 제시했지만 기원전 660년을 허구의 원년으로 하는 고색창연한 기년법은 아직도 유지되고 있을 뿐만 아니라 2차 대전을 겪으면서 일본 민족주의의 중요한 상징이 되었다. 1989년에 아키히토(明仁)천황이 즉위하면서 황기의 중요성은 다시 한번 확인되었다.[21] 신식 기년법의 시행은 신흥 민족국가의 정신적 지주로서 천황의 지위를 확고히 하겠다는 분명한 정치적 목적을 갖고 있었다. 일본은 1873년부터 — 러시아보다 반세기나 앞섰다 — 그레고리력을 시행했고 동시에 당시로서는 일본 사람들이 잘 모르고 있던 7일 1주 제도를 도입했다. 천황은 이해 음력 11월 9일에 조서를 내려 12월 3일을 양력 1873년 1월 1일로 한다고 선포했다. 조서는 현대화를 찬양하고 음력은 미신과 후진성의 표지라고 비난했다.

갑작스런 역법 개혁의 근본적인 목적은 파탄상태에 빠진 국가재정을 구출하는 것이었다. 음력을 기준으로 한다면 그해에는 윤달까지 들어 있었다. 이것은 국가가 공직에 있는 사람들에게 13개월 치의 급여를 지급해야 함을 의미했다. 당시 일본정부의 재정은 매우 궁핍한 상황이라 그만한 지출을 감당할 여력이 없었다. 새로운 역법을 시행하자 정월 초하루가 갑자기 29일 앞당겨졌다. 갑자기 바빠진 주부들은 새해가 시작되기 전에 집안을 깨끗이 청소하는 일본의 풍습도 지킬 수가 없었다. 국제적으로 영향력이 있는 역법제도를 받아들인다는 것은 동시에 일본 황실로서는 어용 천문학자를 고용해 날짜를 대조 검토하는 일을 더 이상 하지 않아도 된다는 의미였다.[22]

## 연대의 순서

연대의 상대성은 역사 시기를 묘사할 때 채용된 각양각색의 명칭을 살펴보면 더욱 분명해진다. 역사 시기를 고대, 중세, 근대로 나누는 3단론 — 유럽에서는 1680년대 이후 점차적으로 채택되었다 — 은 풍부한 사료를 통해 그 연속성이 증명되는 다른 문명권에서는 사용된 적이 없는 이론이다. 다른 문명권에도 이른바 혁신이나 부흥이란 논법은 있었다. 그러나 유럽과 접촉하기 전에 사람들은 자신이 과거보다 우월한 새로운 시대에 살고 있다는 생각을 해본 적이 없었다. 일본에서는 메이지유신을 통해 제도적 전환이 일어나고 나서 오쿠보 도시미치(大久保 利通)로 대표되는 젊고 활기찬 귀족들이 새로운 시작을 얘기하는 미래지향적 시대관을 제시했다. 이것이 '현대' 의식의 주요 요소였다.[23] 그러나 새로운 시대관의 표현 형식은 전통주의의 색채로 가득했다. 그들은 한편으로는 신성한 천황통치의 재건 — 일본역사에는 메이지시대의 표본이 될 만한 전례가 존재하지 않지만 — 을 찬양했고, 다른 한편으로는 (1868년 이후) 자국의 역사에서 '중세기' 역사를 찾아내어 존귀한 유럽 역사모형과 일치한다는

사실을 증명하려고 노력했다.[24]

'중간시대'란 개념은 이슬람 전통 역사학에 일정 정도 영향을 미쳤으나 중국의 역사학계에는 전혀 영향을 주지 못했다. 서방식 사유방식이 중국에 도입된 뒤에도 이 방면에서는 전혀 변화가 없었다. 중국 대륙에서건 타이완에서건 중국의 역사를 서술할 때 '중세기'란 개념은 채택된 적이 없었다. 왕조를 기준으로 하는 시대구분법을 따른 사람은 전통주의 역사학자들만이 아니었다. 오늘날 중화인민공화국에서 역사 연구에 종사하는 사람들도 이 원칙을 따르고 있고, 중국사에 관한 서방 쪽의 기념비적 저작이라고 할 수 있는 (1978년에 제1권이 출판된) 『캠브리지 중국사』(Cambridge History of China)도 이 원칙을 따랐다.

이 원칙에서 이탈한 변형이 처음으로 나타난 것은 19세기 역사가 관련되었을 때였다. 정통 마르크스주의자들의 관점에 따르면 영국과 중국이 1842년에 체결한 '난징조약'이 중국 '근대사'(modern history)의 시발점이고, 1919년에 일어난 반제국주의 운동은 중국 '현대사'(recent history)의 서막이다. 이 이론에 따르면 내용 중심의 19세기는 19세기 40년대에 시작되었다. 이와는 반대로, 국제적으로 주도적인 위치에 있는 미국의 중국사 연구 학계와 갈수록 많은 중국 역사학자들이 '후기제정중국'(後期帝政中國, late imperial China)이란 개념을 제시하고 있다. 이 개념이 가리키는 연대는 황제가 통치하던 마지막 수십 년——이 시기를 지칭할 때는 '만청'(晚淸)이란 표현을 쓰기도 한다——에 한정되는 것이 아니라 16세기 중엽부터 시작하여 '긴' 19세기가 종결되기까지의 역사 단계 전체를 가리킨다.

어떤 학자들은 이 연대의 시발점을 11세기까지 끌어올리기도 하는데 당시의 중국은 정치적으로는 안정되고 여러 가지 사회적 혁신이 일어나고 있었으며 문화적으로 번영하고 있었다. '후기제정중국'의 시간적 폭은 제국이 붕괴한 1911년까지 이어진다. 형식상으로 보자면 이 개념은 유럽의 '초기근대' 이론, 그중에서 최신의 이론을 인용하자면 '구유럽'(Old Europe)은 사실상 '중세기'에서 시작되었다는 주장과 상당한 유사성을 갖고 있다. 그러나 '후기제정중국'이란 개념은 1800년 무렵을 역사형성의 종결점이라는 관점을 수용하지 않는다. 최근의 일반적인 관점은, 몇 가지 혁신적인 내용에도 불구하고 역법상의 19세기는 비길 데 없이 안정된 구시대의 퇴락한 마지막 단계였다는 것이다. 중국은 19세기를 어떻게 정의할 것인가 하는 문제에서 유일한 예외라고 할 수 있을 것이다.

# 3. 전환과 과도기

## 국가의 전환과 세계의 전환

하나의 시대정신(Zeitgeist)이 한 시대의 삶의 모든 양상을 표현한다는 신비스러운 관념에 동의하지 않았을 때 역사적 시대구분은 '문화영역에서의 시간의 다양성'이란 문제에 부닥치게 된다.[25] 대부분의 경우 정치사의 중대 사건과 경제사의 중요 전환은 시간적으로 겹치지 않는다. 예술사에서 하나의 예술사조가 시작하거나 끝나는 시점은 일반적으로 사회사에서 새로운 발전이 생겨났다고 생각되는 시점과 관련이 없다. 사회사 연구자들은 흔히 암묵적으로 정치사의 관습적 시대구분을 따랐기 때문에 시대구분 문제와 관련된 논쟁을 피해갈 수 있었다.

일부 저자들은 사건사에 지나친 가치를 부여하지 말라고 경고한다. 20세기 초의 독일의 중요한 신학자이자 지성사학자였던 에른스트 트뢸치(Ernst Troeltsch)도 이점에 대해 회의적인 태도를 보였다. 헤겔, 콩트, 마르크스, 쿠르트 브라이지히(Kurt Breysig), 베르너 좀바르트(Berner Sombart), 막스 베버 등의 비사건사 중심의 시대구분 방식을 둘러싼 토론으로부터 트뢸치가 얻은 결론은 다음과 같았다.

'진정으로 객관적인 시대구분'은 "사회, 경제, 정치, 법률의 하부구조로부터 출발"하여 '강대한 기초적인 힘'(Grundgewalten)을 최상위에 둘 때 비로소 가능하다.[26] 트뢸치도 이런 기초적인 힘에 의존하여 명확하고 중첩되지 않는 역사 연표를 만들 수 있다고 믿지는 않았다.

트뢸치의 관점이 적용되는 대상은 유럽의 역사였지 개별 국가의 역사는 아니었다. 특정 국가사가 대상일 때 그 역사상의 중요 전환점에 대해서는 공통 인식에 도달하기가 어렵지 않지만 유럽사가 대상일 때는 누구나 인정할 수 있는 역사의 분계선을 찾기는 어렵다. 독일사를 관찰하는 시각으로 유럽사를 바라보면 연구자는 잘못된 곳으로 들어가게 된다. 독일 근대사의 중요 단락이 유럽 각국의 입장에서는 어떤 대표성도 갖지 않기 때문이다.

영국 정치사에서 1848년의 혁명은 평상적인 사건의 하나일 뿐이었다. 영국의 역사서는 — 대중적 역사서만 그런 게 아니다 — 지금도 1837-1901년을 '빅토리아시대'라 부른다. 이 명칭은 입헌군주제에서 빅토리아 여왕이 재위했던 시기라는 의미밖에 없다. 영국은 일찍이 17세기에 두 차례의 혁명기를 거치며 혁명적인 의미를 지닌 거대한 변화를 경험했다. 따라서 1789년의 프랑스대혁명이 영국에 끼친 영향은 유럽대륙에 준 충격에 크게 미치지 못했다. 오늘날의 영국 역사학자들이 통상적으로 꼽는 중요한 전환점은 1789년이 아니라 1783년이다. 이해에 영국은 북아메리카 식민지를 완전히 상실했다. 그러므로 이 섬나라에서 세기의 전환점인 1800년이 주목받는 정도는 프랑스, 독일, 폴란드와는 비교할 바가 못 된다. 영국은 해협 건너에서 벌어진 나폴레옹전쟁의 폭풍을 바라보면서 조용하게 18세기로부터 19세기로 진입했다.

유럽사에서 시간의 형식을 두고 관점의 차이가 이처럼 크다면 세계사의 시대구분이라고 할 때 논란은 얼마나 클 것인가! 이 문제에 있어서 정치적 대사건이 줄 수 있는 도움은 미미할 뿐이다. 20세기 이전에는 전체 인류사의 획을 긋는 연도는 없었다. 역사를 뒤돌아보건대 세계사적 영향을 미친 프랑스대혁명도 그 시대에 미친 영향을 보면 중간 규모 유럽국가의 군주가 왕위에서 쫓겨나 단두대로 보내진 사건이었을 뿐 세계적인 사건이라고 할 수는 없었다. 아시아, 태평양 지역, 남아프리카에는 이 혁명이 오랫동안 알려지지도 않았다. 1888년에 프랑스의 철학자이자 문화사학자인 루이 부르도(Louis Burdeau)는 4억명에 달하는 중국인의 입장에서 볼 때 프랑스대혁명은 아예 일어나지도 않은 사건과 같다고 지적했다. 따라서 그가 프랑스대혁명의 중요성에 대해 의문을 품은 것은 당연한 일이었다.[27] 외부세계에 대하여 진정한 의미에서 직접적인 영향을 미친 것은 프랑스의 경계 안에 국한된 혁명적 강령과 정책이 아니라 그 강령이 군사적 확장을 통해 전파되는 과정이었다. 북아메리카──카리브해의 프랑스 식민지를 제외하고──와 인도에서 프랑스대혁명 자체는 중시되지 않았다. 나폴레옹과 영국이 전쟁에 빠져들자 프랑스대혁명은 비로소 사람들의 주목을 받게 되었다.

제1차 세계대전이 폭발했을 때도 지구상의 많은 지역에서는 초기에는 아무런 영향도 없었다. 1918년 전쟁이 끝났을 때 세계적인 위기가 찾아왔다. 더욱이 독감이 세계를 휩쓸자 형세는 완전히 바뀌었다.[28] 겨우 몇 달 사이에 모든 대륙의 생산자와 판매자가 뉴욕 주식시장의 폭락이 불러온 충격을 느꼈다. 제2차 세계대전의 막도 마찬가지로 천천히 올라갔다. 처음에는 1937년 7월 중국과 일본에서*, 다음으로는 1939년 9월 러시아 서쪽의 유럽지역에서**. 세계의 나머지 지역에서는 1941년 독일이 소련을 공격하고 일본이 미국을 습격했을 때야 2차 대전의 시작을 알 수 있었다. 그러나 2차 대전이 라틴아메리카와 사하라 이남의 아프리카 지역에 미친 영향은 1차 대전 때의 정도에 훨씬 미치지 못했다. 1945년 이전에는 세계 '정치'사에서

* 1937년 7월 7일에 베이징 서남쪽 노구교(盧溝橋)에서 벌어진 중국과 일본의 군사적 충돌. 이 사건을 계기로 일본제국과 중화민국은 전쟁 상태로 돌입했다.
** 1939년 9월 1일 독일군의 폴란드침공.

전체 인류가 동시에 근거리에서 영향을 감지할 수 있는 특정한 날짜는 없었다. 1945년 이후가 되어서야 중대한 역사적 사건을 표지로 하여 인류가 공유하는 세계사가 점차 모습을 드러내기 시작했다.

이제부터는 개별국가의 역사학자들(그리고 그들의 영향을 받은 대중)이 '긴' 19세기 동안에 '국내'정치의 중요한 전환점이었다고 판단한 사건이 무엇인지 살펴보자. 역법상의 19세기가 시작되던 무렵, 나폴레옹의 군대가 구정권을 전복시키거나 회복불능의 상태로 약화시킨 나라는 모두 전환기적 충격을 받았다. 그 대표적인 사례가 모자이크처럼 흩어져 있던 독일 서쪽지역 공국(公國)들, 스페인, 포르투갈, 식민지 산토도밍고(얼마 뒤 아이티가 된다), 이집트였지만 제정 러시아는 영향을 받지 않았다.

간접적인 영향을 받은 국가도 있었다. 스페인 왕실이 1808년에 붕괴되지 않았더라면 스페인령 라틴아메리카의 독립을 가져온 혁명은 1810년보다 더 늦게 시작되었을 것이다. 오스만제국의 속주이던 이집트를 프랑스가 1798년에 점령 ─ 몇 년 만에 끝나기는 했지만 ─ 하자 이스탄불의 통치 엘리트들은 충격을 받아 다방면의 근대화 작업을 시작했다. 장기적인 관점에서 보자면 술탄에게 더 큰 충격을 준 사건은 1878년의 (러시아와의 전쟁에서) 패전이었다. 이 때문에 술탄은 제국의 가장 풍요로운 지역을 상실했다. 1876년에는 발칸반도의 76퍼센트가 오스만제국의 영토였으나 1879년에는 37퍼센트로 떨어졌다. 이것이 오스만제국의 중요한 정치적 전환점이었고 제국은 쇠퇴기로 접어들었다.

'청년터키당' 장교들에 의해 1908년에 술탄이 쫓겨난 것은 혁명의 자연스러운 귀착점이었다. 영국이 군사적으로 개입한 지역에서도 나폴레옹전쟁의 간접적인 영향이 있었다. 희망봉(Cape of Good Hope)과 세일론(Ceylon, 현재의 명칭은 스리랑카 Sri Lanka)은 나폴레옹제국의 일부이던 네덜란드의 지배 아래에 있다가 영국의 지배 아래로 들어갔다. 인도네시아에서는 영국의 짧은 점령기간(1811-16년) 이후 회복된 네덜란드의 식민통치 체제에 큰 변화를 가져왔다. 인도에서는 영국이 1798년에 뛰어난 식민정복자 웰즐리 후작(Marquis of Wellesley)의 주도하에 인도에 대한 지배권을 확보하기 위한 군사적 행동에 들어갔고 결국 1818년에 인도를 손아귀에 넣었다.

그 밖의 나라에서 역사적 의미를 지닌 중대한 정치적 전환은 모두 세기가 바뀔 무렵이 아니라 새로운 세기에 들어온 뒤에 일어났다. 많은 국가가 역법상의 19세기가 시작된 후에 수립되었다. 1804년, 아이티가 독립을 선포했다. 1810-26년 사이에 스페인령 라틴아메리카 각국이 잇달아 독립했다. 1830년과 1832년에 벨기에 왕국과 그리스 왕국이 각기 성립되었다. 이 밖에도 1861년에는 이탈리아 왕국이, 1871년에는 독일제국이, 1878년에는 불가리아 공국이 등장했다. 오늘날의 뉴질랜드의 국가형태는 1840년에 영국왕실과 마오리(Māori)족 추장들이 체결한 '와이탕이조약'(Treaty of Waitangi)에서 시작되었다. 캐나다와 오스트레일리아는 각기 1867년과 1901년에 연방조례에 서명함으로써 인접 식민지의 지역 연합체에서 독립국가로 변신했다. 노르웨이는 1905년에 스웨덴과의 연방을 탈퇴하고 독립국가가 되었다. 위의 사례에서 19세기는 하나의 예외도 없이 민족국가 건국일을 기준으로 하여 두 시기로 나뉜다. 하나는 통일 혹은 독립 전, 다른 하나는 통일 혹은 독립 후이다. 이런 시간적 분계선은 우리가 '세기'라고 부르는 모호한 의미의 역법적 시대구분보다 훨씬 강력한 힘을 갖고 있다.

비슷한 사례는 얼마든지 더 있다. 영국은 내정이 안정되지 않은 상황에서도 혁명의 시대를 평온하게 넘기고 고도의 과두적 정치체제를 유지한 채 19세기에 진입했다. 1832년의 선거법 개정을 거친 뒤에야 영국의 투표권자의 범위가 대폭 확대되었고, 이때 영국형 구정권이 종말을 고했다.

영국 헌법사의 내재적 연속성의 관점에서 볼 때 1832년은 1688년 이후의 헌법사에서 가장 중대한 변화의 표지이며 그것이 갖는 상징적 의의는 현실적 성과보다 훨씬 크다. 나폴레옹 군대의 말발굽 아래 짓밟힌 경험이 없는 헝가리는 1848-49년 혁명의 폭발로 처음으로 중대한 정치위기를 맞았는데, 그 심각성은 유럽의 다른 나라들이 경험해보지 못한 것이었다. 중국의 경우, 1850-64년의 태평천국(太平天國)운동은 혁명적인 시대의 도전이었다. 그것은 중국이 200년 이내에 경험한 가장 심각한 국내정치의 위기였다.

19세기 60년대에 정치체제의 변화는 세계 각지에서 잇달아 일어났다. 그중에서 가장 중요하고도 거대한 두 가지 변화를 꼽는다면 첫째는 1865년 미국에서 내전이 종결된 후 남부연맹이 해체되고 국가통일이 복원된 것이었고, 둘째는 1868년 일본에서 막부(幕府)정권이 붕괴되고 야심찬 민족국가 건설 ── 메이지유신(明治維新) ── 이 시작된 것이었다. 이 두 가지 변화 과정에서 18세기부터 내려오던 정권의 구조와 정치행태가 제도적 위기를 넘기지 못하고 철저하게 소멸되었다. 한쪽에서는 토쿠가와 집안이 1603년에 집권한 뒤 세운 봉건 막번(幕藩)체제가 무너졌고 다른 쪽에서는 북아메리카의 남부 각 주가 의존하던 노예제가 사라졌다. 미국이든 일본이든 하나의 정치체제에서 다른 하나의 정치체제로의 전환이 19세기에 완성되었다.


## '초기근대', 세계적으로 적용될 수 있는 개념인가

따라서 정치적 의미의 19세기의 시발점을 역법상 연도로 특정하기는 어렵다. 프랑스대혁명을 시발점으로 삼는다면 이 문제에 관한 관찰자의 사고는 프랑스, 독일, 또는 산토도밍고를 중심으로 하는 시각 안에 갇히게 될 것이다. 구정권의 붕괴는 19세기 내내 있어왔다. 일본처럼 중요한 국가에서 정치사적 현대는 1868년에 시작되었다. 트릴치가 제시한 사회적·문화적 '기초적인 힘'을 기준으로 한다면 시대구분은 어떻게 될까? 이 문제는 우리를 '초기근대'라는 시대개념을 다시 돌아보게 한다. 초기근대를 온전한 역사시기로 볼 이유가 충분할수록 그 기초 위에 19세기는 더 확고하게 자리 잡을 수 있다. 여기서 우리는 모순에 빠지게 된다.

한편으로는, 전문적 연구영역의 분할, 지적인 독창성, 학문적 이해관계 등 복합적 요인의 영향 때문에 많은 역사학자가 초기근대를 당연한 개념으로 받아들이고 그 시기를 1500-1800년으로 설정했다. 어떤 시대구분 방식이 반복적으로 사용되면서 독자적인 생명력을 갖게 되면 필연적으로 과도기 현상은 무시된다. 그래서 어떤 학자는 중대한 역사적 사건이 발생한 연도 —1789년, 1871년, 1914년 —를 역사시기의 가장자리가 아니라 한가운데 놓자고 주장한다. 그래야 시간의 외곽에서 사전적·사후적 시각 양면으로 사건의 경과를 관찰할 수 있다는 논리인데, 상당한 설득력을 갖고 있다.[29]

다른 한편으로는, 여러 흔적이 보여주고 있듯이, 사람들이 초기근대를 획정할 때 통상적으로 사용하는 앞 뒤 두 분계점은 역사의 연속성이란 시각에서 보더라도 모호하게 처리되어야 할 것이다.[30] 오랫동안 논란이 없었던 (최소한 유럽사에 관한 한) 시대구분의 연도는 —일부에서 1450-1520년을 과도기로 정의해야 한다는 주장이 없지는 않았지만—1500년이었다. 이 시기에 후대까지 심대한 영향을 미치는 혁신과정이 함께 일어났던 것은 분명한 사실이다. (후기) 문예부흥, 종교개혁, 초기 자본주의의 시작, 근대국가의 흥기, 아메리카와 열대 아시아로 가는 항로의 발견 등……. 시간을 15세기 50년대까지 확장한다면 활자 인쇄술의 발명도 더해야 할 것이다. 많은 세계사 편찬자들도 마찬가지로 (때로는 아무 생각 없이, 때로는 명백한 목적의식을 가지고) 1500년을 핵심 좌표로 삼았다.[31]

그러나 1500년의 중요성에 대한 이견이 근래에 등장했다. 어떤 학자는 중세기에서 현대까지를 길고도 점진적인 과도기로 보는 관점을 제시했다. 이 주장대로라면 중세기와 초기근대 사이의 분계선이 없어진다. 하인츠 쉴링(Heinz Schilling)은 유럽 근대역사형성의 완만한 과정을 특별히 강조하면서 1500년 무렵이란 분계선은 1250년 무렵과 1750년 무렵이란 역사적 전환점에 비해 중요성이 크게 떨어진다고 주장했다. 많은 사람이 인류사회는 어느 시점에서 단번에 근대사로 진입했다고 확신하는 이유는 19세기의 시각에서 콜럼버스와 마틴 루터를 과도하게 신화화하고 있기 때문이다. 쉴링은 이런 신화를 무비판적으로 옹호해야 할 어떤 이유도 없다고 강조했다.[32] 보다 앞서, 디트리히 게르하르트(Dietrich Gerhard)는 800-1800년의 유럽 역사의 제도적 구조를 논하면서 '중세기'와 '초기근대'란 개념을 버리고 이 시기를 '구유럽'이라 통칭했다.[33] 이 논법과 '후기제정중국'이란 개념 사이에는 명백한 유사성이 있다.

'초기근대'라고 하는 유럽 중심의 전통적 시대구분 개념을 유럽 자신이 회의하고 있는 상황에서 오히려 비유럽 문명권의 역사학자들이 이 개념을 떠받드는 일이 벌어지고 있다. 그들은 각자의 동기에서 출발하여 이러한 개념을 이용하여 역사를 평가하고 서술하려 한다. 그들 가운데서 소수이기는 하지만 이 완벽하지 못한 개념을 억지로 아시아, 아프리카, 아메리카의 역사에 적용하려는 사람들이 있다. 그러나 대부분의 사람들은 이와는 반대되는 생각을 갖고 있다. 그들은 그 지역에서 받아들이고 있는 현대사와 각자의 고유한 역사적 경험을 유럽적 사유가 이해할 수 있는 언어로 번역하는 길을 찾아왔다.

보편적인 교조주의에서에서 가장 멀리 벗어난 역사학자가 페르낭 브로델(Fernand Braudel)이었다. 그는 15-18세기의 자본주의와 물질생활의 발전사를 연구한 저작에서 당연한 일인 듯이 세계 전체를 시야에 담았다.[34] 브로델은 세계사의 시대구분을 둘러싼 논쟁을 조심스럽게 피해갔다. 그의 관심사는 특정한 시간의 틀 안에서 사회 내부, 사회와 사회 사이의 연결망이 작동하는 방식으로서의 과학기술, 교역, 세계관의 변화가 아니었다.

놀랍게도 브로델의 파노라마식 시각을 모방한 사람은 그리 많지 않았다. '초기근대'란 개념의 적용가능성 문제에 관한 최근의 토론은 구체적인 지역의 역사를 중심으로 전개되는 경향이 있다. 러시아, 중국, 일본, 오스만제국, 인도, 이란, 동남아시아와 식민지 경험이 있는 남북아메리카 지역의 역사를 논할 때 역사학자들은 이 지역과 동시대의 (서부)유럽의 정치와 사회 조직 사이의 유사성과 차이를 찾아내려 했다. 영국과 일본 사이에는 분명히 비교할만한 화제가 있다. 브로델이 묘사한 (스페인) 필립 2세 시대의 지중해 여러 나라와 앤서니 레이드(Anthony Reid)가 묘사한 같은 시기의 문화적 다양성을 가진 동남아시아 사이에는 그 역사과정의 분명한 공통점 — 교역의 발달, 새로운 군사기술의 도입, 중앙집권적 정치체제, 광범위한 종교적 혼란 — 이 존재했다(동남아시아에서 종교적 혼란은 외부에서 들어온 기독교와 이슬람교가 유발한 것이었다).[35]

이런 토론 과정에서 역법상의 시간적 좌표 문제도 논의되었다. 이 문제에 관해 학자들 사이에서 일치된 견해는, 유라시아와 미주 대륙의 대부분 지역에서 1450-1600년은 매우 중대한 대변혁의 시기란 점이었다.[36] 많은 현상이 증명하듯 지구상의 여러 지역에서 거의 같은 시기에 초기근대로의 전환이 일어났다. 멕시코, 페루, 일부 카리브해 지역의 섬나라를 제외한 나머지 지역에서는 이러한 전환은 유럽의 확장행동으로부터 큰 영향을 받지는 않았다.

1680년을 기점으로 하는 '긴' 18세기에 진입한 후에야 유럽의 전 세계에 대한 — 대서양 지역에만 국한되지 않는 — 영향이 갈수록 분명해졌다. 당시에 폐쇄상태에 있었으나 어떠한 식민화 시도에도 면역력을 갖고 있던 중국은 비단, 차, 은의 교역을 통해 경제의 세계적 흐름 속에 편입되었다.[37]

초기근대사가 전 세계적 범위에서 종결된 시점에 관해서는 아직까지 어떤 관점도 형성되어 있지 않다. 일부 지역에 대해서는 분명한 결론이 있다. 스페인령 라틴아메리카에서 19세기 20년대 말에 식민 각 지역이 독립했고 이것이 초기근대의 종결점이었다. 1798년 나폴레옹 군대가 이집트를 침입했을 때 중세기부터 이집트를 통치해온 맘룩(Mamluk)정권이 붕괴했다. 이 사건은 종주국인 오스만제국의 정치체제와 정치문화에도 충격을 주었고 술탄 무함마드 2세가 첫 번째의 개혁을 실시하는 도화선이 되었다. 그래서 어떤 사람은 1798-1922년을 오스만제국의 '긴 19세기'라 부르거나 1808-1908년을 '개혁의 세기'라 부르자고 제안했다.[38)]

일본의 상황은 이와는 전혀 달랐다. 1600-1850년에 일본 사회에서도 여러 가지 변화가 발생했지만, 19세기 중엽 국가를 개방한 후 발생한 거대한 변화와 비교할만한 정도의 의미를 가진 변혁은 일어나지 않았다. 그러므로 '초기근대 일본' ── 이러한 시대구분이 의미를 가지려면 ── 은 1850년대까지 확장되어야 마땅하다.[39)] 일본을 제외한 거의 모든 아시아 국가와 전체 아프리카에서 시대의 전환은 유럽 식민주의의 확장과 함께 찾아왔다. 식민세력이 침입한 시기는 지역마다 달랐다. 이들 국가에 사는 사람들이 언제부터 유럽의 영향을 감지하기 시작했는지를 판단하기는 어렵지만 총체적으로 보아 1890년 이후 보아야 할 것 같다.

영국의 인도 점령은 1757-1848년 사이에 단계적으로 완성되었고 프랑스의 인도차이나 점령과정은 1858년부터 1895년까지 진행되었다. 어떤 정치적·군사적 시대구분도 충분한 설득력이 있다고 보기 어렵다. 아프리카의 경우, 권위 있는 전문가들은 '중세기'를 1800년 무렵까지 확장시키는 한편 19세기 전반 3/4시기의 아프리카사에 대해서는 '초기근대'란 개념의 적용을 배제한다.[40)] 유럽 식민자들이 침입하기 전의 수십 년은 지금까지도 역사의 이름 없는 시기다.

# 4. 혁명의 시대, 빅토리아주의, 세기말(Fin de siècle)

그러므로 역법을 기준으로 하지 않고 내용을 중심으로 하여 유럽이 아닌 세계적 시각에서 19세기의 시작을 특정한다는 것은 훨씬 더 어려운 일이다. 여러 가지 증거가 보여주듯이, 앞으로 확장된 '긴' 18세기와 뒤로 확장된 '긴' 19세기 사이의 시간적 중첩기에 시대적 특징을 부여하고 이를 '안장형 시기'란 이름을 붙여 개념화한 데는 나름의 이유가 있다. '안장형 시기'(Sattelzeit, 鞍裝形 時期)는 시대구분과는 관련이 많지 않은 맥락에서 독일의 역사학자 코젤렉(Reinhard Kosellek)이 제시한 개념이다.[41]

이 시기는 대략 1750년에서 1850년 사이(때로는 1770-1830년)를 가리키는데, 이 시기 이후에 중간기로 진입한다. 오늘날 되돌아보면 이 중간기에 응축되어 나타난 여러 가지의 문화현상은 최소한 유럽의 범주에서 보자면 전형적인 19세기의 특징을 갖추고 있었다. 1880년대와 1890년대에 이 '물결'은 전 세계로 퍼져나갔고, 그래서 우리는 이 10년 동안을 한 역사시기의 특수한 분파라고 하지 않을 수 없다. 우리는 당시에 통용되던 한 개념을 빌려서 이 시기를 '세기말'이라 부를 수 있을 것이다.

이것은 일반적인 의미의 세기의 분기점이 아니라 세기의 유일무이한 마지막이었다. 전통적인 해석에 따르면 1차 대전이 이 시기의 종결의 표지였다. 그러나 이 장의 서두에서 분석했듯이 여기서 말하는 1차 대전은 1914년이 아니라 1918-19년인데, 전쟁 발발 전의 잠재적인 영향이 전쟁이 가열되면서 충분히 드러났기 때문이다.

어떤 사람은 나아가 '세기말'의 시간적 폭을 더 길게 늘였다. 몇몇 독일 역사학자들이 1989년에 이런 관점을 제시했다. 그들은 세계사적 시각에서 출발하여 세기의 전환기를 1880-1930년까지 '늘이자고' 주장했을 뿐만 아니라 풍부하고도 직관적인 사료를 이용하여 이를 입증했다.

이런 논증은 동시에 과학과 예술에도 큰 공간을 마련해주었다.[42] 1930년을 '긴' 세기의 전환기의 종점으로 보는 것이 설득력이 있는지는 당대의 역사가들 사이에서 좀더 토론을 해보아야 할 것이다. 심지어 어떤 사람들은 이 시기구분을 1945년까지 늘여야 한다고 주장한다. 그들은 19세기 80년대에서 2차 대전 종결까지의 시기를 통칭하여 '제국과 제국주의의 시대'라 부르자고 제안하는데, 본질적으로 두 차례의 세계대전은 의심의 여지 없이 제국들의 충돌로 인해 발생했다고 보기 때문이다.

그 밖에도 '앵글족 중심주의'(Anglozentrismus)라고 비난받을 소지가 있기는 하지만, '안장형 시기'와 '세기말' 사이의 이름 없는 수십 년이 '본래' 의미의 19세기이며 이 시기를 '빅토리아시대'라고 부르자는 주장도 있다. 이 화려한 명칭은, 편중되고 편협한 내용 중심의 명칭 — 예컨대 '제1차 자본주의의 세계화시대', '자본의 황금기', '민족주의와 개혁의 시대' 등 — 가운데 하나를 선택해야 하는 부담을 덜어준다.

왜 '빅토리아시대'라 불러야 하는가?[43] 이 명칭은 빅토리아 여왕이 재위했던 수십 년 동안에 영국이 누렸던 경제와 군사 — 그리고 어느 정도는 문화 — 면에서 세계를 선도하던 우월한 지위를 반영하고 있다. 영국이 이런 지위를 누린 적은 이 시기 이전에도, 이 시기 이후에도 없었다. 이 명칭은 비교적 잘 정리된 개념이지만 빅토리아 여왕의 재위기간과 완전하게 일치하지는 않는다. 영(G. M. Young)은

1936년에 출간한 명저 『빅토리아시대의 영국』(*Victorian England*)에서 이 시기를 1832년에서부터 '80년대의 어두운 그림자'가 내려진 시점까지로 정의했다.[44] 많은 사람이 그의 논지를 따랐고, 19세기 80년대 중기에서부터 1차 대전이 폭발할 때까지의 수십 년을 ('최고의 빅토리아시대'High Victorianism의 별칭으로서) '독자적인'(sui generis) 역사시기로 다루어왔다.[45]

## '안장형 시기', 세계적으로 적용될 수 있는 개념인가

코젤렉이 처음 제시한 '안장형 시기'의 개념을 세계사의 시대명칭으로 적용할 수 있을까? 루돌프 피어하우스(Rudolf Vierhaus)는, 18세기는 '고전적인' 초기근대와의 협소한 연계에서 벗어나 '현대세계로 들어가는 과도기적 세기'로 정의되어야 한다고 제안했다.[46] 오늘날 '안장형 시기' 개념이 발전하여 이 제안이 현실이 되었다. 그렇다면, 1800년 전후의 50, 60년이 명확하고 독특한 시대적 특성을 갖고 있음을 증명할 수 있는 세계사의 시대적 표지는 어떤 것이 있는가?[47]

첫째, 베일리 등이 지적했듯이 이 시기에 세계의 세력관계가 극적으로 변했다. 16세기와 17세기는 제국들이 병존하면서 경쟁하던 시기였다. 유럽에 뿌리를 둔 가장 성공적이고 방대한 조직(스페인 식민제국, 영국과 네덜란드의 독점회사가 구축한 대륙간 교역망)은 중국과 이슬람세계의 '화약제국'(gunpoweder empire: 오스만제국, 무굴왕조의 인도, 이란의 샤파비왕조)에 비해 분명한 우위에 있지 않았다. 일부 유럽국가—가장 먼저 영국—에서 체제변혁이 일어나고 자원의 합리적 이용을 기반으로 경제적·군사적 정복을 추구하는 국가가 등장하자 유럽의 전투력이 확연하게 높아졌다. 이런 정복국가는 영국, 에카테리나 2세(Katharina II) 여왕과 두 계승자가 통치한 러시아, 대혁명과 나폴레옹시대의 프랑스에서 서로 다른 외관을 갖추고 등장했다.

　세 제국의 맹렬한 확장 기세와 넓은 확장 범위를 감안할 때 1760/
70-1830년의 시기를 "전 지구적 제국주의의 첫 번째 단계"라고 부
를 근거는 충분하다.[48] 7년전쟁(1756-1763)*은 남반구와 북반구에서
벌어진 영국과 프랑스 사이의 패권쟁탈전이었으며 동맹인 인디언
부락과 인도의 각 제후국이 전쟁에서 중요한 역할을 했다.[49] 1793-
1815년에 폭발한 제국의 대충돌도 유럽에 국한되지 않고 네 개의 대
륙으로 퍼져나간 진정한 의미의 세계대전이었다. 전쟁은 직접적으
로 동남아시아 국가에 파급되었을 뿐만 아니라 중국에도 간접적인
영향을 주었다.

　1793년, 매카트니(George Macartney, Lord) 공사의 중국방문과 함
께 영국의 외교적 촉수가 처음으로 베이징의 조정에 뻗쳤다. 1780년
이후 7년전쟁이란 '종합요소'에 누 가지 새로운 요소가 더해졌다. 그

────

*　7년전쟁은 오스트리아 왕위계승전쟁에서 프로이센에게 패
　배해 독일 동부의 비옥한 슐레지엔을 빼앗긴 오스트리아 합
　스부르크가 그곳을 되찾기 위해 프로이센과 벌인 전쟁을
　말한다. 이 전쟁에는 유럽의 거의 모든 열강이 참여하게 되
　어 유럽뿐 아니라 그들의 식민지가 있던 아메리카와 인도에
　까지 퍼진 세계대전급의 대규모 전쟁이었다. 인도의 무굴제
　국이 프랑스의 지지를 받아 영국의 벵골 지방 침공을 저지
　하려고 했다. 주로 오스트리아-프랑스-작센-스웨덴-러시
　아가 동맹을 맺어 프로이센-하노버-영국의 연합에 맞섰다.
　유럽에서 벌어진 전쟁은 포메라니아 전쟁으로도 불리며,
　영국과 프랑스가 아메리카 대륙에서 벌인 전쟁은 프렌치 인
　디언 전쟁이라 불렸다.
　유럽에서는 영국의 지원을 받은 프로이센이 최종적으로 승
　리를 거두어 슐레지엔의 영유권을 확보했으며, 식민지 전
　쟁에서는 영국이 주요 승리를 거두어 북아메리카의 뉴프랑
　스(현재의 퀘벡주와 온타리오주)를 차지하여 북아메리카에
　서 프랑스 세력을 몰아냈고, 인도에서도 프랑스 세력을 몰
　아내어 대영제국의 기초를 닦았다.

하나는 독립을 목표로 하는 분열주의가 성공한 것이었다. 영국령 북아메리카식민지와 스페인령 중남아메리카 식민지의 정착민 그리고 아이티의 흑인 노예들이 독립을 요구하며 일어섰다. 다른 하나는 아시아 지역 제국들의 쇠락이었다. 쇠락의 원인은 나라마다 달랐다(상호 간에 연관성은 없었다). 아시아 제국들의 군사적 능력이 처음으로 유럽에 뒤지게 되었다. 상술한 요소들의 상호작용으로 인해 세계의 정치지형에 근본적인 변화가 일어났다. 스페인, 포르투갈, 프랑스는 아메리카대륙을 떠났고 아시아 지역 제국들의 확장도 강력한 장애를 만났다. 영국은 인도에서 통치권을 확고히 했고 인도는 영국의 다음 차례의 확장을 위한 도약대가 되었다. 이와 동시에 영국은 오스트레일리아에서 발판을 굳혔고 전 세계를 연결하는 해군기지망을 구축했다. 이전의 역사학자들은 '대서양' 혁명의 시대란 관념을 들고 나와 제네바에서 리마에 이르는 모든 지역을 혁명의 범위에 포함시킴으로써 유럽의 쌍둥이 혁명 — 정치적인 프랑스혁명과 영국의 공업혁명 — 에 국한된 좁은 인식을 바꾸어놓았다.[50]

우리는 여기서 한걸음 더 나아가 유럽의 "혁명시대"를 보편적 위기와 세력이동의 한 부분으로 봄으로써 그 파급 범위를 아메리카 식민지, 발칸반도, 인도의 이슬람세계까지 확장시킬 수 있을 것이다.[51] 1800년을 중심으로 한 수십 년 동안의 보편적인 위기는 동시에 부르봉왕조의 위기, 영국·스페인·프랑스의 신대륙 식민통치의 위기, 한때 무적이었던 오스만제국과 중화제국 등 아시아 국가의 위기, 크리미아 타타르연방과 인도아대륙에 자리 잡은 무굴제국의 위기였다. 1830년 프랑스의 '해적소굴' — 법적으로는 오스만제국의 속국인 알제리 — 침입과 1839-42년 아편전쟁에서 중국의 패배(청 왕조가 200년 만에 처음으로 경험한 군사적 좌절)는 안장형 시기에 형성된 새로운 세력관계가 격렬하게 표출된 사례였다.

둘째, 서반구(영국의 지배를 받고 있던 캐나다는 제외하고)의 식민

정착 사회에서 1830년 무렵에 정치적 독립운동이 일시적으로 결실을 맺었고 같은 시기에 오스트레일리아가 식민지로 편입됨으로써 세계에서 '백인'의 지위가 확고해졌다.[52] 신대륙의 여러 공화국은 경제와 문화면에서 여전히 유럽과 연결되어 있었고 세계경제 체제 안에서 기능적 역할을 맡고 있으면서 수렵과 목축에 의존하는 자기 내부의 비백인 사회에 대해서는 강압적인 수단으로 대응했다. 19세기 20년대의 미국에서 토착 아메리카인(native Americans)은 더 이상 협상의 대상이 아니라 군사적·행정적 압박의 대상이었다.[53] 토지의 약탈, 배제와 압박의 방식을 동원한 이민은 오스트레일리아, 뉴질랜드, 시베리아에서도 행해졌고 어떤 면에서는 남아프리카에서도 같은 상황이 벌어졌다.[54]

셋째, 안장형 시기에 나타난 중요한 신생사물 가운데 하나는 통합적인 사회적 연대의식과 시민적 평등이란 새로운 이상이었다. 이러한 '민족주의'는 집단적 동질의식을 강화했고 한편으로는 동질집단과 이웃나라 또는 멀리 떨어진 '야만인들' 사이의 경계를 명확히 했다. 안장형 시기에서 1830년 무렵 사이에 일부 지역에서는 민족주의의 바람이 현존하는 영역국가의 통합 이념으로서 특별히 성공적인 역할을 했고 동시에 문화적 우월감을 바탕으로 종교적 사명감을 자극했다. 대표적으로 프랑스, 영국, 얼마 후 멕시코전쟁에서 승리하게 되는 미국에서 이런 분위기가 강했다. 그 밖의 지역에서 민족주의는 수동적 반응으로서—뒤에 가서는 상황이 바뀌지만—시작되었다. 처음에 독일과 스페인에서는 나폴레옹에 대한 저항으로서 민족주의가 등장했고 스페인령 라틴아메리카에서는 독립운동의 방편으로서 민족주의가 강화되었다. 1830년 이후부터 민족주의의 조류는 모든 대륙으로 퍼져나갔다.

넷째, 시민적 평등이란 이상이 정치적 의사 결정에서 대중 참여의 확대—여성, 인디언, 흑인노예는 제외되었지만—와 통치자에 대한 견제의 원리로 발전한 나라는 미국뿐이었다. 토머스 제퍼슨(Thomas Jefferson) 대통령의 임기(1801-1809) 동안에 이런 방향으로의 개혁이 강력하게 추진되었다. 그 후 1829년 앤드류 잭슨(Andrew Jackson) 대통령이 취임하면서 반(反)과두적 민주체제로 나아가는 확고한 걸음을 시작했고 이후 이것은 미국문명의 고유한 특징으로 자리 잡았다.

1830년 이전에 미국을 제외한 지역에서 현대 민주주의의 과정은 겨우 발걸음을 내딛는 수준이었다. 프랑스대혁명이 역사의 연속성을 중시하는 '수정주의' 역사학자들의 해석처럼 온건하고 보수적이며 심지어 불필요한 혁명이었다고 할 수는 없으나, 세계적 혁명으로 진화하지도 못한 것은 물론이고 유럽의 보편적 민주화를 촉발하지도 않았음은 사실이다.

이 혁명의 집행자 나폴레옹이 국가통치에서 보여준 전횡은 루이 15세의 그것에 비해 전혀 손색이 없었다. 복귀한 부르봉왕조는 흘러간 시대의 만화와 같았다. 1832년 이전의 영국에서 귀족은 시종 흔들리지 않는 통치지위를 유지하고 있었다. 중부와 남부 유럽의 대부분 지역과 러시아에서는 전제적 반동파가 줄곧 정권을 장악하고 있었다. 1830년 무렵이 되어서야 유럽에서는 입헌체제로 가는 전환기적 추세가 조금씩 나타나기 시작했다. 그러나 유럽 열강의 '유색' 식민지는 이런 흐름의 영향을 전혀 받지 않았다. 정치적인 시각에서 보자면 안장형 시기는 유럽에서건 아시아에서건 민주주의가 약진한 시기가 아니었다. 오히려 이 시기는 귀족통치와 전제주의가 마지막 기승을 부린 시기였다. 안장형 시기가 지나간 뒤에 정치적 의미의 19세기가 비로소 시작되었다.

다섯째, 시대구분은 정치사보다 사회사에서 더 어렵다. 프랑스, 네덜란드, 프로이센 등과 수십 년 뒤의 일본에서는 신분사회에서 계급사회로의 전환이 분명하게 감지된다. 그러나 영국에서는 18세기 말이면 이미 '신분'의 흔적을 찾기가 어려워진다. 영국의 자치령 (Dominions)과 미국에서 신분이란 일종의 발육부전 상태의 사물이었던 반면에 인도, 아프리카, 중국에서는 이들 지역과 비교했을 때 발육과잉 상태의 사물이었다. 그러나 1834년에 대영제국의 노예제 폐지운동이 승리를 거두자 대서양 노예무역은 막을 내렸고 이것이 각국 또는 각 대륙에 중요한 영향을 미쳤다. 그 뒤로 이어지는 50년 동안에 노예제는 서방문명과 그 해외의 세력권에서 완만하게 약화되는 과정을 거치며 사라졌다. 바꾸어 말하자면, (이러한) 초기근대의 극단적인 부권제(Herrengewalt)의 유산은 19세기 30년대까지도 여전히 강고한 지위를 유지하고 있었다.

사회사의 시각에서 볼 때 안장형 시기의 큰 특징은 오랜 역사를 가진 사회신분제에 대한 공격과 비난이 갈수록 강해졌다는 점이다. 서유럽과 중부유럽을 제외한 지역에서 1800년 전후의 몇 해 동안이 빈번한 농민봉기와 그에 따른 농업사회의 개편단계였는지는 좀더 많은 연구를 기다려야 할 문제이다. 그러나 그렇게 확정할 수는 없더라도 긍정할 수 있는 증거는 많다.[55] 프랑스와 아이티에서 혁명이 일어났을 때 총체적으로 보면 사회적 전통주의가 흔들리기는 했지만 아직 붕괴되지는 않은 시기였다. 몇 가지 예외가 있기는 하지만 '부르주아지의 흥기,' 좀더 일반적으로 표현한다면 새로운 사회세력의 등장은 다음 시대가 되어서야 나타나는 현상이었다. 19세기 전체를 통틀어 볼 때 세계적으로 '부르주아지 사회'는 소수였다. 계급 형성의 추세는 점진적으로 세계로 확산되던 산업자본주의의 직접적 결과일 수도 있고 파생품일 수도 있지만 어쨌든 그런 추세는 1830년 이전에는 나타나지 않았고 아시아에서 가장 앞서간 나라 — 일본 — 에서도 1870년 이후에야 나타났다.

여섯째, 경제사학자들은 '공업혁명'이 언제부터 영국의 국경을 넘어 보편적인 성장흐름이 되었는가 하는 질문에 대해 답을 내놓아야 한다. 우리 시대의 권위 있는 역사통계학자 앵거스 매디슨(Angus Maddison)은 이 문제에 대한 명확한 답을 내놓았다. 그의 관점을 따르면, 19세기 20년대는 세계적인 경기침체가 물러가고 역동적인 — 경제학 용어로 말하자면 '집약적인'(intensive) — 발전이 찾아온 전환기였다.56) 당시의 실제 소득의 추세에 관해 우리가 이용할 수 있는 많지 않은 수치자료를 근거로 할 때 다음과 같은 사실을 알 수 있다. 선진국이었던 영국에서도 초기 공업화에 따른 의미 있는 경제적 상승효과는 1820년 이후에 나타났다. 다시 말해, 1770-1820년의 수십 년은 18세기 전반의 완만한 소득증가에서 1820년대 이후의 보다 빠른 소득증가로 넘어가는 과도기였다.57) 1830년 이전에는 서북 유럽 이외의 지역에서 공업화의 흔적을 거의 찾아볼 수 없었다.

과학기술과 환경을 연구 주제로 하는 학자들은 이 시대의 중요성을 강조한다. 이들의 관점에서 보자면 1820년 무렵은 인류가 '화석연료의 시대'로 진입하는 시발점이었기 때문이다. 이때부터 과학기술의 도움을 받아 화석형태의 유기 에너지(석탄)가 인력, 축력, 목재, 토탄을 대체했다.58) 석탄은 증기기관의 발명을 자극했고 증기기관 덕분에 방직기, 펌프, 증기선, 기차가 나왔다. 19세기 30년대부터 화석연료가 사용되기 시작했다. 그 영향으로 19세기는 상품제조업이 유례없는 번영을 구가한 시대였을 뿐만 아니라 네트워크, 속도, 민족 통합, 제국의 통제가 강화된 시대였다. 그러나 19세기 20년대 이전까지는 활력이 넘치는 구체제(Ancien Régime)가 여전히 주도적 지위를 차지하고 있었다.

일곱째, 세계적으로 발전의 동시성이 가장 낮은 분야가 문화영역이었다. 중요 문명권 사이의 접촉과 교류가 무시할만한 수준은 아니었지만 '세계문화'로 발전할 수 있는 공통의 기반을 만들 정도는 아니었다. 목소리를 내는 소수파(Artikulierte Minderheiten)* 사이에서 경험의 교환——이것은 코젤렉의 '안장형 시기' 이론의 출발점이다——이 1800년 무렵에 어떻게 이루어졌는지에 관해 우리가 비서방문화의 시각으로 이해하고 있는 내용은 매우 제한적이다. 유럽(과 유럽의 식민 이민사회)에서는 세계관에서 시간에 대한 인식이 중요하게 변화했지만 그 밖의 지역에서는 그런 변화의 흔적을 거의 찾을 수가 없다. 이 지역에서 시간에 대한 인식의 변화는 대체로 19세기 후반에 가서야 나타나기 시작했다. 이와 마찬가지로, 이전에는 드러나지 않았던 인과관계——미셸 푸코(Michel Foucault)가 1800년 무렵의자연과학, 언어학, 경제학이론에서 찾아냈다——를 발견한 것도 유럽에서만 일어난 현상이었다.[59]

어떤 각도에서 보든 전체 유럽의 철학과 예술사에서 1830년은 중요한 전환점이나. 이해에 철학석 이상주의——헤겔은 세계를 휩쓴 콜레라에 감염되어 1831년에 숨졌다——와 엄격한 공리주의——제레미벤덤(Jeremy Bentham)은 1832년에 사망했다——의 전성기가 막을 내렸다. '괴테의 시대'가 끝났고 동시에 독일, 영국, 프랑스의 낭만주의문학이 쇠락하기 시작했다. 1827년과 1828년에 베토벤과 슈베르트가 잇달아 세상을 떠나자 음악에서 고전주의 형식도 끝이 나고 '낭만주의 세대'(슈만, 쇼팽, 베를리오즈, 리스트)가 두각을 나타냈다.[60]서유럽의 회화예술 분야에서는 사실주의와 역사주의로의 전환이 시작되었다.

모든 것을 종합할 때 '진정한' 19세기 또는 '빅토리아시대의' 19세기를 '몸통시기'(Rumpfperiode)——독일사를 논할 때 쓰는 표현인데,"1830년대와 1890년대 사이의 상대적으로 짧고 역동적인 과도기"이다——로 보아야 하는 이유는 충분하다.[61]

* 침묵하는 다수의 상대어다.

## 1880년대, 10년의 과도기

19세기 80년대는 특수한 변혁기, 빅토리아시대와 '세기말'을 이어주는 전환점이었다. 정치와 군사 면에서도 역법상 세기의 전환점인 1900년은 세계의 여러 지역에서 혼란과 변화의 해였다. 대부분 유럽 국가의 민족사에서 19세기의 마지막 몇 년은 명확한 특징을 가진 역사적 시점이 아니었다. 그러나 중국의 경우 이 시기는 거대한 정치적 변화의 표지였다. 1895년, 중국은 청일전쟁에서 줄곧 얕잡아봤던 일본에게 패했고 국가주권도 심각한 손상을 입었다. 이 전쟁에서 중국이 패배함으로써 제국주의 열강이 중국의 영토를 분할하려는 쟁탈전의 대문이 활짝 열렸다. 중국은 역사상 유례없는 민족적 위기감을 느꼈고 1900년에 의화단운동이 폭발하자 위기감은 재난으로 변했다.

스페인도 1898년에 미국과의 충돌에서 군사적으로 패배하자 이와 비슷한 영향을 받았다. 이 시기의 역사를 지금도 스페인 사람들은 민족사의 저점으로 기록하고 있다. 이와는 반대로, 두 차례 충돌의 승리자인 일본과 미국은 승리를 통해 각자의 제국주의 확장의 전망에 대해 확신을 갖게 되었다. 1882년 영국군이 이집트를 점령하자 아프리카대륙 전체가 혼란에 빠졌다. 1898년 영국의 수단 점령과 1899-1902년의 남아프리카전쟁은 '아프리카 분할'의 과정이 기본적으로 완성되었다는 표지였고, 이때부터 표면적으로는 평온하지만 체계적인 약탈을 본질로 하는 시대가 아프리카에서 막을 열었다.

새로운 세기의 첫 몇 년 동안 혁명의 물결이 세계를 휩쓸었다. 1905년에는 러시아에서, 1905-1906년에는 이란에서, 1908년에는 오스만제국에서, 1910년에는 포르투갈과 멕시코(후자의 혁명은 1920년까지 지속되었다)에서, 1911년에는 중국에서…… 프란츠 페르디난트 대공이 사라예보에서 암살되기 전까지 이 모든 혁명적 동란은 정치적 민주화의 새로운 동력이 되었다. 그러나 잇달아 폭발한 세계대전은 본질적으로 이들 국가의 정치적 변화에 새로운 내용을 더해주지는 않았다. 라인강 동쪽의 군주정 유럽 국가들이 1차 대전의 종결과 함께 속속 무너졌고 유럽인들이 '낙후한' 지역이라 평가해왔던 이 지역의 군주제는 소멸되거나 통치권을 상실했다.

이러한 역사적 흐름이 하나로 합쳐져 위기감으로 가득 찬 새로운 시대 ─ 이른바 '세기말' 또는 일부 역사학자가 말하는 '초현대' (Hochmoderne) ─ 를 열었다. 이 시기에 진입하기 전의 과도기는 19세기 80년대에 완성되었는데, 그 과정은 다음과 같은 특징을 갖고 있었다.

첫째, 19세기 20년대에 전 지구적 환경사는 새로운 문턱을 넘었다. 1890년 무렵 세계의 에너지 이용에서 광물질 에너지(석탄, 석유) ─ 세계의 대다수 사람이 아직은 이런 연료를 직접 사용할 수 있는 조건을 갖추지 못했지만 ─ 가 생물에너지를 추월했다. 대략 1820년부터 인류가 화석연료 시대의 초기단계 진입했고 이후 점차 에너지 채굴 기술의 혁신이 일어났다. 1890년대에 이르자 전 세계적으로 광물질 에너지가 우위에 서게 된다. [62]

둘째, 세계적 현상으로서 공업화가 새로운 단계에 진입했다. 공업화의 지리적 범위는 끊임없이 확대되어왔다. 일본과 러시아는 경제 사학에서 말하는 '이륙'(take-off) ─ 또는 내향형 성장으로 가는 과도기 ─ 을 경험했다. 인도와 남아프리카 ─ 이곳에서는 1886년에 대형 금광이 발견됐다 ─ 는 이 수준까지 이르지는 못했으나 유럽과 일본 이외의 지역에서 처음으로 제조업과 광업 자본주의의 핵이 형성되기 시작했다.[63] 이와 동시에 유럽의 초기 공업국가와 미국에서 증기기관을 뛰어넘는 '두 번째 공업혁명'이 일어나면서 경제구조가 변화하기 시작했다. 이 기간에 등장한 각종 발명 가운데서 어느 것이 가장 중요하고 파급효과가 큰 발명인지는 사람마다 평가가 다를 수 있으나 백열등(1876), 기관총(맥심기관총, Maxim Gun, 1884), 자동차(1885-1886), 영사기(1895), 무선통신(1895), X레이 진단술(1895)은 어떤 목록에서도 빠지지 않는 발명품이다. 경제사적 관점에서 가장 중요한 것은 전기(발전기, 전동기, 발전소 기술)와 화학 분야에서 일어난 기술적 발명과 산업적 응용이었다. 전기와 화학 분야에서 19세기 80년대는 결정적인 의미를 지닌 시기였다. 전동기의 대량생산은 증기기관을 적용할 수 없던 제조업과 수공업 분야에 혁명적인 변화를 가져왔다.[64] 과학과 공업의 관계도 이전보다 훨씬 긴밀해졌다. 대규모 산업적 연구의 시대가 시작되었다. 이와 더불어 미국과 일부 유럽국가에서는 대규모 자본집중(비판자들은 '독점자본주의'라고 불렀다)과 고용된 전문가가 경영하는 회사('회사자본주의')가 확산되었다. 고용된 전문 경영자는 가족기업가가 아니면서 새로운 유형의 기업경영자로 등장했다. 민간부문에서 새로운 관료체제가 등장했고 증가하는 임금노동자 집단 내부에 세분화된 계층구조가 만들어졌다.[65]

셋째, 갈수록 더 많은 유럽과 북아메리카의 대기업들이 해외시장 개척에 나서자 발달한 자본주의 내부의 구조개편이 전 세계에 중대한 영향을 미쳤다. 다국적기업의 시대가 문을 연 것이다. 해양운송업의 발전과 대륙 간 전신망 부설은 세계경제의 연계성을 크게 높여놓았다. 대서양의 이쪽 해안에서부터 저쪽 해안까지, 서유럽에서부터 동유럽까지, 남아프리카와 인도 식민지에서부터 중국과 오스만제국 등 명목상의 독립국가에 이르기까지 대규모 자본수출이 활발하게 전개되었고 전 세계에 점포망을 가진 유럽 은행들이 그 전면에 나섰다. 세기가 바뀔 무렵 미국의 금융기구들이 성공적으로 이 대열에 가담했다.[66] 또한 19세기 80년대는 유럽에서 미국으로 가는 이민의 숫자가 급격하게 증가했다.[67] 새로운 대륙 간 노동계약 체계가 형성되자 대량의 아시아 노동자들이 북아메리카와 남아메리카로 이송되었다. '세기말'은 세계사에서 이민이 가장 집중적으로 발생한 시기였다. 총체적으로 보아서, 19세기 80년대 10년 동안에 지구는 세계화의 물결로 뒤덮였고 인류 역사상 처음으로 모든 대륙이 경제와 통신 분야에서 하나의 네트워크로 연결되었다.[68] 이때부터 시작된 대규모 국제교역의 확장은 1914년까지 지속되었고 일부 지역(예컨대 라틴아메리카 국가)에서는 1930년대까지 지속되었다.

넷째, 1882년 영국이 이집트를 점령한 이후 세계 도처에서 제국주의적 확장의 새로운 국면을 감지할 수 있었다. 재정적 통제수단이 갈수록 정교해지고 유럽 각국 정부와 민간자본 사이의 협력이 갈수록 긴밀해졌다. 또한, 해외영토를 확장하고 지배권을 확보하려는 욕구가 전면에 부상했다. 이것이 '신제국주의' 또는 '초제국주의'의 본질이었다. 이때의 제국주의는 이미 다른 국가에 대해 간접적으로 영향력을 행사하는 것으로 만족하지 못했고 해외에 더 많은 군사기지와 조차지를 확보하는 것을 영광으로 생각하지도 않았다. 아프리카는 지도 위에서 분할된 다음 곧 바로 현실적인 영토로 분할되어 사라졌다. 유일하게 태국을 제외한 동남아시아 전체가 유럽 식민제국의 세력판도로 들어갔다.

다섯째, 19세기 80년대는 혼돈을 겪은 후 세계 여러 대국의 정치질서가 점차 안정을 찾은 시기였다. 내용과 원인을 살펴보면 나라마다 사정이 달랐다. 어떤 나라는 민족국가 수립의 초기단계에 있었고(독일과 일본), 어떤 나라는 초기의 개혁 시도로부터 후퇴하는 과정에 있었다(1877년의 '재건'이 끝난 뒤의 미국, 1881년과 1876년에 각기 절대 권력을 회복한 알렉산더 3세 치하의 러시아와 압뒬하미트 Abdülhamid 2세 치하의 오스만제국). 또한, 어떤 나라는 개혁형 독재 체제로 나아가는 과도기에 있었고(디아스Porfirio Diaz시대의 멕시코, 출라롱코른 국왕 치하의 타일랜드, 동치중흥同治中興 시기의 중국, 크로머 경Lord Cromer이 관할하던 이집트), 의회민주제가 부흥한 나라가 있었다(1880년에 내란을 평정한 프랑스 제3공화국, 1884년 선거법개혁 후의 영국). 그러나 결과를 놓고 보면 각국은 놀라운 유사성을 갖고 있었다. 1905년에 새로운 혁명의 흐름이 몰아치기 전 각국의 권력질서는 겉으로는 지난 수십 년보다 안정되어 보였다. 소극적인 의미로 해석하자면 이런 현상은 각국의 정권이 경직된 상황의 반영이라고 할 수 있었다. 적극적인 의미로 해석하자면 국가의 행동력이 회복되고 국내의 평화가 유지되고 있음을 증명한다고 해석할 수 있었다. 국가가 단순한 위기관리 차원을 넘어 처음으로 시민들에게 체계화된 생존보장책을 제공하려 시도했던 것도 이때였다. 독일과 영국에서 이러한 시도는 사회보장 제도를 수립하는 기초가 되었다. 미국도 이런 나라에 포함되는데, 내전이 가져온 심각한 인도주의적 문제를 해결해야만 했기 때문이다.

여섯째, 19세기 80년대는 유럽의 문화적 부흥 시기라는 점에 대해 이견은 없을 것이다. '현대고전주의'로 나아가는 과도기적 흐름은 전체 유럽의 현상이 아니라 서유럽에 국한된 현상, 더 정확하게 말하자면 프랑스의 현상이었다. 회화 분야에서 이런 흐름을 대표하는 작품은 반 고흐(Vincent van Gogh)와 세잔(Paul Cézanne)의 후기 작품이었다. 문학 분야에서는 말라르메(Stéphane Mallarmé)의 시, 음악분야에서는 드뷔시(Claude Debussy)가 1891-94년에 작곡한 「목신의 오후의 전주곡」(Prélude à l'après-midi d'un faune)이 이런 흐름을 대표했다.[69] 철학분야에서는 독일의 니체(Friedrich Nietzsche) — 특히 19세기 80년대에 내놓은 주요 저작들 — 와 프레게(Gottlob Frege) — 1879년에 나온 그의 저작 『개념문자』(*Begriffsschrift*)는 현대 수리학의 기초이다 — 가 새로운 흐름을 이끌었을 뿐만 아니라 후세에도 중대한 영향을 미쳤다. 경제학 분야에서는 오스트리아의 멩거(Carl Menger, 1871년), 영국의 제본스(William Stanley Jevons, 1871년), 스위스의 왈라스(Léon Walras, 1874)는 모두 19세기 80년대에 중요한 경제학 저작을 내놓았는데, 이들의 저서는 20세기 경제학 이론의 기초를 놓았다. 이 시기에 서방 이외의 지역에서는 이전과는 확연히 구분되는 예술적·철학적 유파가 등장하지 않았다. 그러나 세계적으로 비교적 같은 보폭으로 발전을 보인 분야는 신문이었다. 19세기의 마지막 20년 동안에 신문은 세계 각지 —— 특히 유럽, 북아메리카, 오스트레일리아, 일본, 중국, 인도, 이집트 등 —— 에서 최신의 문화적 경향을 전파했다.

일곱째, 비서방 세계에서도 1880년 무렵은 중요하고도 역사에 전례가 없는 사상적 조류가 등장했는데, 강한 비판정신을 바탕으로 한 민족적 자아의식이 그것이었다. 우리는 이것을 반(反)제국주의의 싹, 또는 서방의 수단을 이용한 서방에 대한 대응의 시작이라고 부를 수 있을 것이다. 이런 입장은 감성적이고 배타적인 저항운동과는 다를 뿐만 아니라 빅토리아시대에 서방의 확장을 마주한 비서방 지역 엘리트들이 보여주었던 무비판적 추종과도 달랐다. 이러한 자기반성적 자아의식을 일괄적으로 '민족의식'이라 부른다면 지나친 단순화가 될 것이다.

이런 의식이 가장 분명하게 표출된 곳이 인도와 베트남이었다. 1885년 인도에서는 (영국) 식민정부에 복종하면서도 불만의 목소리를 내는 인도국민대회(Indian National Congress)가 성립되었는데 이탈리아의 통일운동(Risorgimento)과 유사한 성격을 지녔었다.[70] 베트남에서는 1895년에 프랑스의 침략에 저항하는 민족저항운동이 일어났다. 지금도 베트남인들에게 1895년은 민족저항운동이 탄생한 해로 기억되고 있다. 이슬람세계에서는 학자와 사회운동가들 —— 예컨대 사이드 자말 알딘(Sayyid Jamal al-Din) —— 이 유럽에 맞서는 자신감의 바탕으로서 이슬람의 근대화를 주장했다.[71] 중국에서는 강유위(康有爲)란 젊은 문인이 1888년부터 세계주의의 색채가 강하고 서방을 대하는 태도에 있어서 기존의 보수주의적 입장을 버린 개량주의 유학을 전파했다. 10년 후 강유위의 개량주의는 황제가 직접 발동한 야심만만한 개혁실험 — '백일유신'(百日維新) — 의 정치적 강령으로 채택되었다.[72] 이 밖에, 우리가 이런 반제국주의 저항운동을 관찰할 때는 같은 시기의 세계 여러 지역에서 발생한 저층 노동자와 여성이 주도한 저항활동에도 주목해야 한다. 이는 형식은 물론이고 규모 면에서도 전혀 새로운 양상을 보여주었다. 그때까지 독재나 전제를 항의의 대상으로 삼았던 행태에서 벗어나 항의의 새로운 목표와 이유가 제시되었고 방식에 있어서도 전과는 새롭고도 유효한 조직형식이 등장했다. 19세기 80, 90년대 미국의 파업물결, 아니면 같은 시기에 발생한 일본의 민권운동도 다 같이 이런 특징을 갖고 있었다.[73] 농촌지역 저항활동의 형식에도 변화가 일어났다. 일부 농업사회(예컨대, 근동지역 전체)에서 이 시기의 농민운동은 전근대의 자연발생적 농민봉기(Jacquerie)*에서 벗어나 경제적 이익을 지키기 위해 농민연합회가 주도하는 조직적 운동으로 바뀌어 갔다.

## 역사 발전의 미세한 과정

분수령 또는 역사적 전환점을 찾을 때 우리는 지나치게 순진하거나 단편적인 시각에서 벗어나야 한다. 세계사의 진화과정을 정확한 시기로 나누는 작업은 한 국가 또는 어떤 대륙의 역사적 진화과정을 정확한 시간의 틀로 나누는 것보다 훨씬 어렵다는 사실은 말할 필요가 없을 것이다. 모든 역사적 시대의 분계선은 그 시대의 핵심적 '의

---

* 자크리의 난(Jacquerie)은 백년전쟁 와중이던 1358년 여름, 프랑스 북부에서 발생한 농민 반란이다. 몇 주간의 폭력사태 이후 진압되었다. 귀족들이 농민들이 입은 누비옷을 '자크'(jacque)라고 불렀기 때문에 '자크리의 난'이라고 알려지게 되었다. '자크리'라는 말은 이후 영어와 불어에서 농민 반란을 가리키는 동의어로 사용되었다.

미'를 깊이 통찰해야만 알 수 있는 것은 아니다. 여러 종류의 정교한 시간의 격자(格子)를 한군데 겹쳐놓았을 때 한 시대의 분계선이 점차 분명하게 드러난다. 어떤 의미에서는 역사연대의 분계선은 바로 이러한 세밀한 분계선이 층층이 중첩되어 나타나는 한 줄기 거친 선, 달리 말하자면 출현한 변화의 빈도의 밀집화이다. 그러므로 여러 분야——모든 지역단위, 모든 인류사회, 기후의 역사에서 예술사에 이르는 모든 존재영역——에서 미세한 시대구분을 새롭게 한다는 것은 거시적 시대구분에 못지않은 의미를 가진다. 이 모든 구조는 비전업 연구자에게는 역사관의 보조 좌표로서, 역사학자에게는 분석적 도구로서 역사 연구에 도움을 준다.

페르낭 브로델은 역사연대에 관한 자신의 이론에서 중첩되는 역사가 전혀 다른 속도로 발전하는 양상——시간 단위로 정확도를 따지는 전투 또는 쿠데다 같은 '사건사'(l'histoire evenementielle)와 빙하처럼 느리게 변하는 기후사나 농업사——을 보여주었다.[74] 어떤 역사 발전과정의 속도가 빠른지 느린지 하는 판단은 평가의 기준에 달려 있고, 관찰자의 논증 목적에 따라 평가가 달라진다. 역사사회학이나 그것과 서술방식이 유사한 역사학 분야는 연대 문제에 대해 매우 자유로운 태도를 갖고 있다. 한 예를 들자면, 사회학자 잭 골드스톤(Jack Goldstone)은 서유럽의 대부분 국가가 1750~1850년이란 '짧은 시간' 안에 현대적 경제체제로 진입했다고 기술했다.[75] 그러나 이런 즉흥적인 표현이 몇 해와 몇 달을 다루는 역사분석에 적용되어서는 안 된다. 역사학자는 변화의 다양한 속도와 방향을 평가할 때 시간이란 매개변수를 신축성 있게 적용해야 한다.

모든 역사 발전과정은 상이한 시간의 틀 안에서 발생하므로 간단하게 단기·중기·장기로 구분할 수는 없다. 뿐만 아니라 그 과정의 궤적이 연속적인지 비연속적인지, 가역적인지 불가역적인지, 가속적인지 감속적인지도 살펴보아야 한다. 어떤 과정은 반복적으로 나타나고(코젤렉이 말한 '중복적 구조')[76] 어떤 과정은 독특한 가변성을 보인다. 이런 변화의 과정에서 우리의 흥미를 *끄*는 것은, (변화의 과정을 근거로 하여) 역사학자들이 나누어 놓은 학과 사이에 인과관계가 드러난다는 점이다. 예컨대, 환경요인이 사회구조에 미치는 영향, 환경요인이 경제행위에 미치는 심리적 영향 등이 그런 것이다.[77] 만약 변화의 과정들이 병렬로 일어난다면 그들 사이의 관계는 흔히 '비동시적'이다. 우리는 통일된 자연의 시간질서 속에서 시간질서 이외의 시대구분 방식을 기준으로 하여 역사 발전과정의 위치와 의미를 판정하려 한다.[78] 미세한 시간구조를 밝혀내야 하는 과제에 비한다면 역사를 '세기'로 나누는 일은 필요악에 불과하다.

# 5. 시계와 속도

## 주기형 역사, 선형 역사

역사학자들이 연구를 보조하는 도구로서 사용하는 시간구조는 지금까지 역사 주체가 가지고 있었던 시간인식으로부터 나온 적은 없었다. 만약 그랬더라면 인위적으로 약정한 시간질서는 출현하지 못하고 상이한 시간문화가 각자 자기충족적으로 작동하는 혼란스러운 상황이 벌어졌을 것이다. 천문학적·수학적으로 재구성되고 여기에 더하여 인류가 언어를 사용하여 서술하는 선형적 연속 서사(로서의 역사)로 보강된 통일적 시간질서가 있어야만 인류는 비로소 자신의 시간인식을 바탕으로 역사의 시간을 내부적으로 나눌 수 있다.

세계사를 관찰할 때 우리는 흔히 시간적 폭이 매우 넓은 작용의 사슬과 마주치게 된다. 예컨대, 몇몇 유럽국가에서는 공업화가 지속된 시간은 수십 년에 지나지 않지만 전 지구적 발전과정으로서 공업화는 아직까지도 끝나지 않았다. 아시아의 일부 국가에서는 공업화 과정에서 개별 국가 고유의 상황이 영향을 미치기도 했지만 영국의 '공업혁명'이 가져다 준 충격은 오늘날까지도 감지된다. 중국은 유럽의 초기 공업화에서 나타난 부작용——예컨대 생태와 환경의 약탈적 개발, 인류 노동력에 대한 무제한의 착취——을 지금까지 보여주고 있다.

역사는 선형적·누진적 궤적을 따라가는 발전이 아니라 끊임없이 반복되는 '원주형'(圓周形) 운동이란 사상을 전근대적 사고방식의 표현이라 매도할 수는 없다. 또한 전혀 가치 없는 분석도 아니다. 경제사학자들이 연구한 다양한 시간 폭을 가진 생산과 경기순환 모델은 19세기 경제학의 중요한 성과이다.[79] 제국주의의 지배와 패권의 '긴 물결(long waves) 이론'은 세계의 군사력 대비에 관한 연구에서 계몽적 방식이었다.[80] 역사운동의 선형 모델과 주기형 모델은 둘 다 서방에 알려져 있었지만 18세기 이후 서방은 점차 미래개방적 역사발전관을 받아들였다('진보' 도중에 정체하거나 우연한 후퇴가 나타나기는 하지만).[81]

유럽에서 시작된 진보사관은 그 후 점차 다른 문명에서도 받아들여졌다. 어떤 문명(예컨대 이슬람문명)에서는 이 사상을 받아들이면서도 원래부터 가지고 있던 비연속적 선형 역사관——역사를 연속적 발전과정이 아니라 수많은 단절된 순간의 연속적 배열로 본다——을 버리지 않았다.[82] 현대 역사과학 영역에서 이처럼 본토화 된 역사관과 시간관을 받아들이는 것이 역사적 실체를 재구성하는 데 도움이 되는지 최소한 고려해볼 가치는 있다.

미국의 버마 역사 전문가인 마이클 아웅트윈(Michael Aung-Thwin)을 예로 들어보자. 그는 19세기 두 번째 30년 시기 이전의 동남아시아 역사는 나선형으로 발전해왔다고 주장한다. 그의 이런 가설——그에게는 가설 이상이다——은 두 종류의 사유방식 사이의 대립관계를 관찰한 경험에서 나왔다. 하나의 사유방식은 진화, 진보, 인과관계를 의문의 여지없는 전제로 보는 역사학적 관점이고, 다른 하나는 구조, 유사성(類似性, Analogy), 동원성(同源性, Homology), 상호작용을 주목하는 인류학적 관점이다. 역사학자가 흔히 범하는 실수는 자신이 관찰한 특정 시기의 변화를 지속적이고 장기적인 변혁이라고 오인하는 것이다. 아웅트윈은 동남아시아의 역사를 '농업-인구' 주기(국내경제에 주력하는 나라)와 '상업' 주기(연해지역의 도시나 정치실체) 사이의 '왕복'(oscillation)으로 파악한다. 18세기 중엽의 버마 사회는 많은 변화를 경험한 뒤에 13세기 파간(Pagan)왕조의 전성기와 비슷한 상황으로 성공적으로 복귀하고 있었다. 이것은 버마의 체제가 강력했기 때문에 가능했다.[83) 영국은 1824년부터 1866년 사이에 단계적으로 버마를 식민지로 만들었고 이 강력한 정권은 쇠락했다. 그러나 옛 역사 발전 모델이 효력을 잃은 것은 1948년에 독립한 이후의 일이었다.

버마와 동남아시아의 사례가 무엇을 설명하는지 우리는 가볍게 결론을 내려서는 안 된다. 같은 목적에 사용될지도 모르는 다른 사례도 있다. 대략 1760년대부터 유럽의 철학자들은 서유럽 사회는 역동적인 반면에 아시아는 '정체' 또는 '정지'상태에 놓여 있다는 인식에 동조했다.[84) 헤겔은 몇 군데 구체적인 표현에서는 약간의 차이가 있지만 심지어 19세기 20년대에도 여전히 이런 관점을 찬양했다. 얼마 후 여기서 파생된 '역사가 없는' 민족이란 논법이 한때 널리 퍼졌다. 일부 안목이 좁은 학자들은 문자와 국가를 갖지 못한 '야만인'뿐만 아니라 아시아의 발달한 문명국가와 슬라브인까지도 이런 민족에 포함시켰다. 물론, 다른 문화라도 인류가 공유하는 시공간에 동시에 참여할 수 있다는 사실을 인정하지 않으려는 관점은 천박한 '2차원적 단순화'(Binäre Simplifikation)란 비판을 받아왔다.[85)

과거의 역사, 특히 아시아국가의 역사를 전쟁과 왕조의 교체가 영원히 반복되는 혼란상의 연속으로만 파악하는 시각은 완전히 잘못된 것이다. 그러나 이와는 대칭되는 또 하나의 극단적인 시각으로서, 전체 인류역사를 —'초기 근대'에 국한시킬지라도 —유럽사의 진보사관의 틀로만 재단하려는 관점 또한 똑같이 착오이다. 20세기 60년대에 유행했고 지금까지도 논란의 대상이 되고 있는 사회학의 현대화이론이 바로 그런 관점이다. 이 관점은 역사를 경쟁으로만 파악한다. 이 관점에 따르면 영리하고 효율을 추구한 북대서양 지역 사람들이 역사를 선도했고 나머지는 모두 낙오자이거나 추종자였다. 최소한 우리는 역사의 비선형적 발전가능성에 대해 개방적인 태도를 가져야 한다. 그래야만 우리는 '2차원적 단순화'와 유럽 중심의 역사동질론(Homogenitätsannahmen)이란 착각으로부터 빠져나올 수 있다.


## 시간의 혁신

19세기의 정신세계를 더 잘 이해하려면 그 시대의 특징적인 경험이 무엇인지를 살펴봐야 한다. 오늘날 시간관은 '문화구조'의 개념이 되었고, 인류학자와 문화 이론가들이 문화를 구분하는 기준이다.[86] 그 밖에, 시간관념은 비교문화학에서 가장 힘들고도 내용이 풍부한 연구영역이다.[87]

시간관념은 천태만상이다. 철학과 종교에서 시간현상을 묘사하는 심오한 표현으로서의 시간관념이 있는가 하면 일상 행위를 통해 관찰 가능한 시간개념도 있다. 이런 상황에서 우리는 각종 시간관념과 시간경험으로부터 19세기의 시간에 관한 보편적인 형상과 경험을 찾아낼 수 있을까?

19세기에 인류가 시간의 측정을 통일하는 문제에서 이룬 성과는 어떤 시대와도 비교할 수 없을 만큼 컸다. 세기 초에 전 세계의 시간 측정방식, 특정한 지역과 환경에서 생성된 시간문화는 수없이 많았다. 하지만 세기말이 되자 세계의 시간질서는 정리되었다. 시간문화의 다양성은 줄어들었으나 완전히 소멸되지는 않았다. 1800년 무렵에는 지구상의 어떤 나라도 한 도시의 범위를 넘어서 적용되는 통일적인 시간신호를 찾아내지 못했다. 모든 지방, 또는 최소한 모든 지역에서 태양이 최고점에 위치했을 때를 기준으로 하여 자주적인 판단으로 시계를 교정했다. 그러나 1890년에 이르러서는 과학기술이 발전한 공업국가뿐만 아니라 지구상의 모든 지역에서 시간 측정방식의 통일을 위한 기본적인 합의가 완성되었다. 이것은 과학기술의 혁신이 없었더라면 상상할 수 없는 일이었다. 시간의 표준화는 과학기술이 당면한 도전이었다. 청년시절의 알베르트 아인슈타인(Albert Einstein)을 포함한 수많은 이론가와 기술자들이 이 문제에 매달렸다. 전기 충격신호를 발견하고 이를 전보송수신에 응용하는 기술이 발명되고 나서 이 난제는 해결되었다.[88]

　1884년 워싱턴에서 열린 국제자오선회의에서 25개 국가의 대표들이 (오늘날까지도 사용하고 있는) 세계시(世界時) 혹은 표준시(standard time)를 사용하기로 합의했다. 이 합의에 따라 경도 15도를 한 구간으로 하여 지구를 24개의 시구(時區)로 나누었다. 이 획기적인 합의를 이끌어내는 데 중심적인 역할을 한 인물은 스코틀랜드 출신의 캐나다인 철도기술자 샌포드 플래밍(Sandford Fleming)이었다. 플레밍은 19세기의 가장 성공적인 '세계화의 선구자'라고 부르기에 부족함이 없는 인물이다.[89] 시간 혁신의 주창자들은 19세기 초부터 유사한 방안을 제시해왔지만 각국 정부가 관심을 보이지 않았다. 열차시각표의 논리는 일찍부터 시간의 조정을 요구해왔으나 실행 방안을 찾는 일은 이러저러한 이유로 미루어져 왔다. 1874년까지도 독일에서는 매우 번거롭고 복잡한 방법이 사용되고 있었다. 열차시각표는 각 대도시와 지역의 시간을 기초로 하여 작성되었고 그 시간은 대도시와 지역의 관청이 측정하고 감독했다.[90] 모든 승객은 언제 어느 지방에 도착하게 되는지 스스로 계산해야 했다. 1870년 미국에는 400여 개의 철도회사와 75종이 넘는 철도시각(railroad time)이 있었다. 승객은 표를 사면서 구체적인 시간을 물어봐야 했다. 시간 통일의 첫걸음은 철도회사가 내부의 시간측정 표준화를 위해 채택한 전기식 동기화(同期化) 시계였다.[91] 그런데 표준시를 어떻게 정할 것인가? 대다수의 항해자들은 18세기부터 그리니치 천문대의 경도(經

度)를 본초자오선(本初子午線)으로 하기로 합의했다. 1880년 영국 정부는 그리니치 시간을 표준시로 한다는 법령을 반포했지만 그보다 훨씬 전인 1855년부터 영국 국내의 공공 시계의 98퍼센트가 이미 그리니치시간(GMT, Greenwich Mean Time)을 표준시로 사용하고 있었다.[92] 1868년, 뉴질랜드가 세계에서 처음으로 그리니치시간을 정식으로 채택했다. 미국은 국토가 광활하여 시간을 조정하는 일에서 비교적 큰 어려움을 겪고 있었다. 1883년에 미국은 그리니치 시간을 기초로 하여 자국의 시간을 통일하기로 결정하고 전국을 지리적 경도에 따라 4개의 시구로 나누었다. 그다음 해에 지구상의 거의 모든 나라가 이 원칙을 받아들였다. 많은 지역에서 국경선이 직선이 아니기 때문에 시구를 획정할 때 실제상황을 고려하여 조정이 불가피했다.[93]

시간의 통일은 두 가지 차원 — 하나는 국가 내부, 다른 하나는 국가들 사이 — 에서 일어났다. 국가 내부 차원의 조정은 국가 간의 조정보다 반드시 먼저 일어나지는 않았다. 영토가 넓지 않아 시구를 나눌 필요가 절박하지 않았던 독일제국에서는 통일된 표준시간이 1893년에 가서야 채택되었다. 존경받던 육군 원수 폰 몰트케 (Helmuth von Moltke)가 죽기 5주 전에 의회에서 행한 연설을 통해 '시간의 통일'을 간곡하게 요청한 결과였다. 프랑스는 이보다 더 늦은 1911년에 비로소 그리니치 시간을 정식으로 채택했다. 프랑스가 세계시를 받아들이는데 망설였던 이유는 무엇이었을까?

국제적 표준화로 나아가는 중요한 움직임 — 도량형, 우편과 전신, 철도의 폭 — 이 민족주의의 강화와 민족국가의 흥기와 병행했다는 것은 의미심장한 역설이다. 플레밍의 계획은 프랑스에서 강한 반대에 부닥쳤다. 대영제국 중앙천문대가 위치한 곳의 경선(經線)을 경도 '0'으로 한다는 1884년 워싱턴 회의의 합의는 그리니치 천문대보다 '앞서' 17세기에 세워진 파리 천문대가 있는 곳의 경선을 본초자

오선으로 하고 싶어 하는 프랑스 사람들이 받아들이기가 어려웠다 (그래서 예루살렘이나 타히티가 대안으로 제시되기도 했다). 그러나 오래전부터 그리니치 경선이 항해자들 사이에서 광범위하게 응용되고 있었고 미국도 이미 그리니치 시간을 표준으로 하여 자국의 시구를 획정해 놓았다. 영국의 패권적 지위는 의심의 여지 없이 인증되고 있었다. 더구나 이 경우의 패권은 강요된 것이 아니라 자발적으로 받아들인 것이었다. 그러므로 프랑스의 반대는 받아들여질 가망이 없었다.

1884년에 프랑스와 영국의 관계는 특별히 나쁘지 않았지만 두 나라가 각기 서방문명의 정상을 대표한다고 주장할 수 있는 근거를 갖고 있었다. 세계 표준시를 정할 때 영국을 기준으로 하느냐 프랑스를 기준으로 하느냐 하는 문제는 결코 사소한 일이 아니었다. 프랑스는 심지어 영국에게 대등한 교환을 제안했다. 프랑스는 런던 교외를 지나는 경선을 본초자오선으로 인정할 테니 영국이 십진법 도량형 표준을 받아들이라고 요구했다. 모두가 알고 있는 바와 같이 프랑스의 제안은 받아들여지지 않았다. 일찍이 대혁명 시기에 프랑스가 시도했던 십진법 시간측정법은 유사한 참패를 경험한 바 있었다.[94] 물론 누구도 프랑스를 강제로 세계적으로 통일된 시간체계 안으로 끌어들일 수는 없었다.

19세기 80년대까지도 프랑스의 각 도시는 태양의 위치를 근거로 하여 현지의 시간을 측정하는 방식을 유지하고 있었으나 기차시각표만은 파리 시간을 표준으로 했다. 파리 시간은 그리니치시간보다 9분 20초 빨랐다. 1891년, 프랑스는 파리 시간을 전국에 통일적으로 적용하는 '법정시간'(heure legale)으로 선포했다. 1911년, 프랑스는 1884년에 확립된 세계표준시 체계에 가입하기로 결정했다. 이때부터 유럽에서 시간측정의 혼선은 대체적으로 결말이 났다. 프랑스의 사례에서 알 수 있듯이 국가표준의 통일은 반드시 세계표준화에 앞서서 완성되는 것은 아니다. 달리 말하자면 국제규범이 확립된다고 해서 국가 내부의 관례가 예외 없이 효력을 상실하지도 않는다. 시간의 세계화와 시간의 국가화는 평행할 수 있다. 그러나 긴 안목으로 볼 때 전 지구적 통일이란 큰 추세는 최소한 시간의 문제에 관한한 최종적인 승리를 차지했다.

## 시간의 측정기술

이 모든 일은 정확한 시간측정 수단이 널리 보급된 사회에서 일어났다. 처음으로 영국이나 미국 같은 나라에 온 아시아와 아프리카 여행자들은 시계가 널리 보급되어 있고 사람들이 시간을 측정하는 이런 기계장치에 복종하는 모습을 보고 놀라지 않을 수 없었다. 시간을 어떻게 측정할지를 알고 있고 아울러 시간측정이 일종의 습관이 되어 있는 사회라야 시간의 통일이 가능하다.

시계가 언제부터 학자, 성직자, 귀족의 노리개에서 사회 전체의 통일된 시간측정 수단이 되었을까? 이 질문에 대한 답은 찾기 쉽지 않다. 시계의 대량생산이 가능해지고 갈수록 많은 시계가 거실, 침대머리, 양복 조끼의 주머니 속에 자리 잡으면서—아마도 19세기 중엽 무렵에—인류는 새로운 걸음을 내디딜 수 있었다. 데이비드 랜더스(David Landes)가 말한 '회중(懷中)시계의 민주화' 덕분에 '시간 지키기'는 모든 사람의 미덕이 되었다. 1875년 무렵의 전 세계 회중시계 연간 생산량은 18세기 말의 35∼40만개에서 250만개 이상으로 증가했다. 이때는 값싼 회중시게 설계기술이 세상에 나온 지 몇 년 안 되는 시점이었다.[95]

회중시계는 주로 스위스, 프랑스, 영국, 미국에서 생산되었다. 그렇게 생산된 회중시계 가운데 얼마나 많은 양이 비서방 국가의 소비자 주머니에 들어가는지는 알 수 없었다. 세계시 제도의 확립과 마찬가지로 시간을 정확하게 측정하는 장치의 생산도 백인이 장악하고 있었다.

세계는 시계를 가진 민족과 갖지 못한 민족으로 나뉘었다. 선교사와 식민통치자들은 새로운 시간의 자원을 차지했고 그 과정에서 시간에 대한 지배권도 독점했다. 루이스 멈포드(Lewis Mumford)는 공업화시대의 가장 중요한 기술발명은 증기기관이 아니라 시계라고 말했다. 최소한 비서방세계의 입장에서 볼 때 이 말은 사실과 부합한다.[96] 시계의 보급범위는 증기기관보다 훨씬 더 광범위했다. 시계는 일종의 질서화·규범화란 방식으로 사회에 근본적인 영향을 미쳤다. 이것은 단순히 새로운 생산기술만으로는 결코 해낼 수 없는 일이었다. 시계가 보급된 곳이라도 어떤 지방에서는 석탄을 연소시켜 동력을 얻는 기계나 증기기관차를 한 번도 본적이 없었다. 그런데 이 귀한 기계장치를 어떻게 정확하게 작동시킬지는 쉽지 않은 문제였다.

시계는 서방문화의 표지이자 서방문명을 전파하는 중요한 수단이었다. 일본인들이 입는 옷에는 양복의 주머니 같은 것이 없었기 때문에 사람들은 처음에는 회중시계를 목에 걸거나 허리띠에 묶고 다녔다. 메이지천황이 한 해의 우수학생에게 내린 상품이 바로 회중시계였는데 처음에는 모두 미국산이었다.[97] 1880년 무렵, 서방의 소비행태를 유행의 기준으로 삼던 라틴아메리카 상류사회에서 회중시계는 실크 햇, 코르셋, 의치에 이어 사회적 지위의 새로운 상징물이 되었다. 오스만제국에서는, 술탄 압뒬하미트 2세의 명에 따라 19세기 마지막 30년 동안에 전국 대도시에 세워진 시계탑은 서방모델을 따라 현대화를 추구하던 국가와 사회엘리트들의 확고한 결심을 보여주는 상징물이었다.[98]

이 방면에서 영국인도 예외는 아니었다. 1897년, 빅토리아 여왕의 즉위 60주년을 축하하기 위해 대영제국의 각지에 시계탑이 잇달아 세워졌다. 시계를 품은 교회 첨탑의 세속적인 파생물이면서 문화적으로는 가치중립적인 새로운 시계탑이 등장함으로써 시간은 대중에게 볼 수 있고 들을 수 있는 존재가 되었다. 중국에서는 20세기에 들어와서까지도 북소리와 종소리로 시간을 알려주는 종각이 여전히 시간을 알리는 가장 중요한 수단이었다.

기계적인 시간 측정의 기술이 보급되자 노동과정의 계량화와 연속성이 크게 촉진되었다. 영국의 사회사학자 톰슨(E.P. Thompson)은 널리 알려진 관련 논문에서, 공업화 이전의 작업환경에서는 노동은 어떤 규율과 규칙도 없는 조건에서 진행되었다고 주장했다. 19세기에 들어와 노동의 분화가 강화되고 자본집약적이고 규모가 확대된 기업에서 생산이 조직화됨에 따라 기업주와 시장의 힘이 엄격한 시간 관리와 노동시간의 연장을 강요할 수 있게 되었다. 농업과 수공업 분야에서 이탈한 노동자는 공장노동에 투입되는 그 순간부터 시계, 종소리, 징벌제도를 통해 낯설고 추상적인 시간관념에 철저하게 얽매이게 되었다.[99]

사회의 규칙화와 문화적 소외라는 유사한 환경하에서 영국의 산업노동자, 후발 공업화 국가의 노동자, 식민지 백성을 동병상련의 공동체로 파악했다는 점에서 톰슨의 논점은 독특한 매력과 설득력을 갖고 있다. 톰슨의 현대성 비판이론은 어디서나 수용될 수 있는 진리가 될 수 있을 것처럼 보인다. 그의 논법에 따르면 세계 어느 곳에서든 시계는 일종의 현대화의 무기가 되었다. 그러나 이 모든 일은 톰슨이 생각했던 것만큼 이른 시기에 일어나지 않았다. 왜냐하면, 영국에서조차도 표준규범에 맞춰 정확한 시간을 알려주는 시계가 일상생활에서 널리 보급된 것은 19세기 말의 일이었기 때문이다.[100]

우리는 질과 양 두 측면에서 설명한 관점을 검증해볼 필요가 있다. 마르크스는 일찍부터 노동시간이 분명히 늘어났다고 믿었고, 그와 동시대의 많은 목격자도 산업적 공장생산의 시작은 흔히 (또는 거의 예외 없이) 개별 노동자의 노동시간 증가를 가져왔다고 확인해

주었다. 면방 기계가 등장한 초기에 하루 18시간 노동은 정상이었다. 역사과학이 동원할 수 있는 정확하고 구체적인 기술과 계량적인 연구를 거쳐도 노동환경의 전체 모습을 밝히기는 어렵지만 최소한 1830년대 이전 영국의 초기 공업화 과정에서 노동시간이 늘어났음을 보여주는 신중한 연구결과는 확립되어 있다.[101] 이런 추세가 지속된 시간은 80년에 이르렀고 이 기간 동안에 노동자 계층의 시계 소유량도 끊임없이 증가했다. 노동자들은 시계를 갖게 되자 노동부하(負荷)에 대해 정확한 계량적 인식도 갖게 되었다.[102] 노동자들이 자신의 실질적인 업적에 대해 이해했을 때 노동시간 단축을 위한 투쟁이 일어났다. 노동자들의 손에 들어간 시계는 자본가의 강압을 검증할 수 있는 도구가 되었다.

따라서 질적인 면에서 볼 때 시계가 공장주를 위한 봉사를 강제하는 도구였을 뿐이라는 주장과 평가는 좀더 깊은 검토를 기다려봐야 한다. 만약 기술발전이 독립변수가 아니라고 한다면 기계적인 시간 측정 장치의 발명이 정확한 시간측정의 수요를 유발했을까, 아니면 정확한 시간측정의 수요가 먼저 있었고 그 수요를 만족시키기 위한 기술수단에 대한 수요가 뒤따라 나왔을까?[103] 어느 경우이든 한 가지 분명한 것은, 시계가 들어간 곳이면 어디서나 분초까지 밝히는 이 정확한 시간장치가 인간의 생산과 일상행위를 규칙화·기계화시키는 도구로 기능했다는 점이다. 시계는 시간 관리의 상징이었다. 자연에 가까운 생활방식을 유지하던 농부는 이토록 획일적인 시간 관리를 경험할 수 없었다.[104] 19세기에 전 세계의 농민과 목축민은 도시로부터 몰려오는 시간의 규범을 사방에서 맞닥뜨려야 했다.

시간을 지키는 엄격한 기준이 아직도 이 세계에 하나만 존재하는 게 아니란 사실을 경험을 통해서 아는 사람은 인간의 시간에 대한 저항력, 인간이 하나 이상의 시간질서를 동시에 수용하면서 살아갈 수 있는 능력 ─ 세속적이고 비연속적인 시간경험과 시계와 역법을 근거로 한 추상적인 시간을 다 같이 관리할 수 있는 능력 ──을 저평가 하지는 않을 것이다.[105] 인류학자들은 천문학 지식도 없고 시계도 갖지 않은 사회도 '시간의 점'과 지속적인 시간의 흐름을 구분할 줄 알며 자신의 행위를 시간의 진행과 정확하게 조화시킬 줄 아는 능력 을 가진 사례를 여럿 찾아냈다.[106]

톰슨이 영국의 초기 공업화 과정의 사례를 근거로 제시한 시간인 지의 차이가 문화적 충돌로 발전한다는 가설은 쉽게 이해할 수 있 고 직설적이어서 매력적이지만 다른 지역과 다른 역사 단계에 그대 로 적용할 수는 없다. 일본이 그의 가설에 대한 하나의 반증이 될 수 있다. (1868년까지 지속된) 도쿠가와 시대 말기에 일본의 농민은 작 은 경제단위를 유지하면서 집약경작과 수공품 생산을 주로 하여 시 장에서 같은 처지의 농민과 경쟁했다. 일종의 기업 간 경쟁과 유사한 시상상황은 농민에게 목가적인 생활을 허락하지 않았다. 농민은 한 정된 시간자원을 정교하게 계산하여 최대한으로 이용해야 했다. 시 간의 경제에서 실패하면 가정의 파탄을 불러올 수 있었다.

1880년 무렵 일본이 공업화 단계로 진입하자 노동시장은 연중 지 속되는 노동에 익숙한 노동자로 가득했다. 그들에게 공장의 시간기 율은 결코 어려운 일이 아니었다(실제로 일본의 공장관리는 오랫동안 상당히 느슨했다). 유럽이나 미국의 노동계급과는 달리 일본의 노동 자들은 심각한 착취에 대해 불만을 드러내는 경우가 적었고 노동시 간의 단축은 그들의 중심 요구사항도 아니었다. 그들에게 보다 중요 한 것은 기업의 계층질서 안에서 관리자로부터 인격적인 인정을 받 는 등의 윤리적 문제였다.[107]

내란이 폭발하기 전의 미국 남부 면화농장에서는 상황이 전혀 달 랐다. 노예들은 여러 형태의 집단(gang)으로 나뉘어져 감독의 감시 를 받으며 야외에서 노동했다. 일찍부터 그들의 노동에는 엄격한 절 차와 폭력으로 가득 찬 기율이 최대한도로 적용되었다. 기계식 시계가 노예주들 사이에서 빠른 속도로 퍼져나갔다. 당연한 일이지만 시계는 그들이 노예노동을 감독하는 매우 중요한 도구로 자리 잡았다. 노예가 (영국, 일본, 노예가 해방된 미국 북부의) 공장노동자와 다른 점은 근본적으로 노동시간의 길이를 두고 주인과 흥정할 자격이 없다는 것이었다. 이런 곳에서 시계라는 물건은 산업자본주의 국가보다 더 노골적으로 노예주가 일방적으로 조종할 수 있는 속박의 도구였다. 그러나 시계는 마지막에 가서는 알지 못하는 사이에 노예주의 생활도 바꾸어놓았다. 주인과 노예가 함께 똑딱거리며 매정하게 돌아가는 시계소리를 들으며 새로운 세계에 적응해야 했다.

시계는 또 하나의 효능을 만들어 냈다. 면화농장주들은 시계를 갖게 된 뒤 심리적으로 북부의 부자들과 대등한 지위에 올랐다는 자부심을 느끼게 되었다. 세계의 다른 지역에서도 그랬고 그 밖의 다양한 물건이 그랬듯이 이곳에서도 개인의 소유물로서 시계는 최종적으로는 현대성의 찬란한 표지의 하나가 되었다.[108]

좀더 자세히 관찰하면 우리는 시간의 다채로운 의미를 몇 가지 더 찾아낼 수 있다. 우리는 그것을 도시와 촌락의 시간, 남자와 여자의 시간, 노인과 청년의 시간, 군인과 시민의 시간, 음악가와 건축가의 시간 등으로 분류할 수 있다. 계측기가 측정한 객관적인 시간과 주관적으로 경험한 시간 사이에는 가정과 직장에서의 '전형적인' 생활주기를 결정하는 '사회적 시간'이 자리 잡고 있다. 뒤집어서 말하자면, 문화적 규범, 경제적 책무, 정서적 욕구에 의해 결정되는 여러 가지 복잡한 관계도 사회적 시간에 영향을 미친다. 우리가 특별히 주의를 기울여야 할 문제는, 사회적 시간을 한 시대의 주기로 보았을 때 사회의 집단인식과 부합하는지, 어떤 조건 아래서 그렇게 되는지를 살펴보는 것이다. 복잡한 외피를 뚫고 사물의 본질을 찾아내는 일은 역사주의 인류학과 사회학의 중대한 임무이기 때문이다.

## 속도의 증가

속도의 증가는 전례 없이 많은 사람이 공유했던 19세기의 특징적인 경험이었을까?[109] 증기기관과 증기기관에서 발생한 동력을 바퀴와 선박의 프로펠러에 전달하는 기계장치가 발명됨으로써 19세기는 속도혁명의 시대가 되었다. 20세기에 들어와 항공산업이 등장하고 도로망이 완비되면서 운송 속도가 크게 향상되기는 했지만 철도와 전보의 발명이야말로 진정한 의미에서 획기적인 전환이었다. 철도와 전보의 속도는 가장 빠른 말보다 빨랐고 가장 빠른 우편마차보다 빨랐다. 철도와 전보가 등장함으로써 사람과 화물의 운송과 정보의 전달은 운송용 가축의 생물학적 능력에 얽매이지 않게 되었다. 이 모든 것이 과학기술의 발전 때문에 가능해졌다.

철도기술이 세계 각지에 미친 영향—문화적 요소의 제약, 각지의 반응과 응용방식은 차이가 있었지만—은 원칙적으로 말하자면 동일했다.[110] '물리적' 속도의 증가를 경험할 수 있게 된 것은 새로운 기술의 직접적인 결과였다. 철도가 유럽에서 발명되었다는 사실이 철도가 모든 대륙으로 퍼져나갔다는 현상보다 중요하지는 않았다. '응용가능성'을 말하자면 철도는 어떤 문화적 속성도 없었다. 그러나 '실제적' 사용을 보면 그렇지 않았다. 사람들이 이 기계를 대하는 태도는 천차만별이었다. 러시아 대중은 철도여행의 빠른 속도에 대해서는 거의 관심이 없다고 주장한 사람도 있었다. 그런 사람들은 느린 속도를 선호하는 러시아문화의 속성은 다른 나라와의 접촉을 통해 러시아가 얼마나 후진적으로 변해가고 있는지를 깨닫게 되어야 바뀔 것이라고 주장했다.[111]

낡은 육로 운송방식에 비해 철도는 빠를 뿐만 아니라 안락했다. 1847년, 프랑스 작곡가 엑토르 베를리오즈(Hector Berlioz)는 얼어붙는 눈썰매 마차—"밀봉된 금속상자"—를 타고 타우라게(Tauragė,

리투아니아의 도시)에서 페테르부르크까지 나흘 낮과 밤 동안 포장되지 않은 길 위를 흔들리며 갔다. 이 여행에서 그는 "온갖 생각지도 못한 고통"을 경험했다. 만약 몇 년 뒤에 같은 길을 갔더라면 그는 동상이나 설맹증(雪盲症)을 걱정할 필요 없이 기차를 탔을 것이다.[112] 그러나 새로운 형태의 재난──철도사고──도 생겨났다. 영국에서는 1865년 디킨스가 해안도시에서 기차를 타고 런던으로 가는 도중에 사고를 만났으나 요행히 목숨을 건졌다. 러시아에서는 1888년에 차르 알렉산더 3세가 같은 사고를 당했다. 인도와 캐나다에서도 유사한 철도사고가 발생했다. 아무리 늦어도 1920년 무렵에 기계적인 속도 증가와 시간경험의 비자연화는 원칙적으로 (반드시 현실적인 의미는 아니지만) 전 세계 인구의 대부분에게 경험할 가능성이 있는 현실상황이 되었다.[113]

그러나 우리는 위에서 살펴본 변화를 성급하게 (코젤렉이 19세기 초 서유럽의 안장형 시기를 묘사하면서 내놓은 주장인) '세계관의 시간화'라고 개괄해서는 안 된다. 역사경험의 속도 증가와 여행과 교류의 물리적인 속도 증가 사이에는 필연적인 연관성은 없었다. 뿐만 아니라 역사 경험의 속도증가는 전 지구적 현상도 아니었다. 우리는 프랑스대혁명의 직접적 영향의 반경이 얼마나 짧았는지 알고 있다. 또한 코젤렉이 1800년 무렵의 유럽의 시대변화를 고찰할 때 적용했던 철학·역사 모형──하나의 시간연속체는 현재의 혁명적 행위에 의해 '격파'된다──이 세계의 다른 지역에서도 적용될 수 있을지는 확신하기 어렵다.[114]

프랑스대혁명의 충격을 받지 않은 지역에서도 사람들은 유사한 경험을 했을까? 했다면 언제였을까? 그들은 전현대성(前現代性)의 꿈에 빠져 있었을까? 일찍이 1649년에 국왕의 목을 자른 경험이 있는 영국에서 파리에서 발생한 사건은 약간의 파동만 일으켰을 뿐 혼란을 불러오지 않았다. 1789년이 되었을 때 미국은 이미 자국의 혁명

경험을 성문헌법으로 정리해 놓고 그것이 안정된 제도로 자리 잡는 길을 찾고 있었다.

우리는 19세기의 어디 쯤에서 익숙한 생활환경과 미래에 대한 전통적인 기대를 뒤흔든 전혀 새로운 인식을 발견하는가? 천년왕국 운동과 말세론 예언가들은 바로 이런 효과를 먹고 산다. 그들은 중국과 북아메리카 ― 원주민 인디언과 모르몬교도 같은 백인을 포함하여 ― 에서 아프리카에 이르기까지 어디에서나 존재했다. 많은 역사적 증거가 보여주듯이 노예제도의 종결은 해방된 노예의 입장에서 보자면 마치 새로운 시대가 갑자기 찾아온 것 같았다. 그러나 현실생활 가운데서 '노예제도의 사망'은 길고도 험난하고 거듭되는 실망의 과정이었다.[115] 프랑스대혁명에서부터 19세기 50년대 중국의 태평천국 운동에 이르기까지 새로운 시대에 대한 희망은 새로운 시간질서에 대한 열망과 연결되어 있었다. 그래서 혁명의 주요 프로그램 가운데 하나가 전통과 결별한 새로운 역법의 수립이었다. 그러나 그것이 메시아적 영성주의이거나 이전까지의 주류문화의 로고스중심주의(logocentrism)에 대한 저항으로 해석되어서는 안 된다.

18세기 말기 이후 시기의 특징은 시간 기록의 합리화와 그것을 근대세계에 적응시키려는 노력이었다. 1792년의 프랑스, 1868년 메이지유신 이후의 일본, 1918년 2월의 러시아(볼셰비키 정권은 지체 없이 그레고리력을 도입했다)의 경우가 그랬다. 중국의 태평천국운동 사람들이 세우려고 했던 이상국가에서도 그런 시도가 있었다. 태평천국의 역법은 종말론적이면서 동시에 철저하게 실질적인 근거를 갖고 있었다. 태평천국의 문헌에 기록되어 있듯이, '새로운 하늘과 새로운 땅'이 구시대의 미신과 거짓 가르침을 쓸어버리고 농민들이 노동시간을 합리적으로 배분할 수 있게 해줄 것이었다.[116] 그들의 새로운 세계에서 시간은 간단하고, 투명하며, 속임이 없었다.

# 주註

1) Roberts, J. M., *Twentieth Century*, p.3.

2) 이런 책들은 통속적이기는 해도 나름의 가치가 있다. Bernier, Olivier: *The World in 1800,* New York, 2000을 참고할 것.

3) Johan Hendrik Jacob van der Pot: *Sinndeutung und Periodisierung der Geschichte. Eine systematische Übersicht der Theorien und Auffassungen,* Leiden 1999, p.52 같은 관점을 가진 권위 있는 학자들로서 Jan Romein, Lucien Febvre, R. G. Collingwood 등이 있다.

4) Tanaka, Stefan: *New Times in Modern Japan.* Princeton, NJ, 2004, p.112.

5) 시간이론이 생성된 배경에 관해서는 Kwong, Luke S. K.: *The Rise of the Linear Perspective on History and Time in Late Qing China*(Past and Present, 173(2001), pp.157-190에 수록).

6) Kirch, Patrick Vinton: *On the Road of the Winds. An Archaeological History of the Pacific Islands Before European Contact,* Berkeley CA, 2002, pp.293f.

7) 이 문제에 관한 상세한 논술로서 당대의 고전이라고 할 수 있는 Strachan, Hew: *The First World War,* Oxford, 2001의 Volume 1: *To Arms*를 참고할 것.

8) Manela, Erez: *The Wilsonian Moment. Self-Determination and the International Origins of Anticolonial Nationalism*, Oxford, 2007을 참고할 것.

9) Eichhorn, Jaana: *Geschichtswissenschaft zwischen Tradition und Innovation. Diskurse, Institutionen und Machtstrukturen der bundesdeutschen Frühneuzeitforschung.* Göttingen, 2006, pp.145-152,

10) '현대'란 개념의 다양한 적용사례에 관해서는 Corfield, Penelope J.: *Time and the Shape of History,* New Haven, CT, 2007, pp.134-138을 참조할 것.

11) Reinhard, Wolfgang: *The Idea of Early Modern History* (Bentley, Michael[ed.]: *Companion to Historiography,* London, 1997, pp.281-292에 수록)를 참고할 것.

12) Nolte, Paul: *Gibt es noch ein Einheit der Neuerren Geschichte?*(*Zeitschrift fuer Historische Forschung,* 24[1997], pp.377-99에 수록)

13) Hobsbawm, Eric J.: *Europäische Revolutionen*(1962).
Hobsbawm, Eric J.: *Die Blütezeit des Kapitals.*(1977).
Hobsbawm, Eric J.: *Das imperiale Zeitalter*(1989).

14) Wilkinson, Endymion: *Chinese History. A Manual,* Cambridge, MA, 1998, p.196.

15) 그레고리력의 실용성 문제에 관해서는 Watkins, Harold: *Time Counts. The Story of the Calendar,* London, 1954, p.47을 참조할 것. Watkins의 고전적 저작 이외에도 근대 역법사에 관한 또 하나의 명저로서 Richards, Edward G.: *Mapping Time. The Calendar and Its History,* Oxford, 1998이 있다.

16) Richards, Edward G.: *Mapping Time*. p.114.

17) Gardet, Louis, et. al.: *Cultures and Time*, Paris, 1976, pp.201, 208.

18) Richards, Edward G.: *Mapping Time*. p.236.

19) Wilcox, Donald J.: *The Measure of Times Past. Pre-Newtonian Chronologies and the Rhetoric of Relative Time*, Chicago, 1987, p.8.

20) Tanaka, Stefan: *New Times in Modern Japan*. p.11.

21) Brownlee, John S.: *Japanese Historians and the National Myths, 1600-1945*, Vancouver, 1997, p.209.

22) Coulmas, Florian: *Japanische Zeiten. Eine Ethnographie der Vergänglichkeit*, München, 2000, p.127. Reinhard Zöllner: *Japanische Zeitrechnung. Ein Handbuch*. Iudicium, 2003, p.9. Tanaka, Stefan: *New Times in Modern Japan*. pp.5, 9.

23) Zerubavel, Eviatar: *Time Maps. Collective Memory and Social Shape of the Past*, Chicago, 2003, pp.89f. 유럽의 새로운 시대관에 관해서는 Hölscher, Lucian: *Die Entdeckung der Zukunft*. Frankfurt a. M., 1999를 참조할 것.

24) Keirstead, Thomas: I*nventing Medieval Japan. The History and Politics of National Identity* (Medieval History Journal, 1[1998], pp47-71에 수록).

25) Johan Hendrik Jacob van der Pot: *Sinndeutung und Periodisierung der Geschichte*. p.63을 참고할 것.

26) Troeltsch, Ernst: *Der Historismus und seine Probleme* (*Gesammelte Schriften*. Tübingen, 1922, vol.3, pp.756, 765),

27) Raulff, Ulrich: *Der unsichtbare Augenblick. Zeitkonzepte in der Geschichte*, Göttingen, 1999, p.19.

28) Barry, John M.: *The Great Influenza. The Epic Story of the Deadliest Plague In History*, 2004.

29) Wigen, Kären: *The Making of a Japanese Periphery, 1750-1920*, Berkeley, CA, 1995, p.19. 저자는 일본사에서 중심적인 연도는 1868년이라 보고 있다.

30) Nolte, Hans-Heinrich: *Weltgeschichte: Imperien, Religionen und Systeme, 15.–19. Jahrhundert*. Wien, 2005를 참조할 것. 저자는 심지어 15-19세기를 세계사의 대시대로 보는 관점을 제시했다.

31) Green, William A., *Periodization in European and World History* (Journal of World History, 1992, pp.13-53에 수록)을 참고할 것.

32) Schilling, Heinz: *Die neue Zeit. Vom Christenheitseuropa zum Europa der Staaten, 1250 bis 1750*, Berlin, 1999, pp.10-15.

33) Gerhard, Dietrich: *Das Abendland 800-1800. Ursprung und Gegenbild unserer Zeit*, Freiburg, 1985. dl 책의 영문판은 1881년에 나왔다. 그보다 앞서(1956년) Otto Brunner도 같은 관점을 제시했다. 좀더 거시적이고 여러 면에서 더 이성적인 논술로서는 Otto Hintze(1861-1940)의 일련의 저작을 참조할 것. 그는 전통

적인 연대표시의 속박으로부터 성공적으로 벗어났다.

34) Braudel, Fernand: *Sozialgeschichte des 15.–18. Jahrhunderts.* München, 1985.

35) Macfarlane, Alan: *The Savage Wars of Peace. England, Japan and the Malthusian Trap,* Oxford, 1997, Anthony Reid: *An Age of Commerce in Southeastern History*(Modern Asian Studies v.24[1990], pp.1-30에 수록). Anthony Reid: *Charting the Shape of Early Modern Southeast Asia.* Chiang Mai, 1999, pp.1-14.

36) 이 문제에 관한 권위 있는 논저로서 Feldbauer, Peter: *Globalgeschichte, 1450-1620*을 참조할 것. 확장사에서 교류사로의 전환에 관해서는 Edelmayer, Friedrich u. a,: *Globalgeschichte 1450-1620,* wien, 2002, pp.23-32를 참고할 것.

37) "긴" 18세기사(대략1680-1830년)란 관점에 관해서는 오래전에 나온 필자의 저서 *Die Entzauberung Asiens. Europa und die asiatischen Reiche im 18. Jahrhundert.* München 1998, pp.31-37을 참조할 것. 18세기란 개념에 대한 다른 해석에 관해서는 다음의 논저들을 참조할 것. Blussé, Leonard/Gaastra, Femme (ed.): *On th Eighteenth Century as a Category of Asian History*, Aldershot, 1998. Nussbaum, Felicity (ed.): *The Global Eighteenth Century,* Baltimore, 2003. Grandner, Magarete/Komsloy, Andrea (ed.): *Vom Weltgeist beseelt. Globalgeschichte 1700-1815,* Wien, 2004.

38) Quataert, Donald: T*he Ottoman Empire, 1700-1922,* Cambridge University Press, 2000, p.54. Kreiser, Klaus: *Der osmanische Staat 1300–1922,* München, 2001, pp.36f.

39) 대표적인 관점으로서 Totman, Conrad: *Early Modern Japan,* Berkeley, 1993과 Hall, J. W.: *Cambridge History of Japan,* 1991, v.4를 참고할 것.

40) Oliver, Roland/Atmore, Anthony: Africa Since 1800, Cambridge, 2005

41) Koselleck, Reinhard: "Einleitung"(Brunner, Otto[et. al. ed.]: *Geschichtliche Grundbegriffe. Historisches Lexikon zur politisch-sozialen Sprache in Deutschland.* Stuttgart, 1972 - 1997, v.1, xiii-xxvii에 수록).

42) Nitschke, August(et. al. ed): *Jahrhundertwende. Der Aufbruch in die Moderne 1880-1930,* Reinbeck, 1990. 이 저작은 1989년에 방영된 방송강좌 「Jahrhundertwende」를 기초로 하여 저술되었다.

43) 이 용어를 사용할 때는 이면에 있는 역사적 연원을 알아야만 한다. 빅토리아 이후 시대의 영국인이 빅토리아시대를 어떻게 보는지에 대해서는 Gardiner, John: *The Victorians. An Age in Retrospect,* London, 2002를 참조할 것.

44) Young, George Malcolm: *Portrait of an Age, Victorian England,* Oxford, 1977(초판1936), p.151.

45) 최근의 관점을 담은 Searle, Geoffrey R.: *A New England? Peace and War 1886-1918,* Oxford, 2004같은 논저가 있다.

46) Vierhaus, Rudolf: *Frühe Neuzeit–frühe Moderne? Forschungen zur Vielschichtigkeit*

*von Übergangsprozessen.* Göttingen 1992, p.21.

47) 질문의 방식을 바꿀 수도 있다. 19세기 40년대에 새로운 시대로 진입하기 시작한 뒤로 세계사가 이전과는 다른 표지적 특징은 무엇인가? 관련하여, 뛰어난 논저로서 Blum, Jerome: *In the Beginning, The Advent of Modern Age. Europe in the 1840s,* New York, 1994가 있다. 이 논저는 위대한 사회사학자인 저자가 남긴 마지막 저작이다.

48) Bayly, C. A.: *Die Geburt der modernen Welt.* pp.110f를 참조할 것. 세계화 이론이 아직 언급되지 않은 초기 저작에서 저자의 논지는 더 명백하다. 같은 저자의 논문 "*The First Age of Global Imperialism, c.1760-1830*" (Journal of Imperial and Commonwealth History, v.26(1998), pp.28-47dp 수록)을 참조할 것.

49) Anderson, Fred: *Crucible of War. The Seven Years' War and the Fate of Empire in British North America, 1754-1766.* New York, 2000과 McLynn, Frank: 1759: The Year Britain Became Master of the World, London, 2004, 그리고 이 분야의 고전적 명저 Marshall, Peter James: *The Making and Unmaking of Empires: Britain, India and America c. 1750–1783,* Oxford, 2005, pp.86-157을 참고할 것.

50) Palmer, Robert R.: *Das Zeitalter der demokratischen Revolution,* Frankfurt a.M., 1970(영문 초판은 1959-1964). Godechot, Jacques: *France and the Atlantic revolution of the eighteenth century, 1770-1799,* New York, 1965를 참조할 것. 관련 배경에 관해서는 Bailyn, Bernard: *Atlantic History. Concept and Contours.* Cambridge, 2005, pp.15-15(쪽수 표시 착오임이 분명하다. 원문 표기를 그대로 따랐다: 역자주), 24-30을 참조할 것.

51) Bayly, C. A.: *Imperial Meridian. The British Empire and the World, 1780-1830,* London, 1989, p.164.전지구적 군사력에 관해서는 Förster, Stig: "*Der Weltkrieg 1791-1815. BewaffneteKonflikte und Revolutionen in der Weltgesellschaft*" (Dülffer, Jost[ed]: *Kriegsbereitschaft und Friedensordnung in Deutschland 1800-1914,* Münster, 1995, pp.17-38에 수록)과 Duffy, Michael: "*World-Wide War and British Expansion, 1793-1815*" (Louis, W. Roger[ed.]: *The Oxford History of British Empire,* Oxford, 1998-99, v.2, pp.184-207에 수록)을 참조할 것.

52) 아메리카합중국의 성립, 아이티혁명, 중남아메리카의 독립은 연관된 전체로서의 과정으로 관찰해야 한다. 이 문제와 관련하여서는 다음 저작을 참조할 것. Langley, Lester D.: *The Americas in the Age of Revolution, 1750-1850,* New Haven, CT, 1996.

53) Meinig, Donald William: *The Shaping of America. A Geographical Perspective on 500 Years of History,* Volume 2, Continental America, 1800-1867, New Haven, CT, 1992, pp.81-96.

54) Bayly, C. A., "*The British and Indigenous Peoples, 1760-1860: Power, Perception and Identity*" (Daunton, Martin J./Halpern, Rick[ed.]: *Empire and Others. British*

*Encounters with Indigenous Peoples, 1600-1850,* Philadelphia, 1999, pp.29-31에 수록).
아울러, 이 책 제7장을 참조할 것.

55) Dipper, Christof, "*Übergangsgesellschaft. Die ländliche Sozialordnung in Mitteleuropa um 1800*" (Zeitschrift fuer Historische Forschung, v.23[1996], pp.57-87에 수록).

56) Maddison, Angus: *Contours of the World Economy, 1-2030 AD. Essays in Macroeconomic History,* Oxford, 2007, pp.73f. 같은 저자의 *The World Economy. A Millennial Perspective,* Paris, 2001, p.27.

57) Wrigley, E. A.: *People, Cities, and Wealth. The Transformation of Traditional Society,* Oxford, 1987, p.3.

58) Wrigley, E. A.: *People, Cities, and Wealth.* pp.10f. McNeill, J. R.: *Something New Under the Sun. An Environmental History of the 20th-Century World,* New York, 2000. xxiii, p.298. Smil, Václav: *Energy in World History,* Boulder, CO, 1994. pp.156f.

59) Foucault, Michel: *Die Ordnung der Dinge. Eine Archäologie der Humanwissenschaften.* Frankfurt am Main, 1971, p.269

60) Rosen, Charles: The Classical Style. Haydn, Mozart, Beethoven., London, 1971. 같은 저자의 *The Romantic Generation,* Cambridge, MA, 1995.

61) Nolte, Paul: "*1900. Das Ende des 19. und der Beginn des 20. Jahrhundert in sozialgeschichtlicher Perspektive*" (Geschichte in Wissenschaft und Unterricht, v.47(1996), pp.281-300에 수록)

62) McNeill, John Robert: *Something New Under the Sun. An Environmental History of the 20th Century World,* New York, 2000, p.14. Smil, Václav: *Energy in World History,* p.233.

63) Stearns, Peter N.: *The Industrial Revolution in World History,* Boulder, CO, 1993, pp.87f.

64) Smil, Václav: *Creating the Twentieth Century,* pp.33-97.

65) Chandler Jr., Alfred DuPont: *The Visible Hand. The Managerial Revolution in American Business,* Cambridge, MA, 1977, 제5장을 참조할 것.

66) Woodruff, William: *Impact of Western Man—A Study of Europe's Role in the World Economy, 1750–1960,* London, 1969, p.150(도표 IV/1).

67) Nugent, Walter: *Crossings. The Great Transatlantic Migrtions, 1870-1914,* Bloomington, IN, 1992, p.12.

68) 달리 말하자면, 19세기 80년대는 Therbon이 말한 "네 번째의 세계화 물결"이 시작된 시기였다. Therborn, Göran: "*Globalizations. Dimensions, Historical Waves, Regional Effects, Normative Governance*" (International Sociology V.15[2000], pp.151-79에 수록).

69) 서방음악사에 관한 뛰어난 책을 쓴 Richard Taruskin은 다른 견해를 보였다.

그에 따르면 19세기 음악은 1차 대전과 함께 끝이 났다. "긴" 세기말은 낭만주의적 표현이 "멕시멀리즘(maximalism)"으로 강화된 시대였다(말러[Gustav Mahler], 드뷔시, 스크리아빈[Alexander Scriabin], 리하르트 슈트라우스[Richard Strauss]의 초기 오페라, 쇤베르크[Arnold Schönberg]의 오라토리오《구레리드 Gurre-Lieder》, 스트라빈스키[Igor Strawinsky]의 러시아 발레음악). 음악사로 볼 때 20세기는 신고전주의, 신즉물주의(New Objectivity), 12음 기법의 주도 아래서 풍자, 모방, 구성주의(Constructivism)가 등장했을 때 시작되었다. Taruskin, Richard: *The Oxford History of Western Music*, Oxford, 2005, v.4, p. 448, 471을 참고할 것.

70) 인도와 이탈리아의 비교에 관해서는 Copley, Anthony: *"Congress and Risorgimento, A Comparative Study of Nationalism"* (Low, D. A. [ed]: *The Indian National Congress, Centenary Hidsight,* Dehli, 1988, pp.1-21에 수록)을 참조할 것. Marr, David G.: *Vietnamese Anticolonialism 1885-1925,* Berkely, CA, 1971, p.47.

71) Black, Anthony: *The History of Islamic Political Thought, From the Prophet to the Present,* Edinburgh, 2001, pp.295-299, 301-304.

72) 강유위의 구체적인 생애에 관해서는 Hsiao Kung-chuan(蕭公權): *Modern China and a New World, Kang Youwei, Reformer and Utopian, 1858–1927,* Seattle, 1975, p.56을 참조할 것.

73) Bowen, Roger: *Rebllion and Democracy in Meiji Japan. A Study of Commoners on the Popular Rights Movement*, Berkeley, CA, 1980을 참조할 것.

74) 이 관점은 완전한 이론으로 형성되지 못했다. *Braudel, Fernand: "Geschichte und Sozialwissenschaft: Die lange Dauder*(1958, 같은 저자의 저작집 *Schriften zur Geschichte*, Stuttgart, 1991, v.1, pp.49-87에 수록)을 참조할 것.

75) Goldstone, Jack A.: *"The Problem of 'Early Modern' World"*(Journal of the Economic and Social Historyof the Orient, v.4[1998], pp.249-84에 수록).

76) Koselleck, Reinhart: *Zeitschichten. Studien zur Historik*, Frankfurt am Main, 2000, p.21. Charles Tilly에 최근 발표한 많은 저작에서 유사한 관점을 제시했다.

77) 각종 역사변화의 방식을 구분하는 문제에 관하여 Laslett, Peter: *"Social Structural Time. An Attempt at Classifying Types of Social Change by Their Characteristic Paces"* (Schuller, Tom/Young, Michael[ed]: *The Rhythms of Society,* London, 1988, pp.17-36에 수록)를 참조할 것.

78) Koselleck, Reinhart: *Vergangene Zukunft. Zur Semantik geschichtlicher Zeiten,* Frankfurt am Main, 1979, p.132,

79) Schumpeter, Joseph A.: *History of Economic Analysis*, London, 1954, pp.738-750.

80) 이 새로운 이론에 대한 개괄적 평가에 관해서는 Rasler, Karen A./Thompson,

William R.: *War and State Making. The Shaping of the Global Power*, Boston, 1989 를 참조할 것. 이 학파의 대표인물로서 George Modelski, Joshua S. Goldstein, Ulrich Menzel 등이 있다.

81) Schmied, Gerhard: *Soziale Zeit. Umfang, "Geschwindigkeit" und Evolution* Berlin-München 1985, pp. 144-163.

82) Gardet, Louis, et. al.: *Cultures and Time*, p.212.

83) Aung-Thwin, Michael: "*Spirals in Early Southeast Asian and Burmese History*" (Journal of Interdisciplinary History, v.21 [1991], pp.575-602에 수록).

84) Osterhammel, Jürgen: *Die Entzauberung Asiens. Europa und die asiatischen Reiche im 18. Jahrhundert.* pp.390-393을 참조할 것. 1900년 무렵 일본의 지식분자들이 아시아의 기타지역, 특히 조선을 보는 관점도 이와 유사한 시각에서 나왔다.

85) Fabian, Johannes: *Time and the Others. How Anthropology makes Its Objects*, New York, 1983을 참조할 것. 그는 "동시간성(同時間性)의 부정"(denial of coevalness)이라고 표현했다.

86) Östör, Ákos: *Vessels of Time, An Essay on Temporal Change and Social Transformation,* Dehli, 1993, pp.12-25.를 참조할 것.

87) Wendorff, Rudolf: *Zeit und Kultur. Geschichte des Zeitbewußtseins in Europa,* Opladen 1985. Fraser, Julius Thomas: *The Voices of Time. A Cooperative Survey of Man's Views of Time as Expressed by the Sciences and by the Humanities,* Amherst, 1982(2nd. ed.). Needham, Joseph: *The Grand Titration: Science and Society in East and West,* London, 1969, pp/218-298.

88) Galison, Peter: *Einsteins Uhren, Poincarés Karten. Die Arbeit an der Ordnung der Zeit*, Frankfurt, 2006의 주요 관점이 이것이다.

89) Blaise, Clark: *Die Zähmung der Zeit. Sir Sandford Fleming und die Erfindung der Weltzeit.* Frankfurt, 2001을 참조할 것.

90) Rossum, Gerhard Dohrn-van: *Die Geschichte der Stunde. Uhren und moderne Zeitordnungen,* Köln, 2007, p.319.

91) Bartky, Ian R.: *Selling The True Time,* Stanford, CA, 2000, pp.93, 114.

92) Gerald James Whitrow: *Time in History*, Oxford, 1988, p.164.

93) Bartky, Ian R.: *Selling The True Time,* pp.139, 146.

94) Galison, Peter: *Einsteins Uhren, Poincarés Karten.* p.153, 162f.

95) Landes, David: *Revolution in Time. The Clock and the Making of Modern World,* Cambridge, MA, 1983, p.97, 287.

96) Mumford, Lewis: *Technics and Civilization,* 1934, p.14.

97) Coulmas, Florian: *Japanische Zeiten.* p.142, 233.

98) Kreiser, Klaus: *Istanbul. Ein historisch-literarischer Stadtführer*, München, 2001,

p.181.

99) Thompson, Edward Palmer: *"Time, work-discipline and industrial capitalism."* (Past & Present, vol 38, no. 1 (1967), pp. 56 - 97에 수록).

100) Gay, Hannah: *"Clock Synchrony, Time Distribution and Electrical Timekeeping in Britain"* (Past & Present, vol 181 (2003), pp. 112-136에 수록).

101) Voth, Hans-Joachim: Time and Work in England 1750-1830, Oxford, 2001, pp.257 passim . 초기 연구에 관한 평가도 여기에 포함되어 있다.

102) *Ibid.* pp.47-58.

103) David Landes는 시계의 역사에 관한 거작에서 이 문제에 대해 명확한 답을 제시했다. "The clock did not create an interest in time measurement, the interest in time measurement led to the invention of the clock." (Landes, David S.: *Revolution in Time. Clocks and the Making of the Modern World,* Cambridge, MA 1983, p.58.)

104) (아직도 미완인) 규칙화 개념에 관해서는 Young, Michael Dunlop: *Metronomic Society: Natural Rhythms and Human Timetables,* London, 1988을 참조할 것. 시간의 기계화 문제에 관해서는 스위스의 건축사학자 Giedon Sigfried의 고전적 저작 *Mechanization Takes Command: A Contribution to Anonymous History,* Oxford University Press, 1948을 참조할 것.

105) 모로코의 반유목생활을 하는 부족의 사례를 Eickelman, Dale F.: *"Time in Complex Society. The Moroccan Example"* (Ethnology, v.16[1974], pp.39-55에 수록)에서 볼 수 있다. 발리의 사례는 Nordholt, Henk Schulte: *"Plotting Time in Bali. Articulating Plurality"* (Schendel, Willem van/Nordholt, Henk Schulte(ed.): *Time Matters. Global and Local Time in Asian Societies,* Amsterdam, 2001, pp.57-76에 수록)를 참조할 것.

106) 기능주의 인종학을 창시한 말리노프스키(Bronisław Kasper Malinowski)가 20세기 초에 이런 관점을 제시했다. Munn, Nancy D.: *"The Cultural Anthropology of Time. A Critical Essay"* (Annual Review of Anthropology, v.21[1991], pp.93-123에 수록)를 참조할 것.

107) Smith, Thomas C.: *"Peasant Time and Factory Time in Japan"* (Past and Present, v.III[1986], pp.165-97에 수록).

108) Smith, Mark M.: *Mastered by the Clock. Time, Slavery, and Freedom in the American South,* Chaple Hill, NC, 1997, pp.5-7.

109) 이 문제와 관련된 (주로 서유럽 쪽에서 나온) 자료와 평가에 관해서는 Borscheid, Peter: *Das Tempo-Virus. Eine Kulturgeschichte der Beschleunigung,* Frankfurt a. M., 2004의 제 5-7장과 Kaschuba, Wolfgang: *Die Überwindung der Distanz. Zeit und Raum in der europäischen Moderne,* Frankfurt a. M., 2004와 Kern, Stephen: *The Culture of Time and Space, 1880-1918,* Cambridge, MA,

1983, pp.103-130을 참조할 것.

110) 철도여행의 역사 현상에 관해서는 Schivelbusch, Wolfgang: *Geschichte der Eisenbahnreise: Zur Industrialisierung von Raum und Zeit im 19. Jahrhundert,* München/Wien, 1977와 Michael J. Freeman: Railways and the Victorian Imagination. New Haven, CT, 1999와 Borscheid, Peter: *Das Tempo-Virus.* 제5장을 참조할 것.

111) Cvetkovski, Roland: *Modernisierung durch Beschleunigung. Raum and Mobilitaet im Zarenreich,* Frankfurt a. M, 2006, pp.192, 222, 236, 242f.

112) Berlioz, Hector: *Memorien* (ed. by Frank Heidleberger), Kassel, 2007, pp.503f.

113) Koselleck, Reinhart: *Zeitschichten.* p.153.

114) Koselleck에 이어서 Becker, E. W.: *Zeit der Revolution,* 1999, pp.14-16과 Lucian Hölscher의 여러 저작들을 참조할 것.

115) Litwack, Leon F.: *Been in the Storm So Long. The Aftermath of Slavery,* 1979, p.172 and passim.

116) Shih, Vincent Y. C.: *The Taiping Ideology. Its Source, Interpretations and Influences,* Seattle, 1967, p.75.

제 *3* 장

# 공간

19세기는 어디인가?

Capt. James Cook
of the Endeavour.

▲ 지리발견의 시대

　영국 해군은 탐험활동에서 뛰어난 활약상을 보여주었으나
비극적으로 끝난 프랭클린 탐험대의 북극 탐험으로 소강상태에 들어갔다.
이후 노르웨이 국적의 로알 아문센(Roald Amundsen)이 1911년에 남극점에 도달함으로써
지리발견의 찬란한 연대는 막을 내렸다. 그 후로도 산악, 사막, 해양탐험 활동은
활발했지만 인류가 발견해주기를 기다리는 땅은 더 이상 남아 있지 않았다

▼ 제임스 쿡(James Cook, 1728-79)선장의 초상

　19세기는 지리학이 과학으로 전환하던 첫 번째 단계이자 지리발견의 마지막 시대였다.
지리발견의 마지막 시대는 쿡 선장이 첫 번째 세계일주 항해에 나선
1768년에 시작되었다. 이 항해에서 그는 타히티, 뉴질랜드, 오스트레일리아 도착했다.

▲ 타이티의 인신공양

이는 쿡 선장이 1773 무렵 타이티에서 목격한 것으로
쿡 선장의 『항해기』(*Voyages*) 1815년 판에 수록되어 있는 삽화다.

▼ 쿡 선장의 Botany Bay[Australia] 상륙(1770년)

◀ 해군 제독 존 프랭클린의 다게레오타이프 사진

　북극해 탐험대가 출발하기 전인 1845년에 촬영한 사진이다.
　그는 프랑스 대혁명 전쟁과 나폴레옹 전쟁에 참전했으며
　1819년과 1823년 북극해 탐사에 나섰다.
　1847년 또 다시 탐험에 나섰지만 실종되었다.

▶ 프랭클린 탐험대 수색 현상금 포스터

▲ 남극점에 노르웨이 국기를 세우는 아문센 탐험대

아문센 탐험대는 1911년 12월 16일 남극점에 도달했다.
그들은 그곳에 노르웨이 국기를 꽂고 기념사진을 찍었다.
사진 속의 인물은 왼쪽부터 아문센, 헬메르 한센(Helmer Hanssen),
스베르 하셀(Sverre Hassel), 오스카르 위스팅(Oscar Wisting)이다.

▼ 아문센

인류 최초로 남극점을 탐험한 노르웨이의 탐험가다.
아문센은 북극의 원주민과 같은 옷을 입고 탐험에 나섰으며,
일정한 간격으로 이정표를 설치하고 철저하게 대원을 선발하는 등
치밀한 준비 끝에 남극 탐험을 성공적으로 완수했다.

팀북투(Timbuktu)에 접근하는 하인리히 바르트

인류는 19세기에 처음으로 사하라 이남의
아프리카에 발을 딛고 기록을 남겼다.

▲ 노예상인에게 끌려가는 노예

이 삽화는 리빙스턴이 쓴 『*Narrative of an expedition to the Zambesi and its tributaries*』(1857)에 수록되어 있다.

▼ 데이비드 리빙스턴

선교사이자 탐험가다. 1856년에 탐험을 시작했으며 칼라하리 사막 횡단, 응가미호의 발견(1849년), 잠베지강 발견(1851년), 빅토리아 폭포 발견(1855년) 등 아프리카를 횡단하는 데 성공했다. 그는 잠베지강 유역을 조사하던 중 포르투갈 사람들의 노예 매매를 보고 수백 명의 노예를 해방시킨 적도 있지만, 그도 기본적으로 아프리카를 영국의 식민지로 만들려는 목표를 갖고 있었다.

▲ 헤딘이 발굴한 누란(樓蘭)유적

크로라이나(Kroraina)라고 부르기도 한다.
헤딘은 타림 분지 동부에서 고대 왕국 누란의 유적을 발굴했으며
오늘날에는 위구르족이 거주하고 있다.

▼ 스벤 헤딘(Sven Hedin, 1865–1952)

헤딘은 중앙아시아를 탐험한 지리학자다. 그 당시 서양에는 알려지지 않았던
티베트와 타클라마칸 사막(이 사막의 이름은 "들어가면 나올 수 없다"를 뜻한다)을
탐사하고 지도를 제작했다. 한편, 그는 이토 히로부미의 초청으로
일본과 대한제국에 방문해 마지막 황제인 순종을 만난 적도 있다.

▲ 알렉산더 폰 훔볼트가 그린 세밀화

▼ 훔볼트의 초상

훔볼트는 문화지리학의 창시자다. 동식물의 분포와
지리적 요인 간의 관계를 설명하고, 근대 지리학 방법론의
선구적인 업적이라 할 수 있는 『코스모스』(*Cosmos*)를 썼다.

▲ 『조선과 그 이웃나라들』에 실려 있는 삽화와 사진, 「매우 가난한 집의 모습」

▼ 이사벨라 버드(Isabella Bird, 1831−1904)

　버드는 잉글랜드 출신의 19세기 여행가, 지리학자, 작가다.
　이사벨라가 처음 한국을 방문한 것은 1894년이었다.
　그는 고종과 명성황후를 알현했으며 동학농민운동과 청일전쟁을 겪었다.
　이를 바탕으로 『조선과 그 이웃나라들』(*Korea and Her Neighbours*)을 출간했다.

▲『조선과 그 이웃나라들』에 실려 있는 삽화와 사진, 「서울 거리」
▼『조선과 그 이웃나라들』에 실려 있는 삽화와 사진, 「경복궁의 왕립도서관」

후쿠자와 유키치(福澤諭吉, 1835 – 1901)
유키치는 일본의 탈아론(脫亞論)을 적극 지지했다.
1890년 이후 일본은 정신적으로 아시아를
벗어나기 시작했으며 정치와 생활에서
'서방'세계를 모범으로 받아들였다. 세기가 바뀔 무렵
일본에서는 아시아의 맹주가 되어야 한다는
주장이 쏟아져나왔다.

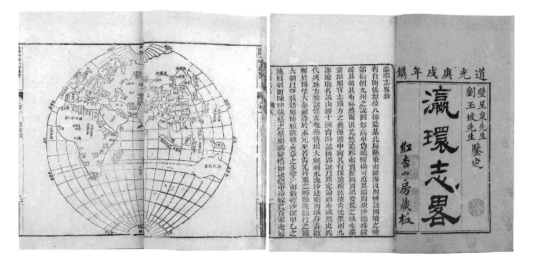

**영환지략**(瀛寰志略)

서계여(徐繼畬, 1795-1873)가 출간한 세계 지리에 관한 책이다.
처음으로 현실주의 유가사상의 시각에서
세계정치 형세에 대한 전면적인 해설을 시도했다.
중국에서 시작해 시계방향으로 돌면서 각 나라를 소개한다.
출간 직후 중국과 조선에 전해졌으며
개화사상을 형성하는 데 큰 역할을 했다.

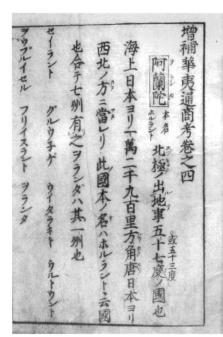

난학(蘭學, らんがく)은 에도시대 네덜란드를 통해서 들어온
유럽의 학문, 기술, 문화 등을 통칭하는 말이다.

▲ 『증보화이통상고』(增補華夷通商考)
　　1708년에 출간되었으며 니시카와 조겐(西川 如見, 1648-1724)이 저술한
　　서방 각국의 사정 소개서다. 이때부터 '아시아'에 사는 사람들이
　　스스로 아시아라는 표현을 적극적으로 사용하기 시작했다.

▼ 『홍모잡화』(紅毛雜話)
　　1787년 출간되었다. 본문에 수록된 것은 현미경을 소개하는 것이다.

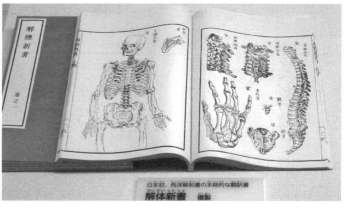

▲ 스키다 겐바쿠(杉田 玄白 1733-1817)의 초상
에도시대에 '네덜란드 의학'(和蘭醫學)을 시술한 의사다.
해체신서의 번역자로 널리 알려져 있다.

▼ 해체신서(解體新書)
겐바쿠의 주도로 여러 학자가 참여해 번역한 최초의 완전한 서방 해부학서다.
1774년 출간되었다. 원전은 1734년 간행된 네덜란드어로 쓰인
『Ontleedkundige Tafelen』이지만 이 책 또한 독일인 요한 쿨무스(Johann Kulmus)가 쓴
『Anatomische Tabellen』(1732)을 네덜란드어로 번역한 것이다.

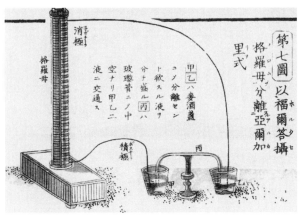

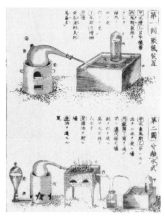

▲ 우다가와 요안(宇田川 榕菴, 1798-1846)의 초상

　　우다가와는 오가키번의 에도 파견의사로
　　난학(蘭学)을 배우고 막부에 등용되었다.

◀ 사밀개종 『舍密開宗』(*Seimi Kaisō*, 1837) 볼타 전지의 해설

　　'사밀개종'은 화학개론이란 뜻이다.
　　'seimi'는 화학(chemistry)의 일본어 음역이다.

▶ 사밀개종 『舍密開宗』 화학 실험도

　　우다가와가 고안하여 이 책에서 소개한 원소 이름과 화학용어는
　　지금도 일본과 한국에서 그대로 사용되고 있다.

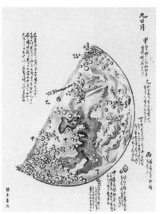
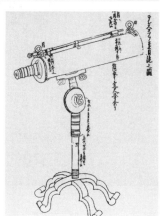

▲ 쿠니토모 이칸사이(國友一貫齋, 1778-1840)의 초상
쿠니토모는 네덜란드인에게서 기술을 배워 일본 최초의 망원경을 제작했다.

◀ 쿠니토모가 1836에 제작한 망원경으로 관측한 달 표면 그림
▶ 쿠니토모가 1831년에 제작한 반사망원경

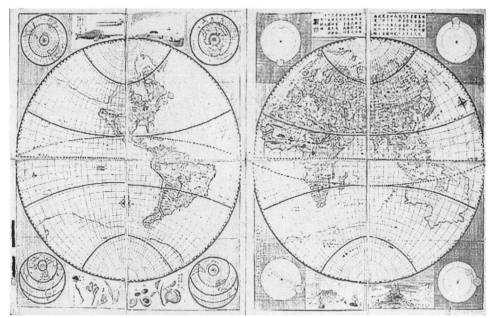

▲ 지구전도(地球全図)
　시바고칸이 1792년에 그린 세계지도.

▼ 시바고칸(司馬江漢, 1747−1818)의 초상
　시바고칸은 네덜란드 유화기법을 빌려와 일본 풍속화를 그렸다.

이와쿠라(巖倉) 사절단(1871-73) 지도부 사진

이와쿠라 사절단은 메이지 4년부터 6년까지 일본 정부가 유럽과
미국에 파견한 시찰단이며 특명전권대사인 이와쿠라 도모미의 이름을 따왔다.
사절단은 외국인의 이상한 습속을 보고 놀랐지만 더 놀라운 것은
일본의 낙후성 그리고 무엇보다도 유럽의 극적인 성공이
지난 수십 년 사이에 일어났다는 사실이었다.
1871년 12월 23일에 요코하마항을 출발해 미국에서 약 8개월간의 장기 체류를 하게 된다.
그 후 대서양을 건너 유럽 각국을 순방했다. 유럽에서 방문국은 영국(4개월),
프랑스(2개월), 벨기에, 네덜란드, 독일(3주), 러시아(2주), 덴마크, 스웨덴, 이탈리아,
오스트리아(비엔나 만국박람회를 시찰), 스위스 등 12개국에 이른다.
사진은 1872년 초 샌프란시스코에 도착한 직후 촬영한 지도부 사진이다.
왼쪽부터 기토 다카요시(木戸孝允), 야마구치 마스카(山口尙芳),
이와쿠라 도모미(巖倉具視), 이토 히로부미(伊藤博文), 오쿠보 도시미치(大久保 利通)다.

프랑스 대통령 티에르(Thiers)를 방문한 이와쿠라 사절단 일행
이와쿠라 사절단에게 맡겨진 임무는 두 가지였다.
첫째는 미국과 영국 그리고 유럽 제국과 맺은 불평등조약을 재협상하는 일이었고
둘째는 과학기술과 문화적·군사적·사회적·경제적 정보를 수집해
일본의 근대화를 촉진하는 일이었다.

# 1. 시간과 공간

시간과 공간의 관계는 철학의 중심 주제다. 역사학자는 같은 주제를 상대적으로 온건하게 다룰 수 있다. 이와 관련하여 코젤렉 (Reinhart Koselleck)은 말했다.

"모든 역사 공간은 시간에 의해 구성된다. 사람들은 시간으로 공간을 측정하고 정치적 또는 경제적으로 파악한다. 시간 이미지의 은유적인 힘은 애초에 공간경험에서 나오지만 시간과 공간의 문제는 항상 서로 얽혀 있다."[1]

역사학자의 입장에서는 이런 해석만으로도 문제는 충분히 설명된다. 지리학자 데이비드 하비(David Harvey)는 다른 각도에서 시간과 공간 문제에 대한 답을 찾으려고 했다. 그는 '시공압축'(time-space compression)이란 개념을 제시했다.[2] 어떤 의미에서는 시간관과 공간관의 구분은 인위적인 것이라 할 수 있다. 이 점은 시간의 폭과 깊이를 뜻하는 번역하기 어려운 독일어 단어 'Zeitraum'이 증명한다.*

공간과 시간의 관계가 복합적으로 얽혀 있기는 하지만 역사적인 시각에서 볼 때 공간과 시간 사이에는 가벼이 보아서는 안 되는 세 가지 차이가 있다.

---

\* 시간(Zeit)과 공간(Raum)의 합성어. '시기'(時期)를 뜻한다.

첫째, 공간은 시간보다 더 직접적으로 감지할 수 있다. 우리는 모든 감각기관을 이용하여 공간을 감지할 수 있다. 공간은 '자연'의 형태—지구, 물, 대기, 식물, 동물—이며 인류가 생계를 유지하기 위해 투쟁하는 물질적 기초가 된다. 시간은 신체기관의 자연적인 소모를 통해 인류의 생명을 제한하지만 공간은 적대, 압박, 파괴라는 구체적인 상황을 통해 인류와 대적한다. 그러므로 인류공동체의 생명활동은 '특정한' 시간 안에서가 아니라 매우 구체적인 공간—자연환경—안에서 진행된다. 시간은 낮밤의 천문학적 주기, 계절과 기후의 윤회, 밀물과 썰물이 드나드는 조수의 규칙성을 초월하는 문화적 창작물이다. 그러나 공간은 무엇보다도 먼저 인간 존재의 선결조건으로서 존재하며 뒤의 어느 시점에 가서야 문화적 의미로 해석된다.

둘째, 수학의 영역—극소수 전문가 집단의 영역—이외의 분야에서 공간이 추상적인 사고의 대상이 되는 경우는 거의 없다. 공간에는 시간처럼 연대순으로 배열하고 숫자를 붙여 표기하는 도식적인 규칙성이 없다. 순수한 공간이란 존재하는가? 아니면 그 속에서 생존하는 생명체와 연관되었을 때 의미를 갖는 상대적 의미의 공간만 존재하는가? 인류가 그 속에 신화를 가미하고 가치를 부여하여 공간을 만들려고 시도하고 나서야 비로소 공간은 역사학자에게 연구과제가 되는 것이 아닐까. 공간은 장소의 집합이 아닌 다른 방식으로 존재할 수 있을까.

셋째, 인류는 천문학의 법칙 안에서 시간을 임의로 정의하고 배열할 수 있지만 다음 세대에게 영향을 주도록 그 물성을 개조할 수는 없다. 현세의 노동은 물질의 형태를 띤다. 시간과 비교했을 때 공간은 보다 쉽게 형상으로 만들어낼 수 있다. 공간은 '생산'의 산물이다(앙리 르페브르Henri Lefebvre의 말). 공간은 정복이나 물질적인 착취를 통할 뿐 아니라 무수한 파편으로 분쇄함으로써 보다 쉽게 극복할 수 있고, 복종시킬 수 있고, 파괴할 수 있다. 공간은 국가형성의 전제조건이다. 국가는 공간으로부터 자원을 끌어낸다. 그러나 공간의 중요성은 시대에 따라 달라진다. '영토'로서 공간이 고유의 가치를 갖게 된 것은 유럽이 근대로 진입한 뒤의 일이었다.

19세기는 어디에 자리 잡았을까. 하나의 시대는 본질적으로 시간에 의해 정의되지만 동시에 그 공간형태로도 묘사된다. 공간형태의 가장 중요한 모형은 중심-주변 관계이다. 중심부는 총체적인 맥락에서 사람과 권력, 창조력, 상징적 자본이 집중된 곳이다. 중심부는 방사(放射)하며 또한 흡인(吸引)한다. 주변부는 중심부와 비대칭적 관계의 비교적 약한 극단이다. 주변부는 파동 신호의 발송자가 아니라 수신자이다. 반면에, 주변부에서는 새로운 사물이 계속하여 나타난다. 위대한 제국은 주변부로부터 일어섰고, 종교는 주변부에서 창설되었으며, 중대한 역사는 주변부에서 쓰였다. 우호적인 조건을 만나면 역동적인 주변부는 중심부로 바뀔 수 있다. 무게중심은 중심과 주변 사이를 끊임없이 옮겨 다닌다. 복수의 중심부가 서로 협력하기도 하고 경쟁하기도 한다. 세계지도는 우리가 체계적인 관찰의 지점을 어디로 정하느냐에 따라 다른 모습을 보여준다. 정치지리와 경제지리는 조화되기 어려우며, 전 지구적 문화중심의 분포와 군사력 중심의 분포는 다르다.

## 2. 문화지리학
공간의 명칭

   지리학 지식의 발전과정에서 19세기는 이중적인 의미에서 과도기의 역할을 하고 있다.[3] 첫째, 19세기는 유럽의 지리학이 다른 문명권의 지리학 이념을 초월하여 주류의 지위를 차지한 시기였다. 1900년 무렵 유럽의 지리학은 독립된 과학 ──독립된 연구방법, 독립된 체계와 용어, 전문 직업으로서의 지리학자, 독립된 학술기관과 교재와 간행물을 갖춘──으로 진화해 있었다. 직업적 지리학자 가운데서 일부는 자신을 지질학, 지구물리학, 수문학(水文學) 등 구체적인 학과와 밀접한 관련을 가진 자연과학자로 인식했고 다른 일부는 자신을 인류학자 또는 인류지리학자로 인식했다. 둘의 공통점은 더는 자신을 지존의 지위에 올라가 있는 역사학을 위해 봉사하는 조수라고 인식하지 않았다는 점이다. 그들은 교과서와 교재를 편찬하거나 지도를 제작하는 기회를 이용하여 자신이 갖고 있는 '명명권'(命名權)을 남김없이 과시했다.[4] 지리학자들은 새로운 식민지를 개척하거나 기존 식민지의 '가치를 올리려는'(달리 말하자면 착취하려는) 정부가 찾아다니는 당당한 자문관이 되었다.

   이런 지리학 모델은 독일과 프랑스에서 맨 처음으로 생겨난 후 기타 유럽 국가와 해외지역이 잇달아 모방했고, 아마추어 지리학자와 이익집단의 대표가 손잡고 만든 지리학회 또는 협회를 통해 대중 속에 전파되고 보급되었다. 지리학을 정식 '학과'로 설치하려는 모든 나라와 지역 ──독립 국가이든 유럽의 식민지이든──은 일률적으로 유럽의 지리학 모델을 받아들였다. 1920년 무렵, 지리학은 이미 지구 전체에 통용되는 하나의 담론이 되어 있었다. 유구한 지리학의 전통을 가진 나라, 예컨대 중국에서도 동서양 혼합형식의 지리학이 등장했다.[5] 19세기는 지리학이 소수의 지리학자가 혼자서 길을 개척해가는 개인적 연구 활동에서 정규 학과로, 일종의 제도적으로 보장된 집단행위로 전환하는 시기였다.

## 지리발견의 마지막 시대

19세기는 지리학이 과학으로 전환해가던 '첫 번째' 단계이자 지리발견의 '마지막' 시대였다. 유럽인의 발길이 닿은 적이 없는 곳, 지도 위에 아직도 채워지지 않은 공백으로 남아 있는 곳, 고도의 위험만 기다리고 있을지 모르는 곳을 찾아가는 영웅적인 여행자들이 아직도 남아 있었다. 1847년, 존 프랭클린(Sir John Franklin)이 당시로서는 세계에서 가장 선진적인 과학 장비들을 갖추고 가장 유능한 영국 해군장교 한 무리를 인솔하여 유명한 서북항로를 찾아 나섰다가 실종되었다. 1857-69년이 되어서야 수색대가 영국에서 출발한 프랭클린 탐험대 133명 대원의 잔해를 잇달아 찾아냈다.[6] 시간의 관점에서 보자면 이 지리발견의 마지막 시대는 '긴' 19세기 개념과 기본적으로 중첩된다.

지리발견의 마지막 시대는 쿡(James Cook) 선장이 첫 번째 세계일주 항해에 나선 1768에 시작되었다. 이 항해에서 쿡 선장은 과학자 동료들과 함께 타히티, 뉴질랜드, 오스트레일리아에 도착했다. 그 후로 영국 해군은 탐험활동에서 전 세계에서 가장 뛰어난 활약상을 보여주다가 프랭클린 탐험대의 조난을 만나서 소강상태에 들어갔다. 1911년 12월, 아문센(Roald Engelbregt Gravning Amundsen)이 남극점에 도착함으로써 지리발견의 찬란한 연대는 완전히 막을 내렸다.

그 후로도 산악·사막·해양탐험 활동은 여전이 활발했지만 인류가 발견해주기를 기다리는 땅은 더 이상 남아 있지 않았다.

19세기에 인류가 처음으로 발을 디딘 지역 가운데서 그 과정을 기록으로 남긴 주요 지역은 다음과 같다.

### 인간이 전에 알고 있던 해안에 면한 좁고 긴 지역을 넘어
### 그 뒤쪽에 있는 사하라 이남의 아프리카

이곳에 들어간 사람은 남아프리카의 의사 앤드류 스미스(Andrew Smith)와 영국 정부의 위탁을 받아 아프리카에서 탐험활동을 하던 독일인 지리학자 하인리히 바르트(Heinrich Barth), 스코트랜드 출신의 선교사 데이비드 리빙스턴(David Livingston)이었다.

### 북아메리카대륙의 서부지역 전체

제퍼슨 대통령이 임기 중인 1804-1806년에 메리웨더 루이스(Meriwether Lewis)와 윌리엄 클라크(William Clark)를 파견해 서부지역을 탐사·관찰하게 한 적은 있었지만 지도학의 관점에서 인류가 서부지역 전체에 대해 완전한 인식을 갖게 된 것은 19세기 말의 일이었다.

### 오스트레일리아 내륙지역

1848년, 프로이센 출신의 탐험가 루트비히 라이카르트(Ludwig Leichart)가 오스트레일리아 대륙 횡단을 시도하다가 실종되었다. 오랫동안 이 지역은 지도제작의 공백지대였다.

### 중앙아시아 대부분 지역

18세기 이후 이 지역에 대한 중국 지리학의 이해의 정도는 유럽을 훨씬 앞서 있었다. 대략 1860년부터 이 지역은 점차 러시아, 영국, 프랑스 탐험대와 학술조사단의 주요 목표가 되었다.

　그 밖의 지역에 대해서 유럽은 근대 초기부터 풍부한 지리학 지식
을 쌓아왔다. 스페인제국 확장의 옛 핵심지인 멕시코, 식민시대 이전
부터 상세한 기록을 남긴 인도, 아직 유럽의 식민판도 안으로 들어가
지 않은 지역——샴, 이란, 터키령 소아시아——이 그런 지역이었다.
당시 유럽인은 아시아대륙 대부분의 지역에 대해 온갖 종류의 지식
을 갖고 있었다. 1817년, 알렉산더 훔볼트(Alexander von Humboldt)
와 함께 인문지리학의 창시자로 불리는 베를린의 지리학자 카를 리
터(Carl Ritter)가 1만 7,000쪽, 총 24권에 이르는 방대한 저작『자연과
인류역사와의 관계로 본 지리학』(*Erdkunde im Verhältnis zur Natur und
zur Geschichte des Menschen*)을 출판하기 시작했다. 이 저작은 아시아대
륙에 관한 유럽인의 수세기 농안의 저작 가운데서 최고봉이었다. 그
러나 책의 내용 가운데서 많은 부분이 시간적으로 오래전의 정보였
고, 학문하는 자세가 엄격했던 리터는 신뢰할만한 자료를 찾아내는
데 큰 어려움을 겪었다. 1830년 무렵까지도 중국 내륙지역에 대한 유
럽인의 이해는 여전히 17세기와 18세기에 예수회 선교사들이 남긴
문헌기록에 의존하고 있었다. 또한 배외적 경향이 강한 일본에 대해
유럽인이 갖고 있던 지식도 독일 의사 켐퍼(Engelbert Kaempfer)가
1690년대에 일본을 방문한 후 남긴 기록에서 한 발자국도 나아가지
못했다.[7] 낡은 지식을 대체할 새로운 지식이 필요했다.

　그리하여 새로운 탐험활동이 시작되었다. 많은 탐험활동이 리터
와 훔볼트, 조지프 뱅크스(Sir Joseph Banks)와 존 배로우(Sir John
Barrow, 영국 해군본부에 근무)같은 학문 중개자들에 의해 조직되었
다. 이들의 선구적 작업을 아프리카협회(African Association)나 왕립
지리학회(Royal Geographical Society)가 계승했다.[8] 훔볼트는 자신이
직접 나선 아메리카대륙 여행(1799년 6월-1804년 8월)을 통해 탐험

활동의 표본을 제시했다. 탐험여행에서 돌아온 뒤로 그는 4반세기에 가까운 시간을 쏟아 여행 중에 보고 들은 바를 정리하여 형식은 여행기이지만 내용은 넓은 범위를 섭렵하는 거작을 저술했다.[9] 1900년 무렵이 되자 세계 각지의 사정을 알리는 지리학 저서들이 나왔고 이런 저작은 당시 과학의 최고 수준을 보여주었다.

유럽의 지리탐험과 대규모 해외사업은 동시에 전개되었다. 지리탐험이 해외사업보다 앞서 진행되어야 할 이유는 없었다. 알렉산더 훔볼트가 아바나로 가는 범선에 오르고 몇 주 뒤인 1799년 9월에 그의 형 빌헬름(Wilhelm)은 스페인으로 가는 여행을 시작했다. 빌헬름 훔볼트가 스페인에서 마주하게 될 새로운 천지는 그의 동생이 발을 딛게 될 신대륙과 비교할 때 과학과 탐험의 관점에서 보자면 미지의 세계이기는 마찬가지였다. 베를린이나 파리에서 볼 때 스페인의 바스크지방은 아메리카대륙에 못지않게 이국정취로 가득 찬 곳이었다.

유럽대륙의 변방에 위치한 많은 지역도 마찬가지였다.[10] 19세기를 통틀어 모험심과 지식욕 때문에 탐험에 나서는 개인 여행자가 끊이지 않았다. 그런 사람들 가운데는 영국의 여행가 이사벨라 버드(Isabella Bird, 1831-1904)* 같은 여성도 있었다. 버드는 과학자는 아니었지만 예리한 눈으로 이국의 관습과 풍속을 관찰했다.[11]

이런 탐험가들 이외에도 지리탐험에서 중요한 역할을 한 두 부류의 사람들이 있었다. 하나는 본국의 통치자가 더 많은 영토를 '점거'하도록 돕는 것을 목표로 한 제국주의의 앞잡이들이고 다른 하나는

---

* 이사벨라 버드는 1872에 영국을 출발하여 오스트레일리아, 하와이, 콜로라도, 로키 산맥을 여행하고 귀국했다. 1878년부터 다시 일본, 중국, 조선, 싱가포르, 말라야를 여행했다. 빅토리아시대의 여성으로서 60세의 나이에도 인도를 여행했다. 많은 여행기를 남겼고, 그 가운데는 우리에게도 잘 알려진 『조선과 그 이웃나라』(*Korea and Her Neighbours*, 1898)가 있다.

그 뒤를 바짝 붙어 따라다니며 광물과 농산 자원을 개발하여 교역을 확대시키려는 목표를 갖고 있었던 식민지리학자들이었다.

지리학자의 시각은 다양했다. 현장을 직접 찾아가는 여행가와 지도제작자가 보는 것은 직접 접촉한 환경이었다. 연구실에만 머무는 사람들은 방대한 기록과 측량 데이터를 근거로 공간을 광범위하게 그려냈다. 18세기 아시아의 지도를 그려냈던 프랑스의 지도학 선구자들, 리터 같은 지리학의 거두들은 자신들이 손바닥 들여다보듯 지도로 그려낸 대륙에 발을 디딘 적이 없었다. 19세기에 사람들은 지구의 둥근 모습을 당연히 알고 있었을 뿐만 아니라 최근의 세계일주 항해기를 통해 보다 직관적으로 느끼고 있었다. 그러나 우리가 잊지 말아야 할 것은, 공중촬영 기술이 등장하기 전 인류가 지구를 관찰하던 시각은 여전히 평면적이었다는 사실이다. 이런 시각은 땅위를 걸어가거나 바다를 항해하던 시대의 시각과 다른 게 없었고 공중 또는 더 멀리 우주에서 지구를 내려다본다는 생각은 상상으로 끝날 수밖에 없었다.

그런 상상에 가장 가까운 현실적인 수단은 열기구였다. 그랜드 캐니언과 같은 특수 지형에서는 알프스산 계곡지형을 측량하던 전통적인 제도 기술은 무용지물이었다. 측정할 수 없을 정도로 깊은 협곡이 한 눈에 들어오는 각도는 아무리해도 찾아낼 수가 없었다. 1857-58년에 콜로라도강 유역을 조사하던 지도학자가 자연적인 시각의 한계를 극복하기 위해 처음으로 지표면에서 1킬로미터 떨어진 가상의 시각에서 가상 속의 콜로라도강의 부감도(俯瞰圖)를 그려냈다.[12]


## 대륙의 명칭

지리학자와 지도학자는 언제나 공간과 지점에 이름을 붙이는 사람이었다.[13] 지구의(地球儀)나 학계 또는 정치권력의 엄격한 검증을 거친 지도에 일단 이름이 오르면 그 이름은 출처가 어디든지 상관없이 곧바로 공공지식의 일부가 된다. 산맥, 강, 도시 등 구체적인 지형과 지점과 관련해서는 유럽인은 현지인들이 사용하는 명칭을 채용할 수 있었다. 19세기에 영국령 인도의 지도제작 임무를 부과받은 사람들은, 지도 제작과정에서 낯선 지점을 만났을 때는 지리를 잘 아는 현지인과 상의해 가능한 현지인들이 사용하는 명칭을 정식지명으로 채택한다는 원칙을 세우고 이를 잘 지켰다. 그러나 상황에 따라 예외는 있었다. 1856년, 지도 제작자들은 히말라야산맥 제15봉(Peak XV)에다 은퇴한 인도 측량책임자(인도 측량국 국장) 조지 에베레스트(George Everest) —— 본인은 거듭 완곡히 거부했지만 —— 의 이름을 붙였다. 에베레스트가 반대했던 이유는 인도인들이 발음하기 어려웠기 때문이다.[14] 세계의 다른 지역에서 유럽의 군주, 정치가, 발견자의 이름을 딴 지명은 헤아릴 수 없이 많다. 극히 일부만 예를 들어보자. 빅토리아호(Lake Victoria), 앨버트빌(Albertville), 멜번(Melbourne), 웰링턴(Wellinton), 브라자빌(Brazzaville), 로디지아(Rhodesia, 지금의 짐바브웨), 비스마르크제도(Bismarck Archipeligo), 카프리비 지협(Caprivi Strip. 나미비아에 있음)……

큰 범위의 지리적 공간의 이름을 작명할 때 드러난 임의성이나 이념적 편향성은 작은 지점의 이름을 작명할 때보다 훨씬 강했다. 사람들은 의미도 모른 채 큰 범위의 지역 명칭을 머릿속에 담고 다니지만 어떤 사람들은 공간명칭의 도식화 배후에 문화지리학이 있다고 주장한다.[15] 문화지리학의 영역은 지구를 대륙과 '세계의 기타지역'으로 나누는 '심리적 지도'(mental maps)의 여러 변형 가운데 하나이다.

19세기에는 지리학의 중요 개념의 정의도 아직 유동적이었고, 훗날 등장하게 되는 지리적 명칭을 사용하려 할 때 연대가 뒤바뀔 위험성도 의식해야 했다. '라틴아메리카'란 개념도 그 의미가 우리가 상상하는 것만큼 명료하지 않고, 특히 '스페인령 라틴아메리카' 지역과 '포르투갈어 사용지역'을 구분하려는 사람에게는 골치 아픈 문제이다. '서인도제도' 혹은 카리브해 지역 — 이곳에서는 영어나 프랑스어나 크레올어를 사용한다 — 을 라틴아메리카에 포함시켜야 하는지를 두고 아직도 논란이 있다. 알렉산더 폰 훔볼트와 그를 따라간 사람들은 '라틴아메리카'란 용어를 알지 못했다. 그가 찾아갔던 아메리카는 신세계에 있는 스페인 제국의 '한밤중' 혹은 열대지역이었고 쿠바는 당연히 그곳에 포함되었다.

시몬 볼리바르(Simón Bolívar) 세대는 '남부아메리카'라는 명칭을 사용했다. '라틴아메리카'란 명칭은 1861년에 범라틴주의(pan-Latinism)를 지지하던 프랑스의 생시몽주의자들이 만들어냈고 곧바로 정치가들이 이를 사용하기 시작하면서 정치적 색채가 강해졌다. 당시에 나폴레옹 3세는 남아메리카에 프랑스제국을 건설하려했다. 1867년에 프랑스군이 멕시코에서 쫓겨나고 프랑스가 지지하던 멕시코 국왕 막시밀리안(Maximilian von Hapsburg)이 처형되면서 나폴레옹 3세의 야망은 참담한 실패로 끝났다. '라틴'이란 꼬리표는 로망스어*를 사용하는 프랑스인과 아메리카인을 '자연스럽게' 연결해주는 고리가 될 수 있어서 전략적으로 매력 있는 명칭이었다.[16]

그래도 '라틴아메리카'는 상대적으로 오래된 지역 개념이다. '세계의 기타지역'은 그보다 한참 뒤에 등장했다. 지역 개념으로서 '동남아시아'는 제1차 세계대전 기간에 일본에서 등장했다. 이 명칭이 널리 보급된 데는 정치적 요인이 작용했다. 태평양전쟁이 한창이

---

\* 로망스어군(Romance languages)은 로마제국의 군인, 개척자, 노예 등이 쓰던 말인 통속 라틴어에서 비롯된 언어들을 부르는 말이다. 크게 보아 스페인어, 포르투갈어, 프랑스어, 이탈리아어, 루마니아어가 여기에 속한다.

던 1943년, 미국이 전세를 주도하는 상황에서 영국은 자국 사령관이 관할하는 전장을 명확히 획정해야 할 필요가 있었고, 그래서 마운트배턴(Lord Mountbatten)이 동남아시아사령부(South East Asia Command)의 최고사령관으로 임명되었다.[17] 그때까지도 서방인들은 지형이나 문화적 의미에서도 독특한 개성을 가진 이 지역에 대해 통일되고 개괄적인 명칭을 찾아내지 못했다. 유럽인들은 그냥 평범하게 '동인도'라고 부르지 않았다. 그들은 개별 왕국과 식민지 수준을 넘어서는 명칭으로서 대륙에 해당하는 '원인도'(遠印度, Further Indies: 오늘날의 버마, 태국, 월남, 캄보디아, 라오스)*와 '말레이제도'(Malay Archipelago)**로 구분했다. 수십 년 전까지만 해도 '동남아시아인'에게는 문화적 동질감이 없었다. 이 지역 전체에 관한 첫 번째의 역사서가 나온 것도 1955년 이후의 일이었다.[18]

시선을 북쪽으로 돌려도 마주치는 상황은 이와 비슷하다. 초기 근대사 지도에서 아시아대륙의 중간 부분은 경계가 모호하게 표시된 채 명칭도 '타타리'(Tartary)라고만 표기된 경우가 많았다. 지금은 이곳을 '내륙아시아' 또는 '중앙아시아'라고 부르고 있는데, 이 모호한 명칭은 아직도 개념적으로 안정되지 않았다. 러시아 학자들은 이곳을 이전 러시아령 투르키스탄의 무슬림 거주 지역으로 이해하고 있지만 넓은 의미로 말하자면 이 개념 속에는 몽고, 중국의 내몽고와 티베트가 포함된다. 더 많은 경우에 티베트는 여기서 제외된다. 이렇게 되면 티베트는 '남아시아'로도 분류되지 않으니 어느 지역에도 귀속되지 않게 된다. 남부 시베리아와 만주는 18세기까지도 흔히 '타타리'의 일부로 간주되었으나 지금은 '중앙아시아'란 개념 속에서 사라져버렸다. 오랫동안 중앙아시아, 동아시아, 중동 사이의 경계

* 서방에서는 인도차이나반도라 부르지만 중국 쪽에서는 중남(中南)반도라 불러왔다.
** 중국과 일본 쪽에서는 남양군도(南洋群島)라 부른다.

가 어디냐는 문제를 두고 논란이 있어왔고 그 논란은 지금도 멈추지 않고 있다. 더 나아가 어떤 학자는 '중앙유라시아'(Central Eurasia)란 꽤 창의적인 신개념을 제시하고 있다.[19]

'타타리'와 '중앙아시아'란 이름을 들을 때 우리는 세계의 중앙에 위치한, 보통 사람으로서는 발을 들여놓기 어려운 신비의 땅을 연상하게 된다. 핼포드 맥킨더(Halford Mackinder)는 1904년에 행한 강의 ─ 그의 강의는 지금도 인용되고 있다 ─ 에서 이곳을 '역사의 지리적 축'(Geographical Pivot of History)이라고 불렀다.[20] 이에 비해 또 하나의 지역 명칭으로서 '동방'(Orient)은 아직 개념이 명확하게 정의되지 않았다. 본질적으로 동방이란 아랍인, 터키인, 이란 무슬림이 거주하는 땅 ─ 오스만제국 치하의 발칸반도를 포함하여 ─ 을 포괄적으로 지칭하는 문화적인 개념이었다.

수백 년 동안 유럽의 평론가들은 이 지역에 여러 측면의 의미를 부여해왔다. 그러나 무굴제국, 말레이시아, 자바처럼 더 먼 곳에 위치한 무슬림 지역도 '동방'에 포함되는지는 명확하게 정의된 적이 없었다. 19세기 후반에 와서는 인도와 중국도 '동방'에 포함되었다. 그러나 구체적 함의가 무엇이건 상관없이 '동방'은 서방 관찰자들이 보편적으로 받아들인 유일한 집합적 지명이었다.

19세기 말이 되자 '근동'(近東, Near East)이란 명칭 ─ 거의 동시에 독일어에서는 '전동방'(前東方, Vorder Orient), 러시아어에서는 'Blizkij Vostok', 프랑스어에서는 'Proche-Orient'란 단어가 등장했다 ─ 이 외교용어로 사용되기 시작했다. 이 명칭이 가리키는 지역은 오스만제국과 한때는 오스만제국의 영토였으나 당시에는 실질적으로 그 통치를 벗어난 북아프리카(이집트와 알제리)였다. 1916년에 등장한 '비옥한 초승달'(Fertile Crescent) 지역은 고고학자들이 즐겨 쓰던 명칭인데 이슬람이 들어오기 전의 고대 문명을 가리키는 개념이었다. 중동은 미국 해군장교이자 군사학자인 알프레드 마한(Alfred

T. Mahan)이 1902년에 만들어낸 개념이다. 중동이란 명칭에는 역사적·문화적 의미는 전혀 없었고 영국과 제정 러시아가 서로 차지하려고 힘을 겨루는 페르시아만 이북 지역을 가리켰다. 일부 지정학 관찰자들은 아프가니스탄, 네팔, 티베트도 중동에 포함시켰다(티베트를 '중앙아시아'에 포함시키는 사람도 있다). 영국의 입장에서는 이 명칭에서 제일 먼저 떠올리게 되는 것은 전략적으로 극히 민감한 인도와 그 이웃나라들이었다.[21] 지금까지 열거한 것 이외에도 전문가와 비전문 연구자들이 인정하고 현지사회의 엘리트들이 보편적으로 받아들인 지역 명칭 가운데서 제국주의 시대의 지리학과 지정학의 산물이 여럿 있다.

## '극동'과 '동아시아'

유럽의 공간 의미론의 변화를 가장 분명하게 보여주는 사례가 오늘날 우리가 '동아시아'라고 부르는 지역이다. '동아시아'란 개념은 동아시아 언어문자학보다 지리학과 사회과학의 지역연구(ares studies) 분야에서 더 많이 응용되고 있다. 언어문자학의 관점에서 볼 때 한국, 중국, 일본은 하나의 괄호 안에 묶을 수 없다. 세 나라의 언어는 구조가 완전히 다르다. 중국학, 일본학, 한국학은 지금까지도 상호 종속되지 않는 학과인데, 이 세 학과는 19세기에 성립된 이후 셋 모두가 소속되는 '동아시아'란 개념을 만들어내기 위해 과도한 정력을 쏟은 적이 없다. 의미로는 약간 근접하면서 지형학 연구에 치우친 유사한 개념이 18세기 말에 (영어, 프랑스어, 독일어에서 처음) 등장한 '동부아시아주' 혹은 '동방아시아주'(l'Asie orientale)란 표현이었다. 이 개념이 보급된 것은 20세기 30년대 이후의 일이었다. 당시 미국이 태평양 지역의 강자로 부상하고 있던 상황에서 유럽 중심적인 '극동'(Far East)이란 개념을 계속 사용한다는 것은 시의에 적합지 않은 면이 있었다. 논리로 말하자면 '러시아 극동'(Russian Far East, 시베리아를 의미함)이란 표현만이 설득력이 있었다. 그리하여 직접적으로 관련된 나라들보다는 이 지역 외부에서 서로 동의할 수 있는 명칭을 만들려는 시도가 시작되었다. 그 결과, 공유하고 있는 '유가사상'의 전통을 연결고리로 하는 '중국권' 또는 '중·일문화권'이란 용어가 나왔다. 물론 문화 역사적 교류를 강조한 개념적 명칭은 문제는 있지만 하나의 대안이 될 수는 있다.

오늘날에도 가끔씩 들을 수 있는 '극동'이란 표현은 '근동' '중동'과 마찬가지로 제국주의 사전에서 나왔다. 이 어휘는 지정학과 군사전략의 관점을 기반으로 하여 세계를 문화지리학의 개념을 동원하여 다시 구분하려던 당시의 사상적 흐름을 반영하고 있다. 이것은 '세기말'에 지리학자와 정치가들에게 인기 있는 작업이었다. 많은 정치가는 —인도 총독과 영국 외무장관을 지낸 커존(Lord George Nathaniel Curzon)을 포함하여 —아마추어 지리학자가 되어 세계 여러 지역의 흥망성쇠를 탐구하는 데 심취해 있었다.

19세기 말에 '극동'이란 개념이 등장했을 때 그 의미는 이중적이었다. 하나는 이슬람국가를 지칭하는 전통적 표현이 공간적 의미에서 '더 먼 동쪽으로 확장된 것'이었다. 이때부터 중국, 한국, 일본 세 나라는 '황인종'이 사는 일반화된 '동방'의 한 부분이 되었다. 다른 하나는 (그 중요성은 전자를 능가하거니와) 사람들의 마음속에 '극동'이 지정학과 군사전략적 개념으로 자리 잡게 된 것이었다. 이것은 중국 중심의 세계질서가 역사 속으로 사라졌기 때문에 가능한 일이었다.

유럽인의 시각으로 보자면 '극동'은 세계정치에서 하나의 하부체계가 되었다. 이 체계 안에서 유럽의 영향력은 중요했지만 인도와 아프리카에서처럼 식민통치의 방식으로 그 영향력을 보장할 수는 없었다. 이렇게 된 핵심은 강대국의 활동영역을 확정하는 일이 간단치 않았기 때문이었다. 문제가 되는 국가의 문화적 특성은 부차적인 역할만 했다. '극동'의 지리적·전략적 무게중심은 황해였다가 점차 (맥킨더가 말한) 강대국 세력경쟁의 '축'인 만주로 옮겨갔다. 핵심적인 문제는 제국으로서의 중국의 미래('극동문제'Question of Far East)였다. 닮은꼴인 '동방문제'(Eastern Question) ─ 또 하나의 다민족 정체인 오스만제국의 운명을 결정하는 문제 ─ 와 다른 점은 극동문제에서는 독립적인 신흥 군사력이 새로운 요인으로 등장했다는 것이었다. 그것이 바로 일본이었다.

일본의 특수한 지위는 문화지리학적 형세를 더욱 복잡하게 만들었다. 권력정치의 관점에서 볼 때 일본은 극동이란 경기장에서 영국, 러시아와 함께 주역을 맡고 있었다. 그와 동시에 일본의 극동지역 다른 국가와의 관계는 이중적이었다. 한국은 중국의 중요한 조공국이었고 역사적으로 중국과 친밀한 관계를 유지해왔다. 한국은 일본과의 왕래는 많지 않았으나 유쾌하지 못한 경험이 많았다. 메이지유신 시대의 일본은 한국을 자기 세력범위의 잠재적인 부분으로 생각했고 1910년에는 유리한 정세를 이용하여 한국을 강제로 병탄했다.

19세기의 마지막 3,40년이 시작되었을 때부터, 특히 1890년 이후 일본은 한걸음씩 정신적으로 아시아를 벗어나기 시작했다. 후쿠자와 유키치(福澤諭吉)가 『탈아론』(脫亞論)이란 글에서 주장했듯이 일본은 지리적으로는 아시아에 속했지만 문화적으로는 더 이상 아시아의 한 부분이 아니었다. 일본은 정치와 물질생활의 모든 방면에서 '서방'세계를 모범으로 받아들이면서 자신의 문화적 스승이었던 중국에 대해서는 갈수록 멸시하는 태도를 보였다.[22]

세기가 교체될 무렵 일본에서는 '범아시아'의 맹주가 되어 서방세력에 맞서자는 주장이 쏟아져 나왔다. 이런 모순된 심리는 일본의 '동아시아'에 대한 구상 ─ 이웃 국가와 평화롭게 지내되 동시에 이웃 국가를 '문명화'하기 위해 지배한다 ─ 에서도 나타났다. 이런 사상은 먼저 일본 군대가 미래의 전쟁에서 실천하게 되고 일본과 동아시아 국가 사이의 긴장관계 역시 이를 통해 남김없이 드러나게 된다.[23]


## 문화지리학의 대안

리터와 홈볼트 시대의 지리학자들은 지도 한 장에 '세계의 모든 지역'이 통합된 뒤에 더 세밀하게 구획된 지역을 대상으로 연구했다. 19세기의 첫 10년 무렵에 지리학자들은 18세기에 특히 독일에서 유행하던 국가학과 '통계학'을 핵심으로 하는 도식화된 '개요(概要)지리학'(Kompendiengeographie)을 버리고 지리학의 새로운 공간 기준을 찾고 있었다.

리터는 이런 흐름을 주도한 사상가였다. 그는 정치적 실체로서의 국가를 지역확정의 기본단위로 삼기를 거부했고, 연역적 분류법의 합리성에 의문을 제기했으며, 관련성을 무시한 채 기존의 지리학 지침에 따라 단순히 수치자료를 나열하는 방식을 반대했다.[24] 그는 지구표면을 고착된 국가를 중심으로 하여 분류하지 않고 자연상태에 따라 지역과 '지형'을 단위로 하는 새로운 분류방식을 제시했다. 자연상태의 중요성을 강조했다고 해서 그가 지구라고 하는 역사무대 위에서 인류사회의 행위방식과 물질생활에 대한 관심과 연구를 중단한 것은 아니었다. 그는 '국토'(Landesheimat)와 '자연조건'(Landesnatur)의 관계를 통해 각 민족의 발전 궤적을 탐구하는 것이 지리학의 중요한 임무의 하나라고 생각했다. 한편으로 그는 사회생활과 '역사의 발전'을 자연이란 상수(常數)——예컨대 기후——의 하위 변수로 축소시키지 않으려고 노력했다. 리터는 결코 지리결정론자가 아니었다. 그는 자연을 '인류의 교육장'이고 집단의 동질성과 특정 사회유형의 근원이라고 생각했다.[25] 그의 관점을 따르면, 자연과 역사는 상호작용의 관계이지 인과의 관계는 아니었다. 그는 17세기와 18세기의 지리학이 발전시킨 서술적 표현을 이어 쓰면서[26] 거기에 성장과 활동의 '생생한' 비유를 더했다. 그는 '국가지리학'이란 거시적 이념에서 출발하여 산맥이나 '수계'(水系)같은 지표면의 자연형태를 역사무대와 연결시키려 시도했다. 이 과정에서 리터는 '육지의 분류'(Gliederung der Erdteile)를 거듭 강조했다.[27] 한 예를 들자면, 리터는 '평면적인' 지정학적 시각을 벗어나 지형을 기준으로 한 '상부 아시아'(Hoch-Asien)란 개념을 제시했다. 이 개념은 자연의 특징을 강조하는 동시에 현지 주민들의 생활방식도 포함시켰다.[28] 그는 '동방'이라든가 후대에 나온 '근동'과 '중동'같은 모호한 개념은 채택하지 않았다. 그는 서아시아(이란 세계 포함), 아라비아, 그리고 '계단식 지역'(유프라테스 강과 티그리스 강 수계지역)으로 구분했다.

리터의 독창적인 용어체계는 후세가 받아들이지 않았다. 그가 지리학 용어 방면에서 보여준 풍부한 상상력은 19세기 마지막 30년에 가서야 두 사람의 중요한 지리학자가 계승했다. 이 두 사람은 관점이 대립하는 경우가 많았으나 그 시대의 인문지리학이 지나치게 단순화하는 경향을 경계하는 데는 의견이 일치했다. 프랑스의 아나키스트 자유사상가이며 스위스에 망명하여 연구하다가 후에 벨기에로 옮겨간 엘리제 르클뤼(Élisée Reclus), 정치적으로는 보수주의자였지만 방법론에 있어서는 선구적인 업적을 남긴 라이프치히 출신의 지리학자이자 인류학자 프리드리히 라첼(Friedrich Ratzel), 이 두 사람은 세계를 묘사하는 새로운 용어를 찾는 일에 꾸준히 매진했다. 라첼은 『인류지리학』(*Anthropogeographie*, 1882-91)과 『정치지리학』(*Politische Geographie*, 1897) 등의 저작에서 당시 유행하던 거시적 지역분류법에 대해 의문을 표시하고 자연형태와 공간 '위치'가 정치형태와 어떤 관계인지를 실증적인 사례를 통해 세밀하게 분석했다. 그중의 한 예가 도서(島嶼)문제였다.[29] 반면에 르클뤼는 생애 마지막 저작 ── 그 중 일부 내용은 그의 사후에 출판되었다 ── 에서 지리학의 시각으로 새로운 세기로 들어선 직후의 세계정세를 분석하면서 대담한 거시적 지역 구획법을 제시했다. 이 구상은 전통적인 대륙의 개념을 버렸을 뿐만 아니라 지정학적인 신조어도 전혀 사용하지 않았다. 리터와 어깨를 나란히 하던 지리학자이자 정치학 문헌전문가인 르클뤼는 유럽을 하나의 거대한 지역으로 보는 폐쇄적인 개념을 버리고 유럽을 유럽 이외의 지역과 정치적 경제적으로 연결된 세 지역으로 나누었다. ① 라틴국가, 게르만국가, 지중해 주변지역 전체, 오스만제국. 이 지역은 완전히 자본가에게 예속되어 있다.[30] ② 토지를 기반으로 하는 유라시아. 폴란드에서 황해까지의 지역. ③ 해양국가 영국과 인도로 대표되는 그 '부속지'(cortège)와 식민지.[31] 남북 아메리카와 태평양 지역(영국 자치령 제외)은 형성 중인 지역 통일체로 분류되었다. 르클뤼는 관계 중심으로 사유하는 사상가였지 지역분류를 중심으로 사고하는 사람은 아니었다. 그렇기 때문에 라첼 ── 도식화된 이론에 기울어 있었다 ── 의 저작이 아니라 그의 저작이 오늘날의 기준에서 볼 때 19세기 지리학 저작의 최고봉이라는 평가를 받는다(19세기 당시에는 학자들로부터 걸작이란 평가를 받지 못했지만).

라첼은 ── 당연히 르클뤼도 예외는 아니었지만 ── 세기가 교차할 무렵 독일과 오스트리아에서 유행한 '문화권'(Kulturkreise) 학설에 대해서도 분명한 거리를 두었다. 이 밖에도 정치적으로 강한 좌파 성향의 르클뤼는 지역을 지정학적으로 정의하는 데 대해서도 반대했다. 문화권론자들은 꾸준히 증가하는 민족학 자료를 이용하여 몇 개의 확장된 문화권 또는 문명을 세우려는 구상을 갖고 있었다. 이런 구상을 사람들은 단순히 연구방법의 보조적 수단으로 이해하지 않고 문화권을 일종의 실제적 객관적 존재로 받아들였다. 이리하여 '문화권'은 후기 자유주의의 핵심 학설이 되어 리터 세대의 이상주의적 지리학이 내세우던 '개체'의 지위를 대체했다.[32] 민족학 오스트리아학파가 득세하면서 레오 프로베니우스(Leo Frobenius)와 오스발트 슈펭글러(Oswald Spengler)의 활동에 힘입어 문화권학설은 점차 대중의 지지를 받게 되었고 제한적이긴 하지만 학계에서도 무시할 수 없는 영향력을 확보했다. 이런 학설은 전형적인 세기말 현상으로서 지정학 추종자들의 과도하게 단순한 세계관을 드러냈다.

# 3. 심리적 지도
## 공간관념의 상대성

19세기의 공간관을 재구성하려면 오늘날 우리가 자명하다고 생각하는 것들에 대해 지속적으로 의문을 제기해야 한다. 그 한 예가 '서방' 또는 '서방세계'다. 이 개념은 기독교의 영향을 받은 가치공동체를 의미하는데 그 대립자가 처음에는 무슬림 '동방'이었다가, 다음에는 무신론적 소비에트 공산주의였다가, 지금은 '이슬람세계'로 다시 돌아왔다. 그러나 1890년대 이전에는 이런 개념이 주류가 아니었다.[33] 서방과 동방—해가 떠오르는 땅(Orient)과 해가 지는 땅(Occident)—의 대립의 근원은 고대의 우주관과 그리스-페르시아 전쟁까지 거슬러 올라간다.

그러나 서방세계란 개념은 대서양 양안에 걸친 문명이란 의식이 형성된 이후에 비로소 등장했다. 서방이라고 말할 때는 유럽인과 북아메리카인이 세계정치와 문화 영역에서 지위가 평등하다는 것을 전제로 한다. 그러나 20세기가 시작될 때까지도 유럽인은 유럽과 북아메리카가 대등하다는 생각에는 의문을 품고 있었다. 오늘날 '서방'의 동의어로 사용되고 있는 '유대-기독교문명'의 결합은 비교적 최근의 일이며 1950년대 이전에는 대중의 호응을 전혀 얻지 못했다.[34]

시초부터 '서방'이란 개념이 가리키는 지역은 '동방'보다 모호했다. 대영제국의 새로운 유럽이민 식민지(캐나다, 오스트레일리아, 뉴질랜드)를 포함시킬 것인가? 라틴아메리카 국가, 특히 유럽인 후예의 인구비중이 높은 아르헨티나와 우루과이를 제외해야 할 이유가 있는가? 이탈리아 역사학자 마르첼로 카르마냐니(Marcello Carmagnani)가 말한 '또 하나의 서방'[35]을 받아들여야 하지 않을까?

'긴' 19세기에 흔히 언급되던 용어는 '서방'이 아니라 '문명세계' 였다. '문명세계'란 매우 신축적이며 지역 지향성이 전혀 없는 자기 칭호였다. 이 칭호의 설득력은 '문명'을 자칭하는 사람들이 상대방에게 자신이 문명화된 사람임을 보여줄 수 있느냐 여부에 달렸었다. 반대의 시각에서 보자면, 19세기 중엽 이후 전 세계의 엘리트들은 문명화된 유럽이 요구하는 기준을 만족시키기 위해 엄청난 정력을 쏟았다.

대표적인 경우가 일본이었다. 일본은 세계가 인정하는 문명국가가 되는 것을 국가의 정치적 목표로 설정했다. '서방화'는 선택적으로 유럽과 북아메리카의 문화요소를 모방하는 것을 의미했을 뿐만 아니라 나아가 자신도 '문명세계'의 일원이 되겠다는 국가적 야망을 대표했다. 근본적으로 '문명세계'는 공간개념으로는 묘사할 방법이 전혀 없는, 또는 지도상에 표시할 수 없는 개념이었다. '문명세계'는 유사어인 '서방'과 마찬가지로 단순한 공간개념이 아니라 국제적인 등급질서의 표준이었다.[36]


## 유럽

유럽의 범주는 오늘날 우리가 생각하는 것만큼 분명하지 않았다. 르클뤼는 이 점을 독자들에게 끊임없이 상기시켰다. 사람들은 대체적으로 유럽을 '어떤 면에서는' 단일한 역사단위이면서 (내부적으로는 다양하게 분화된) 생활공간으로 받아들였다. 기독교도라는 종교적 자기인식을 넘어선 보편적인 '유럽인의 의식'은 계몽주의 시대에 엘리트들 사이에서 점진적이며 산발적으로 나타나기 시작했고, 유럽 전체에서 보편적인 유럽인의 의식이 완성된 것은 아무리 늦어도 나폴레옹 시대의 일이었다.[37] 그러나 19세기 전반기에 각기 다른 공간관에서 나온 몇 가지 상호 모순적인 유럽이 등장했다.[38]

### 나폴레옹 제국주의 시대의 유럽

서쪽으로는 투르에서부터 동쪽으로는 뮌헨까지, 북쪽으로는 암스테르담에서부터 남쪽으로는 밀라노에 이르는 핵심지역을 중심으로 구성되었고 모든 나머지 지역은 '중간지대' 혹은 '제국의 외곽'으로 분류되었다.[39]

### 샤토브리앙(François-René de Chateaubriand), 노발리스(Novalis) 등 대혁명 후 반동파 낭만주의 작가들의 붓끝에서 나온 '기독교 유럽' (Europa Christiana)

제한적인 실용적 연관성을 가진 특수한 변수. 동방정교, 로마 가톨릭, 프로테스탄트가 슬라브 민족의 주도 아래 종교적 부흥을 함께 도모한다는 고상한 이상을 내걸고 러시아 황제 알렉산더 1세가 주도하여 1815년에 결성된 '신성동맹'.

### 빈회의의 결과로 나온 세력균형 체제로서의 유럽

안정과 평화를 추구하기 위해 강대국 간의 세력 균형을 목표로 했을 뿐 유럽 공통의 규범이나 가치 같은 포괄적인 이념은 제시하지 않았다.[40]

### 서유럽 자유주의자들의 유럽

정치가이자 역사학자인 프랑소와 귀조(François Guizot)가 대표적인 주창자였다. 신성동맹과는 반대로 서유럽과 동유럽을 분명하게 구분했고 서유럽의 연대, 특히 영국-프랑스 축의 중요성을 강조했다.

### 민주주의자들의 유럽

민주파 인사들은 인민을 역사의 주체로 보았다. 이런 사상은 쥘 미슐레(Jules Michelet)의 문학적 색채가 짙은 논문집 『인민』(*Le peuple*, 1846)과 저서 『프랑스대혁명사』(*Histoire de la Révolution française*, 1847-1853)로부터 큰 영향을 받았다. 민족의식과 유럽국가의 연합을 동시에 강조했고 고대 그리스 자유주의로의 회귀를 이상으로 생각했다.

### 마르크스와 엥겔스가 『공산당선언』(*Manifest der Kommunistischen Partei*, 1848)에서 주장한 혁명적 반(反)유럽

노동자들의 국제적 연대를 주장했는데, 유럽 노동자들의 우선적이고 핵심적인 연대를 주장했다.

영국인의 유럽에 대한 이해는 특이했다. 소수의 정치 엘리트 또는 리처드 콥던(Richard Cobden)같은 자유무역 주창자들과 자유주의 철학자이자 경제학자인 밀(John Stuart Mill)같은 인사들은 국제주의 신봉자였고 때때로 분명한 친 프랑스 성향을 드러냈다. 그러나 대다수의 영국인은 영국을 유럽대륙의 일부로 생각하지 않았다. 그들은 유럽대륙을 문화의 모범으로서 인정하지 않았고, 대륙의 세력균형 체제 밖에 머물면서 영국의 해외 패권을 강화하는 데 국가의 힘을 더 많이 쏟으려는 정부의 유럽대륙 회피적 태도를 지지했다. 19세기 80년대 이후 인종주의가 유럽을 휩쓸었다. 영국에서 인종주의는 앵글로-색슨 우월주의로 표출되었다. 그 밑바닥에는 유럽대륙을 제외한 세계의 모든 지역에서 정치적 패권과 문화적 주도권을 확보한 영국의 자신감이 자리 잡고 있었다.[41]

19세기 70년대에 나온, 유럽은 더 이상 지리적 개념이 아니라는 주장은 옛날의 혁명, 자유주의, 심지어 보수주의의 연대가 사라져버리고 유럽인들이 다시 서로를 상대로 전쟁을 일으키는 시대에 대한 불만의 정서를 반영했다.[42] 이런 논리의 배후에는 정치적 진단과 함께 특수한 공간관념—강대국 다위니즘—이 자리 잡고 있었다. 강대국은 서로 경쟁하면서 유럽의 소국들을 잠재적인 문젯거리로 얕잡아보았다. 교양 있는 영국인, 프랑스인, 독일인은 스페인, 벨기에, 스웨덴 같은 작은 나라를 배려하지 않았다. 아일랜드, 노르웨이, 폴란드, 체코 같은 나라는 심지어 독립된 국가로 존재하지도 못했다. 여러 형태와 규모의 국가로 구성된 유럽의 다원적 질서라는 사상—다원성을 수용하자는 사상은 계몽주의 시대 평화구상의 기초였고 또한 1957년 이후 유럽통합 구상의 초석이었다—은 19세기 후반에는 상상하기 어려웠다.

더 나아가, 이른바 민족국가 시대에도 가장 강력하고 가장 중요한 세력은 여전히 제국이었다. 이런 요인 때문에 영국은 대외관계뿐만 아니라 그와 관련된 공간관념에서도 반유럽적 경향을 보이게 되었다. 프랑스와 알제리 해안지역과의 관계는 프랑스와 스페인의 관계보다 훨씬 밀접했다. 피레네 산맥보다는 지중해가 더 쉽게 건널 수 있는 장벽이었다. 스페인과 포르투갈은 해외식민지 몇 조각을 여전히 거머쥐고 있었다. 네덜란드는 19세기 내내 유럽인에게는 영국령 인도 다음으로 중요한 의미를 갖는 오늘날의 인도네시아란 동아시아 식민지를 지배했다. 당시 사람들은 민족국가로 이루어진 유럽을 언제나 제국이란 틀로 바라보았다.

동시대인들이 볼 때 19세기 유럽은 내재적 동질성이 결여되었을 뿐만 아니라 외부 경계도 모호했다. 동쪽의 경계 우랄강은 지금도 그렇지만 정치적으로나 문화적으로 별 의미가 없는 불합리하고 학술적인 경계일 뿐이었다.[43] 19세기 제정 러시아 내부에서도 이 경계에 대해 아는 사람은 없었다. 이 문제는 동시에 러시아가 유럽에 귀속되는지를 둘러싼 논쟁에도 영향을 미쳤고 오늘날까지도 서유럽의 자기인식의 핵심적인 문제로 남아 있다. 러시아의 공식 이념은 유럽과 아시아 사이의 대립과 모순을 최소화시키는 것이었다. 러시아가 아시아를 바라보는 시각은 항상 러시아와 서유럽의 관계로부터 부분적인 영향을 받았다. 나폴레옹 전쟁 시기에 표트르 황제는 새로운 서방진출 정책을 추진했지만 그를 이어 1825년에 황위에 오른 니콜라이 1세는 슬라브 옛 땅으로의 심리적 철수를 추구했다.

표트르 대제로부터 빈회의까지 서유럽은 러시아제국을 꾸준히 '문명화되어가고 있는' 국가로 보았다. 그러나 1825년에 러시아가 입헌군주제를 주장하는 12월당의 봉기를 진압하고 5년 뒤에 다시 폴란드의 11월 폭동을 진압한 이후 대중적 영웅들의 '대망명'이 시작되자 러시아에 대한 유럽의 인식은 완전히 바뀌었다. 이때부터 러시아는 서유럽 자유주의 사상을 위협하는 거대한 악마가 되었다.[44] 니콜라이 1세의 폭정은 서방사람들이 러시아에 대해 갖고 있던 이미지에 일대 충격을 주었고, 이때 형성된 러시아의 이미지는 오랫동안—어쩌면 영원히—돌이킬 방법이 없었다. 서방 대중이 볼 때 러시아는 유럽의 변방에 자리 잡은 특수문명이었으며 많은 러시아인도 이런 인식을 내재화했다.

크리미아전쟁에서 패배하고 1878년 베를린회의에서 강대국으로서의 지위가 부정되자 러시아 황제는 동방진출 정책을 강화했다. 시베리아는 공식적인 선전과 국가의 미래 구상에서 새롭게 조명되었으며 '개발'을 위한 대규모 과학적 투자가 이루어졌다. 러시아는 정신적으로 동방에 의존하기 시작했다. 국가와 민족의 미래가 동방에 달려 있는 듯했다.

19세기 전반기에 러시아 사람들은 '서방문명'을 대표해서 아시아에 문화를 전파하는 사명을 자임하고 있다는 신념을 갖고 있었다.[45] 그러나 러시아의 사회조류는 이제 반(反)서방으로 역전되었다. 범슬라브주의 또는 유라시아주의 이론가들이 새로운 민족적(혹은 제국적) 정체성을 세우고 아시아와 유럽을 잇는 교량이라는 러시아의 지리적 위상을 정신적 우월성으로 전환시키려 시도했다.[46] 범슬라브주의는 앞선 세대의 온건하고 낭만적이며 내향적인 슬라브주의와는 달리 공격적인 외교정책을 펼쳤고 심지어 서유럽 강대국들과의 전쟁도 마다하지 않았다. 이것은 러시아 내부의 여러 가지 사상조류 가운데 하나였다. 크리미아전쟁이 끝난 뒤 1860년대에 '친서방주의자들'이 등장하여 러시아를 '정상적'이고 (당시의 기준에서) 성공적인 유럽 국가로 만들려고 시도했고, 이런 노력은 일정부분 성과를 거두었다. 차르 알렉산드르 2세 통치시기에 실시된 일련의 개혁정책 덕분에 러시아는 '문명세계'와의 연결을 회복했다.[47] 그러나 서방으로의 '접근'과 서방으로부터의 '이탈'은 영원히 해결되지 않는 모순이었다. 유럽에 귀속될 것인지를 결정하는 문제를 두고 국제정치의 강대국인 러시아가 보여준 태도는 같은 문제를 두고 세계적 강국 영국이 보여주었던 망설임과는 다른 양상의 망설임이었다. 러시아와 영국 두 거두는 대외확장형 초대륙 국가이자 동시에 유럽 민족국가로서의 확고한 자기인식이 없는 국가였다.

## '유럽에 있는 터키'(La Turquie en Europe)

유럽의 동북부에 광활하게 펼쳐진 시베리아는 유럽의 입장에서는 현실세계에서건 정신적인 면에서건 유럽이 외부를 향해 열어놓은 측면과 같았다. 유럽의 동남부에서 기독교 유럽은 오래된 적수와 대면하고 있었다. 역사학자들이 극적으로 과장해오던 오스만제국의 '쇠락'이 국제정치에서 더 이상 무시할 수 없는 현실이 된 이후, 다시 말해 아무리 늦어도 오스만제국이 러시아에게 패배한 1774년(쿠축 카이나르카 조약, Treaty of Küçük Kaynarca) 이후[48]에도 합스부르크

왕조는 남쪽 이웃과의 사이에 넓은 완충지대(이른바 '군사적 변경')
를 유지할 필요가 있다고 판단했다. 아드리아 해안에서부터 트란실
바니아까지 뻗친 이 군사적 식민지는 최소한 1881년까지 유지되었
다. 시간이 흐르면서 이 지역의 존재 목적은 오스만제국으로부터의
공격에 대한 방어에서 터키의 통치로부터 벗어나려는 집단과 종족
을 유인하는 공간으로 바뀌었다. 해체되기 직전까지 이 특수지역은
3.5만 평방킬로미터의 (벨기에와 룩셈부르크를 합한 것보다 넓은) 영
토를 가진 군사자치국이었다.[49]

19세기의 합스부르크왕조는 더 이상 대외확장을 시도하지 않고 유
럽 본토에 관심을 집중시켰다. 그러나 어떤 의미에서는 합스부르크
왕조는 여전히 오스만제국과 대치한 '전선국가'였다. 다른 각도에서
보자면 19세기를 통틀어 빈은 반터키 민족운동을 지지하는 문제에
있어서 ─ 친러시아, 반오스만이란 평판을 피하기 위해 ─ 매우 소극
적인 태도를 보였다. 1815년에 오스만제국의 세력은 몰다비아까지
미치고 있었고 베오그라드, 부카레스트, 소피아는 여전히 오스만제
국의 영토 안에 있었다.

1877-78년 러시아와의 전쟁에서 오스만제국은 발칸 영토의 절반
을 잃었으나 제2차 발칸전쟁이 일어난 1913년까지도 '유럽에 있는
터키'는 유럽의 지리적 경계 안에 있는 한 국가로서 여전히 존재하
고 있었고, 당시의 대부분의 지도에 모두 이 명칭으로 표기되어 있었
다.[50] 수백 년 동안 유럽의 강대국들은 '높은 문'(Hohe Pforte)*과 외
교적 관계를 유지하면서 각종 조약을 체결했고 1856년에는 오스만
제국을 '유럽협력'(Concert of Europe)**회원국으로 받아들였다. 당시

* 콘스탄티노플(이스탄불)의 별칭.
** 유럽협력 또는 회의체제(Congress System)라고 불렀다. (나
폴레옹 전쟁 후 출현한) 1815년부터 1900년 무렵까지 유럽의
세력균형을 유지하고, 여러 왕국의 기득권을 보호하고, 민
족주의와 혁명의 물결을 억압하는 데 협력한 국제체제다.

에 '유럽협력'은 평화보장 기구로서의 효능을 이미 상실하기는 했어도 오늘날의 G8 원탁회의와 유사한 국제기구였다.[51]

오리엔탈리즘의 진부한 논리와 '문명권' 학설의 영향을 받은 역사서는 오랫동안 오스만제국을 19세기 유럽의 이질적인 존재로 서술해왔다.[52] 그러나 당시 사람들은 전혀 다르게 보았다. 유럽의 오래된 반터키 사상이나 19세기 20년대에 한때 성행했던 친그리스 사조의 영향을 받아 오스만제국을 합법성이 결여된 점령형 정권으로 폄훼하는 사람일지라도 오스만제국이 발칸반도 대부분의 영토 — 비록 면적은 꾸준히 줄어들었지만 — 에 대한 사실상의 주권을 갖고 있었다는 점은 인정하지 않을 수 없었다.

발칸반도에 민족국가가 형성되기 전의 시대에 살던 사람들에게는 동남유럽의 정치지리 형세를 묘사할 전문적인 용어가 없었다. 1830년 무렵에 '루마니아' '불가리아' 등의 명칭이 등장하기는 했지만 그런 명칭은 소수의 정치 활동가와 지식분자들만 사용했다. 영국

창립 멤버는 나폴레옹 제국을 무너뜨리는 데 협력한 영국, 오스트리아, 러시아, 프로이센이었고 얼마 후 프랑스가 가입하여 5강대국 협의체로 정착했다.

유럽협력의 이념은 여러 가지 정치적 협정과 외교경험의 누적을 통해 점진적으로 형성되었는데 그 가운데서 가장 중요한 것이 빈회의와 이 회의에서 체결된 여러 가지 협정이었다. 1848년 프랑스 2월 혁명으로 (공화파세력은 진압되었지만) 빈체제는 무너졌다. 그 뒤 일어난 민족주의 시대는 (사르디니아가 주도한) 이탈리아의 통일과 (프로이센이 주도한) 독일통일에서 정점에 이른다(1871년). 독일 수상 비스마르크가 주도하여 분쟁이 전쟁으로 확대되는 것을 막기 위해 유럽협력을 재건했다. 베를린회의(주요 멤버는 영국, 프랑스, 러시아, 이탈리아, 독일)는 기득권 정권의 유지와 제국주의의 확장에 힘썼다. 궁극적으로 협력체제가 3국동맹(Triple Alliance. 독일 제국, 오스트리아-헝가리 제국, 이탈리아)과 3국협상(Triple Entente. 영국, 프랑스, 러시아 제국)으로 분열되면서 1차 세계대전의 폭발하게 된다.

의 대중들로 말하자면 1867년에 출판된 한 권의 여행기를 통해 비로소 유고슬라비아란 이름을 알게 되었다.[53] 당시 북유럽 지역에서 '알바니아' '마케도니아' 같은 이름을 들어본 사람은 거의 없었다. 강대국의 배려 덕분에 1832년에 수립된 그리스왕국(면적은 오늘날 그리스 영토의 절반 정도였다)도 '문명화된' 유럽 내에서 존재가 극히 미미했다. 19세기 20년대의 친그리스 선전활동이 수그러들자 그리스왕국의 이름도 재빨리 잊혀졌다.

공간을 묘사하는 모든 개념은 역사를 통해 자리 잡아야 한다. 근대 사회지리학의 연구 성과는 공간, 자연형태, 지역을 선천적인 것으로 보아서는 안 된다는 역사학자들의 믿음이 옳은 것임을 증명해준다.[54] 역사를 연구하는 (혹은 '해체하는') 과정에서 우리는 학술적 저서와 학교 교과서, 세계정치에 관한 언론의 보도, 동시대의 현실이나 역사적 상황을 반영한 지도를 세밀하게 살펴보아야 한다. 특히 지도는 지리학 개념을 표출하는 효과적인 매체일 뿐만 아니라 공간인식의 수단이자 도구이다.

19세기에 지도의 정확성을 요구했던 배경에는 여러 가지 목적이 있었다. 오랫동안 중요한 지위를 차지했던 실용적 목적 —교통, 전쟁, 식민통치— 이외에 19세기 초부터 지도제작에는 새로운 목적, 즉 지도를 통한 국가영토의 시각화가 추가되었다. 최근까지 국가의식과 지도를 통한 표현 사이의 관계에 대한 깊은 연구가 있었고 연구성과물도 풍부하다.[55] 영토가 비교적 완전한 민족국가와 비교했을 때 영토가 세계 각지에 흩어져 있는 방대한 제국은 시각정보를 끊임없이 갱신해야 할 필요가 컸다. 1830년대 이후 제국의 영토를 유명한 붉은색으로 표시한 세계지도가 보급되면서 영국 대중에게 제국의식이 생겨났다는 해석은 많은 것을 시사한다.

## 중국인의 공간관

심리적 지도는 모든 사람이 갖고 있는 기본적인 인지도구다. 개인과 집단의 세계공간에 대한 인지는 상호 영향을 주는 복잡한 관계를 갖고 있다.[56] 인류의 공간관념을 정태적인 그림이나 고정된 부호로만 해석해서는 안 된다. 이른바 중국식 공간관이나 이슬람식 공간관이란 것은 존재하지 않는다. 공간의 형상은 언제나 열려 있는 것이어서 전혀 새로운 사물이라도 받아들여야 한다. 역사학자 리히터(Daniel K. Richter)는 북아메리카 원주민이 어떻게 유럽인이 동부해안에 도착한 사실을 알게 되었을까를 상상 속에서 유추해본 적이 있다. 처음에는 극적인 (아마도 모순된) 몇 가지 소문이 들려와 커다란 충격을 주었다. 그 뒤로 여러 경로를 통해 이상한 물건들이 마을에 들어왔다. 그러다가 마지막으로 어느 날 인디언은 백인과 마주하게 되었다.[57] 아메리카 원주민의 전혀 새로운 우주관은 이렇게 시간을 따라가면서 형성되었다. 세계의 많은 민족도 이와 유사한 경험을 했을 것이다.

19세기에는 유럽인의 우주관과 필적할 수 있는 비유럽인의 공간관은 없었다. 대륙과 중요 지역을 체계적으로 구획한 문화지리학 이론은 유럽 이외에는 없었다. 유럽에서 탄생한 근대 지리학이 근대 이전의 공간관과 구별되는 핵심적인 특징은 ① 다양한 공간의 자연적 — 문화적이거나 정치적이 아닌 — 평등성에 대한 인식. ② 정확한 측량 기술. ③ 큰 범위의 공간을 단위로 하는, 달리 말하자면 지구를 하나의 구조물로 보는 기본 가설. ④ 지리학적 담론의 독자성과 별도의 학문 영역으로 제도화된 지리학의 지위였다. 예컨대, 근대 이전의 지도는 흔히 '다른' 서술 — 종교적인 인간 구원의 역사, 여행기, 군사 작전의 경과 등 — 에 어울리는 삽화였다. 이에 비해 근대의 지도는 그 자체로서 충분히 서술의 주체이다.

중국에 대한 이해가 상당한 수준에 와 있는 상황을 감안할 때 중국을 예로 들어도 무방할 것 같다. 청대의 문인 관료들은 행정가이면서 동시에 문화의 전파자로서 제국 각지의 정보를 모으는 일을 매우 중시했다. 그들은 지도학의 방법을 이용하여 국가행정의 공간구획을 완벽하게 하려고 노력했다. 이들 관원이 각 성, 주, 현 사이의 경계를 매우 중시했고 행정, 사법, 군사의 구역화 관리를 통해 축적한 풍부한 지리학 지식은 중앙이 지방을 감독하는 수단으로 활용되었다.[58] 18세기에 청의 황제는 측량과 지도학 연구를 장려하는 데 큰 힘을 쏟았고, 동시대의 유럽 군주들과 마찬가지로 이 기술을 이용해 국가의 영토를 보존하고 외국의 침략을 막아내려 했다. 여기서 외국이라 함은 무엇보다도 러시아였다. 그러나 청의 전성기에도 사람들은 국경 바깥 외부공간의 구조에 대해서는 별다른 관심을 갖지 않았다.

1842년의 아편전쟁이 있기 전에는 중국은 먼 곳에 있는 외국에 공식 사절을 파견한 적이 없었을 뿐만 아니라 사람들이 개인 자격으로 외국을 여행하는 것도 금했다. 심지어 궁정을 출입하는 외국 선교사들을 유럽의 사정을 이해하기 위한 통로로 이용할 생각도 거의 하지 않았다. 중국이 나라의 문을 연 뒤로 중국인이 직접 경험한 바를 근거로 하여 저술한 첫 번째의 해외 견문기가 나왔다. 저자는 무역상의 젊은 통역으로서 1847년에 하문(廈門)을 출발하여 뉴욕을 방문한 임침(林鍼)이었다. 1년 반 동안 미국을 돌아본 후 임침은 1848년에 고향으로 돌아와 『서해기유초』(西海紀游草)라는 작은 책을 썼다. 이로써 알 수 있듯이 중국인의 '서방'——이 표현이 이 책에 이미 등장하고 있다——에 대한 최초의 인상은 유럽에서 온 것이 아니라 미국에서 온 것이었다. 현재까지 우리가 확보한 자료를 통해서 보건대 이 길지 않은 책은 중국인이 저술하고 출판한 서방국가를 소개하는 첫 번째의 여행기이다.

유럽의 여행기 작가들이 남긴 두꺼운 저작들과 비교할 때 이 책의 내용은 빈약하다. 그러나 저자가 이 책에서 드러내고 있는 미국의 물질문화와 과학기술에 대한 깊은 관심과 개방적인 태도는 놀랄만하다. 임침은 이 책에서 중국이 서방의 경험을 참고하기 바란다는 뜻을 분명하게 밝혔다.[59] 형식면에서 볼 때 이 책은 국가지(國家誌)라고는 할 수 없으나 낯선 사물에 대해 어떠한 편견이나 배척도 개입시키지 않고 현실을 반영한 보고서였다. 그러나 임침 자신은 중국의 유가 관료체계 안에서 보잘것없는 인물이었기 때문에 그의 책 또한 당시 중국의 세계관을 대표하지도 않았고 지명도나 영향력이 커지도 않았다. 그의 이름과 그가 쓴 책은 사람들의 기억 속에서 빠르게 잊혀졌다.

『서해기유초』보다 훨씬 영향력이 컸던 책은 청의 학자이자 관료였던 위원(魏源)이 저술한 『해국도지』(海國圖志)였다. 박학다식하고 재능도 많았던 위원이 나라 바깥 사정을 연구하기로 결심한 이유는 근본적으로 아편전쟁의 패배에서 비롯된 충격과 나라를 지키겠다는 정치적 각오였다. 위원은 유럽과 북아메리카 각국에 관한 자료를 대량 수집했으나 그가 주로 관심을 가졌던 문제는 오랫동안 경시되어 왔던 중국과 동남아시아 여러 나라와의 관계였다. 위원의 목표는 유럽 식민열강의 침략을 막아내기 위해 동남아시아 지역에 중국을 중심으로 하는 계층적 구조의 조공체계를 건설(또는 재건)하는 것이었다.[60]

정치적 시각에서 볼 때 이 목표는 보수적인 것이었다. 위원도 그의 뜻을 이어받아 해외 사정을 연구한 서계여(徐繼畬)도 세계지리 연구의 과학적 전통을 세우지 못했다. 서계여는 1848년에 출판한 『영환지략』(瀛環誌略)이란 책에서 처음으로 현실주의 유가사상의 시각에서 세계정치 형세에 대해 전면적인 해설을 시도했다. 서계여 자신은 어떤 외국어도 할 줄 몰랐기 때문에 자료를 수집할 때는 숫자가 많지 않은 외국서적의 중국어 번역본에 의존할 수밖에 없었다.[61] 서계여는 초기에는 자신의 저서 때문에 적지 않은 곤란을 겪었으나 1866년 이후부터는 그의 저작은 관료와 사대부계층에 널리 알려지고 또 인정도 받았다. 이때는 중국이 영국과 또 한 번의 전쟁을 막 치른 뒤였고(이 번에는 프랑스도 참전했다), 다시 패배를 경험한 중국으로서는 서방세계에 대한 이해는 절박한 과제가 되었다. 19세기에 중국 자신은 전 세계의 공간에 대한 지적인 탐색을 하지는 않았고 다만 1890년대 이후 상황에 떠밀려 자신의 위상이 어디인지를 파악하려는 시도만 했을 뿐이다.[62)

일본은 일찍부터 외부세계에 관심을 가졌다. 17세기 중엽에 일본은 유럽인을 상대로 쇄국정책을 채택한 이후 도쿠가와(德川) 막부(幕府)는 일종의 해외 비밀정보조직을 만들어 아시아 대륙에서 일어나는 사건들에 대한 정보를 수집했다. 이런 활동을 통해 일본은 1640년대에서 1680년대까지 40년 동안 청 왕조가 중원을 정복한 과정을 파악하고 있었다.[63) 일본인은 '야만적인' 만주족이 13세기의 몽고족처럼 다시 일본을 침공할까 걱정했다. 18세기 일본에서는 '난학'(蘭學)이 생겨났다. 유럽인들 가운데서 네덜란드 동인도회사의 직원만 엄격한 감독 하에 일본에서 생활할 수 있는 허가를 받았다. 막부는 항구도시 나가사키(長崎)에 네덜란드인이 거주할 수 있는 지역을 지정해주고 조직적으로 통역 요원을 파견하여 네덜란드어(나중에는 영어와 러시아어로 확대되었다)를 배우게 했다. 1800년 무렵일본은 이런 방식을 통해 서방과 서방의 아시아 식민 활동에 대해 중국보다 훨씬 깊이 있는 이해를 갖게 되었다. 그러나 일본이 진정한 의미에서 서방을 '발견'한 것은 1850년대에 쇄국정책을 포기한 뒤의 일이었다. 이때부터 일본은 외부세계에 대한 체계적인 연구를 시작했는데, 서방의 지리학도 전면적으로 받아들이고 외국 관련 정보와 견문을 담은 자료들을 계획적으로 수집했다.

1871년, 일본의 요인과 고급관료 49명 —— 이들 가운데 절반 이상이 통치 집단의 주요 인물이었다──이 1년 반에 이르는 유럽과 미국을 발견하기 위한 여행에 나섰다. 물론 그 이전에도 서적이나 2세기에 걸친 외교적 접촉을 통해 해외 상황에 대한 대체적인 이해는 갖추고 있었다. 그러나 인솔대표의 이름을 붙인 이와쿠라(岩倉) 사절단은 외국인의 이상한 습속을 보고 놀랐지만 더 놀라운 것은 일본의 여러 분야의 낙후성, 유럽과 미국의 이질성, 런던과 파리를 출발하여 동쪽으로 갈수록 낮아지는 유럽의 문화수준 그리고 무엇보다도 유럽의 극적인 성공이 단지 지난 수십 년 사이에 일어난 일이라는 사실이었다.[64]

19세기 후반에 상호 연관된 두 가지 역사 발전과정이 병행하여 일어났다. 첫째, 유럽의 직업적 또는 비직업적 지리학자들이 전례 없는 대규모 '탐험'계획을 세우고 그것을 실행하기 시작했다. 이들은 국가적 후원을 배경으로 하여 서로 경쟁을 펼쳤다. 세계지도 위에 표시된 적이 없거나 측량된 적이 없는 '공백지역'이 하나씩 채워졌다. 여행자와 지리학자들도 식민 제국주의가 이용할 수 있는 통치지식을 갈수록 더 많이 만들어냈다. 이와 함께 지역 지도의 정확성도 끊임없이 높아졌다. 그러나 1780년대가 되어서야 파리의 모든 건물을 표시한 도시 지도가 처음으로 등장했다. 이 지도의 제작목적은 관광 안내용이 아니라 재산권 분쟁을 해결하기 위한 자료용이었다.[65] 이 지도의 등장으로 인류는 마침내 관찰 각도로부터 영향을 받지 않고 정확한 측량 수치를 근거로 하여 세계의 모습을 그린, 관점에 따라서 결정되는 심리적 지도가 아니라 지표면 형태를 과학적으로 묘사한 지도를 갖게 되었다.

세계지도를 제작하는 일은 1차 대전 이전에 이미 완성되었고 이 때문에 유럽과 미국 지리학계는 세계적인 명성을 누릴 수 있게 되었다. 이런 지도는 동시에 군사 지휘관들에게도 도움이 되었다. 청일전쟁(1894-95)과 러일전쟁(1904-1905)에서 일본군이 이길 수 있었던 핵심적인 이유 가운데 하나는 일본군 지휘관들이 갖고 있던 지도가 적이 갖고 있던 지도보다 더 정확했기 때문이다.

둘째, 공간에 대한 주관적 인식이 세계 각지에서 재정비됨에 따라 객관화가 크게 확대되었다. 인류의 시야는 더욱 넓어졌다. 오래된 중심은 점차 해체되었고 많은 지역이 어느 순간에 자신이 더 이상 세계의 중심이 아니며 새로 발전하고 있는 더 넓은 공간범주―국제적인 국가질서 또는 국제적인 교역망과 금융망―의 변두리에 있다는 사실을 깨닫게 되었다. 새로운 중심과 좌표가 끊임없이 생겨났다. 예컨대, 1868년 이후 일본은 자신이 참조해야 할 대상은 더 이상 중국이 아니라 군사·경제적으로 더 친근한 '서방'이라고 생각했다. 그로부터 다시 30년이 지나자 일본은 또 한 번 시각을 바꾸어 아시아대륙을 자신의 제국주의적 확장의 대상 공간으로 보았다. 지금까지 시선을 내륙으로 향하던 국가들은 전대미문의 각종 위험이 대양으로부터 자신에게 밀려오고 있는 상황을 인식하게 되었다. 위험이 찾아오자 같은 방향에서 새로운 기회도 찾아왔다. 일부 오래된 제국의 중심은 새로운 기회를 맞았다. 예컨대, 오스만제국은 발칸반도로부터 서서히 밀려나면서 아라비아에서 미래의 가치를 발견하기 시작했다.

# 4. 상호작용의 공간
## 대륙과 해양

역사지리학이 사용하는 여러 가지 공간개념은 세계사 연구와 관련된 문제에서도 적용될 수 있다. 다섯 가지의 개념이 특히 중요한데,[66] 각기 확연하게 구분되는 서사형식으로 발전할 수 있기 때문이다.

### 1) 지역분포로서의 공간: 지역화의 역사

상이한 시기의 역사 현상은 공간상으로는 어떻게 분포될까. 공간분포의 과정에서 규칙성을 찾아낼 수 있을까. 인구 이동사를 연구할 때 우리는 늘 이런 문제에 부닥친다. 구체적인 예로서 19세기 도시화의 공간 형식을 들 수 있다. 농업사에서 토지이용과 경영방식의 분포상황을 연구할 때, 자연자원이 풍부한 곳에 인접한 지역의 공업화 역사를 연구할 때에도 같은 문제를 만날 수 있다.[67] 이런 접근방식이 역사 연구에 큰 도움을 줄 수 있는 또 하나의 원인은, 이런 연구를 통해 국경의 제약을 넘어 제도, 기술, 실천방식 ─신문사, 증기기관, 농업조합─을 전파하고 보급할 수 있기 때문이다. 그 밖에도 전염병이나 특정 언어 사용의 공간분석도 포함될 수 있다.

### 2) 환경으로서의 공간: 자연조건에 의해 결정된 역사, 자연조건의 제약을 받는 역사

인류공동체와 자연환경은 어떻게 상호작용 하는가. 지역화된 역사의 공간이 관계, 비례, 순서 등으로 채워진 공허하고 형식적인 공간이라고 한다면 환경사의 공간은 행위의 공간으로 이해 될 수 있다. 사회의 생명은 자연조건—기후, 토양의 성질, 물과 자연자원에의 접근성 등—에 의존한다. 그 밖에, 해양으로부터의 거리도 무시할 수 없는, 정치와 군사 면에서 매우 중요한 요소이다. 예컨대, 영국과 일본이 섬나라라는 사실은 결코 무시되거나 소홀히 다루어져서는 안 된다.[68] 펠리페 페르난데스-아르네스토(Felipe Fernadez-Arnesto)는 세계사 서술에 관하여 주목할만한 환경사적 시각의 새로운 접근방식을 보여주었다. 그는 사회의 진화에 흔적을 남긴 자연형태—사막, 경작 불가능한 초원지대, 충적평원, 온난한 삼림지대, 적도 저지대, 고원, 산악, 해안지대 등—의 유형화를 통해 환경적 조건과 문명의 형식 사이의 상호작용을 밝히려 시도했다.[69]

19세기 초는 세계의 많은 지역에서 인류의 사회생활이 지리적 환경의 엄격한 제약을 받은 마지막 시대였다. 공업화 과정에서 인류는 이전의 어떤 시대보다 대규모로 자연을 개조하기 시작했다. 지구상의 대다수 국가에서 공업화는 19세기 중엽 이후에 시작되었다. 공업화는 자연을 개조할 수 있는 인류사회의 능력이 크게 늘어났음을 의미했다. 교통, 채굴, 개간에 과학기술이 응용되면서 지구의 환경 공간은 끊임없이 변했고 이것이 시대의 표지였다. 이 시기에 인류의 자연개조 행위의 특징은 기계화였다. 이어진 20세기는 화학의 시대라고 부를 수 있을 것이다(화학비료의 보급으로 높아진 농업생산량, 석유·고무·인공합성재료의 광범위한 응용 등).

### 3) 풍경으로서의 공간: 자연관의 역사[70]

풍경의 개념은 문화적 특수성의 문제를 제기한다. 여러 사회—보다 정확하게 말하자면 사회의 여러 부분—사이의 차이는 풍경을 어떻게 인식하는지, 어느 정도로 인식하는지에 달려 있다. 폴 세잔(Paul Cézanne)은 자신이 여러 번 화폭에 담았던 몽타뉴 생 빅투아르(Montagne Sainte-Victoire) ─ 프로방스의 작은 마을 엑스(Aix) 근처의 산 ─ 를 프로방스의 농부들은 한 번도 '본 적이' 없다고 말했다.[71] 이 말의 의미를 일반화하여 말하자면 농업사회에서 사람들은 자연환경 안에서, 자연환경과 함께 '질박하게' 노동할 뿐 풍경을 찬미의 대상으로 바라보지 않는다는 것이다. 물론 이런 현상의 원인을 비역사적·'문화주의적' 시각으로 해독해서는 안 된다. 예컨대, 중국인은 환경에 대해 '전형적인' 태도를 갖고 있지 않다.

자연에 대한 무자비한 약탈과 파괴에서부터 자연자원에 대한 세심한 보호와 풍경을 찬미하는 섬세한 시와 그림에 이르기까지, 이 '모든 것들'은 다양한 시대와 다양한 사회형태 아래서 나타날 수 있고 그리고 그렇게 나타났다.[72] 국경에 얽매이지 않는 시각으로 본다면 가장 흥미로운 것은 교류과정이다. 예를 들자면, 유럽은 아시아의 조경미학을 받아들이거나 유럽이민 또는 식민자를 통해 '이상화된 경관'을 수출했다.[73] 자연풍경에 대한 해독은 자연을 위협 또는 파괴하는 것이 무엇인지에 대한 인식과 마찬가지로 반드시 역사과정을 거쳐야 한다.

### 4) 지역으로서의 공간: 지역적 동질감의 역사

어떤 공간에서건 핵심적인 문제는 통합의 기초가 되는 요인, 동일한 논리를 말하게 하는 요인이다. 전 지구적 역사의 관점에서 보자면 지역은 교류와 이주, 교역과 통신의 촘촘한 네트워크로 구성된 상호작용의 공간이다. 지역은 또한 국가의 하부단위로 이해될 수도 있다. 실제로 역사적 상호작용은 원거리일지라도 대부분이(국가 간이 아니라) 규모면에서 국가보다 작은 지역 사이에서 일어나기 때문이다. 어떤 지역은 이민을 보내고 다른 지역은 이민을 받아들인다. 한 지역은 원재료를 생산하는데 (멀리 떨어진 대륙의) 다른 지역은 그것을 소비하거나 가공한다.

대영제국(British Empire)의 경제적 중심은 브리튼(Great Britain)이 아니라 런던과 남부 잉글랜드였다.[74] 비유도 지역 사이에 일어나야 의미 있고 설득력을 갖게 된다. 그러므로 영국 전체와 중국 전체를 비교한 결과와 중부와 남부 잉글랜드를 상하이와 난징 부근 지역 — 수세기 동안 경제적 동력원이었다 — 과 비교한 결과는 전혀 다를 수 있다.[75] 물론, 각 지역이 어떻게 형성되었는지, 나아가 각 지역의 내재적 일체성을 유지하는 요소가 무엇인지를 찾아내기란 쉬운 일 은 아니다. 유럽 중동부의 면적이 그리 넓지 않은 갈리치아(Galicia, Galizien) 지역은 19세기에는 일반적으로 독립적인 지역으로 간주되 었다. 이 지역에는 다른 언어와 신앙을 가진 여러 민족이 살고 있었 다. 이 지역이 외부세계에 주는 인상은 통합이라기보다는 대비였다. 이곳의 주요 역할은 교량이었지만 현지 주민들은 오히려 문화 차이 때문에 서로 격리되어 있었다.[76] 갈리치아처럼 고도의 불확정성과 불안정성을 지닌 중간지대의 사례는 허다하다.

### 5) 접촉장소로서의 공간: 상호작용의 역사

상호작용의 공간은 여러 가지 문명이 상시적으로 접촉하는 지역이 며, 이곳에서는 다층적인 긴장과 모순에도 불구하고 새로운 혼합형 이 지속적으로 형성된다. 항공여행의 시대가 오기 전까지는 문화의 다양성과 상호작용을 가능케 하는 중요한 수단은 선박이었다. 따라 서 해양은 세계사 학자들이 선호하는 공간이었다.[77] 그러나 그들의 해양에 대한 연구는 초기 근대에 집중되어 있다. 19세기 해양의 상호 작용은 아직도 연구되지 않은 부분이 많다.

## 지중해와 인도양

페르낭 브로델(Fernand Braudel)의 고전적인 저작『필리페 2세 시대의 지중해와 지중해세계』(*La Méditerranée et le Monde Méditerranéen à l'Epoque de Philippe II*, 1949 출판, 1966 수정판)가 출판된 이후 지중해와 지중해 세계는 해상 상호작용 공간의 표본이 되었다. 로마, 아랍, 기독교 이탈리아, 오스만제국이 번갈아가며 지배해왔지만 지중해는 "교역로를 장악하려는 다툼이 가득한 지역"이란 특징을 잃지 않았다.[78]

19세기에 지중해에는 상호 모순된 발전추세가 나타났다. 한편으로는, 북방에서 온 해양 식민세력이 지중해 전체를 압도했다. 대표적인 세력이 지중해에 붙어 있으면서 북아프리카에 식민지를 연 프랑스와 (크리미아전쟁이 끝난 후) 흑해함대를 재건한 러시아였다. 그런데 가장 강력한 세력은 지중해와는 먼 곳에 떨어져 있던 영국이었다. 지브롤터에서 시작하여 말타와 이집트를 거쳐 키프로스에 이르는 지중해의 전략 요충은 거의 모두가 영국이 점거했다. 이와 함께 한때 지중해를 호령하던 오스만제국의 해군과 알제리의 해적단이 점차 사람들의 시야 밖으로 사라져갔다. 다른 한편으로는, 발칸반도와 프랑스·영국·이탈리아의 식민통치하에 있던 지중해 남부지역을 포함한 전체 지중해 지역이 경제적으로 쇠퇴하기 시작하여 알프스산맥 너머 저쪽의 공업화의 물결로부터 멀어졌다.

중세기의 고성 제노아에서 시작하여 멀리 흑해에 이르는 오래된 흑해 무역망은 더욱 공고해졌다. 오데싸는 주요 항구로 발전했고 1869년에 개통된 수에즈운하는 지중해를 세계에서 가장 중요한 통과항로로 변모시켰다.[79] 역사적 안목을 갖춘 인류학자들은 서로 멀리 떨어진 지중해 연안 각 지역 사이에 문화적 유사성을 갖춘 통일된 지중해문화라는 것이 존재하는지, 이슬람교와 라틴기독교와 그리스

정교의 대립을 뛰어넘어 전통적인 "명예"의 가치로 표현되는 문화적 통일체를 말할 수 있는지를 두고 오래전부터 논쟁을 벌여왔다.[80] 그러나 이런 질문이 제기될 수 있다는 사실은 최소한 지중해 지역의 '상대적으로' 높은 수준의 통합을 증명해준다.

지금까지 우리의 시선은 대양을 주목해왔기 때문에, 비교적 항해하기 쉽고 수역(水域)이 광활하지 않아 사람들이 빈번하게 교류할 수 있는 지중해와 같은 '지중'(地中) 해양지역은 관심을 끌지 못했다. 발트해와 북해는 대양의 부속 해역 정도로 취급되었고 기니아만, 페르시아만, 벵골만, 남중국해, (다수의 인디언 문명을 낳은) 북아메리카의 오대호까지도 같은 대접을 받았다.

브로델의 접근방식──해안에 면한 내륙지역과 항구도시를 관찰의 대상에 포함시켰다──에서 영향을 받은 학자들이 처음으로 그들의 관점을 적용한 대상이 인도양에 대한 연구였고 이 분야에서 뛰어난 업적을 낸 대표적 인물이 초두리(Kirti Narayan Chaudhuri)였다. 그는 무역을 중심으로 한 전통적 교류사 연구에서 시작하여 점차 인도양 주변의 4대 문명에 대한 거시적 고찰로 연구범위를 넓혀갔다.[81] 그러나 초두리가 그려낸 인도양과 브로델의 눈에 비친 지중해는 달랐다. 지중해 지역에서 16세기의 기독교도와 이슬람교도는 최소한 공동운명에 대해 인식하고 있었다. 그러나 동아프리카에서부터 자바에까지 펼쳐진──훗날 초두리는 중국까지 포함시켰다──인도양에서는 문화적 동질감은 거의 존재하지 않았다.[82]

지리와 문화적 의미의 '외계인'이 초기의 무역활동에서 중요한 지위를 차지했다는 것이 인도양이라고 하는 상호작용 공간의 특징 가운데 하나였다. 19세기 이전에는 유럽인이 운영하던 동인도회사가 인도양과 부근 해역의 무역활동을 독점했다는 관점은 지금은 부정되고 있다. 그러나 풍부하고 깊이 있는 연구결과를 통해 드러나고 있듯이 근대 초기 유럽의 아시아 무역은 중요하지 않은 사치품에 집중

되었다는 주장도 마찬가지로 근거가 없다.[83]

 19세기에 영국의 통치는 남아시아의 정치형세에서 핵심요소였다. 인도는 정치, 군사, 경제적 세력권의 중심이었다. 인도는 동방 전체를 지배하는 군사기지의 역할을 했다. 일지기 1801년에 인도병사(이른바 '세포이'sepoys)가 이집트로 파견되었다. 인도 식민정부는 항로의 안전에 관한 문제라면 어디든 무슨 일이건 개입했고 콜카타 이동 지역에서 영국의 영향력을 강화하는 임무를 떠맡았다. 증기선이 등장하고 수에즈운하가 개통되자 교역과 인구이동이 이 지역을 통합하는 중요한 흡인력이 되었다.

 다른 대양과 비교할 때 인도양의 가장 큰 특징은 (남아프리카를 제외하고는) 새로운 유럽이민 식민지가 생기지 않았다는 것이었다. 남아프리카는 유럽-인도양 항로의 중간 기착점이면서도 경제구조 면에서 해양 의존성이 강하지 않았다. 19세기 80년대 이후 인도양 연안과 모든 섬이 하나의 예외도 없이 제국주의의 지배하에 들어갔지만 인구 구성면에서 인도양은 여전히 아시아-아프리카 해역이었다. 여행자, 선교사, 이민노동자들이 인도양을 끊임없이 건너다녔고 1900년 무렵의 인도양에는 여러 면에서 대서양과 유사한 국제화의 분위기가 넘쳤다.[84]


## 태평양과 대서양

 대양 가운데서 면적이 가장 넓고 섬의 숫자로도 첫손가락을 꼽는 태평양의 상황은 달랐다. 19세기가 이 지역에 가져온 변화는 인도양을 훨씬 초과했다. 예부터 태평양은 해양문화가 발달하고 항해술이 뛰어난 문명의 생활구역이었다. 어떤 의미에서는 태평양은 전통적인 에게해의 '확대판'이었다. 1650년 이전 500년 동안 섬에서 섬으로 건너가는 이민이 있었고 그 과정에서 광범위한 교통과 통신의 네트워크가 구축되었음이 분명하다.[85] 1571년 스페인령 마닐라의 건설로──마닐라의 주민 수는 5만 명이었다. 17세기 중반 빈의 인구가 그 정도였다──태평양은 세계무역에서 중요한 위치를 차지하게 되었다.

무역을 발전시킨 주요 동력의 하나는 안데스 산맥과 일본에서 나온 은에 대한 중국의 거대한 수요였다. 18세기에 유럽인의 먼 이국에 대한 상상은 거의 전부가 타히티섬과 같은 '열대 섬나라 천당'의 환상으로 가득했다.[86] 오늘날에는 환태평양 지역(Pacific Rim)의 핵심 국가인 일본은 그 시기에는 해양에 대해서는 전혀 관심을 보이지 않았다. 그들은 탐험가들을 해양으로 내보내지도 않았고 해양자원을 상업적으로 이용하는 일에도 적극적이지 않았다. 교육받은 학자들도 해안선 너머로 눈길을 주는 경우가 드물었다.[87]

그러나 19세기가 되자 태평양 지역의 정세는 혁명적으로 변했다. 태평양에 면한 나라라면 어느 누구도 이 변화의 영향으로부터 벗어날 수 없었다. 오스트레일리아와 뉴질랜드는 유럽의 유배지로 개발되었다. 캘리포니아와 미국 서해안 지역 전체의 개발이 완료되었다. 근대 초기에는 해양문화에 대해 배타적인 태도를 지녔던 중국과 일본 등이 문을 열고 외부세계의 상품과 사상을 받아들이며 이민을 용인했다.

또 하나의 중요한 변화는 외부세계와 절연되어 있던 섬나라들이 국제적 네트워크 속으로 들어왔으나 현지 주민은 생물학적·문화적 저항력 부족 때문에 참담한 고통을 겪게 되었다는 점이다.[88] 태평양 지역을 연구하는 학자들은 아직도 연해지역의 경제발전에 주목하며 각 지역 사이의 상호영향에 대해서는 관심이 상대적으로 적다. 그 원인 가운데 하나는, 역사적으로 미국으로 몰려간 중국인 노동자의 이민물결 이외에는 태평양을 넘나드는 활발한 이민 활동이 없었기 때문이다. 뿐만 아니라 이 지역을 개인적으로 여행한 유럽인도 드물었다. 경제발전이 강조되는 것은 20세기 후반의 경험이 투영되었기 때문이다. 이 시기에 캘리포니아, 오스트레일리아, 일본이 — 전적으로 그렇다고 할 수는 없지만 일정 정도는 태평양 지역의 국제 분업의 결과로 — 세계경제의 성장 동력이 되었다.[89] 태평양 지역은 이때부터 '제1세계'로 올라섰고 향료, 차, 비단 교역의 바다였던 인도양은 상대적으로 제3세계로 떨어졌다. 일찍이 1890년대에 일본의 경제학자 이나가키 만지로(稻垣滿次郞)가 '태평양시대'(Pacific Age)의 도래를 예언한 바 있었다.[90] 그러나 인도양의 영광스러운 미래를 예언한 사람은 없었다.

태평양 연안 국가는 문화적 동질성 면에서 인도양 연안 국가에 크게 미치지 못했다. 인도양 지역에서는 최소한 이슬람 문화가 인도 남부, 세일론, 동남아시아 불교지역을 제외하면 어디서나 (중국 남부 해안지역의 고립된 일부까지도 포함하여) 강력한 접합제의 역할을 했다. 그러나 태평양 지역에서는 문화적으로 양극단 — 가장 오래된 문명과 가장 젊은 문명 — 을 대표하는 중국과 미국이 대양을 사이에 두고 마주하고 있었다. 두 국가 모두 각자의 세력권 안에서는 주도권을 주장했다. 중국은 국력이 가장 쇠락했던 수십 년 동안에도 그런 지위를 포기하려 하지 않았다.

정치적 시각에서 보자면 19세기에 태평양 지역에서는 인도양에서처럼 한 국가가 독점적 패권을 장악하는 상황은 나타나지 않았다. 인도양은 한동안 사실상 영국의 영해나 다름없었다. 오스트레일리아는 얼마 안 가 대영제국의 '불효자'가 된 뒤로 한 번도 런던의 충실한 '하인'이었던 적이 없었다. 1941년 이전에는, 태평양전쟁 이후의 미국처럼 전체 태평양 지역의 주도권을 장악한 나라가 없었다.[91]

지중해를 제외하고는 인류가 해상의 상호작용 공간에 대해 가장 잘 이해한 곳은 대서양이었다. 콜럼버스 이전의 대서양의 역사를 다룬 저작들은 도처에 널려 있고 콜럼버스 이후의 대서양 역사를 논한 저서들은 그것만으로도 도서관 하나를 채울 만큼 많다. 1492년에 새로운 시대가 시작되었다. 이때 이후 누구도 신대륙과 구대륙 사이의 쌍방향 영향에 대해 의심하지 않았다. 그러나 상호작용의 동력과 상호작용의 결과, 더 나아가 작용과 반작용에서 각자가 역할한 몫에 대해서는 오랫동안 논란이 그치지 않았다.

유럽인들이 사용하는 (신대륙을) '발견'했다는 표현 자체가 격렬한 논쟁을 유발했다. 18세기에 크리올* '애국자들'이 이미 유럽중심주의의 역사구조에 대해 반론을 제기하고 있었다.[92] 1893년에 프레더릭 잭슨 터너(Frederick Jackson Turner)가 미국의 역사를 정착 변경(邊境)과 '문명'이 점진적으로 확장되어가는 과정이며, 정치적·사회적 의미에서 미국문화는 바로 이 변경지대에서 형성되었다고 해석한 '변경(frontier)이론'을 제시했다. 이때부터 미합중국의 역사와 선사(先史)는 대서양 해안의 시각을 벗어날 수 있었다. 그러나 다른 관점도 등장했다. 트리니다드 출신의 역사학자이자 크리켓 경기 전문가인 시릴 제임스(Cyril Lionel Robert James)가 1938년에 출간한 아이티혁명을 주제로 한 저서 『검은 자코뱅당』(*The Black Jacobins*)은 학계에 광범위한 영향을 미친 새로운 시각을 제시했다. 이 책의 등장 이후 대서양 지역의 노예무역과 노예제의 역사는 순전히 피해자의 관점 속에 갇혀 있던 상황을 완전히 벗어나게 되었다. 역동적이고 생명력이 넘치는 '검은 대서양'(Black Atlantic)이 세상 사람들 앞에 모습을 드러냈다.[93]

상호작용의 공간으로서 대서양을 연구할 때도 19세기와 20세기의 모습보다는 근대 초기의 모습이 보다 깊이 있게 연구되고 보다 더 생

---

* 크리올(영어 Criole, 스페인어 Criollo, 프랑스어 Créole)은 본래 유럽인의 자손으로 식민지 지역에서 태어난 사람을 부르는 말이었으나, 유럽계와 현지인의 혼혈을 부르는 말로 개념이 확대되었다.

생하게 묘사되었다.[94] 남·북아메리카, 유럽, 아프리카 네 대륙의 사이에 자리 잡은 사각형 해역에서 역사적인 인간매매와 상품교역이 이루어졌고, 또한 이곳에서 억압과 자유와 혁명이란 이념의 흐름이 형성되었으며 식민주의에 대한 새로운 인식이 자라났다.

개별 국가의 역사도 대서양과 제국이란 틀 안에서 새롭게 해석되었다. 예컨대, 자족적인 섬나라 아일랜드는 세계화의 (원치 않는) 선구자가 되었다.[95] 영국의 대서양, 이베리아의 대서양, 아프리카의 대서양을 통합하는 일은 아직 역사학자들의 주요 도전 과제로 남아 있다. 각자의 부분적인 체계가 갖고 있는 특징은 무엇인가. 좀더 높은 수준으로 통합되자면 그것들을 어떻게 연결하고 해석해야 할까.[96] (생태적인 면에서 상당한 정도로 획일적이며 규모도 상대적으로 작은 지중해와는 다른) 대서양이 카를 리터가 말한 역사의 자연적인 무대가 아니라고 한다면 통합은 어떤 모양이 될까?

이 밖에도 우리가 마주해야 할 또 다른 문제들이 있다. '대서양 공간'은 대륙 내부의 어디까지 확장될 수 있는가. 미시시피강까지 확장될 수 있는가. 7년 전쟁 ─ 영국 중심의 시각을 가진 사람과 미국인은 '프랑스-인디언 전쟁'이라 부른다 ─의 역사적 경험을 통해 우리는 유럽 내륙에서 발생한 사건과 북아메리카 지역에서 일어난 사건이 서로 밀접하게 연관되어 있고 영향을 미쳤다는 사실을 알고 있다. 그런데도 우리는 '해양'과 '대륙'의 명확한 경계를 강조하는 관점에 얽매여서 외향적/내향적 프랑스(낭트/리옹)나 스페인(카디스, 바르셀로나/마드리드)이 있고 미국에는 개방적인 뉴잉글랜드와 폐쇄적인 중서부가 있다고 말한다. 이민사의 관점에서 볼 때 시칠리아는 아프리카보다는 북아메리카에 더 가깝지 않은가. 1876-1914년 동안에 대략 1,400만의 이탈리아인이 북아메리카, 아르헨티나, 브라질로 떠났다. 그렇다면 최소한 이 시기의 이탈리아는 이민과 사회화의 공간에서 대서양의 일부라고 해야 하지 않을까.[97]

19세기에 대서양과 태평양은 전혀 다른 발전의 경향을 보였다. '큰 평화'의 바다가 모든 영역에서 통합의 열기에 휩싸여 있을 때 대서양 양안은 현실문제에 있어서나 사람들의 의식면에서나 점차 서로 유리되고 있었다. 대서양을 가로지르는 교역행위 가운데서 근대 초기에 가장 중요했던 노예무역은 1780년대에 수량으로 최고봉에 오른 이후 하강하기 시작했고 1840년 이후는 급격하게 감소했다. 대략 1810년 무렵부터 노예운송의 최종 목적지는 쿠바와 브라질로 바뀌고 미국과 영국령 카리브해 지역은 노예무역 시장에서 점차 빛을 잃어갔다.[98) 아이라 벌린(Ira Berlin)은, 일찍이 18세기 중엽에 플랜테이션의 증가와 함께 북아메리카 노예들의 생존공간이 좁아지고 그들은 갈수록 더 넓은──벌린의 표현으로는 '국제화된' (Kosmopolitisch)──대서양 세계와 서서히 단절되었다는 해석을 내놓았다.[99) 두 번째 분기점은 1826년까지 스페인령 라틴아메리카 국가의 독립과 1823년의 포르투갈령 브라질의 독립이었다(독립운동을 이끌었고 새로운 통치자의 자리에 오른 사람은 포르투갈 국왕의 아들이었지만). 이로서 옛 제국과의 유대는 끊어졌다. 이 시기에 미국 대통령 먼로가 유럽에 대한 배척적인 무관심을 표명하는 '먼로독트린'을 선언했다(1823년). 먼로독트린은 특정한 외교문제를 두고 밝힌 미국의 입장이었지만 미국이 대서양 체제를 이탈하여 서방대륙을 전략적으로 새롭게 바라보는 시각을 상징했다. 이때 이후 19세기 90년대까지의 유럽과 미국의 관계를 살펴보면, 1860년대의 미국 내전과 프랑스의 멕시코에 대한 무력간섭 시기에 심각한 분열을 보였다가 주저하면서 완만하게 다시 회복되는 중이었다. 19세기의 대서양 양안의 관계를 대혁명 시대의 밀접했던 관계와 비교한다면 전혀 가까워지지 않았다. 그러나 1870년 이후의 대규모 이민과 교통기술의 획기적인 발전을 놓고 본다면 이런 평가는 재고되어야 한다.

# 육지공간

대륙의 광대한 육지는 그 자체가 빠르고 빈번한 접촉을 하는 데 해양에 비해서 나은 조건이 아니었다. 공업화 이전의 교통기술로는 먼 거리를 여행할 때 말, 낙타, 마차, 썰매, 사람의 두 다리, 가마에 의존하는 것보다 배를 타는 것이 (반드시 더 안전하다고 할 수는 없으나) 더 빠르고 편안했다.

이런 시각에서 볼 때 유럽은 예외였다. 굴곡이 많은 해안선, 수많은 천연적 항구와 항행 가능한 내륙 하천 덕분에 유럽에서 연해와 내륙 항운은 세계의 어느 지역보다 중요한 역할을 담당했다. 그런데 유럽에서는 수로와 육로 교통의 기술적 우위가 하나로 합쳐졌다. 유럽을 제외하면 해안선의 길이가 2만 8,000킬로미터에 이르는 일본만이 비슷한 조건을 갖추었다.[100] 유럽이 다른 문명과의 공통점은 무엇이며 차이점은 무엇인가 하는 (끝이 없고 그래서 쉽게 이념화되는) 논쟁은 역사학자들이 쉽게 흥미를 갖는 주제가 아니다. 역사학자들은 오히려 유럽대륙을 여러 지역으로 구획하는 데 더 많은 관심을 갖고 있다(그런데 그 경계가 정치적인 경계와 일치하는 경우는 거의 없다). 오래전부터 유럽은 세계에서 독보적으로 단일성과 함께 다양성을 유지해왔다는 자기 이미지를 갖고 있다. 그러나 이 다양성은 어떻게 조직되어 있으며 그 요소들은 무엇인가? 헤르더(Johann Gottfried Herder)가 제시했고 19세기 초에 성행했던 낭만주의 민족학의 '3원론'은 유럽을 '라틴 — 게르만 — 슬라브' 3대 지역으로 나누었다. 많은 사람이 이 학설을 추종했고 심지어 1차 대전에서는 선전 주제로 이용했다. 훗날 나치는 이런 관점을 극단적인 방식으로 부활시켰다.

민족국가를 지역으로 구획하는 것은 상대적으로 논쟁이 적은 문제다. 그러나 일찍이 대(大) 플리니우스(Gaius Plinius Secundus)가 『자연사』(*Historia naturalis*)에서도 언급한 적이 있는 '스칸디나비아'를

19세기에 통용되던 지역개념으로 분류할 수 있을지는 의문이다. 북유럽과 동유럽의 개념적 구분은 19세기에 들어와서야 시작되었다. 이때부터 러시아는 '북방'으로부터 '반(半)아시아적인' 동방으로 변했다. 스칸디나비아의 자기인식 형성의 전제는 대국을 꿈꾸던 스웨덴의 야심이 철저하게 파괴된 것이었다.

이런 결과를 유발한 원인은 1795년의 폴란드-리투아니아 연합왕국의 소멸과 1809년 핀란드 대공국의 러시아로의 할양이었다. 1848년에 정계와 지식계 일부에서 '스칸디나비아주의'(Scandinavianismus) 사조가 등장했지만 막 일어나기 시작한 스웨덴, 덴마크, 노르웨이의 민족의식을 대체할 수 없었다. 1864년 독일-덴마크 전쟁에서 스웨덴은 스칸디나비아 국가 진영에 참여하지 않았다. 덴마크의 속령이었다가 1814년 스웨덴으로 할양된 노르웨이는 줄곧 독립을 추구하다가 1905년에 마침내 이 목표를 달성했다. 나머지 세 나라와는 다른 독자적인 언어를 갖고 있었으나 관습적으로 스웨덴어를 제2의 언어로 사용하던 핀란드는 1917년이 되어서야 독립했다. '스칸디나비아인'이란 자기인식은 제2차 세계대전 이후에 비로소 보편적으로 받아들여졌다. 오늘날 스웨덴, 노르웨이와 덴마크는 관습적으로 '북유럽국가'라 자칭하지만 외부세계에서는 흔히 핀란드도 스칸디나비아 국가의 일원으로 간주한다.[101]

스칸디나비아처럼 자연지리 상으로 상대적으로 명확한 경계를 가진 지역도 명칭 문제에 들어가면 여전히 많은 의문점이 제기된다. 우리가 일상적으로 사용하는 기타 지역개념은 그 엄격성과 확정성이 보장될 수 있을까. 독일(서독)을 포함하는 '서유럽'이란 개념은 1945년 이후 냉전이란 환경 아래서 태어난 것이다. 1871년 독일제국이 통일되고 프랑스와 독일 민족주의가 공개적으로 대립하기 전에 독일에서의 유럽지역을 서유럽이라 부르는 개념은 존재하지 않았다.

서유럽이란 개념은 (제1차 세계대전 이전에는 형성되지 않았던) 영국과 프랑스의 연대를 전제로 한다. 외교적으로 영국과 프랑스가 가까워지기 시작한 것은 1904년 이후의 일이었다. 민주주의-입헌주의란 가치관의 각도에서 볼 때 두 나라 사이에 동질성이라고 할만한 것은 그리 많지 않았다. 영국의 정치엘리트 계층은 나폴레옹 3세의 '독재정권'을 늘 불신과 의혹의 눈길로 바라보았다. 그러므로 19세기에 관한 한 '서유럽'이란 곤혹스러운 지역개념이다.

'중부유럽'은 애초에 지리학자들이 꿈꾸던 (게르만민족의 제국주의적 공간을 뛰어넘어) 경제적으로 연합된 지역을 가리키는 정치적으로 무색무취한 용어였다. 훗날 제1차 세계대전에서 이 개념은 독일 패권주의를 미화하는 개념으로 변조되어 전쟁목적을 정당화하는 도구로 이용되었다.[102] 냉전이 종결된 뒤에 '중부유럽'은 다시 등장하여 폴란드, 헝가리, 체코, 슬로바키아가 위치한 지역을 가리키는 표지가 되었다. 지금은 독일과 오스트리아를 다시 받아들인 좀더 넓은 범위의 중부유럽이란 개념까지 제시되고 있다.[103]

이런 제안과 지난날의 대 독일 패권주의 야심은 아무런 관계가 없고 다만 그 가운데서 '중동부 유럽'이 강력한 반(反) 러시아적 개념으로서 비교적 널리 인정받고 있다. 헝가리의 경제사학자 이반 베렌트(Iván T. Berend)는 19세기의 가장 현저한 특징은 '서방'의 매력과 표준적인 지위라고 주장한다. 그는 19세기의 역사를 논할 때 '중앙과 동부유럽'(Central and Eastern Europe)이란 개념을 사용하자고 제안했다. 이 지역은 발트해에서부터 오스만제국의 북쪽 국경에 이르는 광대한 지역을 가리키는데 합스부르크 왕국과 러시아의 유럽 부분이 포함된다. 그는 이 지역의 1789-1914년의 역사를 기술하면서 다음과 같은 전제를 기초로 했다. 이 지역은 해당 시기에 독특한 문화적 동질감, 서유럽과 세계 기타지역과 분명하게 구분되는 몇 가지 특징적인 모습을 형성했다.[104] 이 가상의 지도 위에서 독일제국은 서

유럽의 한 부분으로 정의된다.

　베렌트의 이분법은, 동유럽과 서유럽의 대립관계를 벗어나 동유럽을 전체 유럽 역사의 틀 안에 받아들이자는 기왕의 주장과는 배치된다. 예컨대, 폴란드의 역사학자 오스카르 할레츠키(Oscar Halecki)는 20세기 20년대에 동서를 축선으로 하고 지리 문화적 각도에서 유럽 내부를 구획하자는 구상을 제시한 바 있다.[105] 20세기 80년대 초에 헝가리의 중세기학 학자 제뇌 스취츠(Jenő Szűcs)가 유럽을 3대 '역사지역'으로 구분하자는 제안을 내놓아 당시에 막 일어나고 있던 '중부유럽' 문제에 관한 논쟁을 본격화시키는 작용을 했다.[106] 그 밖에 몇몇 학자들이 중동부유럽을 예로 하여 '역사지역'에 관한 약간의 새로운 구상을 제시했다.[107] 그러나 국가 중심이 아닌 지역구분을 기초로 한, 엄밀한 의미의 19세기 유럽의 역사지리학은 아직도 공백으로 남아 있다.


## 유라시아

　그 밖에 몇몇 지역개념은 순전히 인류의 영감이 만들어낸 창조물이다. '유라시아'가 그 가운데 하나이다. '아시아' 자체가 유럽인의 발명품이었으니 유럽과 아시아를 하나로 합친 대륙은 두 배의 창조물이다. 러시아에서 '유라시아'는 20세기 20년대부터 점차 강력한 이념적 개념으로 진화하기 시작하여 —19세기 초에도 유사한 움직임이 있었다— 오늘날까지도 지속되고 있다. 이런 상황은 러시아인의 내심에 있는 두 가지 희망이 포출된 것이다. 한편으로 러시아인은 오만한 유럽인들 앞에서 '아시아'라고 하는 으뜸 패를 내놓고 싶었다. 다른 한편으로는 서유럽과 중국 사이에 끼인 지리적 위치가 자신에게 불리하게 작용할 수 있다는 두려움의 표현이었다.[108] 그러나 '유라시아'란 개념 자체는 결코 쓸모없는 것이 아니다. 그 두 가지 이유는 다음과 같다.

첫째. 현실상황 속에서 두 대륙을 오가며 몸으로 교류를 실현하는 인간집단이 존재한다. 우리는 이런 사람들을 유라시아의 전기(傳記)라고 부를 수 있을 것이다. 이런 집단 가운데 아시아의 '혼혈아'가 있다(인도에서는 '유라시아 집단'이라 불린다). 존재가 가장 뚜렷한 집단은 처음에는 포르투갈-아시아 혈통이었으며 후에는 영국-아시아 혈통이 뒤를 이었다. 19세기 초, 대부분의 유라시아계 인도인은 영국군인의 후손이었다. 군인들은 급료도 적고 본국 사회에서 지위도 낮아 인도에서 유럽 여성을 배우자로 맞이하기가 매우 어려웠다.

근대 초기는 물론이고 1830년대 초까지도 유라시아인은 아시아에서건 유럽에서건 상당한 시장가치를 지니고 있었다. 그들은 이중문화의 배경과 소통능력 덕분에 식민체제를 운용하는 데 있어서 결코 빼놓을 수 없는 역할을 할 수 있었다. 그들은 종교적으로는 압도적으로 기독교인이었고 지위는 아르메니아인이나 유대인에 비견될 수 있었다. 그러나 19세기 중엽 이후 그들의 유럽인으로서의 자기정체성은 동요하기 시작했다. 고급 기병지휘관이자 기사작위까지 받은 제임스 스키너(James Skinner, 1778-1841)중령처럼 관직에서 빠르게 올라간 인물은 찾아보기 어려웠다.

이 무렵 유라시아인은 '복잡한 혈통'과 어느 쪽에도 소속되지 못하는 사회적 신분 때문에 모든 곳에서 배척당했다. 그들이 식민정부기구 안에서 승진할 수 있는 기회는 인도인보다 적었다. 19세기 내내 이런 열악한 처지는 갈수록 심해졌다. 제한된 기회 때문에 빈곤해진 그들은 지배계층에서 밀려났고 사회적 지위는 마침내 '가난한 백인'(poor white)보다 아래로 내려갔다. 유럽의 인종이론은 그들을 '열등인'으로 평가했다. 다른 한편으로는 아시아 여러 나라에서 떠오르기 시작한 민족주의도 그들을 배제의 대상으로 지목했다.[109] 생물학적인 유라시아인과 동등하게 분류된 사람들이 유럽출신의 식민가정이었다. 이들은 식민지 정착민이거나 식민정부 관료로서 세대를 이어가며 아시아 — 특히 영국령 인도와 네덜란드령 동인도 — 와 연결된 사람들이었다.[110]

지금까지는 사회적이고 인종적인 의미의 '유라시아' 개념을 언급했다. 상호작용하는 공간의 명칭으로서 '유라시아'의 개념이 다시 유행하기 시작한 것은 주로 근대 초기의 일이었다.[111] 당시의 유럽인들은 19세기의 유럽인들에 비해 아시아와의 관계에서 더 많은 친근감을 느끼고 있었다. 위계적 의미가 담긴 서방-동방 이분법은 1830년대에 이르러서야 등장했다.[112] 반면에, 중국에서 헝가리에 이르는 전체 유라시아 세계가 몽고제국과 그 후계자들에 의해 짧은 기간 동안 통일되었던 시기는 세계사 연구의 표준적인 주제가 되었다.

아시아의 '중세기' 이후 몇 세기 동안 아시아대륙의 내지에는 여전히 여러 소국이 존재하고 있었다. 오랫동안 돌궐족을 위주로 하여 각 민족에게 전파된 이슬람교가 이 지역에서 주요한 응집력으로 작용했다.[113] 러시아, 청, 영국령 인도라는 세 제국주의 세력이 세계사를 주도해온 '아시아 내지'의 오랜 핵심지역을 서서히 식민화하여갔다. 몽골제국이 붕괴되던 14세기 중엽까지 유지되었던 몽골족의 군사력은 1750년대에 청 군대의 진격 앞에서 단번에 철저하게 소멸되었다. 1860년대까지 이슬람 칸 국의 일부는 청에 합병되었고 일부는 러시아로 편입되었다.

19세기 동안에 민족주의가 발흥하고 서유럽과 일본의 현대화 개혁이 진행되면서 모스크바에서 베이징에 이르는 상대적으로 정체된 아시아 중앙지대는 점차 낙후지역으로 변했다. 이 밖에도 제국주의 세력의 침략, 점령, 개조의 영향으로 유라시아대륙의 내재적 차이는 날이 갈수록 분명해졌다. 이제 이 지역에서 대제국이 접촉하고 융합하던 과거의 형세는 다시는 돌아올 수 없는 옛일이 되었다. 그 이후 발생한 일련의 역사적 간주곡 — 1931-45년 일본의 아시아대륙

점령(내몽고를 제외한 전체 중앙아시아 지역은 영향을 받지 않았다)이든 엘베강에서 황해에 이르는 공산주의 동맹의 임시적 성립(1950-1963)이든——도 유라시아대륙의 전반적인 상황을 본질적으로 바꾸지는 못했다. 유라시아 시대——이런 거창한 표현을 쓰는 데 지나치게 겸손하지 않아도 된다면——는 칭기스칸에서 시작하여 18세기 말에 끝났다. 19세기에 들어와 '유라시아'는 더 이상 중요한 공간이 아니었다.

# 5. 지역구획
### 권력과 공간

지역구획은 국가의 오래된 직능의 하나이다. 그러나 모든 국가가 이 직능을 행사할 능력을 갖고 있지는 않다. 봉건세습 제도 아래서는 지방 호족이 자신의 이익을 보존하기 위해 현지의 세력과 관습의 힘을 빌려 상급 기관의 통제와 조정에 저항했다. 이런 사회에서 국가는 지역 구획에 무능하다. 전제적인 국가와 입헌주의 국가만 국가목표를 하향식으로 부과할 수 있다. 지역구획의 임무를 완수하자면 중앙주도형의 제도구축 의지와 그것을 실현할 수 있는 방법과 수단이 갖추어져야 한다. 대부분의 경우 현대사회에서만 이러한 조건들을 갖출 수 있다. 그러나 예외는 있다. 아래에서 우리는 세 나라(중국, 미국, 러시아)의 예를 통해 19세기 각국이 지역구획에서 보여준 거대한 차이에 대해 분석할 것이다.

중국의 예에서 우리는 세계에서 유일한 지역구획 방식의 역사적 연속성을 볼 수 있다. 그 연속성은 오늘날까지도 지속되고 있다. 중국 행성(行省)제도의 뿌리는 13세기까지 거슬러 올라간다. 명 왕조(1368-1644) 때부터 중국의 15개 행성은 숫자상으로는 아무런 변화가 없고 그 경계의 변화도 매우 제한적이다.[114] 중국의 영토면적은 대체로 유럽과 같다. 만약 유럽의 판도가 1500년 이후 큰 변화가 없었다고 한다면 지금 유럽은 어떤 모양이 되어 있을까.

중국의 행성은 유럽식으로 헌법규정에 따라 구조적으로 발생하지 않았다. 중국의 행성은 행정적 기구이다. 중국 행정구역의 강력한 규범력은 왕조의 교체를 견뎌내고 백성의 생활방식에 깊은 영향을 미쳤다. 지금까지도 출신 성의 강력한 정체성은 중국인의 자기인식에 결정적인 형향을 미치고 있다. 다른 지역 출신을 대하는 중국인의 인식은 유럽의 각 민족이 서로를 대하는 도식화된 인상과 유사하다.

중국의 오래된 행정구역이 갖고 있는 지속적인 영향력은 다른 방식을 통해서도 증명된다. 중국의 각 성은 현재의 명칭 이외에 여전히 고대의 명칭으로도 불리고 있다(예컨대 산둥성山東省은 '노'魯라고 불린다). 언제나 그랬던 것은 아니지만 일부 성은 합리적으로 획정되어서 경제지리학과 사회지리학의 기준에서 의미 있는 단위가 되고 있다. 역사지리학에서는 통상적으로 중국의 성을 그 형태적인 특징을 따라 7-8개를 하나로 묶어 '거시지역'으로 나누는데(예컨대, 서북, 장강 중하류, 장강 상류 등), 한 지역의 크기가 유럽의 큰 나라의 영토면적과 비슷하다.[115] 실제로 고대의 행정구역 가운데서 이미 성 단위를 초월하는 큰 지역개념이 등장했다. 청 왕조는 2, 3개 성에 대한 관할권을 한 사람의 총독이 갖게 했다.

중국의 상대적으로 안정된 국가 행정구역은 역사적으로 일반적인 상황이 아니라 일종의 특수한 사례이다. 유일하게 비교대상이 될만한 것은 미국의 연방제도뿐이다. 유럽과 라틴아메리카의 여러 나라와 비교할 때 미국 각 주의 경계는 중국의 경우처럼 거의 변화가 없었다. 그러나 중국의 행정구역 제도는 19세기에 아무런 변화가 없었지만 정부는 변경지역에 대한 통제권을 상실하고 내륙의 성만 장악했다. 같은 시기에 미국의 판도는 지속적으로 확장되었다. 1783년 건국할 때에 미국은 이미 전 세계에서 세력범위가 가장 넓은 정치적 실체였다. 1850년까지 미국의 영토면적은 3배로 늘어나 있었고 확장의 추세는 여전히 멈출 기미를 보이지 않았다.[116] 끊임없이 새로운 지역이 다양한 방식으로 미국의 판도 안으로 들어왔다. 매입한 경우도 있고(프랑스로부터 사들인 루이지아나주, 멕시코로부터 사들인 뉴멕시코 주와 애리조나주 남부), 인디언부락과 조약을 통해 흡수한 것도 있고, 어떤 지역은 이민을 통해, 다른 지역은 전쟁에 이겨 할양받았다(텍사스주). 주 하나가 연방에 가입할 때마다 새로운 정치적 문제가 생겨났다. 미국 내전이 발생하기 전에는 새로 연방에 가입한 주에게 노예제를 허용할 것인가 하는 문제는 위험한 화약통과 같았다. 이 문제는 나아가 헌법을 둘러싼 논쟁으로 발전했고 결국은 내전의 폭발로 이어졌다.

언뜻 보면 백인 정착민의 서부진출 운동은 자연발생적이고 무계획적인 행동으로 비치지만 아메리카합중국은 간단하고도 획일적인 방식으로 국가영토를 구획한 세계 최초의 국가이며, 그 시기도 나폴레옹 시대의 프랑스가 전국 행정구역 정리와 토지등기 사업을 시작한 시점보다 빨랐다. 미국 지도는 지금까지도 네모난 2차원 격자망(格子網)의 특징을 갖추고 있다. 주와 주 사이의 경계이건, 마을의 배치도이건, 개인의 토지 경계이건 대부분이 직선을 채용하고 있다. 아프리카 국가의 국경선은 식민자들이 '인위적'으로 획정한 것이라고 비난하는 사람들이 있지만 미국의 국내 정치지리도 인위적인 설계의 색채가 결코 적다고 할 수 없다.

미국 영토의 2/3를 종횡으로 덮고 있는 격자망의 연원은 미국 의회 위원회가 1784년, 1787년, 1796년에 각기 제정하고 통과시킨 몇 건의 토지법령(Land Ordinances)이다. 이 법령은 16세기의 천문지리학자 게르하르트 메르카토르(Gerhard Mercator)가 항해지도를 제작할 때 고안해낸 직선투영법에서 영감을 받았다. 광활한 '해역'에 가상의 직선이 그어졌다고 한다면 사람의 발길이 거의 닿지 않은 해양처럼 광활한 북아메리카의 '황야'에는 실제로 천문학 좌표를 활용하여 격자 모양의 직선이 그어졌다. 이런 격자망은 영국이 행정구역과 토지 소유권 문제를 해결하기 위해 채택한 복잡하고 무원칙한 방식과는 선명하게 대비된다. 토지소유권의 혼란을 피하기 위해 제퍼슨 대통령과 이 체계의 설계자들은 반드시 토지측량을 먼저하고 그런 다음에 개인에게 토지를 판매했다.

북아메리카대륙을 가로지르는 서부확장 운동에서 격자망은 "국가 주권을 개인 소유권으로, 영토이익을 경제이익으로 번역하는 기계의 역할을 했으며 그 과정에서 국가와 개인의 토지점유에 관한 이해관계를 일치시켰다." 국가건설이라는 거대한 정책과 함께 정착민의 개별적 생계선택도 사전계획이 가능해졌다.[117] 그 밖에도 국가는 개인에 대한 토지판매를 통해 초과수익을 확보했다. 1902년, 중국의 청 왕조 정부는 바로 이런 방식으로 만주지역의 외지 정착민에게 국유토지를 판매하여 국가재정의 공백을 메웠다.[118]

미국의 정책목표는 처음부터 단순한 토지측량을 초월했다. 19세기의 공적인 토지측량은 통상적으로 먼저 대규모 토지를 획일적인 기하학적 표면으로 간주하여 영구적으로 등기해두고 실제적 표면형태를 정확하게 파악하는 방법은 뒤에 가서 찾아보는 방식을 택했다. 1814년 이후 인도에서 이런 방식이 적용되었다. 그 목적은 여러 방면에서 최신의 측량기법을 적용하여 지도제작의 무질서를 끝내고 지리학 지식의 완성도를 높이는 것이었다.

시기는 인도와 비슷하지만 시점으로는 인도보다 약간 앞서서 유럽에서 같은 방식이 적용된 사례가 있었다. 영국정부의 명령에 따라 아일랜드에서 실시된 토지측량 사업은 잉글랜드에서 실시된 토지측량 사업보다 훨씬 많은 성과를 냈다.[119] 이와는 달리 미국의 토지측량 사업의 목적은 가능한 한 토지의 현상을 정확하게 기록하는 것만이 아니었다. '격자망' 체계는 미래를 위한 계획의 밑그림이었다.

국가의 통일적인 행정구역의 세 번째 유형은 하향식 의사결정에 의해 건설된 도시이다. 이런 유형은 주로 러시아에서 나타났다. 중국 근대사와 건국초기의 미국사에서 이런 상황은 보기 드물었다. 이런 상황이 가능하려면 두 가지 요소가 갖추어져야 한다. 하나는 전제적인 집행의지가 있어야 하는데, 이는 미국의 민주주의 체제에서는 없는 요소였다(새로운 수도 워싱턴 건설은 예외였다). 다른 하나는 강력한 집행력인데, 1800년 이후의 중국의 전제정권은 이런 능력을 상실했다.

예카테리나 황제 치하의 러시아는 1775-85년의 행정개혁을 통해 제국 내에 44개의 총독관할구(뒤에 가서 성, guberniya로 바꾸어 불렀다)를, 그 아래로 481개의 군(uyezd)을 설치했다. 역사적인 성(省)과 주(州)를 대체하여 인구 30-40만의 행정 단위가 등장했다. 원래 있던 도시만으로는 행정구역의 핵심 기능을 감당할 수 없어 많은 촌락을 도시로 승격시키라는 칙령이 나왔다. 정부는 동부와 동남부 변경 지역에 도시를 건설하는 문제에 있어서는 특별한 관심을 기울였다. 그러나 새로 건설된 도시는 모두가 명실상부한 도시로 성장하지는 못했다. 19세기에 들어와서는 촌락을 도시로 바꾸는 방식은 완전히 폐지되었다.[120] 이때의 행정구역 개혁계획은 중도에 폐지됨으로써 북아메리카의 '격자망' 체계처럼 지속적인 생명력을 갖지는 못했으나 제정 러시아의 역사지리학에 지워지지 않는 흔적을 남겼다.

명대의 중국, 러시아, 북아메리카의 통일된 공간 구획은 19세기의 지역공간에 이름을 남겨놓았다. 행정단위 — 연방, 주, 성, 군 — 의 명칭이 생기게 되자 사람들은 자신이 있는 지점에 대해 명확한 판단을 할 수 있게 되었다. 그러나 세계의 다른 지방에서는 상황이 매우 복잡했다. 한 지역이 여러 가지 명칭을 가진 경우가 많다. 그중에서 현지인이 부르는 명칭도 있고 외부 세계에서 부르는 명칭도 있다. 이런 명칭들 사이의 관계는 분명치 않다.

어떤 역사학자가 오늘날의 세계지도를 연구할 때 19세기의 상황에 비추어 대조해보지 않으면 지리적 명칭을 판단할 때 반드시 혼란에 빠지게 된다. 인도, 아프리카, 서아시아지역 여러 국가의 명칭은 19세기에 부르던 명칭과 일치하지 않는다. 예컨대, '서수단'이란 지명은 지금은 사용되지 않는데 사하라 이남, 대서양에서 다르푸르(Darfur, 오늘날의 수단)에 이르는 광활한 열대초원지대를 가리켰다. 1920년 이전에 '시리아'는 지금의 시리아, 레바논, 이스라엘, 요르단을 포괄하는 광대한 지리학적 지역을 가리켰다. 인도라는 지역 개념에는 시기적으로 겹치지 않은 네 종류의 의미가 포함되어 있다. ① 제후국으로 유지되던, 영국이 진출하기 이전 시대의 정치지리. ② 식민지시대의 각 주와 영국 직할지(콜카타, 뭄바이, 마드라스). ③ 현재의 인도공화국 소속 주. ④ 지리학자들이 사용하는 자연적 분류.

이보다 더 복잡한 개념이 '이슬람세계'이다. 이것은 종교적 귀속감을 기준으로 한 개념이기 때문에 정확한 지역적 정의가 불가능하다. 근대사의 시각에서 보자면 남아시아 일부, 아프가니스칸, 말레이제도의 대부분의 섬들이 여기에 포함되어야 한다. 그러나 이것은 관습적 인식과는 일치하지 않는다. 문화지리학자들은 세분화된 '이슬람세계'를 제시한다. 예컨대 언어적 친근성을 기초로 한 '터키-이란 세계'와 이에 대응하는 ('중동', 북아프리카, 사하라로 나뉘는) '아랍세계'가 그것이다.[121] 동아시아, 동유럽과는 달리 19세기의 중근동지역에는 (오스만제국의 정치적 영향력을 낮게 평가해서는 안 되지만) 이지역전체를 영토로 가진 제국은 없었다.

공간획정은 크게는 광범위한 지역의 정치적 재편(1919년 파리강화회의)에서부터 작게는 철도건설을 위한 지역계획과 농촌 토지소유권 문제를 둘러싼 미세한 조정에 이르기까지 여러 층위에서 진행되었다. 공유지(Allmende)의 해체와 사유화 과정은 때로는 정부의 통제가 없는 상태에서 혼란스럽게 진행되었다.

다른 경우에는 정부의 엄격한 지도와 계획 아래서 진행되었다. 국가가 토지를 기준으로 하여 세금을 징수하자 누가 무엇을 부담해야 하는지, 토지 소유자와 점유자 중에서 누가 부담해야 하는지 ——촌락공동체는 더 이상 과세대상이 아니었다——를 명확히 하지 않으면 안

되게 되었다. 세계 어느 곳에서든 이것은 정부활동이 지방에까지 확산되는 가장 중요한 동기였다. 이후 복잡한 토지 소유관계를 정리하여 합리적인 방식으로 통합하려는 움직임이 나타났다. 19세기 혹은 20세기에 시행된 거의 모든 토지개혁은 이런 부분에 대한 대비책을 소홀히 하지 않았다.[122] 토지의 계획적인 운용은 현대사회의 기본 행위 가운데 하나였다. 대표적인 사례가 20세기 소련, 동유럽, 중국의 대규모 집단화였다. 그런데 역사학자들은 이 문제에 대해 관심을 기울이지 않았다. 하나의 변하지 않는 법칙이 있다. 토지등기제도와 토지의 자유로운 처분권이 없는 국가는 '현대'국가라고 할 수 없다.

# 6. 영토권, 디아스포라, 경계

## 영토권

지금까지 제시된 모든 관점은 공간의 평면성을 전제로 한 것이다. 19세기의 공간은 사실상 고도로 획일적이며 연속적이었고, 이는 정부가 개입한 결과였다. 미국의 토지법이든, 여러 나라(네덜란드에서부터 인도에 이르기까지)의 체계적인 토지측량과 소유권 등기든, 지금까지 강력한 통치를 경험한 적이 없는 지역에 대한 식민통치이든 국가는 공간을 철저하게 동질화하는 활동을 해왔다. 특히 1860년 이후 국가통치를 단순히 전략적 거점에 대한 지배가 아니라 지역 세력에 대한 상시적인 개입으로 보는 시대적 추세가 나타났다. 이런 추세는 근대 초기부터 시작된 점진적인 '영토주권화' 또는 '영토권 형성'의 과정이라 할 수 있으며 유럽 특유의 현상은 아니었다.[123]

영토주권화는 민족국가의 형성뿐만 아니라 제국의 개혁과 식민지배의 강화와도 관련이 있었다. 사람들의 식민통치에 대한 인식은 단순한 무역기지의 장악을 넘어 토지에 대한 통제로 바뀌었다. 발전 가능성이 있는 영토에 대한 재평가가 이루어지자 지구상의 독립적인 정치적 실체의 숫자가 급격하게 줄어들었다. 유럽에서는 비교적 독립적인 정치적 실체의 숫자가 1500년에 대략 500여개였는데 1900년에는 25개로 줄었다.[124] 1803년에 통과된 『제국대표자회의 주요결의』(*Reichsdeputationshauptschluss*)\*, 1871년 독일제국의 성립, 1871년 일본의 영주제 폐지('폐번치현'廢藩置縣), 인도와 아프리카의 식민정복으로 수백 개의 반(半)자치 정권이 소멸했다.

유럽 이외의 지역에서 이러한 상황의 등장은 유럽 확장의 결과만은 아니었다. 동남아시아에서는 이미 식민화 이전 18세기에 독립적인 정치적 실체의 숫자가 22개에서 3개 — 버마, 태국, 월남 — 로 감소했다.[125] 대형 왕조의 부속국은 빠르게 합병되었다. 일부 대국과 거대한 정치적 실체가 잇달아 나타났다. 미국, 1867년에 연방으로 성립된 캐나다, 제정 러시아 — 이때에 이르러 시베리아를 소유하고 중앙아시아 남부로 진출했다 — 가 그런 예였다. 냉철한 두뇌의 프리드리히 라첼이 '국가의 공간성장 법칙론'을 주창한 것은 사회적 다윈주의에 심취했기 때문만은 아니었다.[126]

영토권은 현대국가의 표지일 뿐만 아니라 넓은 의미에서 보자면 군주정치의 한 형식이었다. 예컨대, 19세기의 이란은 서방의 영향이 거의 미치지 않는 국가였고 통치자의 업적에 대한 평가의 중요한 척도는 새로운 영토의 탈취이거나 최소한 기존 영토의 방어 여부였다. 이런 업적이 없는 군주는 왕위를 노리는 왕자들이 반역할 수 있는 좋은 표적이 되었다. 영토에 대한 지배가 왕국(물크, mulk)의 기반이었고 뒤에 가서는 민족국가(밀라트, millat)의 기초가 되었다.[127] 당시 이란은 이웃 제국과 비교했을 때 열세였고 이 때문에 샤(Shah)는 곤경에 처해 있었다.

---

\* 1803년 2월 25일, 나폴레옹의 겁박 아래서 독일의 제후들이 채택한 결의. 이 결의에 근거하여 교회 영지는 세속화되고 중간 규모의 제후국이 주변의 소규모 제후국을 흡수했다. 결과적으로 112개 제후국이 사라지고 독일의 제후국은 30여 개로 줄었다.

## 비연속적 사회적 공간

모든 공간이 연속적인 것은 아니다. 19세기에도 사회의 생존은 하나로 연결된 영토 안에서만 전개되지는 않았다. 비연속적 사회적 공간의 대표적인 형식이 '디아스포라'(diaspora)이다. 이 개념은 어떤 사회집단이 실제적인, 혹은 상상 속의 출생지로부터 멀리 떨어진 곳에서 생활해도 '고향'에 대해서 여전히 깊은 정서적 연대감과 충성심을 갖고 있는 상황을 의미한다. 이런 집단은 자신의 의지가 아니면서 고향을 떠나 세계 각지를 떠돌면서 혹은 노동의 기회를 찾거나 무역활동에 종사하고 혹은 식민의 목적으로 고향을 멀리 떠난다. 디아스포라 집단 내부에는 (상상 속의) 옛 땅에 때한 이상주의적 신화와 국가재건의 꿈이 대대로 전승된다. 귀향의 결심은 집단의 정체성이 된다. 이들과 현지 사회의 관계는 문제가 없을 수가 없다. 소수자로서의 소외감, 새로운 불행이 닥쳐올 것이란 불안감이 이들의 집단정서 속에 내재되어 있다. 이 밖에, 다른 나라(제3국)에 거주하고 있는 동포들에 대한 동정심과 연대의식이 이 집단의 특징 가운데 하나이다.[128]

하나 하나의 디아스포라는 형성배경과 역사적 경험이 서로 다르다. 우리는 이를 바탕으로 하여 피박해 디아스포라(미국의 아프리카인, 아르메니아인, 유대인), 노동 디아스포라(인도인, 화교), 무역 디아스포라(중국인, 레바논인, 파르시인*), 제국주의 디아스포라(식민지의

---

\* 파르시인(Parsis)은 주로 인도에 거주하는 조로아스트교도이다. 파르시는 페르시아란 뜻이다. 무슬림이 페르시아를 정복(636–651년)하고 나서 이슬람으로 개종을 원치 않는 조로아스터교 공동체가 박해를 피해 인도 북부로 이주했다. 현재 이 집단의 인구는 10만으로 추산된다. 대부분이 인도 구자라트 주에 거주하고(70퍼센트) 파키스탄과 스리랑카 (5퍼센트), 영국(25퍼센트)에도 거주한다. 오랜 정착 기간을

유럽정착민), 문화 디아스포라로 분류할 수 있다.[129] 그중에는 오래 전에 형성되어 19세기까지 이어진 것도 있었고 19세기에 등장한 것도 있었다. 예컨대, 아르메니아인 디아스포라는 1895년 반아르메니아 폭동이 시작되었을 때 생겨났다.

디아스포라의 성격은 중심부와 주변부의 관계에 따라 달라진다. '알리야'(유럽에서 팔레스타인으로의 이주)* 이전의 유대인처럼 공간적 중심이 없는 경우가 있고, 디아스포라에 대해 보호 작용을 하는 중심국가가 있는 경우가 있고(중국), 중심부가 식민화된 경우가 있고(아일랜드), 중심부가 외래 민족의 통제 아래 있어서 정치적 망명자 색채가 강한 경우가 있다(19세기의 폴란드, 현재의 티베트). 디아스포라 집단의 성격은 수용 국가의 문화에 적응하는 정도에 따라서도 결정된다. 제한적인 적응은 흔히 문제의 원인이 되지만 이점으로 작용하는 경우도 있다. 19세기에 미국과 기타 국가에서 형성된 격리된 당인가(唐人街, 차이나타운)는 그곳에 사는 사람들에게 상당한 정도의 심리적·신체적 안정과 보호를 제공했다.

대규모 이주의 결과로 생겨난 디아스포라는 19세기의 보편적 현상이었다. 프랑스인만 고향을 떠나지 않았다. 모든 문화를 수용해온 역사를 가진 중국도 해외이민의 발원지가 되었다. 명대에 첫 번째 이민 물결이 있고 나서 '대(大)중화문화권'의 기초가 형성되었다. 여행을 싫어하여 평생 섬나라를 떠나본 적이 없는 일본인들도 북아메리카로 새로운 생존의 기회를 찾으러 떠나겠다며 정부의 승인을 요구했다. 1885-1924년, 대략 20만 명이 일본을 떠나 하와이에 도착했고 그 밖에도 18만 명이 북아메리카대륙으로 향했다.[130] 1941년 12월 일본이 진주만을 기습하고 나서야 미국인들은 자신의 주변에 그토록 많

거치며 언어는 구자라트어를 사용하지만 종교와 혈통은 아직도 지키고 있다.

* aliyah: 히브리어로 '상승'이란 뜻이다.

은 일본인이 살고 있음을 알게 되었다. 국가는 인종적·문화적으로 소속감을 같이하는 사람들을 통합하기 위해 형성되었다. 그런데 역설적이게도 동시에 디아스포라 집단을 국가의 한 부분으로 받아들이는——디아스포라 집단의 존재를 근거로 영토권을 요구할 수 없는데도——인식이 강해졌다.

디아스포라는 비연속적·사회적 공간의 형성을 불러왔다. 어떤 면에서는 이런 현상은 이민 집단이 그들을 받아들인 사회에 융합되어 가는 과도적 단계였다. 미국에서 생활하는 독일 이민은 뉴욕 등 대도시에서 응집력이 강한 공동체를 형성했지만 장기적으로는 이 공동체가 신세계로의 동화에 저항하는 교두보가 되지는 못했다.[131] 다른 경우에 디아스포라 집단의 존재는 향수나 민속을 훨씬 뛰어넘는 형태를 갖추었다.

정착한 국가와 출생지 사이의 '횡적인' 네트워크는 디아스포라 집단의 '해외의 고향'을 떠받치는 핵심적인 지주였다. 중국 남부지역의 일부, 인도, 시칠리아, 아일랜드와 (20세기 초의) 그리스는 교민이 해외에서 보내는 자금에 크게 의존했다. 19세기에 디아스포라라는 형식의 비연속적·사회적 공간은 영토주권화 관념에 대한 도전으로서 전대미문의 중요성을 갖게 되었다.

유럽에서 민족국가의 형성은 소수민족의 처지를 더욱 곤란하게 만들었다. 해외 노동시장이 개방되자 이들 소수민족의 이민 욕구는 갈수록 강렬해졌다. 이와 함께 통신수단의 개선으로 이민자는 모국과의 연결을 쉽게 유지할 수 있었다. 명확하게 규정된 단일 영토가 정부의 통제와 정서적 귀속감의 중심이 되는 국가공간이 분명하게 모습을 갖추는 한편으로 영토의식이 완전히 사라지지는 않았으나 희박한 초국가적 공간도 형성되었다.[132]

## 경계[133]

공간은 경계에서 끝난다. 경계선에는 군인의 경계선, 경제학자의 경계선, 법률가의 경계선, 지리학자의 경계선 등 여러 가지가 있다.[134] 경계선은 거의 중첩되지 않는다. 19세기에 새로운 경계선 개념이 생겨났고 열렬한 지지자들도 나타났다. 예컨대, 언어의 경계선은 근대 초기에는 사람들의 관심을 끌지 못했다. 대혁명이 끝난 후 프랑스는 전국적인 언어통계를 실시했고 그 결과를 지도로 표시했다. 19세기 40년대부터 독일도 유사한 언어지도를 제작했다.[135] 19세기에는 옛날 방식의 군사적 경계가 여전히 위력을 발휘했다. 군사점령 지역은 지도 위에 경계선으로 표시되었고 경계선은 언제라도 전쟁의 도화선이 될 수 있었다.

한 국가와 그 이웃나라의 관계사는 경계라고 하는 실제적인 형태로 표출된다. 국가주권의 경계는 대부분의 경우 특정한 상징물——초소, 감시탑, 국경 구조물——로 표시된다. 정치적 경계는 그러므로 구체적이다. 그것은 구체화된 국가이며, 물리적으로 응축된 정치적 규칙이다(정치의 영역에서 국가는 하루하루 끊임없이 감촉되는 존재이기 때문이다).[136] 반면에, 때로는 국경보다 더 튼튼하고 훨씬 더 바꾸기 어려운, 거의 보이지 않는 상징적인 경계도 있다.

정치적 경계란 개념은 힘이 곧 정의라는 "국가의 자기중심적 인식"을 전제로 한다.[137] 법학자가 말하는 평화로운——합의된——경계는 뒤에 가서 생겨났다. 19세기에는 강제된 경계와 합의된 경계가 병존했다. 1830년 벨기에가 건국될 때 유럽의 강대국들은 1790년의 주(州) 경계를 부활시켰다.[138] 1871년에 그어진 독일-프랑스의 새로운 경계는 승전국의 일방적인 강요에 의해 확정되었다. 1878년, 베를린 회의(Congress of Berlin)에서 발칸반도의 정치 지도를 다시 그릴 때 발칸반도 국가의 대표에게는 발언의 기회가 전혀 주어지지 않았다.

아프리카 국가들 사이의 경계는 대부분이 유럽 식민지 열강들 사이의 협정과 비망록을 근거로 하여 확정되었다.

유럽 각국 대표들은 현장에서 지형을 눈으로 관측하고 땅 위에다 표지를 세웠다. 1884년, 비스마르크가 주재하여 베를린에서 열린 서아프리카회의(Conference on West Africa)에서 고위층들이 서아프리카의 영토문제를 논의 할 때 현지에서 활약하고 있던 강대국(영국, 프랑스, 독일, 포르투갈, 라이베리아) 요원들이 이미 경계표지를 '현장에' 세워놓고 있었다. 처음에 획정된 것은 관세 통합 지역의 경계였으나 19세기 90년대가 되자 이것이 각 식민지(라이베리아 포함) 사이의 정식 영토 경계로 확정되었다. 이때의 회의에서 열강은 유럽인이 아직 발을 들여놓지 않은 지역의 국경선도 승인했는데, 그 목적은 벨기에 레오폴트 2세(Leopold II) 국왕의 콩고자유국(Congo Free State)에 대한 소유권을 확인하는 것이었다.[139] 아프리카와는 반대로 라틴 아메리카 각 공화국 사이의 경계는 대부분이 외부세계의 간여 없이 획정되었다.[140]

근대, 특히 19세기에 국경이 더 견고해지고 국경 '지대'가 국경 '선'으로 축소되었다는 것이 전통적인 관점이다. 그러나 이런 관점은 증거로 뒷받침되지 않는다. 속인(屬人)관할권(personale Jurisdictionen)이 통용되던 시대에 명확한 경계선을 가진 주권구역이 이미 등장했다. 그리고 '선형' 국경선은 제국주의가 비유럽 세계에 전파한 유럽의 발명품이 결코 아니었다.

1689년과 1727년에, 청 왕조와 제정 러시아가 대체적인 세력균형을 유지하고 있을 때 중앙아시아 북부 지역에서 두 나라 사이의 국경을 획정하는 두 건의 조약이 체결되었다. 그러나 기하학적인 직선 방식의 국경선은 통상적이지 않았다. 아프리카에서는 (사하라사막을 가로지르는 경계를 포함하여) 국경 총연장의 대략 3/4이 직선이었지만 이런 방식은 아시아에서는 적용되기 어려웠다.[141] 유럽인들은 아시아에서 국경을 확정할 때 간혹 (프랑스대혁명시대에 나온) '자연적인' 경계라는 이념을 좇아 '의미 있는' 국경을 획정하려고 시도했다.[142]

이 밖에, 한 지역의 실질적인 권력관계를 파악하려는 노력이 있었다. 1843-47년에 이란, 오스만제국, 러시아, 영국의 대표로 구성된 위원회가 모든 당사자가 받아들일 수 있는 이란과 오스만제국 사이의 경계를 확정하는 협상을 벌였다. 협상의 기본원칙은 토지에 대한 주권은 유목부족이 아니라 국가에게 있다는 것이었다. 이란과 오스만제국 쌍방은 자기주장을 뒷받침할 풍부한 역사 자료를 제시했다. 그러나 실제 이란정부는 자신의 권위에 국경 안의 모든 부족이 복종하도록 강제할 능력이 없었다.[143] 새로운 측량 기구와 기법 덕분에 유례없이 정확한 경계획정이 가능했다. 19세기 50년대에 속개된 국경위원회는 이란과 오스만제국 사이의 경계문제를 완벽하게 해결할 수는 없었지만 쌍방이 각자의 토지가치에 더 많은 관심을 기울이도록 동기는 제공했다. 그리하여 '민족주의'를 고려하지 않은 영토주권화의 작업이 속도를 내게 되었다. 국경분쟁이 생기면 중재자─대부분의 경우 패권국으로서 영국─를 부르는 것이 관례가 되었다. 이란과 아프가니스탄의 국경이 그렇게 획정되었다.

아시아와 아프리카에서 식민열강이 우월한 문명의 표지라고 자부하던 그들의 고착된 선형 국경을 적용했을 때 현지인의 보편적인 인식 속에서 국경은 주권의 영역을 확정할 뿐만 아니라 언어집단과 종족 공동체를 구별하는 투과성이 강하고 유연한 중간지대였다. 상이한 국경 관념이 충돌하는 곳은 협상 테이블이 아니라 국경을 확정하는 현장이었다. 마지막 승자는 대부분 현지에서 세력이 가장 강한 쪽이었다. 1862년 중국과 러시아가 경계를 다시 획정할 때 러시아 측이 제시한 자연지형을 기준으로 하여 획정하자는 안이 채택되었다. 이 방식대로라면 일부 종족집단─예컨대 키르기즈인─은 둘로 나뉘어야 했다. 러시아 측 전문가들은, 지도학의 원리조차도 알지 못하는 나라의 대표들을 진지하게 대할 수 없다는 오만한 이유를 들어 중국 측의 이의를 물리쳤다.[144]

유럽의 국경 관념이 다른 나라의 국경 관념과 충돌했을 때 우위를 차지한 쪽이 유럽이었던 까닭은 힘의 비대칭성 때문만은 아니었다. 19세기에 태국은 영국의 식민지인 버마와 국경문제를 두고 영국인과 협상을 벌였다. 태국 정부는 자부심이 강해서 협상 테이블에서 쉽게 요리할 수 없는 상대였다. 그러나 태국인의 관념으로는 국경이란 변경 방어초소의 순찰대가 유효하게 활동할 수 있는 범위 이내를 의미했다.

태국인은 선형으로 경계를 획정하자는 영국인의 주장을 이해할 수 없었다. 영국의 주장을 따른다는 것은 태국으로서는 부당하게 많은 토지의 상실을 의미했다.[145] 달리 말하자면, 당시의 태국은 다른 여러 나라와 마찬가지로 국경을 확정하는 표준에 대해 분명한 개념을 갖추지 못하고 있었다. 경계 획정 현장에 나타난 식민열강의 대표가 치밀한 준비를 거쳐 사전에 준비한 지도를 들고 나오는 경우가 별로 없었다. "국경 만들기"는 일종의 임시적이며 실용적인 행위인 경우가 대부분이었지만 그렇게 해서 생긴 결과물은 되돌리기가 어려웠다.

19세기에 처음 등장한 면도날처럼 예리한 국경은 극단적인 경우 전적으로 파괴적인 영향을 미쳤다. 예컨대 사하라 사막처럼 유목민족이 생활하는 지역에서 이런 모양의 경계는 재난을 의미했다. 목초지, 수원지, 성지로 가는 길이 어느 날 갑자기 한줄기 경계선 때문에 끊어져버렸다. 그러나 경계의 주변, 다시 말해 국경선의 양쪽에는 이 때문에 특수한 변경집단이 생겨났다. 이들은 주도적으로 경계지역의 환경에 적응하고 환경의 힘을 빌려 자신의 생활조건을 개선시켰다. 사하라 이남과 남아시아 지역에서 그러한 사례를 쉽게 찾아볼 수 있었다.

사람들은 국경을 박해를 피하는 방벽으로 이용했다. 튀니지의 부족들은 프랑스-알제리 식민군대에서 피난처를 찾았고, 다호메이(Dahomey)* 사람들은 프랑스 징세관을 피해 이웃한 영국령 나이지리아로 달아났고, 쫓겨난 수족(Sioux) 인디언들은 추장 '앉은 황소'(Sitting Bull)를 따라 캐나다로 들어갔다. 지역상인, 밀수업자, 이민노동자가 역동적으로 활약하는 실재의 국경지역은 지도에 표시된 국경지역과는 별로 관련이 없는 경우가 많았다. 국경지역의 소규모 교류는 허다한 새로운 생존기회를 만들어냈다.[146] 더 고차적인 제국주의적 전략의 시각에서 볼 때 국경지역은 또 하나의 의미를 지닌다. 필요하다면 국경을 '침범'했다는 핑계를 내세워 수시로 이웃나라를 군사적으로 공격할 수 있게 되었다.

19세기에, 표지가 선명한 주권국가의 '외곽 기관'(器官)—프리드리히 라첼의 표현이다—이 생겨나고 퍼져나갔다. 그곳에는 국가권위의 상징물이 부착되고 경찰, 병사, 세관직원이 지켰다. 그곳은 국가권력이 영토주권화된 부산물이자 표지였다. 그곳은 사람에 대한 지배보다 토지에 대한 지배가 더 중요해졌다는 표지였다.

이제 주권의 소유자는 통치자 개인이 아니라 '국가'가 되었다. 영토는 당연히 하나로 연결된 일체형 지역이어야 했다. 속지, 조차지, 도시국가(제네바는 1813년에 스위스의 하나의 주가 되었다), 그 밖의 정치적 '짜깁기 조각보'는 이제 시대착오적인 존재가 되었다. 1780년 무렵에는 스위스 안에 있는 뇌샤텔(Neuchâtel)이 프로이센 황제가 통치하는 지역이라고 해서 이상하게 생각하는 사람은 별로 없었다. 그러나 1857년 정식으로 스위스연방에 가입하기 직전의 뇌샤텔은 구시대의 유물이 되어 있었다.

* 지금의 베냉.

유럽과 남북 아메리카대륙이 가장 먼저 영토주권과 국경의 관념을 현실로 바꾸었다. 옛 제국과 새로운 제국의 상황은 복잡했다. 국경은 부분적으로는 영토로서의 깊은 뿌리가 없는 행정구획이었고, 부분 적으로는 (특히 '간접통치' 상황일 때) 식민지가 되기 전 통치구역의 확인 표지였다. 제국 사이의 국경은 온전한 연속선으로 표시되는 경우는 드물었고, 유럽의 국경처럼 면밀하게 지키기도 어려웠다.

모든 제국에는 열려져 있는 측면이 있었다. 프랑스의 경우 그것은 알제리 사하라였고, 영국의 경우는 인도 서북 국경이었고, 제정러시아의 경우는 카프카스였다. 그러므로 국가적 경계의 역사적 순간은 식민지가 해체되고 새로운 주권국가가 우후죽순처럼 생겨난 1945년 이후 시기에 찾아왔다. 이때 '철의 장막'과 함께 유럽과 한국이 분단 되었다. 국경은 유사 이래 최고도로 군사화 되었다. 국경의 불가침성을 확인하기 위해 핵무기와 철조망이 동원되었다. 국경에 대한 19세기적 강박관념이 20세기 60년대에 극치의 경지를 보여주었다.

주註

1) Koselleck, Reinhart: *Zeitschichten.* p.9, 90.

2) Harvey, David W.: *The Condition of Postmodernity. An Enquiry into the Origins of Cultural Change,* Oxford, 1989, p.240.

3) 관련 과학사 논저로서 David Noel Livingstone: *The Geographical Tradition: Episodes in the History of a Contested Enterprise* (1992)와 Marie-Clair Robie: *"Geography"*(Porter, T. M./Ross, Dorothy[ed]: *The Modern Social Science,* Oxford, 2003, pp.379-390에 수록)를 참조할 것.

4) 스위스인들이 제작한 뒤푸르지도(Dufour Map)가 한 예이다. Gugerli, David/ Speich, Daniel: *Tofografien der Nation, Politik, kartografische Ordnung und Landschaft in 19. Jahrhundert,* Zürich, 2002, pp.379-90.

5) Dabringhaus, Sabine: *Territorialer Nationalismus,* pp.57 and passim..

6) 프랭클린 탐험대의 이야기는 독일작가 Sten Nadolny가 1983년 발표한 소설 *Die Entdeckung der Langsamkeit*를 통해 널리 알려졌다.

7) 1830년 이전에 유럽인이 쓴 비유럽국가에 관한 여행기록 가운데서 거의 완전한 형태로 남아 있는 것은 일본에 관한 여행기록뿐이다. 켐퍼의 작품은 Kapitsa, Pyotr(ed): *Japan in Europa,* München, 1990에 발췌 수록되어 있다.

8) 탐험대 구성작업의 경과에 관해서는 Roderick Murchison의 탐사여행을 연구한 Stafford, Robert A.: *Scientist of Empire. Sir Roderick Murchison, Scientific Exploration and Victorian Imperialism,* Cambridge, 1989를 참조할 것.

9) Humboldt, Alexander von: *Relation historique du Voyage aux régions équinoxiales les du Nouveau Continent*(1814-25),

10) 이때의 여행기는 Humboldt, Wilhelm von: *Werke*(ed. by Andreas Flitner), Darmstadt, 1960-81, v.2, pp.418-627에 수록되어 있다.

11) Bird의 여행기 전부를 모은 12권으로 구성된 작품집(*Collected Travel Writings*)이 1997년 재판되었다.

12) Cosgrove, Denis Edmund: *Apollo's Eye. A Cartographic Genealogy of the Earth in the Western Imagination,* Baltimore, MD, 2001, p.209(와 도판210)를 참조할 것.

13) 관련된 고전적인 저작으로서 Carter, Paul: *The Road to Botany Bay, an essay in spatial history,* London, 1987을 참조할 것.

14) Barrow, Ian J.: *Making History, Drawing Territory. British Mapping in India, c. 1756-1905,* New Dehli, 2003, pp.101, 103.

15) Wigen, Kären Esther/Lewis, Martin W.: *The Myth of Continents. A Critique of Metageography,* Berkeley, 1997, p.xi.

16) Ibid, p.181. Foucher, Michel: *Fronts et Frontières, un tour du monde géopolitique,* Paris, 1991, p.156.

17) Wigen, Kären Esther/Lewis, Martin W.: *The Myth of Continents*, p.172.

18) Legge, J. D.: *"The Writing of Southeast Asia History"* (Tarling, Nicholas[ed.]: *Cambridge History of Southeast Asia*, Cambridge, 1992, pp.1-50에 수록)의 p.1을 참조할 것.

19) Sinor, Denis: *"Introduction"* (Sinor, Denis [ed.]: *The Cambridge History of Early Inner Asia*, Cambridge, 1990, pp.1-18에 수록. 인용된 부분은 p.18).

20) Mackinder 강의록은 Geographical Journal v.23(1904), pp.421-37에 수록되어 있다.

21) Wigen, Kären Esther/Lewis, Martin W.: *The Myth of Continents*, p.65. Scheffler, Thomas: *"Fertile Crescent," "Orient," "Middle East." The Changing Mental Maps of Southwest Asia* (European Revies of History, v.10(2003), pp.253-72에 수록)을 참조할 것. E. Said는 *Orientalism*에서 '동방'(Orient)을 유럽인이 만들어낸 전형적인 '타자'(Othering)로 해체(정당하게 비판)했다.

22) 후쿠자와 유기치의 글은 부분적으로 Lu, David J.: *Japan. A Documentary History*, Armonk, NY, 1999, v.2, pp.351-53에 수록되어 있다. 그 밖에 Tanaka, Stefan: *Japan's Orient. Rendering Pasts into History.* Berkeley, CA, 1993도 참조할 것. 이 책의 논거는 대부분 1890년 이후의 각종 사료에서 나왔다.

23) Saaler, Sven: *"Pan-Asianism im Japan der Meiji- und Taischo-Zeit. Wurzeln, Entstehung und Anwendung einer Ideologie"* (Amelung, Iwo [et al. ed.]: *Selbstbehauptungsdiskurse in Asien. Japan–China–Korea*, München, 2003, pp.127-57에 수록).

24) Ritter, Carl: *Die Erdkunde im Verhältnis zur Natur und zur Geschichte des Menschen*, v.1. *Der Norden und nord-Osten von Hoch-Asien*, Berlin, 1832, p.xv.

25) Ritter, Carl: *Einleitung zur allgemeinen vergleichenden Geographie, und Abhandlungen zur Begründung einer mehr wissenschaftlichen Behandlung der Erdkunde*, Berlin, 1852, p.161.

26) 지리학의 서술적 표현의 발전과정에 관해서는 Godlewska, Anne: *Geography Unbound. French Geographic Science from Cassini to Humboldt*, Chicago, 1999, pp.41-45.

27) Ritter, Carl: *Die Erdkunde im Verhältnis zur Natur und zur Geschichte des Menschen*, v.1. *Der Norden und nord-Osten von Hoch-Asien*, p.63 and passim..

28) Ritter, Carl: *Die Erdkunde*, v.1(1832), v.2(1833), v.3(1835).

29) Ratzel, Friedrich: *Politische Geographie*, München, 1897, pp.11-28. 도서문제에 관해서는 이 책의 제24장을 참조할 것. 이 부분의 학술적 가치는 Ratzel의 유명한 "국가 공간 증가의 기본법칙" 이론을 넘어선다(pp.8-10).

30) Reclus, Élisée *" L'Homme et la Terre, Histoire contemporaine*(1908), Paris, 1990, v.1, p.123.

31) *Ibid.* pp.348-353.

32) Smith, Woodruff D.: *Politics and the Science of Culture in Germany, 1840-1920*, New York, 1991, pp.154-161. Petermann, Werner: *Die Geschichte der Ethnologie*, Wuppertal, 2004, pp.583 and passim..

33) Bonnett, Alastair: *The Idea of the West. Culture, Politics and History*, Basingstoke, 2004, pp.14 and passim.

34) Bulliet, Richard W.: *The Case for Islamo-Christian Civilization*, New York, 2004, p.5.

35) Carmagnani, Marcello: *The Other West. Latin America from Invasion to Globalization*, Berkley, CA, 2011.

36) 이 책 제17장을 참조할 것.

37) Asbach, Olaf: "*Die Erfindung der Modernen Europa in der französischen Aufklärung*"(Francia, v.31, 2005, pp.55-94에 수록).

38) Boer, Pim den: *Europa, De geschiedenis van een idee*, Amsterdam, 1999, pp.99-110.

39) *Ibid*, pp.181 and passim.. 또한 p.182의 지도를 참조할 것.

40) Schroeder, Paul W.: *The Transformation of European Politics, 1763-1848,* Oxford, 1994, pp.575-82.

41) Gollwitzer, Heinz: *Geschichte des weltpolitischen Denkens*, Göttingen, 1972-82, v.2/2, pp.83 and passim..

42) Pflanze, Otto: *Bismarcks Herrschaftstechnik als Problem der gegenwärtigen Historiographie*, München, 1982, v.2, p.426.

43) Lichtenberger, Elisabeth: *Europa. Geographie, Geschichte, Wirtschaft, Politik*, Darmstadt, 2005의 관련 지도를 참조할 것.

44) Malia, Martin: *Russia under Western Eyes. From the Bronze Horseman to the Lenin Mausoleum*, Cambridge, MA, 1999, p.92.

45) Bassin, Mark: *Imperial Visions. Nationalist Imagination and Geographical Expansion in the Russian Far East 1840-1865,* Cambridge, 1999, pp.37 and passim..

46) Hauner, Milan: *What is Asia to Us? Russia's Asian Heartland Yesterday and Today,* Boston, 1990, ch.2-4.

47) Malia, Martin: *Russia under Western Eyes*를 참조할 것.

48) Kreiser, Klaus/Neumann, Christoph K.: *Kleine Geschichte der Türkei*, Stuttgart, 2003, p.283. 오스트리아와 체결한 카를로비츠조약(Treaty of Karlowitz)이 전환점이었다는 견해도 있다.

49) Nouzille, Jean: *Histoire des frontières. L'Autriche et l'Empire Ottoman*, Paris, 1991, p.254. Hösch, Edgar: *Geschichte der Balkanländer. Von der Frühzeit bis zur Gegenwart*. München, 1988, p.91.

50) Ruthven, Malise/Nanji, Azim; *A Historical Atlas of the Islamic World*, Cambridge, MA, 2004, p.89에 나오는 훌륭한 지도를 참조할 것.

51) 1851년 이후의 회의활동에 관해서는 Baumgart, Winfried: *Europäisches Konzert und nationale Bewegung. Internationale Beziehungen 1830–1878*, Paderborn, 1999, pp.155 and passim.를 참조할 것.

52) 소수지만 예외는 있다. Fisch, Jörg: *Europa zwischen Wachstum und Gleichheit 1850-1914*, Stuttgart, 2002, pp.228-35.

53) Mazower, Mark A.: *Der Balkan*, Berlin, 2003, p.158 (원본은 The Balkans, London, 2000이다). Todorova, Maria: *"Der Balkans als Analysekategorie. Grenzen, Raum, Zeit"* (Geschichte der Gesellschaft, v.28.[2002], pp.470-92에 수록).

54) Werlen, Benno: *Sozialgeographie. Eine Einführung*, Bern, 2008, p.215.

55) 스코트랜드의 사례는 Wither: *Geography*, 2001, pp.142ff를, 태국의 사례는 Thongchai Winichakul: *Siam Mapped. A History of the Geo-Body of a Nation.* Honolulu 1994를, 멕시코의 사례는 Craib, Raymond B.: *Cartographic Mexico. A History of State Fixation and Fugitive Landscapes*, Durham, NC, 2004를 참조할 것.

56) 현재 출판되어 나와 있는 공간인식의 현상학과 심리학의 많은 저작 가운데서 가장 선구적인 저작의 하나가 Tuan, Yu-fu: *Space and Place. The Perspective of Experience*, Minneapolis, 1977이다.

57) Richter, Daniel K.: Facing East from Indian Country. *A Native History of Early America, Cambridge*, MA, 2001, pp.11 and passim..

58) Rowe, William T.: *Saving the World. Chen Hongmou and Elite Consciousness in Eighteenth-Century China*, Stanford, CA, 2001, p.356.

59) Eggert, Marion: *Vom Sinn des Reisens. Chinesische Reiseschriften vom 16. bis zum frühen 19. Jahrhundert*, Wiesbaden, 2004, p.283.

60) Leonard, Jane Kate: *Wei Yuan and China's Rediscovery of Maritime World*, Cambridge, MA, 1984, p.121 and passim..

61) Drake, Fred. W.: *China Charts the World. Hsu Chi-yu and His Geography of 1848*, Cambridge, MA, 1975, pp.67 and passim..

62) Karl, Rebecca E.: *Staging the World. Chinese Nationalism at the Turn of the Twentieth Century*, Durham, NC, 2002를 참조할 것.

63) Toby, Ronald P.: *State and Diplomacy in Early Modern Japan. Asia in the Development of the Tokugawa Bakufu*, Stanford, CA, 1983, pp.161-67.

64) Beasley, William G.: *Japan Encounters the Barbarian. Japanese Travellers in America and Europe*, New Haven CT, 1995와 Pantzer, Peter(ed.): *Die Iwakura Mission*, München, 2002와 Duus, Peter(ed.): The Japanese Discovery of America,

Boston, 1997을 참조할 것. 당시의 중국의 고급 외교관이 쓴 많지 않은 서방 견문록의 하나인 Chen Feng: *Die Entdeckung des Westens. Chinas erste Botschafter in Europa, 1866-1894,* Frankfurt a. M,, 2001을 참조할 것.

65) Konvitz, Josef W.: *The Urban Millenium, The City-Building Process from the Early Middle Ages to the Present,* Carbondale, IL, 1985, pp.82-5.

66) Baker, Alan R. H.: *Geography and History. Bridging the Divide,* Cambridge, 2003, chs.2-5.

67) 근대 역사지리학의 전통적 접근방식이다. Pounds, Norman: *A Historical Geography of Europe 1800-1914,* Cambridge, 1985.

68) 근래에 역사지리학계에서 "섬나라론"이란 주목할만한 주장이 나왔다. 관련된 저작으로서 Dodds, Klaus/Royle, Stephen A.: *"Rethinking Islands"* (Journal of Historical Geography, v.29(2003), pp.487-98에 수록)와 Pocock, J. G. A.: *The Discovery of Islands. Essays in British History,* Cambridge, 2005를 참조할 것. Pocock는 해협제도(Channel Island)에서 셰트랜즈(Shetlands)까지의 영국령 섬을 "애틀란틱제도(Atlantic Archipelago)"라고 새로 정의했다(*Ibid.* p.78).

69) Fernández-Armesto, Felipe: *Civilizations,* London, 2000. 배경 지식으로서 Braudel의 문명공간관에 관해서는 Braudel, Fernand: Grammaire des civilisations, Paris, 1993, pp.40-43을 참조할 것. 이 문제에 관하여 지역적인 시각에서 분석한 권위 있는 학자의 저작으로서 Richards, John F.: *The Unending Frontier. An Environmental History of the Early Modern World,* Berkley, CA, 2003이 있다.

70) François Walter의 고전적인 명저 *Les figures paysageres de la nation,* Paris, 2004를 참조할 것.

71) Baker, Alan R. H.: *Geography and History.* p.112에서 발췌.

72) 이것이 Elvin, Mark: *The Retreat of Elephants. An Environmental History of China,* New Haven, CT, 2004 의 주지이다.

73) Dunlap, Thomas R.: *Nature and the English Diaspora. Environment and History in the United States, Canada, Australia and New Zealand,* Cambridge, 1999를 참조할 것.

74) Cain, Peter/Hopkins, A. G.: British Imperialism, 1688-2015, London, 2001

75) 이것은 새로운 비교연구에서 방법론적으로 가장 중요한 발상이다. Pomeranz, Kenneth: T*he Great Divergence. China, Europe, and the Making of the Modern World Economy.* Princeton, NJ, 2000, pp.10 and passim. 지역사의 가능성에 관해서는 (특히 지역문화의 독자성을 중심으로 하여) Applegate, Celia: *"A Europe Regions. Reflection on the Historiography of Subnational Places in Modern Times"* (American Historical Review, v. 104[1999] pp.1157-82에 수록)을 참조하라.

76) Werdt, Christophe von: *"Halyc-Wolhynien—Rotreuszen—Galizien. Im*

*Ueberlappungsgebiet der Kuluren und Voelker*" (Jahrbücher für Geschichte Osteuropas, v.46[1998], pp.69-99에 수록).

77) 해양을 주제로 한 개설서로는 Klein, Bernhard/Mackenthun, Gesa(ed.): *Das Meer als kulturelle Kontaktzone*, Konstanz, 2003을 참조할 것. dl 저서에는 해양을 바라보는 여러 시각이 소개되어 있다. 그러나 유감스럽게도 이 저서가 제시하는 "해양풍경(seascape)"이란 개념은 ("지표풍경landscape"과는 달리 해양의 형태를 사람이 바꿀 수 없으므로) 설득력이 떨어진다.

78) Horden, P./Purcell, N.: *The Corrupting Sea. A Study of Mediterranean History*, Oxford, 2000, p.25. 저자들은 브로델식의 공간 척도를 채택하고 있다.

79) King, Charles: *The Black Sea. A History*, Oxford, 2004. Herlihy, Patricia: *Odessa, A History, 1794–1914*. Cambridge, MA, 1987. Farnie, Douglas A.: *East and West of Suez. The Suez Canal in History, 1854-1956*, Oxford, 1969.

80) Horden, P./Purcell, N.: *The Corrupting Sea*(pp.461ff. and passim)는 이러한 "지중해주의"의 대표적 저작이다. 미국의 인류학자 Michael Herzfeld는 여러 저서에서 이런 관점에 대해 이견을 제시했다.

81) Chaudhuri, Kirti Narayan: *Trade and Civilisation in the Indian Ocean. An Economic History from the Rise of Islam to 1750*. Cambridge, 1985. 같은 저자의 *Asia before Europe. Economy and Civilization of Indian Ocean from the Rise of Islam to 1750*, Cambridge, 1990.

82) Wong, Roy Bin: *"Entre monde et nation. Les régions braudéliennes en Asie"* (Annales. Histoire, Sciences sociales, v.56[2002], pp.5-41에 수록).

83) Vries, Jan de: *"Connecting Europe and Asia. A Quantitative Analysis of the Cpae-Route Trade, 1497-1795"* (Flynn, Dennis O.[et. al. ed.]: *Global Connection and Monetary History, 1470-1800,* Aldershot, 2003, pp.35-106에 수록).

84) 인구유동의 여러 형식에 관해서는 Bose, Sugata: *A Hundred Horizons. The Indian Ocean in the Age of Global Empire*, Cambridge, MA, 2006을 참조할 것.

85) Kirch, Patrick Vinton: *On the Road of the Winds.* pp.293, 300, 302.

86) 태평양에 관한 고전적 저작으로서 Spate, Oskar H. K.: *The Spanish Lake. The Pacific Since Magellan(3vls),* London, 1979-88 가 있다. 아쉽게도 이 저작이 다루고 있는 시기는 1800이전이다.

87) Yasuo Endo: *"Ein Meer namens Daitoyo. Das Konzept des Pazifiks aus japaischer Sicht 1600-1860"* (Klein, Bernhard/Mackenthun, Gesa(ed.): *Das Meer als kulturelle Kontaktzone,* Konstanz, 2003, pp.201-222에 수록. 인용된 부분은 p.210).

88) Scarr, Deryck: *The History of Pacific Islands. Kingdom of the Reefs,* Basingstoke, 1990, pp.134-144.

89) Flynn, Dennis O.(et al. ed.): *Global Connection and Monetary History* 와 Jones,

Eric L.(et al.): *Coming Full Circle. An Economic History of the Pacific Rim*, Boulder, CO, 1993을 참조할 것.

90) Korhonen, Pekka: "*The Pacific Age in World History*" (Journal of World History, v.7[1996], pp.41-70에 수록).

91) Heffer, Jean: *The United States and the Pacific. History of a Frontier*, Notre Dame, IN, 2002, p.249ff. 제목을 보면 이 저작은 미국의 역사를 다루고 있는 것처럼 되어 있지만 실제 내용은 현대 태평양 전체의 역사를 논하고 있다.

92) Brading, D.A.: *The First America. The Spanish Monarchy, Creole Patriots, and the Liberal State 1492 - 1867*. Cambridge, 1991, pp.447ff. 이 저작은 '애국주의'에 대해서도 같이 해석을 제시하고 있다.

93) Zeuske, Michael: *Schwarze Karibik. Sklaven, Sklavereikulturen und Emanzipation. Rotpunktverlag*, Zürich, 2004를 참조할 것.

94) 관련 개설서로서 다음과 같은 저작들이 있다. Bailyn, Bernard: *Atlantic History*. Pietschmann, Horst(ed.): *Atlantic History. History of the Atlantic System 1580-1830*, Göttingen, 2002. David Armitage/Michael J. Braddick(ed.): *The British Atlantic World, 1500–1800*, New York, 2002.

95) 무엇보다도 Nicholas Canny와 그 유파의 관련 논문을 읽어 참조할 것.

96) 그래서 "부분적인 통합"이란 개념이 나왔다. 예컨대, 북대서양과 남대서양에서 "초기근대 세계의 경계"를 공통의 법률체계가 적용되던 범위를 기준으로 하여 확정하려는 시도가 있었다. Gould, Eliga H.: "*A World Transformed? Mapping the Legal Geography of the English-Speaking Atlantic, 1660-1825*" (Wiener Zeitschrift zur Geschichte der Neuzeit, v.3[2003], pp.24-37에 수록)와 Benton, Lauren: "*The Legal Regime of the South Atlantic World, 1400-1750, Jurisditional Complexity as Institutional Order*" (Journal of World History, v.11[2000], pp. 27-56에 수록)을 참조할 것.

97) 숫자는 Bade, Klaus Jürgen(et al.): *Enzyklopädie Migration in Europa vom 17. Jahrhundert bis zur Gegenwart*, Paderborn, 2010에서 인용했다.

98) Curtin, Philip D.: *The Atlantic Slave Trade. A Census*, Madison, MI, 1969, pp. 266(도표266), 268(도표77).

99) Berlin, Ira: *Many Thousands Gone. The First Two Centuries of Slavery in North America*, Cambridge, MA, 1998, pp.95ff. 인용문은 p.95에 나온다.

100) Amino Yoshihiko (網野 善彦): "*Les Japonais et la mer*" (Annales HSS, v.50[1995], pp.235-58에 수록)를 참조할 것. 일본사의 대가인 저자는 이 논문에서 영국과 일본의 지리적 유사성에도 불구하고 일본인들은 영국인들과는 달리 해양문명을 발전시키지 못했다는 점도 강조하고 있다.

101) Lemberg, Hans: "*Zur Entstehung des Osteuropabegriffs im 19 Jahrhundert. Vom 'Norden' zum 'Osten' Europas*" (Jahrbücher für Geschichte Osteuropas,

v.33[1986], pp.49-91에 수록)에서 특히 pp.77를 참조할 것. Kirby, David: *A Concise History of Finland,* Cambridge, 2006. p.5. Mead, W. R.: *A Historical geography of Scandinavia,* London, 1981, pp.9-13, 210-212. Fisch, Jörg: *Europa zwischen Wachstum und Gleichheit 1850-1914,* p.148.

102) 중부유럽 개념의 다양한 문제에 관해서는 Schultz, H. D.: *"Deutschlands 'natürliche Grenznen'. 'Mittellage' und 'Mittelleuropa' in der Diskussion der Geographen seit Beginn des 19. Jahrhunderts"* (Geschichte und Gesellschaft, v.15[1989], pp.248-91에 수록)와 같은 저자의 *"Raumkonstrukte der klassischen deutschsprachigen Geographie des 19/20. Jahrhunderts im Kontext ihrer Zeit"* (Geschichte und Gesellschaft, v.28[2002], pp.343-77에 수록)를 참조할 것. 중부유럽의 여러 가지 경계에 관한 지도는 Dingsdale, Alan: *Mapping Modernities. Geography of Central and Eastern Europe,* 1902-2000, London, 2002, p.18을 참조할 것.

103) Johnson, Lonnie R.: *Central Europe. Enemies, Neighbors, Friends,* New York, 1996을 참조할 것.

104) Berend, Iván T.: *History Derailed. Central and Eastern Europe in the Long 19th Century,* Berkley, 2003, p.xiv.

105) Halecki, Oskar: *Europa. Grenzen und Gliederung seiner Geschichte.* Darmstadt, 1957.

106) Szűcs, Jenő: *Die drei historischen Regionen Europas,* Frankfurt a. M, 1990. "두개의 유럽"에 관한 심층적인 문제는 Bunce, Valerie: *"The Historical Origins of the East West Divide. Civil Society, Political Science, and Democracy in Europe"* (Bermeo, Nancy/Nord, Philip(ed.): *Civil Society Before Democracy. Lessons from Nineteenth-Century Europe,* Lanham, MD, 2000, pp.209-236에 수록).

107) Troebst, Stefan: *Kulturstudien Ostmitteleuropas. Aufsätze und Essays.* Frankfurt a. M, 2006.

108) Scherrer, Jutta: *Kulturologie. Rußland auf der Suche nach einer zivilisatorischen Identität,* Göttingen, 2003, pp.128-151, "유라시아"와 관련된 그 밖의 세 가지 개념에 관해서는 Helwig, Schmidt-Glintzer: *"Eurasien als kulturwissenschaftliches Forschungsthema"* (Gantke, Wolfgang[et al. ed.]: *Religionsbegegnung und Kulturaustausch in Asien,* Wiebaden, 2002, pp.185-99에 수록)를 참조할 것.

109) Hawes, C. J.: *Poor Relations. The Making of a Eurasian Community in British India 1773-1883,* Richmond, 1996, pp.10, 39, 152, 168.

110) Buettner, Elizabeth: *Empire Families. Britons and Late Imperial India.* Oxford, 2004를 참조할 것.

111) Fletcher, Joseph: *"Integrative History. Parallels and Interconnections in the Early*

*Modern Period, 1500-1800*˝ (Journal of Turkish Studies, v.9[1985], p.37-57에 수록).

Lieberman, Victor B.(ed.): *Beyond Binary Histories. Re-imagining Eurasia to c. 1830*, 1999.

112) Osterhammel, Jürgen: *Die Entzauberung Asiens.*을 참조할 것.

113) Findley, Carter V.: *The Turks in World History,* Oxford, 2005, chs.2-3을 참조할 것. Wong, Roy Bin: *"Entre monde et nation. Les régions braudéliennes en Asie"* (Annales HSS v.56 [2001], pp.5-41에 수록. 인용된 부분은 pp.18f).

114) Mote, Frederick W.: *Imperial China. 900–1800*, Cambridge, MA, 1999. pp.485ff.

115) Skinner, G. William(ed.): *The City in Late Imperial China.* Stanford, 1977과 Naquin, Susan/Rawski, Evelyn S.: *Chinese Society in the Eighteenth Century,* New Haven, CT, 1987을 참조할 것.

116) Meinig, Donald William: *The Shaping of America.* v.2, p.3.

117) Kaufmann, Stefan: *"Landes beschriften. Zur Logik des 'American Grid System'"* (같은 저자의 편저 *Ordnung der Landschaft. Natur und Raum technisch und symbolisch enrwerfen,* Würzburg, 2002, pp.73-94에 수록). Schlögel, Karl: *Im Raume lesen wir die Zeit. Über Zivilisationsgeschichte und Geopolitik.* München, 2003, p.188.

118) Reardon-Anderson, James: *Reluctant pioneers. China's expansion northward, 1644-1937,* Stanford, CA, 2005, p.72.

119) Edney, Matthew H.: *Mapping an Empire. The Geographical Construction of British India, 1765-1843.* Chicago, 1997, p.200. Bayly, Christopher Alan: *Empire and Information,* pp.303ff. Ó Cadhla, Stiófan: *Civilizing Ireland, Ordnance Survey 1824-1842. Ethnography, Cartography, Translation,* Dublin, 2007.

120) Lappo, Georgij/Hoensch, Fritz W.: *Urbanisierung Russlands.* Berlin, 2000, p.34.

121) Planhol, Xavier de: *Les Fondements géographiques de l'histoire de l'Islam*, Paris, 1968.

122) James C. Scott: *Seeing Like a State. How Certain Schemes to Improve the Human Condition Have Failed,* New Haven, CT, 1998, pp.37-47.

123) Maier, Charles S.: *"Consigning the Twentieth Century to History. Alternative Narratives for the Modern Era,"* (American Historical Review, vol.105, no.3 (June 2000), pp. 807-831에 수록. pp.808, 814, 816을 참조할 것.. 이 저서는 1860년 무렵에 나타난 새로운 추세의 의의를 과대평가하고, 오직 철도만이 진정한 의미에서 새로운 요소라고 주장한다.

124) Tilly, Charles: *"Reflections on the European State Making"* (Idem. ed.: *The Formation of National States in Western Europe,* Princeton, NJ, 1975에 수록).

125) Lieberman, Victor: *Strange Parallels. Southeast Asia in Global Context, c. 800-1830.* Volume 1: *Integration on the Mainland*, Cambridge, 2003, p.455.

126) Ratzel, Friedrich: *Politische Geographie*, pp.193ff.

127) Kashani-Sabet, Firoozeh: *Frontier Fictions. Shaping the Iranian Nation, 1804-1946*, Princeton. NJ, 1999, p.23.

128) Cohen, Robin: *Global diasporas, an Introduction*, London, 1997, pp.26, 177ff. "식민지이후 (post-colonial) 시대"의 시각에 관해서는 Mayer, Ruth: *Diaspora*, Bielefeld, 2005를 참조할 것.

129) *Ibid*, chs.2-6.

130) Takaki, Ronald Toshiyuki: *A Different Mirror. A History of Multicultural America*, Boston, 1993, p.247.

131) Nadel, Stanley: *Little Germany. Ethnicity, Religion, and Class in New York City, 1845-80*, Urbana, IL, 1990, p.10. 이 저서는 사회역사학 사례연구의 고전적 저작이다.

132) 디아스포라는 본질적으로 "탈영토화"의 색채를 갖추고 있다는 최근의 주장은 인기는 있을지 몰라도 편향된 주장이다.

133) 유감스럽게도 우리는 여기서 "변경사회학"이란 새로운 학문 분야의 연구성과를 언급하지 못하고 넘어가야 한다.

134) Böckler, Stefan: *"Grenze. Allerweltswort oder Grundbegriff der Moderne?"* (Archiv fuer Begriffsgeschichte, v.45[2003], pp.167-220에 수록).

135) Nordman, Daniel: *Frontieres de France. De l'space au territoire*, Paris, 1998, pp.486ff.

136) Wilson, Thomas M./Donnan, Hastings(ed.): *Border Identities. Nation and State at International Frontiers*, Cambridge, 1998, pp.1-30. Windler, Christian: *"Grenzen vor Ort"* (Rechtsgeschichte, v.1[2002], pp.122-45에 수록).

137) Nordman, Daniel: *Frontieres de France*. p.40.

138) Bitsch, Marie-Thérèse: *Histoire de la Belgique: de l'Antiquité à nos jours*, Brüssel, 2004, p.83.

139) 아프리카의 경계확정 과정에 관한 자세한 기록은 지금은 찾기가 어렵다. 그러나 서아프리카 지역의 상황에 관해서는 정확한 기록이 남아있다. Hargreaves, John D.: *"The Berlin Conference, West African Boundaries and the Eventual Partition"* (Förster, Stig[et al. ed]: *Bismarck, Europe and Africa. The Berlin Africa Conference 1884–1885 and the Onset of Partition*, Oxford, 1988, pp.313-320에 수록).

140) Foucher, Michel: *Fronts et Frontières*, pp.114, 135ff.

141) *Ibid*. p.122.

142) "자연적인" 경계는 "내용"확정 국경의 특수한 경우이다. Burnett, D.

Graham: *Masters of All They Surveyed. Exploration, Geography, and a British El Dorado,* Chicago, 2000, pp.208ff.

143) Kashani-Sabet, Firoozeh: *Frontier Fictions,* pp.24-28.

144) Paine, Sarah C.: *Imperial Rivals. China, Russia, and Their Disputed Frontier, 1858-1924,* Armonk, NY, 1996, pp.90ff.

145) Thongchai Winichakul: *Siam Mapped. A History of the Geo-body of a Nation.* Honolulu, 1994, pp.68-80. 이 책은 공간 "구조"에 관한 고전적 저작의 하나이다.

146) Windler, Christian: *"Grenzen vor Ort,* pp.138-145. Baud, Michiel/Schendel, Willem van: *"Toward a Comparative history of Borderlands"* (Journal of World History, v.8[1997], pp.211-42에 수록).

# 제2부 전경 <sub>全景</sub>

# 제 4 장

# 정주와 이주

## 유동성

◀ 감자를 찾기 위해 밭을 뒤지는 소년과 소녀

　제임스 마호니(James Mahony, 1810－79)의 연작 삽화로
　아일랜드의 대기근을 상징한다. 이때의 대기근으로
　아일랜드 전체 인구의 팔분의 일인 100만 명이 목숨을 잃었다.

▶ 아일랜드를 떠나는 이민자들

　19세기의 특징은 노예무역을 초월하는 대규모 원거리 이민이었다.
　이런 현상은 1820년 이후 나타나기 시작해 1870년대 중반에 급격한 증가세를 보였다.
　원거리 이민의 확장 속도는 세계인구의 증가 속도를 앞질렀다.

**멸종된 태즈메이니아섬 원주민**
오스트레일리아 원주민은 유럽인이 이주하기 전부터
살았던 종족으로 토레스 해협 제도 원주민 및
태즈메이니아섬의 태즈메이니아 원주민 등이 있다.
태즈메이니아인은 백인 이주자에 의해 절멸되었는데,
사진은 1860년에 촬영한 마지막까지 생존한 순수혈통 원주민이다.

▲ 1890년에 촬영된 원주민 추적자에게 붙잡혀 노예가 된 오스트레일리아 원주민

▼ 1930경 촬영된 백인 주인에게 끌려가는 오스트레일리아 원주민 노예

오스트레일리아 원주민 인구가 극적으로 감소했다.
1788년 무렵 110만 명에 가까웠던 원주민 인구는 1860년 무렵에는
34만 명에 미치지 못했다. 유럽인이 가져온 질병, 문화적 배척과 박해,
물질적 조건의 보편적 악화가 그 원인이었다.

**민병대의 인디언 캠프 학살**
캘리포니아 인디언 인구가 급격히 감소했다.
1848–60년 사이, 즉 불과 12년 사이에 10–25만 명에서
2만 5000명–3만 5000명으로 줄었다. 이런 숫자의 변화는 학살을 의미한다.

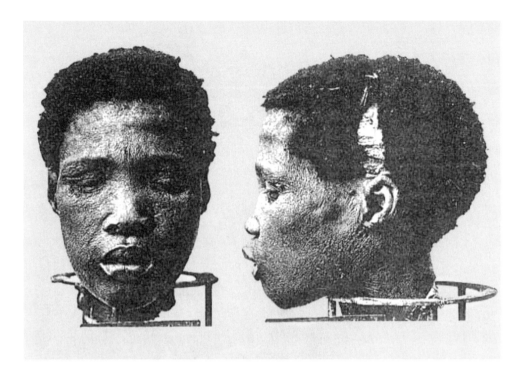

**헤레로(Herero)족과 나마(Nama)족 학살**

독일 본국에서 파견된 해병대는 1904-1907년에
독일령 서아프리카(현재의 나미비아)에서 식민지배에 저항하는
헤레로족 2만 4,000명-10만 명과 나마족 1만 명을 학살했다.
사진은 의학실험용으로 사용된 저항자의 두상으로 오이겐 피셔가 수집했다.
그는 다른 '인종' 특히, 유대인에 대한 독일의 인종적 우월성에 대한
나치당의 믿음을 정당화했던 1935년 뉘른베르크 법에
정보를 제공했다. 피셔는 '혼합 결혼'의 금지를 통해
'혼합 인종'을 막아야 한다고 주장했으며,
헤레로족과 나마족을 학살할 때 인간실험을 진행했다.

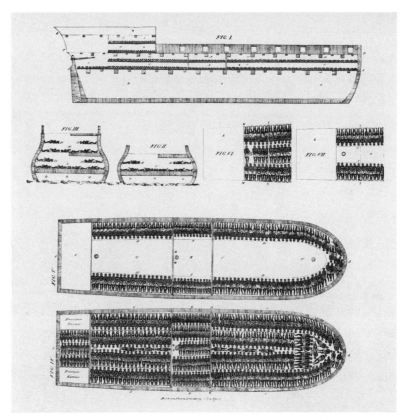

▲ 대형 노예운반선 도해

당시 노예는 화물처럼 포개진 채 '운반'되는 '화물'이었다.

▼ 노예경매 광고 전단

노예무역이 시작된 1600년 무렵부터 브라질의 노예수입이 종결된 1851년까지 480만 명에 가까운 아프리카인이 브라질로 '수송'되었다. 미국에서 노예수입이 금지된 1808년 이전에 미국에는 자체적인 생육을 통한 영속적인 노예집단이 형성되어 있었다.

▲ 장밥티스트 드브레(Jean-Baptiste Debret), 「집 노예」, c.1820.

▼ 장밥티스트 드브레(Jean-Baptiste Debret), 「가족 식사」, 1834-39.

아프리카에서 약 490만 명의 노예가 1501년부터 1866년까지 브라질로 옮겨졌다.
최초의 노예제도는 포르투갈 인들에 의해 시작되었지만 1822년 포르투갈로부터 독립한
이후에도 노예제도는 이어졌다. 노예제가 폐지되기 전까지 약 300년에 걸쳐 브라질에 온
아프리카 노예는 400만 명인데 이는 그 시대 전체 노예의 약 40퍼센트에 달한다.

시베리아로 유배된 죄수

마차에 실려 이동하는 허약한 유배죄수들을 그린 그림이다.
당시 시베리아로 유배되는 죄수들은 반란농노, 매춘부,
향촌의 반항아, 방랑자, 탈세한 유대인 등 다양했다.
1825년 러시아제국에서 일부 청년 장교들이
입헌 군주제의 실현을 목표로 일으킨 데카브리스트 봉기가
실패한 뒤로 시베리아는 정치범의 중요한 유배지가 되었다.

◀ 시베리아로 유배된 죄수들의 점심식사

▶ 탈주한 죄수들

▲ 시베리아 톰스크와 아친스크 부근의 죄수캠프

▼ 죄수캠프 안의 감방

보타니(Botany)만에 도착한 죄수 수송 함대

북아메리카 식민지가 독립하자 영국은 죄수들을 보낼
새로운 유배지가 필요했다. 1788년 11척의 배로 구성된 함대가
759명의 죄수를 싣고 보타니(Botany)에 도착하면서
오스트레일리아의 식민사가 시작되었다.
1868년에 마지막 유배죄수 함대가 올 때까지
16만 2,000명의 죄수가 오스트레일리아로 왔다.

**망명의 시대 1**
19세기 이전에는 그토록 많은 정치적 행위가 망명지에서 이루어진 적은 없었다.
왼쪽 위에서부터 시계방향으로 '러시아 사회주의의 아버지'
알렉산드르 헤르첸(Alexander Herzen, 1812-70)과 이탈리아 통일운동가
주세페 마치니(Giuseppe Mazzini, 1805-72)와 주세페 가리발디(Giuseppe Garibaldi, 1807-82),
마지막으로 헝가리 독립운동가 코슈트 러요시(Kossuth Lajos, 1802-94)다.

**망명의 시대 2**

왼쪽 위에서부터 시계방향으로 중국의 혁명가 쑨원(孫中山, 1866 - 1925),
독일의 사상가 카를 마르크스(Karl Marx, 1818-83),
독일의 시인 하인리히 하이네(Heinrich Heine, 1797-1856),
알제리 독립운동가 에미르 압델카데르(Abd al-Qādir, 1808-83).

운디드니 학살

1876년에 리틀 빅혼(Little BigHorn) 전투에서 미군을 대파한
라코타족은 1890년에 운디드니(Wounded Knee)에서 미군에게 학살당했다.
당시 라코타족을 무장해제하던 중이라 변변한 무기가 없었는데
여성과 어린아이를 비롯 300여 명을 학살했다.
공식명칭은 여전히 '전투'고 당시 학살에 가담했던
미 육군 장병에게 수여된 훈장도 여전히 취소되지 않았다.

루부마강(Ruvuma River)을 따라가는 노예상과 노예무리
노예상인이 행군을 따라오지 못하는
노예를 도끼로 내리쳐 죽이는 장면이 왼쪽 상단에 보인다.
한 연구에 의하면 1500년 이후 아프리카에서 아메리카 대륙으로 실려 간
노예의 숫자는 1,180만 명이지만 이 가운데서 10퍼센트 정도가
'운송' 중에 죽었다고 한다.

수단의 수도인 카르툼의 노예시장

버지니아 담배농장의 노예

19세기 중반까지 체서피크만(Chesapeake Bay)에는 약 14만 5,000명의 노예가 있었다.

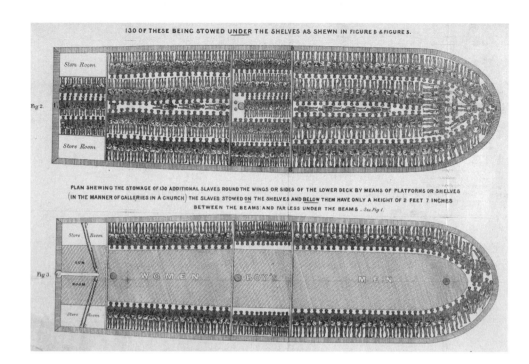

영국의 노예무역선 브룩스(Brookes) 호의 노예 적재 묘사도

이 그림은 영국의 노예제 폐지론자들이 노예제도의 비인간성을 고발하는 데
중요한 자료로 쓰였다. 1783년의 항해 기록에는 609명이 탑승했다고 적혀 있는데,
실제 묘사도 보다 훨씬 좁은 선실에 갇혀 68주를 이동한 것이다.
더욱 충격적인 것은 이런 노예 적재는 당시 유럽에서 흔했다는 데 있다.

**윌리엄 터너의 「노예선」 1840**

1783년 흑인 노예 400여 명을 싣고 서인도로 가던 종(Zong) 호에
영양실조와 질병이 돌았다. 이미 수십 명이 사망했으며
질병은 계속 번지는 중이었다. 선장과 선원은 사망한 사람과
질병에 걸린 모두를 바다에 던져버린다. 당시 노예는 '화물'이었다.
자연사한 노예에게는 보험금이 지급되지 않지만 '남아 있는 화물'(살아 있는 노예)을
잘 운반하기 위한 수단으로 '쓸모없는 화물'(죽어가는 노예)을 버리는 일에는
보험금을 받을 수 있다는 판단이었다. 이 일로 선박 소유주와 보험회사는
법정 공방을 벌이게 되는데, 이때도 '살인'이나 '도덕'에 대한 문제가 아니라
'과실'과 '의도성'에 대한 쟁점이 있었을 뿐이다.
법적 분쟁을 담당했던 재판장은 이 사건을 두고
"말이 바다에 던져진 것과 같다"라고 말했다고 한다. 결국 재판은
'고의적인 화물 파손'이므로 보험금을 지급하지 않아도 된다고 판결났다.

쿨리(Coolie) 무역
'쿨리'는 19세기에서 20세기 초까지의 중국,
인도 사람을 중심으로 하는 아시아계 이민자를 뜻한다.
아프리카 노예무역이 쇠퇴한 자리를 채운 것이 쿨리 무역이었다.
주로 중국인과 인도인이 동남아시아, 남아프리카, 카리브해 지역,
미국의 건설, 채광, 플랜테이션 노동수요를 채웠다.

**대륙횡단철도 공사를 하는 중국인 노동자들**

시에라네바다 산맥의 눈 속에서 중앙 태평양 철도(Central Pacific Railroad)
건설공사를 하는 중국인 노동자들.

록스프링스 학살(Rock Springs Masscre)

록스프링스 학살은 백인 광부와 중국에서 이민을 온 광부 사이에서
일어났으며 그간 미국인이 지니고 있던 중국인 혐오가 분출된 사건이다.
최소 28명의 중국인 광부가 죽었으며 15명이 부상을 입었다. 또한, 75채의 집이 불탔다.
당시 록스프링스 지역지는 백인 광부의 편에 서서 사건을 다뤘다고 전해진다.

# 1. 규모와 추세

1890-1920년에 레바논 농촌 인구의 1/3이 해외로 이주했는데 목적지는 주로 미국과 이집트였다. 대규모 이민이 발생한 원인은 내전에 가까운 혼란스러운 국내정세, 높은 교육수준과 침체된 경제상황의 괴리, 술탄 압뒬하미트 2세 치하의 언론자유의 제약, 이민 목적국의 매력이었다.[1] 그러나 이런 고통스러운 환경에서도 2/3는 고향에 남았다. 낡은 형식의 국가사 학계는 국경을 넘어가는 인구 이동에 대해서 별다른 관심과 인식이 없었으나 세계사 학자들은 때로는 인구이동, 네트워크화, 세계주의만 주목한다. 우리는 19세기 모든 사회의 이주한 소수집단과 정주한 다수집단을 함께 주목해야 할 필요가 있다.

이 주제는 숫자를 떠나서는 공허한 토론이 될 뿐이다. 그러나 19세기의 인구통계는 신뢰성이 크게 떨어진다. 18세기 말에, 지상낙원이라 하여 특별한 '철학적' 관심을 불러 모았던 타히티섬을 방문했던 여행자들이 추정한 바에 따르면 그곳 인구는 1만 5,000명에서 24만 명까지의 편차를 보였다. 훗날 신뢰할만한 단서를 바탕으로 다시 계산한 결과 그곳의 인구는 7만을 약간 넘는 정도였다.[2] 1890년대에 조선에서 강렬한 민족주의 운동이 일어났을 때, 운동의 초기 활동가들은 그때까지 이 왕국의 백성의 숫자에 대해 정부의 누구도 세어본 적이 없다는 사실을 알고 분노했다. 불확실한 추정에 의하면 당시 조선의 인구는 500만에서 2,000만 사이임이 분명했다. 1913년이 되어서야 일본 식민당국이 조사를 통해 확실한 결론을 내렸다. 이 때 조선의 인구는 대략 1,500만명 정도였다.[3] 중국에서는 중앙정부의 통제력이 약화됨에 따라 인구통계의 신뢰도가 지속적으로 낮아졌다. 오늘날 가장 흔히 인용되는 1750년과 1850년의 중국 인구는 각기 2.15억과 3.2억이다. 이 숫자는 더 늦은 시점의 숫자——1900년의 4.37억-4.5억——에 비하면 신뢰성이 더 높다고 할 수 있다.[4]

## 대륙의 인구비례

예부터 아시아는 지구상에서 인구가 가장 많은 대륙이었다. 그러나 시대가 바뀌면서 아시아 인구의 수적 우월성에도 끊임없이 변화가 생겼다(표1).

**〈표 1〉 세계 인구에서 아시아가 차지하는 비율**        단위: 퍼센트

| 연대 | 비율 | 연대 | 비율 |
|------|------|------|------|
| 1000 | 60 | 1700 | 64 |
| 1200 | 65 | 1800 | 66 |
| 1400 | 54 | 1900 | 55 |
| 1500 | 53 | 2000 | 60 |
| 1600 | 58 |  |  |

자료출처: Livi-Bacci, Massimo: *A Concise History World Population*, Oxford, 1997, p.31, (표 I.3).

1800년 무렵에 인류의 66퍼센트가 아시아에 살고 있었다. 17세기와 18세기에 아시아 인구의 수적 우위는 갈수록 분명해졌다. 중국과 인도를 여행한 유럽인들이 남긴 '가득한 사람무리'란 감탄 섞인 표현이 이를 증명해준다. 당시 사람들에게 많은 인구는 부유함의 표지

였다. 아시아의 군주들은 백성의 숫자를 자랑스러워했다. 19세기에 들어와 아시아가 세계 인구에서 차지하는 비중이 급격하게 내려갔고 1900년 무렵에는 55퍼센트까지 떨어졌다. 상황을 잘 모르는 유럽인은 아시아의 인구가 '정체'되었다는 사실을 받아들일 수 있었을까. 한 가지 분명한 것은 당시 사람들은 인구동태에 대해 관심이 없었다는 사실이다. 세계 인구에서 아시아가 차지하는 비중은 지금까지도 1800년 수준을 회복하지 못하고 있다. 궁극적으로 아시아 인구의 수적 우위를 흔든 요인은 무엇일까(표 2).

**〈표 2〉 세계 인구에서 각 대륙이 차지하는 비율**　　　　단위: 퍼센트

|  | 아시아 | 유럽 | 러시아 | 아프리카 | 미국 | 대양주 | 세계 |
|---|---|---|---|---|---|---|---|
| 1800 | 66.2 | 15.1 | 5.0 | 11.0 | 2.5 | 0.2 | 100 |
| 1900 | 55.3 | 18.0 | 7.8 | 8.4 | 10.1 | 0.4 | 100 |

자료출처: Livi-Bacci, Massimo: *A Concise History World Population*, Oxford, 1997, p.31.

위 도표의 수치에서 알 수 있듯이 아시아 인구의 수적 우위의 하락은 유럽 또는 전체 서반구가 흥기하면서 시작되었다.[5] 600-1700년 동안에 아프리카의 인구 규모가 한 차례 유럽을 초과했을 가능성이 있지만 다시 빠르게 유럽에게 추월당했다. 아프리카 인구성장이 정체됨과 동시에 유럽 인구의 규모는 급격하게 확대되었다. 1700-1900년 사이에 유럽(러시아 제외) 인구는 9,500만에서 2.95억으로 증가했지만 아프리카 인구는 1.07억에서 1.38억으로 증가했다.[6] 최소한 인구통계학의 시각에서 볼 때 19세기에 아르헨티나, 우루과이, 브라질 등 이민국가를 포함한 전체 '서방의 성장'은 논쟁의 여지가 없는 사실이었다.

전 지구적 범위에서 볼 때 인구성장의 경로에는 큰 차이가 있었다. 이 시기에 세계인구의 성장 속도는 20세기 말에 사람들이 관습적으

로 느끼던 속도보다는 훨씬 느렸다. 1800~50년, 지구 전체의 인구는 연평균 약 0.43퍼센트 성장했다. 19세기 하반기의 연평균 성장률은 겨우 0.51퍼센트로 올랐다. 20세기 70년대의 연평균 성장률 1.94퍼센트와는 크게 차이난다.[7]

## 대국

19세기에 들어와서도 세계에는 인구가 매우 적은 소국이 여전히 존재했다. 1832년 건국 당시 그리스의 인구는 아직 80만을 넘지 못했는데 영국 대도시 인구의 겨우 절반 수준이었다. 1900년 무렵 스위스는 333만명, 그레이트 런던 구역 인구(658만)의 절반과 비슷했다. 19세기 초, 캐나다의 광대한 땅에 살고 있던 유럽계 주민 수는 대략 33.2만, 1830년대가 되어서야 100만의 관문을 돌파했다. 19세기 중엽의 사금 채취 열풍은 오스트레일리아 인구의 증가를 불러왔다. 1858년, 오스트레일리아 인구는 100만을 넘어섰다.[8] 인구 계보의 다른 한 쪽에 자리 잡은 인구대국으로는 어떤 나라가 있었을까. 1913년의 인구 데이터가 최선의 답안이 될 수 있을 것이다. 제국이 지배하던 세계에 오늘날의 민족국가의 기준을 적용하여 비교한다면 설득력이 없을 것이다. 그러므로 가장 좋은 방법은 당시의 중요한 정치적 실체를 단위로 하여 비교하는 것이다(표 3).

이 통계는 무엇을 말해주는가? '모든' 대국은 '제국'으로 정의될 수 있다. 이들 가운데서 대부분의 국가가 국호를 제국으로 표시하고 있었다. 미국만 유일하게 제국을 국호로 사용하지 않았지만 국가의 구조로 보자면 미국도 당연히 제국의 일원이었다. 1898년에 주권을 미국에게 빼앗긴 필리핀은 당시에 세계에서 인구 규모가 큰 식민지 가운데 하나였다. 필리핀은 실력 면에서 영국령 인도와 네덜란드령 동인도(인도네시아) 같은 식민지와 비교할 상대가 되지 못했으나

<표 3> 1913년 세계에서 많은 인구를 가진 정치적 실체　　　단위: 백만 명

| | |
|---|---|
| 대영제국 | 441(그중 연합왕국:10.4퍼센트) |
| 중화제국 | 437-450(그중 한족漢族:95퍼센트) |
| 러시아제국 | 163(그중 러시아인:67퍼센트)ⓐ |
| 아메리카합중국 제국 | 108(그중 50개 주:91퍼센트) |
| 프랑스제국 | 89(그중 본토:46퍼센트) |
| 독일제국(식민지 포함) | 79(그중 본토:84퍼센트) |
| 일본제국 | 61(그중 일본열도:85퍼센트) |
| 네덜란드제국 | 56(그중 네덜란드 본토:11퍼센트) |
| 합스부르크왕조 | 52ⓑ |
| 이탈리아 | 39(그중 본토 95퍼센트) |
| 오스만제국 | 21ⓒ |
| 멕시코 | 15 |

ⓐ 1897년의 인구통계(대러시아족 44퍼센트, 소러시아족 18퍼센트, 백러시아족 5퍼센트).
ⓑ 1910년의 통계
ⓒ 1912/1913년 발칸전쟁 이전의 수치. 이집트 제외.

자료출처

Maddison, Angus, *Contours of the World Economy, 1-2030 AD*, p.376(Tab. A.1).
Etemad, Bouda, *Le possession du monde. Poids et mesure de la colonisation (18-20th Century)*, p.231(Tab. 21), p.236(Tab. 22), p.241(Tab.23), p.311(appendix 4).
Bardet, Jean-Pierre/Dupaquier, Jacques(ed.), *Histoire des populations de l'Europe*, Paris, 1997-1999, 2/3 vol., *La revolution demographique 1759-1914*, p.493.
Bérenger, Jean, *Geschichte des Habsburgerreiches 1273-1918*, Wien, 1995, p.691.
Karpat, Kemal H., *Ottoman Population, 1830-1914*, p.169(Tab.16.B).
*Meyers Großes Konversations-Lexikon*, Leipzig, 1907, v.17, p.295.

850만의 인구 규모는 이집트보다 약간 작았고 오스트레일리아, 알제리, 독일령 동아프리카보다는 컸다.

　해외 식민지를 갖지 않았고, 넓은 영토의 다민족 제국도 아닌 주권국가 가운데서 인구 규모가 가장 큰 나라는 멕시코였다. 멕시코의 인구는 약 1,500만, 면적은 나이지리아와 월남 같은 중간규모의 식민지와 비슷했다. 그러나 멕시코도 1913년의 혁명과 내란으로 분열되어 있어서 영토가 온전하고 정권이 안정된 민족국가의 모델은 되지 못했다. 유럽에서 비제국 성격의 인구가 가장 많은 국가는 스웨덴이었다(인구는 대략 600만).

인구 규모가 그대로 국가들의 실력을 설명해주지는 않았다. 공업화시대에는 인구의 절대치가 더 이상 국가의 정치적 위상을 보장해주지 못했다. 이런 상황은 인류 역사에 선례가 없었다. 중국은 1750년 무렵에도 여전히 유라시아대륙 최강의 군사대국이었으나 1913년이 되자 외교무대에서 거의 영향력도 없고 심지어 군사력 면에서는 소국 일본──인구는 중국의 12퍼센트에 불과했다──에도 미치지 못하는 나라가 되었다.

인도의 방대한 인구 때문에 인구대국 명단의 앞자리에 올라 있던 대영제국은 현실에서는 모든 방면에서 세계를 선도하는 '세기말'의 초강대국이 아니었다. 그러나 아직도 제국으로서 풍부한 인구자원과 경제자원을 보유하고 있던 영국은 결정적인 시기에 이런 자원을 어떻게 운용해야 할지를 알고 있었다. 제1차 세계대전 동안에 영국은 이런 자원을 충분히 활용했다. 도표는 각국의 실력 서열을 정확하게 반영하고 있지는 않지만 이것을 통해 각국이 국제무대에서 행사하는 힘의 크기를 개략적으로 알 수 있다. 1913년 무렵에 영국, 러시아, 미국, 프랑스, 독일, 일본 그리고 특수 형태의 국가인 합스부르크 왕조가 당시 세계에서 인접국이 아닌 멀리 떨어진 나라의 일에 개입할 의지와 실력을 갖춘 많지 않은 강대국이었다.

통계표에는 우리가 주목해야 할 또 하나의 특징이 있다. 네덜란드는 소국이면서도 넓은 면적의 식민지를 갖고 있었다. 주민이 5,000만에 이르는 인도네시아는 인구 규모로 말하자면 잉글랜드 제도를 뛰어넘었고, 합스부르크 왕국 전체보다 약간 작았으며, 종주국 네덜란드의 8배였다. 통계표에서 뒷자리를 차지하고 있는 오스만제국의 위상은 의외라는 느낌을 지울 수 없다. 이것은 영토의 지속적인 축소, 인구의 낮은 자연증가율 등 복합적인 요인의 결과였다. 원래 발칸지역의 인구는 많지 않았고, 그래서 오스만제국이 발칸반도의 영토를 상실했어도 제국의 인구 규모에 미치는 영향은 크지 않았다.

19세기를 통틀어 (1914년에 영국의 보호령으로 전락할 때까지) 명목상으로는 오스만제국의 속령이었으나 이스탄불의 통제를 벗어나 있었던 이집트를 제외한다면, 1878년 베를린회의에서 영토가 대폭 줄어들기 전에도 오스만제국의 인구는 대략 2,900만을 넘지 않았다.[9] 인구라는 요인 하나만 놓고 보더라도 근대 초기에는 지중해와 서아시아의 강대국이었던 오스만제국은 제국주의 시대에 들어와서는 지난날의 위엄을 잃어버렸다.

## 성장의 경로

앞에서 보아온 바와 같이, 아시아의 인구규모는 절대적인 수치로는 우위를 차지하고 있었지만 인구 규모의 상대적인 우위는 하락하고 있었다. 19세기에는 세계의 모든 지역에서 인구증가율이 우리가 기억하는 20세기 '제3세계'의 인구 증가율에 미치지 못했다(표4).

이 표에서 드러나는 가장 놀라운 숫자는 '빅토리아시대'의 중국 인구의 마이너스 성장이다. 이보다 앞선 근대사 초기단계에서 중국의 인구증가율은 유럽과 아시아 기타지역의 평균 수준을 훨씬 넘어섰다. 인구의 마이너스 성장이 나타난 원인은 중국인의 생육 습관이 변했기 때문이 아니라 사회적 혼란 때문이었다. 1850-73년에 중국 각지에서 일어난 전란으로 인한 파괴는 19세기 세계사에서 전례를 찾기 어려웠다. 대표적인 동란이 태평천국운동과 청 정부에 저항한 염군(捻軍)의 봉기 그리고 서북지역과 운남성의 회족(回族) 폭동이었다. 태평천국의 피해가 가장 심했던 5개 성(안후이安徽, 저장浙

## 〈표 4〉 세계 주요지역의 인구증가율(해당 기간 내의 연 평균치)

단위: 퍼센트

|  | 1500–1820 | 1820–1870 | 1870–1913 |
|---|---|---|---|
| 서유럽 | 0.26 | 0.69 | 0.77 |
| 러시아제국★ | 0.37 | 0.97 | 1.33 |
| 미국 | 0.50 | 2.83 | 2.08 |
| 라틴아메리카 | 0.07 | 1.26 | 1.63 |
| 인도 | 0.20 | 0.38 | 0.43 |
| 일본 | 0.22 | 0.21 | 0.95 |
| 중국 | 0.41 | −0.12 | 0.47 |

★ 러시아 전체(폴란드 등은 포함하지 않음)

자료출처

Maddison, Angus: *Contours of the World Economy, 1-2030 AD*, p.377(Tab. A.2).
원래의 도표에서 약간의 절삭이 있었음.

江, 후베이湖北, 장시江西, 장쑤江蘇)의 인구는 1819-93년 사이에 1억 5,400만 명에서 1억 200만 명으로 줄어들었다. 1953년의 인구 일제 조사 때에 이들 성의 인구는 비로소 1억 4,500만 명 수준으로 회복되었다. 회족 폭동이 집중되었던 서북지역 3개 성(간쑤甘肅, 산서山西, 섬서陝西)의 인구는 1819년의 4,100만 명에서 1893년의 2,700만 명으로 감소했다.[10] 태평천국혁명과 청 정부의 잔혹한 진압 과정에서 목숨을 잃은 사람들의 숫자를 추산할 때는 신중해야 한다. 얼마나 많은 사람이 전란과 직접적으로 관련되어 죽었는지, 얼마나 많은 사람이 혁명과 내란 때문에 생긴 기근으로 죽었는지 판정하기는 매우 어렵다. 전문가들의 보수적인 추계에 의하면 총 피해자 수는 3,000만 명 정도라고 한다.[11] 중국 학자들의 연구결과를 바탕으로 한 최근의 추산으로는 사망자 수가 6,600만 명에 달한다고 한다. 여기서 중요한 것은 수치의 차이가 아니라 역사상 인간이 만든 재난의 피해가 이토록 큰 적이 없었다는 사실이다.

아시아의 상대적으로 낮은 출산율이 의외의 일로 느껴지는 이유는 비교의 대상 시기가 20세기 초인 탓도 있지만 유럽인이 아시아에 대해 갖고 있는 뿌리 깊은 도식화된 인상과도 관련이 있다. 위대한 인구학자 맬서스(Thomas Robert Malthus)의 19세기 이전의 서유럽, 특히 영국의 인구 추세에 대한 분석은 비판과 검증을 거쳤기에 대체적으로 설득력이 있다. 그는 이와 함께 아시아의 인구문제에 대한 관점도 제시한 바 있다. 그의 주장에 따르면, 중국으로 대표되는 아시아민족은 유럽인처럼 의식적으로 생육행위를 통제 — '예방적 제어' (preventive checks) — 하는 능력이 없기 때문에 식량 부족의 재난을 면할 수 없다.

무절제한 인구증가와 식량생산의 고정된 극한치 사이의 충돌은 일정한 시간 간격을 두고 되풀이 될 수밖에 없다. 이런 충돌이 일어난 후 인구는 기근이란 형식의 '적극적 제어'(positive checks)를 거쳐 평형을 찾게 된다. 중국인에게는 계획적인 생육 행위 — 예를 들자면 만혼 — 를 통해 이런 악순환을 탈피할 이성적인 능력이 없다. 이런 관점의 배후에는 다음과 같은 인종주의적 예단이 숨겨져 있다. "아시아인은 선천적으로 이성이 결핍된 인종이므로 필연의 왕국에서 자유의 왕국으로 진화하는 문명의 발전과정을 실현시킬 능력이 없다." 1798년에 이런 주장을 담은 저서가 세상에 나온 뒤로 200여 년 동안 맬서스의 학설은 의문의 여지가 없는 명제가 되어 반복적으로 인용되어 왔고 심지어 중국학자까지도 자신의 나라를 빈곤과 기근에 갇힌 땅으로 묘사했다.[12]

오늘날 상황은 바뀌었다. 19세기 중국 인구의 비정상적인 저성장은 부인할 수 없는 사실이지만 그 원인을 따져가다 보면 맬서스의 해석에 의문을 갖지 않을 수 없다. 중국 인구는, 본능의 지배에 맹목적으로 순종하여 무절제하게 번식하다가 일정한 시간 간격을 두고 대

자연이 무자비한 살육을 통해 과잉을 억제한 결과가 아니다. 그래서 새로운 연구가 시작되었다. 그 결과 알아낸 것이 중국인은 생육문제에 있어서 완벽한 해법을 찾아냈으며, 가장 흔한 방법은 영아살해이며 중국 농민은 이런 행위를 '살육'으로 보지 않으며, 중국인은 사람의 '생명'이 출생 후 6개월째부터 시작된다고 본다는 사실이다.[13] 영아살해, 낮은 남성 혼인율, 낮은 혼인 후 출산율, 입양의 보편화가 19세기 중국 인구패턴의 특징으로 지목되었다. '정상적인' 인구 저성장이 19세기 60 70년대의 전란을 겪은 뒤로 마이너스 성장으로 돌아섰고, 그 근원은 인류가 갈수록 심각해지는 자원부족 상황에 의식적으로 적응한 결과이다. 이제 이성과 절제를 따르는 유럽과 비이성과 본능을 좇다가 쇠락하는 중국을 대응시키는 관점은 설자리를 잃었다.

학자들은 일본에 관해서도 유사한 분석을 내놓았다. 한 세기 반 동안의 국내 평화에 힘입은 인구성장은 18세기 전반에 끝이 나고 인구성장률은 하강추세로 접어들었다. 인구 성장률이 완만해진 주요 원인은 기근과 자연재해가 아니라 사람들이 현재의 생활수준을 유지하거나 더 높여서 사회적 지위를 유지하려 했기 때문이었다.[14] 중국과 마찬가지로 영아살해는 일본에서도 흔한 인구통제의 수단이었다. 그러나 일본에서는 영아살해의 목적은 물질적으로 궁핍한 환경에 적응하기 하는 것이 아니라 미래의 더 낳은 생활을 계획하는 것이었다.

1870년 무렵, 공업화 시대로 진입하기 직전에 일본은 마침내 '기나긴' 근대사 초기를 일관하던 인구 안정상태를 벗어났다. 이 시기부터 20세기 90년대에 이르기까지 (1943-45년 2차 대전기의 일시 중단을 제외하고) 일본 인구는 지속적인 성장기에 진입했다. 초기단계에서는 높은 출생률, 영아사망률의 저하, 높아진 평균수명이 인구성장률을 촉진한 주요인이었다. 그 배경은 한편으로는 의료위생 조건의 개선이, 다른 한편으로는 본국 식량생산의 증가와 식량 수입의 증가가 국민 전체의 영양 상태를 개선시킨 것이었다. 토쿠카와(德川)시대 이후 일본 인구의 안정 상태는 맬서스의 인구억제 이론이 유효했기 때문이 아니라 사람들이 원래의 생활수준을 높이려 노력한 결과였다. 당시 일본인의 생활은 검소했으나 세계의 다른 지역과 비교했을 때는 선망의 대상이었다. 1870년 이후 일본 인구성장률의 회복은 현대화의 부산물이었다.[15)

유럽에서 가장 주목할만한 발전은 영국사회의 생물학적 격변이었다. 1750년에 영국(스코틀랜드를 제외하고!)은 유럽의 정치대국 가운데서 인구가 가장 적은 나라였다. 당시의 영국 인구는 590만에 불과했다. 루이 15세 치하의 프랑스 인구는 영국의 4배, 스페인(840만)도 인구 규모에 있어서는 영국을 훨씬 앞질렀다. 그러나 이후의 100년 동안 영국의 인구는 빠르게 팽창하여 머지않아 스페인을 추월하고 프랑스와의 격차를 크게 줄였다. 1850년, 프랑스의 인구(대략 3,580만)는 영국(잉글랜드, 스코틀랜드, 웨일스 포함) 인구(2,080만)의 두 배를 넘지 않았다. 1900년, 영국(3,700만)과 프랑스(3,900만)는 인구규모로는 대등해졌다.[16) 19세기 전체로 보아 영국의 인구성장률(연평균 1.23퍼센트)은 유럽 국가 가운데서 압도적인 선두였는데, 2위인 네덜란드(연평균 0.84퍼센트)와도 큰 격차를 보였다.[17)

미국 인구는 꾸준하게 안정 성장세를 보이다가 19세기에 인구발전사에 빛나는 한 페이지를 장식했다. 1870년, 미국의 인구규모는 아직도 독일보다 작았다. 그러나 1890년이 되자 미국 인구는 러시아를 제외한 모든 유럽 국가를 초월했다. 1861–1914년에 러시아 인구는 두 배 이상 성장했고 같은 기간 동안 영국과 비슷한 성장세를 보였다. 러시아와 영국의 인구성장 추세는 같은 특징을 보였다. 러시아의 중앙아시아와 동아시아로의 식민 확장이 인구증가에 미친 영향은 극히 미미했다. 새로운 영토는 원래부터 인구가 희박한 지역이었다. 러시아는 일본과 거의 같은 시기에 인구의 급속한 성장기에 진입했고 특히 농촌지역에서 그러했다. 러시아 농민은 구체제 아래에서 마지막 반세기 동안에 세계에서 인구가 가장 빠르게 성장한 사회집단이었다. 또한 러시아는 이 시기에 농촌인구의 성장속도가 도시인구의 성장속도보다 빨랐던 희귀한 사례를 보여주었다.[18]

이들 국가를 단위로 한 계량적 통계수치를 가지고 1820년 무렵에서부터 1913년까지 한 세기의 정성적 특징을 개괄해본다면 모든 대륙에 걸쳐 다음과 같은 세 가지 유형이 등장한다.[19]

1. 폭발적인 인구성장  대규모의 변경 개발이 있었고 기후가 온난한 지역에서 이런 현상이 발생했다. 이런 지역은 원래 있던 인구(기준수)가 적었기 때문에 표면적인 통계결과를 보면 쉽게 착각에 빠지게 된다. 예컨대, 미국의 인구가 10배로 증가했는데 유사한 극단적 추세가 '신 유럽'으로 알려진 오스트레일리아, 캐나다, 아르헨티나('백인 이민식민지'라 부르던 '서방의 방계국가')에서도 나타났다.

2. 정체에 가까운 완만한 인구성장  이런 현상은 현재의 인도 중북부지역과 중국(또한 1870년 이전의 일본)뿐만 아니라 유럽의 내륙, 특히 프랑스에서도 나타났다. 1750년 무렵 프랑스의 인구규모는 여전히 유럽에서 첫 번째였다. 그러나 1900년이 되자 이탈리아의 인구가 프랑스와 거의 같아졌다. 이러한 정체의 원인은 전적으로 외부요인만은 아니었다. 1870-71년의 프로이센-프랑스 전쟁에서 프랑스가 경험한 인구 위기는 유럽의 다른 어떤 강대국도 경험한 적이 없는 심각한 수준이었다. 프랑스에서 매년 사망자 수가 출생자 수보다 50만이나 더 많았던 원인은 전쟁, 내전, 전염병이었다. 1939-44년의 제2차 세계대전 시기의 인구의 마이너스 성장도 이 수준에는 미치지 못했다.[20] 그러나 프랑스의 인구감소는 전형적이 아닌 특수 상황, 지속적 위기가 아닌 일시적 현상이었다.

이러한 상황에 이르게 된 주원인은 출산율의 저하였다. 원인에 대한 해석은 분분했지만 프랑스는 일찍부터 출산율 저하 문제를 겪고 있었다. 경험칙으로 말하자면 출산율 저하는 거의 예외 없이 생활수준의 향상과 밀접한 관련이 있다. 그런데 프랑스에서는 이런 현상이 1800년 이전에 발생했는데 영국과 독일에서는 1870년 이후에 발생했다. 프랑스에서 인구감소는 갈수록 관심을 끄는 공공의 화제였고, 1871년 전쟁에서 패배한 뒤로는 더욱 그러했다.[21] 스페인, 포르투갈, 이탈리아에서도 인구증가가 지나치게 완만한 현상이 나타났다. 이들 세 나라는 현대화의 전열에 서 있지도 않았다. 그러므로 인구성장의 정체는 현대 사회의 전형적 표지라고 할 수 없었다.

3. 인구의 고속성장    유럽(영국과 1860년 이후의 러시아의 유럽 부분), 남아메리카(브라질), 아프리카(특히 1870년 이후의 알제리), 아시아(자바, 필리핀, 1870년 이후의 일본) 등지에서 이런 현상이 나타났다. 인구성장이 상대적으로 빨랐지만 영국 수준에는 못 미친 나라가 독일과 네덜란드였다. 19세기 인류의 번식법칙은 단순한 동·서방 대립법칙에 부합되지 않았고 대륙의 거시지리학과는 더더욱 부합하지 않았다. 세계를 대립하는 두 부분——활력이 충만한 유럽과 정체된 '나머지' 세계——으로 나누는 간단한 분류방식은 최소한 인구발전사의 시각에서 보자면 성립되기 어렵다.

## 2. 인구재난과 인구전환

　19세기의 인구 재난은 세계의 특정 지역에 국한되지 않았다. 그러나 다른 대륙과 비교할 때 유럽이 경험한 재난은 분명히 적었다. 아일랜드는 19세기 유럽의 불운아였다. 이 나라는 유럽에서 유일하게 인구의 마이너스 성장을 기록한 국가였다. 1780년 무렵 아일랜드는 인구 고속성장기에 진입했으나 1846-52년의 대기근으로 인구 상황은 철저하게 바뀌었다.

　기근의 원인은 곰팡이에 의한 감자수확의 감소였다. 이때의 기근으로 (아일랜드 전체 인구의 1/8에 해당하는) 100만 명이 목숨을 잃었다.[22] 이와 함께 발생한 이민의 물결은 거친 파도처럼 아일랜드를 휩쓸었다. 1847-54년 동안에 해마다 대략 20만 명이 아일랜드 섬을 떠났다. 그 뒤 수십 년 동안에 아일랜드 인구는 820만(1841년)에서 450만(1901년)으로 줄어들었다.

　인구감소의 또 하나의 원인은 천주교회와 지주계층이 장려한 만혼이었다. 19세기 후반에 아일랜드 경제는 회복의 조짐을 보였다. 어떤 의미에서는 이 또한 이민 물결이 가져온 결과였다. 한편으로는 농촌 노동력의 실질수입이 증가했고 다른 한편으로는 (이탈리아와 중국 남방의 경우처럼) 해외 이민이 고향으로 보내온 자금이 아일랜드의 경제발전에 중요한 촉진작용을 했다.[23] 기근이 지나간 뒤 불과 수십 년 만에 비극적인 상황은 극복되었다.

　나폴레옹 시대가 끝난 뒤 유럽 인구감소의 원인으로서 전쟁과 내란의 중요도는 18세기와 훗날 20세기 때보다 크게 떨어졌다. 심각한 대규모 무력충돌은 유럽 이외의 지역에서도 발생했다.

- 혁명 성격의 내란. 1850-76년의 중국, 또는 1910-20년의 멕시코.
- 분리전쟁. 1861-65년의 미국의 내전(전사자 수만 62만을 넘었다), 세기말의 남아프리카 전쟁.[24]
- 식민 침략전쟁. 1825-30년의 자바(사망자 수가 20만 명을 넘어섰을 가능성이 크다),[25] 1830년 이후의 알제리. 훗날의 아프리카의 많은 지역. 이 밖에 19세기 내내 지속된 백인 이민과 그 배후의 국가기관이 아메리카 원주민에게 저지른 배척과 학살.
- 유럽 이외의 지역에서 발생한 유일한 강대국의 충돌. 1904-1905년의 러일전쟁.

상술한 전란이 발생했을 때 유럽엔 평화가 지배했다. 1815년부터 크리미아전쟁이 발발한 1853년까지 유럽에는 어떤 전쟁도 일어나지 않았다. 크리미아전쟁과 독일 통일전쟁의 가혹함의 정도는 근대 초기의 여러 차례 전쟁이나 20세기의 대규모 전쟁은 말할 것도 없고 유럽 이외의 지역에서 발생한 군사충돌에도 미치지 못했다. 1500년 이후 대규모의 사상자가 발생한 10차례의 강대국 간 전쟁 가운데서 1815-1914년에 발생한 전쟁은 하나도 없었다. 주요 전투에서 전사자가 최대 120만에 이른 1701-14년의 스페인 왕위계승 전쟁이나 더 나아가 1792년과 1815년 사이에 일어난 몇 차례의 전쟁처럼 전투원 사망자만 250만을 넘는 전쟁은 역사에 전례가 없었다.[26] 전 세계 인구에서 차지하는 유럽의 비중을 감안하면 18세기에 발생한 전쟁의 전사자 수는 19세기의 8배나 됐다.[27]

## '미생물의 습격'과 폭력적 학살

19세기에도 (유럽 이외의 지역에서) '미생물의 습격' 때문에 국가 전체의 인구가 거의 멸종할 뻔한 사례가 있었다. 타히티섬에서 바이러스의 유입으로 몇 차례 역병이 잇달아 발생했다. 1881년, 타히티의 인구는 6,000명으로 줄었다. 18세기 60년대에 부겡빌(Louis Antoine de Bougainville)*과 쿡(Cook) 선장이 이 섬을 처음 찾았을 때와 비교하면 1/10이 못 되는 인구만 남았던 것이다. 역시 역병 때문에 프랑스령 뉴칼레도니아(New Caledonia)의 원주민 수가 19세기 후반에 70퍼센트나 감소했다. 피지섬에서는 1875년에 폭발한 심각한 전염병이 2만 5,000명-3만 5,000명으로(총인구의 1/4)의 목숨을 앗아갔다.[28] 북아메리카에서는 무수한 인디언 부락이 천연두, 콜레라, 폐결핵으로 사라졌다.

19세기에 전 지구적 전염병이 돌 때마다 신대륙의 인디언에게도 파급되었다. 역병만큼이나 '사금채취 열풍'도 인디언의 전통 생활방식에 충격을 주었다. 캘리포니아 지역의 인디언 수는 1848-60년 사이에 10-25만 명에서 2만 5,000-3만 5,000명으로 줄어들었다. 이런 숫자는 동시에 공포와 학살, 어떤 경우에는 종족의 말살을 의미했다.[29] 1803-76년 사이에 2,000명으로 추산되던 태즈메이니아섬의 주민은 완전히 사라졌다. 1850년 이전 오스트레일리아의 무법시대가 점차 종점을 향해 가고 있을 때에 원주민 사냥이 규칙적으로 일어났다. 살인사건에서 피살자가 원주민이면 살인자는 어떤 추궁도 받지 않았다. 드물지 않았던 원주민의 저항 때문에 백인이 목숨을 잃는 경우도 적지 않았다. 추산에 의하면 원주민의 '비자연적 사망'의 경우 열에 하나는 폭력이 직접적인 원인이었다. 백인 통치자들은 현지

* 프랑스의 탐험가.

토착민들을 상대로 '합법적인' 박해 행위를 시작했다. 천연두의 전파(기록에 의하면 첫 번째 천연두 유행은 1789년에 일어났는데, 최초의 유럽인이 도착한지 몇 개월 뒤의 일이었다), 문화적 배척과 박해, 생존을 위한 물질 조건의 보편적인 악화가 오스트레일리아 원주민 인구의 극적인 감소의 원인이었다.[30] 1788년 직전까지 오스트레일리아 각지에 생활하던 원주민은 110만에 가까웠으나 1860년이 되자 남은 인구는 34만에 못 미쳤다.[31]

유럽의 제국주의 확장 과정에서 얼마나 많은 사람들이 목숨을 잃었는지 정확하게 알 수 있는 방법이 없다.[32] 그래도 우리는 식민지 확장의 대가, 특히 생명 손실의 규모가 얼마나 되는지 가능한 한 정확하게 밝혀내야 한다. 그 가운데는 서방의 손실, 특히 열대지역의 작전에 투입된 군사적 프롤레타리아(병사)의 손실도 포함되어야 한다. 제네바 출신의 역사학자 부다 에트마드(Bouda Etemad)가 연구한 바에 따르면, 1750-1913년 사이에 약 28만-30만의 유럽 혹은 북아메리카의 병사가 해외 식민지 전쟁 중에 (북아메리카 병사는 필리핀에서) 전투 또는 질병으로 목숨을 잃었다. 당시의 유럽 병사들에게 인도와 알제리는 가장 위험한 전장이었다.[33]

식민정부를 위해 복무하던 현지인 군대도 대략 12만 명이 전투 중에 사망했다. 에트마드는 백인의 침략에 맞서 싸우다 전사한 아시아와 아프리카 전사들의 숫자를 대략 80만에서 100만 사이로 추산한다. 그러나 전장이 아닌 곳에서 사망한 비유럽계 평민의 숫자는 알 수가 없다. 에트마드는 1860-1921년 동안에 인도 인구의 높은 사망률은 '식민충격'(choc colonial)이 만들어낸 결과이며, 2,800만으로 추산되는 총 희생자 수는 기근과 외부 요인에 의한 새로운 '질병생태'(Krankheitoekologie)의 결과라는 해석을 지지한다.

인도의 높은 사망률은 영국 식민자의 학살과 기타 계획된 폭력만으로는 설명되지 않는다. 에트마드는, 19세기 60년대에서 90년대까지의 심각한 기근은 같은 기간 동안의 추가적인 사망의 5퍼센트만 유발했다고 설명한다. 보다 중요한 원인은 현대화의 파생 현상이었다. 현대화 과정(철도부설, 대형 관개시설의 건설, 인구 유동성의 증가, 위생조건이 낙후된 조건 하에서의 도시화)은 말라리아와 기타 토착(비외래) 질병이 전파될 수 있는 토양을 제공했다. 인도 자신의 요인과 각종 간접적인 영향을 고려해야 5,000-6,000만 명에 이르는 비유럽 '식민침략 피해자'의 방대한 숫자가 합리적으로 설명된다. 에트마드의 관점은 '식민학살'을 지목하고 있으나 본인이 직접 이런 결론을 얻어낸 것은 아니었다.[34]

1492년 이후의 아메리카대륙과 비교했을 때 근대 초기의 실론(스리랑카)과 앞에서 언급한 오세아니아와 오스트레일리아의 사례가 다른 점은 19세기 유럽의 아시아와 아프리카에 대한 식민침략 과정에서 바이러스의 전파──'미생물의 습격'──가 이 지역에 그렇게 큰 영향을 미치지 않았다는 점이다. 실제로는 반대 방향의 영향이 오히려 더 컸다. 유럽인은 식민지 풍토병에 저항력이 없는 경우가 많았다. 그러나 식민 확장의 물결이 미친 모든 곳에서 현지의 정치, 사회, 생물학적 평형은 파괴될 수밖에 없었다. 식민정복 전쟁과 뒤이은 저항운동을 파괴하기 위한 '평정' 작전은 현지의 생산을 파괴하고 많은 사람들을 고향으로부터 내몰았다. 이 때문에 지역 질병이 널리 퍼져나가는 기회가 마련되었다. 유럽의 식민침략이 유발한 인구감소는 일종의 필연이었다. 특히 사하라 이남의 아프리카에서는 1882-96년 동안에 이런 현상이 보편적으로 발생했다. 그러나 식민 확장의 두 번째 단계──아프리카에서는 20세기 초에 시작되었다──에서 대규모 전쟁이 종식되고 식민지 의료정책이 시행되면서 총체적으로 보아 현지 인구가 성장할 수 있는 유리한 조건이 만들어졌다.

지역에 따라 식민침략의 파괴상도 달랐다. 1884-85년 베를린회의에서 레오폴드 2세의 '개인 식민지'로 획정된 콩고자유국의 상황은 특별히 열악했다. 잔혹한 식민정부는 식민지 백성의 고통에는 전혀 주의를 기울이지 않은 채 그들을 오직 착취의 대상으로만 보았다. 오늘날 언론 매체에서는 1876-1920년 동안에 학살된 콩고인이 1,000만 명에 이른다는 여러 주장들을 내놓고 있으나 신뢰할만한 근거는 없다.[35] 그러나 이 시기에 콩고 인구가 절반으로 줄어든 것은 분명한 것 같다. 알제리에서는 피비린내 나는 '평정작전'이 30여 년이나 지속되었다. 1830-56년 동안에 현지 인구는 연평균 0.8퍼센트씩 감소했다. 그 뒤로도 특히 1866-70년에 가뭄, 질병, 메뚜기 떼의 창궐로 알제리 민중의 생활 조건은 더욱 어려워졌다.

1870년이 지나서야 인구증가세가 서서히 회복되었다.[36] 그 밖에도 몇 차례 잔혹함과 사상자 수에 있어서 처참하기 짝이 없는 전쟁이 수단, 상아해안, 동아프리카에서 발생했다. 현지 민중의 저항이 격렬해질수록 전쟁이 지속되는 시간도 길어졌다. 예컨대, 1893-99년에 2만 명으로 구성된 영국 식민군이 우간다에서 매우 잔혹한 전쟁을 발동했다. 영국군은 기관총 등 최신 무기를 동원하기도 했지만 이 전쟁에서 가볍지 않은 성과를 올렸다.

영국군은 이 전쟁에서 현지 민중의 생존 기초, 특히 목축업을 철저히 파괴하는 '초토화 전술'을 동원했다.[37] 1904-1907년, 독일령 서남아프리카(지금의 나미비아)에서 현지의 독일 '호위대'(Schutztruppen)와 독일 본국에서 파견된 해병대가 헤레로(Herero) 족과 나마(Nama)족 양대 종족을 상대로 극단적으로 잔혹한 수단을 사용하여 소탕전을 벌였다. 아프리카인들이 군사적으로 철저하게 패배한 뒤에도 비전투원과 전쟁 포로를 대상으로 인종청소 전쟁은 멈추지 않았다. 독일군은 아프리카인들을 사막지역으로 이주시킨 후 열악한 조건 아래서 강제노동으로 내몰았다. 정확한 통계는 없지만 이때 사망자 수는 최소한 수만 명일 것으로 추산된다. 이곳에서 '종족말살'이란 전혀 지나친 표현이 아니었다. 서남아프리카에서 발생한 종족말살 전쟁은 결코 허다한 유사 사건 가운데 하나의 삽화로 보아서는 안 된다. 독일인의 행위와 그 파급효과의 잔혹함으로 볼 때 이 사건은 극단적인 특수 사례였다. '식민주의의 논리' 가운데는 식민지의 백성이니까 살해해도 좋다는 논리는 없다. 그들은 노동력으로 사용될 수 있었고 실제로 그렇게 사용되었는데도 죽임을 당했다.[38]

## 인구 전환

인구 추세는 세계 어디서나 단일한 패턴을 따르며 단지 지역에 따라 나타나는 시기의 차이만 있을 뿐인가? 이 문제에 대해 학자들은 '인구전환'이란 이론을 제시한다.[39] 이 이론이 주장하는 바는, 인간의 번식행위는 '전(前) 근대'에서 시작하여 '근대적' 체계로 진화하는 과정을 거친다는 것이다. 최초 단계의 특징은 출생률과 사망률의 고도로 긴밀한 연동성이다(태어나는 사람도 많지만 대부분 일찍 죽는다). '전환 후' 평형상태에서는 출생률과 사망률이 여전히 긴밀하게 연동되어 있지만 그 정도가 이전시기보다는 낮다(기대수명이 높아진다).

이 모델은 시초와 종결부 평형 사이에 몇 개의 단계를 상정한다. 출생률과 사망률은 반대방향으로 이동한다. 처음에는 출생률의 즉각적인 대응 변화는 없이 사망률이 하락한다(더 많은 사람이 태어나지만 더 오래 산다). 이때 인구의 빠른 증가가 나타난다. '인구전환' 모델은 근거가 희박한 추론에서 나온 것이 아니다. 이 이론은 영국, 오스트레일리아, 스칸디나비아 국가를 관찰한 결과이며 다른 여러 사례를 통해 검증된 것이다.

역사적 관점에서 볼 때 이 이론이 의미하는 바는 여러 국가사회가 시기는 다르지만 가정의 규모는 끊임없이 확대되고, 영아 사망은 갈수록 줄어들고, 수명이 늘어남에 따라 인류의 생존 전망은 더 확대된다는 사실을 알게 되었다는 것이다. 이런 경험은 원칙적으로 유사했지만 개별적인 사례에서 그 구체적인 원인은 다양하다. 출생률과 사망률 사이에 기계적인 관련성은 없다. 출생률과 사망률을 결정하는 요소는 어느 정도 상호 독립적이다.

특히 사망률의 하락으로 표시되는 전환기의 길이는 지역마다 달랐다. 영국에서는 200년(1740-1940), 덴마크는 160년(1780-1940), 네덜란드는 90년(1850-1940), 독일은 70년(1870-1940), 일본은 40년(1920-1960)이었다.[40] 소수의 유럽국가와 새로운 유럽이라 불리던 해외식민지만 1900년부터 이러한 인구변화의 전환기에 진입했다. 미국에서는 일찍이 1790년부터 이런 변화의 흔적이 나타나기 시작하여 인구학적 의미에서 '긴' 19세기가 끝날 때까지 지속되었다. 그러나 미국에서는 사망률이 하락하기 전부터 출생률이 꾸준히 하락하는 특징을 보였다. 미국형 패턴은 그러므로 유럽형의 특수 사례인 프랑스와 가깝다.[41]

세계적인 범위에서 보자면 '빅토리아 여왕의' 19세기에 대부분의 국가가 전 근대의 인구 구조를 보이고 있었거나 아니면 인구 전환 과정에 진입해 있었다. 출생률과 꾸준히 하락하는 사망률이 평형을 이루는 전환점을 찾아가다 보면 뜻밖에도 이 전환점이 '세기말'과 (최소한 유럽에서는) 보조를 같이하고 있다는 사실을 발견하게 된다. 프랑스를 제외하고 이 전환점은 1870년대 이후의 통계에서만 드러난다.[42] 제1차 세계대전 폭발 직전에 대부분의 유럽 국가는 개인적인 가족계획을 받아들이고 있었다. 그 이유는 복합적이면서 논쟁적이다. 인류가 역사를 통해 경험한 기본 법칙이 여기서도 작용했다는 점을 지적하는 것만으로 족할 것 같다. 역사는 "무질서에서 질서로, 낭비에서 절약으로 가는 길이다."[43]

# 3. 근대초기 원거리 이민의 유산
## 크레올과 노예

우리는 인구를 더 나아가 사회를 땅에 뿌리내린, 고착적이며 분명한 경계를 가진, 지도상에 표시될 수 있는 존재로 생각한다. 언뜻 보기에는 19세기가 바로 그런 시대였다. 19세기에 통치의 대상은 영토였고 사람들은 기술을 바탕으로 시설을 이용하여 땅에 뿌리를 내렸다. 사람들은 철도를 놓았고 운하를 팠으며 지금까지 닿아본 적이 없는 깊이까지 파고들어가 광물을 채취했다. 그러나 이와 동시에 19세기는 인구의 유동성이 증가된 시대이기도 했다. 이 시대의 가장 전형적인 인구유동 방식은 (생활의 중심을 한 곳에서 멀리 떨어진 다른 곳으로 옮기는) '원거리 이민'이었다.

사람들은 오랜 시간 먼 거리를 이동하여 낯선 사회 속으로 들어갔다. 원거리 이민은 소수의 선도자가 무리를 인도하여 불모지대를 개척하는 변경 이민과는 본질적으로 다르다.[44] 19세기에 유럽 대부분의 지역과 일부 아시아 국가에서 원거리 이민의 바람이 불어 사회에 큰 영향을 미쳤다. 이민을 촉진시킨 주요 동력은 자본주의 세계경제가 확장되면서 생겨난 노동 수요였다. 이민은 여러 업종, 여러 계층, 남녀 모두에게 영향을 미쳤고 그 배경에는 물질적인 동기와 비물질적인 동기가 함께 자리 잡고 있었다. 이민 수출국이든 이민 수용국이든 이로 인해 변하지 않은 나라는 없었다.

19세기에 역사학자들, 특히 유럽의 역사학자들은 국가의 기원으로서 이민의 역할에 매료되었다. 역사학자들은 오랜 항해 끝에 이탈리아에 정착한 트로이의 영웅 아이네이아스(Aeneas)의 얘기에서 영감을 얻었다. 민족대이동 시대의 게르만 부락도, 고대 그리스의 도리아인도, 1066년 잉글랜드를 정복한 노르만인도 새롭게 쓰인 국가사에서 영광스러운 자리를 차지했다.

아시아인들도 민족기원 문제의 고증에 많은 노력을 기울였다. 그들 대다수는 자신의 선조들이 처음에는 북방에서 생활했다고 믿었다. 예컨대 베트남인은 자신들의 선조가 중국에서 왔다고 믿었다. 19세기의 정주사회는 선조들의 이민사를 확신하고 있었고 오스트레일리아와 같은 새로운 사회가 이민의 결과로 생겨나고 있었다. 오늘날 '이민사회'는 19세기의 가장 위대한 사회적 창작품으로 평가받고 있으며 인구의 유동성이 그 머릿돌이 되었다.

이민은 긴밀하게 연관된 세 가지 측면을 갖고 있다. ① 고향을 떠나 새로운 공동체의 창조(메이플라워호의 항해 동기). ② 후속 이민의 유입으로 생존조건 확보. ③ 최종적으로는 새로운 공간의 확장점령이다. 19세기의 이민은 세 개의 다른 시간 층위를 보여주었다. 첫째는 초기 근대사 과정이 가져온 이주라는 형식의 결과다. 둘째는 앞선 시기로부터 19세기까지 이어져온 인류활동(예컨대, 노예의 강주이주)이다. 마지막으로는 교통혁명과 자본주의 발전이 만들어낸 취업기회와 함께 19세기에 새롭게 등장한 노동력 이동의 물결이다. 이민물결은 정치사적 연대기와 항상 보조를 같이 하지는 않았다. 예컨대, 1924년은 이민 물결의 중요한 전환점이기는 했지만 훨씬 더 결정적인 전환점은 1929년에 시작된 세계경제의 대공황이었다.

## 유럽 해외이민의 초기 근대사적 배경

해외이민은 이미 근대 초기의 유럽을 구분하는 중요한 표지였다. 중국과 일본의 통치자들이 자기 백성들이 바깥 세상으로 나가는 것을 사실상 금지하고 있을 때 유럽인은 전 세계에 발자국을 남기고 있었다. 영국과 네덜란드는 인구대비 해외이민 비율이 가장 높은 나라였다. 영국의 이민 목적지는 주로 아메리카 신대륙이었고 네덜란드의 경우는 아시아였다. 세 번째 자리를 차지한 나라는 스페인이었고, 러시아 이서(以西) 지역에서 인구가 가장 많았던 프랑스는 이민배출국 목록에 이름을 올리지 않았다.

많은 이민자가 훗날 고향으로 돌아왔고 그들이 바깥 세계에서 가져온 경험은 본국의 사회와 문화생활을 풍부하게 하는 데 중요한 기여를 했다. 1602-1795년에 동인도회사가 아시아로 파견한 97만 3,000명의 유럽인(그중 절반 이상이 스칸디나비아 출신이었다) 가운데서 최소한 1/3이 유럽으로 돌아왔다.[45] 고국을 떠난 사람들이 평온하게 가정을 이루고 살지는 못했다.

열대지역에서는 자체적인 생육에 의존하는 유럽 이민집단은 없었다. 신대륙에 남은 75만의 스페인 이민은 대부분이 고원지대로 옮겨가 살았다. 고원지대에는 건강에 위협적인 요인이 상대적으로 적었기 때문이다. 그들은 이곳에 스페인 사회를 만들고 자연스러운 생육─현지 여성과 결합하여 낳은 혼혈아(métissage)─과 어느 정도의 후속 이민을 합해 현지에 성공적으로 뿌리를 내렸다.

포르투갈인의 경험은 전혀 달랐다. 포르투갈은 인구 규모가 스페인에 비해 훨씬 적은 나라였다. 1800년 이전에는 포르투갈의 인구가 300만 명을 넘은 적이 없었다. 추산에 의하면 1500-1760년 사이에 해외로 이민한 포르투갈인은 최대한 150만 명이고, 이 숫자는 스페인 이민의 두 배이다. 16세기는 포르투갈의 황금기였다. 포르투갈인은 16세기에 아시아, 아프리카, 브라질 서해안 등 많은 지역에서 자신의 근거지를 만들었다. 이들 지역의 자연환경은 멕시코와 페루의 고원지대보다 열악했다. 스페인과 비교할 때 포르투갈 이민은 대부분 교육받지 못한 노동자였다(이 점은 네덜란드와 비슷하다). 이런 기반 위에서 '크레올' 집단이 형성되기는 매우 어려웠다. 그래서 네덜란드가 선택한 전략은 환경이 열악한 열대지역에 파견할 인원은 외국인 가운데서 선발하는 것이었다. 전체 식민 역사에서 식민지 현지인, 식민종주국의 국민 이외에 '제3국' 인구 집단이 생겨났다. 예컨대, 19세기 말 알제리의 어떤 군(郡)에서는 프랑스인보다 스페인인이 더 많이 살았다.[46]

18세기의 영국 이민도 선택적이었다. 환경이 열악한 열대 도서지역에서 생활하는 영국인은 극소수의 플랜테이션 관리자뿐이었다. 플랜테이션에서 일하는 사람은 북아메리카 남부 식민지와 마찬가지로 모두가 아프리카에서 온 노예였다. 북아메리카의 변경을 개척하는 일은 스코틀랜드인과 아일랜드인의 몫이었다. 1660-1800년의 시기에 미국의 영국인 정착민은 대부분 높은 수준의 기능을 보유한 사람들이었고 핵심적인 정착지나 도시로 모여들었다.

1800년 이전 영국의 인도에서 인력 수요는 네덜란드의 인도네시아에서 인력 수요에 훨씬 못 미쳤다. 네덜란드인은 독일 북부와 작센 지역에서 사람을 모집하여 식민지 군대의 병사에 충당했고 영국은 일찍부터 식민지 군대에 인도인 병사(세포이 sepoys)를 받아들였다. 전체적으로 보아 스페인의 이민만이 시초에서부터 성공적이었고 모든 유럽국가가 그렇게 평가했다.

원론적으로 말하자면, 이민을 원했던 그 밖의 서유럽 국가들 — 영국, 아일랜드, 스코틀랜드, 독일 — 에게 18세기 중엽에 이르러서야 비로소 북아메리카가 매력 있는 목적지로 변했다.[47] 그렇게 되기까지 선결요건은 (지역을 불문하고) 힘들고 어려운 노동을 비유럽인에게 전가할 방법을 찾아내는 것이었다.

유럽 이민의 '통상적인' 방식을 벗어난 특수한 사례도 있었다. 17세기 중반에 처음으로 네덜란드에서 이민온 남아프리카의 보어인들은 그때부터 새로운 이민의 유입이나 현지인과의 결합이 없이 오로지 집단 내부의 번식을 통해 식민 정착사회를 유지해왔다. 프랑스계 캐나다인도—1881년에 136만 명이었다—극소수의 후속이민만 받아들인 적이 있을 뿐 주류는 프랑스의 통치가 끝난 1763년 이전에 도착한 이민자의 후손이었다.

그러므로 19세기 사회사를 연구할 때는 반드시 그 직전 시대의 이민 활동의 결과를 중심으로 살펴보아야 한다. 고대의 '민족 대이동'이 아니라 17세기와 18세기의 이민이 수많은 사회의 기초가 되었기 때문이다. 19세기 초의 시점에서 볼 때 이런 사회는 유구한 역사를 지닌 지중해와 중국 사회와는 선명하게 대비되는 젊은 사회였다.

외래 이민을 기원으로 하는 민족형성의 사례는 라틴아메리카와 카리브해 지역을 제외하고는 어떤 곳에서도 찾아볼 수가 없다.[48] 라틴아메리카 사회는 세 가지 요소—약탈과 잇따른 바이러스의 침공으로부터 살아남은 원주민, 유럽 이민자, 아프리카로부터 노예로 끌려온 사람들—로부터 성장해 나왔다. 이들 집단의 구성비 변화가 근대 초기 대서양 노예무역이 19세기 초에 지구의 서반구에 등장한 네 가지 형태의 사회가 형성되는 데 어떤 영향을 미쳤는지를 설명해준다.

## 노예무역과 신세계 사회의 형성

첫 번째 형태는 브라질에서 나타났다. 포르투갈 정복자/이민자의 후손과 절반은 아프리카인이고 절반은 원주민인 노예집단으로부터 이곳의 포르투갈–브라질 사회가 형성되었다. 이 사회를 구성하는 주요 인종집단들 사이에 다양한 모습의 중간 집단이 섞여 있었다. 이들의 피부색은 다양했다. 이들은 혈통으로 보자면 백인과 원주민 혼혈(메스티조mestizo)도 있었고 백인과 흑인 혼혈(물라토mulatto)도 있었다. 이들은 사회적 신분으로는 자유인이었고 인종적 경계는 그들의 다양한 피부색만큼이나 느슨했다. 정부의 감독을 받지 않는 잔인한 '무법자집단'(bandeirantes)이 18세기 내내 내륙의 원주민들을 노예로 만들었지만 브라질의 플랜테이션과 광업을 떠받친 것은 아프리카에서 '수입'된 노예들의 노동이었다. 대부분이 오늘날의 앙골라와 자이레강 유역에서 팔려온 노예들의 성비 불균형뿐만 아니라 열악한 노동환경에서 비롯된 높은 사망률 때문에 브라질의 아프리카 노예집단은 자체 생육만으로는 유지될 수가 없었다.

노예무역이 시작된 1600년 무렵부터 대서양을 건너 브라질로의 노예수입이 종결된 19세기 중엽까지 480만 명 가까운 아프리카인이 브라질로 운송되었다. 노예무역의 정점은 1810년이었다. 이 무렵 수입노예의 숫자는 연평균 3만 7,400명이었다.[49) 브라질의 노예수입은 1851년까지 지속되었다. 라틴아메리카 다른 지역의 노예수입은 이보다 한참 전에 폐지되었다. 신대륙의 기타 지역 노예사회와 비교할 때 브라질의 노예는 상대적으로 쉽게 자유를 살 수 있었고 노예주가 노예를 해방시켜주는 절차도 상대적으로 간단했다. 자유인 흑인과 뮬라토는 브라질의 모든 사회집단 가운데서 인구증가율이 가장 높은 집단이었다.[50) 1888년에 노예제가 폐지되기 전까지 브라질은 시종일관 노예제의 색채가 강한 국가였다. 이는 근대 초기의 강제성 이민이 가져온 결과였다.

노예무역이 종결된 후에도 각국의 노예제도는 당분간 유지되었다. 미국에서 노예제도가 불법이라고 선포된 것은 1865년의 일이지만 노예의 수입은 1808년에 정지되었다. 1808년 이전의 7년 동안 미국에 도착한 노예는 15만 6,000명으로서 신기록이었다.[51) 다른 노예제 국가와는 달리 미국에서는 노예무역이 종결되기도 전에 내부의 자체적인 생육을 통해 노예 인구가 빠른 속도로 증가했다. 이리하여 1808년 이후 자기 영속적인 노예집단이 형성되었고 그중에서 아프리카 출생자는 곧 소수가 되었다.[52) 비자유 노동력의 수요를 충족시키기 위해 더 이상 노예수입에 의존할 필요가 없게 되었다. 이와 함께 미국 국내의 노예교역이 갈수록 번성했고, 이른바 '투기꾼'(speculators) 또는 '흑인 몰이꾼'(soul drivers)이란 특수한 사업가가 큰 돈을 벌었다. 자유인 신분의 흑인이 붙잡혀 팔리고 노예가족이 무자비하게 해체되는 일이 벌어졌다. 목화 생산지대인 남부 플랜테이션의 소유자들이 버지니아주나 메릴랜드주를 찾아가 노예를 사들였다. 1790-1860년 사이에 대략 100만 명의 흑인이 자신의 의지에 반하여 한 주에서 다른 주로 이동했다.[53] 내부 노예교역을 통해 노예제도의 가장 말썽 많고 추악하고 지탄받아야 할 면모가 남김없이 폭로되었다. 이와 거의 동시에 대서양 노예무역의 종결이 아프리카 대륙 내부의 노예거래에 활기를 불어넣었다.

이민과 사회건설의 상호관계의 세 번째 형태는 멕시코에서 등장했다. 스페인제국의 행정중심지 누에바 에스파냐(Nueva España, 멕시코)는 신대륙 국가의 노예제 경험을 자연스럽게 공유했지만 브라질이나 미국 남부지역과는 달리 노예제가 생활의 모든 면에 영향을 주는 압도적인 제도는 아니었다. 그 원인은 스페인인(peninsulares)이 강제노동 제도에 특별한 반감을 갖고 있었기 때문은 아니었다. 스페인이 통치하던 쿠바는 19세기 70년대까지도 노예제가 고도로 발달한 식민지였다. 멕시코의 생태환경에서는 대규모 플랜테이션 경제가 군건한 뿌리를 내릴 수 없었다.

1800년 무렵, 브라질이나 미국과는 달리 멕시코는 이민국가의 성격을 벗어났다. 18세기 초에서부터 1817년 노예무역이 금지될 때까지 멕시코로 팔려간 아프리카 노예의 숫자는 아무리 많아도 2만 명을 넘지 않았다.[54] 원주민 인구는 여러 차례 심각한 감소를 경험한 뒤 1750년 이후 완만한 증가세로 돌아섰다. 1793년에 실시된 총인구조사의 결과에 따르면 전체 인구에서 흑인이 차지하는 비중은 0.2퍼센트에 못 미쳤다. 인구 구성에서 끝에서 두 번째인 유럽에서 태어나 스페인인은 대략 1.5퍼센트정도였다. 인구 비중이 가장 높은 집단은 멕시코 원주민(52퍼센트)이었고 그다음이 멕시코에서 출생한 스페인 후손(이른바 크리요crillos)이었다.[55] 1800년 무렵의 멕시코는 대륙 간 이민의 물결에서 단절된, 인구 재생을 자신의 생물학적 자원에만 의존하고 있는 국가였다.

네 번째 형태의 대표는 영국령과 프랑스령 카리브해 국가다. 안틸레스(Antilles) 군도 대부분의 섬 원주민은 일찌감치 유럽인의 첫 번째 침략 때 거의 전부가 학살되었다. 17세기에 들어온 뒤 초기 자본주의 생산방식의 역동성이 국제적인 시장을 만들어내자 인적이 끊어진 이 땅에 새로운 사회조직이 생성되었다. 이 사회는 전적으로 비원주민 외래인으로 구성되었다. 현지의 전통이라고는 전혀 없는 절대적인 이민사회가 플랜테이션 방식의 설탕 생산을 이어가자면 아프리카로부터 끊임없이 노예를 들여와야 했다.

플랜테이션 체제는 인력을 끊임없이 소모했다. 이 사회는 해외로부터 상시적으로 노예가 유입되어야 하는 곤란을 극복한 미국의 남부처럼 흑인 인구를 자체적으로 재생산하는 단계로 발전하지 못했다. 17세기 초에 영국, 프랑스, 네덜란드 이민이 정착한 뒤로 유럽계 인구의 비중은 정체 상대를 벗어나지 못했다. 상류층 플랜테이션 소유자가 아니라 기술직 노동자와 플랜테이션 감독관이 꾸준히 유럽으로부터 몰려왔는데도 백인은 18세기 내내 소수집단으로 머물렀다. 흑인 노예는 생도맹그(Saint-Domingue)나 영국령 자메이카(Jamaica)와 바베이도스(Barbados) 등 이른바 '설탕군도'에서 인구의 70-90퍼센트를 차지했다.[56]

카리브해 지역에서는 브라질에서처럼 노예가 돈으로 자유를 사거나 노예주의 호의로 해방되기란 매우 어려운 일이었고, 그래서 노예제가 폐지될 때까지 '유색 자유인'(free persons of color) 중간층은 매우 얇았다. 1800년 무렵 브라질 인구의 2/3 가까이가 법률상으로는 자유인이었다. 미국의 전체 인구에서 자유인은 늘 다수였다. 브라질과 미국 두 지역과 카리브해 '설탕군도'의 사회구조상의 가장 큰 차이가 이것이었다(브라질의 자유인 대다수가 흑인 혼혈인 반면에 미국의 자유인은 백인이 다수였다).

카리브해 모형의 또 하나의 특징은 브라질과 미국보다 앞서 노예제가 폐지되었다는 점인데, 부분적으로는 (1791-1804년에 생도맹그와 아이티에서 일어난) 노예혁명이, 부분적으로는 종주국(1833년 영국, 1848년 프랑스, 1863년 네덜란드)에서 제정한 법률이 원인이었다.

노예제폐지운동 끝난 후 카리브해 각국은 자신의 '19세기'로 진입했다. 이들 국가에서는 노예제가 폐지됨으로써 진정한 의미의 신기원으로 19세기를 시작했다. 노예무역이 중지된 뒤 자유로운 이민이 사회에 미친 영향은 미미했다. 오직 쿠바만 설탕제조업으로 돈을 벌려는 사람들에게 매력이 있는 나라였다. 1830-80년 동안에 대략 30만 명의 새로운 이민이 쿠바에 도착했다. 그 대부분이 스페인인이었다. 쿠바 이외의 지역에서 백인은 환영받지 못하거나(아이티), 경제가 침체된 군도에서 미래의 전망은 그리 희망적이지 않았다. 전체적으로 볼 때 19세기 카리브해 지역의 인구 성장속도는 18세기보다는 분명히 느렸다.

대서양 노예무역은 근대 초기부터 19세기까지 지속되었고 그 규모는 1800년 무렵에 정점에 이르렀다. 노예무역이 금지되고 나서도 노예제도는 수십 년 동안 더 지속되었다. 19세기 중엽에 서반구에서 이민국가의 형성은 새로운 단계로 접어들었다. 이 시기에 대서양을 건너는 강제이민의 규모는 크게 위축되었다. 그러나 안틸레스 군도, 브라질, 미국을 여행하는 사람이라면 누구나 19세기의 아메리카 대륙은 아프리카의 복사판과 다름없다는 사실을 쉽게 알아차릴 수 있었을 것이다.

# 4. 징벌과 유배지

## 시베리아, 오스트레일리아, 뉴칼레도니아

19세기의 이민사에서 관찰할 수 있는 새로운 요소는 무엇일까? '변경이민'은 잠시 미루어 두었다가 제7장에서 개별 국가의 내부 이민—이 주제는 일반화하기가 매우 어려우므로—과 함께 다시 논하기로 하자. 19세기 이민사를 논할 때 새롭게 대중의 주의를 끄는 제도는 정치적 반대자들을 곤궁, 고독, 극단적으로 열악한 기후조건에 노출시키는 징벌적 식민지이다. 시베리아는 1648년에 이미 제정 러시아의 유배지가 되었고, 표트르 대제 통치 시기에도 전쟁포로를 격리시키는 장소로 활용되었다.

러시아에서 유배형에 처해지는 죄목은 꾸준히 늘어났다. 시베리아로 유배된 죄수들 가운데는 반란을 일으킨 농노(1857년 이전), 매춘부, 향촌의 반항아, 방랑자(19세기에 때때로 유배된 자의 대다수를 차지했다)가 있었다. 1800년 이후는 연속 3년간 탈세한 유대인도 유배의 대상이 되었다. 18세기에는 범죄자들을 국가가 시행하는 건설공사에 투입하여 강제노역(katorga)에 종사하게 하는 형벌이 널리 활용되었다. 12월당(Dekabrists)의 봉기가 실패로 돌아간 후부터 시베리아는 정치범의 중요한 유배지가 되었다.

통계수치를 보면 유배된 사람의 숫자는 초기에는 그리 많지 않았다. 차르 니콜라이 1세(Nicholas I)의 폭압적인 통치하에서 정권에 대한 도전은 생각하기 어려웠다. 차르의 전제에 항의하는 급진분자들이 한 무리씩 시베리아로 유배되었다. 1880년 무렵에는 1863년의 폴란드 봉기에 참여했던 수많은 정치범이 이곳으로 유배되었고, 마르크스주의자와 무정부주의자도 이들의 대열에 합류했다.

시베리아로 유배된 정치범들이라고 모두 미하일 바쿠닌(Mikhail Bakunin)처럼 후한 대접을 받지는 않았다. 총독의 친척이었던 바쿠닌은 현지 상류사회의 사교모임에까지 참석할 수 있었다. 유배자들의 대부분은 석탄광산과 금광에서 힘든 노동을 했다. 정상적인 상황이라면 유배자는 감방에 갇히지 않았고, 어느 정도는 사회생활을 할 수 있었으며, 때로는 가족을 동반하는 경우도 있었다.

19세기의 마지막 30년 동안, 해마다 평균 3,300~3,500명이 유배형 판결을 받았다. 정부 측의 통계에 따르면 1898년 1월에 시베리아로 유배된 죄수는 29만 8,600명이었다. 동반한 가족까지 포함한다면 유배지에서 생활하는 사람은 최소한 40만 명 정도였고 이 숫자는 시베리아 총인구의 7퍼센트였다. 19세기 말이 되자 시베리아 유배형을 받는 사람이 점차 줄어들었다가 1905년 혁명 후로 다시 늘어났다.[57]

서유럽 국가에서는 시베리아 유배를 러시아의 '야만성'을 보여주는 증거라고 비난했다. 그러나 오히려 러시아에서는 사형이 집행되는 경우가 드물었다. 좀더 보편적인 기준으로 평가하자면 통계수치가 보여주듯이 19세기 말 러시아의 인구대비 사형 집행 건수는 미국(미국이 10배나 많았다), 프로이센, 영국, 프랑스보다 낮았다.[58]

유배자의 사망률도 프랑스의 열대 식민지보다 훨씬 낮았다. 논리적으로 말하자면 형벌 체계로서 유배는 정치적 반대자와 사회의 불량자분자를 개조하기 위해 설립된 '지붕 없는 감옥'이었다. 다른 한편으로 유배는 시베리아 지역을 식민화·'문명화'하려는 거대한 국가프로젝트에 제공되는 노동력의 저수지였다. 미국의 서부 대개발이 주로 시장의 흡인력과 자발적인 결정을 바탕으로 추진되었다고 한다면 유배는 식민지 요역체제에 훨씬 더 가까웠다.

1905년 러시아 혁명시기에 서유럽 민중의 눈에 유배와 강제노동은 시대착오적이고 극단적으로 설득력 없는 형벌로 비쳤다. 같은 시기에 중국에서도 이런 형벌이 국가통치에 필요하고도 합법적인지에 대해 강한 의문이 제기되기 시작했다. 1759년에 건륭제는 중앙아시아의 넓은 지역에 대한 정복을 마친 직후부터 살기 힘든 이 변경 지역을 유배지로 활용할 가능성을 살피기 시작했다. 그 뒤로 수십 년 동안 1만 명을 헤아리는 사람들이 지금은 신강성(新疆省)에 속한 이 지역으로 유배되었다. 중국과 러시아의 유배제도는 아주 비슷했다. 중국에서도 유배제도와 변경 개척은 밀접하게 연관되어 있었다. 청 정부의 유배제도는 대략 1820년까지 지속되었다. 청이 망하기 전까지 형벌로서 유배형은 폐지되지 않았으나 국가는 안팎으로 곤경을 겪고 있어서 변경개척에 관심을 가질 수가 없었다. 이 때문에 조정에서도 점차 유배형을 중시하지 않게 되었다.

중국의 유배제도에는 여러 가지 독특한 면이 있었다. 유배형을 선고받은 사람들 가운데서 정부 관리와 군 장교들의 비율이 높았다. 일반적으로 유배형 죄수들은 가족을 동반할 수 있었고 형벌의 주요한 목적은 정신개조였다. 3-10년의 유배지 생활을 마친 관리가 돌아와 다시 관직에 나가는 경우는 그리 특별한 일이 아니었다. 제국 중국에서 극형을 대하는 태도는 구체제 하의 여러 유럽 국가들보다 훨씬 신중했다. 유배는 말하자면 일종의 변형된 사형이었다. 죄수를 신강지역으로 호송하는 과정은 매우 정교하게 조직되어 있어서 청 왕조 행정체계 가운데서 가장 효율적인 부분의 하나라는 평가를 받았다. 그러나 관련 수치 자료는 흔치 않다.[59]

프랑스 정부는 1848년과 1851년의 동란을 평정한 후 정치범들을 추방했다. 파리코뮌의 봉기를 진압한 후 프랑스 정부는 3,800명 이상의 반란가담자들을 19척의 배에 실어 (1853년부터 프랑스의 식민지가 된) 태평양의 뉴칼레도니아로 보냈다. 파리코뮌 지지자들을 이 섬으로 유배한 의도는 원주민 카나카족(kanaks)과 코뮌 혁명가들을 함께 '교화'하는 것이었다.[60] 이보다 앞서 프랑스 정부는 평범한 시민의 이민을 통해 이 섬을 개발할 계획을 세웠으나 현지의 열악한 기후 때문에 포기한 적이 있었다. 1898년까지 뉴칼레도니아로 유배된 죄수는 한 해에 평균 300-400명이었다.[61]

프랑스 정부가 운용한 또 하나의 유배지는 남아메리카 서북부에 위치한 기아나(Guyana)였다. 이곳의 기후는 뉴칼레도니아보다 더 열악했다. 프랑스 육군의 알프레드 드레퓌스(Alfred Dreyfus) 대위가 반역죄로―훗날 모함으로 밝혀졌다―유죄판결을 받고 철제 죄수 우리에 갇힌 채 기아나 연해의 악마의 섬으로 유배되었다. 이때부터 세계에서 가장 외지고 가장 황량한 이곳이 세상 사람들에게 알려졌다. 20세기 초에 프랑스령 기아나에는 제대로 된 감옥 한 곳과 노역체계가 갖추어졌다. 이 체계 안에 사는 인구는 식민지 인구(원주민 부락과 사금 채취자 제외)의 1/5에 가까웠다. '후추섬'으로의 유배형은 1936년에 가서야 폐지되었다.[62]

오스트레일리아는 역사상 가장 규모가 큰 유배지였다. 1788년 1월 18일, 11척의 배로 구성된 '제1함대'가 759명의 죄수를 태우고 보타니만(Botany Bay, 지금의 시드니 부근)에 들어왔다. 오스트레일리아의 식민사는 여기서 시작된다. 북아메리카 식민지를 상실한 후 영국은 죄수들을 처리할 새로운 유배지를 찾아야 했다. 죄수들을 서아프리카 잠비아강 가운데 있는 작은 섬에 유배하자는 극단적인 제안이 인도주의적 고려 때문에 부결된 후 사람들은 갑자기 1770년에 쿡 선장이 발견했던 보타니만을 생각해냈다. 해양 패권을 두고 프랑스에게 밀릴 수 없다는 전략적 동기를 배제할 수는 없지만, 1780년대 중반 영국 감옥의 심각한 과밀현상 때문에 생긴 위기가 없었더라면 죄수들을 수만 리 떨어진 먼 섬으로 유배하자는 이 기발하고도 거창한 발상은 선택되지 않았을 것이다. 오스트레일리아가 식민지가 된 후 처음 40년 동안의 역사는 순전히 유배지의 역사였다. 이곳에 온 첫 번째 이민 집단은 모두가 법정에서 유배 노역형을 선고받은 죄수들이었다.

1868년에 마지막 죄수 집단이 오스트레일리아에 도착하기 전까지 이곳에 지속적으로 유배된 죄수의 합계 숫자는 대략 16만 2,000명이었다. 이들 대부분은 영국의 공업화 초기에 도시의 범죄율 상승의 산물이었다. 다수가 절도범, 소매치기, 사기꾼 등이었고 정치적 이유로 처벌받은 사람은 소수였다. 19세기 20년대부터 정부는 보통사람의 자발적인 오스트레일리아 이민을 장려했다. 한편으로는 유배형을 선고받는 사람의 숫자도 여전히 줄지 않고 오히려 늘어났다. 유배 죄수의 88퍼센트가 1815년 이후에 오스트레일리아로 왔다. 19세기 30년대에 유배 죄수의 규모가 정점에 이르렀다. 1831-35년 동안에만 척당 평균 209명의 죄수를 실은 133척의 증기선이 4개월 동안 파도에 시달린 후 오스트레일리아데 도달했다.[63] 유배 죄수의 대다수는 여전히 영국 국민으로서 기본적인 권리를 갖고 있어서 법정에서 자신을 변호하고 직업 선택에서도 일정한 자주권을 행사했다. 바로 이런 조건들이 바탕이 되어 오스트레일리아는 큰 풍파와 혼란을 겪지 않고 점진적으로 시민사회로 가는 과정을 완성할 수 있었다.

카프카(Franz Kafka)의 단편소설 『유배지에서』(*In der Strafcolonie*, 1914년 작 1919년 출판)가 세상에 나온 후 '유배지'는 인류의 기억 속에서 지우기 어려운 개념으로 자리 잡았다. 유배지는 세계 어느 곳에나 존재하는 특수한 지역, 19세기 제국주의 시대의 특징의 하나였으며 오늘날까지도 지구상에서 사라지지 않는 제도이다. 유럽에서 온 이민 집단 가운데서 유배자는 시종일관 중요한 구성부분이었다. 유배지의 예는 일일이 열거하기도 어렵다. 스페인은 범법자를 쿠바와 북아프리카로 유배했고, 포르투갈은 브라질과 고아 그리고 무엇보다도 앙골라로 유배했다.

버뮤다와 지브롤터에서는 영국 유배자의 발자국을 찾을 수 있다. 심지어 식민지 백성도 유배형에 처해질 수 있었다. 예컨대, 일부 인도인은 버마, 아덴, 모리셔스, 벤쿨렌,* 안다만군도, 말레이해협 식민지(Strait Settlement)로 유배 되었다. 유배는 항상 집권자들이 원했던 결과를 가져오지는 않았다. 처벌이든 교화든 그 효과는 의심스러웠다. 총체적으로 보아 강제노동은 일반적으로 유배지의 경제발전에 일정 정도 기여를 했지만 일부 식민지 정부는 ─버마, 모리셔스 등─청년 노동력만 받아들이려 했고 평균적인 인도 죄수는 원치 않았다.[64] 징벌노동은 다른 경로로 노동력을 확보할 수 없을 때라야 설득력을 가질 수 있었다.


## 망명 또는 추방

개인 또는 소수집단의 정치적 망명은 19세기에 등장한 새로운 현상은 아니었다. 어느 시대건 전쟁, 전염병, 기근을 피해 망명의 길에 오르는 난민은 있었다. 근대에 들어와 특히 유럽에서 새로운 유형의 난민인 종교적 난민─스페인의 무슬림과 유대인, 프랑스의 위그노파(Huguenots) 신교도, 영국의 국교를 거부한 정통 신교도(Nonconformists) 등─이 등장했다. 관련된 수치로 고증하기는 어렵지만, 역사적으로 유례가 없었던 규모의 1차 대전 중과 직후의 난민 물결과 비교할 때 19세기의 집단 이주가 주된 이주형식이 아니었음은 분명하다. 그렇다고 하더라도 19세기의 집단 이주의 중요성은 분명히 이전의 것들을 뛰어넘는다.

* 벤쿨렌(Bencoolen)은 수마트라섬에 있던 영국식민지. 1824년 네덜란드에 양도되면서 인도네시아에 편입되었다. 지금의 수마트라 벤툴루시(Benkulu City).

그 원인은 세 가지이다. (1) 비종교적 요인으로 시작된 내란 과정에서 이념적 분위기가 유발한 정치적 반대자에 대한 집중적이고도 가중되는 박해. 프랑스대혁명과 그것에 대한 전 유럽의 반동이 첫 번째 사례이다. (2) 국가 간의 자유주의의 차이. 어떤 나라는 자유의 방파제가 되려하고, 그래서 제한적이지만 다른 국가에서 온 자유의 투사들에게 피난처를 제공함으로써 다국 간 시민사회의 형성에 기여했다. (3) 상대적으로 부유한 사회가 우월한 물질적 조건을 이용해 외래자에게 최소한 일시적인 생활 기회를 제공했다.

20세기와 비교할 때 19세기의 난민은 (최소한 19세기 60년대 이전까지는) 익명의 집단이 아니라 개인적으로 분명히 식별되는 부유하고 좋은 교육 배경을 가진 난민이었다. 혁명의 물결이 이런 난민을 만들어냈다. 그들 가운데는 1776년에 북아메리카 식민지가 독립을 선언하자 캐나다와 카리브해 지역으로 도피한 약 6만 명 가량의 영국왕실에 충성하는 사람들, 1789년에 부르봉 왕조에 충성했던 망명자들(Émigrés), 1848-49년 유럽 각지의 혁명*이 실패한 후 진압당한 피해자들이 있었다. 1848년 이후 스위스는 약 1만 5,000명의 난민을

* 역사서에서는 1848년 유럽대혁명(Year of Revolution), 민족의 봄(Spring of Nations), 민중의 봄(Springtime of the Peoples)으로 불리며 1848-49년에 유럽을 휩쓴 유럽사에서 가장 광범위한 혁명운동을 가리키다. 혁명의 목표는 낡은 군주제의 청산과 민족국가의 수립이었다. 프랑스의 2월 혁명을 시발로 하여 유럽 전체로 번져나갔다. 직접적인 동기는 기성 정치엘리트에 대한 불만, 정치적 참여와 언론자유의 확대요구, 민족국가의 수립이었다. 혁명의 주도세력은 개혁가, 부르주아, 노동자였으나 동맹은 오래 가지 못했다. 대부분의 나라에서 혁명은 신속하게 진압되었고 수많은 희생자가 나왔다. 그래도 부분적인 성과는 있었다. 오스트리아와 헝가리에서 농노제가 폐지되었고, 덴마크에서는 절대군주정이 종식되었으며, 네덜란드에서는 입헌군주정이 들어섰고, 독일과 이탈리아의 통일운동이 본격화되었다.

받아들였는데 대부분이 독일인과 이탈리아인이었다. 그리고 4,000명에 가까운 독일인이 미국으로 망명했다.[65] 1819년 「칼스바트선언」(Karlsbad Decrees)과 1878년 독일의 「반사회주의자법」이 나오자 소규모 집단이 망명을 선택했다.

법률적 관점에서 볼 때 가장 중대한 사건은 1839년의 '7월 혁명'이었다. 이 사건의 여파로 서유럽, 특히 프랑스, 벨기에, 스위스에서 정치적 망명 ─ 정치범의 송환금지 ─ 을 법으로 보호하는 제도가 생겨났다. 1848-49년 유럽의 혁명 시기에 대부분의 국가가 이 원칙을 받아들였다. 이 원칙에 따르면 국가재정으로 정치적 망명자에게 경제적 지원을 해야 했고 그 때문에 정치적 망명자의 행동에 간접적인 영향을 미칠 수도 있었다.[66]

망명과 혁명의 관계는 복잡 미묘하다. 1830년의 프랑스혁명은 다른 민족의 자유에 대한 갈망을 불러일으켰고 통치자에게 저항하는 그들의 용기를 자극했다. 프랑스는 피난처를 찾는 망명자들의 목적지가 될 좋은 정치적 환경을 갖추게 되었다. 러시아의 통치에 저항하는 폴란드의 1830년 11월 혁명이 진압된 후 1831년에 폴란드의 수많은 정치 엘리트들이 당당하게 무리를 지어 ─ 대략 9,000명 가량. 그 중 2/3는 폴란드 귀족이었다 ─ 독일을 거쳐 프랑스로 갔고 그 가운데 대다수가 최종적으로 파리에 정착했다. 이때의 '대이민'(Wielka Emigracja)과 함께 폴란드의 문화적 창의력과 정치적 지도력이 해외로 빠져나갔다. 폴란드 망명자들의 행동은 유럽의 모든 피압박 민족을 위해 자신을 희생하는 '형이상학적 사명'으로 평가받았다.[67] 프랑스 정부는 망명 혁명가들 가운데서 통제하기 어려운 집단을 활용하기 위해 1831년에 외인부대(Légion étrangère)를 창설했다.

19세기 이전에는 그토록 많은 정치적 행위가 망명지에서 이루어진 적이 없었다. '왕관 없는 폴란드 왕' 또는 '1인 왕국'이라 불리던 아담 차르토리스키(Adam Czartoryski) 공작은 파리에서 차르 니콜라이

1세에 반대하는 저항운동을 조종했고 폴란드인을 단결시킬 정치 강령과 전략 목표를 제시했다.[68] 알렉산더 헤르첸(Alexander Herzen), 주세페 마치니(Giuseppe Mazzini), 여러 차례 망명했던 주세페 가리발디(Giuseppe Garibaldi)는 모두 망명기간 동안에 적극적으로 국내 정치를 조종했고 오스만제국의 통치에 반대하는 그리스의 봉기도 국외에서 계획되었다. 한편으로 오스만제국은 단순히 전제주의의 요새가 아니라 자신도 패배한 자유의 투사들에게 피난처가 되기도 했다. 1849년, 헝가리 독립운동이 러시아군대에 의해 진압된 뒤 코슈트 라요시(Kossuth Lajos)는 수천 명의 추종자와 함께 오스만제국으로 망명했다. 영국과 프랑스 양국 외교관들이 술탄에게 '문명세계'의 행동원칙을 내세워 러시아의 송환 요구를 거절하도록 부추겼다. 이렇게 하여 오스만제국도 예외적으로 문명세계의 대열에 합류하게 되었다.[69]

19세기 후반에 망명자들의 활동이 아시아의 제국들도 붕괴시켰다. 이들 국가의 역사에서 이런 사례는 거의 없었다. 17세기 중국에서 명 왕조의 재건을 주장하던 전 왕조의 충신들은 해외로 나가 행동기지를 건설할 생각을 하지 못했다. 1850년부터 1864년까지 지속된 태평천국운동이 진압된 후 남은 세력은 쫓겨 다니면서도 해외에 근거지를 만들지 못했다. 19세기에 일부 터키인들이 끊임없이 해외를 유랑하면서도 오스만제국을 향한 저항의 목소리를 냈다. 그러나 초기단계에서는 소수의 정치적 망명자의 개인행동에 지나지 않았다.

술탄 압뒬하미트 2세가 독재통치로 돌아선 1878년 이전에 비판적 지식인이자 시인이며 언론인이었던 나믹 케말(Namic Kemal)은 키프로스로 유배되었다가 해외로 추방되었다. 19세기 90년대 초에 술탄 압뒬하미트 를 반대하는 '청년터키당'(Jön Türkler, Les Jeunes Turcs)이란 저항 단체가 파리에서 조직되었다. 이들은 오스만제국 군대 내부의 모반자들과 손을 잡고 1908년에 청년터키혁명을 발동했다.[70]

19세기 80년대부터 제네바, 티플리스는 아르메니아 민족주의-혁명 운동의 요람이었다.[71] 중국에서는 서방지향적인 반청 인사들이 지리적 이점을 이용하여 국경 주변지역에서 정변을 모의했다. 혁명의 지도자 손중산(孫中山)과 그의 추종자들은 1895년부터 처음에는 영국 식민지인 홍콩에서, 그 뒤로는 미국과 (특히) 일본의 화교사회에서 비밀리에 청 정부를 전복시킬 행동계획을 세웠다.[72] 19세기 90년대에 도쿄는 아시아 여러 나라로부터 망명한 정치활동가들의 활동 중심이었다.

심지어 상하이의 국제(서방이라고 읽어야 한다) 공동조계도 반정부 조직의 활동기지가 되었다. 1898년, 젊고 정치적 실권도 없는 광서(光緒)황제가 지원하는 헌정개혁 시험('백일유신'百日維新)이 자희(慈禧)태후가 조종하는 보수 세력의 반대로 실패했다. 그 뒤 몇몇 유신파 인사들이 영국인의 도움을 받아 국외로 망명했다. 핵심 인물인 강유위(康有爲)는 인도의 다르질링(Darjeeling)에서 유토피아 세계를 구상한 『대동서』(大同書)를 집필했다.[73]

미국도 낡은 정권의 전복을 꿈꾸는 망명운동의 발원지가 되었다. 프란치스코 마데로(Francisco Madero)는 지지자들을 불러 모아 텍사스주 산안토니오에서 비밀활동에 들어갔다. 그는 1910년에 정변을 일으켜 오랜 정적이자 1876년부터 멕시코를 통치해온 늙은 독재자 포르피리오 디아스(Porfirio Diaz)를 권좌에서 몰아냈다.[74] 이들 망명자와 혁명운동은 강대국의 내정간섭 도구로 전락하지 않고 국가 간의 자유의 차이를 성공적으로 이용했다.

'망명'은 관련 당사자에게 저항 대상으로부터 가해지는 박해를 피할 수 있도록 어느 정도의 (백퍼센트는 아니더라도) 안전을 보장해주었고, 현대 언론매체를 이용할 줄 아는 지식분자에게는 지지자를 결집하고 세력을 확대할 수 있는 기회를 제공했으며, 개인적인 동조자와 재정 후원자를 만날 수 있는 문을 열어주었다. 망명정치는 통신기술의 발전과 국제사회의 형성이라는 환경이 갖추어졌기 때문에 가능했던 일종의 '현대'의 산물이었다. 주변부로 전락하지 않으려는 망명활동가들에게 기회를 제공한 지역은 극소수였다. 1789년 프랑스대혁명 후의 망명자들 대다수는 처음에는 코블렌츠로 모여들었다. 19세기에 진입한 뒤로 런던, 파리, 취리히, 제네바, 브뤼셀이 점차 망명운동의 주요 중심지가 되었다.

지금 시점에서 되돌아보면 수많은 망명정치가가 당국(예컨대 프랑스)의 엄밀한 감시를 받았지만, 망명 현지에서 누렸던 '자유'는 놀라운 수준이다. 19세기를 통틀어 유럽대륙에서 온 정치적 망명자가 영국에서 입국을 거부당하거나 추방된 사례는 하나도 없었다.[75] 런던으로 망명한 카를 마르크스(Karl Marx)나 파리로 망명한 하인리히 하이네(Heinrich Heine)에게 금언령을 내려야 한다고 생각한 사람은 아무도 없었다. 당시에 각국 정부 사이에 범죄인 인도협약 같은 것은 아직 존재하지 않았다. 반정부 인사에 대한 조사 청탁은 모두 거절되거나 아예 답변도 없었다. 영국의 제국주의에 대한 비판도 법률적으로 금지되지 않았다. 정치적으로 활동적인 망명자는 일반적으로 영국 외교의 방해자로 간주되지도 않았고 국내 치안의 위험요인으로 인식되지도 않았다.

망명자 가운데는 혁명가, 식민통치의 저항자(예컨대, 알제리 출신의 압달 콰디르Abd al-Qadir, 카프카스 출신의 이맘 샤밀Shamil)뿐만 아니라 권좌에서 축출된 통치자까지 있었다. 세상 사람들이 알지 못하던 세인트헬레나란 작은 섬이 역사의 무대에 등장한 것은 나폴레옹이 그곳에 추방되었기 때문이었다. 7월 혁명이 있은 지 3년 후인 1833년, 샤토브리앙(François-René de Chateaubriand)*은 손자의 손을 잡고 프라하의 흐라차니(Hradčany) 성을 산책하다가 인적이 없

---

* 프랑스의 소설가이자 외교관, 정치가(1768-1848).

는 적막한 그곳에서 유령처럼 거닐고 있는 전 부르봉(Bourbon) 왕
가의 왕 샤를 10세(Charles X)와 마주쳤다. 그의 계승자 루이-필립
1세(Louis-Philippe I)는 1850년 망명 중에 영국 서레이(Surrey)의
한 시골 장원에서 생을 마감했다. 아르헨티나의 독재자 후안 마누엘
로사스(Juan Manuel Rosas)는 권좌에서 축출되고 사반세기가 지난
1877년에 영국의 사우스햄튼에서 조용히 세상을 떠났다.

　19세기를 통틀어 전제군주가 망명한 기이한 사건이 1807년 11월
에 발생했다. 이해에 포르투갈의 섭정왕 호앙 6세(João VI)는 나폴
레옹 군대의 침략을 피해 왕실 가족과 대부분의 막료를 포함한 1만
5,000명의 인원을 36척의 선박에 싣고 식민지 브라질로 망명했다. 그
후 13년 동안 식민지의 수도 리우데자네이루는 전체 포르투갈 세계
의 중심이 되었다. 이 사건은 두 가지 면에서 역사상 첫 기록을 창조
했다. 하나는 권력체계 전체가 해외로 탈출한 첫 번째 사례였고, 다
른 하나는 유럽의 해외 확장사에서 재위 중인 군주가 식민지를 방문
한 첫 번째 사례였다. 대혁명의 시대에 전제주의 왕실이 전혀 다른
정치 환경으로 옮겨가 자기보존과 애국이란 대의명분 사이에서 갈
등하며 뿌리를 내리려는 모험을 시도한 것이다. 비극성과 정통성이
합쳐진 이 망명은 사람들에게 군주제의 혁신과 부흥에 대한 꿈, 브라
질을 중심으로 하여 번영하는 제국의 꿈을 심어주었다. 1815년 포르
투갈-브라질 연합왕국의 성립은 이런 꿈을 향한 시도였다. 그 시도
는 결국 실패로 끝났다.[76]

# 5. 인종청소

## 카프카스, 발칸, 기타

정치적 이민과 영웅적인 망명이 (처음에는 유럽에서 시작하여 후에 여러 곳으로 퍼져나간) 19세기의 표지적 현상이라고 한다면, 집단적으로 고향을 떠나 타국에서 삶을 도모하는 수많은 가난한 난민의 모습은 '전면전'(totaler Krieg)과 인종적 편견을 배경으로 하는 극단적 민족주의가 범람한 시대와 긴밀하게 관련되어 있다. 그러나 정부 행위가 촉발한 국경을 넘는 난민의 물결은 19세기에도 없지는 않았다. 이 시기의 몇 차례 중대한 행동, 혹은 국가행동의 배후에는 잔혹한 현실이 숨겨진 경우가 많았다.

그리스독립전쟁은, 바이런 경(George Gordon Byron, Lord)으로 대표되는 그리스에 대한 사랑과 열정으로 가득 찬 지원자와 고대 페르시아에 맞서 자유를 쟁취한 그리스인의 후예들이 펼친 영웅적인 행동이라기보다는 훗날 이 지역에서 발생한 인종 대청소의 전주곡이었다. 그리스 인구는 1821년의 93만 9,000명에서 1828년의 75만 3,000명으로 줄었다. 터키인이 도주하고 추방된 것이 주원인이었다.[77] 그런데 터키인 자신들도 1822년 에게해 키오스(Chios)섬의 폭동을 진압하면서 기독교도 그리스인 주민 일부를 학살하고 일부는 노예로 팔아버렸고, 남은 수천 명을 추방했다. 그로부터 2년 뒤에 들라크루아(Eugène Delacroix)가 이때의 공포를 그림으로 남겨놓았다.

런던, 트리에스테, 마르세유에 새로운 키오스 공동체가 생겨나기 시작했다.

18세기 말부터 타타르인(Tatars)이 고향 크리미아반도를 떠나 오스만제국으로 이민하는 물결이 이어졌다. 이런 현상의 원인은 러시아인이 타타르인의 생활방식을 멸시하고, 타타르인의 토지를 차지하고, 러시아인의 반이슬람 풍조가 심해졌기 때문이었다. 타타르인 추방은 1768-74년의 러시아-오스만전쟁 기간에 시작되어서 1783년 크리미아 칸국이 러시아에 병탄된 후 정점에 이르렀다. 그 뒤로 10년에 걸쳐 최소한 10만의 크리미아 타타르인이 (크리미아 상류사회 거의 전체를 포함하여) 아나톨리아(Anatolia)로 이주해왔다. 이들이 타타르인 자신들의 말로는 '첫 번째 추방'(sürgün)의 주축이었다. 크리미아 반도에 남았던 타타르인에게 크리미아전쟁(1853-56년)은 치명적인 재난이었다. 러시아인은 이들을 적대국 오스만제국의 '제5열'로 취급했다. 전쟁이 끝날 때까지 2만에 가까운 타타르인이 난민이 되어 각국의 선박에 몸을 싣고 러시아 영토가 아닌 곳으로 실려갔고 비슷한 숫자의 타타르인이 다른 경로를 통해 크리미아반도를 탈출했다. 19세기 60년대 초에 대략 20만의 타타르 난민이 다시 크리미아에서 빠져나왔다.[78] 그러나 19세기 말에 와서 차르 정부는 타타르인과 기타 무슬림 종족이 러시아 영토 안에 머물게 하는 정책을 썼다. 타타르인 추방정책은 러시아 정부의 일관된 정책이 아니었음이 분명하다.[79]

더 큰 규모의 추방은 카프카스 무슬림 민족의 대탈출이었다. 이때의 추방은 이맘 샤밀이 이끄는 저항운동이 1859년 러시아군에게 진압된 뒤 시작되었다. 러시아인은 고지 카프카스(High Caucasus)를 점령하고 '평정'하는 동안 온갖 수단을 동원해 이 지역에서 인종청소를 실행했다. 1859-64년 사이에 최소한 45만 명, 어떤 추론으로는 심지어 100만 명의 산악지역 무슬림이 고향에서 쫓겨났다. 이들이 술탄의 통치가 미치는 지역을 찾아가는 길에서 수만 명이 굶주림, 질병, 사고로 목숨을 잃었다. 1860년에는 40만의 체첸인(Chechens)이 탈출을 선택했다. 그루지아의 무슬림 가운데서 아주 일부만 고향에 남았다.[80] 타타르인은 불행 중에도 운 좋게 이웃나라에서 피난처를 찾을 수 있었다. 그들 대부분은 자신들을 받아준 나라를 종교적인 고향으로 받아들였다. 그 밖에 신성한 '칼리파왕국'에 찾아가고자 하는 열망은 기꺼이 유랑을 나서는 또 하나의 동기였다. 메시아에 대한 믿음을 가진 집단에게 유랑은 고향을 찾아가는 과정이다.

박해받는 인종집단 가운데서 일부는 피난처를 만나는 행운을 갖지 못했다. 1877년 5월 초, 수년 동안 쫓겨 다니던 중에 그 전해에 리틀 빅혼(Little BigHorn)강 전투에서 미군을 대패시킨 라코타 수(Lakota Sioux) 인디언 부족은 추장 '앉은 황소'(Sitting Bull)의 인솔 하에 국경을 넘어 '위대한 백인 어머니'(빅토리아 여왕)의 나라로 들어갔다. 그들은 '어머니'가 워싱턴의 '위대한 아버지'보다 더 인자한 통치자이며 '어머니'의 나라에서는 법 앞에서 모두가 평등하다고 들었다. 그곳에서 '앉은 황소'는 생애 처음으로 백인으로부터 예의를 갖춘 대우를 받았고 그곳 백인들은 신뢰할 수 있다고 생각했다. 그러나 외교적 계산은 그의 희망을 물거품으로 만들었다. 미국은 이제는 쇠약하고 곤궁에 빠진 라코타 인디언을 여전히 교전 상대로 인식하고 있어서 캐나다 정부당국에 그들을 감금하라고 요구했다. 기아에 시달리는 작은 라코타 공동체에 미국 측의 압박까지 더해졌다. 역사에서 보기 드문 용맹으로 한때는 무적을 자랑했던 수족의 후예가 다시 미국으로 추방되었다. 미국은 그들을 죄수로 취급했다.[81]

민족주의가 갈수록 기세를 높이고 있던 유럽에서 무력 위협이나 정치적 협정에 의해 국경이 바뀌면서 국경을 넘는 난민의 물결이 생겨났다. 프랑스는 독일과의 전쟁이 폭발하자 1870년에 8만 명의 독일계 주민을 추방했다. 독일은 프랑크푸르트 평화조약이 정한 바에 따라 1871년에 알자스로렝(프랑스어 Alsace-Laurraine, 독일어 Elsass-Lothringen)을 합병했고, 독일의 지배하에 살기를 원치 않는 13만 명의 프랑스 주민이 짐을 싸서 떠났다.[82] 독일의 동부 국경지역에서는 비스마르크가 가톨릭에 반대하는 '문화전쟁'(Kulturkampf)을 선언하자 전부터 좋지 않던 독일-폴란드 관계가 더 악화되었다. 충돌이 종식되자 호전적 국수주의 성격의 '언어와 영토의 전쟁'이 분명한 모습을 드러냈다. 독일정부는 동부 국경지대의 '폴란드화'——당시에는 폴란드인의 침식(Herüberfluten)이라고 표현했다——를 막는다면서 '독일화' 정책을 내걸고 거리낌 없이 폴란드계 주민을 추방했다. 1885-86년에 2만 2,000명의 폴란드인과 1만여 명 의 러시아 또는 오스트리아 국적의 유대인이 독일의 동부 여러 주에서 추방되었다. 그들 대부분이 러시아가 지배하던 '폴란드왕국'으로 갔는데, 그곳에서도 기본적인 생계를 유지할 수단을 찾을 수가 없었다.[83] 한편으로는 독일인도 갈수록 민족주의가 강화되던 러시아를 떠났다. 1900-14년에 볼가강 지역에 살던 5만여 명의 독일인이 거주지를 떠나기로 결심했다. 제1차 세계대전이 폭발하기 전 수십 년 동안 신흥 민족국가에서라면 예외 없이 그리고 오래된 다민족 제국에서 '민족정책'을 추진할 때도 예외 없이 '민족불융합'의 위험이 대두했다(커즌 경*의 말).

19세기를 통틀어 발칸반도는 인종문제 때문에 정치적 안정이 가장 크게 위협받는 지역이었다. 러시아-오스만전쟁 중에 러시아 군대가 이스탄불에서 불과 15킬로미터 떨어진 곳까지 진입했다. 1877년 4월, 헤르체고비나, 보스니아, 불가리아에서 오스만제국에 반대하는 봉기가 야만적으로 진압된 뒤 러시아 정부는 현지 민중의 날로 높아가는 반터키 정서를 이용하여 이 전쟁을 일으켰다. 영국 야당 당수

---

* Lord George Curzon(1859-1925). 영국 정치인. 인도총독(1899-1905), 외무장관(1919-1924).

글레드스튼(Willaim E. Gladston)은 현란한 도덕적 수사를 동원하여 '불가리아의 공포'를 비난하는 명연설을 남겼다.[84] 이스탄불로 진군하는 과정에서 러시아 군대와 불가리아 폭도가 20-30만 명 가량의 무슬림을 학살했고 집을 파괴당한 사람은 셀 수가 없었다.[85] 전쟁이 끝난 후 50만에 가까운 무슬림 난민이 오스만제국으로 몰려왔다.[86] 1878년에 열린 베를린회의는 동남부 유럽의 정치질서를 재건하려 시도했지만 새로운 질서가 오히려 종교집단 또는 소수민족에게 심각한 타격을 가져다주었다. 신앙과 종족이 다른 점령군의 보복을 피하기 위해, 또는 이교도의 통치를 벗어나기 위해 이들은 망명의 길에 나섰다. 기독교도는 새로 성립된 자치국 또는 러시아와 오스트리아-헝가리제국의 보호를 받는 정치적 실체(당시 이곳의 국경은 유동적이었다)를 피난처로 삼았고, 무슬림은 영토가 점차 위축되던 오스만제국을 새로운 안식처로 삼았다.

이제 공식적인 추방과 상황에 쫓긴 피난 사이에 분명한 경계가 없어졌다. 19세기 90년대 중반, 대략 10만 명의 불가리아어를 모국어로 사용하는 주민이 그때까지 오스만제국에 속해 있던 마케도니아를 떠나 불가리아로 갔다. 반대로, 많은 무슬림 정착민과 터키 관리 그리고 동방정교도인 농민이 보스니아를 떠나 오스만제국으로 갔다(베를린회의의 결정으로 보스니아는 가톨릭인 합스부르크왕실이 차지하면서 가톨릭지역이 되었다).[87] 1877-78년 러시아-오스만전쟁 동안에 전란을 피해 고향을 떠난 난민은 약 80만 명이었다.

동남 유럽에서 난민 물결의 고조기는 1912-13년 발칸전쟁 때에 나타났다. 이 두 해 동안에 발생한 대학살과 인종청소는 20세기 90년대에 폭발한 유고슬라비아전쟁의 전조였다. 수백 년 동안 유사한 규모의 인구이동이 (유럽의) 그렇게 좁은 지역에서 일어난 전례가 없었다. 온갖 종류의 무슬림(터키인과 기타 돌궐종족, 알바니아인, 이슬람화된 불가리아인, 기타 등등)이 오스만제국의 영토였다가 이제는 발칸 국가들이 점령한 지역으로부터 도망쳐나왔다.

그리스인은 최근 영토가 확장된 세르비아와 불가리아, 트라키아 (Thrace, Thrakia), 소아시아(이곳의 그리스계 주민은 터키어만 할 줄 알았다)를 떠나야 했다. 두 차례의 발칸전쟁을 겪고 나서 살로니카 (Salonica) ─15세기부터 오스만제국의 영토이면서 오랫동안 평화로운 다민족 지역─는 그리스 정복자의 지배를 받아들이지 않을 수 없는 터키인, 유대인, 불가리아인이 섞여 사는 그리스 도시로 변했다. 1925년 이전에 무슬림 인구가 다 빠져나간 이 도시는 케말 아타튀르크(Kamâl Atatürk)의 고향이었다.[88] 영국정부가 작성한 당시의 통계를 보면 1912년부터 제1차 세계대전이 폭발할 때가지 마케도니아, 동트라키아, 서트라키아, 터키로 이루어진 사각 지역에서만 74만 명에 가까운 민간인이 살던 곳에서 쫓겨났다.[89]

제1차 세계대전과 1919-22년의 그리스-터키전쟁이 끝난 뒤 지중해 동부지역에서 인종 '불융합'은 지속되었고 이런 상황은 불가피하게 새로운 이민과 이민 수용국 사회의 통합문제를 돌출시켰다. 1919년 이후 국제연맹 산하의 난민사무위원회(LN Refugee Settlement Commission)가 혼란 가운데서 질서를 회복하기 위해 노력한 결과 약간의 진전이 있었다.

이러한 인구이동의 배후에 있는 실제적인 폭력과 예상되는 폭력의 발원지는 단순히 기독교도와 무슬림 사이의 종교적 충돌이 아니었다. 실제 발생한 충돌의 양상은 훨씬 복잡했다. 제2차 발칸전쟁에서는 기독교 국가끼리 서로 싸웠다. 무슬림도 충돌했다. 그리스와 터키의 관계가 악화되기 전에는, 무슬림이 갖는 그리스인들로부터 받게 될 잔혹한 대우에 대한 두려움은 불가리아와 세르비아 군대를 채운 슬라브계 농민들에 대한 공포보다는 크지 않았다. 새로운, 그래서 서둘러 마련된 민족국가의 이념은 이민족을 융합하거나 배척하는 기준이 되었다. 대체적으로 각국의 이민에 대한 태도는 관용적이었다.

유출되는 이민의 규모는 새로운 시민을 받아들이는 유입이민의 규모와 평형을 이루었다. 그러나 대다수 정부는 이민 문제에 있어서 지나치게 많은 유입이민을 경계했다. 다른 나라에 와 있는 통합주의 소수집단은 언젠가는 합병 주장을 지지하고 민족주의 외교정책의 유용한 도구로 변신할 수 있기 때문이다.

## 유대인의 추방과 이민

정치적 요인이 촉발한 국가 간 이민 물결의 새롭고도 중요한 원동력은 러시아제국과 기타 동유럽 국가에서 일어난 반유대주의였다.[90] 19세기 80년대 초부터 1914년에 이르는 기간에 대략 250만 명의 유대인이 동유럽으로부터 서방으로 이주했다. 이 문제를 분석할 때 우리는 신중해야 한다. 성경시대 이후 유대인 역사상 최대 규모라고 일컫는 이때의 이민을 뭉뚱그려 정치적 인구이동으로 보아서는 안 된다. 수많은 유대인이 자신의 생존환경을 개선하기 위해 경제가 발전한 서유럽 지역으로 파도처럼 밀려들었다. 그러나 그들이 원래 거주하던 국가의 정부는 유대인에 대해 갈수록 심각한 적대감을 드러냈다. 이것이 유대인의 이민을 방조하는 작용을 했음은 의심의 여지가 없다.

19세기 70년대에, 독일제국에 거주하던 유대인은 대략 560만 명이었다. 그중 400만 명이 러시아 경내의 특별한 '유대인 정착구역'에 살았고, 75만 명이 합스부르크 왕조가 통치하는 갈리치아(Galicia)와 부코비나(Bukowina)에 살았다. 그리고 그 나머지 70만 명과 20만 명의 유대인이 헝가리와 루마니아에 나뉘어 살고 있었다. 러시아에서는 알렉산드르 2세(Alexander II)가 등극하면서 유대인이 정부의 후원에 힘입어 현지 사회에 융합될 것이란 희망이 퍼져나갔다. 그러나 1863년 폴란드 봉기가 진압되면서 상황이 역전되었다. 소수의 차별적 법령이 폐기되었을 뿐이었다. 1881년 3월에 암살된 차르 알렉산더 2세가 러시아를 통치하던 마지막 몇 년 동안은 독재적 통치가 다시 강고해지고 러시아의 보수적 민족주의가 일어선 시기였다. 러시아 민족주의가 겨냥한 목표는 바로 유대인이었다. 19세기 70년대에 이르자 처음에는 유대인에게 평등한 지위를 부여하는 정책을 지지했던 러시아 대중도 크게 태도를 바꾸었다. 유대인의 이민도 잠시 자취를 감추었다.

1881년에 첫 번째의 '반유대인 폭동'(pogrom)이 시작되자 상황은 완전히 변했다.[91] 유대계 테러리스트가 차르 암살 행동에 가담한 사실이 밝혀지자 러시아의 반유대운동에 불이 붙었다. 반유대인 폭동은 우크라이나에서 시작하여 바르샤바까지 번졌다. 정부가 이 폭동을 어느 정도까지 선동했는지, 아니면 이 폭동이 어느 정도까지 자연발생적이었는지는 지금까지도 논쟁거리로 남아 있다. 여하튼 당시 유대인의 사회적 처지는 논란의 여지가 없었다. 보편적 빈곤, 취업기회의 결핍과 많은 자녀, 날로 높아지는 폭력적 공격을 당할 위험성은 유대인의 일상적 상황이었다. 이 밖에도 정부는 유대인을 격리시켜 러시아 사회에 뿌리를 내리지 못하게 하는 새로운 정책을 내놓았다.

19세기 90년대에 거의 모든 유대인 장인과 상인은 모스크바에서 쫓겨나 서부의 유대인 거주구역으로 강제로 옮겨졌다. 이와 함께 정부는 (다른 민족을 포함하여) 유대인의 이민신청을 제한하는 각종 규제조치를 실시했다. 그러므로 러시아를 떠나는 일은 일종의 도망과 유사한 불법 모험행위였다. 이 목적을 달성하자면 국경 수비대나 부패한 경찰을 매수해야만 했다. 현재 우리는 이민 수용국의 통계를 근거로 유대인 이민의 대체적인 규모를 추산할 수밖에 없다. 19세기 80년대에 매년 대략 2만 명의 러시아 유대인이 당시의 최우선 선택지인 미국으로 갔다. 1906-10년 동안에 매년 미국으로 이민한 사람들은 8만 2,000명에 이르렀다. 이민의 숫자가 늘어난 이유는 한편으로는 1차 이민 이후 가족의 재결합이었고 다른 한편으로는 19세기 말 운송회사의 격렬한 가격경쟁으로 인한 해양운송 운임의 하락이었다. 이 밖에 동유럽으로 돌아오는 재이민의 숫자도 무시할 수 없는 수준이었는데, 1880년대와 1890년대 이민자 수의 15-20퍼센트에 이르렀다.[92] 이것은 유대인의 이주가 단지 정치적 박해의 결과만은 아니라는 사실을 말해준다.

같은 시기에 합스부르크 왕국으로부터 국외로 이주한 유대인의 이주 동기는 대부분 빈곤이었다. 1867년, 갈리치아의 유대인은 법률상으로는 평등한 지위를 획득했고 어느 정도는 성공적으로 현지사회에 융화되었다. 그러나 생계를 유지할 기회가 적었기 때문에 이런 진보적인 변화도 유대인의 생존환경을 근본적으로 바꾸지는 못했다. 1890년대에 갈리치아에서 반유대주의가 이런저런 형태로 모습을 드러냈으나 합스부르크 정권은 정부의 이름으로는 어떤 유대인 배척 행동도 하지 않았다.

베를린회의에서 정식으로 주권국가의 지위를 인정받은 루마니아의 유대인은 심각한 빈곤과 뿌리 깊은 극단적 반유대주의라는 이중의 압박에 시달렸다. 국가는 유대인이란 소수집단을 민족의 적으로 규정하고 온갖 수단을 다 해 유대인의 생계를 어렵게 만드는 동시에 '돌발적' 폭력을 방지하기 위해 필요한 보호도 제공하지 않았다. 서방 열강은 루마니아 정부에게 '베를린평화조약'이 규정한 대로 유대인에게 시민권을 주도록 촉구했으나 아무런 효과가 없었다. 상황이 이러하다보니 동유럽 국가의 유대인 이민 가운데서 루마니아 유대인이 차지하는 비중이 첫 손가락을 꼽았다. 1871-1914년에 루마니아의 유대인 인구는 1/3이 줄었다.[93]

동유럽 유대인은 서유럽 사람들이 단번에 알아볼 수 있는 새로운 모습의 난민이었다. 그들은 이디쉬어(Yiddish)*를 사용하고, 유대인의 전통 민족복장을 입고, 항구와 역과 도심지에 초라한 모습을 드러냈다. 서유럽의 유대인에게 이들은 '형제이면서 낯선' 사람들, 한편으로는 도움의 손길을 내밀어주어야 할 대상이면서 한편으로는 천신만고 끝에 자리 잡은 자신의 불안정한 기반을 흔들려는 사람들이었다. 대다수의 새로운 이민은 서유럽을 신대륙으로 가는 환승역으로 인식했다. 수공업 장인인 경우 서유럽에 남는 경향이 강했으나 그것도 쉬운 일은 아니었다. 독일에서는 국가정책이건 (반유대주의 경향이 유대인 이민을 실어온 선박회사가 돈벌이를 포기할 정도는 아니었지만) 사회적 분위기이건 이들을 환영하지 않았다. 그럼에도 불구하고 1910년 무렵 독일 유대인 가운데서 열에 하나는 동유럽에서 온 이민이었다.[94]

* 9세기에 중부 유럽의 발생기 아슈케나지 공동체에서 형성되었다. 독일어 사투리, 히브리어, 시리아어, 슬라브어가 융합되어 있으며 로망스어의 흔적도 남아있다. 표기할 때는 히브리 알파벳을 사용한다.

# 6. 내부이민과 노예무역의 형태전환

19세기를 '난민의 세기'라고 부를 수는 없지만 대륙을 넘나드는 노동이민의 시대라고 부르기에는 부족함이 없고, 그 규모도 인류역사에서 전례를 찾을 수 없다. 당시까지 완전히 사라지지 않은 노예무역을 제외한다면 이런 노동이민은 모두가 자발적인 것은 아니었지만 총체적으로 보아 외부의 강제가 개입되지 않은 개인의 자주적 결정이 특징이었다. 이런 이민이 등장한 배경에는 인구의 증가와 교통기술의 발전, 공업화와 변경 개척에 따르는 새로운 취업 기회, 이민 배출국과 수용국의 후기 중상주의 시대의 자유로운 이주정책이라는 핵심적인 조건이 있었다.

## 유럽과 동아시아의 다국 간 이민

모든 대륙에서 새로운 형태의 '다국 간 이민' 현상이 나타났다.[95) 현재 역사학계는 유럽의 다국 간 이민사에 대해서는 비교적 충분하게 이해하고 있지만 세계 여타지역의 유사한 문제에 대한 인식은 상대적으로 모호하다. 유럽 중부지역에서 근대 초기의 각종 이민체계 가운데서 유일하게 1800년 무렵에도 정상적으로 작동하고 있던 것은 '네덜란드 체계'(Dutch System), 또는 '북해체계'(North Sea System)였다. 이 체계는 19세기 중엽에 점차 '루르체계'(Ruhr System)에 의해 대체되었다.[96) 석탄광 지역의 개발은 이민을 끌어들이는 중요한 '자석'이 되어 네덜란드의 무역과 식민지 활동이 발휘하던 기왕의 작용을 대체했다. 근대 초기의 높은 공간 유동성은 공업화 시대에 더욱 활발해졌다가 20세기에 들어오면서 점차 쇠퇴했다.

유럽의 어떤 나라도 공업화가 촉발한 인구유동이 영국과 독일만큼 활발한 수준에 이르지 못했다. 소수이긴 하지만 이런 종류의 이민이 전혀 발생하지 않은 나라도 있었다. 새로운 형태의 다국 간 이민의 배출국은 주로 남부 유럽, 동유럽, 동남부 유럽에 집중되어 있었다. 이탈리아, 러시아 통치하의 폴란드 중부지역, 합스부르크 왕조가 관할하던 갈리치아, 그 밖에 상대적으로 규모가 작은 곳으로서 벨기에, 네덜란드와 스웨덴은 다국 간 새로운 이민 지형도에서 특별히 중요한 공급원이었고 반면에 가장 매력 있는 이민 목표국은 독일, 프랑스, 덴마크, 스위스였다. 이 복합적인(대규모, 다방향) 이민형식에서 (1870년대 초부터) 루르지역으로 이주한 폴란드인과 프랑스로 이주한 이탈리아인이 이민 흐름의 주류였다.

이민 목표국 가운데 두 중심 국가사이에서 일어난 이민은 '이차적 이민'이라고 할 수 있다. 예를 들자면, 파리로 이주한 룸펜 프롤레타리아(lumpenproletariat)에서 프티부르주아(petit bourgeois)에 걸친, 경제적으로 활동적인 독일인이 그런 경우였다. 1850년 약 10만 명의 독일인이 프랑스의 수도에 살고 있었고 그들 가운데 일부는 매우 곤궁하게 살고 있었다. 이 독일 '식민지'─불신하는 프랑스인들이 독일인 이주 집단에 붙인 이름─는 독일-프랑스 전쟁이 끝나고 나서야 해체되었고 1880년대 경제위기 시기에 완전히 종적을 감추었다.[97]

아시아와 아프리카에서 19세기의 새로운 이민은 위기시기에 나타난 기근 탈출형 인구이동과 전통적으로 내려오는 계절성 노동자 이동과는 달랐다. 오래전부터 유럽인은 아시아인은 고향땅을 떠나지 않으려하는 소농의식을 갖고 있다는 신화를 만들어왔고, 그래서 전란과 재해가 촉발한 이민의 물결에 대해서는 소홀히 생각했다. 1825-30년의 자바전쟁* 동안에 아시아의 전통적인 농민의식을 가진 현지 농촌인구 가운데서 1/4가까이가 고향을 떠나 난민이 되었다.[98] 중국에서는 태평천국혁명의 혼란기에 여러 성에서 인구의 1/4이 난민이 되었다. 농민은 어디서나 자신의 노동의 결과물로 생계를 유지할 수 있으면 그곳에 뿌리를 내린다. 이런 조건에 변화가 생기면 그들은 살아갈 다른 방도를 찾는다. 인구가 지속적으로 증가하는 농업사회에서는 경작할 농토를 갖지 못하는 청년은 고향을 떠나야 한다. 19세기에 개간, 광산채굴 등 새로운 노동집약형 산업이 안정적으로 증가하는 노동수요를 만들어냈다. 이런 종류의 산업이 집중된 지역에서 새로운 노동수요에 대응하는 형식의 이민이 발생했다.

중국에서는 18세기에 활발한 이민운동이 일어났다. 정부는 인구가 조밀한 내륙지역에서 인력을 징발하여 변경의 구릉지와 산지로 보내 개간하는 정책을 시행했다. 변경지역의 개발을 장려하기 위해 청 왕조 정부는 세금을 감면하고, 군대를 주둔시켜 적대적인 변경 부족들로부터 정착민의 안전을 보장했다. 개척지에서는 전통적인 작물인 쌀과 밀을 경작하지 않고 명 왕조 때에 아메리카에서 전래된 옥수수와 감자를 재배했다. 이런 작물들은 열악한 기후조건에서도 잘 자라기 때문에 대규모 재배에 적합했고 지속적인 경지관리, 시비, 관개도 필요하지 않았다.[99]

19세기에 들어온 뒤로 새로운 형식의 이민이 계속하여 등장했다. 청 정부는 한족(漢族)이 몽고에서 상행위를 하거나 토지를 구입하는 것을 허가했다. 1858년, 한족이 계절노동자 또는 영구이민의 신분으로 국경을 넘어가 러시아의 동부지역에 이주하는 것을 허가하는 정

* 자바전쟁(Java War) 또는 디포네그로전쟁(Diponegoro War). 네덜란드 식민정부에 저항한 인도네시아 원주민의 반란. 저항의 지도자가 디포네그로 왕자였다.

책이 시행되었다. 19세기말, 약 20만의 한족이 이 정책의 수혜자가 되었다. 1860년 이후, 아무르강(흑룡강) 북쪽으로 몰려온 러시아 정착민은 그들보다 한 발 앞서 그곳에 뿌리내린 한족과 마주쳤다. 그후 수년 동안 한족은 황무지를 개간하고 귀리, 밀, 앵속(罌粟)을 재배했다. 한족 상인은 국경 양쪽의 자유무역 지대를 이용하여 촌락마다 찾아다니며 온갖 물건을 사고팔았다.

1886년 이후 '황화'(黃禍)의 위험을 느끼기 시작한 러시아 정부는 동시베리아의 중국인과, 숫자는 많지 않지만 그렇기 때문에 동화의 의지가 더 강한 조선인에게 비우호적인 태도를 보이기 시작했다. 그 결과 아시아의 '디아스포라'의 중요성이 줄어들지는 않았다. 1914년 제1차 세계대전이 일어나자 중국인 노동자는 극동지역 러시아에서 없어서는 안 될 존재였다.[100] 오늘날 아무르강 북쪽의 러시아 영토 안에서 중국인이 갖고 있는 경제적 우위는 이런 역사적 배경과 무관하지 않다.

지금까지 사상 최대 규모의 육로를 통한 한족의 대 이주는 엄격한 의미의 '다국 간' 이민 활동은 아니었고 그렇다고 전형적인 국가 내부의 인구이동으로 정의할 수도 없다. 이 이민의 목적지는 청 정부가 오랫동안 한족의 이민을 금지한 만주지역이었으며 그곳은 청 왕조 정권의 발원지였다. 1878년 이후 청 정부는 원칙적으로 이민 제한령을 완화했지만 대규모 이민을 불러온 진정한 요인은 두 가지였다. 하나는 중국 북방에서 해마다 발생한 심각한 흉년, 다른 하나는 장성 이북의 광활한 토지에서 솟아난 새로운 기회(수출을 목적으로 한 콩 재배, 철도건설, 석탄광 개발, 산림벌목 등). 저렴한 철도와 증기선 운임은 사람과 화물의 이동에 필요한 기초를 제공했다. 1891-95년에 해마다 4만 명 가량이 장성 이북에서 새로운 삶의 기회를 찾았다. 20세기 20년대 말에는 이 숫자가 연평균 100만 명으로 정점에 이르렀다. 1890-1930년 사이에 약 2,500만의 한족 이민이 중국의 동북지역에 들어왔다. 그중에서 2/3는 고향으로 돌아갔고 1/3은 현지에 정착했다. 이것은 근대사에서 가장 큰 규모의 인구이동 사례의 하나이며 이민 숫자는 유럽의 대서양 횡단 이민에 버금간다.[101]

동남아시아에서도 주목할만한 규모의 농업인구 이민이 일어났다. 이곳의 인구이동의 지리적 모형은 중국과는 정반대였다. 중국의 인구는 평원지대에서 고원지대로 이동했지만 이곳의 이민은 기후조건이 양호하고 예부터 인류가 거주하기에 편리한 고지에서 강의 삼각주 지대로 이동했다. 이 인구이동은 오래 전에 나타났다가 19세기에 들어와 마지막 단계에 들어갔다.

1852년 영국은 하부 버마를 병탄한 뒤 관개식 벼농사를 발전시키기 위해 상부 버마 농민들과 인도 농민 수십 만 명에게 버마 삼각주 '쌀 개척지'(rice frontier)를 개방했다. 1901년, 하부 버마에서 생활하는 400만 주민 가운데서 1/10이 상부 버마에서 온 1세대 이민이었고 7퍼센트는 인도에서 온 이민이었다.[102] 이와 유사한 방식으로 동북 지역에서 온 대규모 농민집단이 샴 중앙평원 개발에 참여했다. 월남에서는 1866년부터 시작된 프랑스 식민 점령시기에 광활한 메콩강 삼각주가 북방의 이민이 들어오면서 개발되었다. 식민 정부는 대규모의 재정을 투입하여 수로와 운하를 파서 코친차이나(Cochinchina)를 세계에서 가장 중요한 쌀 수출지역으로 바꾸어놓았다. 월남인, 프랑스인, 화교가 운영하는 농장에서 외래 이민을 위주로 한 고용노동자가 쌀농사에 종사했다.[103] 같은 시기에 수만 명의 농민이 월남에서 라오스와 캄보디아로 이주했다.

남아시아의 지역 내부 이민은 전체 인구에서 차지하는 비율로 보면 유럽에 크게 못 미쳤다. 이 밖에 국가가 인구의 이동을 막기 위해 여러 가지 조치를 취했다. 구체제 통치하의 유럽 통치자들이 유랑민과 유동인구를 통제했던 것과 마찬가지로 인도에서는 같은 수단을 동원하여 고정적인 주거가 없는 무리를 단속했다. 영국 식민정부는 고정된 주소를 가지고 법이 규정한 세금을 납부하는 인도농민을 도덕적 표본으로 치켜세우는 반면 유동인구는 사회의 안정과 질서를 파괴하는 불법분자 내지는 영국의 통치에 반대하는 폭도로 간주하고 엄격하게 처벌했다. 마라타족(Marathas)을 상대로 한 전쟁이 끝난 지 10년이 안 되는 1826년에 인도 내부의 정세도 불안한 상황에서 식민정부는 세간에서 '암살자'로 불리던 터그(Thugs)족의 유랑 종교활동을 근절하기 위한 행동을 시작했다. 식민 당국은 터그족을 종교의식을 위해 살인하는 악마 집단으로 몰아갔다.

19세기 70년대 이후는 인도 북방의 유목민족이 '범죄 부락'으로 지목되어 형사적인 처벌을 받았다.[104] 새로운 노동력 수요가 생기면 인구이동의 물결은 따라서 생겼고 정부는 이에 대해 용인하는 태도를 취하지 않을 수 없었다. 뭄바이, 델리, 콜카타, 마드라스 등 18세기 초부터 외래 이민의 목적지가 되었던 핵심 도시를 제외하면 인구이동의 목적지는 주로 새로 개척된 플랜테이션, 특히 아쌈(Assam) 지역의 차 재배농장에 집중되었다. 1860-90년의 30년 동안 인기를 독점해왔던 중국의 차는 세계시장에서 밀려났고 그것을 대체한 아쌈과 실론의 홍차가 등장했다. 현지 농민들은 플랜테이션의 새로운 경영방식을 이해할 수 없었기에 아쌈이나 다질링의 차 농장에서 임금노동을 하려는 사람이 없었다. 계약기간을 수년씩으로 하는 외지출신의 저임금 노동자들을 모집하지 않을 수 없었다. 외지출신 임금노동자들은 가족을 동반하는 경우가 많았고 매년 농한기에는 2개월의 고향방문 휴가를 요구했다.[105]

세계 이민사의 권위자인 더커 회러더(Dirk Hoerder)는 러시아와 19세기 이전 러시아의 실질적인 지배하에 있던 북아시아 지역의 이민 문제를 논하면서 (대서양 체계와 아시아 계약노동자체계와 구분되는) '러시아-시베리아 이민체계'란 개념을 제시했다.[106] '러시아-시베리아 이민체계'는 앞의 두 해양성 체계와는 다른 내륙-대륙성

체계였다. 자유로운 신분의 농민, 도망 노비, 토지소유자, 범죄자, 그리고 1762년부터 1830년대까지 계획적으로 모집한 독일인이 이 대규모 농업이민의 선발대였다. 1801-50년에 매년 시베리아로 온 이민(추방자와 죄수 포함)은 약 7,500명에 불과했다. 1851-90년에 시베리아의 새로운 이민 규모는 매년 1만 9,000명-4만 2,000명으로 뛰어올랐다. 통계에 의하면 1851-1914년 시베리아 이민의 합계규모는 대략 600만 명이었고 이 밖에도 카자흐스탄, 카스피해와 아랄해 건너편으로 이주한 이민이 400만이었다. 1911년, 여러 종족이 모여든 시베리아 인구 가운데서 원주민이 차지하는 비율은 1/10로 떨어졌다. 원주민은 식민경쟁을 벌이는 러시아와 중국 사이에서 끼인 어린 양과 같았다.[107]

## 민족주의와 이주노동

노동자 또는 농업정착민의 이주와 유목민의 이동은 중요한 차이가 있다. 유목생활의 본질적 특징은 집단적 비정주 생활이다.[108]

유목이 사회에서 차지하는 중요성은 지역마다 다르다. 유럽에도 유목민은 있었다. 18세기의 프랑스에서 여러 요인으로 형성된 '유목' 인구는 전체 인구의 5퍼센트까지 차지했다. 역사를 기록할 때 유목민은 흔히 가장 쉽게 무시되는 대상이었다. 역사학자들 자신이 살아가고 있는 도시문명은 예부터 유목민을 '야만적인' 타인으로 취급했다. 이런 인식은 부정적이거나 또는 긍정적인 가치와 연결될 수 있다.

구약시대의 족장은 유대교와 기독교 세계에서 높은 문화적 권위를 누렸다. 19세기의 유럽에는 베두인족(Bedouins)에 관한 낭만적 신화가 퍼져 있었다. 그 영향을 받아 '사막의 아들들'이나 북아메리카대륙 서부 인디언은 거칠지만 선량한, 자연과 일치된 존재로 묘사되었다. 그들은 '고귀한 야만인'이었고, 그들이 서방세계에서 받는 존경은 도시가 중심인 이슬람문명에서 누리는 지위를 뛰어넘었다. 그러나 이들 유목민족의 생활방식에 대해 현실적인 시각으로 깊이 있게 관찰한 사람은 매우 적었다. 18세기 70년대 이전의 유럽에서 유목사회 내부의 '작동' 구조에 대한 기술은 찾아보기 어려웠다. 현대 민족학이 탄생하고 나서 유목생활방식의 내재적 논리에 관한 체계적이고 깊이 있는 연구가 시작되었다.

어느 대륙에서든 이동방목자 집단은 있었다. 유럽 이동방목의 특징은 그것이 사회 내부의 노동 분업의 한 분파라는 점이며, 신티인(Sinti)과 로마니인(Romani)을 제외하고는 순수하게 유목에만 의존하여 생계를 유지하는 종족은 없었다. 유럽에서는 진정한 의미의 유목민족이 존재한 적이 없었고 가축과 함께 이곳저곳을 (때로는 가족을 동반하고) 옮겨 다니는 소규모 목부(牧夫)공동체가 있었다. 여름에는 산중턱 목초지에서 방목하다가 겨울에는 저지로 내려와 겨울을 나는 '이동성 방목'(transhumance)은 알프스, 피레네, 카르파티아, 왈라키아 등 일부 산악지역에만 남아 있는 점점 보기 힘든 한계 현상이다.

대규모 원거리 방목——이른바 '생체육류운송'——은 유럽에서는 일찌감치 자취를 감추었고 미국 서부에만 남아 있다. 19세기 80년대부터 유럽 대부분 지역의 가축 사육기술의 개선, 도축업의 공업화, 철도와 냉장기술의 보급이 일어나면서 거대한 소떼를 몰고 헝가리를 출발하여 산을 넘어 독일 중부와 알자스 산악지역을 찾아가는 방목은 필요 없게 되었다. 15만 마리에서 40만 마리, 심지어 60만 마리에 이르는 소떼를 말을 탄 2만여 명의 카우보이가 몰고 3개월이란 긴 시간에 걸쳐 텍사스를 출발하여 느릿느릿 북쪽을 향해 이동하는 광경은 19세기 6,70년대에 미국 서부에서만 볼 수 있는 풍경이었다. 지금도 그런 광경은 세계 어디서도 두 번째 사례를 찾을 수가 없다.[109]

유목이 서아시아(아프가니스탄과 지중해 사이), 몽고, 아프리카에서처럼 중요한 생활방식으로 남아 있는 곳은 없다. 이 지역, 심지어 아시아지역 하나만이라도 유목생활의 전모를 정확하고 온전하게 이해하기란 불가능한 일이다. 힌두쿠시 산맥에서부터 아나톨리아 고원을 넘어 시나이와 예멘에 이르는 광활한 활모양의 지역은 여전히 유목생활이 활발한 곳이었다.

19세기 후반에 이란의 유목민족이 총인구에서 차지하는 비중은 1/3에서 1/4로 떨어졌다.[110] 그러나 19세기를 통틀어 목축업은 변함없이 이란경제를 떠받치는 주요 산업의 하나였다. 상당수의 인구가 여전히 이동식 생활을 하고 있는 현실은 유럽인에게는 낯선 사회문제를 일으켰다.

도시 주민, 고정적인 주거를 가진 농민, 유목민집단 사이에는 방목권과 월경권의 문제, 생태환경의 파괴, 부락 간의 전쟁 등의 문제를 두고 충돌과 협력이 되풀이 되었다. 이 밖에도 유목민은 모든 통치자가 반드시 신중하게 제어해야 할 무력집단이기도 했다. 독재자이자 훗날 이란의 국왕이 된 레자 칸(Reza Khan, 1915-41)은 권력을 장악한 뒤 매우 잔혹한 방법으로 유목민족을 철저하게 자신의 통치에 복속시켰다.[111] 레자 칸이 보기에 유목민은 현대 민족국가에는 맞지 않는 완강한 야만인이었다.

오스만제국의 술탄 정부는 항상 강력한 유목부족과 협상을 해야 했고 이민노동이 경제의 여러 분야에서 중요한 역할을 했다. 19세기 30년대 말의 일련의 개혁을 완성한 적극적인 정부는 유목부족의 세력을 확고하게 견제하거나 그들을 변경지역으로 몰아냈다. 이런 조치는 한편으로는 국내 안정을 강화하고 비유목 인구의 이동을 확대시켰다. 그 결과 경지면적은 확대되고 상업적으로 운영되는 대규모 사유지가 형성되었다. 이 모든 것들은 유목민의 희생 위에서 이루어졌다.[112] 터키역사 전문가 카사바(Reşat Kasaba)가 지적했듯이, 정착을 강화하려는 이 전략은 원했던 목표를 모두 달성하지는 못했고 오스만제국이 근대적인 국가라는 이미지를 구축하는 데도 도움을 주지 못했다. 오스만제국은 끊임없이 변하는 세력구도 속에서 늘 유목부족을 고려해야 했다.

아프리카에서는 적도지역과 바다에 직접 면한 해안지역을 제외하고는 어디에서나 ─ 아틀라스산맥에서 남아프리카 고원지대까지 ─ 유목행위를 찾아볼 수 있었다. 유목집단은 수단(19세기에 수단의 영토는 사하라 이남의 대초원지대 전체에 걸쳐 있어서 면적이 오늘날의 수단공화국과는 비교할 바가 아니었다), 에티오피아 고원, 동아프리카, 나미비아에 분포되어 있었다.[113] 유목생활이 언제나 그렇듯 이동하는 반경은 유목집단에 따라 달랐다(좁게는 마을 주변으로부터 넓게는 북아프리카 사막지역에 이르는 대이동까지).[114] 18세기 말부터 남아프리카 케이프코드(Cape Code)를 포함한 해안지대와 시간이 좀 지나서는 내륙에 이르기까지 백인 유목집단 ─ 이른바 이동하는 보아인(Treckboers) ─ 이 등장했다. 이들은 목초지를 두고 토착 유목민 코사족(Xhosa)과 충돌했다.[115] 19세기의 아프리카는 상시적인 이동의 대륙이었다.

유동생활과 이민은 약간 다른 점이 있다. 이민의 경우 사회 전체 또는 '민족' 전체가 아니라 구성원의 일부가, 스스로 원했거나 아니면 강압에 의해 이동을 결정한다. 이민자 각자에게는 자신의 고향이 있다. 한 해의 어느 단계에서 계절성 노동이 완성되었을 때, 이국에서 오래 거주한 뒤 고향을 떠날 때의 꿈이 깨어졌음을 느낄 때 그들은 고향으로 돌아갈 것이다.

아프리카에서 이민의 동기는 두 가지였다. 하나는 '현금성 작물' 생산 중심지 ─ 세네감비아(Senegambia)와 황금해안(가나)의 땅콩과 코코넛 ─ 를 찾아간 농민과 농업노동자. 이런 경제작물을 재배하는 사람들은 아프리카인이었고 국제시장과의 접촉이 필요한 부분만 외국인이 처리했다.[116] 다른 하나는 외국인이 생산수단까지 지배하는 직접적 식민경제가 제공하는 (광산과 노동집약적 정착민 농장에서의) 임금노동의 기회를 찾아간 사람들. 정착민 농업은 식민정부의 정책적 지원을 받아야 아프리카인의 농업과 경쟁할 수 있었다. 이런 변화는 남부와 중부 아프리카에서 '광업혁명'(mineral revolution)이란 말이 통용되던 1865-1900년, 특히 1880년 이후의 짧은 기간에 일어났다.[117]

콩고 남부(카탕가Katangka지역)에서부터 남아프리카의 위트와터스랜드(Witwatersrand)에 이르는 지역에서 다이어몬드광, 금광, 동광, 석탄광이 잇달아 발견되었다. 유럽의 광산주는 처음에는 훈련받은 유럽 노동자를 보내 경험이 없는 아프리카인 노동자들과 함께 일하게 했다. 그러다가 20세기 20년대 되자 생산원가 문제가 대두하면서 아프리카인 숙련노동자에게 시선을 돌리게 되었다. 그전까지는 계절형 비숙련 노동자의 고용이 표준이었다. 유목사회의 전통적 이동성 기초 위에 세워진 새로운 자본주의 성장 중심지가 만들어낸 노동이민의 지형도가 그려졌다.

## 아프리카의 노예수출

대서양을 건너는 노예무역이 성행하면서 아프리카 서해안의 많은 지역—간접적인 영향을 받는 일부 내륙지역을 포함하여—은 점차 거대한 이민체계의 한 구성부분으로 발전해갔다. 이와는 별도로 수단은 사하라 횡단 노예무역과 '동방' 노예무역에 공급할 노예의 포획지였다. 이 방면에 관한 연구는 아직까지 명확하고도 완전한 체계를 갖추지 못하고 있다. 노예무역이 서서히 쇠락하면서—아프리카 전체로 보면 이 과정은 19세기 내내 진행되었다—대양 이민의 물결에서 아프리카가 차지하는 비중도 줄어들었다. 수적인 면에서 보자면 1900년 무렵 아프리카와 전 지구적 이민 네트워크의 연관성은 한 세기 전만큼 긴밀하지 못했다. 구차하게 말한다면 이것은 '탈세계화'의 한 사례라고 할 수 있을 것이다.

아프리카의 시각에서 볼 때 19세기의 노예무역은 결국 어느 정도의 규모에 이르렀을까. 관련된 구체적 수치가 부족한 데 더하여 그것이 갖고 있는 정치적·도덕적 부담 때문에 이 문제를 바라보는 관점에는 심각한 이견이 존재한다. 다른 관점을 가진 학파는 흔히 상대가 문제를 미화하거나 과장한다고 비난한다. 비교적 신뢰할만한 분석에 따르면 1500년 이후 아프리카로부터 아메리카대륙으로 운송된 노예의 총수는 대략 960만에서 1,540만 사이에 다양하게 분포되어 있다. 어떤 전문가가 이 숫자를 좀더 치밀하게 고증한 후 얻은 결론은, 아프리카에서 '출발'한 노예의 숫자는 약 1,180만이었지만 대서양을 건너는 항로—이른바 '중앙항로'*—는 험난해서 최종적으로 아메리카 대륙에 도착한 실제 숫자는 10-20퍼센트 감소했다는 것이다(이와 비교할 때 유럽 이민을 실은 배의 인명 손실률은 5퍼센트 이했다).[118]

'동방' 노예무역의 수입국에서 노예는 플랜테이션에서 노역하거나 부유한 집에 노비로 팔려갔다. 무함마드 알리(Muhammad Ali)와 그의 후계자들이 통치하던 이집트는 꾸준히 아프리카로부터 노예를 수입해 19세기 20년대부터 만든 거대한 노예군대에 투입했다. 군사노예제도는 이슬람세계의 오래된 전통이었다. 1838년 무렵 이집트의 노예 수요가 정점에 이르렀을 때 아프리카에서 실어온 군사노예는 해마다 1만명에서 1만 2,000명이었다. 이 시기에 노예병사를 모집하는 경로는 무력으로 포획하는 직접적인 징모에서 점차 민간 상인이 제공하는 '상품'으로 바뀌어갔다. 수단에서는 노예거래가 민간부

---

* 아프리카 서해안에서 서인도제도에 이르는 항로.

문의 성장산업으로 자리 잡았다.[119]

　북아프리카 아랍 국가들은 에티오피아로부터 주로 아동노예를 수입했는데 그 대부분이 여자아이였다. 19세기 3,40년대에 이들 국가가 수입한 노예는 매년 6,000~7,000명이었다.[120] '동방' 노예무역 체계에서 노예 판매자의 신분으로 참여한 유럽인은 없었다. 그러나 동방 노예무역이 관련된 국가에 준 상처는 그 심각성의 정도가 대서양 노예무역의 후유증에 결코 뒤지지 않았다. 두 노예무역 방식을 숫자로 비교하기는 어렵지만 부정할 수 없는 사실은 동방 노예무역의 규모가 (일부에서 주장하는 바와 같이) 유럽인이 경영한 노예무역을 크게 초월했다는 것이다. 아프리카를 출발하여 사하라, 홍해, 인도양을 거쳐 해외로 팔려나간 노예의 합계 숫자가 1,150만―이집트로 팔려간 노예의 숫자는 여기에 포함되어 있지 않지만―이라는 계산을 받아들인다면 이 규모는 대서양을 건넌 노예무역과 동등한 수준이라고 할 수 있다.[121] '동방' 무역은 18세기 내내 연평균 1만 5,000명 수준을 꾸준히 유지하다가 1830년부터 상승곡선을 그리며 매년 4만 명 이상의 수준에 이르렀다.[122] 이해는 아랍 국가들이 수단 동부, 아프리카의 뿔(The Horn, 소말리아 반도), 동부 아프리카에서 치열한 노예쟁탈전을 벌이던 시기였다. 잔인한 무슬림 노예상은 카르툼(Khartoum) 또는 다르푸르(Darfur)에서 무리를 지어 '무신론자'가 거주하는 지역에 쇄도했다. 아무런 저항수단을 갖지 못한 사람들이 짐승처럼 포획된 다음 수천 킬로미터 떨어진 홍해 해안까지 죽음의 행진을 했다.

　18세기의 노예무역과 1800년 이후의 노예무역을 비교할 때 노예무역의 총량이 약간 하락했다는 사실에 주목해야 할까, 아니면 (최소한 유럽에서는 인간을 상품으로 교역하는 일이 비판의 대상이 되어가고 있는데도) 새로운 세기에도 계속되었다는 사실을 강조해야 할까. 두 가지 결론 가운데서 어느 것을 선택할 지는 전적으로 우리의 관점에

달렸다. 어느 경우든 1800년 이후 아프리카 각지에서 수출한 노예의 합계 수치가 18세기에 비해 160만 명이나 감소한 점은 긍정적으로 평가해야 한다. 그러나 19세기에 진입한 이후 보수적인 통계를 따르더라도 560만 명이 노예무역의 희생물이 되었다.[123] 동아프리카는 아메리카 시장과 아시아-아프리카 시장에 동시에 노예를 공급한 유일한 지역이었다. 18세기 말, 유럽 상인들이 이곳에 와 인도양의 프랑스령 섬, 모리셔스(원래는 프랑스령이었다가 1810년 이후 영국에 귀속)와 레위니옹(Reunion, 1793년 이전에는 부르봉 섬 Ile Bourbon) 섬의 꾸준히 확대되는 플랜테이션에 공급할 노예를 사들였다. 유럽인에 뒤이어 브라질 노예상인들이 앙골라를 찾았으나 거점을 마련하는 데는 실패했다. 다음으로 스페인과 미국 노예상인들이 쿠바에 공급할 노예의 '공급기지'를 만들려고 이곳을 찾았다. 마다가스카르 섬의 메리나 왕국(Merina Kingdom)도 노예 수입국의 대열에 참여했다. 그런데 이상하게도 이 왕국의 주민도 노예로 팔려나가고 있었다. 1836년, 앙골라와 모잠비크의 식민 종주국인 포르투갈이 영국의 압력 때문에 노예무역을 '철저하게 금하는' 법령을 반포했다. 그러나 이 금지령은 사실상 종잇조각에 지나지 않았다. 1842년, 영국정부는 압력의 강도를 높여 노예무역을 해적행위로 규정한 협정에 포르투갈이 서명하도록 강요했고 동시에 영국 해군에게 순찰과 수사권을 부여했다.

　사실이 증명하듯 시장의 힘은 법령보다 강했다. 그런 시장에 활력을 불어넣은 것은 바로 영국이 전 세계에 걸쳐 추구하던 자유무역 정책이었다. 19세기 40년대에 설탕과 커피의 가격이 올라가자 아프리카 노예 노동력에 대한 수요도 높아졌다. 노예상인들은 온갖 방법을 동원해 시장의 수요를 만족시켰다. 노예무역에 이골이 난 상인들에게 영국 해군 장교와 선교사들의 눈을 속이고 보이지 않는 곳에서 인간을 사고파는 일은 간단한 놀이에 지나지 않았다. 19세기 60년대에 모잠비크에서 벌어진 '불법' 무역은 1842년 이전의 '합법' 무역만큼 활발했다. 그 무렵 이 지역에서 팔려나가는 노예는 매년 1만 명 이상이었다.[124]

1860년 무렵 아프리카에서 아메리카에 이르는 대서양 노예무역 —역사가들이 검증할 수 있는 최소한 기록된 거래행위로서— 이 비로소 진정한 의미에서 종지부를 찍었다.[125] 노예 수출지역에 따라서 노예무역의 종결시점은 차이가 있었다. 정확한 판단을 하려면 노예무역 활동의 진실한 상황을 살펴보아야 한다. 노예무역이 가장 먼저 사라진 곳은 아프리카 서해안이었다. 이곳은 노예무역의 발원지였고 동시에 오랫동안 여러 차례 교역의 최고기록을 만들어낸 지역이었다. 19세기 40년대 말에 노예무역은 이곳에서 기본적으로 사라졌다.[126]

서아프리카 —시에라 레오네(Sierra Leone)에서 비아프라(Biafra) 만에 이르는 좁고 긴 해안지대— 는 19세기 80년대에 식민지 쟁탈 전쟁에 말려들기 전에 인구유실의 상처를 회복한 첫 번째 지역이었다. 콩고와 앙골라가 있는 중부 아프리카의 서부지역에서 평화는 겨우 한 세대 동안만 유지되었다. 이와는 반대로 소말리랜드(Somaliland)에서 모잠비크(Mozambique)에 이르는 아프리카 동부지역 전체에서 유럽 식민군대가 19세기 80년대에 이곳에 진입했을 때 노예무역은 여전히 흥성하고 있었다. 남아프리카도 아프리카의 다른 지역과 마찬가지로 노예제도를 경험했지만(영국이 노예제 폐지령을 반포했을 때 케이프 식민지의 노예비중은 전체 인구의 1/4이었다)[127] 노예무역에서 이곳의 역할은 시종 미미하기 그지없었다. 서아프리카 일부 지역에서처럼 새로운 '합법적' 농산물 수출과 옛 노예교역이 분명하게 교체되는 일은 이곳에서는 일어나지 않았다(서아프리카 지역에서는 팜 오일palm oil 제품이 산업의 전면에 등장했다).

특정 지역의 상황을 좀더 세밀하게 관찰하면 상이한 체계가 병존하고 있음을 발견하게 된다. 지역 노예제 경제가 독자적인 이익구조를 갖추고 작동하고 있는 가운데 아프리카 상인들이 자유롭게 도시로 몰려들어 시장을 점령했다.[128] 유럽 식민자들이 아프리카에서 새로운 인구이동의 지형도를 만들어가고 있을 때 옛 노예 사냥길은 아직도 사라지지 않고 있었다.

노예무역의 가장 중요한 유산은 노예제 자체였다. 일찍이 16세기에 유럽 노예상인이 처음으로 아프리카에 나타나기 전에 노예제 형식은 이곳에 이미 존재하고 있었다. 그러나 노예무역이 등장한 뒤 노예제는 진정한 의미에서 하나의 제도로서 보급되기 시작했고, 심지어 일부 국가는 전쟁이란 수단을 통해 노예를 약탈하는 일을 생존의 논리로 삼았다. 1750-1850년에 아프리카 인구의 대략 1/10이 (상황에 따라 의미가 다르기는 했지만) 노예 신분이었다.[129] 그 추세는 강화되고 있었다.

새로운 내부 노예시장이 등장했다. 오늘날의 말리에 있던 바남바(Banamba)는 1840년에 건설된 도시였지만 거대한 노예무역망의 중심으로 빠르게 성장했다. 이 도시의 사방을 폭이 50킬로미터가 되는 노예 플랜테이션의 띠가 둘러싸고 있었다.[130] 식민지의 초기 인구통계를 보면 노예 신분의 비중이 비교적 높다. 식민자들은 자신이 개입한 지역을 '교화'하고 있다며 식민통치의 정당성을 주장했다.

노예제 생산방식이 시대의 흐름에 맞지 않는 전근대적 유물이 아니라 19세기에 열린 새로운 가능성에 부합하는 것이라는 주장에 대해서는 면밀하게 검토해보아야 한다. 식민정부가 (특히 초기단계에) 요역제(徭役制, corvée)를 통해 아프리카의 노동력을 이용한 반면 많은 아프리카 국가는 경제의 기초로서 여전히 노예노동에 의존했다. 그들이 동원한 노예는 전쟁포로, 사들인 노예, 공물로 받은 노예, 채무노예, 납치 피해자, 종교의식의 희생으로서 포획된 자 등등이었다. 서아프리카의 소코토 칼리프왕국(Sokoto Caliphate), 아산테(Asante),

다오메이(Dahomey) 같은 나라는 먼 곳으로부터 노예를 수입하여 플랜테이션 노동에 투입하거나 수공업에 종사하게 했다. 1850년대에, 영국의 보호령(1861년)이 되기 직전 라고스(Lagos) 인구의 9/10이 노예였다고 한다.[131]

아프리카의 일부 지역에서는 19세기에 노예제가 활력을 되찾았다. 그 원인의 하나는 경제발전에 따라 찾아온 새로운 기회였고, 다른 하나는 무슬림 부흥운동이었다. 무슬림의 민족국가 건설을 위한 성전(聖戰, jihad)이 사하라 이남의 광활한 초원지대(오늘날의 말리에서 차드호수까지)를 휩쓸자 이 지역의 인구가 희소해졌다.[132] 해외 노예무역이 남긴 영향에 더하여 아프리카대륙 내부의 대규모 노동수요가 노예제와 연결되었다.

인구이동은 한 가지 요소만 본다면 필요한 일이었다. 어떤 사회도 자기 내부의 하층 계급을 집단으로 노예화하려 하지 않았기 때문이다. 1850년대에 발생한 '무기혁명'——유럽의 병기창에서 폐기된 총기가 수리와 개조를 거친 뒤 아프리카로 팔려나갔다——은 새로운 형태의 군대를 만들 수 있는 가능성을 열어놓았고 이것이 동시에 인구이동을 가속시켰다.

노예무역이 폐지되면서 아프리카는 더 이상 대륙 간 이민체계의 기반으로서의 역할을 하지 않게 되었지만, 달리 말해 세기말의 유럽, 남아시아, 중국과는 달리 아프리카는 더 이상 장기적이며 정기적인(지리적 특성에 기인한) 노동력을 공급하지 않게 되었지만, 이 대륙으로의 식민 이민은 주목받아야 한다. 1차 세계대전이 폭발하기 직전, 구세계 유럽의 이민이 집중된 곳은 오래된 문명과 많은 인구를 가진 아시아의 식민지가 아니라 아프리카였다.[133] 알제리의 76만 명의 유럽인(2/3가 프랑스인이었다)은 대영제국의 식민지를 제외하고는 가장 규모가 큰 식민지 정착민 집단이었고, 인도의 최대한 17만 5,000명(온갖 부류를 다 포함해도)의 유럽인 집단보다 훨씬 규모가 컸다. 같은 시기에 남아프리카에는 약 130만의 백인 주민 ── 1880년대 광업혁명 이 일어나자 대규모로 유입되기 시작했다 ── 이 있었다. 영국이 점령하여 통치하던 이집트에는 14만이 넘는 유럽인이 살고 있었다. 이들은 대부분이 대도시에 모여 살았고 그리스계가 가장 많았다. 프랑스 보호령 튀니지의 15만 유럽인의 대부분은 이탈리아인이었다. 1913년 무렵, 사하라 이남의 유럽 식민지에 장기 체류하는 유럽인은 약 12만 명이었다. 모든 형태의 거주자를 다 합하여 대략 240만의 '백인' 또는 유럽 혈통이 아프리카에 살고 있었고 대부분이 1880년 이후에 도착한 사람들이었다. 이와 대비할 때 아시아의 유럽인은 최대 37만 9,000명이었고 이 밖에 필리핀에 1만 1,000명의 미국인이 있었다.

　19세기에 유럽인이 조직한 아시아를 목표로 한 아프리카인 노동이민은 등장하지 않았다. 두 세기 전에 네덜란드인이 남아프리카공화국의 케이프(Cape)주로부터 바타비아(Batavia) 공화국으로 노예를 운송했지만 상시적이며 대규모의 노예수출이 시작되지는 않았고, 인도나 인도네시아에서 케이프 식민지로 노예를 이동시킨 적도 있었다. 이런 특수한 인구교환이 일어난 원인은 네덜란드 동인도회사가 자기 관할지역 내의 현지인을 노예화하는 것을 금지했기 때문이었다. 그 뒤 오랜 시간이 지난 19세기에 아시아인이 상당히 큰 규모로 아프리카로 다시 이주하기 시작했다. 1860-1911년에 대략 15만 3,000명의 인도 노동자가 나탈(Natal) 사탕수수 플랜테이션으로 실려 갔다. 그 밖에 소수의 소상인이 자기 의지로 갔다. 케냐에서는 2만 명의 인도 노동자가 케냐-우간다 철도공사에 참여했다. 이들 가운데 많은 사람이 노동계약 기간이 끝난 뒤에도 그곳에 남았다.[134]

　모리셔스에도 많은 인도인이 생활하고 있었다. 오늘날의 탄자니아에는 식민지가 되기 전부터 소규모의 인도 상인의 공동체가 형성되어 있었다. 1912년, 독일령 동아프리카에 대략 7,000-8,000명의 인도 이민이 거주하고 있었다. 이들은 식민지 경제를 운영하는 데 없어서는 안 될 중간계층이었지만 대부분이 영국 국적을 갖고 있어서 식민당국의 의심의 대상이었다.[135] 1800-1900년의 백 년 동안 약 20만 명이 아시아로부터 아프리카로 이민했다.[136] 19세기의 아프리카는 각종 지역 간 이민이 교차하는 대륙, 동시에 인간의 이주형식이 가장 풍부하고 활발한 땅이었다.

# 7. 인구이동과 자본주의

19세기는 원거리 대규모 이주의 시대였고 그 규모는 어떤 시대에서도 유례를 찾을 수 없었다. 1815-1914년에 최소한 8,200만 명이 자발적으로 국경을 넘어 이주의 길에 나섰다. 매년 세계인구 100만 명 가운데서 660명이 이민을 선택했다는 계산이 된다. 비교하자면, 1945-1980년에는 매년 100만 명당 이민은 215명뿐이었다.[137] 원거리 대규모 이주의 시대에 가장 눈길을 끌고 가장 깊은 영향을 미친 사례는 유럽에서 아메리카로 간 수천만 명의 이민이었다. 이 이민에 대해서는 다음과 같은 여러 해석과 평가가 있다.

- 유럽의 시각에서: 부분적으로는 유럽 내부의 이주에서 파생된 배출 이민.
- 아메리카의 시각에서: 수세기에 걸친 아메리카 정착 과정의 한 부분인 유입 이민.
- 아메리카 원주민의 시각에서: 남의 땅에 대한 적대적인 침입.
- 사회사적인 시각에서: 새로운 수입 이민(디아스포라) 사회의 탄생이자 동시에 기존 유입 이민 사회의 팽창.
- 사회학적인 시각에서: 동화현상의 집합.
- 경제사적 시각에서: 새로운 자원의 개발과 전 지구적 생산성 수준의 상승.
- 정치학적 시각에서: 군주 전제통치 하의 구세계로부터의 탈출.

- 문화사적 시각에서: 기나긴 서방화 과정의 한 단계.

　여기서 우리가 해야 할 과제는 전반적인 인구발전의 궤적을 정리하는 것으로 충분하다.


## 목적지 아메리카

　인구발전사의 과정이 반드시 연속적이지 않다는 사실을 감안하면 시대의 전환점이 되는 중대한 사건을 중심으로 19세기를 관찰해도 무방할 것이다. 전환점은 1820년 무렵에 발생한 '속신노동'(贖身勞動, Redemptioner) 제도의 빠르고도 철저한 소멸이었다.[138] 속신노동제도가 시행되고 있을 때에는 자기 의지로 유럽을 떠나 아메리카로 이민하는 대부분의 남녀는 신용대출 형식으로 해운회사로부터 대양을 건너는 여비를 보조받고 아메리카에 도착한 후 빠른 시일 내에 선박운임을 상환함으로써 채무관계를 해소할 수 있었다.

　법 논리와 인도주의적 관점에서 볼 때 이 제도는 앞서 카리브해 지역에 등장했다가 훗날 북아메리카 지역에 유행한 '계약노동'(indentured service)보다 약간 개선된 것이었다. 계약을 했다는 것은 서명한 일방이 계약에서 정한 기간 동안에는 인신의 자유를 상실한 채로 고용주를 위해 노동을 제공해야 함을 의미했다. 그러나 속신노동제도하에서는 피고용 노동자는 보증금을 지불하는 등의 방식을 통해 고용관계를 해소할 수 있었다. 이론적으로는 그랬지만 실제에 있어서는 속신노동자도 자신이나 자신의 자녀들의 노동을 통해 부채를 상환할 수밖에 없었다. 따라서 속신노동제도의 핵심은 자발적 선택에 의한 부자유였다. 20세기 초에 와서도 이 제도는 여전히 법률적인 효력을 갖고 있었으나[139] 1820년 이후 그 파급력은 급속하게 떨어졌다.

유럽 이민자들—아일랜드인보다 앞서서 독일인들—은 인신자유가 제한된 상황에서 노역을 제공하는 방식을 받아들일 의사가 갈수록 줄어들었다. 북아메리카 사회에서, 특히 이미 현지에 정착하여 기반을 닦은 이민들 사이에서 이러한 '백인 노예제'는 비난의 대상이었다. 1821년, 인디애나주 최고법원은 백인에게 채무노예제를 적용하는 것을 금하는 법안을 통과시켰다. 이때부터 속신노동제도는 법률적 근거를 잃어버려서 실제 적용 사례는 점차 줄어들었다. 이후 유럽에서 아메리카 대륙으로 오는 수백만의 이민은 거의 모두가 생계에 쫓겨 오는 사람들이었지만 법률상으로는 자유인이었다.

이 기간에 대서양 양쪽에서는, 유럽의 각종 전통적인 이민 방식과 대서양을 건너는 이민 방식이 점차 하나로 통합되어 가는 추세가 나타났고, 19세기 20년대 이후는 훼어더(Dirk Hoerder)가 말한 '북반구 일체화체계'(integrated hemispheric system)가 형성되었다.[140] 이것은 당시 형성되고 있던 국제 노동시장의 하부체계였고 그 범위는 러시아 서부의 유대인 집단거주지로부터 시카고, 뉴올리언스, 부에노스아이레스에 이르는 광대한 지역을 포괄했으며 시베리아와 아시아 이민체계와도 연결되었다. 이 체계 내부의 인구이동을 촉발한 원인은 각종 불균형 요소였다(저임금과 고임금 경제 사이의, 농업사회와 서유럽·북아메리카 초기 공업화 중심지 사이의, 상승이동의 기회가 적고 강고한 계층질서가 지배하는 사회와 정반대인 사회 사이의, 억압적인 정치체제와 자유로운 정치체제 사이의 불균형). 이 모든 영역이 체계 내부 이동의 리듬을 변화시켰고 그 결과 유럽 각 지역이 각자 다른 시점에서 이 체계를 통해 과잉인구를 방출했다. 소수의 예외를 제외하면 이동 흐름의 주류는 프롤레타리아였다. 모험을 찾아 나선 좋은 가문 출신보다 이민을 통해 생활환경을 개선하려는 희망을 가진 평범한 사람들이 압도적으로 많았다.

아메리카합중국의 건국에서부터 1820년까지 미국에 도착한 이

민의 수는 대략 36만 6,000명이었다.[141] 그중 절반 이상(54퍼센트)
이 아일랜드, 1/4가까이가 잉글랜드, 스코틀랜드, 웨일즈에서 왔다.
1820년 무렵, 매년 브라질로 팔려가는 노예가 미국(으로)의 자발적
인 이민자보다 두 배나 많았다! 1820년 이전에는 미국(으로)의 이민
자 수는 비유하자면 낙숫물 수준이었다가 1820년 이후 급격한 상승
곡선을 그렸다. 1840년대, 1850년대, 1880년대, 1900년대에는 이민
자가 홍수를 이루었다.[142]

　미국 이민자 수는 19세기 20년대의 연간 1만 4,000명에서 19세기
50년대의 연간 26만 명으로 뛰어올랐다. 19세기를 통틀어 이민 물결
에 끊이지 않는 동력을 제공한 요인은 두 가지였다. 하나는 미국경제
의 양호한 상황. 이 시기에 미국 경제의 성장곡선과 이민의 증가곡선
은 대체로 평행했다. 다른 하나는 대서양을 건너는 선박 운임의 지
속적인 하락. 대략 1870년대부터 북유럽과 서유럽에서 출발한 이민
의 비율이 점차 줄어든 반면에 중동부 유럽, 동유럽, 남유럽으로부터
오는 이민은 날로 상승했다. 이것은 어떤 의미에서는 희극적인 변화
였다. 1861-70년 동안에 동유럽과 중동부유럽 지역의 이민 비율은
0.5퍼센트, 남유럽은 0.9퍼센트밖에 되지 않던 것이 1901-10년에는
각기 44.5퍼센트와 26.3퍼센트에 이르렀다.[143] 이러한 변화는 미국
사회의 문화, 특히 종교 구성에 깊은 영향을 주었다.

　눈길을 유럽으로 돌리면, 각국 인구 10만 명당 대서양을 건넌 이민
의 비율에서 우리는 의미심장한 사실을 발견하게 된다. 19세기의 마
지막 30년 동안에 모든 서유럽 국가와 남유럽 국가 가운데서 아일랜
드가 이 비율에서 줄곧 첫 번째 자리를 차지했다. 그 뒤를 바짝 붙어
서 따라간 나라가 노르웨이였고 이탈리아, 포르투갈, 스페인, 스웨덴
이 함께 세 번째 집단을 형성했다. 독일은 네 번째 자리를 차지했다.
1870년 이후의 10년 동안 각국의 인구 10만 명당 이민자 수는 독일이
147명, 아일랜드 661명, 영국 504명, 노르웨이 473명, 포르투갈 289명

이었다.[144] 절대 수치로 계산하면 대서양을 건넌 이민의 숫자가 가장 많은 나라는 차례대로 영국, 이탈리아, 독일, 합스부르크왕국의 속지였다. 1880년 이전, 이탈리아에서 유럽 기타지역으로의 이민자 수는 해외 이민자 수보다 많았다. 유럽 국가 가운데서 대서양을 건너는 이민 물결에 참여하지 않은 유일한 대국은 다름 아닌 프랑스였다. 각국의 평균 수치를 통해서는 조감도식의 이해만 가능할 뿐이지만 한 국가의 내부를 들여다보면 우리는 이민의 출처가 특정 지역 — 예컨대, 이탈리아의 칼라브리아(Calabria), 잉글랜드 서부, 아일랜드의 서부와 남부, 스웨덴 동부, 독일의 포메른(Pommern) — 에 집중되어 있었다는 사실을 발견하게 된다.

유럽에서 미국으로 간 비강제성 이민자 전체의 숫자는 역시 추산에 의존할 수밖에 없다. 비교적 신뢰할만한 추산에 따르면 1820-1920년의 100년 동안에 대서양을 건넌 유럽 이민의 합계 수치는 대략 5,500만이다.[145] 그 가운데서 3,300만(60퍼센트)이 미국으로 갔다. 그 다음으로 중요한 목적국은 아르헨티나였는데, 대략 550만(10퍼센트)이 1857-1924년 사이에 이민했다. 캐나다와 브라질이 그 뒤를 이었다.[146] 이 숫자에는 출신국으로 돌아간 사람은 포함되어 있지 않다. 유럽 이민자는 어디를 가던 그곳에 뿌리를 내린 인도인 혹은 중국인 노동이민 집단과는 달리 고향으로 돌아가거나 다른 나라로 옮겨 가는 사람이 상당수 있었다. 캐나다에는 사람이 거주하지 않는 광대한 토지가 있었으나 미국으로 흘러간 거대한 이민의 물결이 북상하기에는 매력이 부족했다. 실제로, 19세기 말에 캐나다에서 미국으로 유출되는 이민이 미국에서 캐나다로 유입되는 이민보다 많았다. 캐나다는 전형적인 이민의 중간 기착지, 인구 이동의 여과지(濾過池)였다.[147]

아르헨티나는 인류의 이민사에서 극단적인 사례이다. 지금까지 외래 이민자의 비율이 19세기 말의 아르헨티나만큼 높은 나라는 세계 어디에도(미국을 포함하여) 없었다. 1914년, 국토면적이 프랑스의 5배가 되는 아르헨티나의 800만 인구 가운데서 약 58퍼센트가 국외에서 출생했거나 1세대 이민의 자녀였다.[148] 수십 년 동안 수도 부에노스아이레스의 주민 절반이 현지에서 출생하지 않은 사람들이었다. 스페인에서 라플라타지역으로 이주하는 (관원 또는 군인을 제외한) 이민은 19세기 중엽이 되어서야 시작되었다. 이들의 이민은 아르헨티나가 스페인의 지배를 받았다는 사실과 관계가 그리 많지 않았다는 의미이며, 그러므로 이들의 이민은 식민주의 이후 시대의 현상이라고 볼 수 없었다.[149] 1914년, 부에노스아이레스는 마드리드, 바르셀로나와 함께 세계에서 스페인계 주민이 가장 많은 세 번째 도시였다. 그러나 숫자로 볼 때 주요 이민 집단을 형성한 것은 이탈리아인이었다. 대다수의 이탈리아 이민자는 임시로 아르헨티나에 머물렀다. 이탈리아에서 아르헨티나까지의 항운은 간편하고도 빨랐기 때문에 남대서양을 건너는 계절성 이주도 가능했다. 시골풍의 합창단에서부터 이름난 프리마돈나에 이르기까지 이탈리아 음악가들이 이탈리아 반도의 오페라 비수기에는 아르헨티나로 와서 공연했다. 이들이 체류하는 시즌에는 부에노스아이레스는 이탈리아 오페라의 중심지로 변했다.

아르헨티나에는 식민지 과거와의 연속성이 거의 남아 있지 않았다. 따라서 아르헨티나로의 이민은 북아메리카와는 달리 계약노동 제도의 영향을 받지 않았고, 아르헨티나는 브라질과는 달리 아프리카 노예의 존재감도 미미했다. 그러므로 아르헨티나의 외래이민은 비자유 노동관계의 속박을 벗어났다는 점에서 '현대적인' 현상이었다. 경제학 이론에 비추어보자면, 국내시장 규모의 한계 때문에 아르헨티나 경제의 생산목표는 처음부터 국제시장의 수요를 만족시키는 것이었다. 아르헨티나 경제의 주류는 양 사육을 중심으로 한 목축업으로부터 시작되었다(1900년 이전, 소고기 생산의 경제적 지위는 미미했다).

1875년 이후 아르헨티나에서는 농업혁명이 일어났다. 단지 몇 년 안에 식량수입국이던 아르헨티나가 세계 최대의 밀 수출국의 하나로 변신했다. 외래 이민은 농업노동자 또는 물납소작인(物納小作人)으로서 환영받았고 극히 소수이기는 하지만 일부는 상당한 규모의 토지소유자로 성장했다.

아르헨티나는 미국처럼 인종의 용광로가 되지는 않았다. 스페인-크레올로 구성된 상층사회는 새로운 이민에게 진입 기회를 주려하지 않았고 반면에 이민자 쪽에서도 병역을 피하기 위해 90퍼센트가 자발적으로 아르헨티나 국적을 기피했다.[150] 부에노스아이레스의 이탈리아 이민은 애국심으로 이름을 떨쳤다. 이곳에는 마치니(Giuseppe Mazzini)와 가리발디(Giuseppe Garibaldi)의 추종자가 많았다. 이탈리아 이민자 사회 내부에서 세속주의자와 교회에 충실한 집단 사이의 갈등은 늘 격정적인 충돌을 일으켰다.[151]


## 계약노동

19세기에 비유럽 국가 출신의 새로운 이민도 등장했다. 이런 이민의 '추동요인'(pull faktor)은 대영제국과 영국의 지배를 받는 지역에서 발생한 광범위한 (그러나 이 지역에만 국한된 것이 아닌) 노동력 부족이었다. 그 경제적 동력은 제조업보다는 자본주의의 세 가지 신흥영역——플랜테이션, 기계화된 채광업, 철도산업——에서 나왔다. 양적인 면에서 가장 중요한 노동 수요처는 도구의 기계화와 작업의 조직화를 농업 원재료의 생산과 가공에 적용한 (농업과 공업혁명이 결합된 산물인) 플랜테이션이었다. 새로 노동시장에 들어온 사람들은 예외 없이 유색인종이었다. 이 이민의 범위는 유럽인의 대륙 간 이동보다 훨씬 넓었다. 인도인이 동아프리카와 남아프리카, 남아메리카

대륙의 동쪽 해안, 카리브해의 여러 섬, 태평양 피지섬에 도착했다. 중국인은 동남아시아, 남아프리카, 미국, 남아메리카 대륙의 서부지역으로 옮겨갔다. 이민 활동의 지리적 범위는 표5에 열거한 수치를 통해 한 단면을 볼 수 있다. 제시된 수치는 각 항목 통계의 최저치일 뿐이다. 기록으로 남지 않은 이민과 불법 이민도 상당한 규모였을 것이다.

〈표 5〉 계약노동자의 주요 수입국/지역(1831–1920)     단위: 천명

| | |
|---|---|
| 영국령 카리브해 지역(트리니다드, 가이아나) | 529 |
| 모리셔스 | 453 |
| 아프리카(대체로 남아프리카) | 255 |
| 쿠바 | 122 |
| 페루 | 118 |
| 하와이 | 115 |
| 리유니언 | 111 |
| 프랑스령 카리브해 지역(과달루페, 마르티니크) | 101 |
| 피지 | 82 |
| 퀸즐랜드(오스트레일리아) | 68 |

자료출처: Northrup, David: *Indentured Labor in the Age of Imperialism, 1834-1922*, Cambridge,1995, pp.150–160(Tab.A.2)에서 축약했음.

이런 이민은 1860년 이전에 주로 노예제가 폐지된 후 영국령 카리브해 지역과 모리셔스 섬의 사탕수수 플랜테이션이 당면한 노동력 공백을 메우는 역할을 했다. 이곳은 19세기 중기에 영국의 가장 중요한 설탕산지였다. 원래의 노예들은 모두 광활한 사탕수수 농장을 떠나 고향으로 돌아갔다. 그러나 고향으로 돌아간 그들의 생활환경은 노예 신분이었을 때보다 나을 게 없었다. 전 지구적인 설탕 수요의 지속적인 증가와 설탕 가격의 장기적인 하락 때문에 현지 노동력의

공급은 수요를 따라가기 어려웠다.

이렇게 된 데는 사탕수수를 대체하여 사탕무의 재배가 빠르게 보급된 것도 영향을 미쳤다.[152] 노동력의 수요는 늘었지만 어떻게든 생간원가는 낮추어야 했다. 트리니다드, 페루, 피지 등 신흥 설탕생산지가 시장 경쟁에 뛰어들었다. 저렴하고도 순종적인 노동력에 대한 수요가 증가한데는 이런 경쟁적인 환경이 작용했다.[153]

훗날 아시아 이민은 노예제를 시행한 적이 없는 식민지의 플랜테이션, 광산과 철도건설로 몰려들었다. 1849년 무렵에 '아시아 계약 노동자 제도'(Asian contract labor system)의 대체적인 윤곽이 드러났다. 이 체계의 기반은 일반화할 수 있고 쉽게 관리 할 수 있는 저렴한 고용방식 ─ 계약제 ─ 이었다.

미국으로 가는 이민에서는 사라진 계약제 강제노동이 곧바로 아시아에서 부활했다. 그러나 새로운 아시아 체계는 저평가해서는 안 될 특징을 갖고 있었다. 계약노동자 대다수가 노예처럼 납치되거나 속임수에 넘어간 사람들이었고 또한 초기의 유럽 공장노동자들처럼 가혹한 규칙에 시달렸지만 법적으로 그들은 자유인이었다. 그들의 사생활에 제도적으로 개입하는 '주인'이나 사회적 낙인은 없었다. 그들의 고용 기간은 특정되어 있었고 그들의 자녀는 법률상으로 고용관계의 구속을 받지 않았다. 그런 반면에 새로운 나라에서 그들은 백인 계약노동자라면 받지 않았을 인종차별에 노출되었다.

대양을 건너는 여정은 공포로 가득한 경험이었다. 조셉 콘래드(Joseph Conrad)는 소설 『태풍』(Typhoon)에서 고향으로 돌아가는 중국인 '쿨리'의 얘기를 통해 이런 상황을 묘사했다. 라틴아메리카와 카리브해로 가는 항로의 조건은 특히 열악했다. 증기선이 등장한 뒤에도 남부 중국에서 쿠바까지는 170일, 페루까지는 120일이 걸렸다. 이 항로에는 다른 항로보다 범선이 오래 남아 운항했다. 노동자들은 좁은 선창 안에서 엉겨 지내야 했고 때로는 쇠사슬에 묶이는 경우도 있었다. 배에는 철창과 형구도 갖춰져 있어서 규칙을 어긴 '말썽꾼'을 징벌할 때 사용했다. 그래도 노예를 실어 나르던 시절의 참혹한 광경은 이제 역사가 되었다. 그 시절 노예선 한 척이 실은 인간화물의 숫자는 같은 면적의 쿨리선과 비교했을 때 6배나 많았다.[154]

여러 면에서 쿨리의 대우는 근대 초기 유럽의 계약노동자보다 나았다. 유럽 계약노동자와는 달리 아시아 계약노동자는 주거를 제공받았을 뿐만 아니라 정상적인 급여도 받았고 기본적인 의료가 보장되었다.[155] 계약노동제는 이름만 바꾼 노예제가 아니었고, 따라서 시대에 뒤떨어진 제도가 아니었다. 계약노동제는 지난 시대의 (원칙상으로는) 자유로운 노동이민 제도가 자본주의 시대에 제국주의적 요구에 부응한 것이었다. 계약노동제는 이국적인 '열대형' 특수 제도가 아니라 대서양 횡단 이민과 같은 부류로 보아야 한다. 바다 건너 먼 곳에서의 노동에 주어지는 보수가 가난한 사람들 가운데서도 가장 가난한 사람들만 매력을 느끼는 수준이었을 때 바다를 건너는 비용은 다른 누군가가 부담해주거나 장래의 급여를 담보로 하여 선불될 수밖에 없었다.

현실에서 유색 이민자와 백인 정착민 사이에 분명한 차이는 없었다. (남아프리카 트란스발의 중국인 노동자의 경우처럼) 정치적 이유 때문에 송환되지 않는 한 이민 목적국에서 정착을 선택한 아시아 노동자는 유럽 이민보다 적지 않았다. 예컨대 카리브해 지역에서 남아시아 노동자들은 사실상 한 사람도 남김없이 현지에 정착했다. 1900년 무렵 모리셔스의 인도 이민의 숫자는 아프리카인을 초월했고 현지에서 인구가 가장 많은 집단이었다(전체 인구의 70퍼센트). 남아프리카 나탈에서는 인도인이 유럽인보다 많았다. 트리니다드와 영국령 가이아나 인구의 1/3은 인도인이었다. 하와이에서 인도인과 중국인 이민의 인구비중은 각기 40퍼센트와 17퍼센트였다.[156] 세계 각지에서 아시아계 소수민족은 현지 사회의 안정적인 구성요소였고 중산층을 형성한 경우도 드물지 않았다. 아시아 계약노동 이민자의 핵심은 인도인과 중국인이었다. 1831-1920년의 통계수치에 등장하는 200만 명의 비유럽계 계약노동자 가운데서 66퍼센트가 인도 출신이었고 20퍼센트가 중국 출신이었다.[157]

인도 이민은 19세기의 유일한 일관되고 상당한 규모로 진행된 인구이동 활동이었다.[158] 인도인의 이민은 19세기 20년대에 시작하여 19세기 50년대에 빠른 속도로 정점에 도달했다. 그 후 매년 15-16만 명 수준을 유지하며 1910년 무렵까지 지속되었다. 이런 인구 수출은 갈수록 빈번한 인도 국내 인구이동이 밖으로 흘러넘친 현상이자 동시에 버마와 동남아시아 기타 지역을 향한 인도의 대규모 이민의 결과였다.

인도의 이민물결은 대영제국의 노동력 수요와 관련이 있었을 뿐만 아니라 아울러 인도의 여러 지역에서 해마다 발생한 기근과도 직접적인 관련이 있었다. 1857-58년의 대폭동이 진압된 뒤의 억압적이고 혼란스러운 사회 환경이 해외 이민을 급격하게 증가시킨 동력이기도 했지만 장기적인 요인도 영향을 미쳤다. 예컨대, 수많은 방직노동자가 이민을 선택한 이유는 인도 농촌의 방직업이 파괴되었기 때문이다. 인도의 해외이민은 단순한 기근 탈출형 이민이 아니었다. 그 가운데는 상위 카스트 출신도 적지 않게 포함되어 있었다. 예외적으로 자세한 콜카타의 통계를 보면 이민은 북부 인도 농촌 인구구성의 축소판이었음을 알 수 있다.

1844년에 관련 법령이 마련되자 인도의 이민은 중국의 노동자 수출보다는 능욕과 학대를 덜 받게 되었다. 인도 이민은 상당한 정도로 자발적이었으며 노동자 모집 과정에서 속임수와 납치 현상은 중국의 경우보다 훨씬 적게 발생했다.[159] 시작 단계에서부터 계약노동제는 노예제 폐지론자, 인도주의자, 식민지 관료의 격렬한 반대에 부닥쳤다.[160] 그러나 플랜테이션 소유주의 강력한 이해관계와 자유주의 경제학에서 출발하여 시민의 직업선택의 자유를 저해하는 행위에 반대하는 사람들의 압력이 결국은 우위에 섰다. 대영제국 내부에서도 각 식민정부들 사이에 노동력 부족의 애로를 타개하는 쪽으로 협의가 이루어졌다. 1845년 영국에 합병된 남아프리카의 나탈주에서 새로 문을 연 사탕수수 플랜테이션은 현지에서 충분한 노동력을 찾기 어려웠다. 나탈주 정부는 1860년대에 인도 정부와 계약노동자 도입 문제에 관해 합의에 이르렀다. 이 합의에 따르면 노동자는 계약기간이 만료되면 고향 인도로 돌아가야 했지만 대다수가 현지에 남았고 그곳에 인도인 공동체를 형성했다.[161]

영국과 인도에서 계약노동제도에 반대하는 목소리는 수그러들지 않았다. 이것은 어느 수준까지 인신의 자유를 박탈할 수 있는가 하는 문제를 두고 19세기 내내 지속된 토론의 한 부분이었다. 인도의 초기 민족주의 작가들 사이에서 인도인 해외노동자의 운명은 뜨거운 화두였다. 변호사 간디는 나탈에서 인도인의 권리를 제한하는 제도에 반대하는 운동을 시작하여 큰 반향을 불러일으켰다. 1915년, 계약노동자 문제는 인도 정치의 핵심의제가 되었고 다음 해에 계약노동제도는 철폐되었다.[162]

어떤 시각에서 보자면 계약노동제도와 유럽의 대서양 이민체계는 근본적인 차이가 있었다. 계약노동제는 정치의 통제를 쉽게 받을 수 있어서 행정적인 조처만으로도 폐지될 수 있었다. 인도 식민정부가 이런 조처를 내린 데는 여러 가지 이유가 있었다. 한편으로는 소란스러운 비판의 목소리를 철저하게 잠재우려는 목적을 갖고 있었고 다른 한편으로는 '백인' 노동자를 유색인 경쟁자들의 충격으로부터 보호하기 위해서였다. 계약제도의 폐지는 그러므로 인도주의와 인도 민족주의의 승리일 뿐만 아니라 유색인의 위협에 대응하는 인종차별주의의 논리적 귀결이기도 했다.

누구도 이민자의 생각을 묻는 사람은 없었다. 노예들은 노예제 폐지를 전적으로 지지했지만 인도인 계약노동자들의 경우는 상황이 분명치 않았다. 어떤 일에도 항의자는 별로 없었고 인도로부터의 이민은 제도가 폐지된 뒤에도 계속되었다. 인도인의 입장에서 결정적인 요인은 인도인 중산층의 민족적 자존심이었다. 그들은 영국 자치령 캐나다와 오스트레일리아 식민정부가 백인 노동자의 높은 임금을 유지하기 위해 인도인 노동자에게는 국경을 폐쇄한다는 사실에 대해 분노를 느꼈다.

## 중국의 '쿨리'(苦力, coolie) 무역

인도에서 계약노동제가 폐지되었을 때 중국의 '쿨리' 무역은 사실상 끝나 있었다. 쿨리무역은 1842년 아편전쟁이 끝났을 때 싹을 내밀었다가 1850-80년 사이에 꽃을 피웠고 그 뒤로 급속하게 위축되었다. 쿨리무역의 마지막 불꽃은 남아프리카 트란스발 금광에 투입하기 위해 중국의 동북지역에서 모집한 6만 2,000명의 노동자들이었다. 중국인 노동자를 모집한 목표는 아프리카 노동력의 가격을 낮추는 것이었고, 이 목표는 확실하게 달성되었다. 1906년, 중국인 노동자의 지위와 대우는 영국과 남아프리카에서 다 같이 의회의 중요한 논쟁거리가 되었다. 런던에서는 새로 집권한 자유당 정권이 중국인 노동자 무역을 폐지할 정책을 수립했다. 이 시기에 남아프리카 광산업계도 현지 노동력을 고용하는 전략을 다시 시도했다.[163] 1848-49년에 캘리포니아에서 '골드러시'가 시작되자 중국인 노동이민도 '황금시대'를 맞았다. 뒤이어 1854-77년에 오스트레일리아의 금광으로 중국 노동자들이 몰려갔고, 1910년에 남아프리카로부터 마지막 중국인 노동자 무리가 돌아오자 이민의 물결은 끝이 났다.

중국의 해외 노동이민의 발원지는 남부 연해지역의 광동성(廣東省)과 복건성(福建省)이었다. 17세기 초부터 고구마와 땅콩이 재배된 이후 이 지역의 인구는 빠르게 증가했다. 이곳 연해지역의 주민들이 해외와 교류를 시작했을 때 목표 지역은 정크선으로 다다를 수 있는 동남아시아 지역이 된 것은 자연스러운 일이었다. 그러나 중국인은 전통적으로 인도인만큼 이민에 열정적이지는 않았다.

인도에서 해외 이민의 최대 장애는 종교였다. 그러나 중국에 이민을 저지하는 주요인은 정부로부터 나왔다. 백성의 자유로운 이주는 큰 제약을 받았다. 조정은 여러 차례 대규모 이민을 조직하여 변경을 개발했으나 인구의 자유로운 이동에 대해서는 불신의 태도를 보였다. 조정은 자국민의 해외이주를 금하는 명령을 여러 차례 내렸고 몰래 국경을 넘는 자는 중죄로 다스렸다. 이 밖에도 유가사상의 영향 아래에 있는 사회체제도 인구의 유동에 장애가 되었다. 개인의 입장에서 볼 때, 누구에게나 지키고 보살펴야 할 고향과 사당과 선조들의 묘가 있고, 섬기고 받들어야 할 부모와 조상이 있다. 집을 떠나 먼 곳을 떠도는 자는 이런 의무를 이행할 수 없다.

15-18세기에 일부 동남아시아 지역에 소규모 무역이민이 점차 독립적인 화교 공동체를 형성해나갔다. 필리핀, 자바, 말레이반도의 화교 공동체 가운데서 서로 다른 문화가 융합되어 독특한 특색의 전통을 파생시켰다.[164] 중국 상인집단이 동남아시아 각지의 항구와 도시에 뿌리를 내리면 그 뒤를 따라 일반 노동자들이 들어왔다. 유럽 식민세력이 이 지역에 세력을 확대해나가면서 광업 노동자와 플랜테이션의 농업노동자에 대한 수요가 끊임없이 늘어났고 현지 노동력으로는 이 수요를 충족시킬 수가 없었다. 화교 노동자들은 자신의 이익을 지키기 위해 연합하기 시작했고, 중국의 전통적인 비밀결사와 유사한 각종 '방회'(幫會)가 생겨났다.[165]

중국이 '문을 연' 1842년은 새로운 이민방식이 차츰 초기형태를 갖추어 가고 있던 시점이었다. 인구과잉과 빈곤 때문에 불안정한 중국 남부와 사회가 안정되고 경제가 번영하며 인구가 희소한 태국(샴)사이에 상호 보완형 관계가 형성되었다. 수출 목적의 쌀 생산이 시장체계 속에 수용된 뒤 ——이웃나라 버마보다는 약간 빨랐다—— 태국인은 쌀의 생산을 맡고 쌀의 가공·운송·매매는 중국인이 경영하는, 민족을 단위로 하는 노동 분업체계가 빠르게 형성되었다.

19세기 중엽이 되자 태국의 중국 교민은 세계에서 가장 규모가 큰 해외 중국인 집단으로 성장했다.[166] 태국으로 이민하는——쿨리무역이 등장하기 전까지 태국은 중국 해외이민의 첫 번째 선택지였다—— 사람들의 뱃삯은 대부분의 경우 그곳에 정착한 친지와 친척이 지불했다. 그러나 말레이, 인도네시아, 오스트레일리아, 카리브해 지역으로 가는 쿨리이민은 계약노동 방식을 통해 모집된 사람들이 주류를 이루었다. 이것은 기존 이민 방식과의 급격한 단절을 의미했다.

또 하나의 변혁은 교통·운수 기술 분야에서 일어났다. 전통적인 범선은 유럽의 증기선으로 대체되거나 그것의 부속품으로 전락했다. 19세기 후반에 증기선 항운업이 보편화되자 동남아시아와 미주로 가는 이민의 규모는 계속 확대되었다. 친족과 동향 관계는 중국인 노동자의 해외이민을 조직하는 주요 경로였다. 동남아시아를 근거지로 하는 중국 상인들이 노동자의 국경통과 수단을 마련하고, 중간 모집책을 중국 동남부 연해지역의 농촌으로 보내 노동자를 모집했다. 쿨리무역은 일종의 다국적 사업이었다.

중국 이민이 출발하는 대형 항구도시에서 영국, 미국, 프랑스, 스페인, 독일, 네덜란드, 포르투갈, 페루의 중개소가 이민노동자 모집사업을 점차 장악해나갔다. 그들은 중국 측 동업자에게 노동자 모집을 위탁하고 사람 수대로 중개료를 지급했다. 때로는 부모가 중개인으로부터 받은 사소한 예물 때문에, 또는 화려한 돈 번 얘기에 현혹되어서, 아니면 중개인의 속임수에 넘어가 순진한 농촌 청년들이 상황을 제대로 파악하지도 못한 채로 배에 올랐다. 쓸 만한 노동력을 확보하기 위해 중개인이 사용한 가장 간단한 방법은 유괴와 납치였다.[167]

이 방법은 아시아 '야만인들'만의 독특하고도 혐오스러운 수법이 아니라 그 무렵 영국 해군이 신병을 모집할 때도 써먹던 흔한 수법이었다.

초기의 노동자 수출은 아편무역과 마찬가지로 중국 법률이 금하는 행위였다. 그렇기 때문에 시작 단계에서부터 중국 사회의 커다란 관심을 불러일으켰다. 일찍이 1852년에 시아먼(廈門)에서는 유괴납치범을 몰아내자고 호소하는 항의운동이 등장했다. 1855년, 항의운동은 중국 남부 전체로 확산되었다. 1859년, 상하이를 중심으로 한 지역에서는 노동자 유괴납치 사건이 빈발하자 공포감을 느낀 민중이 서양인을 습격하는 일이 종종 발생했다. 청 왕조 정부는 이것을 기화로 쿨리무역을 철저히 금지하려 했다. 그러나 같은 해에 발생한 제2차 아편전쟁에서 영국이 광저우를 점령하자 청 정부는 쿨리무역에 대해 '협조적인' 태도를 보이지 않을 수 없었다. 그래도 유괴납치범에 대한 극형 선고는 멈추지 않았다.[168]

청 정부의 입장에서 쿨리무역은 시작할 때부터 엄숙한 국법질서의 문제였고 이 입장은 시종 변함이 없었다. 1866년, 다른 사람도 아닌 한 총독*의 아들이 유괴납치범에게 끌려간 사건이 발생하자 청 정부가 나서서 유괴납치를 불법행위로 인정하는 국제적 협정을 체결했다. 그러나 포르투갈령 마카오는 이 협정을 빠져나가는 구멍 역할을 계속했다. 캘리포니아에서 일하게 해준다는 약속을 받고 모집에 응한 쿨리는 마카오에서 조건이 훨씬 열악한 페루의 구아노를 채굴하는 섬이나 쿠바의 사탕수수 농장으로 실려나갔다.

19세기 70년대에 스페인과 페루가 중국에게 무역협정 체결을 요구했을 때 중국 측은 현지에 조사단을 보내 관찰했고, 쿨리 보호를 협정조항으로 관철시켰다. 1874년 이후 청 정부의 태도는 강경해졌

---

\* 총독은 성(省) 몇 개를 관장하는 행정장관, 지방 직으로서는 최고위 직이다.

다. 쿨리무역은 완전히 금지되었고 교민의 이익을 보호하기 위해 영사관원이 파견되었다. 1885년, 미국의 와이오밍주 록스프링(Rock Spring, Wyoming)에서 28명의 중국인 광부가 살해당하는 사건이 발생하자 청 정부는 미국정부에게 피해자에 대한 배상금을 요구하여 관철시켰다.[169)]

중국인과 인도인의 계약노동제에 대한 저항 투쟁과 대서양 노예무역을 반대하는 초기의 운동의 차이는 중국과 인도 양대 이민 수출국 정부도 정치적 압력을 받았다는 점이었다. 인도 식민정부는 시종일관 흔들림 없이 계약노동 이민을 지지하지는 않았고, 궁극적으로 이 문제가 인도 초기 민족주의 운동에서 여론을 집결시키는 단서가 되는 상황을 피하려 했다. 중국정부는 주권국가의 대표로서 제국주의 열강 앞에서 연약하고 무능한 태도를 보였지만 애국심이 넘치는 중국 외교관이 쿨리의 이익을 보호하기 위해 보여준 집요하고 강인한 태도는 전혀 성과가 없지는 않았다. 이것이 계약노동제의 종결을 앞당기는 데 어느 정도는 기여를 했다고 할 수 있으나 결정적인 요소가 되지는 못했다. 더 중요한 요소는 이민 수입국의 경제체계에서 중국인 노동자가 더 이상 필요하지 않게 된 상황변화였다.

고전적인 계약노동 수요처는 플랜테이션이었다. 인도인 해외이민의 주요 근거지도 플랜테이션이었다. 그런데 중국 이민 가운데 많은 사람들이 또 하나의 목적지를 갖고 있었다. 이들은 뱃삯을 해결하기 위해 빚을 지는 경우가 많았지만 의무노동에 묶이지는 않았다. 달리 말하자면, 고향을 떠나온 대부분의 중국인 노동자는 '쿨리'가 아니었다. 1848-49년에 캘리포니아의 골드러시와 함께 시작된 미국으로 향한 중국 이민은 '자유롭고', 따라서 유럽에서 온 이민에 더 가까웠다. 동남아시아와 오스트레일리아로 간 중국 이민도 대부분이 같은 상황이었다. 1854-80년은 중국 해외이민의 전성기였다. 이 시기에 홍콩 한 곳에서만 배에 오른 중국인 비계약 이민이 50만 명을 넘

었다.[170)

19세기 각지의 대규모 이민 가운데서 중국 교민의 귀환율이 가장 높았다. 화교의 고향에 대한 사랑은 이처럼 강해서 몇 대에 걸쳐 해외에서 생활하면서도 현지에서의 생활을 임시 상태로 보았다. 유럽인처럼 이민을 과거와의 관계를 철저하게 단절하고 새로운 이상을 찾는 기회로 보는 중국인 이민은 많지 않았다.

중국의 해외이민은 정확하게 말하자면 중국 남방경제의 해외확장으로 이해할 수 있을 것이다. 19세기에 고향을 떠나 바다를 건넌 중국인의 80퍼센트 정도가 생애의 어느 시점에선가 고향으로 돌아왔다. 유럽 이민 가운데서 이와 대응하는 숫자는 아마도 1/4 정도일 것이다.[171) 중국인 이민의 높은 유동성과 순환성은 한편으로는 인구통계가 시행된 시기가 얼마 되지 않는 제약 속에서 얻은 절대적인 수치가 실제 숫자보다는 훨씬 적다는 의미이기도 하다. 1870년에 실시된 미국의 총인구 조사 결과를 보면 미국에서 생활하는 중국인은 6만 3,000명을 넘지 않는다. 1880년 —미국으로 가는 중국인 이민의 물결이 이미 쇠퇴하기 시작한 시점이다— 의 총인구 조사에서는 중국 교민의 숫자가 어느 때보다 많은 10만 5,465명이었다.[172)

전 세계에서 중국인 이민이 대규모로 모여 있는 유일한 지역은 가장 오래된 이민 목적지인 동남아시아였다(태국, 베트남, 버마의 중국 교민은 대부분 배를 타고 바다를 건넜다). 이 지역의 유럽 식민정부는 일반적으로 중국 이민을 반겼다. 상업, 기업경영, 광산 노동자로 생활하던 중국인은 현지의 경제생활에서 현지인 또는 유럽 이민이 감당할 수 없는 역할을 맡았다.

더 중요한 것은 그들은 온순한 납세자란 점이었다. 현지 정부의 입장에서는 중국인은 부지런하고 총명함 이외에도 또 하나의 장점을 갖고 있었다. 중국인은 교민단체 또는 방회의 덕망 있는 지도자의 지도 아래서 자기관리를 철저하게 할 줄 알았다. 이처럼 내부관리가 뛰어난 중국인 사회는 식민정부에게 골칫거리가 된 적이 없었다.

동남아시아 지역에서 생활하는 중국인은 현지 소수민족 집단 가운데서 본국과의 유대가 강한 집단이기는 했지만 궁극적으로는 유럽 식민통치자들의 정책을 충실하게 따르고 법을 지키는 신민이었다. 장기적으로 보자면 이민 방식은 문제가 되지 않았다. 인도에서도 그러했지만 중국의 해안지역은 이민에 최적화되어 있었고 경제적으로 이민에 의존하고 있었다. 한 가족, 한 마을, 한 지역 전체의 성격이 국제화되어 있었다. 많은 사람이 이웃마을의 동포들보다 미국의 아이다호 — 한때 이곳 인구의 30퍼센트가 중국인이었던 적이 있었다 — 나 페루에 사는 친척과 예전의 이웃에게 더 강한 연대감을 느꼈다.[173]

법률적 의미에서건 정치적 의미에서건 계약노동 형식의 이민에 대한 통제는 고정적인 절차가 없는 이민에 대해서보다 더 엄격했고 따라서 통계적으로도 잘 기록되어 있다. 후자의 이민까지 포함해 계산한다면 동아시아와 동남아시아에서 온 원거리 이민의 숫자는 크게 늘어난다.

이 밖에 노동자가 아니라 상인으로서 이민한 사람들의 숫자도 저평가해서는 안 된다. 어떤 추산에 의하면 1846-1940년 동안에 인도양 주변국과 남태평양 지역에 도착한 인도인과 중국인 이민의 숫자는 각기 2,900만 명과 1,900만 명이라고 하는데, 아메리카 대륙으로 간 유럽 이민의 숫자와 대등하다. 인도인 이민 가운데서 영구적으로 현지에 정착한 숫자는 600-700만 명에 불과했다. 중국인 이민의 경우에도, 앞에서 보았듯이 귀환자의 비율이 신대륙으로 간 유럽 이민의 경우보다 훨씬 높았다.

이런 이민은 본질적으로 순환적이었다. 아시아 이민의 1/10만이 계약노동제의 경로를 따랐고 나머지는 개인적 또는 공적인 대출에 의존했다.[174] 제1차 세계대전이 지구 '남쪽'의 이민에 준 충격은 대서양 횡단 이민에 준 충격보다 심각하지 않았다. 인도인과 중국인의 이민에 심각한 영향을 준 것은 대공황과 태평양전쟁이었다.

# 8. 이민의 동기

19세기에는 이전 어느 시대보다 더 많은 사람이, 더 먼 거리를, 더 오랫동안 여행했다. 1882년, 불교 승려 허운(盧雲)법사는 중국 산시(山西)성에 있는 불교 성지 우타이산(伍臺山)으로 순례를 떠났다. 그는 삼보일배(三步一拜)의 의식을 지키면서 꼬박 2년을 걸어 1,500여 킬로미터에 이르는 여정을 완주했다.[175] 허운은 순례자였다. 우리는 인류의 대규모 이주를 고찰할 때 순례자적 성격을 무시해서는 안된다.

19세기의 유럽, 아시아, 아프리카에서 종교적 성지의 매력에 이끌려 순례의 길에 나선 사람은 수십만이 넘었고 그중에서 규모가 가장 큰 것은 메카 순례(hajj)였다. 그들 대부분은 집단행동의 방식을 택했고 배를 타거나 대상(隊商, caravan)과 동행했다. 훗날 수에즈운하와 히자즈(Hijaz)철도가 개통되면서 성지순례는 매우 편리해졌다. 순례자의 숫자는 해에 따라 큰 차이를 보이지만(현재는 연간 100만 명을 넘는다) 한 가지 분명한 것은 19세기에 최소한 3배나 증가하여 30만명 이상에 이르렀다는 점이다. 먼 곳으로부터 성지를 찾는 표본적인 순례자 ─ 예컨대 말라야인 ─ 는 지역사회의 엘리트 가운데서 자력으로 여행경비를 조달할 수 있는 연장자였다.[176]

19세기에 발칸과 러시아를 출발지로 하는 새로운 순례길이 열렸다. 세기가 바뀐 후 새로 건설된 서아프리카 이슬람국가 신도들의 성지가 있는 '동쪽을 향한 열망'은 강렬했다. 이것은, 아프리카의 일부

신도집단 또는 종족 전체가 아프리카대륙의 한 지역에서 다른 지역으로 이주를 거듭하는 원인의 일부이기도 했다. 그들은 최후의 심판날에 인류를 구원할 구세주 '마흐디'(mahdi)를 믿었으며 그날에 구세주 곁에 있기를 바랐다. 식민침략의 위협과 공포가 이런 믿음을 강화시켰다.[177]

19세기에 진입하기 전에 세계 각지 순례자의 연결망이 형성되었다. 중국 무슬림의 순례 목적지는 메카와 카이로였고, 반면에 중국 안에 있는 이슬람 수피파(Sufism) 성자의 묘비도 순례자를 끌어들이는 나름의 성지였다. 종교적 동기의 성지순례는 미세하게 관광의 원형으로 변모해갔다. 18세기 일본에서는 먼 곳에 있는 사찰을 찾아가는 행위가 '관광산업'이라고 부를만한 형태로 조직화되었다.

19세기의 특징은 노예무역 이후의 노예무역을 초월하는 대규모 원거리 이민이었다. 이런 현상은 1820년 이후 나타나기 시작하여 1870년대 중반에 급격한 증가세를 보였고 그 규모의 확장 속도는 세계 인구의 증가속도를 앞질렀다. 이민 문제를 다루는 연구자들은 오랫동안 이민을 인구의 '대량' 이동으로만 보아왔다. 이제 이민문제 연구는 모자이크 그림을 만들 듯 마을 공동체 전체 또는 부분적인 이식(移植)이 일어나는 지역상황을 주목하는 미시연구가 되었다.

각지의 이민의 내용을 살펴보면 다른 문화에도 적용되는 공통요소―선구자, 조직자, 집단적 연대의식―가 드러난다. 이민의 결정은 고립된 개인들이 아니라 한 가족이 집단적으로 한다. 교통운수 기술의 혁명은 이동의 신속성과 편의성을 크게 향상시켰고, 자본주의의 심층적인 조직화와 비약적인 발전으로 보다 유동적인 노동력에 대한 수요가 높아졌다. 대부분의 이민은 (유럽인, 인도인, 중국인을 가리지 않고) 하층계급 출신이었다. 그들은 이민 목적국의 중간 계층에 합류하기를 열망했고, 노예출신 이민과 그 후손들과 비교했을 때 그들에게는 그런 열망을 실현할 기회가 더 많았다.[178] 내부적 유동성과 외부적('다국 간') 유동성의 관계는 끊임없이 변화했다.

현대세계에서 인류의 생활은 더 빠르고 유동성이 강한 쪽으로 발전한다는 주장은 피상적인 판단이다. 독일과 스웨덴의 이민사 연구를 통해 20세기에 (최소한 평화의 시기에) 해외이민뿐만 아니라 사회 내부의 수평적인 인구이동도 둔화되는 추세를 보였다는 사실이 일찌감치 밝혀졌다.[179] 19세기 말 유럽에서 나타난 빈번한 인구이동은 예외적인 경우였다.

19세기 80년대 이전에 각국 정부는 인구의 원거리 이주에 대해 법률적인 방법으로 저지하지는 않았지만 실제상황에서 개별 이민자는 정부 기관의 각종 까다로운 심사를 통과해야 했다. 행정적인 제약은 번거로운 이민제도를 만들어 놓았다. 정부가 나서서 이민을 지원하게 된 것은 세기가 바뀐 뒤의 일이었다. 정부의 시각이 바뀐 데는 이민자가 고향으로 보내는 송금의 매력이 크게 영향을 미쳤다.

일본정부는 라틴아메리카로의 이민을 적극적으로 장려하는 정책을 펼쳤다. 오스트레일리아 또한 이민 유입을 적극적으로 유도하는 — '비지원 이민'의 높은 비용을 어떻게든 해소해야 했다 — 정책을 추구했다. 오스트레일리아는 노동력이 절대적으로 필요했고 이민을 유입시키기 위해 북아메리카와 경쟁해야 했다. 1831년 이후 국가가 나서서 경제적인 지원을 통해 외래인구를 유인하자 대규모 이민이 비로소 가능해졌다. 19세기에 오스트레일리아로 이민한 150만 명의 영국인 가운데서 절반 가까이가 국가가 제공하는 전액 지원을 받았다. 지원의 형식은 대출이 아니라 보조금이었고 그 재원은 국유지를 매각하여 조달되었다. 수십 년 동안 런던에서 활동한 '식민지 토지와 이민사무 위원회'(Colonial Land and Emigration Commission)은 오스트레일리아의 가장 중요하고 가장 영향력이 큰 정부기구였다.[180]

이런 방식은 이민의 관리와 이민자를 선별하는 데도 편리했다. 이민이란 수단을 빌려 '불량민'을 쫓아내려는 영국정부와 '양민'의 유입을 바라는 식민정부 사이에 충돌이 없을 수가 없었다. 충돌과정에서 결정권을 쥔 쪽은 이민을 받아들이는 현지 사회였다. 오스트레일리아의 사례는 하나의 경제학 법칙을 증명했다. 민주국가의 정부가 이민정책을 수립할 때 더 많이 고려해야 할 요소는 이민이 본국의 유권자에게 더 많은 수입을 가져다 줄 수 있는지, 아니면 최소한 현재 수준의 수입을 보장해줄 수 있는지 하는 문제이다. 여기에 더하여 고려해야 할 문제는, 얼마 정도의 시간이 지난 뒤 이민자에게 공정하고 평등한 조건에서 현지의 국적을 부여하느냐 하는 것이다.

개별 이민자의 입장에서 말하자면, 이민의 동기는 문화적 요소의 영향을 받지 않을 수 없다. 기후가 더운 지역에서 온 이민은 추운 나라에서 일하고 생활하기를 원치 않는 것이 당연하고 그 반대도 마찬가지이다. 나아가 사람들은 이민의 목적지를 선택할 때 도움을 줄 친지나 동향인이 있는 지역을 선호할 것이다. 그들이 현지의 친지와 동향인으로부터 획득한 정보는 이민을 결정할 때 핵심적인 역할을 할 것이다.

대기근 발생 뒤의 아일랜드 사람들처럼 극단적인 상황에서라면 이민은 유일한 이성적인 선택이라 할 수 있다. 대영제국의 정복사업과 경영에 필요한 인력의 놀랄 만큼 많은 부분을 담당했던 스코틀랜드 출신 이민자는 국내에서의 빈약한 기회에 대응하기 위해 이민을 선택했다. 그들은 여러 계층에서 나왔다. 어떤 사람은 궁핍한 농부이거나 귀족집안의 상속을 기대할 수 없는 자식들이었다. 어떤 사람은 스코틀랜드 명문대학에서 교육받고 변호사나 의사가 되었지만 국내 노동시장은 그들을 흡수할 여력이 없었다. 달리 말하자면, 선택의 폭이 넓으면 문화적으로 중립적인 합리적 결정을 내리게 된다.

한 가지 핵심적인 요인은 신세계와 구세계 사이의 실질임금의 격차였다. 이 격차는 이민의 결과로 시간이 지나면서 좁혀졌고, 이것이

이민 자체가 서서히 축소된 주원인이었다.[181]

　19세기의 마지막 30년 동안 인도인 노동자는 말레이해협 식민지 보다는 버마로 더 많이 이주했다. 말라야에서 고무나무 플랜테이션이 각광을 받기 전까지는 버마의 임금수준이 상당한 정도로 더 높았기 때문이었다. 미래를 위한 장기적인 고려 때문에 이민을 택하는 사람도 있었다. 소규모 농산물 생산자는 영속적인 궁핍을 면하기 위해 일시적인 프롤레타리아 상황을 받아들였다.

　이민의 결과를 예측하기란 불확실한 일이었다. 왜곡된 정보를 가졌거나 귀가 얇은 사람들은 동화 같은 성공담이나 가짜 결혼 약속에 현혹되어 위험한 모험에 뛰어들었다. 역사학자는 미시적 차이——왜 어떤 지역이 다른 지역보다 이민을 많이 배출하는가?——를 해명하는 일에 흥미를 느낀다. 상호 연관된 방대한 이민 체계가 어떤 의미에서는 각자의 분명한 독자성을 갖고 있음을 인정하지 않을 수 없지만 그런 체계의 형성, 유지, 변화는 수없이 많은, 구체적인 생존조건 아래서 내린 개별적인 선택의 종합적인 작용——간단히 말해 인간의 실천——에 의해 결정된다.

# 주註

1) Khater, Akram Fouad: *Inventing Home. Emigration, Gender, and the Middle Class in Lebanon, 1870-1920,* Berkeley, CA, 2001, pp.52-63.

2) Rallu, Jean-Louis: *Les populations océaniennes aux XIXe et XXe siècles,* Paris, 1990, p.222.

3) Schmid, Andre H.: *Korea between Empires, 1895-1919,* New York, 2002, p.101. Etemad, Bouda: *La possession du monde. Poids et mesure de la colonisation (18-20th siècles),* Brüssel, 2000, p.312.

4) Lavely, William/Wong, R. Bin: "*Revising the Malthusian Narrative. The Comparative Study of Population Dynamics in Late Imperial China*" (Journal of Asian Studies, v.57[1998], pp.714-48에 수록). Lee, James Z./Wang, Feng: *One Quarter of Humanity. Malthusian Mythology and Chinese Realities, 1700-2000,* Cambridge, MA, 1999, pp.149-157.

5) Colin McEvedy/Jones, Richard: *The Atlas of World Population History,* London, 1978, p.349.

6) Livi-Bacci, Massimo: *A Concise History World Population,* Oxford, 1997, p.31, (표 I.3).

7) Bähr, Jürgen: *Bevölkerungsgeographie. Verteilung und Dynamik der Bevölkerung in globaler, nationaler und regionaler Sicht,* Stuttgart, 2004(4th ed.), p.217(표3).

8) Bardet, Jean-Pierre/Dupâquier, Jacques(ed.): *Histoire des populations de l'Europe,* Paris, 1997-1999, v.2/3: *La revolution demographique 1750-1914,* p.469(Tab.84). McInnis, Marvin: "*The Population of Canada in the Nineteenth Century*" (Haines, Michael/Steckel, Richard H.[eds]: *A Population History of North America.* New York, 2000, pp.347-432에 수록. 인용된 부분은 p.373[Tab.9.1]). Reinhard, Marcel: *Histoire de la population mondiale de 1700 à 1948,* Paris,1968, pp.391, 423, 426. Jackson, R. V.: *The Population History of Australia,* Fitzroy(Virginia), 1988, p.27(Tab.6). *Meyers Großes Konversations-Lexikon,* v.12, p.895, v.18, p.185.

9) Karpat, Kemal H.: *Ottoman Population, 1830-1914,* p.117(Tab.I.6). 이집트는 405만이다(1871/1874).

10) Maddison, Angus: *Chinese Economic Performance in the Long Run,* Paris, 1998, p.47.

11) Wagner, Rudolf G.: "Taiping-Aufstand" (Staiger, Brunhild[et al. ed.]: *Das große China-Lexikon. Geschichte, Geographie, Gesellschaft, Politik, Wirtschaft, Bildung, Wissenschaft, Kultur.* Darmstadt, 2008, pp.735-759에 수록. 인용된 부분은 p.736)를 참조할 것.

12) Lee, James Z./Wang, Feng: *One Quarter of Humanity,* pp.14-23을 참조할 것.

13) Lee, James Z./Campbell, *Fate and fortune in rural China. social organization and population behavior in Liaoning, 1774–1873,* Cambridge, 1997, p.70.

14) Hanley, Susan B./Yamamura Kozo: *Economic and Demographic Change in Preindustrial Japan,1600-1868,* p.320.

15) Totman, Conrad: *A History of Japan,* Oxford, 2000, p.326ff. 이 저서는 서방 학자가 쓴 일본 현대사 논저 가운데서 인구문제를 언급한 유일한 경우다.

16) Fischer, Wolfram: *"Wirtschaft und Gesellschaft Europas 1850-1914"* (같은 저자 의 *Handbuch der europaeischen Wirtschaft- und Sozialgeschichte,* Stuttgart, 1980-93, v.5, pp.1-207에 수록. 인용한 부분은 p.14, Tab.3).

17) 유럽인구의 성장 개황에 관해서는 Tortella, Gabriel: *The Development of Modern Spain: An Economic History of the Nineteenth and Twentieth Centuries,* Cambridge, MA, 2000, p.33(Tab.2.2)를 참조할 것.

18) Saunders, David: *Russia in the Age of Reaction and Reform 1801-1881,* London, 1992, p.270.

19) 유럽의 유사한 관점에 관해서는 Bade, Klaus Jürgen(et al. ed.): *Enzyklopädie Migration in Europa vom 17. Jahrhundert bis zur Gegenwart,* Paderborn, 2007, p.64 를 참조할 것. 인용한 수치의 출처는 Maddison, Angus: *Contours of the World Economy, 1-2030 AD,* p.241(Tab.B.10)이다.

20) Dupâquier, Jacques: *Histoire de la population française,* Paris, 1988, p.293.

21) Bardet, Jean-Pierre/Dupâquier, Jacques(ed.): *Histoire des populations de l'Europe,* v.2, pp.287-325.

22) Ó'Gráda, Cormac: *Black '47 and Beyond. The Great Irish Famine in History, Economy, and Memory,* Princeton, NJ, 1999, p.16

23) O'Rourke, Kevin H./Williamson, Jeffrey G.: *Globalization and history. The Evolution of a Nineteenth-century Atlantic Economy.* Cambridge, MA, 1999. pp.150-52.

24) 수치의 출처는 McPherson, James M.: *Battle Cry of Freedom. The American Civil War,* New York, 1988, p.854이다.

25) Ricklefs, M.C.: *A History of modern Indonesia, ca. 1300 to the present.* London & Basingstoke, 2001, p.153.

26) Levy, Jack S.: *War in the Modern Great Power System, 1945-1975,* Lexington, KY, 1983, p.90. Rasler, Karen A./Thompson, William R.: *War and State Making,* p.13(Tab.1.2).

27) Schroeder, Paul W.: *"The Nineteenth-Century International System. Changes in the Structure"* (World Politics, v.39[1986], pp.1-26에 수록).

28) Rallu, Jean-Louis: *Les populations océaniennes aux XIXe et XXe siècles,* p.60. Etemad, Bouda: *Le posession du monde.* p.133

29) Thornton, Russell: *American Indian Holocaust and Survival*, Norman, 1987, pp.107-109. 비관적인 분석으로는 Nugent, Walter: *Into the West. The Story of Its people*, New York, 1999, 35를 참조할 것.

30) 현재까지의 이 분야 학계의 연구 성과의 집적을 알고 싶으면 Richard Broome: *Aboriginal Victorians. A History Since 1800*, Crows Nest(New South Wales), 2005, pp.79-93을 참조할 것.

31) Jackson, R. V.: *The Population History of Australia*, p.5(Tab.1).

32) 다양한 수치에 관해서는 Ferro, Marc(ed.): *Le Livre noir du colonialisme, XVIe-XXIe siècles, de l'extermination à la repentance*, Paris, 2003을 참조할 것.

33) Etemad, Bouda: *Le posession du monde*, p.103. Etemad는 p.104에서 20세기 20년대의 스페인-모로코전쟁을 여기에 포함시켜서 28만 명이란 결론을 얻었다. 러시아와 일본의 침략 문제에 대해서는 언급이 없다.

34) *Ibid.* pp.130, 134(Tab.8), 135,

35) Coquery-Vidrovitch, Catherine: *L'Afrique et les Africains au XIXe siècle, Mutations, révolutions, crises*, Paris, 1999, p.22. Vanthemsche, Guy: *La Belgique et le Congo. empreintes d'une colonie (1885-1980)*, Brüssel, 2007, pp.40-42.

36) Ruedy, John: *Modern Algeria. The Origins and Development of a Nation*, Bloomington, 2005, p.93.

37) Doyle, Shane: "*Population Decline and Delayed Recoveryin Bunyoro, 1860-1960*" (Journal of African History, v.41[2000], pp.429-58에 수록. 인용부분은 p.438).

38) 개괄적인 평론으로서 Marx, Christoph: *Geschichte Afrikas. Von 1800 bis zur Gegenwart*, Paderborn, 2004, pp.143-47을 참조할 것.

39) Bähr, Jürgen: *Bevölkerungsgeographie*. pp.219-29. 관련 해석은 Buchheim, Christoph: *Industrielle Revolutionen. Langfristige Wirtschaftsentwicklung in Großbritannien, Europa und in Übersee*, München, 1994, pp.25-32를 참조할 것.

40) Bähr, Jürgen: *Bevölkerungsgeographie*. pp.222.

41) Klein, Herbert S.: *A Population History of the United States*, Cambridge, 2004, pp.77-79.

42) Bardet, Jean-Pierre/Dupâquier, Jacques(ed.): *Histoire des populations de l'Europe*.

43) Livi-Bacci, Massimo: *A concise History of World Population*. p.113.

44) 이 책 제7장을 참조할 것.

45) Gelder, Roelof van: *Het Oost-Indisch avontuur. Duitser in dienst van de VOC(1600-1800)*, Nijimegen, 1997, pp.14, 41, 64.

46) Liauzu, Claude: *Histoire des migrations*, Paris, 1996, pp.66-73. Canny, Nicholas: "*In Search of Better Home? European Overseas Migration, 1500-1800*" (같은 저자의 편저 *Europeans on the Move, Studies on European Migration, 1500–1800*, Oxford, 1994, pp.263-283에 수록).

47) Liauzu, Claude: *Histoire des migrations,* p.279.

48) 관련 개설서로서 Ribeiro, Darcy: *Amerika und die Zivilisation. Die Ursachen der ungleichen Entwicklung der amerikanischen Völker,* Frankfurt/M. 1985를 참조할 것.

49) Klein, Herbert S.: *African Slavery in Latin America and the Caribbean,* New York, 1986, p.82. Curtin, Philip D.: *The Atlantic Slave Trade,* p.209(Tab.62).

50) Bernecker, Walther L.: *Kleine Geschichte Brasiliens,* Frankfurt am Main, 2000, pp.131ff.

51) Klein, Herbert S.: *The Atlantic Slave Trade.* Cambridge, 1999, p.45.

52) Klein, Herbert S.: *A Population History of the United States,* p.83.

53) Gudmestad, Robert H.: *A Troublesome Commerce. The Transformation of the Interstate Slave Trade,* Terre Haute, IN, 2003, pp.3, 8.

54) Curtin, Philip D.: *The Atlantic Slave Trade,* p.27.

55) Meyer, Michael C./Sherman, William L.: *The Course of Mexican History,* New York, 1994(4th ed.), p.218.

56) Engerman, Stanley L./Higman, Barry W.: "The Demographic Structure of the Caribbean Slave Societies in the Eighteenth and Nineteenth Century" (Franklin W. Knight[ed.]: *The Slave Societies of the Caribbean,* London, 1997, pp.45-104에 수록. 인용된 부분은 p.50의 Tab.2-1임).

57) Kaczyński, Elzbieta: *Das Groesste Gefaengnis der Welt. Sibirien als Strafcolonie zur Zarenzeit,* Frankfurt a. M., 1994, pp.24, 44, 53.

58) Daly, Jonathan W.: "Russian Punishment in European Mirror" (McCaffray, Susan Purves/Melancon, Michael S.: *Russia in the European Context, 1789–1914. A Member of the Family,* New York, 2004, pp.161-188에 수록. 인용된 부분은 pp.167, 176).

59) Waley-Cohen, Joanna: *Exile in Mid-Qing China. Banishment to Xinjiang, 1758-1820,* New Haven, CT, 1991.

60) Bullard, Alice: *Exile to Paradise: Savagery and Civilization in Paris and the South Pacific, 1790–1900.* Stanford, CA, 2000, p.17.

61) Pérennes, Roger: *Déportés et forçats de la Commune : de Belleville à Nouméa,* Nantes, 1991, p.483.

62) Bouche, Denise: *Histoire de la colonisation française,* Paris, 1991, pp.185ff. 보다 상세한 내용은 Pérennes, Roger: *Déportés et forçats de la Commune*을 참조할 것.

63) Rickard, John: *Australia: A Cultural History,* Harlow, 1996(2nd ed,), pp.21-25. Harper, Marjory: "British Migration and the Peopling of the Empire" (Louis, W. Roger[ed.]: *The Oxford History of British Empire,* Oxford, 1998-99, v.2, pp.75-87 에 수록. 인용 부분은 p.78)

64) 사례분석으로는 Anderson, Clare: *Convicts in the Indian Ocean. Transportation from South Asia to Mauritius, 1815-53,* Basingstoke, 2000.을 참조할 것. 저자는

비노예 신분인 인도인 유배죄수의 문화적 자치권 문제를 강조한다.

65) Marrus, Michael Robert: *The Unwanted: European Refugees from the First World War through the Cold War,* Philadelphia, 2002(2nd ed.), p.17.

66) Reiter, Herbert: *Politisches Asyl in 19. Jahrhundert. Die deutschen politischen Fluechitinge des Vormaerz und der Revolution von 1848/49 in Europa un den U.S.A.,* Berlin, 1991, pp.28-33.

67) Alexander, Manfred: *Kleine Geschichte Polens,* Stuttgart, 2003, pp.203ff.

68) Davies, Norman Richard: *God's Playground: A History of Poland. Vol. 2: 1795 to the Present.* Oxford, 1981, pp.276, 287-89.

69) Reiter, Herbert: *Politisches Asyl in 19. Jahrhundert.* p.38.

70) Hanioğlu, M. Şükrü: *Young Turks in Opposition,* Oxford, 1995, pp.71-78.

71) Suny, Ronald Grigor: *Looking Toward Ararat: Armenia in Modern History,* Bloomington, IN, 1993, pp.67ff.

72) Bergère, Marie-Claire: *Sun Yat-sen,* Paris, 1994는 손중산에 관한 가장 권위 있는 전기이다.

73) Hsiao Kung-chuan(蕭公權): *Modern China and a New World,* pp.409ff.

74) Meyer, Michael C./Sherman, William L.: *The Course of Mexican History,* pp.498-500.

75) Marrus, Michael Robert: *The Unwanted,* p.18.

76) Schultz, Kirsten: *Tropical Versailles: Empire, Monarchy and the Portuguese Royal Court in Rio de Janeiro 1808-1821,* New York, 2001, pp.4, 76.

77) Todorov, Nikolai: *The Balkan City, 1400-1900,* Seattle, 1983, p.328

78) Williams, Brian G.: *The Crimean Tatars. The Diaspora Experience and the Forging of a Nation,* London, 2001, pp.106-108, 119, 138, 148.

79) Meyer, James H.: "*Emigration, Return and the Politics of Citizenship: Russian Muslims in the Ottoman Empire, 1869-1914*" (International Journal of Middle Eastern Studies, v.39[2007], pp.15-32에 수록. 인용된 부분은 pp.16, 27ff).

80) Jersild, Austine: *Orientalism and Empire. North Caucasus Mountain Peoples and the Georgian Frontier, 1845-1917,* Montreal, 2002, pp.25ff.

81) Utley, Robert Marshall: *The Lance and the Shield: The Life of Sitting Bull,* New York, 1993, pp.182,191,231.

82) Marrus, Michael Robert: *The Unwanted,* pp.23ff.

83) Neubach, Helmut: *Die Ausweisungen von Polen und Juden aus Preußen 1885/86. Ein Beitrag zu Bismarcks Polenpolitik und zur Geschichte des deutsch-polnischen Verhältnisses,* Wiesbaden, 1967, pp129 and passim.

84) Shannon, Richard: *Gladstone, Heroic Minister 1865 – 1898,* London, 1999, (v.2) pp.166, 171.

85) Karpat, Kemal H.: *Ottoman Population, 1830-1914*. p.49. 숫자는 놀랍지만 저자 의 권위를 믿어야 할 것이다.

86) McCarthy, Justin: *Death and Exile: The Ethnic Cleansing of Ottoman Muslims, 1821-1922*, Princeton, NJ, 1996, p.90(Tab.90).

87) Malcolm, Noel: *Bosnia: A Short History*, New York, 1994, pp.139ff.

88) Mazower, Mark: *Salonica, City of Ghosts: Christians, Muslims and Jews, 1430– 1950*, New York, 2004, pp.298–304, 349.

89) Boeckh, Katrin: *Von den Balkankriegen zum Ersten Weltkrieg. Kleinstaatenpolitik und ethnische Selbstbestimmung auf dem Balkan*, München, 1996, pp.257-275. 합 계숫자는 p.271의 숫자를 더하여 얻었다. 이 책은 루마니아와 알바니아의 상 황은 언급하지 않고 있다.

90) 다음 저작들을 참조할 것. Marrus, Michael Robert: *The Unwanted*, pp.27-39. Kappeler, Andreas: *Rußland als Vielvölkerreich*, pp.220-24. Haumann, Heiko: *Geschichte der Ostjuden*, München, 1990, pp.84ff.

91) Klier, John Doyle/Lambroza, Shlomo: *Pogroms: Anti-Jewish Violence in Modern Russian History*, Cambridge, 1992를 참조하라

92) Marrus, Michael Robert: *The Unwanted*, p.32.

93) *Ibid*, p.34. Fink, Carole: *Defending the Rights of Others: The Great Powers, the Jews, and International Minority Protection, 1878-1938*, Cambridge, 2006 pp.22-24, 27-30.

94) Volkov, Shulamit: *Die Juden in Deutschland 1780–1918*, München, 1994, p.58.

95) Bade, Klaus Jürgen: *Europa in Bewegung: Migration vom späten 18. Jahrhundert bis zur Gegenwart*, München, 2000, p.69.

96) 19세기 중엽 이전의 유럽의 지역성 노동이민을 논한 Hoerder, Dirk: *Cultures in Contact: World Migrations in the Second Millennium*, Durham, NC, 2002, pp288-94를 참조할 것.

97) Bade, Klaus Jürgen: *Europa in Bewegung*, pp.76ff.

98) Owen, Norman G.: "*The Paradox of Noneteenth Century Population Growth Southeast Asia. Evidence from Java and the Philippines*" (Journal of Southeast Asian Studies, v.18[1987], pp.45-57에 수록. 인용부분은 p.48).

99) Naquin, Susan/Rawski, Evelyn S.: *Chinese Society in the Eighteenth Century*, p.130.

100) Stephan, John J.: *The Russian Far East, a History*. Stanford, 1994, pp.71-73, 79ff.

101) Gottschang, Thomas R./Lary, Diana: *Swallows and Settlers - The Great Migration from North China to Manchuria*, Ann Arbor, 2000, pp.2, 38. 이 저작 은 관련 사례연구의 모범이라 할 수 있다.

102) Adas, Michael: *The Burma Delta. Economic Development and Social Change on an*

*Asian Rice Frontier, 1852–1941*, Madison, WI, 1974, pp.42-44, 85ff.

103) Brocheux, Pierre/Hémery, Daniel: *Indochine, la colonisation ambiguë(1858-1954)*, Paris, 1995, pp.121ff.

104) Woerkens, Martine Van: *Le Voyageur étranglé. L'Inde des Thugs, le colonialisme et l'imaginaire*, Paris, 1995, pp.63ff. Major, Andrew J.: "*State and Criminal Tribes in Colonial Punjab: Surveillance, Control and Reclamation of the 'Dangerous Classes'*" (Modern Asian Studies. v.33[1999], pp.657 - 88에 수록).

105) Hoerder, Dirk: *Cultures in Contact*, pp.381ff. Macfarlane, Alan/Macfarlane, Iris: *Green Gold: The Empire of Tea*, London, 2003, pp.141ff.

106) Hoerder, Dirk: *Cultures in Contact* 를 참조할 것.

107) Forsyth, James: *A History of the Peoples of Siberia: Russia's North Asian Colony 1581-1990*, Cambridge, 1994, p.216.

108) Ilja Mieck는 이 문제에 관해 비교적 체계적으로 기술했고, 저서에서 프랑스 학계의 관점을 바탕으로 하는 넓은 의미의 유목개념을 채택했다. Mieck, Ilja; "*Wirtschaft und Gesellschaft Europas von 1650 vis 1850*" (Fischer, Wolfram: *Handbuch der europaeischen Wirtschaft- und Sozialgeschichte*, v.4, pp.1-233에 수록). 그 밖에 Reinhard, Wolfgang: *Lebensformen Europas. Eine historische Kulturanthropologie*. München, 2004, pp.325-330을 참조할 것. 인류학적 시각으로 기술한 저작으로는 Barfield, Thomas J.: *The Nomadic Alternative*, Engelwood Cliffs, NJ, 1993을 참조할 것.

109) Paul, Rodman W.: *The Far West and the Great Plains In Transition, 1859-1900*. New York, 1988, p.195.

110) Lambton, A. K. S.: "*Land Tenure and Revenue Administration in the Nineteenth Century*" (Bailey, Harold[ed.]: *The Cambridge History of Iran*, Cambridge, 1968-91, v.7, pp.759-943에 수록. 인용된 부분은 pp.470ff.).

111) Abrahamian, Ervand: *Iran Between Two Revolutions*, Princeton, NJ, 1982, pp.141ff.

112) Quataert, Donald: "*The Age of Reform*" (Quataert, Donald/Inalcik, Inalcik[ed.]: *Chronology of Ottoman history, 1260-1914. An Economic and Social History of the Ottoman Empire, 1300-1914*, Cambridge, 1994, pp.759-943에 수록. 인용된 부분은 pp.768, 873ff.).

113) 민족고고학과 경제사의 고전적 저작으로서 Smith, Andrew B.: *Pastoralism in Africa: Origins and Development Ecology*. London, 1992를 참조할 것. 인용된 부분은 Chs.6-9.

114) Planhol, Xavier de: *Les Nations du Prophète, manuel géographique de politique musulmane*, Paris, 1994, pp.313ff.

115) Fisch, Jörg: *Geschichte Südafrikas*, München, 1990, p.92.

116) 이 분야의 명저로 평가받는 Zeleza, Paul Tiyambe: *An Economic History of Africa. Vol I: The Nineteenth Century,* Dakar, 1993, pp.72, 117ff.를 참조할 것.

117) Austin, Ralph A.: *African Economic History. Internal Development and External Dependency,* London, 1987, p.162.

118) Eltis, David: "*Trans-Atlantic Trade*" (Drescher, Seymour/Lewis, Stanley[ed.]: *A Historical Guide to World Slavery,* New York, 1998, pp.370-75에 수록. 인용된 부분은 p.374.).

119) Lovejoy, Paul E: *Transformations in Slavery : A History of Slavery in Africa,* Cambridge, 2002(2nd ed.), p.154. Ewald, Janet J.: *Soldiers, Traders, and Slaves: State Formation and Economic Transformation in the Greater Nile Vallye, 1700–1885,* Madison, WI, 1990, pp.53-56, 163-66을 참조할 것.

120) Lovejoy, Paul E: *Transformations in Slavery,* p.155.

121) 지금까지 나온 여러 가지 추산 수치의 분석에 관해서는 Clarence-Smith, William Gervase: *Islam and the Abolition of Slavery,* London, 2006, pp.11-13을 참조할 것. 이 책에서 인용된 수치는 Lovejoy 최신 수정 수치이다.

122) Manning, Patrick: *Slavery and African Life: Occidental, Oriental, and African Slave Trades. A study of the Impact of Slave Exports on African Demography, Economics, Society, and Iideology.* Cambridge, 1990, p.85(Tab. 4.20).

123) Lovejoy, Paul E: *Transformations in Slavery,* p.142. 저자의 추산에 의하면 19세기 대서양 노예무역의 총규모는 대략 346만 명이다. 이 숫자는 David Eltis가 최근 다른 자료로 고증한 344만 명과 대체로 일치한다(*The Volume and Structure of Transatlantic Slave Trade, A Reassessment* (William and Marry Quarterly, v.58[2001], pp.17-46에 수록).

124) Newitt, Malyn: *A History of Mozambique,* London, 1995, pp.268-72. 모리셔스의 노예시장 상황에 관해서는 Vaughan, Megan: *Creating the Creole island: slavery in Eighteenth-Century Mauritius,* Durham, NC, 2005, pp.103-108을 참조할 것.

125) Klein, Herbert S.: *The Atlantic Slave Trade.* p.210(Appendix Tab.A.1)

126) 지방사 논저로서 Law, Robin: *Ouidah: The Social History of a West African Slaving 'Port', 1727-1892,* Athens, OH, 2004, pp.189-203를 참조할 것.

127) Fisch, Jörg: *Geschichte Südafrikas,* p.103.

128) James F. Searing: *West African Slavery and Atlantic Commerce: The Senegal River Valley, 1700-1860,* New York, 1993, p.166.

129) Manning, Patrick: *Slavery and African Life,* p.84.

130) Klein, Martin A.: *Slavery and Colonial Rule in French West Africa.* Cambridge, 1998, p.55.

131) Lovejoy, Paul E: *Transformations in Slavery.* p.165ff. Law, Robin: *Ouidah,* p.77.

132) Isichei, Elizabeth: *A History of African Societies to 1870,* Cambridge, 1997, pp.290-312.

133) 다음 저작들이 추산의 근거이다. Zeleza, Paul Tiyambe: *An Economic History of Africa. Vol I: The Nineteenth Century,* pp.73-75. Etemad, Bouda: *Le posession du monde.* pp.264ff(Tab.26). Fisch, Jörg: *Geschichte Südafrikas*, p.405. Daly, M. W./Petry, Carl F.(ed.): *The Cambridge History of Egypt,* Cambridge, 1998, v.2, p.7.

134) Zeleza, Paul Tiyambe: *An Economic History of Africa*.pp.74ff.

135) Iliffe, John: *A Modern History of Tanganyika*, Cambridge, 1979, pp.138-140.

136) Zeleza, Paul Tiyambe: *An Economic History of Africa.* pp.75.

137) Amsden, Alice Hoffenberg: *The Rise of "The Rest": Challenges to the West From Late-Industrializing Economies*, Oxford, 2001, p.21(Tab.1.11).

138) Bade, Klaus Jürgen: *Europa in Bewegung.* p.127.

139) Grabbe, Hans-Jürgen: V*or der großen Flut. Die europäische Migration in die Vereinigten Staaten von Amerika 1783-1820*, Stuttgart, 2001, pp.333-364.

140) Hoerder, Dirk: *Cultures in Contact,* p.331.

141) Grabbe, Hans-Jürgen: V*or der großen Flut,* p.94(Tab.13).

142) Haines, Michael R.: *"The White Population of the United States, 1790-1920"* (Haines, Michael R./Steckel, Richard H.: *A Population History of North America, 2000,* pp.305-369에 수록), p.345(Tab.8.1)를 참조할 것.

143) *Ibid.* p.346(Tab.8.5).

144) Nugent, Walter: *Crossings*, p.43(Tab.9).

145) *Ibid.* pp.29f.

146) *Ibid.* p.30(Tab.8).

147) McInnis, Marvin: *"The Population of Canada in the Nineteenth Century"* (Haines, Michael/Steckel, Richard H.[ed.]: *A Population History of North America*. pp.417, 422에 수록).

148) Nugent, Walter: Crossings, pp.112, 137.

149) 대서양 양안의 상황을 분석한 저작으로서는 Moya, José C.: *Cousins and strangers. Spanish Immigrants in Buenos Aires, 1850-1930,* Berkeley, CA, 1998을 참조할 것.

150) Rock, David: *Argentina, 1516-1987. From Spanish Colonization to Alfonsín*, Berkeley, 1987, pp.133-143.

151) Bernand, Carmen: *Histoire de Buenos Aires,* Paris, 1997, p.194.

152) Galloway, J. H.: *The Sugar Cane Industry: An Historical Geography from its Origins to 1914,* Cambridge, 1989, p.132.

153) Kale, Madhavi: *Fragments of Empire: Capital, Slavery, and Indian Indentured*

*Labor,* Philadelphia, 1998, p.1.

154) Northrup, David: *Indentured Labor in the Age of Imperialism, 1834-1922,* Cambridge, 1995, pp.156ff(Tab.A.1)로부터 계산했음.

155) *Ibid.* p.9.

156) *Ibid.* p.149(Tab.6.1). Northrup, David: *"Migration from Africa, Asia, and the South Pacific"* (Louis, William Roger: *Oxford History of British Empire,* Oxford, 1999, v.3, pp.88-100에 수록. 인용된 부분은 p.96).

157) 수치의 출처는 Northrup, David: *Indentured Labor in the Age of Imperialism, 1834-1922,* p.156(Tab.A.1)이다.

158) 다음의 저작과 논문을 참조할 것. Tinker, Hugh: *New System of Slavery. The Export of Indian Labor Overseas 1830-1920,* London, 1974. Northrup, David: *Indentured Labor in the Age of Imperialism, 1834-1922,* pp.59-70. Latham, A. J. H.: *"Southeast Asia: A Preliminary Survey, 1800-1914"* (Glazier, Ira A./Rosa, Luigi De(ed.): *Migration across Time and Nations: Population Mobility in Historical Context,* New York, 1986, pp.11-29에 수록).

159) Emmer, P. C.: *"The Meek Hindu: The Recruitment of Indian Indentured Labourers for Service Overseas, 1870-1916"* (Emmer, P. C. [et ai.]: *Colonialism and Migration: Indentured Labour Before and After Slavery,* Dordrecht, 1986, pp.187-207에 수록).

160) 반대의견의 근거에 관해서는 Kale, Madhavi: *Fragments of Empire,* pp.28-37 을 참조할 것.

161) Curtin, Philip D.: *"African and Global Patterns of Migration"* (Wang Gungwu, 王賡武[ed.]; *Global History and Migration,* Boulder, CO, 1997, pp.63-94에 수록).

162) Tinker, Hugh: *New System of Slavery.* p.334.

163) Richardson, Peter: *Chinese Mine Labourer in the Transvaal,* London, 1982, pp.177ff.

164) Skinner, G. William: *"Creolized Chinese Societies in Southeast Asia"* (Reid, Anthony[ed.] : Sojourners and Settlers : *Histories of Southeast Asia and the Chinese,* Honolulu, 2001, pp.51-93에 수록).

165) 중국의 해외이민사에 관해서는 Wang Gungwu: *The Chinese Overseas: From Earthbound China to the Quest for Autonomy,* Cambridge, MA, 1997을 참조할 것.

166) Skinner, George William(施堅雅): *Chinese Society in Thailand: An Analytical History.* Ithaca, NY, 1957, p.30.

167) Wang Sing-wu: *The Organization of Chinese Emigration, 1848-1888,* San Francisco, 1978, pp.50-53. 이 저서는 많지 않은 관련 전문연구서 가운데서 고전적인 저서로 꼽힌다.

168) Irick, Robert L.: *China's Policy toward the Coolie Trade, 1847-1878,* San

Francisco, 1982, p.183.

169) 청 말기의 쿨리 보호정책에 관해서는 Yen Ching-hwang: *Coolies and Mandarins. China's Protection of Overseas Chinese during the Late Ch'ing Period(1851-1911)*, Singapur, 1985를 참조할 것.

170) Northrup, David: "*Migration from Africa, Asia, and the South Pacific*" (Louis, W. Roger[ed.]: *The Oxford History of British Empire*, v.3, pp.18-100에 수록. 인용된 부분은 p.94.[Tab.5.3]).

171) Hunter, Michael H.: *The Making of Special Relationship. The United States and China to 1914*, New York, 1983, p.126.

172) Gyory, Andrew: *Closing the Gate: Race, Politics and the Chinese Exclusion Act*. Chapel Hill, NC, 1998, p.67.

173) McKeown, Adam M.: *Chinese Migrant Networks and Cultural Change: Peru, Chicago, and Hawaii 1900-1936*. Chicago, 2001을 참조할 것.

174) McKeown, Adam M.: "*Global Migration, 1846-1940*" (Journal of World History. v.15(2004), pp.155–189에 수록. 인용부분은 p.157).

175) Naquin, Susan/Yü Chün-fang(ed.): "*Introduction: Pilgrimage to China*" (같은 편저자의 *Pilgrims and Sacred Sites in China*, Berkeley, CA, 1992, pp.19ff에 수록).

176) Faroqhi, Suraiya N.: *Herrscher über Mekka. Die Geschichte der Pilgerfahrt*. München, 1990, pp.223, 252(Tab.7). McDonnell, Mary Byrne: "*Patterns of Muslim Pilgrimage from Malaysia, 1885-1985*" (Eickelman, Dale F./Piscatori, James[ed.]: *Muslim Travellers: Pilgrimage, Migration, and the Religious Imagination*, Berkeley, CA, 1990, pp.111-130에 수록. 인용된 부분은 p.115임).

177) Umar. al-Naqar: *The Pilgrimage Tradition in West Africa. A Historical Study with Special Reference to the Nineteenth Century*, Khartoum, 1972, pp.82ff.

178) Bodnar, John: *The Transplanted: A History of Immigrants in Urban America*, Bloomington, IN, 1991, pp.117-143.

179) Hochstadt, Steve: *Mobility and Modernity: Migration in Germany, 1820–1989*, Ann Arbor, MI, 1999, p.218.

180) O'Rourke/Williamson: *Globalization,* 1999의 기본논지가 그렇다. p.165를 참조할 것.

181) Richards, Eric: "*How Did Poor People Emigrate from the British Isles to Australia in the Nineteenth Century?*" (Journal of British Studies, v.32[1993], pp.250-79에 수록). Haines, Robin F.: *Emigration and the Laboring Poor. Australian Recruitment in Britain and Ireland(1831-60)*, London, 1997.

제 5 장

# 생활수준
물질적 생존의 안전과 위험

대악취사건, 「템스강에서 노 젓는 죽음의 신」

1800년 무렵 템스강에서는 연어를 잡을 수 있었고
시인 바이런은 강에서 수영을 즐겼지만,
1858년 6월에는 템스강의 악취가 천지를 뒤덮었다.
그때는 수세식 화장실이 급격히 증가하던 때였는데 정화시설이 없어
오물을 그대로 템스강에 버렸던 것이다. 이를 대악취사건이라 부른다.
사람들은 당시 유행했던 콜레라의 원인이 템스강 때문이라고 생각했다.
이후 공중보건에 대한 논의가 활발히 진행되었고
1865년에 하수도를 만들어 오물을 배출하게 되었다.

**템스강 제방공사 단면도**
런던의 하수도 건설공사에 19세기의 가장
규모가 크고 가장 많은 비용이 투입되었다.
템스강 제방을 따라 지하철도가 부설되고 현대도시의 기반시설인
각종 파이프와 케이블이 함께 매설되었다.

조셉 바잘제트(Joseph Bazalgette)

바잘제트는 영국의 토목 엔지니어로서 런던 중심부에 하수도를 구축했다.
당시 템스강은 개방되어 있는 하수구였고 콜레라로 인해
1848~49년에 런던 시민 1만 4,137명이 사망했다.
하수도는 콜레라 전염병으로부터 시민들을 보호하고
템스강을 정화하는 데 결정적인 역할을 했다.

◀ 루이 파스퇴르(Louis Pasteur, 1822-95)

▶ 로베르트 코흐(Robert Koch, 1843-1910)

세균학의 기초를 놓은 두 사람의 지위는 과학자를 넘어
한 시대를 대표하는 문화이론가로 상승했다.
질병은 이때부터 이전의 생태, 사회, 정치, 종교적 맥락과 결별했고
건강이 최고의 가치가 되었다.

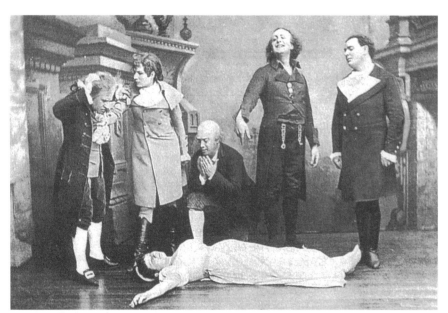

결핵으로 목숨을 잃은 19세기 예술작품 속의 인물들 1

폐결핵은 19세기에 새로 발견된 질병이었다. 인류는 19세기 초에야 결핵에 대한
통일된 인식을 갖추게 되었다. 1882년에 코흐가 결핵균을 발견함으로써 결핵의 수수께끼를
풀 수 있는 단서가 나왔지만 유효한 결핵 예방백신은 1890년에야 나왔다.

▲ 오펜바흐(Jacques Offenbach, 1819–80)의 오페라 「호프만의 이야기」 속
안토니아(Antonia). 제3막의 마지막 장면인 '안토니아의 죽음'으로
1881년 파리에서 초연 당시의 무대장면

▼ 빅토르 위고(Victor Hugo, 1802–85)의 소설
『레미제라블』(Les Misérables) 속 팡틴(Fantine).

결핵으로 목숨을 잃은 19세기 예술작품 속의 인물들 2

◀ 알렉상드르 뒤마 피스(Alexandre Dumas fils, 1824–95)의
소설 『동백꽃 여인』(*La Dame aux Camélias*) 속
마르게리트 고티에(Marguerite Gautier).
뒤마의 소설을 바탕으로 한 연극의 포스터로 고티에는 당시
프랑스 최고의 배우 사라 베른하르트가 연기했다.
▶ 해리엇 비처 스토(Harriet Beecher Stowe, 1811–96)의
소설 『톰 아저씨의 오두막』(*Uncle Tom's Cabin*) 속 에바(Eva).

결핵으로 사망한 19세기의 저명인사들 1
실질적으로 효과가 있는 약물은 1966년에야 나왔다

◀ 영국의 세 자매 작가로 브론테(Brontë) 자매라 부른다.
  왼쪽부터 앤(Anne), 에밀리(Emily) 샬럿(Charlotte)
  각각 1849, 1848, 1855년 사망했다. 대표작으로 샬럿의 『제인 에어』, 에밀리의
  『폭풍의 언덕』, 앤의 『아그네스 그레이』가 있다. 이 초상화는 자매들의 남동생인
  브란웰 브론테(Branwell Brontë, 1817~48)가 1834년에 그렸다고 알려져 있다.

▶ 러시아의 단편 소설가이자 극작가 안톤 체호프(Anton Chekhov, 1860~1904).
  대표작으로는 『갈매기』『벚꽃동산』이 있다.

▼ 막심 고리키(Maxim Gorky, 1868~1936)
  러시아의 작가다. '막심 고리키'는 필명인데 이는
  '삶의 고통을 있는 그대로 묘사하겠다'라는 의지로 알려져 있다.

결핵으로 사망한 19세기의 저명인사들 2

◀ 프란츠 카프카(Franz Kafka, 1883-1924)
『변신』의 작가다. 오늘날 카프카만큼 현대문학에 영향을 끼친 사람은 없다.

▶ 존 키츠(John Keats, 1795-1821)
영국의 낭만주의 전성기 3대 시인 가운데 한 명이다.
25세의 나이에 결핵으로 사망했다.

▼ 쇠렌 키르케고르(Søren Kierkegaard, 1813-55)
덴마크의 철학자다. 대표작으로 『죽음에 이르는 병』『이것이냐 저것이냐』가 있다.

결핵으로 사망한 19세기의 저명인사들 3

◀ 영국의 소설가 D.H. 로런스(D.H. Lawrence, 1885−1930)

▶ 중국의 소설가 루쉰(魯迅, 1881−1936)
  그는 100개가 넘는 필명을 사용하면서 반정부 논객으로 활동했다.

▼ 헨리 데이비드 소로(Henry David Thoreau, 1817−62)는
  미국의 철학자·시인·수필가이며 대표작으로 『월든』이 있다.

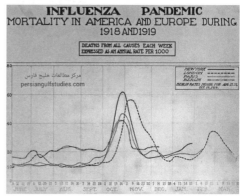

▲ 1918년 12월 적십자사가 제공한 마스크를 쓴 시애틀의 경관들

19세기는 질병의 보다 용이한 전파와 질병에 대한 성공적인 대응이라는
긴장관계가 발전했다. 19세기에 들어와 전염병의 전파속도가 더 빨라졌고
그 정점이 1918년에 지구를 휩쓴 유행성 독감이었다.
이때의 유행성 독감으로 발생한 사망자는 5,000만 명에서 1억 명 사이라고 한다.
당시 세계인구가 18억 명이었던 걸 고려하면 엄청난 숫자다.
스페인이 발병지는 아니지만 제1차 세계대전 연합국은
'스페인 독감'이라 불렀다. 전시에는 적국에 이로운 상황이 알려지지 않도록
전시검열을 했는데 스페인은 제1차 세계대전의 참전국이 아니었으므로
언론에서 스페인의 전염상황을 자세히 다루었고,
이 때문에 이런 이름이 붙게 되었다.

▼ 1918-19년의 유행성 독감이 기록한 비정상적인

사망률(뉴욕, 런던, 파리, 베를린) 도표

1918년 12월 마스크를 쓰지 않은 승객의 승차를 거부하는 시애틀의 전차 차장

▲ 중국 동북지역의 페스트 희생자(1910-11)

인류역사에서 최후의 대규모 페스트는 1892년 중국 서남부지역에서 발생했다.
중국 광저우(1893), 홍콩(1894), 인도(1896), 베트남(1898), 필리핀(1899),
샌프란시스코와 글래스고(1900), 케이프타운(1901), 자바(1910), 다시
중국의 동북지역(1910-11)으로 퍼져나갔다. 1894-1938년 사이
전 세계의 페스트로 인한 사망자는 1,320만 명이었고
그중에서 대략 1,250만 명이 인도에서 나왔다. 자바에서는
1911-39년 사이에 페스트로 21만 5,000명이 사망했다.

▼ 알렉산더 예르생(Alexander Yersin, 1863-1943)

파스퇴르의 제자였던 그는 홍콩에서 페스트가 유행했을 때
현지연구를 통해 페스트균과 그 숙주(쥐벼룩)를 알아냈다.

## 초부자의 탄생, 미국

1865년 내전이 끝나자 미국의 경제는 고성장기에 진입했다.
1900년 무렵 부유한 상위 10퍼센트가
국가전체 부의 삼분의 이를 차지했고 상위 1퍼센트의
집안이 소유한 부가 국가 전체 부의 40퍼센트를 차지했다.
초부자를 얕보는 극초부자가 등장하기 시작한 것이다.
미국의 극초부자들은 왼쪽 위에서부터 시계방향으로
앤드루 카네기(Andrew Carnegie, 1835-1919)(강철), 존 D. 록펠러 (John D. Rockefeller,
1839-1937)(석유), 헨리 포드(Henry Ford, 1863-1947)(자동차)다.

### 초부자의 탄생, 유럽

왼쪽 위에서부터 시계방향으로
마이어 로스차일드(Mayer Rothschild, 1744-1812)(금융),
프리드리히 크루프(Friedrich Krupp, 1854-1902)(강철과 기계),
알프레드 베이트(Alfred Beit, 1853-1906)(금광)다.

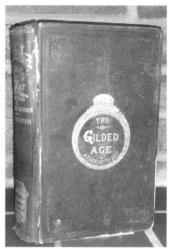

◀ 1900년 경의 콘수엘로의 초상

▶ 『도금된 시대』(The Gilded Age: A Tale of Today, 1873) 초판본

이 시대는 미국의 부와 유럽의 혈통이 사랑 없는
결혼을 통해 맺어지는 사례가 흔했다.
미국 철도 재벌의 상속녀 콘수엘로 밴드빌트(Consuelo Vanderbilt, 1877~1964)는
재정적으로 곤경에 빠진 영국의 9대 말보로 공작(Duke of Marlborough)과 결혼했다.
공작은 이 결혼으로 거액을 상속받았다. 부부는 결혼생활 대부분의 기간을 별거했다.
마크 트웨인(Mark Twain)과 찰스 워너(Charles Dudley Warner)는
공동저술한 소설『도금된 시대』를 통해 이런 세태를 풍자했다.

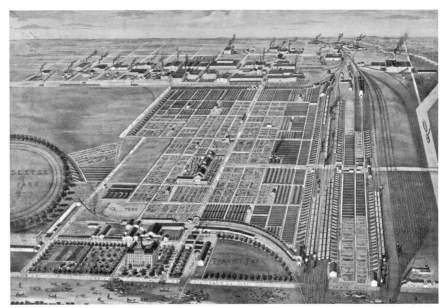

▲ 1878년 시카고 도축장(Union Stock Yards) 전경

육류생산이 공업화되고 육류시장이 세계화되었다.
19세기 중엽부터 서유럽 각국 하층집단의 육류소비가 현저하게 증가했다.
철도망의 완비와 함께 시카고는 소와 돼지에게
지상에 마련된 공업화된 지옥이 되었다.

▼ 업턴 싱클레어(Upton Sinclair Jr., 1878-1968)의 소설작품 『정글』(Jungle)

『정글』은 오늘날까지도 시카고의 도축장을 무대로
미국 자본주의를 가장 예리하게 비판한 작품으로 평가받는다.

르봉 마르셰(Au Bon Marché), 1852년 파리에서 문을 연 최초의 백화점 형태의 상점

19세기에 상업 분야의 가장 극적인 혁신은 백화점이었다.
노동계층과 중하층 여성의 취업률이 높아지자
이들이 집안에서 쓸 수 있는 시간이 줄어들었고
이 때문에 반제품 상태의 식품원료의 수요가 증가했다.
시장으로부터 상점으로의 전환은 식품생산의 공업화와
국제화의 필연적인 부산물이었다.

**미국의 백화점 건축 경쟁**
알렉산더 스튜어트(Alexander Stewart, 1803-76)가 1846년
뉴욕 브로드웨이에 5층짜리 르네상스풍의 대리석 건물 백화점을 열었다.
이때부터 미국에서 백화점 건축 경쟁이 벌어졌다.
이 건물은 1965년에 국가역사기념물로 지정되었으며
지금은 뉴욕 시청의 부속건물이다.

# 1. 생활수준과 생명의 질

## 물질생활의 질과 표준

19세기사를 연구할 때 간과해서는 안 될 주제의 하나가 인류의 물질생활의 수준이다. 여기서 우리는 일반적 수준에서 관련 연구의 성과를 개괄해보아도 무방할 것 같다. 이 문제를 논할 때 우리는 '생활수준'과 '생명의 질'의 차이가 무엇인지 분명히 해두어야 한다. '생활수준'이란 사회사적 개념이고 '생명의 질'은 역사적 인류학의 개념이다.[1] 생명의 질은 또한 행복의 정도에 대한 주관적 느낌을 포괄한다. 행복은 개인 혹은 작은 집단과 긴밀하게 연결되어 있으며, 질은 측정할 수 없고 비교하기도 어렵다.

오늘날에도 A라는 사회에서 살고 있는 사람이 B라는 사회에서 살고 있는 사람보다 더 많은 '만족감'을 느끼는지 판정하기란 여전히 어렵다. 과거에는 그런 평가는 거의 불가능에 가까운 일이었다. 나아가 우리는 빈곤과 고난을 구분할 필요가 있다. 역사적으로 많은 사회가 시장에서 상품은 보잘것없었어도 사람들에게 행복을 느끼며 살 수 있는 가능성은 제공해주었다. 이런 사회가 작동하는 기반은 시장경제만이 아니라 공동체 경제와 자연경제였다. 개인적 혹은 집단적 불행은 아무것도 갖지 못한 무산자보다는 공동체, 신뢰할 만한 보호장치, 땅과 숲에 접근할 기회를 차단당한 사람에게 더 많은 고통을 주었다.

'생활수준'은 '생명의 질'보다 더 실질적인 의미를 지닌다. 그러나 생활수준은 소득의 크기라고 하는 '경성'(硬性) 경제지표와, 개인 또는 집단이 그 소득으로부터 누리게 되는 만족감이라고 하는 '연성' (軟性) 평가기준 사이의 긴장관계로부터 벗어날 수 없다. 근래에 '생활수준'을 돌발적인 위기 ─ 실직으로 인한 급격한 소득 감소, 높은 물가, 또는 가족 부양자의 사망 등 ─ 를 극복하는 능력을 기준으로 측정하자는 제안이 나왔다. 이런 위기를 극복할 수 있고 먼 장래까지 내다보고 계획을 세울 수 있는 사람은 생활수준이 상대적으로 높을 것이기 때문이다. 보다 구체적으로 말하자면, 현대사회로 진입하기 전에는 생활수준의 핵심은 개인이나 집단이 조기 사망을 면하기 위해 동원할 수 있는 수단 그리고 그 수단이 성과를 낸 정도였다.[2]

생활수준의 역사를 연구할 때 접근 방식에 있어서 경제학자는 사회사 학자보다 더 '거칠다.' 경제학자는 일정 기준을 적용하여 특정 경제집단(근대 후기에는 국가 단위의 경제가 위주였다)의 소득을 측정하고 그것을 인구수로 나눈다. 이것이 1인당 국내총생산(GDP, Gross Domestic Product)이란 수치이다. 경제학자가 주목하는 또 하나의 문제는 경제 집단의 저축능력, 다시 말해 미래를 위해 가치를 보존하고 나아가 저축의 일부를 투자함으로써 더 큰 가치를 창조하는 능력이다. 그러나 통계학적 수단을 통해 얻은 경제성장률과 사람들이 실제로 경험하는 생활수준은 정비례하지 않는다. 어느 정도의 성장일지라도, 심지어 높은 성장일지라도 반드시 더 나은 삶을 의미하지는 않는다.

많은 유럽 국가의 사례에서 보았듯이 근대 초기에 실제 임금은 하락추세를 보였지만 사회 전체의 물질적 부는 증가했다. 이것은 장기적으로 사회의 양극화, 부자는 더 부유해지고 가난한 자는 더 가난해지는 현상이 나타날 수밖에 없었다는 의미이다.[3] 또한 생활의 질의 향상을 나타내는 다른 양상들과 소득 사이에 직접적인 상호 연관성은 존재하지 않는다. 일본의 경우, 19세기에 국민의 소득이 증가하면서 값비싼(따라서 사회적 신분을 상징하는) 백미(白米)의 소비자가 점차 늘어났다. 이렇게 되자 벼 껍질 속에 풍부하게 함유된 비타민 섭취가 부족해지는 문제가 발생했다. 심지어 일부 왕실 가족이 비타민 B1 부족이 원인이며 일종의 사치병이라고 할 각기병(脚氣病)때문에 목숨을 잃는 경우도 생겨났다. 설탕소비와 치과적 건강의 악화 사이에도 유사한 관계가 관찰된다. 역사는 경제적 번영이 자동적으로 생명의 생물학적 질의 향상으로 연결된다는 증거를 제공하지 않고 있다.

## 소득의 지리적 분포

소득과 관련된 수치를 분석할 때, 대상 연대가 전 지구적 경제통계가 등장하기 전이라면 우리의 추산에는 부정확한 부분이 많을 수밖에 없다. 그렇다고 하더라도 현재 우리가 확보한 신뢰할만한 계량적 수단에 의지하여 토론을 진행할 수밖에 없다(표6).

통계 수치의 부족 때문에 메디슨의 추산은 어느 정도의 검증을 거쳐서 사용되어야 한다. 표에 제시된 숫자 가운데서 수긍하기 어려운 부분은 아시아 경제의 실력이 너무 낮게 평가되었다는 점이다. 메디슨은 정신적 요인을 광범위하게 가미하여 국가 간의 경제적 실력의 대비를 개략적으로나마 실상에 가깝게 반영하려 시도했으나 이런 작업은 근원적으로 '불가능한' 일이다. 그럼에도 불구하고 그가 제시한 수치가 최소한의 신뢰성은 갖고 있으며 GDP 추계도 일정 정도의 유효성을 갖고 있다고 인정한다면 우리는 표로부터 다음과 같은 몇 가지 특징을 찾아낼 수 있다.

- 1820–1913년 동안에 세계에서 가장 부유한 국가와 가장 가난

## 〈표 6〉 1820-1913년 각국의 1인당 GDP 추산

1990년 US$ 현재가로 환산 단위: US$

| | | 1820년 | 1870년 | 1913년 | 1870-1913년 성장배수 |
|---|---|---|---|---|---|
| 유럽 | 영국 | 1,700 | 3,200 | 4,900 | 1.5 |
| | 네덜란드 | 1,800 | 2,700 | 4,000 | 1.5 |
| | 프랑스 | 1,200 | 1,900 | 3,600 | 1.9 |
| | 독일 | 1,000 | 1,800 | 3,600 | 2.0 |
| | 스페인 | 1,000 | 1,400 | 2,300 | 1.6 |
| 미주/대양주 | 오스트레일리아 | - | 3,600 | 5,700 | 1.6 |
| | 미국 | 1,200 | 2,400 | 5,300 | 2.2 |
| | 아르헨티나 | - | 1,300 | 3,800 | 2.9 |
| | 멕시코 | 760 | 670 | 1,700 | 2.5 |
| 아시아 | 일본 | 670 | 740 | 1,400 | 1.9 |
| | 태국 | - | 700 | 830 | 1.2 |
| | 월남 | 540 | 520 | 750 | 1.4 |
| | 인도 | 530 | 530 | 670 | 1.3 |
| | 중국 | 600 | 530 | 552 | 1.04 |
| 아프리카 | 남아프리카 | - | 1,600 | - | - |
| | 이집트 | - | 700 | - | - |
| | 황금해안(가나) | - | - | 700 | - |

자료출처: Maddison, Angus: *The World Economy: A. Millennial Perspective*, Paris, OECD, 2001, pp.185, 195, 215, 224(단수 사사오입, 성장배수는 저자가 계산하여 보충했음).

한 국가 사이의 물질생활 수준의 차이가 빠르게 확대되었다. 1820년 전후에 양자 간의 차이는 3배 또는 4배에 지나지 않던 것이 1913년이 되자 최소한 8배에 이르렀다.[4] 이 숫자를 믿지 못한다 할지라도 이 시기에 (세계의 부가 전반적으로 증가하고 있는 상황에서) 나라 사이의 번영과 소득의 차이는 이전의 어떤 시대보다도 더 크게 확대되었음은 분명하다. 1950년 이후 이런 추세는 완화되었지만 그럼에도 불구하고 공업화의 기회도, 원료수출의 이익도 누리지 못하는 '극빈국' 집단이 여전히 존재했다.[5]

- 북유럽과 서유럽의 공업화 핵심지역 이외에 메디슨이 '서방의 방계'(Western Offshoots)라고 불렀던 북아메리카와 대양주, 그리고 라플라타강 유역의 신유럽 이민사회는 세계에서 소득 성장 폭이 가장 컸던 지역이다.
- 미국과 오스트레일리아의 발전 속도는 제1차 세계대전 이전에 이미 유럽의 선두주자들을 앞질렀다. 그러나 '선진국' 집단 내부의 차이는 그들과 나머지 세계의 차이보다는 훨씬 작았다.[6]
- 선진국과 대응되는 저소득의 정체 낙후국가, 통계학적 의미의 '제3세계'가 19세기의 마지막 수십 년 동안에 이미 형성되었다.
- 아시아와 아프리카에서 역내 국가들과는 확연하게 다른 나라가 하나씩 나왔다. 19세기 80년대에 공업화를 시작한 일본과 전 세계에서 최대의 금 매장량을 가진 남아프리카가 그런 나라였다.
- 많은 나라가 1인당 소득과 소비수준이 현저하게 성장하는 전환기를 경험했다. 영국과 프랑스 두 나라의 전환기는 1825-50년이었고, 독일과 스웨덴은 19세기 중엽, 일본은 19세기 80년대, 브라질은 1900년 이후, 인도·중국·한국은 20세기 50년대 이후였다.[7]

## 2. 기대수명과 건강인(Homo hygienicus)

메디슨의 1인당 소득분석이 생활수준의 문제를 논증할 때 보였던 한계는 그의 통계집의 예상 평균수명을 다룬 장에서도 분명하게 드러난다. 유럽에 대비했을 때 아시아의 '빈곤'은 (상당한 정도로 신뢰할 수 있는 건강의 지표인) 평균수명과는 명확한 연관성을 보이지 않는다. 메디슨의 수치를 보면 아시아인 가운데서 가장 건강한 일본인은 소득이 높은 유럽인에 비해 수명이 짧지 않다. 달리 말하자면, 근대 초기에는 전 세계 대부분의 사람들이 단명했다. 1800년 이전에는 소수의 엘리트계층 — 예컨대 영국의 귀족과 제네바의 부르주아지 — 가운데서 남성인구만 평균수명이 40세를 넘었다. 아시아에서 이 수치는 약간 낮았을 뿐 차이는 크지 않았다. 중국 청 왕조의 귀족 가운데서 1800년 무렵에 출생한 사람의 평균 기대수명은 37세, 1830년 전후에 출생한 사람의 평균 기대수명은 32세로 낮아졌다. 이런 부정적인 변화는 당시 중국사회의 일반적인 추세를 반영했다.[8] 1820년 무렵, 유럽지역 — 장수국가인 스웨덴에서부터 단명국가인 스페인을 포괄하여 — 의 평균수명은 36세였고 일본은 34세였다. 1900년 무렵, 유럽과 미국의 평균수명은 각기 46세와 48세로 높아졌다. 일본은 44세로 그 뒤를 따르고 있었지만 나머지 아시아 국가를 멀리 앞섰다.[9] 당시 일본의 경제발전 수준이 미국과 서유럽 선진국에 비해 최소한 한 세대 뒤졌던 사실을 고려하면, 일본은 공업화 초기에 이미 고도 공업화 시대의 특징적인 국민건강 수준에 도달했다고 할 수 있다. 우리가 소득 추계숫자의 설득력을 어떻게 평가하든, 1800년 무렵 가상의 일본 '평균인'은 동시대의 '전형적인' 유럽인에 비해 생활은 상대적으로 소박했으나 수명은 크게 차이나지 않았던 사실은 인정할 수 있다. 100년 뒤에 이 두 지역의 부의 규모가 몇 배나 늘었지만 평균수명의 차이는 눈에 띨 만한 변화가 없었다. 현재 일본의 평균 기대수명은 세계 최고 수준이며 이것은 아마도 일본에서 부의 분배가 좀더 공평해진 결과인 것 같다. 17세기와 18세기에 일본인은 절식, 주택 건설기술, 의복을 입는 습관, 개인위생과 공중위생 등을 통해 질병에 걸릴 위험을 낮추었을 뿐만 아니라 예외적으로 높은 자원이용의 효율성을 갖추게 되었다.[10] 일본인은 서유럽인에 비해 '가난했으나' 그 때문에 그들의 삶이 '더 나빴다'고 말할 수는 없다.


## 연장된 수명

1800년 무렵 세계인구의 기대수명은 30세에 지나지 않았고 아주 드문 특수 상황하에서 35세나 그 보다 약간 더 올라갔다. 절반 이상의 사람들이 성년이 되기 전에 세상을 떠났다. 대부분의 사람들에게 취미생활이란 존재하지 않았다. 일과가 끝난 뒤의 '퇴근'이란 없었고 직업적 생애를 마감한 뒤의 '은퇴'란 것도 없었다. 가장 흔한 사망원인은 감염에 의한 질병이었다. 사망은 오늘날보다 '더 날쌔게' 찾아왔다. 만성적 퇴행성 질병이 사망의 주원인이 되는 곳은 부유한 나라뿐이었다.[11]

2000년까지 세계인구가 빠른 속도로 증가하는 사이에 평균 기대수명도 꾸준히 늘어나 67세에 이르렀다. 이것은 사회와 사회 사이에, 또한 사회 내부에서 인류의 생물학적 의미의 생존확률이 소득보다 더 빠르게 평준화되었음을 의미한다. 달리 표현하자면, 인구의 노쇠화는 물질생활의 개선보다 더 빨리 찾아왔다. 어떤 의미에서는 인간의 예상수명은 이미 '민주화'를 실현했다고 할 수 있다. 이것은 근대사의 중요한 경험이다. 그러나 모든 일에는 예외가 있는 법이다. 오늘날 에이즈병이 휩쓸고 있는 사하라 이남의 아프리카 최빈국에서 (신생아가 아닌) 20세 청년의 예상수명은 공업화 이전의 영국 수준에 미치지 못하며 심지어 석기시대의 중국과 일본에도 미치지 못한다.[12]

인류의 예상수명이 굳이 19세기에 '폭발적인' 증가세를 보인 까닭은 무엇일까. 일치된 답변은 없다. 어떤 사람은 의료 위생조건의 개선에서 원인을 찾기도 하고, 어떤 사람은 영양공급의 향상 때문이라 주장하고, 또 어떤 사람은 핵심적인 요인은 정부가 공공위생 감독에 새로운 기술을 도입한 것이라고 분석한다. 어떤 전문가는 각종 요인이 종합적으로 작용하여 최종적으로 이런 결과에 이르렀다고 주장한다.

기대수명의 혁명으로 가는 과정이 시작된 정확한 시점을 합리적으로 밝혀내는 것은 19세기의 성격을 규정할 때 매우 중요한 일이다. 1993년도 노벨 경제학상 수상자인 포걸(Robert W. Fogel)은 현재까지 알려진 지식으로 판단할 때 '서방'에서 장수시대로 진입하는 결정적인 도약은 20세기 상반기, 특히 1890-1920년에 일어났다고 말했다. 여기서 말하는 서방은 서유럽, 북아메리카, 일본을 가리킨다.[13]

이전의 어떤 시대에도 인류의 수명이 수직으로 상승하는 추세를 보인적은 없었고 19세기에도 꾸준히 상승하는 추세를 보이지는 않았다. 공업화 초기(대략 1780-1850년)에 영국의 기대수명은 하락했을 뿐만 아니라 셰익스피어시대에 도달한 적이 있는 정점에도 미치지 못했다.[14] 총체적으로 볼 때 영국 노동자의 물질생활 수준은 1780-1850년 기간에 개선되지 않았다. 이 시기가 지난 뒤 임금 증가

의 속도가 분명하게 물가의 상승폭을 초과했고 예상 평균수명도 점차 올라가기 시작했다.[15)]

1820년 무렵 공업화 시대로 진입한 독일에서 몇 년도 안 되어 '빈곤화'(pauperism)가 뜨거운 사회적 의제로 등장했다. 이것은 자연재난에 버금가는 새로운 형태의 집단적 빈곤으로서 농촌과 도시에서 동시에 발생했다.[16)] 또한 이것은 앞서 영국이 경험한 것의 복사판이었으며 그 원인은 두 가지로 추론할 수 있었다. 첫째, 식품의 양은 물론 무엇보다도 식품의 질이 초기 공업화 시대에 공장노동이 요구하는 열량 증가추세를 따라가지 못했다. 그래서 포걸은 통계수치에 등장하는 임금 증가분의 40퍼센트는 물리적 복지로 전환되지 못한 허수라고 분석했다.[17)] 19세기 초에 모든 '서방' 사회 가운데서 오직 미국 한 나라만 시민들에게 최저 수준 이상의 식품을 보장해줄 수 있었다.

둘째, 빠른 속도로 팽창한 도시가 건강을 위협하는 근본적인 요인이 되었다. 사람들은 사방으로부터 도시로 모여들었고 도시의 생활공간은 갈수록 협소해졌으나 대응하는 위생 방역체계는 마련되지 않았다. 도시에는 사망에 이르는 병원체가 어디나 서식하고 있었다. 인간의 건강을 위협하는 최강의 요인은 전염병이 아니라 생활환경과 직접적인 관련이 있는 '보통의' 질병이었다. 공업화 시대에 유럽 국가들이 경험한 보편적인 현상이 이것이었고 이는 도시에서만 발생했다. 당시에 농촌 주민의 생활은 상대적으로 건강했다. 서북 유럽 지역에서 이러한 농촌과 도시의 차이는 1900년부터 점차 사라지기 시작했다.[18)]

세계적인 평균수명의 연장 추세가 1890년 무렵 유럽, 북아메리카, 일본에서부터 시작되었다고 한다면 이 흐름이 기타 지역에 파급된 시점은 다음과 같이 차이가 있었다.

- 라틴아메리카는 1930-60년에 비약적인 변화를 경험했다.
- 소련에서는 1945-65년에 이런 추세가 나타났다(20세기 90년대에 후계국가인 독립국가연합에서는 평균수명이 큰 폭으로 하락하는 현상이 나타났다).
- 중국에서는 1949년 이후 이런 추세가 나타났다. 공산당 정부가 실시한 의료위생 정책이 거대한 성과를 냈기 때문이다. 1949년 이전에는 중국인의 예상수명은 아직도 30세 미만이었으나 1980년이 되었을 때 70세 가까이로 높아졌다.[19]
- 많은 아프리카 국가에서는 독립 후 20년 동안에(대략 1960-80년) 이런 추세가 나타났다.
- 일본의 경우 1947-80년에 평균수명의 새로운 비약이 나타났다.[20]

## 깨끗한 물

20세기에 전 세계인의 평균 수명이 늘어난 기초는 많은 부분이 19세기에 놓여졌으나 그 기초가 확대 보급되는 데는 시간이 걸렸다. 그런 기초 가운데 중요한 두 가지를 꼽는다면 하나는 질병 예방에 관한 새로운 인식이고 다른 하나는 공중위생 체계의 형성이다. 여기서는 공중위생 체계의 형성과정을 먼저 살펴보기로 한다.

대략 1850년부터 각국 정부는 공중위생 체계의 필요성에 대해 인식하기 시작했다. 서유럽 각국은 질병의 전염원에 대한 전통적인 통제와 격리 ─ 예컨대, 예부터 시행해오던 지중해와 흑해지역 항구의 검역소 ─ 에서 출발하여 질병의 온상이 되는 환경 자체를 근본적으로 제거하기 위한 기초 시설투자로 나아갔다.[21] 19세기에 들어와서야 유럽인들은 공중의료가 교회나 자선사업가의 전유물이 아니라 정부 직무의 하나라는 인식을 갖게 되었다.

당시 성행하던 '환경주의'(Environmentalism)의 주장에 따르면 먼저 시작해야 할 일은 도시의 분뇨와 오수 처리, 깨끗한 식수의 공급이었다. 이런 '위생운동'의 선구자는 영국이었다. 영국은 19세기 30년대부터 공중위생의 기본 원칙을 수립하고 여러 가지 미래지향적인 시도를 했다. 이제 사람들은 공업혁명이 가져온 파괴적 결과에 대해서도 인식했다. 얼마 안 가 미국이 영국의 정책을 따르기 시작했고 뒤이어 유럽대륙의 국가들도 영국을 모방했다.[22]

공중위생 체계 수립의 첫걸음은 정부와 민간의 행동을 통해 물의 질을 개선하는 것이었다. 수자원 정책수립의 전제는 수자원의 공공재적 속성을 인정하고, 물에 관한 권리를 정의하여 사적 소유와 공적 소유를 구분하는 것이었다. 물의 소유와 사용(산업적 사용을 포함하여)에 관한 온전한 법체계를 갖추는 것은 복잡하고도 긴 과정이었다. 중앙집권체제인 프랑스에서도 수자원 관련 법체계는 1964년이 되어서야 온전하게 형성되었고 세계의 많은 지역에서 이 과정은 아직도 진행 중이다.

근대적인 물 공급체계를 수립하자면 정치적 의지와 법률적인 환경도 갖추어져야 하지만 상응하는 기술적 지원도 필요하다. 이런 모든 조건이 충족된 첫 번째 사례는 뉴욕시가 건설한 현대화된 물 공급체계였다. 1842년, 뉴욕에서는 취수, 저수, 배수 시설이 하나로 통합된 도시 물 공급 체계의 완공을 축하하는 성대한 행사가 열렸다. 이 체계를 통해 공공용수, 가정용수, 도시 소방용수가 공급되었다.[23] 1849년 영국의 의사 존 스노(John Snow)의 발견 덕분에 과학기술을 동원해 식수를 정화하는 일이 매우 중요하다는 새로운 인식이 생겨났다. 스노는 콜레라의 전염 경로가 공기나 인체 접촉이 아니라 물이라는 사실을 알아냈다. 그러나 그 뒤로 꼬박 15년이란 시간이 흐른 뒤에야 스노의 발견은 사회적으로 보편적인 인증을 받았다.

런던의 물 공급체계는 소수의 민간 기업이 장악하고 있었다. 이런 상황에서 수질 개선은 쉽지 않은 일이었다. 1866년, 한 수도 회사 소유의 관로를 통해 콜레라균이 런던 시내로 유입되었다. 런던의 이스트엔드 지역에서만 4만여 명이 콜레라에 감염되어 목숨을 잃었다. 이 사건이 발생한 뒤 민간이 운영하는 물 공급시설은 차츰 사라지고 런던의 수질은 근본적으로 개선되었다. 1866년 이후 콜레라와 장티푸스 같은 전염성 질병은 런던에서 자취를 감추었다.[24]

학계의 관점도 공중위생 체계의 발전에 결정적인 영향을 미쳤다. 대표적인 실제 사례가 뮌헨의 경우였다. 의사이자 약제사인 페텐코퍼(Max von Pettenkofer)는 뮌헨의 의사 사회에서 권위 있는 인물이었다. 그도 스노처럼 콜레라의 전파 경로를 연구하던 중 1854년 뮌헨에서 폭발한 제2차 콜레라 전염사태를 파고들었다. 페텐코퍼의 콜레라 전파이론에 따르면 방역의 급선무는 토양의 오염을 방지하는 것이었다. 그래서 취해진 첫 번째 조치가 도시의 오수배출 체계의 개선이었다. 그러나 페텐코퍼는 오염된 식수를 통한 콜레라균 전파의 가능성을 배제했기 때문에 뮌헨의 물 공급체계를 개선하기 위한 노력은 런던에 훨씬 못 미쳤다. 뮌헨에서 세 번째로 콜레라 전염사태가 폭발했을 때에도 물을 통한 전파론에 반대하는 사람들은 여전히 관점을 수정하려 하지 않았다. 1881년이 되어서야 뮌헨시는 새로운 물 공급 시설을 건설하기 시작했다.[25] 페텐코퍼의 착오 때문에 바바리아 왕국의 수도는 막대한 대가를 치렀다.

페텐코퍼의 충고에도 불구하고 뮌헨시는 오수 배출체계 개선사업을 1880년대까지 미루고 있었다. 런던은 이보다 앞서 오수 배출체계를 완성했고 이것이 장티푸스, 이질, 콜레라 등 수인성 전염병이 대영제국의 수도에서 사라지는 데 적지 않은 공헌을 했다. 런던 시민은 일찍부터 깨끗한 식수공급과 오수배출이 위생학적으로 긴밀한 연관성이 있음을 인식하고 있었다. 나폴레옹은 파리 시민을 위해 대규모로 공공 우물과 취수로 설치 공사를 했으나 그 밖의 위생시설의 개선에는 관심을 갖지 않았다.

1855년에 런던시는 '수도 공공공사위원회'(Metropolitan Board of Works)를 설치했다. 이것은 역사상 첫 번째의 런던시 공공공사 관리 기구였다. 위원회는 출범하자마자 업무분장의 혼란에다 더하여 극단적인 시장경제 신봉자들의 반대 때문에 어려움을 겪었다. 출범한 지 얼마 되지 않아서 유명한 '대악취'(Great Stink) 사건이 발생했다. 1800년 무렵에는 런던시민은 템스강에서 연어를 잡을 수 있었고 몇 년 뒤에 바이런 경은 이곳에서 수영을 즐겼다. 그러나 1858년 6월에는 강물의 악취가 천지를 덮었다. 하원은 개회할 때 클로르 석회 용액에 적신 커튼으로 창문을 가렸고 결국은 휴회를 선포하지 않을 수 없었다. 고귀한 의원들께서 악취 때문에 정신이 혼미해졌지만 그래도 그들은 올바른 판단을 했다. 강물을 뚫고 올라오는 이 악취는 불쾌감을 줄 뿐만 아니라 사람의 건강을 위협할 가능성도 있었다. 유럽 최대 도시의 설계자이자 공공공사 위원회의 수석 기술자인 조셉 바잘제트(Joseph Bazalgett) 경이 런던의 방대한 하수도 체계를 건설하는 중책을 맡았다. 1861년 12월 14일, 빅토리아 여왕의 남편 앨버트 친왕(Prince Albert)이 42세의 나이에 숨을 거두었을 때 사망의 원인이 장티푸스란 소문이 돌았다. 이 불행한 사건으로 런던의 하수도 공사의 필요성은 (사후 약방문이긴 해도) 더욱 절박해졌다.[26]

1868년까지 런던에는 2,000킬로미터에 이르는 지하수로가 건설되었는데, 그 가운데서 130킬로미터는 벽돌로 쌓은 대형 터널이었고 여기에 사용된 3억 1,800만 장의 벽돌은 별도로 제작되었다. 런던의 하수도는 19세기의 가장 규모가 크고 가장 많은 비용이 투입된 건설 공사였다. 템스강 제방을 따라 지하철도가 부설되고 현대 도시의 기간 시설인 온갖 파이프와 케이블이 함께 매설되었다. 런던 시민은 땅 밑 깊은 곳에서 벌어지고 있는 공사에 대해 거대한 열정을 보였다.[27]

근대성을 대변하는 이 기념물에 사용된 기술은 놀랍게도 공업혁명

초기의 기술이었다. 거대한 플로렌스 형식 또는 무어형식 외관의 배수펌프장에는 증기기관이 설치되었다. 벽돌로 쌓은 수로와 도기 배수관은 새로운 발명이라 할 수는 없었고 물의 흐름도 단순히 관로의 기울기를 따라 낮은 곳으로 흐르도록 설계되었다. 기술적인 면에서만 본다면 빅토리아시대의 하수도 체계는 수백 년 전에도 만들 수 있는 것이었다. 문제의 핵심은 기술이 아니라 사람들의 위기의식, 집권자의 의지와 오염에 대한 인식의 변화였다.[28] 찬양의 대상이 된 새로운 시설이 실제로 모든 요구를 만족시키느냐 하는 것은 다른 문제이다. 1878년 9월 3일, 한 척의 호화 유람선이 템스강의 오수 배출관이 있는 곳에서 화물선과 정면으로 충돌했다. 이 사고는 대중의 뜨거운 화제가 되었다. 이 사고로 사망한 사람들 가운데서 익사한 사람은 몇 명이나 되며 유독성 강물을 들이키고 중독사한 사람은 몇 명이나 될까.[29]

현재로서는 다른 대륙의 도시위생 발전사를 전면적이며 체계적으로 연구한 학자는 없다. 따라서 우리가 참고할 수 있는 것은 관련된 인상과 느낌을 기록한 소수의 문헌뿐이다. 당시에 서아시아 이슬람 지역을 여행한 유럽 여행객들은 현지의 발달된 물 공급체계를 보고 찬탄해 마지않았다. 이스파한(Isfahan) 성에 관한 모든 여행기는 1722년에 아프가니스탄인이 파괴한 페르시아의 수도를 묘사할 때 예외 없이 이 점을 언급했다. 이스파한과 기타 서아시아 도시의 발달된 물 공급체계와 비견할만한 것이 유럽에는 없었다.

1784년 크리미아가 러시아에 합병된 직후 타타르인이 건설한 급수체계가 하루아침에 파괴되었다. 서방의 목격자들은 러시아의 야만적인 파괴행위를 맹렬하게 비난했다. 1872년, 지금까지 동방의 문화에 대해 전혀 관심이 없던 독일 여행자 한 사람이 시리아에 도착한 후 놀라운 사실을 발견했다. 15만 인구가 사는 다마스쿠스란 도시의 "모든 거리, 모든 이슬람 사원, 모든 공공건물, 모든 개인 가옥, 모든 정원에" 수로와 분수대와 연못이 설치되어 있었다.[30] 뭄바이에서 현대적인 급수시설 공사를 계획할 때 주된 고려사항은 위생문제가 아니라 도시 규모가 급격하게 팽창하면서 등장한 물 부족 사태였다. 이 계획은 정부가 세금을 올릴지 모른다고 의심한 인도 귀족계층의 격렬한 반대에 부딪쳤다(이런 의심은 전혀 근거가 없는 것은 아니었다). 1859년, 시 정부가 관리하는 급수체계가 완성되었는데, 유럽 대부분의 도시보다 빨랐다. 이 급수체계는 인도 서부 대도시에서 빠르게 성장하고 있던 면방업에 대한 용수 제공도 책임짐으로써 저수지를 소유한 개인이 물 부족 상황을 이용해 사리를 취할 위험을 낮추었다.[31]

콜카타는 1865년에 오수배출 체계의 건설을 완료하고 1869년부터는 식수 여과시설을 가동하기 시작했다.[32] 최초로 상수도를 목격한 중국인은 19세기 60년대에 황제의 명을 받고 증기선 편으로 동양을 순행한 밀사였다. 1883년, 상하이의 ― 당시 상하이의 수질은 동시대의 유럽 대도시보다 나았다 ― 현대적인 정수 설비와 급수관로가 완성되었다. 이 시설은 개인사업자가 투자한 것이었고 주 고객은 조계에 살고 있던 유럽인과 부유한 중국인이었다. 급수사업자는 식민열강의 멸시를 받지 않게 하려고 일반 중국인에게도 깨끗한 식수를 공급하려 했다. 그러나 중국의 백성들은 상수도란 새로운 사물을 반신반의했다. 그들은 조상대로 황포강의 물을 먹고 살았고 그 물이 좋든 나쁘든 그때까지 살아남았다. 그 밖에도, 3,000여 대의 급수차를 운용하는 동업자 조합이 새로운 경쟁자의 등장에 대해 강력히 항의했다.[33]

## 공중건강의 후퇴와 회복

19세기 전반 50, 60년 동안 영국 노동자들에게 공업화는 빈곤, 고난, 문화적 하락, 신체적 건강의 악화를 의미했다. 영국이 공업화를 시작했을 때는 근대 대도시의 위생환경에 대한 충분한 인식이 생겨서 필요한 조치들이 취해지기 전이었다. 이 때문에 영국은 많은 대가를 치러야만 했다. 많은 사람이 도시 생활의 위험을 알지 못했고 자기 의지로 도시 생활을 선택했다. 대도시와 공업화가 진행되면서 생겨난 신흥 공업도시의 생활환경은 농촌에 비해 열악했지만 도시에서 벌어들이는 임금은 농촌보다 많았다. 공장의 노동규칙은 엄격했으나 어떤 사람들에게는 지주와 교회의 속박으로부터 벗어나 자신이 원하는 클럽과 교파 조직에 가입하는 일이 더 중요했다.[34]

미국에서는 공업화 초기단계(1820-50년)에 주민의 건강 수준 — 역사학자들은 건강의 지표로서 신장을 선호하는 경향이 있다 — 이 1800년 무렵의 양호했던 상황과 비교할 때 크게 하락했다. 독일에서는 보통 사람들의 생활수준이 시기에 따라 큰 폭으로 오르내렸으나 장기적인 관점에서 보면 상승하는 추세를 나타냈다.

네덜란드와 스웨덴의 추세는 독일과 비슷했다. 이 두 나라는 공업화사회로 진입하지 않았으면서도 발달한 무역과 금융업, 근대적인 농업이 이끄는 경제는 공업화 국가와 유사한 과정을 경험했다.[35]

1820년 무렵에 공업화 시대로 진입한 프랑스에서 전국 각지의 생활수준은 공업화의 진척과 함께 분명하고도 지속적인 개선을 보였다. 프랑스는 특이한 경우였다. 2대 공업화 국가의 하나이면서 프랑스는 같은 시기의 미국과는 달리 전 국민의 건강을 희생시키는 거대한 대가를 지불하지는 않았는데, 두 가지 상호 연관된 요인이 결정적인 작용을 했기 때문이었다.

첫째, 프랑스의 도시화 속도가 영국보다 훨씬 느렸다. 이 때문에 도시인구의 팽창으로 생겨나는 빈민굴 현상은 프랑스에서는 많지 않았다(빈민굴은 공중건강을 위협하는 요인이기도 하다). 둘째, 프랑스 도시 주민의 육류식품 소비량은 영국에 비해 많았고(18세기에는 정반대였지만). 이 때문에 질병에 대한 저항력이 더 강했다. 이런 요인

이외에도, 프랑스대혁명이 소득분배에 상당한 평형작용을 했다. 소득분배의 평형도 건강 수준을 상승시키는 요소의 하나라고 보는 설득력 있는 주장이 있다.[36]

총체적으로 보아서 후발 국가가 공업화를 위해 치르는 생물학적 비용은 상대적으로 낮았다. 전염병의 원인에 대해 새로운 인식을 갖게 되자 이런 지식을 실제 상황에 적용할 기술을 찾아낼 수 있었기 때문이다. 따라서 대도시의 '과다사망율'(Übersterblichkeit)이 사라지고 도시 생활환경도 농촌보다 건강해졌다. 독일과 식민지 인도에서도 같은 상황이 나타났다. 콜카타, 뭄바이, 마드라스 등 인도의 도시는 영국의 도시위생 개선 경험으로부터 최소한 일부를 흡수할 수 있었다.

독일과 인도에서 상황의 전환은 19세기 70년대부터 시작되었다.[37] 의료 위생지식과 급배수 기술의 보급은 (최소한 유럽에서는) 전형적인 '초국가적' 과정이었다. 공공위생의 새로운 혁신이 국경을 넘어가는 데는 몇 년이 걸리지 않았다. 예컨대, 베를린과 바르샤바는 각기 1853년과 1880년에 근대적인 급수체계를 완공했다(바르샤바의 급수체계 공사는 영국회사가 시공했다). 영국은 공중건강에 관한 법률체계를 갖추는 데는 선구적이었으나 그것을 실현하는 데는 더뎠다. 반면에 독일은 공업화에서는 후발주자였지만 관련 법률체계가 완비되기도 전에 공중 위생시설을 개선하는 작업을 완성했다. 프로이센 정부는 전통적인 간섭권을 행사했다. 정부의 높은 행정 효율과 전통적인 간섭권이 이 경우에는 큰 이점임이 증명되었다. 반면에 영국에서는 강력한 세력을 갖춘 중산층 납세자들이 추가적인 비용 부담을 원치 않았고 권위가 약한 지방 정부는 오랫동안 이들을 설득하지 못했다.[38]

공중 위생체계의 설립은 어떤 나라와 지역에서든 한 시대의 획을 긋는 중요한 전환점이었다. 전통 의학이 발달하여 보편적으로 신뢰받는 지역에서도 근대적인 위생체계의 효과는 충분히 가시적이었다. 전통 의학은 (아프리카와 라틴아메리카에서처럼) 개인적인 색채가 강해서 의사 개인의 진료기술이나 신망과 절대적인 연관성을 갖고 있었다.[39] 공공 위생체계가 수립되기 위해서는 다음과 같은 전제조건이 충족되어야 했다. ① 정부의 직무에 대한 새로운 정의와 그 새로운 직무를 위해 자원을 투입하겠다는 의지. ② 실천과 응용을 포괄하는 생물의학 지식의 존재. ③ 정부가 공중건강 업무를 수행할 것이라는 시민의 기대.

전 세계의 공중위생 사업의 학문적 기반은 루이 파스퇴르(Louis Pasteur)의 미생물 이론이었다. 19세기 80년대에 그의 이론은 유럽에서 광범위한 지지를 받았다. 파스퇴르의 이론은 존 스노 등 실천가들의 관찰 작업에 과학적 기초를 제공해주었고 또한 위생 정책의 수립이 정당정치의 전략에 이용되지 않도록 막아주었다. 초기의 공중위생 사업은 '좋은 의도'에도 불구하고 불완전한 학문적 기초 때문에 보편적인 지지를 받지 못했다. 미생물 이론이 등장하면서 청결이 최고의 준칙으로 공인되었다. 세균학의 산물인 '건강인'(homo hygienicus)란 개념은 이렇게 탄생했고 루이 파스퇴르와 로베르트 코흐(Robert Koch)의 지위는 과학자를 뛰어넘어 한 시대를 대표하는 문화이론가로 상승했다. 질병은 이때부터 이전의 생태, 사회, 정치, 종교적 맥락과 결별했고 건강이 최고의 가치로 숭상되었다. 처음에는 중산층이 그리고 갈수록 많은 사회 여러 계층 사람들이 이런 인식을 공유했다.[40] 유럽과 북아메리카지역에서 위생 조건의 개선이 사망률을 낮추는 데 기여한 효과는 여전히 간편하고 저렴한 기술로 같은 효과를 기대했던 다른 지역보다 훨씬 컸다. 이 문제에 있어서 목표의 보편화와 수단의 보편화는 보조를 같이하지 않았다. 서방의 영향력은 이 분야에서도 확연히 드러났다.

의료 서비스의 대상을 확대하기 위해 대규모 공공투자가 보편화한 것은 20세기에 들어온 뒤의 일이었다. 빈 종합병원(Allgemeine Krankenhaus in Wien)은 황제 요제프 2세(Joseph II)의 명으로 1784년에 세워졌으며, 첫 번째의 대형, 근대적 병원이었다. 18세기는 영국이 약진한 시대였다. 1800년 이전에 잉글랜드와 스코틀랜드의 모든 대도시에 병원이 세워졌다. 런던에서는 모든 과목의 전문 의원이 등장했다. 전 세계를 살펴보았을 때 의심의 여지 없이 영국은 이 분야의 선두주자였다.

미국에서 이 분야의 발전은 유럽에 비해 많이 느렸다. 유럽과는 달리 미국의 초기 병원은 모두가 개인이 설립하고 운영했다.[41] 독일에서 병원의 숫자는 19세기 70년대부터 점차 늘어났고 1차 대전이 폭발하기 전 병상 수는 이미 수요를 초과하는 상태에 이르렀다.

19세기 말의 병원과 근대 초기의 병자수용소 혹은 간호소는 성격상 차이가 있었다. 현대의 병원은 위생학 지식의 바탕 위에서 설계되었고 그 기능은 긴급 의료서비스를 주로 제공하는 것이었으며 동시에 의료 종사자의 교육훈련과 의학 실험이 갈수록 중요한 기능으로 자리 잡았다. 의학 과목의 세분화와 의료 종사자의 전문화가 강화되면서(독일에서는 19세기 80년대 이후 이런 경향이 나타났다) 병원의 기능은 한층 더 강화되었다.[42] 전염병 발생의 공포가 존재하는 한 병원의 주 임무는 긴급구호였다. 그러나 오랫동안 병원이 생존의 기회를 높이는지 아니면 낮추는지를 아는 사람은 없었다.[43] 서방의 의료방식이 보편화된 것은 보다 최근의 현상이며 새로운 건강 관련 금융제도의 등장과 밀접한 관련이 있는 일이다.


## (상대적으로) 건강한 자메이카의 노예

한 사회적 집단의 평균적인 건강 수준은 여러 가지 요인 ─ 기후와 환경에 대한 적응도, 음식의 질과 양, 노동의 신체적 심리적 스트레스, 위험을 낮추는 행위와 습관(예컨대, 개인위생), 의료 서비스를 신속하게 받을 수 있는 가능성 등——에 의해 결정된다. 현재 사용 가능한 정보에 따르면 우리는 19세기의 소수의 집단에 대해서만 건강 상황을 개략적으로 파악할 수 있을 뿐이며, 이런 집단은 대부분 유럽에 집중되어 있다. 예컨대, 지구상에서 첫째가는 인구 대국인 중국의 19세기 건강 상황에 대해 지금까지 아는 것이 별로 없다. 그러나 모든 일에는 예외가 있다.

1808년 아프리카 노예수출이 금지된 때로부터 1833년 대영제국이 노예제 폐지를 선포한 때까지 영국령 카리브해 지역의 노예인구가 그런 예외의 하나이다. 이 시기에, 아무리 악독하고 몰인정한 플랜테이션 소유주라도 노예에게 숨이 끊어질 때까지 노동하도록 강제한다는 것은 바보스러운 짓이었다. 이 무렵 흑인 노동력은 더 이상 쉽게 보충할 수 있는 상품이 아니었기 때문이다. 많은 플랜테이션 소유주들이 유럽의 의사를 고용하거나 잉글랜드나 스코틀랜드에서 의학적 훈련을 받은 크레올인을 고용했다. 일부 규모가 큰 플랜테이션은 자가용 의료 시설까지 갖추었다. 물론, 젊고 강인한 노예를 잘 간수 하고 늙고 힘없는 노예는 홀대하거나 도태시키는 것은 착취제도의 기본 논리이기도 했다. 그러나 전체적으로 볼 때 이들 노예에 대한 대우는 같은 시기 영국의 산업노동자에 대한 처우와 별 차이가 없었다.

유럽에서건 카리브해 지역에서건 의료 서비스 효율의 한계는 의학지식 수준의 한계와 일치했다. 19세기 초까지만 해도 사람들은 많은 질병, 특히 열대 질병의 원인에 대해 아는 것이 없었다. 그래서 대부분의 노예들이 유럽인의 의술에 대해 의문을 품고 민간요법을 시술하는 흑인 치유사——유럽 공업 프롤레타리아에게는 이런 존재가 없었다——를 찾아갔다.[44]

# 3. 전염병의 공포와 예방

## 큰 추세

사망률이 떨어지게 된 두 번째 요인은 질병예방에 관한 새로운 인식의 등장이었다. '인구 과도기'가 그랬듯이 전염병학의 과도기도 시간의 차이를 두고 세계 각지에서 등장했다. 총체적으로 보아서 19세기에는 전염병이 발생하여 대규모 사망—인구통계학자들은 이것을 '사망률의 위기'라고 부른다—으로 이어질 확률은 크게 줄었다.

서북유럽에서 전염병의 발생은 대체로 다음과 같은 과정을 거쳤다. 첫 단계는 1600년 무렵에 시작하여 1670-1750년에 정점에 이르게 되는데, 페스트와 티푸스의 발병률이 현저히 떨어졌다. 두 번째 단계에서는 성홍열, 디프테리아, 백일해에 감염되어 사망에 이르는 사례가 크게 줄었다. 대략 1850년 무렵에 시작되는 세 번째 단계에서는 폐결핵을 제외한 호흡기 질환의 심각성이 점차 낮아졌다. 마지막으로, 20세기에 들어와서는 오늘날 유럽 사회 전반에서 나타나고 있는 사망률의 구조—심혈관계 질환과 암이 사망의 주요 원인—가 점차 정착되었다.[45] 세계 각지에서 새로운 질병과 옛 질병의 관계 변화는 각자 독특한 양상을 보였다.

폐결핵은 이 시대에 새로 발견된 질병의 하나였다. 19세기 초에 와서야 폐결핵의 증상에 대해 통일된 인식을 갖추게 되었고, 그렇기 때문에 이 질병의 초기 역사에 관해 지금까지 우리가 아는 바는 매우 적다. 폐결핵의 실제 발병률은 분명히 역사기록에 나오는 수치보다 더 높았을 것이다. 그 밖에도 우리는 유라시아대륙과 아프리카 북부의 여러 지역 그리고 아마도 콜럼버스가 도착하기 전의 아메리카에서도 폐결핵의 사례가 있었을 것으로 확신할 수 있다. 그러나 결핵이 시대의 표지가 된 것은 이 병이 두려운 유행병으로 발전한 19세기 이후의 일이었다.

결핵은 새로운 노동자 계급이 거주하는 교외지역에 전파되었을 뿐만 아니라 상류사회의 응접실에서도 만연했다. 알렉상드르 뒤마(Alexandre Dumas)의 1848년 작 소설 『동백꽃 여인』(*Dame aux Camelias*)의 주인공이며 주세페 베르디(Giuseppe Verdi)의 1853년 작 오페라 『라 트라비아타』(*La Traviata*)의 주인공 비올레타(Violetta)의 모델인 고급매춘부 마리 뒤플레시(Marie Duplessis)는 결핵 감염자 가운데서 가장 저명한 인물이었다. 19세기 전반기에 프랑스의 전체 사망자 가운데서 결핵으로 인한 사망자의 비중은 이전보다 두 배로 높아졌다. 1차 대전이 끝난 뒤에도 결핵은 여전히 가장 심각한 사회적 위해 요인의 하나였고 정부는 결핵을 겨냥한 위생정책을 수립했지만 결과는 실망스러운 것이었다. 1944년 이전에는 결핵 치료약은 존재하지 않았고 실질적으로 효과 있는 약물은 1966년에야 나왔다. 결핵은 유전적 질병이란 인식이 퍼져 있어서 부르주아지 가정에서는 환자가 있어도 은폐했다. 그러나 결핵으로 목숨을 잃은 존 키츠(John Keats, 1821년), 프레데리크 쇼팽(Frédéric Chopin, 1849년), 로버트 스티븐슨(Robert Louis Stevenson, 1894년), 안톤 체호프(Anton Chekhov, 1904년), 프란츠 카프카(Franz Kafka, 1924년) 같은 저명인사들의 경우에는 침묵이 불가능했다.[46]

1880년대부터 부유한 결핵환자들을 위한 요양원이 세워졌다. 환자들은 이곳에서 반 은거상태의 요양생활을 했다. 새로 지어진 결핵요양원은 대부분 산악 고지대에 자리 잡았다. 이곳에서 환자들은 외부 세계와 단절되었지만 외롭다고는 할 수 없었다. 그들은 규칙적이며 질 좋은 식사를 제공받고 자발적으로 받아들인 간병인의 통제하에 일상의 근심거리로부터 해방된 생활을 누렸다.[47] 토마스 만(Thomas Mann)은 소설 『마의 산』(*Der Zauberberg*)(1924년 작)에서 1차 대전 전야의 알프스 산속 어느 결핵요양원을 배경으로 하여 시대적 색채가 풍부한 생활을 묘사했다. 이런 유형의 요양원은 세계 곳곳에, 심지어 먼 조선에도 존재했다. 조선의 결핵 환자는 전체 인구의 1/5에 가까웠다.[48] 일본에서도 결핵환자의 수가 1900년 이후 급격하게 증가했다가 1919년이 되자 다시 떨어지기 시작했다.

서방의 과학이 일본 학술계에 영향을 미치지 않은 분야가 없지만 결핵치료 분야에서는 일본은 매우 낙후한 나라였다. 로베르트 코흐가 결핵균을 발견했을 때(1882년) 결핵의 수수께끼를 풀어낼 단서가 나왔지만(1890년대에 가서야 유효한 결핵 예방 백신이 나왔다) 그로부터 다시 수십 년이 지나서야 일본 의학계는 결핵의 존재를 명확하게 인정했다. 그 이후에도, 유럽이 경험했던 것처럼 민간과 학계사이에는 결핵을 두고 커다란 인식의 차이를 보였다. 일본의 보통 시민은 '폐병'을 여전히 유전적인 질병으로 받아들이고 온갖 수단을 다해 은폐하려 했다. 반면에 의료행정을 담당한 관리들은 어떻게든 모든 발병 사례를 기록하려 애썼다. 공장 경영주들도 결핵이 유전적 질병으로 분류되기를 바라는 경향을 보였다. 그럼으로써 노동환경을 개선해야하는 부담을 벗어날 수 있었기 때문이다. 일본에서는 면방업과 비단 직조업 여성노동자가 결핵 감염률이 가장 높은 집단이었다. 이들이 귀향하여 병균을 고향에까지 전파함으로써 결핵은 전국적으로 만연하는 질병이 되었다.[49]

19세기에는 그 밖에도 몇 가지 전대미문의 새로운 병이 발생했다. 1805년에 제네바의 청소년들 사이에서 처음으로 뇌막염이 확진되었다. 이 병에 감염된 사람은 며칠 안에 사망할 가능성이 높았다. 프랑스에서는 병영생활을 하는 병사들의 이동이 가장 중요한 전염 경로로 판정되었다. 이 질병은 프랑스와 알제리 각지에 빠르게 퍼져나갔다. 이 병이 최고의 위세를 보였던 1837-57년에 뇌막염으로 목숨을 잃은 환자가 만 명을 넘었고 전부가 30세 미만의 청년이었다.

소아마비도 마찬가지로 19세기에 유행한 질병의 하나였다. 오랫동안 유사한 발병 사례가 간간히 발생하기는 했지만 19세기 마지막 30년 동안에 프랑스와 유럽 기타 국가에서 새로운 전파 경로가 생기면서 이 질병의 발생률이 빠르게 증가하여 일종의 전염병으로 발전했다. 1953년 이전에는 소아마비에 대처하는 예방법이 없었다. 과거든 현재든 소아마비의 발병원인과 불결한 환경 요소는 직접적인 관련이 없다.

초기에 뇌막염이 발생한 국가는 모두가 환경조건이 가장 양호한 나라였다. 그 대표적인 경우가 스웨덴이었다. 그 밖에도 특정 집단에서만 전파되는 질병이 발견되었는데, 치명적인 선역(腺疫, equine distemper)이 그런 경우였다. 이 질병은 원래 말에게만 발병하는 가축병이었고 환자는 마부나 군대에서 말을 사육하는 병사들, 혹은 감염된 말고기를 먹은 사람들이었다.

세계사적 시각에서 볼 때 19세기에는 질병의 보다 용이한 전파와 질병에 대한 보다 성공적인 대응이라는 긴장관계가 발전했다. 한편으로는 교류와 이주의 증가가 전염병의 전 지구적 전파의 편리한 통로가 되었다. 14세기에 페스트가 지구를 휩쓸었을 때 유럽은 이를 피해가는 행운을 누리지 못했을 뿐만 아니라 이집트는 이때의 재난에서 인구의 1/3을 잃었다.[50] 19세기에 들어와 전염병의 전파속도는 한층 더 빨라졌고 그 정점이 1918년에 지구를 휩쓴 유행성 감기[스페인 독감]였다. 추산에 의하면 이때의 유행성 감기로 인한 사망자는 5,000만에서 1억 사이라고 한다. 이 숫자는 직전에 끝난 1차 대전 중

사망자 숫자보다 더 많았다. 남태평양의 외로운 섬들은 1차 대전은 면했지만 유행성 감기는 피하지 못했다. 피해가 가장 컸던 나라는 이탈리아와 멕시코였다. 두 나라는 유행성 감기로 인해 각기 전체 인구의 1퍼센트와 4퍼센트를 잃었다.[51)]

다른 한편으로, 인류는 처음으로 의학과 방역 수단을 동원해 역사상 인류에게 가장 심각한 위해를 가져온 전염병과 맞서 싸웠다. 물론 이때의 조처가 질병을 철저하게 소멸시키지는 못했지만 빠르고 맹렬한 전파 속도를 견제하는 데는 성공했다. 이러한 반격의 시계열적·공간적 모형을 종합하면 전 지구적 과정을 이해할 수 있다. 19세기에 들어와서 인류는 처음으로 전 지구적 범위에서 전염병을 상대로 대규모 섬멸전을 전개했다. 이 전쟁에서 승리하기 위해서는 두 가지 조건을 갖추어야 했다. 하나는 풍부한 생물학적·의학적 지식. 다른 하나는 공중위생 정책과 관련된 아이디어. 아래에서 몇 가지 관련된 예를 살펴보기로 한다.

## 천연두를 상대로 한 예방전쟁

천연두를 상대로 한 전쟁의 역사는 원시적인 얘기로부터 시작하여 끊임없이 보완되어왔다. 유럽에서 이러한 역사의 가장 최근 단락은 에드워드 제너(Edward Jenner)가 1796년에 성공한 종두법(種痘法) 실험으로부터 시작한다. 종두법(vaccination)은 유럽 이외의 지역에서 천연두를 예방하고 치료하던 오랜 경험의 기초 위에서 나왔다. 종두법은 중국에서 17세기 말부터 사용되기 시작하여 인도와 오스만제국에까지 전해진 예방 접종술(接種術, inoculation)을 대체했다. 이 방법은 천연두를 앓고 있는 사람의 몸에서 바이러스를 채취하여 건강한 사람의 피부에 직접 주입함으로써 감염을 통해 면역력을 얻도록 하는 것이었다. 18세기 초에 외교관의 부인이던 저명한 여행

작가 몬테규 부인(Mary Wortley Montagu)은 터키에서 농촌 여성들과 부유한 상층 사회 사람들이 두묘(痘苗)를 접종하는 방법으로 천연두를 예방하는 것을 목격했다. 그는 이 발견을 런던 지식계의 친구에게 알렸다. 18세기 마지막 30년 동안 접종술은 영국, 독일, 프랑스 등에서 많은 지지자가 있었으나 피시술자가 전염성이 강한 단계에서 격리하지 않았기 때문에 전염병의 발생으로 이어지는 경우가 종종 있었다. 제너가 독성이 비교적 약한 우두(牛痘)가 천연두의 예방작용을 한다는 사실을 발견하기 전까지는 인류는 모든 사람에게 적용할 수 있고 위험이 없는 천연두 예방법을 찾아내지 못했다. 1798년, 2년 동안의 실험을 거친 후 제너는 자신의 창조적 발명을 세상에 알렸다. 이때부터 인류는 마침내 예방 접종술을 대체한 안전하고 저렴한 종두법을 갖게 되었다.

전 국민을 대상으로 종두법을 강제로 실시해야만 질병을 철저하게 통제할 수 있음이 분명해졌다. 전통적인 중앙집권제 국가와 현대화에 열심인 개혁적 전제체제에서 전 국민을 상대로 한 백신 접종이 빠르게 보급되었다. 1800년에 나폴레옹이 전국적으로 강제접종을 실시하라는 명령을 내렸다. 1808-11년 프랑스에서 170만 명이 우두를 접종했다.[52] 이집트에서는 무함마드 알리(Muhammad Ali) 통치시기에 의무접종이 법으로 규정되었다. 이집트정부는 프랑스 의사들로 구성된 의료대를 전국의 모든 마을로 보내 어린이들에게 백신을 접종하는 한편 현지의 이발사에게 접종 기술을 전수했다. 진정으로 중요한 획기적 조처는 1842년에 수도 카이로와 각 성에 항구적인 의료 제공 기관을 설치한 것이었다.[53] 방역 분야에서 이집트는 영국을 앞질렀다. 영국은 1853년부터 백신 의무 접종제를 시작했으나 1909년에 일체의 국가 강제행위를 반대하는 자유주의 정파가 의회를 장악하고 관련 법령을 폐지했다. 같은 시기에 미국에서는 백신 접종의 득실을 두고 대중들 사이에 격렬한 논쟁이 벌어졌다.[54]

제너의 발명은 빠르게 세계 각지로 전파되었다. 제너는 자신의 발견이 지구의 머나먼 구석에서도 사용되고 있다는 소식을 들었을 뿐만 아니라 토마스 제퍼슨과 캐나다 총독으로부터 감사 편지를 받았다. 전부터 전염병을 옮긴다는 오명을 짊어지고 있던 유럽의 선박이 우두 접종법을 세계 곳곳으로 실어 나르면서 지식전파와 인류가 위기를 공동으로 이겨내는 초기 모범을 보여주었다.

백신은 어떻게 운송되었을까. 인체를 통한 운송이 가장 좋은 방법이었다. 이를 위해 백신을 접종한 적이 없는 집단을 모집했다(모집된 사람들은 대부분 양친을 잃은 고아였다). 승선하기 전에 이들 가운데 한 사람에게 우두를 접종한 뒤 그 사람의 상처에서 백신을 채취하여 두 번째 사람에게 접종했다. 목적지에 도착하기까지 최소한 한 사람 이상이 몸에 살아 있는 천연두 백신을 지니고 있어야 했다. 1803년, 제너의 열렬한 지지자였던 스페인 국왕 카를로스 4세가 백신 원료를 지닌 탐험대를 식민지 파견했다. 이들이 부에노스아이레스, 칠레, 필리핀으로부터 돌아오는 길에 중국 남부에 들렀다. 이와 거의 동시에 뭄바이에서 온 백신이 도착했다. 1805년, 동인도회사 소속의 의사들이 광저우(廣州)의 정착지에서 중국인을 상대로 백신 접종을 시작했다. 같은 해에 방역에 관한 지식을 소개하는 책이 중국어로 번역되었다. 1803년, 제너의 발견에 관한 소식이 일본에 전해졌다. 상세한 지식은 1812년 일본인 전쟁포로가 귀향하면서 가져온 러시아의 의학 서적을 통해 전해졌다. 그러나 일본은 이때가지도 백신은 갖지 못했다. 1849년, 네덜란드 식민지 수도 바타비아로부터 온 첫 번째 백신이 일본에 도착했는데, 다른 나라에 비하면 놀라울 정도로 느린 과정이었다.[55]

지금까지 소개한 성공담이 직선 모양으로 진행된 것이 아님을 유념해야 한다. 오랫동안 사람들은 면역의 기능을 이해하지 못했다. 인간을 통해 백신을 채취하는 과정에서 다른 질병이 전염되기도 했다.

많은 정부가 전 국민 의무접종의 중요성을 인식하지 못했다. 이런 요인들이 합쳐져 나라마다 지역마다 방역의 수준이 달랐다.

1870년 프로이센-프랑스 전쟁 중에 독일 병사들은 전장에 나가기 전에 두 차례 우두 접종을 받았으나 프랑스 군대는 어떠한 방역조치도 하지 않았다. 이때 천연두가 프랑스 여러 지역에 만연하고 있었다. 다르게 표현하자면 독일-프랑스 전쟁은 전염병이 기승을 부리던 시대에 일어났다고 할 수 있다. 방역 수준의 비대칭성이 프랑스가 전쟁에서 지게 된 요인의 하나였다. 프랑스 군대는 천연두 때문에 독일 군대보다 8배나 많은 병력 손실을 보았다. 이 밖에, 1869-71년 사이에 20만에 가까운 프랑스 국민이 천연두로 목숨을 잃었다. 그러나 병원균은 전쟁포로를 따라 독일로 들어왔고 일반 시민의 방역 능력은 군대의 수준에 한참 미치지 못했다. 1871-74년에 독일의 감염성 전염병으로 인한 사망자 수는 18만 명을 넘었다.[56]

천연두 방역 능력이 경제발전 수준을 반영하지는 않았다. 빈곤한 자메이카에서 부유한 프랑스보다 수십 년이나 앞서서 천연두가 사라졌다. 18세기 70년대부터 서인도제도에서는 예방 접종술을 사용하기 시작했고 19세기가 시작되면서 제너식의 백신으로 바뀌었다. 가장 오래되고 가장 큰 영국령 '설탕의 섬'이 천연두 방역의 모범지역이었다. 식민 정부는 백신 전담부서(Vaccine Establishment)까지 만들어 방역사업을 관리했다. 19세기 20년대 중반과 그 이후 몇 년 동안에 천연두는 자메이카와 영국령 카리브해 지역에서 잇달아 자취를 감추었는데, 세계의 어느 지역보다 앞선 일이었다.[57]

역시 영국인이 통치하던 실론 섬에서 1821년에 대대적인 종두법 선전이 있고 난 후 천연두는 뿌리가 뽑혔다. 그러나 아시아에서 이 모든 일들이 순조롭게 진행되지는 않았다. 대국 인도는 19세기 내내 해마다 어느 지역에선가는 천연두가 발생했고 1883년과 1884년은 전염병 발생이 가장 빈번했던 해였다. 캐시미르 지역에서는 1894년에야 우두 접종술이 실시되었다. 인도차이나의 프랑스 식민 당국은 방역의 중요성에 대한 인식이 인도의 영국 식민 정부에 비해 매우 낮았고 이 때문에 이 지역에서 천연두의 기세는 완강했다.[58] 일본은 1895년에 타이완을 점령한 후 현지 중국인 주민을 대상으로 방역 선전을 효율적으로 펼쳤고 20세기에 시작되고 나서 얼마 뒤에 천연두는 타이완에서 기본적으로 자취를 감추었다.[59] 19세기 80년대에 처음으로 외부세계와 단절된 조선에 발을 디딘 유럽인들은 가는 곳마다 얼굴 가득히 천연두 자국을 지닌 사람들을 수도 없이 만났다. 천연두는 이곳에서 외부 세계와 교류하면서 유입된 질병이 아니었고, 이 질병의 근절은 일본의 식민지배 시기인 20세기 20, 30년대에 실현되었다.[60]

1980년에 세계보건기구(WHO)가 전 세계에서 천연두가 소멸했다고 선포했다. 이를 이루는 데 결정적인 장애를 돌파한 것은 19세기의 일이었다. 2차 대전 이전에 천연두 발병 사례가 가끔씩 보고되기는 했지만―2차 대전 이후 천연두 발생 사례는 극히 드물었다―대부분이 정부의 관리 소홀, 위생기구의 부패 혹은 특정 환경의 결과였다. 서방의 마지막 천연두 발생 기록은 1901-1903년의 미국이었다. 1895년, 스웨덴은 전 세계에서 최초로 산발성(풍토성) 천연두까지도 소멸한 국가가 되었다. 아프리카와 근동 지역에서는 1차 대전 직전까지도 여전히 천연두가 유행했고 극소수의 사람들만 백신 접종의 혜택을 누렸다.[61] 20세기에 진입한 후에야 이 지역의 방역사업은 중요한 진전을 보였다.

각국이 전 국민 백신 접종을 추진할 때 해결해야 할 과제는 원칙적으로 말하자면 동일했다. 첫째로, 반대파의 방해를 극복해야 했다. 영국이든 아프리카 식민지든(이곳 사람들은 식민정부에 대해 심각한 불신을 품고 있었다) 접종을 반대하는 목소리는 없는 곳이 없었다. 둘째로, 정부는 강제 백신 접종을 실시해야 했고 충분한 양과 믿을 수 있는 품질의 백신을 확보해야 했다. 접종 사업을 관장할 조직과 그 업무 분담은 복잡했고, 이 방면에서 유럽 국가가 보여준 행태는 아시아 국가들보다 나은 게 없었다. 완벽한 제도를 갖추고 효율적인 운용을 하는 사회라도 구체적인 실행에 있어서는 실수와 혼란이 없지 않았다. 나폴레옹의 영향을 받아 헤센주와 바바리아주가 독일 제후국 가운데서 처음으로 천연두 백신 강제접종을 실시했다(1807년). 프로이센은 군대에서만 백신 접종을 실시했을 뿐 일반 국민에 대한 접종은 민간 병원에 맡겼다.[62]

## 서방의학과 토착의학

최소한 이론상으로는 식민지가 방역 방면에서는 우위에 있었다. 식민지는 직접적인 경로를 통해 백신 접종이란 신기술을 획득할 수 있었다. 다른 지역은 기술 도입의 경로가 상대적으로 복잡했다. 1차대전 이전에 라이베리아를 제외하면 아프리카 국가 가운데서 유일한 비식민국가였던 에티오피아는 가장 늦게 제너의 우두 접종술을 받아들인 나라였다. 그 밖의 지역은 일찍부터 접종 기술을 확보하고 있었지만 접종 대상은 사회 상층 인사들로 제한되었다. 예컨대, 노예무역의 중추국가였던 마다가스카르에서는 전통적으로 천연두 환자를 산채로 매장했다. 왕실가족은 1818년부터 백신 접종을 받았지만 이 섬의 일반 백성은 천연두로부터 아무런 보호도 받지 못했다.[63] 태국에서는 많은 개혁 정책이 가시적인 성과를 냈지만 백신 접종 기술을 도입하는 문제에서는 국왕은 별로 한 일이 없었다. 19세기 말이 되어서야 독립 왕국인 이 나라는 아시아와 카리브해 지역 대부분의 유럽 식민지의 뒤를 이어 국가 방역 접종 계획을 시작했다.[64]

식민지 가운데서도 식민 종주국이 중시하는 식민지는 이 방면에서 우월한 조건을 갖추었다. 예방접종에 대해 환영하는 태도를 보였던 식민정부는 강제 접종이 일거다득의 효과가 있다는 사실을 정확하게 알고 있었다. 그것은 식민지 노동력의 체질을 증강할 수 있었고, 식민정부의 명성을 높일 수 있었으며, 종주국을 외래 병균의 침입으로부터 보호할 수 있었다.[65]

이 모든 과정에서 과학지식은 어떤 작용을 했을까? 연대순으로 관련 과정을 정리해보기로 하자. 의학지식의 중요하고도 비약적 발전은 19세기 중엽 이후에 나타났다. 19세기 50년대 말, 파스퇴르와 코흐가 미생물이 일부 질병의 전파원이란 사실을 발견했고 아울러 몇 가지 질병에 대해서는 약물치료 방식을 연구해냈다. 제너 이후 파스퇴르가 탄저병균을 분리하는 데 성공함으로써 인류는 우두 이외의 첫 번째 백신을 찾아냈다. 1890년, 코흐가 디프테리아 항독소를 발견했다.[66] 1900년 무렵 의학계가 사용할 수 있는 신뢰할만한 의약품은 키니네, 디기탈리스, 아편 등 소수였다. 아스피린이 시장에 등장한 때는 1899년 7월이었다.

20세기는 인류가 각종 전염병에 대항하기 위해 전 국민 백신 접종을 실시하고, 설폰아미드계 항생제를 이용하여 세균성 질병을 물리친 위대한 시대로 불릴 수 있다. 19세기의 위대한 의학적 성취는 염증의 병인에 대한 새로운 인식이었다. 대략 1880년 무렵에 소독법과 살균법이 일반적으로 ─ 서방 국가에 국한된 일이었다 ─ 사용되면서 영아 사망률이 줄었다.[67] 총체적으로 볼 때 인류의 생활의 질을 개선하는 데 더 많이 공헌한 것은 질병의 치료가 아니라 예방이었으며, 둘 사이의 추세가 역전된 것은 20세기에 들어와서 발생한 일이었다. 서방에서 2차 대전 이후에 성장한 세대는 감염이란 '다모클레스의 칼'(Sword of Damocles) 아래서 살지 않아도 된 역사상 첫 번째 세대였다. 미국의 예를 들자면 1900-80년 사이에 전염병으로 인한 사망의 위험은 1/20로 낮아졌다.

그러나 의학지식이 실천적으로 응용된 속도에 대해서 말하자면 유럽에 국한해서 보더라도 높게 평가하기는 어렵다. 유럽 이외의 대륙으로 서방의 의학지식이 전파되는 과정에서 현지의 토착 의학지식이나 의료 방식과 충돌하는 것은 피할 수 없는 일이었다. 토착 의학지식이 문자로 기록되어 있지 않은 지역, 예컨대 아프리카에서는 토착 의학은 현지인이나 근대 의학의 창시자인 유럽인으로부터도 존경을 받지 못하고 일상생활 중의 보잘 것 없는 민간요법으로 폄하되었다.[68] 그러나 '위대한 전통'과 부닥친 곳에서는 상황은 달랐다.

일본에는 근대 초기에 이미 유럽 의학이 일부 알려졌지만 19세기 중엽 이후가 되어서야 실제로 응용되기 시작했다. 메이지시대에 서방 현대 의학이 정식으로 전통 중국의학이 차지했던 지위를 대체했다. 새로 집권한 메이지 정부의 꽤 많은 정객이 의학적 교육 배경을 가진 사람들이었다. 새 정부는 첫 번째 반포한 법령에서 1868년 3월부터 서방의학을 의학 교육의 유일한 교과목으로 한다고 규정했다.

1870년부터 일본은 독일을 모범으로 설정하고 독일의 많은 의학전문가들의 도움을 받아 의학 교과과정을 전면적으로 개편했다. '구식' 교과 과정 —중국 의학— 은 정부의 의지에 따라 단속의 대상이 되었다. 의사가 되고자 하는 자는 서양의학 시험을 통과해야 했다. 이런 조처는 전통 의학의 대가들의 격렬한 반대에 부닥쳤다. 각기병 같이 일본에서 흔한 병을 치료하는 데는 토착 의술이 우월했는데, 부분적으로는 이 병이 유럽에서는 중요한 질병이 아니었기 때문이다. 현실 생활에서 두 의학 체계는 상호 보완적인 형식으로 계속 병존해 나갔다. 통계를 보면 20세기가 시작할 무렵 일본의 등록된 의사의 2/3가 전통적인 중국의학 계통이었다.[69]

근대 초기에 역방향으로 (아시아로부터 유럽으로) 지식이 전달된 사례가 있었다. 예수회 선교사들은 중국의 의학서와 약초를 수집했다. 예수회 선교사들이 보낸 보고서를 엮은 출판물과, 특히 1727년에 출판된 (1692-94년에 일본을 여행한) 베스트팔렌의 의사 엥겔버트

캠퍼(Engelbert Kaempfer)의 여행기를 통해 침술과 뜸이 서방에 알려졌다. 그러나 동아시의 의학이 서방의 실천적인 의료행위에 포함된 것은 20세기 후반의 일이었다. 새로운 의학과 생물학 지식이라고 해서 저절로 실제 상황에 응용되지는 않는다. 뜻을 세운 수많은 의사와 자발적으로 치료를 받아들인 환자들의 노력이 있어야 하고, 때로는 여기에 제도와 환경이라고 하는 '위생체계'가 뒷받침이 되어야 한다.

# 4. 이동하는 위험, 어제와 오늘

## 지중해 연안에서 소멸된 페스트

전염병은 발생할 때마다 한 사회에 특정한 도전 과제를 던진다. 모든 전염병은 각기 다른 속도, 희생자 특성, 공간적 확산 유형을 갖고 있다. 또한 전염병은 사람들이 붙여주는 독특한 '이미지'를 갖고 있다. 전염병에는 또한 고유의 전파 방식과 특징적인 감염 증상이 있다. 쥐벼룩이 옮기는 질병인 선(腺)페스트는 유럽인의 상상 속에 다른 어떤 질병보다도 강력한 인상을 새겨놓았다. 이 질병이 19세기에는 아시아적 현상이 되어버렸다. 1663-79년에 강력한 페스트가 영국, 네덜란드, 라인강 계곡과 오스트리아를 휩쓴 후 이 질병은 서유럽에서는 종적을 감추었다. 끝에서 두 번째 페스트 발생은 1720년에 프랑스에서 있었다. 페스트가 발생한 시리아에서 돌아온 프랑스 선박이 전파 경로였다. 프로방스에서 2년 동안에 10만 명 이상이 이 병으로 죽었다.[70]

오스만제국이 통치하던 발칸반도를 제외한 유럽지역에서 마지막으로 페스트가 발생한 때는 1738-42년이었다. 이때는 헝가리, 크로아티아, 트란실바니아가 감염지역이었다. 주요 항구에서 검역기능이 개선된 데다가 1770년 이후 오스트리아가 발칸 반도에 방역 봉쇄선(cordon sanitaire)을 설치하고 군대가 엄격하게 지켰기 때문에 아시아로부터 유럽으로 페스트의 전파가 차단되었다.[71] 프랑스와 합스부르크 왕실은 페스트를 막는 최전방국가였고 따라서 이 방면의 경험이 가장 풍부한 나라였다. 유럽이 근대 후기에 페스트 퇴치에 성공할 수 있었던 원인은 이 두 나라의 공헌을 빼고는 생각할 수 없다. 그밖에 중요한 요인 하나는, 18세기에 유럽의 주택구조가 목조 건물에서 벽돌 건물로 바뀌었다는 점이다. 이 때문에 페스트의 중요한 매개체인 집쥐가 생존할 수 있는 공간이 크게 줄어들었다.[72]

18세기 중엽, 중앙아시아 지역에서 페스트가 발생했다. 이것은 6-8세기와 14-17세기에 있었던 두 차례 주기가 지난 후 세 번째 새로운 주기였다. 이 새로운 물결은 오스만제국에서 전통적인 페스트의 발생지역인 쿠르디스탄과 메소포타미아로 흘러들었다. 이스탄불은 쥐의 왕국이라 불릴 정도로 페스트 발생의 위험성이 높았던 데다가 오스만제국의 군대가 이 질병을 제국 전체로 확산시키는 데 확고한 역할을 했다. 페스트는 이스탄불, 스미르나(Smyrna), 살로니키(Saloniki), 아카(Akka) 등 제국의 항구를 출발하는 배를 타고 퍼져나갔고 육로로는 제국의 훌륭한 도로망을 따라 퍼져나갔다.[73] 1799년, 이집트에서 시리아로 진군하던 나폴레옹 군대가 페스트에 감염되었다. 군대의 사기를 높이기 위해 최고사령관 나폴레옹이 직접 야파(Jaffa)에 설치된 격리병원을 찾아가 페스트에 감염된 병사들을 격려했다. 야파에 주둔하는 동안 나폴레옹의 군대는 페스트, 이질, 말라리아 등 전염병으로 병력의 절반 이상을 잃었다.[74]

전염병은 잇달아 이스탄불(1812년, 15만 명 사망), 시리아(1812년), 베오그라드(1812년), 사라예보(1814년) 등지에서 발생했다. 1836년, 술탄의 젊은 프로이센 군사고문 몰트케(Helmut von Moltke)는 이스탄불에서 전염병으로 8만 명 가까운 사람들이 죽어가는 광경을 목격했다. 그는 귀국하는 길에 오스트리아 국경지역의 방역 봉쇄선에서 10일 동안의 '격리조치'를 견뎌내야 했다.[75] 1824-45년의 20년 동안에 페스트는 오스만제국의 판도 안에서 빠르게 소멸했고 쿠르디스탄과 이라크 등 제한된 지역에서 예외적으로 남아 있었다.

엄격한 격리조치와 새로운 형태의 국가 위생기구의 설립이 이 문제를 해결하는 데 핵심적인 역할을 했다. 그러나 전염병의 역사에서 중요한 사건이라고 할 수 있는 오스만제국에서의 페스트 소멸에는 아직도 풀리지 않는 의문이 남아 있다.[76] 방역이 뛰어난 효과를 낸 것은 분명하지만 동부 지중해 지역에서 페스트가 발생한 1845년까지도 페스트의 공포는 유럽을 떠나지 않고 있었다. 단 하루의 위험이 존재해도 방어조치는 한 순간이라도 소홀히 할 수 없는 법이다.[77]

## 중국에서 온 새로운 페스트

인류 역사에서 최후의 대규모 페스트는 1892년 중국 서남부 지역에서 발생했다. 1893년, 이 전염병이 중국 남쪽의 대도시 광저우까지 번졌다. 1894년, 광저우에서 가까운 영국 식민지 홍콩에도 페스트가 번졌다. 국제사회는 공황에 빠졌다. 1896년, 병원균이 원양 증기선을 타고 인도로 흘러들었고 1898년에는 베트남, 1899년에는 필리핀으로 건너갔다. 1900년이 되자 머나먼 항구도시 센프란시스코와 글래스고까지 페스트의 공격을 받았다. 1901년, 케이프타운의 감염자 가운데서 절반 가까이가(371명) 사망했다.[78]

놀라울 정도의 예외는 오스트레일리아였다. 항구에서 여러 차례 페스트 감염사례가 발견되었지만 끝내 대규모 전염병으로 발전하지는 않았다. 정부의 관련 기관에서 정확한 판단을 내렸고 잡초를 뽑듯 철저하게 쥐를 잡는 방식이 주효했다.[79]

이때의 페스트 감염사태는 20세기의 첫 10년 동안 지속되었다. 어떤 의학사 연구자는 페스트가 실제로 끝난 때는 1950년 무렵이라고 주장한다. 1910년, 페스트가 쌀 수출선을 타고 버마에서 페스트가 발생한 적이 없는 자바로 전파되었다. 1911-39년에 이 전염병으로 사망한 자바 주민이 21만 5,000명을 넘었다. 페스트가 남겨놓은 부수적 효과는 식민지의 주거환경과 의료제도가 현저하게 개선된 점이었다.[80]

이 시대에 전염병이 발생할 때마다 늘 그랬듯이 전문가들이 가장 먼저 현장으로 달려갔다. 처음에 그들은 속수무책이었는데, 누구도 페스트가 아시아에서 다시 나타나리라고 예상하지 못했기 때문이다. 일본은 페스트를 경험한 적이 없었고, 인도에서는 이 질병에 관해 알려진 것이 거의 없었기 때문에 (중국에는 있는) 관련된 의사도 없었다. 전염병이 퍼져나가면서 영국의 식민지 홍콩이 세계적인 페스트 연구의 주요 실험장이 되었다.

페스트의 확산추세에 고도의 경각심을 갖고 있던 일본은 코흐의 조수를 한 적이 있는 세균학자 기타사토 시바사부로(北里柴三郎)를 긴급히 파견했고, 파스퇴르 연구소 호찌민 분소도 파스퇴르의 제자 예르생(Alexandre Yersin)을 홍콩의 페스트 발생지역으로 파견했다. 예르생은 1894년에 페스트균을 발견했다. 이것으로 쥐가 페스트의 발생원이란 사실이 증명되었다. 그로부터 얼마 후 쥐벼룩이 페스트의 전염원 역할을 한다는 사실이 밝혀졌다.[81]

이때부터 쥐의 고난이 시작되었다. 페스트가 유행하는 동안 하노이 시정부는 쥐를 잡아오면 한 마리에 0.2피아스터(piaster)의 상금을 지급했다. 이런 조치는 분명한 효과를 냈다. 한편으로는 이 기회에 돈을 벌 생각으로 몰래 쥐를 사육하는 사람도 나타났다.[82] 1899년, 일본에서 개별적인 페스트 발병 사례가 나타났으나 대규모 전염병으로 발전하지는 않았다. 페스트는 일본에서는 낯선 질병이어서 토착 명칭이 없었다. 일본인들은 페스트를 음역하여 '페수토'라고 불렀다.[83]

새로운 세기가 시작되는 시점에 유행한 이때의 페스트는 당시 사람들이 상상한 것처럼 저절로 생겨났거나 아직까지도 신비의 땅이었던 '중앙아시아'로부터 몰래 잠입하지 않았다. 산간벽지인 중국 윈남성은 노란 가슴 쥐(rattus flavipectus)의 서식지였다. 이곳에서 1772년에 페스트가 발생했다는 기록이 남아 있다. 페스트는 오래전부터 그곳에 있었으나 이 지역이 개발되면서 확산될 조건이 갖추어졌음이 분명하다. 청 정부가 윈남성의 대규모 동광 개발을 장려하자 반경 수백 킬로미터 이내의 노동력이 이곳으로 몰려들었다. 1750-1800년에 25만의 외래인이 사람이 살아본 적이 없는 땅에 모여들어 인구가 조밀한 천막 도시가 생겨났다. 동광석이 나오자 상인과 운송업자들이 모여들었다. 이 많은 사람이 소비하는 쌀을 이웃나라 버마의 농부들이 생산했다.[84] 인구의 유동성이 대폭 높아지면서 페스트가 유행할 수 있는 조건이 갖추어졌다. 페스트의 전파 범위는 중국 국내, 더 정확히 말하자면 중국 서남부 지역에 국한되었다. 당시까지 윈남성은 전국적인 시장과의 연계가 긴밀하지 않았다. 최초에 페스트는 중국 국내의 위기에 불과했고 따라서 서방의 주목을 받지 못했다. 게다가 19세기 전반기의 경제적 침체는 사람들로 하여금 페스트의 위험을 가볍게 생각하게 만들었다.

1856-73년에 대규모 무슬림 폭동이 일어나 중국 서남부는 혼란에 빠졌고 이런 상황은 페스트가 만연할 수 있는 새로운 토양을 제공했다. 반군과 정부군은 페스트균의 주요한 운반체 역할을 했다. 같은 시기에 해안지역에서 일어난 아편무역은 이 지역을 국제적인 네트워크와 연결시켜놓았다. 중국의 지방지는 이때 페스트가 각 지역으로 전파되어나간 구체적인 시간에 대해 상세한 기록을 남겨놓고 있다.

중국의 전통의학은 페스트에 대해 아무런 연구도 하지 않았던 것은 아니다. 어떤 학파는 개인위생을 중시했고 다른 학파는 사람과 자연과 사회의 조화로운 관계를 강조했다. 후자의 주장은 19세기 중엽에 유럽에서 유행한 독기(毒氣, miasma)이론과 흡사한 면이 있다. 사람들은 흔히 주문과 부적, 공개적인 제사나 그 밖의 상징적 의식을 전염병에 대항하는 집단적 수단으로 이용했다.

근대 초기에 유럽과 이슬람세계가 그랬듯이 중국인들도 전염병을 귀신이 보내오는 경고, 또는 하늘이 인간에게 내리는 징벌로 받아들였다. 전염병의 신을 쫓아내기 위해 사람들은 거리를 청소하거나, 우물을 치거나, 망자의 유품을 태웠다. 전염병 문제를 처리하는 데 있어서 중국이 현대 이전의 유럽과 크게 달랐던 점은, 의학의 대가든 각지의 관리든 질병은 전염된다는 사실을 믿지 않았고, 따라서 누구도 감염자와 감염 의심자를 격리시키는 조치를 생각하지 않았다는 점이다. 그런데 서방에서는 항구에서 가장 먼저 시행한 조처가 격리였다. 1894년, 홍콩 당국은 전염병의 위협에 맞서기 위해 다른 전략을 썼다. 홍콩 당국은 국가가 간여할 수 있는 가장 강경한 수단을 채택했다. 이 수단의 논리적 전제는 더러운 빈민굴이 페스트를 유발하는 병균의 근원지라는 판단이었다. 식민 정부는 빈민 거주 지역을 봉쇄하고, 중국인과 유럽인의 접촉을 금지했으며 심하게 낡은 가옥은 철거했다. 이런 방식은 중국인의 격렬한 저항을 불러왔다. 직접적으로 피해를 본 '빈민'은 물론이고 자선활동에 열심인 사회 저명인사들도 저항의 전선에 나섰다.

저항은 '아시아적' 미신과 낙후한 사상의 표현이 아니라 이 과격한 수단의 효과에 대한 회의에서 나온 합리적인 반응이었다. 당시엔 서방의학도 페스트의 유효한 치료법을 제시하지 못하기는 마찬가지였고, 예르생이 페스트균을 발견하기는 했지만 쥐와 쥐벼룩을 제거해야 하는 일의 중요성에 대해 사람들의 인식은 충분치 못했다.

1910-11년, 중국의 동북지역에서 다시 심각한 페스트가 발생했다. 병균의 유입경로는 남방이 아니라 몽고였다. 이때가 동아시아 역사에서 마지막으로 발생한 대규모 페스트였다. 외국의 지원이 없는 상황에서 중국의 권력기관과 의료 관련 종사자들은 자신의 능력만으

로 전염병과의 전쟁에서 승리했다. 중국은 처음으로 유럽의 격리 방역방식을 도입하고 집단적인 위생 감독을 실시했다. 1894년 광저우에서 페스트가 유행했을 때 지방 관원들이 수수방관하는 태도를 보였다고 한다면 이번에는 관부의 입장이 근본적으로 바뀌었다. 중국의 군주 전제정권은 1911년 붕괴되기 전에 방역업무를 국가의 중요 직무로 확정했다. 청 왕조 말기에 정부는 민심수습의 수단으로서 효율적인 위생 정책을 시행했다. 이를 통해 한편으로는 일반 백성의 건강상태가 향상되었고, 다른 한편으로는 '낙후상태를 개조'한다는 평계로 중국 내정에 대한 간섭을 한층 더 강화하려는 서방세력의 시도를 저지할 수 있었다. 이때의 경험과 실천을 통해 중국과 유럽의 전염병 의학과 방역정책 분야의 격차는 크게 줄어들었다.

인도의 페스트 만연 정도는 세계적으로 유례를 찾기 어려웠다.[85] 1896년, 뭄바이에서 페스트가 발생했다. 1894-1938년 전 세계의 페스트로 인한 사망자 1,320만 명 가운데서 대략 1,250만 명이 인도에서 나왔다. 기근과 페스트의 상호작용으로 상황은 끊임없이 나빠졌다. 식민 당국은 얼마 전 홍콩에서 시행했던 것과 같은 강력한 방역조치를 인도에서도 시행했는데, 이전의 천연두나 콜레라가 유행했을 때보다 훨씬 강력했다. 환자는 수용소에 갇히거나 강제로 병원에 끌려와 격리되었다. 어떤 곳에서는 환자의 사망률이 90퍼센트에 이르렀다. 당국은 집집마다 수색하여 숨겨진 환자나 사망자의 시체를 찾아냈다. 모든 여행자는 신체검사를 받았다. 통풍과 채광을 확보하기 위해 가옥의 지붕을 걷어냈고 담장을 뚫었다. 거리와 골목마다 빠짐없이 소독약을 뿌렸다.[86]

이처럼 강력하고 기세등등한 행동을 촉발한 요인은 여러 방면에서 나왔다. 국제사회는 전염병을 통제하라고 압력을 가했고, 페스트가 도시의 경제와 질서를 철저하게 파괴하는 사태를 막아야 한다는 식민당국의 현실적인 판단이 있었고, 여기에다 의학계의 과학적 자기 확신과 자기존재를 각인시키려는 욕구가 더해졌다. 인도에서도 방역의 효과는 홍콩에서와 마찬가지로 의도한 만큼 나오지는 않았다. 사람들은 체포와 연행을 피하기 위해 사방으로 달아났고 이 때문에 병원균의 전파가 가속되었다. 그러나 정부기관이 비교적 기민하게 정책을 조정했다. 식민정부는 기왕에는 외국인의 건강 안전을 최우선 순위에 두고 인도인의 보호를 소홀히 해왔다. 이번에는 인도정부도 왕조 말기의 청 정부처럼 공중위생 체계의 건설을 정부의 주요 직무로 확정했다.

세기의 전환기에 아시아에서 발생한 대규모 전염병은 유럽을 지키는 최선의 방법을 찾기 위한 논쟁을 촉발시켰다. 1851년부터 열린 초기의 국제보건회의는 주로 콜레라에 주목해왔다.[87] 1897년, 페스트 방역을 주제로 한 국제 보건회의가 베네치아에서 열렸고 중국과 일본 대표가 회의에 참석했다. 이 회의에서 페스트 방역 문제가 논의되었다. 몇몇 유럽 국가는 보건 위생 분야 관료들을 뭄바이로 보내 페스트 전염 상황을 관찰하게 했다. 지금의 세계보건기구(WHO)의 전신인 국제연맹 보건기구가 이때의 페스트 통제운동의 기초위에서 탄생했다.

19세기 90년대 초에 전 세계적 관심을 모았던 국제적인 페스트 발생은 19세기의 다른 전염병보다 더 '지구적'이지 않았고, 14세기의 '흑사병'―페스트와는 다른 질병이었을 가능성이 매우 높다―보다 더 '지구적'이지도 않았다. 사망자는 주로 인도, 중국, 인도네시아(당시에는 네덜란드령 동인도라 불렀다)에서 집중적으로 발생했다. 통계에 의하면 이때의 페스트 전염으로 인한 사망자 수는 유럽이 7,000명 가량, 미국이 500명, 중남아메리카는 '겨우' 3만 명 정도였다.

'서방'이 이때의 페스트 전염을 면할 수 있었던 원인은 '선진국'의 완벽한 공중위생 시설 때문만은 아니었다. '제1세계'와 '제3세계',

중심부와 주변부의 대비로는 이 문제에 대한 온전한 해답을 내놓을 수 없다. 이때의 전염병 유행은 국제적 교류가 날로 밀접해지지 않았더라면, 중국의 서남부 지역이 해외시장과 연결되지 않았더라면 출현할 수 없었을 것이다. 전염병 확산속도가 빨라지자 해운과 철도를 통해 접근이 가능한 홍콩과 뭄바이 같은 '현대' 도시는 한동안 지구상에서 가장 위험한 도시로 변했다. 위생수준의 저하와 원거리 교류의 심화는 페스트균의 전파기 쉽고 빨라질 수 있는 환경조건을 제공했다.

정부의 전염병에 대한 반응은 동-서방 두 축에 따라 다르지 않았다. 미생물학의 혁명과 이제 막 태어난 실험의학은 보건위생 정책에 적용하기에는 아직 새롭고 낯선 수준이었기 때문에 서방 국가의 정부라고 해서 아시아 국가의 정부보다 더 총명하지는 않았다.

샌프란시스코 같은 도시의 시민들은 전염병의 위험에 대해 눈을 감았다. 미국에 합병된 지 얼마 안 된 호놀룰루에서는 시민들이 중국인과 일본인 거주 지역을 희생양으로 삼아 불질렀다.[88] 몇 나라에서는 소수민족 집단, 특히 유색인종 집단이 전염병의 원흉으로 지목되어 보건 위생 업무를 담당한 경찰로부터 엄격한 감시와 통제를 받았다. 붕괴를 목전에 둔 청 왕조정부는 각국 정부가운데서 형세판단이 가장 이성적인 정부였다. 청 정부는 인도의 영국인들과는 달리 맹목적이고 과격한 조처는 피했다.

## 아시아에서 온 푸른 죽음의 신

19세기 말의 유럽은 결코 전염병의 위협이 없는 안전한 섬은 아니었다. 홍콩에서 페스트가 들불처럼 번져나가고 있을 때 독일의 항구도시 함부르크는 콜레라의 공격을 받고 있었다. 19세기에 유럽에서 가장 두렵고 위협적인 전염병으로 콜레라를 능가할만한 것이 없었다. 콜레라는 돌발적이고 단기적인 위험이 아니라 세계 여러 나라에서 생활의 질에 중대한 영향을 미치는 지속적 위협이었다. 콜레라는 전 지구적 재난이 되어 그 어두운 그림자를 지구 전체에 드리우고 있었다.

코흐는 1884년에 독일제국정부의 재정지원을 받아 콜카타를 방문하여 현지 관찰 여행을 하던 중에 콜레라균을 발견했다. 이 발견으로 인류가 콜레라의 발병 원인을 두고 벌여왔던 여러 가지 혼란스러운 추측은 정리되었지만 그로부터 다시 20년이나 지나서야 콜레라를 치료하는 간편하고 저렴하며 유효한 방법을 찾아냈다. 치료법이란 게 환자에게 손실된 수분과 염분을 보충해주는 것이었다. 다른 지역과 마찬가지로 유럽은 오랫동안 콜레라를 극복하기 위해 황당하고도 잔인한 시도를 무수히 되풀이 해왔다. 의사를 찾고 싶지 않은 사람들은 각종 민간요법을 시도했는데, 장뇌(樟腦), 마늘, 초증(醋蒸, 증류한 식초) 등이 사용되었고 심지어 콜타르를 태우는 방법도 있었다.[89] 코흐 이전 유럽의 이 방면 의학지식과 치료경험을 중국과 비교했을 때 앞섰다고 할만한 게 없었다. 깨끗한 식수의 중요성은 상하이의 명의 왕사웅(王士雄)이 존 스노나 유럽 또는 영국계 인도인 선각자들과는 완전히 독립적으로 자신의 저서 『곽란론』(癨亂論, 1838년 초판, 1862년 수정판)에서 일찍부터 주장한 바였다.[90]

유럽인이나 다른 어떤 지역의 사람들도 콜레라가 발생했을 때 속수무책이기는 마찬가지였다. 19세기를 통틀어 콜레라의 위협은 한순간도 사라진 적이 없었다. 어떤 질병이든 지역에 따라 고유의 연대기를 갖고 있다. 이 연대기는 인도와 유럽이란 양극에서 분명하게 대비된다. 페스트는 유럽에서 수백 년의 역사를 갖고 있었고 사람들은 그 공포 가운데서 전전긍긍하며 살아왔지만, 그렇기 때문에 시간이 흐르면서 페스트를 다스리고 소멸시키는 방법을 하나씩 알아냈다. 그러나 인도는 1892년 이전까지는 페스트에 대해 전혀 무지했다. 페스트가 발생했을 때 대응책은 유럽인들로부터 나왔다. 그런데 콜레라는 달랐다. 유럽에서건 인도에서건 콜레라는 19세기가 인류에게 보내준 공포의 선물이었다. 수십 년의 시간 동안 발병 원인을 찾아내고 대응 전략을 마련하는 데 있어서 유럽 의학계가 인도인보다 더 나은 지혜를 보여준 적은 없었다.

이질, 티푸스, 말라리아 등과는 달리 콜레라는 순회성 질병이다. 콜레라는 한 대륙에서 다른 대륙으로, 한 마을에서 다음 마을로 돌아다닌다. 콜레라는 배를 타거나 대상(隊商)들 사이에 묻혀서 다닌다. 페스트처럼 콜레라는 아시아에서 왔고, 그래서 당시 사람들은 '아시아의 콜레라'라고 불렀다. 콜레라는 그래서 '동쪽'으로부터의 침입에 대한 오래된 공포와 함께 묶여서 '동방의 위협'이 되었다.

더 나아가 콜레라 환자에게서 나타나는 증상은 이런 위협적인 면모를 더 큰 공포로 확대시켰다. 콜레라는 아무런 징조도 없이 갑자기 찾아와 몇 시간 이내에 사람을 사지로 몰고 갔다. 콜레라에 감염될 확률은 (페스트와 마찬가지로) 50퍼센트가 넘었다. 이론적으로는 누구든 다음 번 감염자가 될 수 있다. 천연두 같은 질병은 고열을 동반하지만 콜레라는 '차가운' 병으로 불린다. 그 밖에, 콜레라는 폐결핵―그 시대 사람들은 고상한 '소모성 질환'이라 불렀다―처럼 문학가의 낭만적 묘사의 대상이 되기에는 자격이 모자란다. 콜레라 환자는 착란을 일으키지 않으며 혼수상태에 상태에 빠지지도 않는다. 콜레라 환자는 자신의 몸에 어떤 일이 일어나는 지를 명확하게 인식한다. 설사, 구토, 얼굴과 팔다리에 나타나는 푸른 반점…… 이런 증상은 급성 비소중독증과 유사하다. 콜레라는 의학사 전문가인 햄린(Christopher Hamlin)이 말했듯이 "사람이 함께 할 병은 아니다."

콜레라의 전파 경로는 분명하게 추적할 수 있다. 16세기 초에 인도를 여행한 유럽인들의 여행기는 이 병의 증상을 상세히 묘사해놓고 있다. 1814년, 인도의 몇몇 지역에서 콜레라는 흔한 질병이 되었다. 1878년부터 벵골지역에서 보고된 사망자 수가 극적으로 증가했다. 콜레라는 사람들이 경험해보지 못한 속도로 남아시아를 넘어 전지구적 현상으로 발전했다. 의학사 학자들은 몇 차례의 대규모 (콜레라) 발생 사태를 콜레라 발생사를 연구하는 좌표로 삼는데, 1817-1923년에 6차례 있었고 7번째는 1961년 이후에 발생했다. 이 사례들에서 주목해야 할 것은 콜레라의 유행이 매번 갑자기 종료되었다는 점이다. 콜레라는 발생할 때처럼 갑자기 사라졌고 반 세대가 지나서 다시 모습을 드러냈다.

1819년, 콜레라는 실론으로 전파되었고 그곳으로부터 통행량이 많은 항로를 따라 서쪽으로는 모리셔스와 동아프리카까지, 동쪽으로는 동남아시아와 중국까지 퍼져나갔다. 1820년, 콜레라는 태국과 바타비아를 강타한 후 바닷길로는 필리핀으로, 육로로는 버마를 거쳐 빠른 속도로 중국의 남쪽에 도착했다. 다음 해에는 2,000킬로미터 북쪽에 있는 중국의 수도에서도 콜레라가 발생했다. 1821년, 이라크군의 한 부대가 콜레라균을 바그다드로 실어왔다. 1823년, 시리아, 이집트, 카스피해 연안에서 콜레라가 발생했다. 시베리아는 중국에서 유입된 콜레라균에 감염되었다. 콜레라는 1829년에 오렌부르크(Orenburg, 러시아)에 도착했고 1830년에는 하르키프(Kharkiv, 우크라이나)와 모스크바로, 1831년 봄에는 바르샤바와 리가까지 번졌다.[91] 1831년 여름에는 이스탄불, 빈, 베를린에, 10월에는 함부르크에 콜레라가 출현했다. 그 후 바다를 건넌 콜레라는 잉글랜드에 전파되었고 4개월 뒤에는 에든버러에서 만연했다. 1832년 6월, 콜레라균은 대서양을 가로질렀다(추정컨대 퀘벡으로 가는 아일랜드 이민선에 묻어갔을 가능성이 높다). 1832년 6월 23일, 뉴욕에서 첫 번째 콜레라 환자가 발생했다. 1833년 봄, 아바나는 콜레라로 인구의 12퍼센트를 잃었다. 멕시코시티에서는 단 몇 주 만에 1만 5,000명이 같은 병으로 목숨을 잃었다.

그 뒤 몇 차례의 콜레라 유행의 물결이 각지에서 반복적으로 요동쳤고 동시에 일부 새로운 지역에까지 미쳤다. 첫 번째 콜레라 유행의 물결이 거세기는 했지만 충격의 범위는 뒤이은 몇 차례의 유행에 미치지 못했다. 세 번째의 콜레라 대유행(1841-62년)은 아편전쟁이 진행 중이던 중국에서 발생했다. 영국군이 콜레라균을 벵골에서 실어왔다. 1849년, 1832년에 처음 콜레라의 공격을 받았던 파리에서 다시 1만 9,000명의 사망자가 발생했다. 같은 시기(1848-49년)에 러시아에서 대략 100만 명이 콜레라로 사망했다.[92] 그 후 파리에서는 1854년, 1865-66년, 1873년, 1884년, 1892년에 여러 차례 콜레라가 발생했으나 그 파괴력은 갈수록 약화되었다. 1910년, 프랑스는 콜레라로부터 자유로운 나라가 되었다.[93] 런던에서는 1966년 이후 콜레라 발병사례가 보고되지 않았다. 이것은 도시 위생조건을 개선하려던 여러 모범적인 조치가 성과를 낸 결과임이 분명했다. 효과적인 방역 정책 덕분에 뉴욕은 1866년에 전 미국을 휩쓴 콜레라 물결 가운데서 아무런 피해를 입지 않았다. 미국에서 마지막으로 콜레라가 유행한 때는 1876년이었다.[94]

크리미아전쟁 중에(특히 1845-46년의 겨울에) 방역조치가 없었던 데다가 숙영지의 열악한 위생조건까지 겹쳐져서 콜레라가 군대를 휩쓸었다. 이 위급한 상황에서 나이팅게일(Florence Nightingale) ― 박애주의 정신이 풍부한 간호사이자 한편으로는 천부적인 정치가이자 운동의 조직자[95] ―등 개혁파 인사들이 나서서 군대의 의료조건을 개선하라고 호소했다. 전쟁에서 사망한 15만 5,000명의 영국, 프랑스, 사르디니아, 오스만제국의 병사들 가운데서 최소한 9만 5,000명이 콜레라나 기타의 전염병으로 목숨을 잃었다. 1850년, 멕시코에서 심각한 콜레라 유행이 재발했다. 1861년, 이 전염병이 일본을 급습했다. 다음 해에 중국이 다시 콜레라의 중점 재난지역이 되었다.[96] 1854-55년, 줄곧 콜레라의 발원지란 명예롭지 못한 칭호를 갖고 있던 뮌헨에서 1836-37년보다 더 심각한 콜레라 유행이 발생했고, 또 하나의 대규모 콜레라 유행이 1873-74년에 찾아올 기회를 기다리고 있었다.[97] 빈에서는 1873년 여름에 열린 세계박람회 기간 동안에 콜레라가 발생하여 3,000명에 가까운 사람들이 사망했다.

앞선 몇 차례의 콜레라 유행에서 함부르크는 크고 작은 피해를 보았지만 진정한 정점은 1892-93년에 찾아왔다. 이때의 콜레라 유행으로 함부르크는 전대미문의 손실을 입었는데, 사망자가 역대의 콜레라로 인한 사망자 수의 합계보다 많았다. 이때의 콜레라 유행은 사회통계학의 수준이 대폭 높아진 연대에 발생했고, 따라서 이때의 집단적 질병재해는 19세기 후반의 그 어떤 공중위생의 위기보다도 훨씬 상세한 자료를 역사에 남겨놓았다.[98] 필리핀은 1882년과 1888년 두 차례 콜레라 피해를 입었다가 1902-1904년에 다시 콜레라가 발생했다. 이때의 감염원은 아마도 홍콩과 광저우에서 수입된 오염된 채소였던 것 같다. 이때의 콜레라 유행으로 20만 가까이가 목숨을 잃었다. 필리핀은 미국의 침략전쟁에 이어 설상가상의 인명 피해를 입었다.[99] 나폴리에서는 1884년에 콜레라가 유행한 뒤로 1910년 여름에 (10만 1,000명이 콜레라로 사망한) 러시아로부터 콜레라가 다시 유입되었다. 당시 이탈리아 이민을 받아들이고 있던 미국은 최고의 경계태세에 들어갔다. 나폴리 해운업계의 압력을 받은 이탈리아 정부는 온갖 수단을 다해 콜레라 유행사실을 은폐하려 했다. 유럽의 콜레라 발생사에서 발생 사실을 은폐한 유일한 사례가 이것이다.[100]

콜레라로 얼마나 많은 사람이 죽었는지 개략적인 추산도 할 수가 없다. 가장 피해가 심했던 곳으로 알려진 인도에서 1817-65년(합리적이고 쓸모 있는 통계가 작성되기 시작한 시기)에 콜레라로 사망한 사람은 대략 1,500만 명으로 추산된다. 1865-1947년, 콜레라가 다시 2,300만 명의 목숨을 앗아갔다.[101] 대도시에서 콜레라 병원균은 오염된 식수를 통해 빠르게 퍼져나갔다. 하룻밤 사이에 수천, 수만 명이 감염되는 일이 흔했다.

콜레라의 빠른 전염 속도 때문에 사람들이 콜레라의 피해를 극적으로 과장하는 경향도 나타났다. 1831-32년과 1872-73년에 헝가리는 유럽의 어떤 나라보다도 심각한 콜레라 피해를 입었다. 19세기 70년대에 헝가리의 사망률은 앞뒤 10년 보다 4퍼센트 올라갔다. 대도시에서 주민 1,000명당 콜레라로 인한 사망자 수가 런던이 가장 많았을 때 6.6명, 스톡홀름과 상트페테르부르크는 40명 이상, 몬트리올(1832년)은 74명으로 차이가 있었다.[102]

1830-32년에 발생한 대규모 콜레라 유행은 유럽 민중의 기억 속에 지울 수 없는 인상을 남겨놓았다. 헤겔(Wilhelm Friedrich Hegel)과 그나이제나우(Neidhardt von Gneisenau) 백작*이 이때 감염되어 사망했다. 콜레라의 맹렬한 전파 속도는 몽고 기병의 침입을 연상케 했다. 절망에 빠진 민중은 이 질병을 '새로운 페스트'라며 악마화했다.

콜레라 유행은 온갖 종류의 공포를 몰고 왔다. 부유층은 하층 계급이 죽음을 실어 나른다고 두려워했고 가난한 사람들 사이에서는 당국이 실업문제를 해결하기 위해 지신들에게 독을 주입한다는 두려움이 생겨났다. '문명세계'가 수십 년 동안 우월감을 느껴왔던 '원시적인 동방'이 세상을 전복시킬 힘을 갖고 있다는 공포가 전염병의 유행을 통해 증명되는 듯했다.[103] 러시아에서 콜레라가 유행한다는 소식이 전해지자 영국, 프랑스, 독일의 의료계 관련자들이 전염병을 막을 준비를 했다. 그러나 전염병의 전파 범위, 전염 경로, 대응 조처 등 아는 것이 전혀 없었다. 인도에서 살고 있는 영국 의사들이 콜레라에 관해 매우 상세한 보고서를 보냈지만 유럽 대륙에서는 거의 주목을 받지 못했다.

콜레라가 처음 프랑스에 유입되었을 때 도시 사회에 미친 영향에

---

\* Neidhardt von Gneisenau(1760-1831): 프로이센의 육군 원수, 군대 개혁의 대표 인물.

관해서는 많은 사료에 기록이 남아 있다. 1832년 3월 14일, 폴란드에서 귀국한 프랑스 의사들 가운데서 첫 번째 콜레라 환자가 나왔다. 페스트와 다른 점은, 콜레라균이 지중해 연안의 항구 도시를 경유하지 않고 (뒤에 발생한 여러 차례의 콜레라 유행과 마찬가지로) 라인강 유역 또는 영국해협을 통해 유입되었다는 것이었다. 3월, 콜레라로 인한 사망자 수가 대략 90명이었다. 4월, 사망자 수가 1만 2,733명으로 올라갔다. 공공장소는 적막한 무인지대가 되었다. 형편이 되는 사람들은 온갖 방법을 동원해 도시를 빠져나갔다. 이것은 전염병이 유행할 때마다 빠짐없이 나타나는 반응이다(1848년의 경우 이집트 총독은 이스탄불까지 달아났다).

시체 처리는 해답을 찾을 수 없는 문제였다. 곳곳에 콜레라와 관련된 유언비어가 난무했다. 원시 시대가 유언비어 속에서 부활했다.[104] 저항과 폭동이 이곳저곳에서 일어났고 최소한 140명이 사망했다. 1832년 10월 1일, 콜레라 유행이 진정되었다. 전염병이 발생하면 언제나 그렇듯 하층 민중이 사회 전체에서 가장 심각한 타격을 입은 계층이었다. 콜레라의 물결은 때로는 정치적으로 큰 혼란에 빠져 있는 나라를 덮쳤다. 프랑스는 방금 1830년의 혁명을 치렀고 아직 '7월왕정'(王政)*의 새 질서는 정착하지 못한 상태였다. 최근에 '해방된' 부르주아지는 자신들이 장악한 국가 기구 안에서 새로운 자리를 찾고 있었다. 콜레라는 새로운 형태의 국가질서가 시민사회를 통제할 수 있는지 알아낼 시험장이 되었다.[105]

* 7월 왕정: 1830년 7월 혁명의 발발로 샤를 10세가 퇴위하고, 부르봉 왕조는 몰락했으며, 부르봉 왕가의 방계인 오를레앙 왕가의 진보적 인물인 루이-필립이 프랑스 국민의 왕으로 즉위했다. 이 왕정을 7월 왕정이라 부르는데, 입헌군주제를 표방했다. 왕권신수설이 부정되고 국민주권의 원리가 확립되었다. 사회의 중심세력은 지주귀족에서 부르주아지로 바뀌었다.

인도에서 1817년에 콜레라가 발생했을 때 영국은 인도에서 최대 적수 마라타연맹(Maratha Confederacy)*을 군사적으로 제압하고 영국의 직접 지배체제를 만들어가고 있던 중이었다. 군대의 후속 배치는 병원균의 전파에 적합한 환경을 만들어냈다. 뿐만 아니라 인도는 이때 개신교 선교사들에게 선교활동을 허가했다. 인도인들이 볼 때 전염병의 유행은 식민통치와 밀접하게 연결되어 있었다. 평범한 인도인은 영국인이 힌두교의 금기를 어김으로써 신들의 분노를 불러왔다고 믿었다. 영국의 관원에게든 인도의 농민에게든 콜레라의 유행은 단순히 전염병으로 인한 한 차례의 재난이 아니라 일종의 '질서'의 파괴를 의미했다.[106]

19세기를 통틀어 인도 식민정부는 콜레라 문제에 대해 자유방임적 정책을 채택했다. 19세기 90년대에 페스트에 대처하던 때의 강력한 위생 방역조처는 콜레라에 적용되지 않았다. 봉쇄도 없었고, 격리수용도 없었고, 단지 성지 순례하는 힌두교도에게 콜레라를 전파시킬 가능성 때문에 약간의 통제를 가했을 뿐이다. 1865년, 자바에서 온 성지순례자들이 콜레라 병원균을 메카로 날랐고 이집트 항구를 통해 전 세계로 퍼져나가는 도미노 효과를 촉발했다. 이 사건으로 성지 순례가 질병을 전파하는 요인이 될 수 있음이 입증되었다.[107] 콜레라의 원인이 밝혀지기 전에는 사람들은 하늘의 처분을 기다리는 것도 좋은 대책이라고 생각했다. 식민정부는 적은 비용으로 문제를 해결하려는 경향을 보였다. 또한 식민정부는 콜레라가 전염병이란 증거가 없는 이상 비용이 많이 드는 공중위생 정책이 효과를 보장하지 못한다고 판단했다(이것이 당시 영국과 인도 의학계의 주류 관점이

* Maratha Confederacy: 마라타 왕국. 무굴 제국에 반대하는 힌두교도들이 인도 중남부에서 결성한 나라이다 (1674~1818년). 내분으로 약체화되긴 했으나 영국 지배에 완강히 저항했다. 3차에 걸친 마라타 전쟁 후 1818년 영국에 합병되었다.

었다).

유럽 각국은 일반적으로 페스트에 대처하던 방식으로 콜레라에 대응했다. 봉쇄와 격리가 유효한 방역수단으로 인식되었다. 러시아, 오스트리아, 프로이센은 겹겹이 봉쇄선을 쳤다. 러시아는 아시아를 겨냥하여 카잔(Kazan)에, 프로이센은 동쪽을 겨냥하여 동쪽 이웃인 폴란드와의 국경선에 봉쇄선을 쳤다. 프로이센은 200킬로미터의 봉쇄선을 따라 6만 명의 병력을 주둔시키고 국경을 넘는 사람은 누구든 엄격한 규정에 따라 격리와 소독의 과정을 거치게 했는데, 심지어 지폐는 한 장씩 씻어야 했고 개인적인 편지까지도 모두 훈증(薰蒸)처리 됐다.[108]

여기서도 콜레라의 전파 경로에 관한 의학계 권위자의 의견과 이런 저런 이론——물, 공기, 직접 접촉이 전파경로이다——을 대변하는 로비가 영향을 미쳤다. 페텐코퍼(Max von Pettenkofer) 교수가 버티고 있는 바바리아처럼 '전염론'에 찬성하지 않는 지역에서는 방역봉쇄선도 격리지역도 설치하지 않았다. 콜레라의 기세가 누를 수 없을 정도로 거세지자 사람들은 이런 조처들의 유효성에 대해 의문을 품기 시작했다. 이와 동시에 사람들은 태국처럼 국왕의 명령에 따라 종교의식을 펼치고 주문을 외우는 것이 과연 전염병 퇴치에 효과가 있는지에 대해서도 의문을 가졌다.

한편 유럽 전체로 보자면 이런 방식 저런 이론이 맞부딪치다가 결국은 19세기 90년대에 가서 '새로운 검역방식'이 우위를 차지했다.[109] 검역은 위대한 증기선의 시대에 확대된 국제여행의 주요한 표지였다. 항구에는 효율이 높고 간편한 검역 시설이 잇달아 설치되었다. 이런 시설은 여행자와 상인들로부터 광범위한 신임을 얻었다. 베이루트가 '레반트(Levante)*로 가는 문'이란 별명을 얻게 된 것은 19세기 30년대에 근대적인 전염병 전용병원과 검역소를 갖춘 데서부터 시작되었다.[110] 이민의 유입을 막을 이유가 없거나 그럴 능력이 없는 나라는 초기에 검역제도가 별반 효과가 없다고 밝혀졌어도 예방적인 조처를 취하지 않을 수 없었기 때문에 특별한 어려움에 부닥쳤다.[111]

천연두, 페스트, 콜레라, 황열병, 유행성 독감은 이동성이 강했고, 어떤 의미에서는 세계화에 적합한 질병이었다. 인간의 입장에서 보자면 진정한 군사적인 성격 ─ 진격, 정복, 퇴각 ─ 을 갖춘 적이었다. 대부분의 경우 인간에게 남은 마지막 희망은 봉쇄와 격리 같은 물리적 방어뿐이었다. 19세기에 국제무역과 해운교통이 발전하면서 병원균의 전파 속도도 크게 빨라졌다. 사람, 동물, 심지어 상품도 감염되거나 질병의 만연을 끌어내는 전염원이 될 수 있었다.[112] 이 밖에, 전파의 범위는 넓지 않아 특정 지역에만 영향을 주는 지역성 전염병도 인간에게 고통과 사망을 안겨주었다.

19세기에 이런 유의 질병 가운데서 대표적인 것이 티푸스 혹은 장티푸스였다. 이 질병은 특수한 역사적 문제의 훌륭한 지표였다. 이 질병에 쉽게 감염되는 '지독한 빈곤' 수준에서 살아가는 영양부족 집단의 참상을 묘사한 피르호(Rudolf Virchow)의 고전적 기록이 남아있다. 그는 1848년 2월과 3월에 프로이센 정부의 종교·교육·의학부의 의뢰로 오버슐레지엔(Oberschlesien) 지역을 찾아가 중부 유럽에서 가장 가난한 곳의 사회적 풍경을 스케치했다.[113] 공업화와 도시화는 수많은 유럽의 대도시를 '다발성 티푸스'의 고정적 온상으로 바꾸어놓았다.

티푸스는 또한 군대의 보건위생 정책이 실패했음을 보여주는 병사의 질병이기도 했다. 나폴레옹의 대군은 1798년 오염된 나일강 물을 통해 티푸스에 감염된 후로 역신(疫神)의 손아귀를 벗어나지 못했다.

* 역사적으로 근동의 팔레스타인(고대의 가나안)과 시리아, 요르단, 레바논 등이 있는 지역을 가리키는 말이다.

1808년 반도전쟁(Peninsular War)*에서 이 질병으로 인한 타격은 특히 심각했고 러시아 원정 때에는 그보다 더 심각했다. 1870-71년 프로이센-프랑스전쟁 중에 메츠(Metz) 주변지역에서 국부적인 티푸스 유행이 발생했다. 1877-78년 러시아-터키전쟁 중에 역대 가장 심각한 티푸스 유행이 발생했다. 세기의 전환기에 티푸스 위기는 어떤 나라든 군사 의료체계를 붕괴 직전까지 몰아갈 수 있었다.[114]

마지막으로 언급해야 할 전염병은 감옥 열병으로 알려진 발진 티푸스이다. 이 질병의 겉모습은 볼썽사납다. 귀천을 가리지 않고 '민주적으로' 누구든 짓밟아 버리는 묵시록 기사의 전율도 이 질병 앞에서는 무색해진다. 발진 티푸스는 열대성 질병과는 정 반대로 추운 기후의 빈곤에서 생기는 질병이다. 사람 몸에 기생하는 이가 매개하는 이 질병은 위생조건이 열악하고 연료 부족 때문에 좁은 공간에서 밀착하여 살면서 옷을 갈아입거나 몸을 씻을 기회가 충분하지 못한 사람들에게서 발병했다. 발진 티푸스도 티푸스와 이질과 마찬가지로 고전적인 전쟁 질병이다. 나폴레옹의 대군이 마지막에 1/10만 남았던 이유는 적군이 강해서가 아니라 이질과 발진 티푸스의 공격을 막아내지 못했기 때문이었다.


## 의학적 구시대의 종말

19세기는 여러 면으로 의학발전사에서 구시대(Ancien Régime)에 속한다. 어느 사회나 고위험 집단이 존재했고 어느 나라나 첫 번째로 위험에 노출되는 집단은 군대였다. 뉴질랜드 정복 전쟁이 19세기에

---

* 스페인과 포르투갈이 나폴레옹의 지배에 대항하여 일으킨 전쟁이다. 참전국에 따라서 스페인은 스페인 독립 전쟁(Guerra de la Independencia española) 또는 프랑스 전쟁(Guerra del Francés), 포르투갈은 프랑스 침공(Invasões francesas)이라고 부른다.

일어난 전쟁 가운데서 전투나 사고로 사망한 병사가 질병으로 사망한 병사보다 더 많은 유일한 전쟁일 것이다. 이것과 정 반대의 극단이 1895년의 마다가스카르 전투였다. 이 전투에서 대략 6,000명의 프랑스 병사가 말라리아로 죽었고 전사자는 20명[115]뿐이었다. 의학사의 새로운 시대는 유럽 밖에서 1905-1904년의 러일전쟁과 함께 시작되었다. 이 전쟁에서 일본은 사전에 병사들에게 예방접종을 실시하고 우수한 의료장비를 확보함으로써 질병으로 인한 사망자 수를 전체 병력 손실의 1/4로 낮출 수 있었다.[116] 군사적으로 낙후한 일본 군국주의가 전쟁에서 이길 수 있는 유일한 해법은 부족한 물질적 인적 자원을 아끼고 최대한 활용하는 것이었다. 또한 19세기에는 의학적 구시대의 종말이 시작되었다. 수많은 좌절과 난관이 있어도 진보란 이름은 부정될 수 없다. 뭉뚱그려 말하자면 이 과도기는 세 방면, 혹은 시간의 순서대로 배열하자면 세 단계로 나눌 수 있다.

첫 번째 단계. 제너가 발명한 백신 접종술이 지구상에서 천연두 발병률을 대폭 낮추어 놓았고, 신코나(cinchona) 나무껍질에서 추출한 알칼로이드가 말라리아 예방과 치료효과를 극적으로 높여놓았다. 1840년 무렵부터, 특히 1854년 이후 최소한 열대지역에서 활동하는 유럽인의 말라리아로 인한 사망률은 하강추세를 보였다. 이것은 유럽이 남반구를 정복하려는 군사행동에서 매우 중요하고도 유리한 조건이었다.[117] 천연두와 말라리아 제어 수단의 등장은 미생물학이 세상에 나오기 전에 지구 전체에 영향을 미친 두 가지 의학적 발명이었다.

두 번째 단계. 파스퇴르와 코흐로 대표되는 실험의학의 탄생. 실험의학은 이 시대의 중요한 발명이었으며, 19세기 70년대에 처음 위력을 드러냈고 그 후 10년 이내에 독립된 학문으로 발전했다. 그러나 각종 질병의 발병 원인에서부터 실천적으로 응용할 수 있는 예방술을 찾아내기까지 그리고 대규모로 적용할 수 있는 치료방법을 찾아내기까지 긴 시간이 걸렸다. 이 밖에도, 인간이 실험실 안에서 진정한 과학연구를 할 수 있는지를 두고 '서방' 사회에서는 오랫동안 논쟁이 벌어졌다. 이런 문제 제기가 결국은 동물실험('생체해부')을 반대하는 논리로 발전했다.[118)]

세 번째 단계. 제너와 파스퇴르가 세운 의학사의 두 가지 새로운 이정표 사이에 존재하는 중간기가 우리가 말하고자 하는 세 번째 단계이다. 이 단계에서 승리자는 이론이 아니라 실천이었다. 위대한 대표 인물들은 대부분 현미경을 들여다보는 연구자가 아니라 사회개혁가와 의료 위생의 실천자였다.[119)] 여기서 말하는 실천이란 19세기 중엽에 서유럽과 북아메리카에서 시작했고 얼마 후 세계 기타 지역에서 최소한 국부적으로라도 영향을 미친 위생운동을 가리킨다. 인과관계가 과학적으로 논증되기 전부터 깨끗한 식수와 양호한 오수 배출 체계, 이와 더불어 조직적인 쓰레기 처리와 거리 청소 체계가 갖추어지면 도시의 생활이 더욱 건강해질 수 있다는 것을 경험이 보여주었다. 의료계 사람들은 세균학적 관점에서 깨끗한 물을 정의할 수 있는 능력을 갖추기 전부터 이것을 깊이 인식하고 있었다.

세 번째 단계에서 핵심은 태도의 변화였다. 근본적으로 태도의 변화를 결정하는 것은 유럽에서 도입된 최신 과학이론에 대한 정확한 이해가 아니라 문화적 배경이었다. 도시의 보건위생 상황을 개선하겠다는 희망과 의지(또는 능력)를 갖고 있고, 그것을 위해 재정을 투입한 사회가 얻은 것은 더 긴 수명과 증강된 군대의 전투력 그리고 확대된 사회적 활력이었다. 전염병에 대응해본 경험에 따라 국제사회에서 한 나라의 비중이 달라졌다.

전 지구적 '위생개혁' 또는 '위생혁명'은 19세기의 위대한 도약이었다. 그것은 1850년 이후 서유럽과 북유럽에서 시작되어 오늘날까지도 이어지고 있다. 이 운동은 일찍이 인도에 전파되었고 그 후 중동부 유럽과 러시아로 확산되었다. 대략 1930년부터는 다시 브라질,

이란, 이집트 등에도 영향을 미쳤다.[120] 우리는 이 전 지구적 발전과 정을 단순히 공업혁명 또는 이 시대에 있었던 많은 과학적 발견의 직접적인 결과로 해석해서는 안 된다. 국민소득의 증가와 새로운 전문 지식의 출현이 직접적으로 사회 전체의 건강 수준, 평균수명의 연장, 생활의 질의 개선으로 전환될 수는 없다.

상술한 조건 이외에도 규범의 변화가 있어야 한다. 다시 말해 전염병은 더는 하늘이 내리는 징벌이거나 개인과 집단의 부당행위에 대한 보복이 아니라는 것을 상식으로 받아들여야 한다. 관념적으로 표현하자면 의학적 세계관에서 도덕은 제거되어야 한다는 인식의 변화가 있어야 한다는 것이다. 사회적 개입에 따라 전염병의 후과가 달라진다는 인식이 명확할수록 국가가 추진하는 공중위생 체계 건설에 대한 지지도 높아졌다. 중앙 집중적 통제하에서 지방 보건 당국이 지역 사정에 맞추어 자율적으로 대응하는 권한을 갖는 공중위생 체계는 런던과 뉴욕 같은 도시가 선도한 위대한 개혁이었다. 이제 사람들은 깨끗한 상수도와 정기적인 오물처리를 기대할 수 있게 되었다. 소비자들은 건강에 유리한 위생시설을 위해 기꺼이 비용을 지불했다.

유럽을 휩쓸던 각종 전염병과 비교할 때 열대병 — 적도 지역의 특수한 기후조건에서 나타나는 질병 — 은 19세기에 유효하게 제어되지 못했다. 도시와 비교할 때 비도시지역의 생활환경을 개선하는 데는 소모되는 비용이 더 많았고 열대지역이라면 더욱 그러했다. 개선이 더딘 데는 여러 요인이 복합적으로 작용했다. 한편으로, 식민지 의료체계는 적용 범위가 상대적으로 제한되어 있어서 여러 성공 사례(예컨대 수면병의 제어)에도 불구하고 전염성 질병을 근원적으로 제거할 수 없었다. 다른 한편으로, 현지의 재정 수입이나 식민지 과세 체계로는 늪과 같은 전염병 발상지를 제거하는 데 소요되는 비용을 조달할 수 없었다(1879년 이후에야 많은 전염병이 모기에 물려서 전파된다는 사실을 알게 되었다).

영양결핍과 질병에 대한 저항력 결핍이란 악순환을 벗어난 지역은 유럽과 북아메리카뿐이었다. 많은 증거가 보여주듯이 세계적으로 치명적인 질병이 줄어들기까지 감당해야 할 생물학적 경제적 부담은 온대지역보다 열대지역이 더 컸었고 지금도 그러하다. 기후가 경제적 능력을 결정하는 직접적인 원인은 아니며 사회적·정치적 요인의 영향도 배제할 수는 없다. 그러나 열대지역이 지고 있는 보건위생상의 부담은 온대지역보다 크다는 사실은 부인할 수는 없다. 그래서 일부 열대 국가에서는 '환경 숙명론'까지 등장했다.[121]

열대 질병학이 의학 제국주의의 도구가 아니었나 하는 문제제기에 대해서는 일률적으로 판단하기는 어렵다. 어떤 분야(예컨대 말라리아)에서는 열대 질병학은 유럽과 북아메리카의 식민전쟁을 위해 분명히 도움을 주었다. 그러나 다른 분야(예컨대 황열병)에서는 상황은 반드시 그렇지는 않았다. 한편으로 많은 중요한 의학적 발견이 식민지에서 탄생했고, 다른 한편으로 유럽에서는 배척당하던 의료와 약물 시험이 식민지에서 완성되었다.

식민지에서 의료와 위생 관련 직업의 첫 번째 목표는 (식민지 원주민이 아니라) 식민자의 생존조건을 개선하는 것이었다. 그러나 이와 동시에 많은 식민지에서 사람들은 의학적 수단의 도움을 받아 피식민자(식민지 원주민)의 노동 능력을 높임으로써 식민통치의 합법성을 강화하고자 했다. 유럽이 발원지가 아니지만 지구 전체를 감염시킬 수 있는 질병에 맞섰다는 것은 전통적인 봉쇄와 격리 전략의 한계를 보완하는 새로운 접근방식이었다. 19세기에 질병에 맞서는 싸움은 국제적인 임무로 인식되었다. 그 싸움은 20세기에 들어와서는 전지구적 공동 위기관리와 예방의 중심이 되었다.

# 5. 자연재해

　19세기에 전염병 이외에도 인류의 생존을 위협한 묵시록적 재난이 드물지 않았다. 자연재해는 외부로부터 역사에 개입하는 힘이다. 자연재해는 반(反)역사적 자유의지이며 독립변수이다. 가장 골치 아픈 것은 인간이 대비할 수 없고 인간의 행동으로는 어찌할 도리가 없는 자연재해이다. 그중의 하나가 지진이다. 홍수와 화산폭발의 역사가 있듯이 지진의 역사가 있지만 결코 진보의 역사는 아니다. 20세기 후반에 들어와서 지질학, 기상학, 탐측기술이 발전하면서 인류는 어느 정도 재난을 피할 수 있는 능력을 갖게 되었다. 이제 재해의 예보가 가능해졌고, 최악의 상황에 대비하여 최소한의 ─꼭 거기까지만─ 준비가 가능해졌다.

　자연재해는 19세기의 특징은 아니지만 평범한 사람들의 일상생활에 파고든 자연재해의 모습을 빼고서는 19세기의 초상화가 완성될 수 없다. 때로 지구의 한 지점은 모든 종류의 재난을 경험한다. 어떤 오세아니아 역사 전문가는 이렇게 기록하고 있다. "19세기의 첫 10년 동안 피지에서는 1803년에 완전한 일식이 있었고, 1805년과 1807년에는 혜성이 하늘을 가로질러 갔고, 이질이 유행했고, 해안지역 대부분이 태풍과 쓰나미로 침수되었다."

## 지진과 화산

인간의 심리에 미친 영향으로 볼 때 19세기에 유럽이 경험한 모든 사건 가운데서 1755년에 발생한 리스본 대지진만한 것이 없을 것이다. 이때의 공포는 30년이 지나 하이든(Joseph Haydn)의 현악사중주 「십자가에 매달리신 우리 구세주의 마지막 일곱 마디 말씀」(Die sieben letzten Worte unseres Erlösers am Kreuze)의 마지막 악장으로 되살아났다. 하인리히 폰 클라이스트(Heinrich von Kleist)의 초기 단편소설 『칠레의 지진』(Das Erdbeben in Chili, 1807)은 1647년에 있었던 실제 사건을 각색한 것이었다.

리스본대지진만큼 사람들의 머릿속에 지워지지 않는 기억을 남긴 것이 1906년 4월 18일 새벽 5시에 발생한 샌프란시스코 지진이었다. 빅토리아 양식의 내진기능이 전혀 없는 수많은 가옥이 눈 깜빡할 사이에 벽돌 더미로 변했다. 혼란을 틈타 곳곳에서 약탈이 벌어졌고 사회 전체의 질서가 붕괴의 언저리까지 몰려갔다. 샌프란시스코 시장은 경찰과 군대에 구원을 호소했다. 그 뒤로 며칠 동안 지진 때문에 일어난 화재가 도시의 절반을 삼켰다. 가장 위급한 시점에 수만 명의 난민이 해상 통로를 통해 구출되었는데, 전해오는 얘기에 따르면 1940년 영국과 프랑스 연합군이 벌인 덩케르크(Dunkerque) 철수작전 이전의 가장 규모가 큰 해상 이동이었다고 한다. 가장 비관적인 추산에 의하면 이때의 지진으로 3,000여 명은 목숨을, 22만 5,000명은 집을 잃었다.[122] 그나마 벽돌 구조보다 내진성이 강한 시멘트 구조 가옥이 보급 되었던 초기였던 터라 가옥 피해는 이 정도에 멈출 수 있었다.

1906년에 발생한 샌프란시스코 지진이 예외적이었던 이유는 인명 피해가 적었기 때문이 아니었다(1923년의 일본 간토関東대지진에서 발생한 10만여 명의 사망자 수와는 비교할 바가 못 된다). 일본 열도의 중심 섬인 혼슈本州에서 1891년에 발생한 대지진에서 사망자 수는 7,300명이었고 붕괴된 건물은 대부분이 서방식 설계의 건물이었다. 이 때문에 과도한 서구화를 비난하는 여론이 일어났다. 일본인들은 이 지진을 자연이 국가의 약점을 공격한 새로운 형태의 '국가적' 재난이자 한편으로는 구조와 재건 활동을 통해 일본인의 단결심과 정교함을 보여줄 수 있는 기회로 받아들였다.[123] 이것은 인류가 자연재해를 대하는 일반적인 반응이었다.

19세기 70년대에 로키산맥 메뚜기 떼가 미국의 중서부 지역을 황폐화시켰다. 미국 정부는 메뚜기 떼를 국가의 적으로 선포하고 군대를 동원하여 피해지역을 구조했다. 이 작전을 지휘한 인물은 남북전쟁과 인디언전쟁을 이끈 전력이 있는 장군이었다. 1874-75년의 겨울에 200만 상자의 군용 식량이 콜로라도, 다코타, 아이오와, 미네소타, 네브래스카의 농민들에게 전달되었다. 이것은 1865년 내전이 끝난 이후 미국 정부가 벌인 가장 정교한 작전이었다.[124]

화산폭발도 지진과 마찬가지로 돌발적이며 지역적인 재해이지만 파급되는 지리적 범위는 지진보다 넓었다. 1883년 8월 27일, 오늘날 인도네시아 순다(Sunda)해협의 크라카투(Krakatu)섬에서 같은 이름의 화산이 폭발했다. 화산재를 머금은 구름이 지구 전체로 퍼져나갔다. 잇달아 발생한 해일로 동남아시아 해안 지역을 따라 3만 6,000명에 가까운 사망자가 발생했다. 당시에는 지진관측 장비가 널리 보급되어 있었고 지구의 모든 곳에서 크라카투에서 나온 지진파가 관측되었다. 지역성 자연재해가 이렇게 하여 전 지구적·과학적 사건으로 발전했다.[125]

이것과 비교할 때, 1815년 4월 10일 인도네시아 숨바와(Sumbawa)섬의 탐보라(Tambora)섬 화산의 폭발은 그 강도와 재해의 정도가 크라카타우 화산폭발보다 훨씬 컸음에도 세상 사람들로부터 크게 주목받지 못했다. 추산에 의하면 피해지역의 사망자 수는 11만 7,000명에 달했다. 화산재가 하늘을 덮어 인도네시아 제도의 대부분 지역에서 3일 동안 해를 볼 수가 없었다. 거대한 폭발음은 수백 킬로미터 떨어진 곳에서도 들렸고 많은 사람이 포를 쏘는 소리로 오해했다. 인도네시아의 마카사르(Makassar)와 욕자카르타(Jogyakarta)에 주둔하던 군대는 즉시 전투태세로 들어갔다.

화산재와 돌조각이 비처럼 떨어져 인구가 조밀하고 수출가공업으로 생계를 유지하는 이 작은 섬을 뒤덮었다. 삼림의 대부분이 파괴되었고 해일이 해안 지역의 농경지를 모두 삼켜버렸다. 탐보라 화산의 높이는 화산폭발전의 해발 4,200미터에서 2,800미터로 낮아졌다. 섬 전체가 인간이 살 수 없는 곳으로 변했다. 이재민은 구호를 받지 못했고 식품은 동이 나고 식수는 오염되었다. 섬에서의 생활은 수입물자로 유지되었다. 몇 달이 지나서야 외부 세계와 식민당국이 숨바와섬의 재난상황을 대략 파악할 수 있었다. 그러나 사람을 재해지역으로 보내 구조 활동을 벌일 방법을 찾을 수 없었다. 발리(Bali)와 롬복(Lombok) 등 인근의 섬들은 두께 20-30센티미터의 화산재로 덮였다. 한 해 동안 이 지역에서는 한 톨의 곡식도 수확하지 못했다. 1821년까지도 발리섬의 농업은 기력을 회복하지 못했다. 그러나 20년대 말부터, 화산폭발로 2만 5,000명의 인명 손실을 입은 발리섬은 화산재가 가져다준 비옥화의 효과를 조금씩 누리기 시작했다. 오늘날 발리섬의 풍요로운 농업은 이것과 무관하지 않다.

탐보라 화산의 분출은 세계적인 범위에서 영향을 미쳤다. 1815년, 유럽과 북아메리카 여러 지역은 기상관측 이후 가장 춥고 습기 찬 1년을 경험했고 그다음 해인 1816년은 '여름이 없었던 해'로 역사에 기록되어 있다. 가장 심각한 영향을 받았던 지역은 뉴잉글랜드와 서부 캐나다였다. 스위스, 독일, 프랑스, 네덜란드, 영국, 아일랜드에도 기상이변이 나타났다. 흉년은 보편적인 현상이었다. 스위스에서는 심지어 기근까지 발생했다. 몇 년이 지나서도 성층권 중의 화산재

입자가 태양광선의 투과를 막고 있어서 기온이 예년보다 평균 섭씨 3-4도나 낮았다. 1816-17년의 겨울, 남부 라인란트와 스위스가 다른 어떤 지역보다 심각한 위기를 맞았다. 기초적인 식량배급에 충당하던 수입곡물조차 이른 추위와 악천후 때문에 발트해의 항구를 출발하지 못했다.

식품부족, 물가상승, 비농산품 수요하락 등 연쇄효과도 나타났다. 대량의 이재민이 러시아와 합스부르크 왕국으로 몰려가고 네덜란드 항구에서 신대륙으로 가는 배에 오르는 이재민이 줄을 이었다. 무일푼의 이재민은 승선을 거부당하고 거리에서 구걸을 해가며 고향으로 돌아가야 했다. 1815-17년 중부 유럽지역에서 발생한 이 돌발적인 농업 위기는 인류가 경험한 마지막 '구식' 재난이라는 평가를 받고 있다. 일부 역사학자는 이때의 위기가 유럽 국가의 정권의 안정을 흔들어 놓았다고 평가한다. 그런데 역사학자와 기상학자들은 20세기에 들어와서야 이때 발생한 위기의 도화선이 머나먼 인도네시아의 화산폭발이었다는 사실을 알게 되었다.[126]


## 수리(水利)

부분적으로는 인위적인 요인에 의해 발생한 자연재해의 목록 가운데서 맨 앞에 올라야 할 것이 수재(水災)이다. 수재와 강우량, 적설량 사이에는 일정한 법칙성이 존재하지만 오늘날까지도 수재를 정확하게 예보하는 것은 쉽지 않다. 일부 국가에서는 일찍부터 자연 상태의 물의 흐름을 조절하려는 시도를 해왔다. 이런 시도가 소수의 아시아 국가에서는 온전한 '수리학'(水利學)으로 뿌리를 내렸지만 세계의 많은 지역에서 농업은 아주 오래전에 나온 관개와 홍수 대응 기술에 의존하고 있다.

19세기는 수리기술이 비약적으로 발전한 시대였다. 새로운 기술을 이용하여 상부와 하부 라인강의 수로 통제체계가 완성되었고 북아메리카, 중부 유럽, 이집트, 중앙아메리카에 대형 운하가 건설되었다. 이 밖에도 많은 지역에서 고대 시설의 기반 위에 현대 기술을 이용하여 새로운 수리관개체계가 건설되었다. 예컨대, 19세기 60년대부터 뭄바이 배후지역에 대형 관개시설을 건설하자는 계획이 제시되었다.[127] 1885년부터 인도 식민정부는 수십 년 동안 펀자브 지역(지금은 파키스탄 영토)에 있던 무굴 왕국 때 건설 된 수리시설을 개조·확장하는 공사를 진행했다. 이 공사로 인도 서북부의 건조한 고원지대가 밀 경작지로 바뀌었다. 먼 곳으로부터 식민통치에 대해 순종적이고 세금도 내는 농민들이 들어와 이 지역 원주민 유목민을 대체했다.[128]

민감한 관개체계 ── 최고의 효율을 유지하도록 꾸준히 관리되어야 한다 ── 는 사적인 이익이 통제를 벗어나 공공의 이익을 압도하게 되면 서서히 원래의 기능을 잃어간다.[129] 13세기에 메소포타미아 평원의 수리관개시설이 그랬듯이 전쟁이 일어났을 때 수리체계는 가장 먼저 공격의 대상이 된다. 최악의 재해는 댐이나 재방이 무너졌을 때 발생한다. 이 위험은 잘 방어된 해안 지역뿐만 아니라 큰 강 유역이 상시적으로 마주하는 위협이다.

오랜 수리의 역사를 지닌 중국은 이런 형태의 재해 다발지역이었다. 사실상 19세기의 가장 심각한 홍수 피해는 중국에서 발생했다. 연구자들은 문헌자료 가운데서 구호와 세금감면에 관한 각종 기록을 이용해 중국에서 가장 심각한 수재가 자주 발생한 황하 유역에서 범람이 남긴 피해를 추산한다. 수백 년 동안 황하는 끊임없이 높아지는 제방을 따라 허난과 산둥을 가로질러 바다로 흘러갔다. 제방의 붕괴는 심각한 환란으로 직결되었다. 1855년, 황하의 북쪽 제방이 허난성 경내에서 무너져 거센 강물이 반경 300킬로미터 이내의 땅을 덮쳤다. 관부에서는 10만 명 이상의 장정을 급파하여 무너진 제방을 막으려 했으나 도도한 홍수 앞에서 인간이 할 수 있는 일은 없었다. 역사 기록에 의하면 중국에서 두 번째로 긴 황하는 361년 동안에 6차례나 물길이 바뀌었다. 동남쪽으로 흐르던 물길은 동북쪽으로 바뀌었고 바다로 들어가는 하구의 위치는 북쪽으로 300킬로미터 이동했다. 이때 이후 독일의 슈바르츠발트(Schwarz Wald) 삼림과 비슷한 면적의 농경지(그중 60퍼센트가 황하 바닥 보다 높이가 낮다)가 홍수 고위험지역이 되었다.

1938년, 중국정부는 일본군의 침략을 저지하기 위해 황하 제방을 폭파하여 인위적으로 홍수를 일으켰고, 이 때문에 90만 명이 목숨을 잃었다. 이와 비교할 때 19세기에 홍수로 인한 인명피해는 놀라울 정도로 적었다. 그 원인은, 청 정부는 몰락하기 전에도 홍수 예보를 위한 제도를 갖추는 데 온갖 노력을 했고 심지어 어떤 지점에서는 황하 제방보다 높이가 낮은 제2의 홍수 방어 제방을 쌓았기 때문이었다. 그래도 홍수로 죽거나 집을 잃는 숫자는 헤아리기 어려웠다.

홍수 뒤에는 흔히 기근과 전염병이 따라왔다. 관방 기록에 의하면 19세기 80년대와 90년대에 발생한 여러 차례의 수재 가운데서 정부의 구호를 받은 이재민 숫자는 최대 270만 명에 이르는데, 이것은 산둥성 인구의 7퍼센트에 해당했다. 사회의 갈등은 격화되고 살인 방화 약탈 사건이 수시로 발생했다. 토비가 창궐한 지역, 태평군과 넘군(捻軍)*이 활약했던 지역, 민중이 민병대의 형식으로 무장한 지역의 사회질서는 빠르게 붕괴되었다.

사회의 혼란은 단순히, 혹은 직접적으로 자연재해가 초래한 결과는 아니었다. 그러나 홍수만큼 가뭄 피해도 자주 발생하는 중국의 북

---

* 장강 이북(안후이, 장쑤, 산둥, 허난, 허베이, 후베이, 섬서, 산서성)에서 활약하던 반청 농민 무장세력이다. 1853에 봉기하여 1868년 진압될 때까지 무려 15년 동안 활동했다. 태평천국 군과 협력했으며 전성기에는 병력이 20만에 이르렀다.

방지역에서 자연재해는 결코 무시할 수 없는 사회적 혼란의 요인이었다.[130) 중국의 북방지역에서 홍수는 결코 평범한 의미의 '인위적 재난'이 아니었다. 기술적 도전은 물론 투입된 재정의 규모와 관련 업무를 담당한 정부 조직도 거대했다. 황하 제방을 관리하는 부서는 청 정부 내에서 규모가 가장 큰 전문 직능부서였다. 이 부문 관리들의 횡포도 컸지만 부분적으로는 기본 책무를 충실하게 달성한 면도 있었다. 그러나 가중되는 부패, 국가재정의 삭감, 관리의 난맥, 수동적인 업무태도, 신기술에 대한 이해부족과 배척 등 여러 요인이 겹쳐져 황하 관리의 효율은 크게 떨어졌다.[131)

총체적으로 볼 때, 전통적인 방식은 19세기에 크게 변하지 않았다. 원칙적으로 오늘날까지 같은 상황이 지속되고 있다. 자연의 관대함 탓에 유럽인은 아시아의 여러 지역과는 달리 매일 매일 자연재해의 위협 속에서 살아가지는 않았다. 정부의 통제능력 면에서 눈에 띄는 차이가 없었고(세계에서 자연재해를 다루는데 중국만큼 경험을 가진 나라는 없었다), 서방에서도 국가가 행동하게 하려면 외부로부터의 큰 충격이 있어야 했지만(미국 정부의 메뚜기 떼 퇴치작전의 사례에서 보듯) 나쁜 상황이 닥쳤을 때 유럽인은 행동하기가 상대적으로 쉬웠다. 그들은 더 많은 자원을 동원하여 더 적은 횟수의 덜 심각한 재난에 대응할 수 있었다. 그러나 재난의 희생자는 일반적으로 스스로의 능력이나 좁은 범위의 이웃들로부터 도움을 받아 곤경을 헤쳐 나가야 했다. 19세기에는 의료적·인도주의적 지원도 국제적인 원조도 없었다. 이런 것들은 1950년대 이후에 생겨났다. 이런 것들은 국제사회라는 개념이 생겨나서 수용되고 국제적인 지원이 도덕적 원칙이 되었을 때 가능하다. 그런 개념과 원칙이 일상의 의식 속에 자리 잡은 것이 인류가 현대 세계에서 이루어낸 위대한 발전이다.

# 6. 기근

기근이 발생하는 데 인위적인 요인이 어느 정도 영향을 미칠까. 이 문제에 대한 보편적인 답은 없다. 기아를 어떻게 정의할 무엇인가. 이 문제 역시 정답은 없다. 이유는 두 가지다. 첫째, 기아는 '문화적으로 만들어진 것'이다. 따라서 이 단어가 언제 어디서나 동일한 의미를 지니지는 않는다. 둘째, 인간의 신체기능과 특정한 문화적 '의미'를 떠나 실존적 상황으로서의 '기아'에 대해 이성적으로 완전한 이해에 도달하려면 무엇을 고려해야 하는지 의문이 제기된다.

그 의문은 몇 가지 세부적인 내용으로 나뉜다. ① 연령과 성별에 따라 필요한 음식의 양, 다시 말해 최소한의 칼로리. ② 위험한 영양결핍 상태를 면할 수 있는 영양의 질. ③ 자급, 배급, 시장에서의 조달을 불문하고 식품 공급의 규칙성과 신뢰성. ④ 사회적 계층에 따른 식품 분배의 실질적인 형태와 수준, 다시 말해 영양수준의 계층 간 차이. ⑤ 사회적 신분과 관련된 식품에 대한 요구와 수혜권. ⑥ 필요하면 동원할 수 있는 (정부 또는 민간 자선활동으로서의) 기근 구호기관.

## 유럽의 마지막 기근

기근은 간단하게 주기적 기근(장기적 식품부족)과 높은 사망률이 뒤따르는 돌발적 기근으로 나눌 수 있다.[132] 기근의 위기는 19세기보다는 20세기의 특징이었다. 위대한 의학 발전의 세기, 기대수명이 두 배로 늘어난 20세기는 또한 역사상 기근이 가장 빈번하게 발생한 세기이기도 했다. 1921-22년과 1932-34년의 소비에트 연방, 1943년의 벵골, 1941-42년의 바르샤바 유대인 거주구역, 1941-44년 독일군이 포위한 레닌그라드, 1944-45년 겨울의 네덜란드, 1959-61년의 중국, 1984-85년의 수단에서 기근이 발생했다.

기아의 효과는 문화에 따라 달라지지 않는다. 모든 연령 집단이—실제로는 어린이와 노인이 가장 먼저—갈수록 적은 양의, 갈수록 적은 영양의 음식을 섭취한다. 풀, 나무껍질, 오염된 동물이 식품으로 등장한다. 사람들은 '뼈와 가죽만' 남는다. 괴혈병 같은 2차 증상이, 특히 비타민이 풍부한 식품을 섭취하던 지역(예컨대, 아일랜드)에서 거의 예외 없이 등장한다. 생존을 위한 투쟁이 사회적 유대, 특히 가족의 유대까지 파괴하고 이웃이 이웃에 대하여 식품확보 경쟁의 적수가 된다. 자살, 자식 팔기, 방어능력을 잃은 사람에 대한 동물의 공격이 발생한다. 인육을 먹는 일은 관련 보도를 완전히 믿을수는 없겠지만 기근 가운데서 벌어지는 여러 가지 절망적인 행동에서 크게 벗어나지 않는다. 생존자들에게도 기근은 평생 지울 수 없는 악몽이 된다. 대기근 시기에 출생하는 세대는 신체적으로 항구적인 물리적 손상을 받을 수 있다. 기근의 발생에 책임이 있거나 구호에 전력을 다하지 않는 정부는 수십 년 동안 오명을 짊어져야 할 수도 있다. 기근에 대한 기억은 인류의 집단기억 속에 영원히 새겨진다.

그렇다면 19세기에 이런 기근이 발생했을까. 어디서 발생했을까. 역사 교과서에서는 이 문제를 거의 언급하지 않고 있다. 독일 사람들이 기근을 얘기할 때면 제일 먼저 30년 전쟁, 그중에서도 특히 1637-38년의 시기를 떠올리며 이와 함께 1771-72도 떠올린다. 1816-17년도 기아와 연관된 연대이다. 1846-47년의 생존의 위기를 마지막으로 고전적인 기근—흉년, 과중한 세금, 정부의 부작위 때문에 발생한 기근 — 은 중부 유럽과 이탈리아(이 나라에서 1846-47년의 상황은 특히 혹독했다)의 역사에서 사라졌다.[133]

우리는 이 시기의 역사를 논할 때 좀더 큰 역사의 틀 안에서 살펴보아야 한다. 잊지 말아야 할 것은 나폴레옹전쟁의 연대에 유럽의 많은 지역이 기근을 경험했다는 점이다. 당시 유럽의 가장 부유한 국가였고, 훌륭한 빈곤 구제제도(『제빈법濟貧法』, Poor Law)를 갖추고 있었던 데다 교회와 개인의 자선활동이 활발했던 영국에서도 18세기 90년대에 여러 차례 기아폭동이 일어났다. 당시 영국에서 실제로 굶어 죽은 사람은 많지 않았지만 민중에게 일상으로 익숙한 물건들이 접근할 수 없을 만큼 비싸졌다. 밀가루를 살 형편이 안 되는 사람들은 식량을 보리로 바꾸었고 보리조차도 감당할 수 없는 사람들은 감자와 무로 끼니를 해결해야 했다.

어느 집이건 여인과 어린이의 희생이 더 컸던 것은 밖에 나가 돈을 벌어 와야 하는 가장과 남성의 체력을 보전하기 위해 자신의 양식을 내어주었기 때문이었다. 집안의 세간은 쉴 새 없이 전당포로 옮겨졌고 절도사건의 발생률이 급격하게 높아졌다. 1800년 이후 부와 전 지구적 교역망 덕분에 해외로부터 식량을 확보할 수 있었던 나라에서 이런 기아현상이 발생했다.[134]

1816-17년 이후 유럽 대륙에서는 생존 위기의 망령은 사라졌다. 역사적으로 기근이 자주 발생하던 지역, 예컨대 발칸반도에서 18세기 80년대 이후 기근은 드문 현상이 되었다.

스페인에서는 여전히 기근이 쉽게 발생했다. 1856-57년에 스페인에서는 다시 심각한 생존위기 상황이 발생했다. 핀란드는 1867년까지도 흉년으로 인한 기근을 경험했다. 이 나라의 전체 인구 160만 가운데서 10만 명 가까이가 이때의 기근으로 목숨을 잃었다.

진정한 의미에서 유럽의 마지막 대기근은 러시아 서부지역에서 발생했다.[135] 같은 시기에 기후조건도 유사한 스웨덴 북부의 노르보텐

(Norrbotten)주에서도 심각한 식품부족 현상이 발생했다. 그러나 재난 구조 조직이 치밀하게 작동했던 덕분에 이때의 기근에서 스웨덴의 사망자 수는 이웃나라 핀란드보다 훨씬 적었다.[136] 스코틀랜드는 (프랑스 같은 나라와는 달리) 18세기 내내 심각한 기근을 만나지 않았다.

1690년 이후 스코틀랜드가 곤경에 빠졌던 해는 1846년과 1855년 뿐이었다. 위기가 발생한 원인은 서부 고원지대와 섬 지역에서 감자 경작이 해마다 흉작이었기 때문이었다. 스코틀랜드 고원의 기근은 대규모 인구손실로 이어지지는 않았지만 이민의 물결이 일어나는 데는 큰 영향을 미쳤다. 인구학적 관점에서 보더라도 기근의 의미를 낮게 평가해서는 안 된다. 이때의 기근은 브리튼 열도가 경험한 마지막 중대한 생존위기였다.[137]

## 유럽의 예외, 아일랜드와 러시아

연합왕국(United Kingdom)의 가장 빈곤한 부분인 아일랜드에서 1845-49년에 해마다 계속된 감자 흉작으로 대규모 기근이 발생했다. 감자 흉작의 원인은 알려진 적이 없는 '감자 역병균'(Phytophtorainfectus)이었다.[138] 감자 병해의 피해를 입은 나라에서 가난한 사람들은 의식주가 보장되지 않는 일상을 살아야 했음은 물론이고 교육의 기회도 누릴 수 없었다. 기근이 발생하기 전 이곳을 여행한 잉글랜드 여행자들은 아일랜드 백성의 비참한 생활에 대해 놀랍고도 주목할만한 기록을 많이 남겨놓았다. 평균 소득이 두 배가 넘는 나라의 귀족이나 평민 여행자의 입장에서 보자면 이런 반응은 당연한 것이었다. 그러나 균형 잡힌 평가를 위해서는 아일랜드의 1840년 1인당 소득이 같은 해 핀란드의 1인당 소득, 1870년의 그리스의 1인당 소득, 1890년 러시아의 1인당 소득, 1970년 자이레의 1인당 소득과 같았다는 점을 잊어서는 안 된다.

1845년의 감자 수확은 평년에 비해 1/3이 줄었다. 1846년에는 평년의 1/4에 지나지 않았다. 1847년, 상황은 약간 개선되었다. 그러나 1848년에는 감자 수확은 전무하다시피 했다. 다른 지역의 기근과 달랐던 점은 아일랜드의 대기근은 거의 완전히 식량부족의 직접적 결과였다는 점이었다. 근대 초기의 기아 폭동에서 일반적으로 도화선의 역할을 했던 식량 가격의 폭등과 투기가 이때는 중요한 역할을 하지 못했다.

감자 경작지 면적을 재난의 수준을 측정하는 기준으로 삼는다면 상황은 분명해진다. 기근이 폭발하기 전, 감자의 경작 면적은 대략 80억 제곱미터였던 것이 1847년에는 10억 제곱미터 이하로 떨어졌다. 1847-48년, 이재민 사망자 수는 정점에 이르렀다. 이질, 티푸스 등 전염병의 유행은 인구 감소 추세를 더욱 가파르게 만들었다. 수많은 사람이 빈민가에서 죽어나갔고 이와 함께 출생률도 급격하게 떨어졌다. 출산을 회피하는 사람은 빈민만이 아니었다. 전염병 앞에서 누구도 안전하지 않았기 때문이다.

19세기에는 전염병이 유행하면 의사들도 감염되어 죽는 경우가 많았다. 오늘날의 연구결과가 확인해주듯이, 기근이 발생하기 전에도 아일랜드의 인구 850만 가운데서 기근으로 인한 사망자가 백만 명을 넘었다. 이 밖에도, 기근을 피해 이민하던 도중과 타국에 도착한 직후에 대략 10만 명이 사망했다.

이 궤멸적인 감자 역병균이 어떤 경로로 아일랜드에 들어왔을까. 명확한 답변은 지금까지도 나오지 않고 있다. 비교적 믿을만한 해석은 남아메리카에서 수입한 구아노(guano) 비료를 통해 전염되었다는 것이다. 흉년의 증상이 나타난 직후에 민간이 주도하는 첫 번째 구호활동이 시작되었다. 가톨릭교회와 퀘이커교 조직이 배포한 재난 관련 보도가 여러 나라 민중의 동정과 지원을 끌어냈다. 오클라호 마주의 촉토(Choctaw) 인디언까지도 구호금을 보내왔다.

1822년의 비교적 효과적인 경험이 보여주었듯이 초기에 정부의 적극적인 재난구호 활동이 있었더라면 위기를 극복할 수 있었을 것이다. 예를 들자면, 정부는 미국으로부터 식량을 수입할 수 있었다. 1846년에 (유럽과는 정반대로) 미국의 농업은 역사상 기록적인 풍년을 맞았다. 영국 정부의 대응책은 여러 요인에 의해 결정되었다. 당시 주도적인 위치를 차지하고 있던 자유방임주의는 시장의 자유경쟁에 간섭하는 어떤 행위도 배척했다.

자유방임주의자들의 관점에서는 간섭은 토지 소유자의 이익과 자유무역을 손상시키는 행위였다. 다른 한편으로는, 감자 경작을 위주로 하는 농업경제의 붕괴는 농업의 현대화와 구조 조정을 위한 좋은 기회이며 그 결과 농업은 '자연적인 평형'을 실현할 것이란 주장이 광범위한 지지를 얻고 있었다. 일부에서는 또 다른 생각을 가진 사람들도 있었다. 그들은 감자 경작의 위기는 가톨릭을 중심으로 한 아일랜드 사회의 여러 가지 불공정을 바로 잡으려는 하나님의 뜻이라고 주장했다. 이 밖에도 영국 정부와 아일랜드 지주계급의 적대 관계도 정부의 행동에 결정적인 영향을 미쳤다. 영국 정부가 볼 때 아일랜드 지주계급의 금전적 탐욕과 농업 개조에 대한 무관심이 이때의 위기를 불러온 원인이었다. 영국 정부로서는 피해를 복구하기 위해 나서야 할 이유가 없었다.

1845-46년, 기근이 발생한 다음 해에 로버트 필(Sir Robert Peel)이 이끄는 토리당(Tories) 정부가 구황식량으로서 미국으로부터 인디언 밀(Indian Meal, 거칠게 간 값싼 옥수수 가루)을 수입하여 정부가 경영하는 상점에서 판매했다. 이와 동시에 정부는 공공 토목공사를 시작했다. 1846년 6월에 집권한 존 러셀(Lord John Ressel)이 이끄는 휘그당(Wnigs) 정부는 앞선 정권의 정책을 답습했으나 교역에 간섭하는 것은 반대했다. 1847년, 영국 정부는 각지에 이재민을 위한 수프 공

급소를 설치했다가 얼마 안 가 중단했다.

300만 인구가 왜 감자라는 식품 하나에 의존했을까. 답은 아마도 이런 것 같다. 수십 년 동안 아일랜드인은 감자에 익숙해져 잠재적인 위험을 염려하지 않았다. 어떤 학파는 1845-49년의 재난이 장기적인 침체를 경험하고 있던 아일랜드 경제를 위기로 몰아넣었다고 분석했고, 또 어떤 학파는 아일랜드의 완만한 경제 현대화 과정을 외부에서 들어온 감자 역병균이 습격했다고 표현한다.

1891-92년, 러시아에서 발생한 기근이 주로 볼가강 유역에서 80만의 인명을 앗아갔다. 이 기근의 발생 요인은 아일랜드와는 달리 식량 부족이 아니었다. 1891년의 농업 수확은 분명히 크게 줄기는 했지만 1880년과 1885년의 두 차례 흉년보다 심하지는 않았다. 러시아는 특별한 구호조처 없이 두 차례의 기근을 극복했다. 19세기 90년대 초에 지속적인 영향을 미치는 일련의 요인들이 작용하기 시작했다.

기근이 발생하기 전 몇 년 동안 러시아의 농민, 특히 흑토지대의 농민은 생산량을 늘리기 위해 두 배 이상의 노동력을 투입함으로써 토양을 피폐하게 만들었다. 사람, 가축, 토양이 모두 피로한 상태에서 예고 없이 악천후가 찾아왔다. 비상시를 대비해 비축해두었던 것들이 이때 모두 소진되었다.

1891-92년의 대기근은 러시아 역사에서 중요한 전환점이었다. 대기근은 차르 알렉산드르 2세 암살 이후 찾아온 '반동의' 시기를 종식시키고 러시아 사회를 혼란의 시대로 몰아넣었는데, 혼란은 결국 1905년의 혁명*으로 귀결되었다. 총체적으로 볼 때 러시아 정부가 재

* 1905년의 혁명은 러시아제국 전역을 휩쓴 정치적·사회적 혼란을 가리킨다. 특정 지도자가 있었던 것은 아니었고, 원인과 목적은 단순한 것은 아니었지만, 반정부 운동과 폭동이 러시아 제국 전역으로 확산되었다. 전국 노동자총파업, 농민폭동, 전함 포템킨의 반란 등으로 최고조에 이르렀지만 헌법 제정, 의회개설(두마, Duma)과 무력 진압으로 점차

난구조 활동에서 보여준 성과는 그리 나쁘지 않았다. 그러나 이것은 상징적인 정치의 영역에서는 효력을 나타내지 못했다. 당시의 러시아 민중이 볼 때 기근이란 아일랜드, 인도, 중국 같은 '미개한' 식민지나 반(半)식민지 국가에서나 발생할 수 있는 일이었다. '문명국가'에게 기근이란 일종의 수치였다. 1890-92년에 발생한 시대에 뒤떨어진 대기근은 러시아와 번영·발전하는 서방 국가 사이의 끊임없이 확대되고 있는 격차를 다시 한번 세상 사람들에게 증명해주는 것 같았다.[139]

신대륙도 지구상에서 '문명' 지역의 하나였다. 19세기에 북아메리카에서 큰 규모의 기근은 발생하지 않았다. 단지 소수의 인디언 부락이 일시적인 생존위기를 경험했을 뿐이다. 서반구는 식량부족의 걱정이 없었기 때문에 1816-17년과 1846-47년에 유럽에서 대기근이 발생했을 때 대량의 유럽 이재민이 이곳으로 몰려왔다. 이탈리아 북부 지역에서 육류는 명절에나 먹어볼 수 있는 식품이었고, 많은 사람이 비타민 결핍으로 홍반병(紅斑病, Pellagra)을 앓았다. 이들이 아르헨티나로 이민한 후 목격한 것은 다 먹지 못할 만큼 흔한 육류식품이었다. 고전적인 이민국가가 아닌 국가인 멕시코에서도 기근은 이미 역사가 되어 있었다.

멕시코에서 마지막 기근이 발생한 때는 1786년이었다. 19세기 후반에 인민의 영양 상태는 분명히 개선되었고, 식량 생산의 증가율은 인구증가율을 두 배나 앞질렀다. 그 밖에도 멕시코가 취한 재해 예방

진정되었다. 혁명의 직접적인 도화선은 러일전쟁의 패전이었지만 저변에는 오랫동안 축적된 변화와 개혁에 대한 욕구가 자리 잡고 있었다. 어떤 역사학자는 이 혁명이 볼셰비즘의 존재를 대중에게 각인시켰고 결국 1917년 혁명의 기틀이 되었다고 평가한다. 훗날 소련의 지도자가 된 레닌은 1905년의 혁명이 1917년 혁명을 위한 '대규모 예행연습'(The Great Dress Rehearsal)이었다고 말했다.

조처는 식민종주국인 스페인보다 나았다. 1845년 이후 멕시코 정부는 미국으로부터 여러 차례 식량을 수입하여 식량부족 사태를 제어했다.[140] 오스트레일리아와 뉴질랜드에서 기근은 더 이상 위협이 되지 못했다.

## 아프리카와 아시아

아프리카와 중동지역의 상황은 달랐다. 1869-72년에 이란에서 대기근이 발생하여 약 150만 명이 목숨을 잃었다.[141] 19세기 30년대, 60년대, 80년대에 사하라 이남 아프리카에서 심각한 가뭄이 발생했다. 19세기 80년대에 시작된 식민전쟁은 각지의 재해를 한층 더 악화시켰다. 1900-1903년에 기근을 경험한 사헬(Sahel)*지역에서 1913-14년에 다시 대규모 기근이 발생했다. 1차 대전 이전의 가장 심각한 기근에서 25-30퍼센트의 인구가 목숨을 잃었다.[142]

가뭄이 곧바로 기근으로 발전하지는 않는다. 아프리카 여러 나라는 가뭄에 대응하는 풍부한 경험을 갖고 있었고, 이 경험을 이용해 식량부족과 기근을 피하거나 그 피해를 완화시켜왔다. 위기를 예방하거나 관리하는 방법에는 생산방식의 변경, 사회적 관계망의 동원, 생태 자원의 이용 등이 있었다. 이 지역에서는 식품 저장기술도 매우 발달했다. 우기가 말라리아와 각종 열병을 불러온다고 한다면(아프리카의 우기는 아시아 열대지역의 몬순보다 피해와 위험이 적지 않다),

---

* 아프리카 북부 사하라사막과 중부 수단 초원지역 사이의 길이 5,400킬로미터, (가장 넓은 곳의) 폭 1,000킬로미터 지역. 아프리카 서쪽 대서양 해안에서 동쪽으로 에티오피아 고원, 세네갈, 모리타니아, 말리, 부르키나 파소, 알제리남단, 니제르, 나이지리아, 차드, 수단공화국, 남수단, 에리트리아, 카메룬, 중앙아프리카공화국 북단, 에티오피아 북단을 거쳐 홍해에 이르는 지역을 가리킨다.

우기 뒤에 찾아오는 긴 건기는 사회의 질서가 붕괴되기도 한다는 점에서 우기 못지않게 위험하다. 그렇게 되면 사람들은 숲으로 들어가 생존의 기회를 찾았다. 이런 상황을 이용해 비적집단이 폭력을 확산시켰다. 서남부 아프리카의 일부지역(예컨대, 앙골라)에서는 노예무역이 여전히 활발하게 이루어지고 있었다. 도시로 피난한 사람들은 다른 사람의 도움에 의존해야 하니 어쩔 수 없이 '노예'와 다름없는 생활을 이어가야 했다. 큰 가뭄이 연속되었던 1810-30년 동안에 이런 상황은 매우 보편적이었다.[143]

식민침략이 시작된 19세기 80년대 이전에도 두 가지 새로운 추세 때문에 아프리카의 전통적인 재해 대응전략은 적용되기 어려운 상황이었다. 첫째. 대상(隊商)무역의 확산과 사하라사막 남쪽 사바나 벨트의 '동방' 노예무역이 19세기 30년대 이후 새로운 상업의 기회를 불러왔다. 원거리 교역이 지역 공급망을 통해 식량공급을 시작했다. 둘째. 지중해에 면한 북아프리카와 남아프리카에서 토지를 차지하기 위해 아프리카 토착사회와 유럽인 정착 집단이 격렬한 경쟁을 벌였다. 이 밖에도, 식민지의 자연보호를 주장하는 이상주의가 '원시적인' 아프리카에 대한 유럽인의 환상과 결합되어 아프리카 토착인구의 생존 조건은 고려의 대상에서 밀려났다.[144]

아시아는 아프리카보다 앞서서 20세기 후반에 기아의 역사와 작별했지만 19세기에는 지구상에서 가장 심각한 기근은 아시아에서 발생했다. 농업생산성이 낮고 잉여가 빈약한 사회가 일시적으로 식량공급의 시장화와 재난구조 체계의 미흡이란 두 가지 곤경을 동시에 맞닥뜨렸을 때 고통은 극심했다. 그러나 이것은 아시아의 보편적 현상은 아니었고 나라마다 개별적 경험은 달랐다.

에도(江戶)시대의 일본은 농업이 상대적으로 발달했고 위생 조건도 양호하다고 할 수 있었지만 기근 발생을 원천적으로 막아내지는 못했다. 근대 초기에 일본은 유럽과 마찬가지로 기근이 빈번하게 일어나는 지역이었다. 특히 1732-33년의 기근과 1783년의 아사마(淺間) 화산폭발로 인한 1780년대의 기근은 일본의 생태환경과 경제문제를 악화시켰다. 일본이 경험한 마지막 기근은 흉년 때문에 발생한 1833년의 덴포(天保)대기근이었다. 그 뒤로 이어지는 2년 동안 농업 수확은 별로 개선되지 않았고 1836년의 수확은 거의 재난 수준이었다. 기근으로 인한 사망자 수에 관해서는 정확한 통계가 없다. 추산에 의하면 이 시기의 인구 사망률은 평시보다 3배나 높았다. 이 밖에, 폭동의 증가도 기근과 직접적인 관련이 있었다.

기근 이후 일본은 동시대 유럽의 대부분 국가와 마찬가지로 점차 기근의 빈번한 위협으로부터 벗어났다. 그러나 우리는 일본이 마주했던 기근의 위협이 아시아 대륙의 일부 국가와 비교할 때 원래부터 제한적이었다는 사실을 간과해서는 안 된다. 자연조건을 보자면 (해발 고도가 비교적 높은 일본 북부를 제외하고) 일본에서 기후로 인한 흉년이 발생할 위험성은 비교적 낮았을 뿐만 아니라 일본의 농업 생산성은 결코 얕잡아 볼만한 수준이 아니었다. 에도시대의 일본 경제는 기본적으로 확대되고 있던 도시에 충분한 식량 공급을 감당할 능력을 갖추고 있었다. 18세기 일본인의 평균적인 영양 수준은 서유럽 국가와 비교했을 때 큰 차이가 없었다. 19세기 30, 40년대의 일본에서는 1790년 무렵에 시작된 상대적인 번영기가 그때까지도 이어지고 있었다.[145] 1846-47년의 유럽 기근과 규모면에서 비슷한 수준이었던 덴포대기근이 큰 충격이자 심각한 사회적 위기의 상징으로 받아들여졌던 까닭은 그것이 비전형적이었기 때문이다. 일본인이 보편적으로 기아와 단절된 상태에서 살아오지는 않았지만 (아시아의 다른 지역에서는 흔하던) 반복적인 식량부족 사태를 극복한 경험은 없었다.[146]

19세기 아시아에서 사망자 수가 가장 많고 세인의 주목을 가장 많이 받았던 기근은 인도와 중국에서 발생했다. 두 나라는 1876-79년과 1896-1900/1902년에 거의 동시에 예외적으로 심각한 기후 위기를 경험했다. 또한 같은 시기에 브라질, 자바, 필리핀, 북아프리카, 남아프리카에서도 흉년이 발생했는데, 엘니뇨라 불리는 기상이변이 원인으로 알려져 있다(물론 지금까지도 명백한 결론은 내려지지 않았지만). 이 시기에 중국과 인도 두 나라에서 기근 때문에 발생한 추가적인 사망자 수는 대략 3,100만에서 1,900만 사이로 추정된다.[147]

이때의 대기근이, 19세기 90년대의 러시아 대기근과 19세기 30년대의 일본 덴포대기근처럼 거대한 역사적 변화의 도화선이라고 불릴 수 있는지는 시종 의심스럽다. 중국에서 19세기 70년대의 대기근이 세기말에 일어난 기근과 비교하여 훨씬 더 심각했던 것은 사실이지만 정치적·사회적 혼란을 가중시키지는 않았다. 얼마 전에 기근보다 더 힘든 태평천국혁명을 극복했던 청 왕조 정권에게 기근은 치명적인 충격이 아니었고, 청 왕조가 1911년에 붕괴된 것도 기근과는 전혀 관련 없는 다른 원인 때문이었다. 영국의 인도에 대한 통치도 (아일랜드의 대기근이 영국의 아일랜드 통치를 흔들 수 없었듯이) 기근 때문에 흔들리지는 않았다. 그러나 저명한 자연주의자 알프레드 월리스(Alfred Russel Wallace)는 1898년에 발표한 빅토리아시대에 관한 저작에서 이 두 차례의 대기근을 일컬어 "19세기의 가장 잔인하고 가장 불행한 실수"라고 했다.[148]

기근이 예외 없이 역사의 전환점이 되지는 않는다. 그러나 기근은 그것이 일어나는 사회에 대해 우리에게 무언가를 알려준다. 인도가 그랬지만 중국에서도 전국이 기근에 휩쓸리지는 않았다. 인도에서 기근에 이르게 된 주요 요소는 (불어오지 않은) 계절풍이었다. 19세기 말의 최악의 기근은 주로 마드라스, 마이수르(Maisur), 하이데라바드(Hyderabad) 등 남부 주에서 일어났다.[149] 또 하나의 기근 중심지는 델리 이남의 중북부 지역이었다. 중국에서 기근이 퍼진 지역은 베이징과 상하이 사이의 북방 성, 특히 산서, 허난, 장쑤성이었다. 인도 식민정부가 기근 문제를 처리할 때 보여준 태도가 재해의 피해를 증폭시킨 중요한 요인이었음은 의심의 여지가 없다. 당시에도 비판이 많았던 시장의 자율만 강조하는 교조주의가 바로 기근이 심각한 재해로 발전하게 된 주요인이었다. 기근이 발생하고 나서 상당한 시간이 흐른 뒤에야 정부는 결국 재해의 심각성을 인정하고 세금징수를 일시적으로 늦추는 결정을 내렸다.[150]

인도 북방에서 농작물 수확의 감소는 실제로는 그리 심각한 수준이 아니었다. 그러나 영국 시장에서 올라간 식량 가격이 농산품을 제약 없이 빨아들이자 인도에는 농민의 생존에 필요한 최저한도에도 못 미치는 식량만 남게 되었다. 정부의 일선 기관에서조차 구제에 나서야 한다고 주장했지만 영국 통치자는 두 가지 원칙 — 민간의 농산품 무역을 제한하지 않으며, 추가적인 공공지출은 최대한 피한다 — 을 굳게 지키며 정책을 바꾸지 않았다. 1886-98년, 정책은 바꾸지 않았고 같은 상황이 다시 벌어졌다. 흉년의 피해가 가장 심각한 지역에서도 높은 가격이라면 식량을 사들일 수 있었다.[151] 영국 정부가 설치한 위원회조차도 영국 정부의 정책을 비판했다. 그러나 '저렴한 식민 지배'(colonialism on the cheap)라는 원칙 앞에서는 위원회도 입을 다물었다.

19세기의 마지막 30년 동안에 발생한 대기근은 우매한 인도인의 발전에 반대하는 저항심의 표현 — 당시에 적지 않은 유럽인이 이런 관점을 유지하고 있었다 — 이 아니라 근대화 초기의 부정적인 증상의 표출이었다. 철도와 운하는 원래는 구호물자를 실어나를 수 있는 편리한 기초시설이었지만 동시에 농촌지역에서 농산품 투기사업을 펼치기에 적절한 조건도 만들어냈다. 요컨대, 식량의 유입도 쉬워졌지만 식량의 유출 또한 쉬워졌다. 수확의 감소는 불가피하게 식량가격의 폭등으로 이어졌다.[152]

매점매석과 투기는 전근대적 사회에서 언제든지 일어날 수 있는 일이다. 그런데 이때의 사태에서 드러난 새로운 면은, 모든 농촌의 전통적인 비축식량이 전국 또는 국제시장의 교역품으로 변했다는 점이다. 이런 상황에서는 농산물 수확의 미세한 변동도 식량가격을 두 배로 높여놓을 수 있다. 그 결과 사회의 가장 낮은 계층에 속하는 농촌 주민이 최대의 피해자가 되었다(도시주민의 생활은 일정 정도 보장되었다). 시작된 지 얼마 안 되는 경제적 현대화 과정 가운데서 특정 집단—특히 소작농, 토지를 소유하지 못한 고용농, 가내수공 방직 종사자—의 취약한 지위가 갈수록 더 취약해졌다. 그 밖에도 농촌 가내수공업의 몰락과 기왕에 이재민에게 보호를 제공해주던 전통적 사회제도(가족, 씨족, 주민단체)의 해체는 문제를 한층 더 악화시켰다.

인도의 많은 지역에서 농민은 농업생산의 규모를 극한까지 늘렸다. 가장 일반적인 방식은 척박한 땅에 더 많은 노동을 투입하고 안정적인 관개 수단을 확보하는 것이었다. 그러나 이런 조건을 갖춘 지역은 많지 않았다. 수출시장에 공급할 농산물을 생산하기 위한 경쟁에서 광대한 공유지가 사유지로 변신했다. 목축민은 높은 산 위로 쫓겨났고 산림은 평지로 바뀌었다. 토지자원의 과도한 착취가 현대화의 치명적인 위기가 되었다.

경제적 취약성이 높아진 가정과 개인이 부채의 상향 나선형을 따라갔다. 도시의 대금업자, 그들의 농촌 대리인, 곡물 투기업자가 농민의 생존에 커다란 위협이 되었다. 지역 공동체 또는 정부가 적절하게 통제하는 신용대출이 없는 상황에서 소토지 소유자들이 부채의 소용돌이에 빠져들었다. 식민정부는 이런 현상을 시장 세력의 자유경쟁이라며 방관했다.

농촌 사회에서 기근의 최대 피해계층은 토지를 소유하지 않는 무산자였다. 그들은 생산 자료를 소유하지 못했을 뿐만 아니라 (원시적이긴 하지만) 공동체의 상호 원조의 원칙 위에서 운용되는 도덕경제

(moral economy)가 부여하는 전통적 권리도 이용할 수 없었다. 수확의 감소가 전면적인 기근으로 발전하는 원인은 시장 세력의 자유경쟁과 식민정부의 이기적 정책만은 아니었다. 농업 생산자의 대부분은 시장과 단절되어 있어서 지주, 상인, 고리대업자——이들 대부분은 타인의 위기에서 부를 확대할 기회를 찾았다——의 농간에 쉽게 노출되었다. 그러므로 기근은 농촌사회 권력분배의 산물이었다고 할 수 있다.[153]

1876-79년, 중국의 북방지역에서 인도와 유사한 악몽 같은 상황이 벌어졌다. '동북대기근'이라 불리는 이 재난은 청 왕조가 중국을 통치하는 동안에 전시가 아닌 평시에 일어난 재난 가운데서 피해 규모가 가장 크고 파급의 지리적 범위가 가장 넓었던 것이었다. 1786년 이후 이 지역에서는 비슷한 규모의 기근이 발생한 적이 없었다.[154] 이 재난에서 900-1,300만 명이 (대부분 티푸스로) 목숨을 잃었다. 기근의 현장을 목격한 유일한 사람은 인도에서처럼 식민정부의 관리가 아니라 개별적으로 서방에서 찾아온 가톨릭 선교사와 영사 관원이었다. 그런 탓에 서방의 사료에 나타나는 이 기근에 대한 기록은 중국 사료에 실린 풍부한 기록과는 비교가 안 된다.

인도의 기근이 외부세계에 떠들썩하게 알려졌던 까닭은 부분적으로는 처음으로 세상에 드러난 참혹한 모습의 아사자 사진 때문이었다. 그런데 중국의 북방에서 발생한 유사한 사건의 사진은 거의 없었다. 언론 매체의 입장에서 볼 때 이곳의 기근은 어떤 의미에서는 인류 역사에서 마지막의 '구식' 기근일 수 있었다. 상하이와 홍콩에 거주하던 외국인이 머나먼 동북지역에서 발생한 기근의 소식을 들었을 때는 상황이 발생한지 이미 1년이 넘는 시간이 흐른 뒤였다. 그러나 영국에서는 민간단체인 중국기근구조기금(China Famine Relief Fund)이 매우 빠른 시간 안에 조직되었고, 이 단체는 모금한 돈을 전보의 형식으로 중국에 보냈다. 이것은 전보 기술이 공익사업에 응용

된 초기의 사례 가운데 하나이다.[155)]

　중국 북방지역의 전체적인 환경은 인도와는 달랐다. 이곳에는 철도도 없었고 자본주의의 싹이 트는 모습은 전혀 보이지 않았다. 예컨대, 산서성과 해안지역을 잇는 유일한 통로는 몇 줄기 좁고 구불구불한, 언제나 통행하기 어려운 산길뿐이었다. 그러므로 재난이 발생했을 때 외부에서 구호물자를 나르고 조직적인 활동을 펼칠 조건이 인도와는 비교할 수가 없을 정도로 열악했다. 하물며 수백 년 전에 장강 중하류의 쌀을 베이징으로 나르기 위해 건설된 베이징–항저우 대운하는 보수를 소홀히 한 탓에 진흙과 모래가 쌓여 물길이 막힌 것이나 다름없었다. 이때의 기근 중심지역은 예부터 중국에서 경제가 가장 낙후되고 농업생산성이 가장 낮은 곳이었다. 그러나 중국의 '식량창고'라 불리는 장강 중하류와 남방 해안지역의 성은 결국에는 기근으로 발전한 자연재해의 영향을 전혀 받지 않았다. 청 왕조 정부도 재난구조를 위해 일련의 조처를 취했지만 재해의 심각도에 비해 턱없이 부족했다.

　18세기에 발생한 몇몇 대규모 재해를 구제하기 위해 쏟았던 노력에 비하면 이때 청 정부가 취한 조처는 결코 충분했다고 할 수 없다. 이런 결과에 이르게 된 원인은 공공지출을 줄이고 시장경쟁을 장려하는 교조적인 사상이 아니라 청 왕조 정부가 태평천국운동과 무슬림 반란을 진압하느라 막대한 국가 재정을 투입한 결과로 발생한 재정결핍이었다. 같은 시대 인도의 기근과 비교할 때 중국 북방의 기근은 더 많은 의미에서 생산의 위기였지 분배의 위기는 아니었다. 이때의 기근은 경제발전이 극도로 정체된 틈새지역, 수세기 동안 자연재해가 정부의 개입으로 대규모 재난으로 발전하지 않았던 지역에서 발생했다. 그러나 형세가 변하면서 이때의 기근이 발생했을 때 정부의 개입능력은 이전과는 많이 달라져 있었다.

## 중국, '기아의 나라'?

중국 북방에서 발생한 1876-79년의 대기근을 연구하다 보면 자연스럽게 19세기 중국의 전체 생활수준 문제로 향하게 된다. 중국은 정말 '기아가 만연한 나라'였을까? 근래에 중국이든 서방이든 학계에서 18세기 중국의 경제상황을 분석할 때 그려내는 풍경은 너무나 아름답고, 이런 그림이 그 시대에 중국에서 생활했던 서방의 선교사들이 묘사한 중국의 모습과 완전히 일치한다는 사실에 비추어 본다면 이것은 아주 흥미 있는 질문이다.

청제국의 농업경제는 다양하고 풍부한 형태를 갖추었다. 몽고 초원지대에서는 목축경제가, 남방에서는 고도의 생산성을 자랑하는 쌀 경작과 물고기가 가득한 연못이 어우러진 종합형 경제가 그리고 차와 설탕을 위주로 한 수출형 경제가 활발하게 작동하고 있었다. 이 시기의 중국 경제상황에 대해 정확하고도 포괄적인 결론을 내리기는 매우 어려운 일이긴 하지만, 연구자들 사이에서는 18세기 말까지 중국의 농업은 빠르게 증가하는 인구를 적절하게 부양하고 있었다는 일치된 평가가 나와 있다. 18세기의 중국 농민은 최소한 루이 15세 통치하의 프랑스 농민만큼, 어쩌면 그보다 더 풍요롭게 살았을지도 모른다는 주장을 서방에서는 오랫동안 불신해왔으나 오늘날 우리가 갖춘 지식으로는 이 주장은 상당한 설득력을 갖추고 있다.

동유럽 지역의 농촌인구와 비교할 때 중국 농민의 생활환경은 분명히 우월했다. 이 방대한 제국에서는 지방관리가 재해발생 상황을 설명하고 중앙 정부의 구제조치를 요청하는 보고서가 거의 하루도 빠짐없이 조정에 도착했다. 조정은 이런 보고서를 매우 중시하고 빠르게 대응했는데, 비견할만한 사례는 당시의 유럽에서는 한 건도 없었다.

명성이 높았던 중국의 공공식량 비축체계는 건륭제 연간(1737-

96년)에 최고의 효율을 자랑했다. 식량 비축창고의 관리와 유지는 지방 관리의 중요한 직무의 하나였고 재해가 발생했을 때 관부는 창고를 열어 이재민을 구제했다. 재해가 발생한 해에 방출된 곡물의 양은 평년에 세금으로 징수한 곡물 양의 몇 배가 되었다. 황제와 각지의 순무(巡撫)*는 직접 재해 상황을 살피고 구제작업을 지휘했다. 만주에서 온 이민족 정복자들이 세운 청 왕조가 중국을 통치하는 정통성의 상당 부분은 국내 안정을 유지하고 공중복지를 보장한데 있었다.

18세기 90년대부터는 관부 이외에 지방 사신(士紳)들도 자선사업에 뛰어들기 시작했다. 그들은 사립의 식량 비축창고 건설을 중요한 사업목표로 설정했다.[156] 관부의 비축창고는 재난구조 이외에도 통상업무도 책임지고 있었다. 특히 수도와 그 주변지역의 비축창고는 현물세(곡물)를 수납하고 평시에는 시장가격보다 낮은 가격으로 곡물을 내다팔아 상인의 매점매석을 견제했다.

이런 방식을 통해 형성된 민관 공동경영 식량시장은 식량가격을 효율적으로 통제할 수 있었다. 18세기의 마지막 20년 동안 공공창고의 식량 비축량은 전국 식량 총수확의 5퍼센트에 이르렀다. 가뭄과 홍수가 끊임없이 되풀이 되었어도 18세기를 통틀어 19세기 70년대의 대기근과 규모가 비슷한 재난은 한 번도 발생하지 않았다.[157]

19세기 중국의 농업생산 상황에 대해 우리가 알고 있는 지식은 매우 제한적이다. 새로운 세기가 시작될 무렵에 기후는 나빠졌던 것 같고 자연재해의 발생 횟수는 올라갔다. 이와 함께 국가가 사회에 능동적으로 개입할 수 있는 능력은 점차 떨어졌다. 재난 발생지역에 시행하던 전통적인 세금감면이나 징수연기 조처가 실제로 적용된 경우

* 명나라, 청나라 시기의 관직을 말한다. 하나의 성(省) 혹은 그 일부를 관할하는 지방관으로서 전국적으로 20명을 넘었다. 순무는 중앙에서 파견한 관리로서 본질적으로 중앙관리이다.

가 많지 않았고 이재민이 정부로부터 직접 지원을 받은 사례는 드물었다.

청의 총체적인 쇠락은 관리의 도덕적 해이와 부패의 확산으로 나타났다. 식량 비축창고와 같은 복잡하고도 정밀한 재난구조 체계는 정권이 쇠락하면 첫 번째 희생물로 떨어지기 마련이다. 한편으로는 관리 소홀로 쥐와 벌레가 비축식량을 먹어치웠고, 다른 한편으로는 보충되지 않아 많은 창고가 텅텅 비어갔다. 아편전쟁이 폭발한 뒤로 중국은 서방 열강과 끊임없이 전쟁을 벌여야 했다. 아편전쟁이 끝난 지 얼마 되지 않아서 일어난 태평천국운동은 각지에서 반란을 촉발했다. 재정상태가 나날이 나빠진 청 정부는 정책의 우선순위를 조정하지 않을 수 없었다. 재난구조와 이재민 보호는 정책의 중요도에서 군대유지에 크게 밀렸다. 19세기 60년대가 되자 식량 비축창고 제도는 전성기를 지난 후 백여 년 만에 이름만 남았다.[158] 그러나 규모 면에서 본다면 19세기 70년대의 대기근은 특이한 사건이었다. 아마도 20세기 20년대까지도 중국의 농업이 여전히 백성의 기본 생존을 보장할 수 있는 정도의 식량공급 능력을 유지하고 있었기 때문에 그 특이함이 도드라져 보였는지 모른다.

북아메리카와는 달리 유라시아대륙에서는 서쪽 끄트머리와 동쪽 끄트머리(일본)는 19세기 후반기에야 상시적인 기근의 위협을 벗어났고 그 나머지 지역은 한참 뒤에 따라갔다. 달리 표현하자면, 일부 국가에서는 식량부족과 영양결핍이 여전히 보편적 현상으로 남아 있었고 개인의 극단적인 빈곤도 아직 사라지지 않았지만, 탈출이 불가능할 것 같던 집단기근이란 망령과 기아로 인한 광범위한 죽음은 이제 과거의 사물이 되었다. 그러나 1870-71년의 파리는 최소한 하나의 예외라고 할 수 있다. 식량과 연료 공급을 차단하는 독일군의 전략은 파리 시민의 사망률이 큰 폭으로 상승한 주요한 원인의 하나였고 피해자의 대부분은 아동과 노인이었다.

최종적으로 파리의 항복을 끌어낸 것은 독일군의 포화가 아니라 비축식량의 고갈이었다.[159] 이보다 10년 앞서 중국에서도 흡사한 장면이 벌어졌다. 1861-62년의 겨울, 청 왕조의 군대는 태평천국 군이 점령한 항저우(杭州) 성을 포위했다. 두 달 동안의 포위와 경제봉쇄로 성 안에서 3만-4만 명이 굶어 죽었다.[160] 1차 세계대전 중에 개별 전장에서 봉쇄하여 굶어죽게 만드는 전술이 채택된 사례가 적지만 있었다.

　1915-16년, 오스만제국의 군대가 티그리스 강변 쿠트(Kut)의 영국군 진지를 포위했다. 그러나 이때 성 안에는 민간인보다 군인의 수가 훨씬 많았다. 2차 세계대전에서도 포위전술은 꺼진 불 속의 불씨처럼 되살아났지만 ── 레닌그라드 전투 ── 이때는 정치적 이념이 주도하는 인종말살이란 새로운 동기가 강하게 작용했다. 또 다른 유형의 봉쇄는 복수의 국가와 넓은 지역에 대한 봉쇄이다. 이런 대규모 봉쇄는 역사에 두 번 등장했고 매번 대상 지역의 민간인에게 막대한 피해를 주었다. 첫 번째는 1806년에 나폴레옹이 채용했고, 그 뒤 영국인이 철저하게 모방하여 원본을 무색케 한 대륙봉쇄 정책이었다. 또 하나는 1914년 8월-1919년 4월에 독일이 영국을 상대로 실시한 해상봉쇄였다.

# 7. 농업혁명

19세기의 빈부의 지리적 분포의 변화를 분석할 때는 전 지구적 범위의 농업발전이라는 보다 큰 배경에 비추어 보면서 관찰해야 한다.[161] 그 시대에 모든 지역에서 농업이 중요했다는 사실은 아무리 강조해도 지나침이 없다. 1차 대전 직전까지도 세계의 대다수 국가는 농업사회에 머물러 있었다. 세계는 여전히 땅을 파는 사람들의 세계였다. 그렇다고 해서 도시 거주자들이 낯선 농촌사회를 묘사할 때 흔히 썼던 표현처럼 세계는 보편적인 정체의 수렁에 빠져 있지는 않았다. 총체적으로 볼 때 세계의 농업은 빠른 발전기로 접어들고 있었다.

그 명백한 표현이 경지의 확장이었다. 동아시아와 동남아시아 쌀경작지대에서는 경지확장은 공간적 제약을 받았다. 그러나 유럽, 러시아, 해외의 신유럽 사회에서는 1860-1910년 사이에 경지면적이 2.55억 헥타르에서 4.39억 헥타르로 확대되었다. 다시 말해 50년이란 짧은 시간 안에 경지면적이 1.7배 늘었다. 인류 역사에 전례가 없는 일이었다.

늘어난 경지 면적 가운데서 서유럽이 차지하는 비중은 매우 적었다. 광대한 캐나다 대초원의 정착과 농업적 활용은 1900년 이후에야 시작되었다. 경지면적이 확대된 결정적인 요인은 미국과 러시아에서 나왔다.[162] 현재 이용 가능한 자료에 의하면 1800-1910년에 소수의 국가——특히 프랑스와 영국——에서만 농작물 경작지와 과수 조

림지가 감소했다. 그러나 경지면적의 감소와 공업화의 진전 사이에
는 직접적인 관계는 없다. 미국, 독일, 러시아, 일본 등 1880년을 전후
하여 늦게 공업화에 진입한 나라에서 농업발전의 추세가 완화되지
않았던 것이 그 증거다.[163)

1870-1913년, 세계의 농업 생산량은 연평균 1.06퍼센트씩 증가했
는데, 이는 두 차례 세계대전 사이 수십 년 동안의 농산품 생산량의
증가율에 비해 훨씬 높은 수준이다. 물론 1인당 증가율은 작았다. 그
러나 연평균 성장률 0.26퍼센트라면 1차 대전 직전까지 1인당 처분
가능한 식량과 농산품 원재료가 19세기 중엽의 수준을 넘어섰다는
의미가 된다. 나라마다 추세는 달랐겠지만 국별 수치를 합산하면 이
런 결과가 나온다.

발전 속도가 가장 빨랐던 나라는 북대서양 지역에만 집중되지는
않았다. 생산량 증가는 미국보다는 러시아가 더 높았고, 농업구조가
전혀 다른 아르헨티나와 인도네시아가 선두 자리에 올랐다.[164) 농업
생산량의 증가 뒤에는 생산성 ─투입된 자원과 산출량의 대비 ─의
거대한 차이가 숨어 있었다. 예컨대, 19세기 말 북아메리카의 헥타르
당 밀 생산량은 인도의 헥타르 당 쌀 생산량과 비슷했으나 북아메리
카의 농업 생산성은 인도의 약 50배였다.[165)

농업생산량의 증가보다 더 빠른 속도로 국제 농산품 교역량이 증
가했다. 그래도 국제교역의 총규모에서 농산품 교역이 차지하는 비
중은 여전히 낮았다. 밀, 쌀, 면화의 신흥 수출지역이 속속 등장하
고 전통적인 '곡창지역'의 지위가 빠르게 흔들렸다. 미국 중서부지
역, 카자흐스탄, 서아프리카, 버마, 베트남에서 농업 개척지가 열렸
다. 프랑스 식민세력이 들어오기 전에는 사람의 발길이 닿지 않았
던 메콩강 삼각주와 그 내지 ─이른바 코친차이나(交趾支那, Cochin
china) ─가 역동적인 쌀 수출지역으로 바뀌었다. 이곳에서 생산된
쌀은 주로 중국의 남방으로 실려나갔고 버마에서 생산한 쌀은 주로

인도로 팔려나갔다. 1880-1900년에 쌀 경작지 면적이 최소한 2배로 늘었고 쌀 추출량은 3배로 늘었다.[166] 커피, 코코아, 야자유 같은 새로운 열대 농산품이 점차 해외시장을 점령했다. 국제시장에는 '선진국'이 수출한 농산품도 있었고 '낙후한' 국가가 생산한 농산품도 있었다. 예컨대, 영국이 수입한 밀은 미국산과 러시아산도 있었고 인도산도 있었다.[167]

이것은 유럽 사회사에서 어떤 의미를 가졌을까? 유럽 3대산업 — ① 농업과 어업, ② 공업과 기계식 채광업, ③ 서비스업 — 의 상대적인 비율은 점차 변했지만 1차산업 취업인구 수는 오랫동안 절대적인 수위를 지켜왔다. 1910년에 영국, 벨기에, 덴마크, 스위스(아일랜드도 포함되지만 이유는 다르다) 등 소수의 국가에서만 농업에 종사하는 인구의 절대수가 1870년보다 줄어들었다. 유럽에서 농업 취업자 수가 전체 취업자의 50퍼센트 이하로 떨어진 시점은 영국에서는 1750년 이전, 서유럽과 북유럽에서는 1850-80년, 이탈리아·포르투갈·스페인에서는 1900년 이후였다.[168]

농업에 종사하는 인구가 하락한 데는 가족농의 감소보다는 농업노동자가 공업중심지인 대도시로 이주한 것이 더 큰 영향을 미쳤다. 19세기를 통틀어 영국(웨일즈와 스코틀랜드는 상황이 좀 달랐지만)을 제외한 거의 모든 유럽 국가가 짙은 농업사회의 색깔을 유지하고 있었다. 잉글랜드에서도 대지주 계급의 강대한 세력 때문에 공업화 이전 농경문화의 이상이 여전히 사회생활 가운데서 중요한 지위를 차지했다. 유럽대륙 전체에서 농업의 급격한 위축과 농촌지역 사회와 문화의 주변화는 1945년 이후에 시작되었다. 그런데 중국 등 일부 국가에서는 이 과정이 오늘날에 와서야 정점에 이르고 있다.

통계학적인 관점에서 볼 때 전지구적 식량공급 수준의 근본적인 개선은 1800-1913년 또는 1850-1913년에 일어났다. 사회과학에서 탄탄한 실증적 바탕을 가진 몇 안 되는 법칙 가운데 하나인 엥겔법칙(Engel's Law: 프로이센의 통계학자 엥겔Ernst Engel의 이름을 딴 이론)에 따르면 가계 소득이 높아지면 식품구입을 위한 지출의 비중은 줄어든다. 그러므로 1인당 농업생산의 증가로부터 부자만 이익을 볼 수 있는 것은 아니다. 농업혁명이란 개념을 사용하여 이것을 논증하려는 시도가 있었다.[169]

농업혁명이란 오랫동안, 특히 공업혁명 이전의 영국사와 관련하여 논쟁의 대상이었던 개념이다. 고전적인 질문은 '농업혁명'이 정말로 공업혁명에 앞서 존재했는지, '농업혁명'이 공업혁명의 필수적인 전제조건이었는지 하는 것이다. 여기서 우리가 이 문제에 대한 명확한 답을 내놓을 필요는 없다. 지금으로서는 "공업혁명이 일어나기 위해서는 더 적은 사람들이 더 많은 식량을 생산하는 일이 가능했어야 한다"는 단순한 추론을 상기하는 것만으로 충분하다. 세계사의 주 관심사는 상대적인 비율이며 따라서 우리는 다음과 같이 말할 수 있을 것이다.

첫째, 영국과 유럽의 역사학자들은 보편적으로 농업혁명을 장기적이며 안정적인 농업 생산성 증가의 시작이라 정의하며, 그 측정의 기준은 경지 1헥타르당 생산량의 제고(유럽에서 생산량의 제고는 새로 도입된 윤작제輪作制와 공업화 이전 기술개량의 결과였다)[170]이거나 (주로 기계화와 이른바 '규모의 경제'에 힘입은) 노동생산성의 제고이다. 달리 말하면, 농업생산성의 제고는 단위 노동력을 기준으로 판정할 수도 있고 단위 면적을 기준으로 판정할 수도 있다. 기록에 의하면 네덜란드에서는 이미 14세기에 농업생산성의 제고를 이런 방식으로 판단한 적이 있다. 그러나 진정한 의미의 농업혁명은 18세기 말 영국에서 시작되어 19세기 전반기까지 지속되었다.[171] 1800년 무렵 영국 농업노동자의 생산성은 러시아보다 두 배나 높았고, 영국과 네덜란드의 헥타르당 밀 생산량은 다른 나라의 두 배를 넘었다. 바로 이 때문에 영국은 18세기에 유럽의 중요한 식량 수출국이 될 수 있었다. 19세기에 들어와서는 인구의 빠른 증가와 더불어 영국은 점차 식량 순수입국으로 바뀌었다. 1815년부터는 첫 번째 곡물법(Corn Law)이 시행되면서 식량 수입관세가 영국 정치의 핵심 쟁점이 되었다.[172]

둘째, 영국의 특수한 발전 경로를 근거로 하여 18세기 말에 유럽 전체 또는 '서방'의 농업이 세계의 선도적 수준에 도달했다는 결론을 내릴 수는 없다. 유럽 대부분 지역의 농업생산성은 중국, 일본, 인도, 자바 등 농경문화가 발달한 지역과 비교할 바가 못 되었다. 유럽에서 경제가 가장 활발한 지역일지라도 기계화의 효과는 상당히 긴 시간이 지난 뒤에야 농업 발전에 도움이 되었다. 예컨대, 남부 잉글랜드에서는 1790년까지도 90퍼센트의 밀이 구식 낫을 이용해 수확되었다. 그 후 긴 자루 낫이 점차 구식 낫을 대체했다.

1900년 무렵, 영국에서 곡식 단을 묶는 수확기가 보급되고 있을 때 유럽 대륙의 대부분의 농가에서는 여전히 낫으로 수확하고 있었다.[173] 19세기 80년대부터 영국 대부분의 지역에서는 증기 탈곡기를 사용하기 시작했으나 다른 나라는 한참 뒤에야 따라갔다. 1892년, 미국에서 첫 번째 트랙터가 대량 생산에 들어갔다. 그러나 1914년 이전에 미국에서 실제 사용된 트랙터는 1,000대에 불과했다(1930년에는 100만 대에 도달). 1950년까지도 유럽의 농업 생산의 85퍼센트는 여전히 가축을 동력으로 이용하고 있었다.[174]

독일과 네딜란드에서 처음으로 대량 사용된 인공 비료는 20세기 30년대에 와서야 유럽 전역에서 보편적으로 받아들여졌다. 유스투스 폰 리비히(Justus von Liebig)*가 화학비료의 원리를 발견하고 나

* Justus von Liebig(1803 ~ 1873). 독일의 화학자. 식물이 공기로부터 얻는 이산화탄소와 뿌리로부터 얻는 질소 화합물과 미네랄을 가지고 성장한다는 사실을 알아냈고, 이를 바탕으로 하여 질소 비료를 개발했다.

서 한 세기가 흐른 뒤의 일이었다. 유럽과 미국에서도 농업의 전면적인 기계화와 과학화는 20세기에 일어난 일대 혁신이었다. 농업기술의 혁신이 이루어지는 가운데서도 일부 지역에서는 여전히 원시적인 농경방식이 남아 있었다. 스칸디나비아 반도에서부터 이탈리아 반도 남부에 이르기까지 낙후한 자연경제가 도처에서 모습을 드러내고 있었다. 심지어 어떤 지역에서는 아프리카처럼 화전 경작이 유지되고 있었다. 어떤 지역에서는 농업의 후퇴 현상도 나타났다. 예컨대, 스페인에서는 1609년에 마지막 유대인과 무슬림이 쫓겨난 후 그들이 신봉하던 농업 지식은 폄하되고 그들이 건설한 선진적인 수리관개시설은 폐기되었다. 스페인 농업은 이때부터 쇠락하더니 다시는 회복하지 못했다.[175]

셋째, 열대와 아열대의 노동집약형 관개식(灌漑式) 쌀 경작은 인류 역사상 가장 효율이 높은 농업 형태였다. 쌀농사는 유구한 발전과정을 거쳐 중국 남부지역에서 12세기에 성숙기에 접어들었다. 브로델(Fernand Braudel)이 말했듯이 쌀농사는 "극동의 역사에서 가장 중요한 사건"이었다.[176] '전통적' 농업의 발전과정이 정점에 도달했을 때 농업의 한계를 돌파할 수 있다고 한다면 아시아의 몇몇 지역이 그런 도약이 발생할 후보지였다.

농업혁명의 전제조건은 조밀한 인구밀도, 원활하게 작동하는 시장체계, 합리적인 자유노동, 높은 수준의 농업 지식과 그것의 광범위한 보급이다. 18세기 말 중국의 남부지역과 중원지역은 이런 조건을 갖추고 있었다. 그러나 다른 요인들이 중국 또는 아시아의 독자적인 농업혁명을 가로막고 있었다. 그런 장애요인들을 열거하면 다음과 같다.

쌀 경작은 경작면적이 변하지 않은 상태에서도 끊임없이 새로운 노동력을 흡수할 수 있었다. 추가 수요에 대응하여 이용할 토지자원이 부족했다. 집약형 농업이 생태에 미치는 파괴적 영향이 중국(인도와 일본을 포함하여)에서는 유럽보다 더 분명하게 드러났다. 농민은 거주하는 촌락을 벗어났을 때 취업의 기회를 찾기 어려웠다. 도시에 거주하는 부재지주(不在地主)에게는 자신이 빌려준 농지의 생산을 개선하려는 능동적인 동기가 부족했다. 19세기와 20세기 초에 농민들에게는 공업적으로 제조된 비료를 획득할 경로가 없었다. 중국 북부지역의 생태조건은 남쪽보다 열악하여 쌀 대신 밀과 기장을 경작할 수밖에 없었다. 토지 소유권이 극단적으로 분산되어 있어서 규모의 경제를 실현하기 어려웠다.[177] 그러나 쌀농사에 있어서 경작의 규모화는 의미가 없었다. 중앙집중적 관리는 쌀 농업의 효율을 높이는 데 도움이 되지 않았다. 일본에서 1910년대에 농업 생산성을 높이는 데 처음으로 효과를 낸 소형 디젤 또는 전동 양수기를 제외하면 기계화된 농기구는 벼논이나 차밭에서 활용되기 어려웠다.[178] 뿐만 아니라, 토양을 보호하는 효과가 큰 윤작도 실제 적용하는 데는 많은 한계가 있었다. 계단식 논에서 벼 재배와 양어 말고 무엇을 할 수 있었을까?

이 모든 것은, 네덜란드와 영국의 농업혁명을 기준으로 생태 환경과 사회적 배경이 다른 유형의 농업을 평가하는 것이 비현실적이며 부적절함을 의미한다. 아시아 각국은 농업 발전과정에서 시기는 다르지만 동일한 문제에 부닥쳤다. 즉, 증가하는 인구를 농업에만 의존하여 부양하기는 매우 힘든 시점이 반드시 찾아왔다. 각국이 이 시점에 이르게 되는 순서는 외부 환경으로부터 큰 영향을 받았다. 예컨대, 중국의 남부지역에서 쌀농사는 어류 양식을 포함하고 차 재배는 양잠업을 포함하는 통합적 농업생산 체계의 한 부분이었다. 18세기 초 이후 인도와 일본의 강대한 경쟁력 때문에 중국의 해외시장은 전면적으로 붕괴되었다. 처음 타격을 받은 것은 차였고 다음으로는 비단이었다. 이런 변화는 20세기 초에 중국에서 농업위기가 폭발하는 데 결정적인 영향을 미쳤다. 당시에 서방의 많은 관찰자가 이때의 위기와 관련하여 상세한 기록을 남겼다.

넷째, 영국의 농업혁명이 공업혁명처럼 서방 국가 가운데로 퍼져 나가지는 않았지만 전혀 다른 사회 환경 속에서 작은 틈새를 찾아낼 수 있었다. 공업 생산방식과 비교했을 때 농업은 특정한 생태조건의 제약을 더 많이 받을 수밖에 없고 전통적인 사회구조의 영향을 벗어나기 어렵다. 농업생산성은 국가 사이에 현저한 차이를 보였다.

유럽 대륙에서 소수의 국가만 곡물 수확과 농업생산성 면에서 괄목할만한 성과를 냈는데, 그중에서 독일이 으뜸이었고(19세기 전반에 헥타르 당 식량생산량이 27퍼센트 증가했다)[179] 다음이 덴마크, 네덜란드, 오스트리아-헝가리제국이었다. 유럽 최대의 농업국 프랑스는 이름을 올리지 못했다. 농업 생산량의 절대치도 이와 비슷한 추세를 보였다. 1845-1914년에 독일의 식량 생산량 증가폭은 연간 3.7퍼센트였으나 프랑스는 1.2퍼센트에 불과했다.[180] 아시아와 아프리카 대부분의 지역과 비교할 때 유럽과 북아메리카 농업의 가장 큰 특징은 경작과 목축이 결합된 혼합형 경제란 점이었다.

이런 경제 모형의 총체적인 효율을 수치로 평가하기 어려운 이유는 사료재배지가 곡물과 식량작물 재배지를 침범하는 경우가 많기 때문이다. 19세기에 들어와서도 아시아의 농업과 (유목을 위주로 하는)목축업 사이의 차이는 유럽보다 더 컸다. 이것은 중요한 요소인데, 유럽은 바로 이 농업과 목축을 좋은 방향으로 결합했기 때문에 특별히 높은 생산성의 증가를 성취할 수 있었기 때문이다.[181] 덴마크 같은 나라는 가축사육을 전문화함으로써 특색 있는 농업혁명에 성공했다. 버터, 치즈, 베이컨도 부를 실현하는 길이 될 수 있었던 것이다.

다섯째, 농업혁명의 '순수한' 모형의 핵심 내용은 농업생산성을 높이는 것이다. 더 높은 생산성을 실현하려면 먼저 노동생산성을 높여야 하고 다음으로 경지면적을 확대해야 한다. 잉글랜드와 웨일즈에서는 1700-1800년에 경지와 목장 면적이 50퍼센트 가까이 확대되었으나 그 후 100년 동안은 큰 변화가 없었다.[182] 19세기에 세계의 농업 생산량이 크게 올라갔던 데는 생산의 '양적' 성장이 크게 기여했는데, 주요 내용은 러시아, 미국, 아르헨티나, 캐나다, 인도에서 변경황무지가 새로운 경작지로 개간된 것이었다.[183] 기초 농산품의 생산 확대는 정치사와 깊이 연관되어 있었다. 여기서는 두 가지를 특별히 언급할 필요가 있다. ① 1차 세계대전에서 동맹국(Central Powers)의 적수*는 북아메리카와 오스트레일리아의 방대한 농업적 잠재력을 동원할 수 있었기 때문에 결정적인 우위를 차지할 수 있었다.[184] 국제정치에 관한 판단력이 부족했던 독일 지도자들은 이 핵심적인 요인을 경시했다. ② 1차 대전 이전에 농업은 몇몇 국가에서 이미 정치적 충돌의 초점이 되어 있었다. 귀족세력의 경직된 보수주의 — 오랫동안 독일의 특징으로 인식되어 왔다 — 는 이런 현상에 이르게 된 부분적인 원인일 뿐이었다. 귀족계층의 세력이 형성되지 않았거나 미약한 미국과 네덜란드에서도 유사한 상황이 나타났다. 아무리 늦어도 19세기에 진입했을 때(러시아에서는 1861년의 농노제 폐지 이후 점차) 농업의 질적인(intensiv) 발전과 양적인(extensiv) 발전이 대서양 양안에서 임금노동을 기반으로 하는 고도로 수출지향적인 농업자본주의의 등장을 촉진했다. 1873년에 시작하여 20년 동안 지속된 농업위기는 농산품 가격의 끊임없는 하락, 농업노동자 임금의 덜

---

* 제1차 세계대전은 동맹국 진영과 연합군 진영 사이에서 벌어졌다. 동맹국 또는 중앙동맹국(Central Powers 또는 Quadruple Alliance)의 구성원은 독일제국, 오스트리아-헝가리 제국, 오스만제국, 불가리아 왕국이었다. 중앙동맹국은 연합국 진영에 섰던 러시아 제국의 서쪽, 영국·프랑스의 동쪽에 있다고 하여 붙여진 이름이다. 연합국 또는 협상국(Allied Powers 또는 Entente Powers)의 구성원은 형식상으로는 35개국이었으나 실제적으로는 프랑스, 러시아, 영국이었다.

급격한 하락(또는 오히려 완만한 상승) 그리고 도시 노동자 임금 상승 사이의 모순이 반영된 결과였다.

이런 상황에서 대규모 농장은 가족으로 구성된 소규모 농업생산 단위보다 생존하기 힘들었다. 토지 소유자들은 소득이 하락하자 각자의 정치체제 안에서 자신의 이익을 지키기 위해 목소리를 높이지 않을 수 없었다. 그들은 첫 번째로 수입 농산물에 대한 보호적 관세의 징수를 요구했다. 독일에서 이 요구는 만족스러운 효과를 보았으나 영국 또는 미국에서는 큰 반응을 얻지 못했다.

대중적 토론에서 농업문제가 차지하는 중요도와 문화적 인식 면에서의 농촌 낭만주의는 서방의 경제체제 가운데서 농업부문의 지위가 갈수록 하락하는 추세를 은폐했다.[185] 어떤 나라에서는 농업자본주의의 추세가 아직 형성되지 않았다. 아직 농업자본주의가 형성되지 않았고 정치체제 안에서 농촌의 이익이 농촌생활과는 관계가 먼 도시 불로소득자에 의해 대표되는 나라에서 농업문제는 관심권 밖에 머물러 있었다. 오스만제국과 일본이 그런 나라였다. 전혀 의외라고 할만한 것은, 세계 최대 농업사회인 중국의 집단적 실어증이었다. 이해하기 어려운 일이지만 태평천국혁명 후에 시작되었고 1894-95년 중일전쟁이 끝난 뒤 한층 더 치열해진 유신 논쟁에서 농민과 농업문제에 관련해서는 시종 거의 한마디도 언급되지 않았다. 중국 역사에서 유례를 찾기 힘든 이 거대한 공공 토론의 장에서 국가가 당면한 가장 긴박한 문제인 농업문제는 완전히 무시되었다.

# 8. 빈곤과 부

## 빈곤과 현대성

　수많은 문명에 존재하는 유토피아 신화를 제외한다면, 19세기 이전까지 인류는 빈곤을 신이 설계한 자연 질서의 한 부분으로 보는 주장에 대해 전혀 의문을 품지 않았다. 맬서스(Thomas Robert Malthus)로부터 밀(John Stuart Mill)에 이르기까지 비관주의를 기조로 한 고전적 정치경제학은 현대 자본주의가 생산성의 질적 향상을 가져오고 있다는 주장이나 가난한 사람은 스스로의 노력을 통해서만 가난을 벗어날 수 있다는 주장을 불신했다. 그러나 보다 낙관적인 학파는 빈곤은 하늘이 내린 것이 아니므로 극복할 수 있다고 주장했다. 이 학파의 선구자는 후기 계몽주의자 토마스 페인(Thomas Paine)과 콩도르세 후작(Marquis de Condorcet)이었다. 두 사람은 18세기 90년대에 각기 독자적인 저서를 통해 같은 주장을 내놓았다. 이들은 현대 사회에서 빈곤은 받아들일 수 없는 것이라고 주장했다. 빈곤은 자선 행위를 통해 완화되어서는 안 되며 재분배와 생산력의 확대를 통해 해소되어야 한다. 자구책이 없는 사람에게는 당연히 다른 사람의 도움이 주어져야 한다. 콩도르세와 페인 — 결국은 그들이 지지하던 혁명으로부터 한 사람은 살해되었고 한 사람은 버림받았다 — 이후 서방세계는 원칙적으로 빈곤을 '치욕'으로 받아들였다.[186]

　빈곤과 기아는 서로 긴밀하게 연결되어 있다. 그러나 둘 사이에 필연적인 관계가 존재한다고 할 수는 없다. 아무리 가진 것이 없어도 입에 풀칠할 양식은 있는 법이다. 가난하다고 해서 모두 굶주리지는 않으며 굶주린다고 해서 모두 가난한 것은 아니다. 빈곤이란 더 많은 것을 포괄하는 개념이다. 어느 사회나 자신의 상상을 바탕으로 하여 '가난한 사람'을 정의한다. 그런 다음에 '가난하지 않은 사람'이 가난한 사람의 문제를 토론하면서 그들을 자신들의 자선행위의 대상으로 바꾸어놓는다.

발달된 공업사회와 비교할 때 현대 이전 사회는 문명의 정도에 관계없이 모두가 빈궁한 사회였다. 그러나 경제의 현대화가 빈곤을 완전히 없애지는 못했다. 이것이 인류가 '현대성'의 성취를 스스로 자랑스러워 할 수 없는 이유 가운데 하나이다. 심지어 21세기에 진입한 뒤에도 아프리카와 아시아에는 여전히 기근이 존재하고 기근 때문에 수시로 폭동이 발생한다. 현재 지구상에서 살고 있는 인류 가운데서 여섯에 하나는 상시적인 영양부족에 시달리고 있다. 19세기의 생산력 증가—주로 농업 생산성의 증가와 값싼 화석연료 사용의 시작—는 일반적으로 개인의 물질적 생존기회를 보다 평등하게 바꾸어 놓지 못했다.

한 사회 내부에서도 빈곤과 풍요는 상대적인 개념이지만 다른 사회 사이에서도 그 의미가 상대적이기는 마찬가지다. 한 사회가 전체적으로는 분명히 풍요로워졌어도 그 사회 최상층부와 최하층부 구성원 사이에 소득, 소비능력, 교육받을 기회의 차이가 줄어들지 않고 오히려 늘어난다면 상대적인 빈곤은 이전보다 더 분명해질 것이다. 소득분배의 장기 추세는 통계 수치가 완비된 서유럽 국가라 할지라도 밝혀내기가 매우 어렵다. 오래전부터 '낙관파'와 '비관파'가 이 문제를 두고 자기주장을 굽히지 않았고 지금도 논쟁은 진행 중이다.

여러 가지 증상으로 보건대, 최소한 영국과 프랑스 두 나라에서 소득과 자산의 격차는 1740년 이후 빠르게 늘어났다가 100년이 지나서야 점차 줄어들었다. 특히 상층 부르주아지와 육체노동자 사이의 격차는 이 시기에 더욱 늘어났다. 19세기 마지막 30, 40년 동안은 많은 나라에서 사회적 격차가 끊임없이 줄어든 새로운 시대였다. 이런 추세는, '고도 공업화' 과정은 노동계급의 '저소비'를 통해서가 아니라 대중 수요의 확대를 통해 추진되었다는 간단한 이론적 관찰과도 합치된다.[187] 물론 이것은 부자가 좀더 가난해졌다는 의미는 아니다.

## 부자와 초부자(超富者)

전 세계에서 돈이 가장 많은 부자라도 생로병사의 운명을 피해갈 수는 없다. 보통 사람과 비교할 때 부자는 더 나은 의식주의 조건을 갖추고 있고, 생존하기 위해 육체노동의 고통을 견뎌내지 않아도 되고, 보다 쉽게 여행을 떠나거나 고상한 문화를 접촉할 수 있다. 그들은 편안하고 사치스러운 세계에 살며 그들의 공공 행위는 다른 사람들이 선망하는 소비의 표준과 표본이 된다.

자본주의의 발전과정은 세계 각지에서(유럽에서부터 북아메리카와 남아프리카에 이르기까지) 방대한 개인적 부를 축적할 수 있는 조건을 만들어 냈다. 이전 시대라면 이처럼 큰 부를 축적할 수 있는 사람은 군사와 정치적 통치자, 극소수의 귀족상인뿐이었다. 1900년 무렵, 상대적인 의미에서건 절대적인 의미에서건 어떤 부자도 자본주의 환경 안에서 활동하는 부자만큼 부유하지 않았다. 일부 유럽 국가에서는 귀족 지주계층이 조상으로부터 물려받은 거대한 부를 여전히 지키고 있었다. 19세기말, 영국과 러시아 귀족의 최상층부(상당수의 작위를 받은 상인을 포함하여)는 여전히 세계에서 가장 돈이 많은 부자였다. 오스트리아, 헝가리, 프로이센(주로 상부 실레지아 Silesia)의 귀족들이 근소한 차이로 그 아래를 차지했다. 프랑스 귀족들은 1789-94년 대혁명의 충격을 받은 뒤로 다시는 지난날의 지위를 회

복하지 못했다.[188]

이런 부를 지속적으로 유지하자면 가장 좋은 방법은 농촌의 토지자산을 유지하면서 동시에 현대적인 사업 ─ 은행, 광산 채굴, 도시 부동산 ─ 에 투자하는 것이었다. 은행업, 제조업에서도 많은 신흥 부자가 쏟아져나왔다. 특히 영국에서 이들 벼락부자(nouveaux riches)는 귀족의 생활방식과 행동거지를 모방했다. 영국의 귀족계층은 폐쇄적인 신분제도를 구성하지 않고 고상한 외모와 행동으로 저층 사회와 구분되었다. 호화로운 도시 별장과 규모가 방대한 장원으로 구성된 세계 안에서 옛 부자와 새 부자, 세습귀족, 기사(騎士, Knights. 스스로는 Sir라고 불렀다), 작위가 없는 백만장자가 어울리면서 살았다. 이런 사람들은 다 합해도 4,000명을 넘지 않았다.[189]

신대륙과 오스트레일리아의 개척자 사회에서 부자는 거의 대부분이 봉건적 토대가 없이 자본주의적 방식으로 부를 축적한 사람들이었다(영국령 북아메리카주의 일부 대지주는 영국 귀족식의 기풍을 드러내기를 좋아했지만). 그러나 이들 신유럽 국가 사이에도 분명한 차이가 존재했다. 오스트레일리아에 금광 열풍이 불었을 때 하룻밤 사이에 벼락부자가 되어서 오랫동안 부를 지킨 사람은 매우 적었고 양을 사육하여 돈을 번 사람도 또한 손꼽을 정도였다. 1913년 오스트레일리아의 인당 평균 소득이 영국보다 많았고 심지어 미국보다 약간 높았던 것은 분명하지만 진정한 의미에서 부호라고 부를 만한 사람은 아주 드물었다. 아무리 돈이 많은 오스트레일리아 사람이라도 영국이나 미국의 부자와 비교하면 초라한 수준이었다.

캐나다에는 대부호가 더 많았지만 진정한 의미에서 역사적으로 예외적인 부호는 미국에 있었다. 1831-32년에 미국을 여행하며 관찰한 토크빌(Alexis de Tocqueville)은 완전히 평등한 사회를 보았다고 술회했다. 그러나 그는 당시에 축적되고 있던 거대한 사유재산을 보지 못했고 또한 미국 사회에서 소득격차가 꾸준히 확대되고 있던 추세의 의미도 낮게 평가했다. 그가 당시에 보지 못했던 것들을 후세의 역사가들이 그 과정의 진정한 모습을 하나씩 밝혀냈다. 부의 증가와 집중화가 진행되면서 미국의 북쪽 여러 주와 남쪽의 대농장주 가운데서 부유한 과두집단이 형성되었다. 19세기 중엽에 자수성가한 부자들이 — 이들은 한때는 과두통치에 반대하는 평등주의자였다 — 엘리트 세계에 진입했다.

1865년 미국 내전이 종결된 후 남북의 엘리트 계층 사이의 대립은 시간이 흐르면서 점차 사라졌다. 이와 동시에 남북이 통합되면서 규모의 경제 효과가 나타나 기업은 전례 없는 자본축적의 기회를 누리게 되었다. 미국 경제는 고성장의 과도기에 진입했다. 1860년 무렵 가장 부유한 인구의 10퍼센트가 국가 전체 부의 절반을 차지했지만 1900년에는 2/3를 차지했고, 상위 1퍼센트의 집안이 소유한 부가 국가 전체 부의 40퍼센트였다.[190] 대략 1900-14년 사이에 미국의 소득분배의 불평등 정도는 유사 이래 최고 수준에 도달했다. 공화주의의 이념을 따라 물질적 불평등을 제한해야 한다는 건국 원로들(특히 토머스 제퍼슨 Thomas Jefferson)의 확신은 1880년대까지도 어느 정도 반향을 일으키고 있었지만 새로운 자유시장 이념이 무제한의 자본축적에 정통성을 부여했다. 무제한의 자본축적을 옹호하는 논리에 대해 때때로 의문을 제기하는 사람들이 있었으나 미국 정치에서 이 문제를 두고 깊이 있는 논쟁이 벌어진 적은 한 번도 없었다.[191] 오히려 초부자(super rich)는 전 지구적 패자(霸者)의 싹을 키워가던 미국의 상징이 되었다. 애스터집안(Astors), 벤더빌트집안(Vandervilts), 듀크집안(Dukes), 록펠러집안(Rockefellers)의 꿈같은 부는 유럽의 부자들을 무색하게 만들었고 이들의 사치스러운 소비는 세계인이 좇는 유행이 되었다.

값을 알 수 없는 '구세계'의 예술작품으로 채워진, 영국의 컨트리 이스테이트(country estates), 프랑스의 샤토(château), 이탈리아의 팔라치(palazzi)를 모방한 건물은 새로운 초월적 부의 전시장이었다. 초부자들이 통 크게 내놓은 기부금으로 세운 대학은 지금은 세계에서 가장 명성 높은 고등교육기관으로 성장했다. 미국의 일류 자산가, 심지어 이류 자산가라도 유럽의 상층 귀족 가문과 쉽게 혼사를 맺을 수 있었다. 예컨대, (현재 가치로 환산하여) 140억 달러의 상속 지분을 갖고 있던 콘수엘로 벤더빌트(Consuelo Vandervilt)는 재정적으로 곤경에 처한 9대 말보로 공작(Duke of Marlborough)에게 시집가서 유럽 최대 궁전의 하나인 블레넘궁(Blenheim Palace)의 안주인이 되었다. 20세기가 시작될 무렵 1세대 창업자의 뒤를 이어 등장한 초부자의 자식들은 재산을 흩뿌리는 것으로 인생의 낙을 삼았다.

이들 사치스런 소비의 '세계 지도자들'이 바로 사회학자 소스타인 베블렌(Thorstein Veblen)이 『유한계급론』(*The Theory of the Leisure Class*, 1899년)에서 혹평한 대상이었다.

미국에서도 혈통은 결코 의미 없는 요소가 아니었다. 미국 사회의 '정수'(精髓)는 찰스턴, 필라델피아, 보스턴, 뉴욕에 살며 식민지시대 때부터 내려오는 오래된 집안의 후손으로서 집안의 재산을 물려받아 자기 세대에서 증식시킨 사람들이었다. 대중은 이들을 '귀족'이라 불렀는데, 이 말에는 사회적 위계의 정점에 고정된 자리를 차지하고 있다는 의미는 포함되지 않았다. 1787년 제정된 미국 헌법은 미국 시민에게 귀족의 작위가 주어질 수 없으며 최소한 공직자는 외국의 귀족 작위도 받아서는 안 된다고 규정했다. 미국에서 '귀족'은 대를 이어 유지되는 존귀한 권위와 논란의 여지가 없이 고상한 생활방식의 상징으로서 유럽의 최상급 귀족과 비교해도 손색이 없었다. 19세기 말의 뉴욕에는 이런 미국 귀족이 대략 400명 정도 있었다. 이들은 곳곳에서 다른 사람보다 우월한 신분을 갖고 있다는 자부심을 드러냈다. 이런 자부심 앞에서 재계의 거물들까지도 자신이 벼락부자에 불과하다는 자괴심을 느껴야 했다. 도시에서는 신흥 부호와 전통 부호 사이에 정치권력을 두고 쟁탈전이 벌어졌다. 이런 경쟁은 신분과 명망 겨루기일 뿐이었다. 퇴락했을지라도 귀족이 이길 확률이 높았다.[192]

　미국의 부자들이 보유한 부의 규모는 세계사에서 전례가 없는 것이었다. 그들이 등장하기 전에 어느 누구도 그처럼 방대한 물질적 부를 축적한 적이 없었다. 19세기 말, 미국의 부호들이 석유, 철도, 강철업에서 끌어모은 부는 유럽의 공업화 시기에 가장 부유했던 면방업계 거두들이 보유했던 자산 규모보다 몇 배나 많았다. 사실을 말하자면 영국의 공업혁명의 선구자들 가운데서 정말 부자가 된 사람은 극소수였다.[193] 초부자를 얕보는 극초부자가 있었다. 1914년, 은행가 모건(John P. Morgan)이 6,800만 달러의 유산을 남기고 세상을 떠나자 강철왕 카네기(Andrew Carnegie)는 그를 두고 '부자' 축에 끼일만한 인물이 못된다고 평했다고 알려져 있다.[194] 카네기, 록펠러(John D. Rockefeller), 포드(Henry Ford), 멜론(Andrew W. Mellon) 같은 기업가의 자산은 5억 달러 이상이었다.

　미국에서 부가 어느 정도로 빠르게 집중되었는지를 알 수 있는 다른 수치 자료가 있다. 미국 최고 부자의 자산이 1860년에 2,500만 달러이던 것이 20년 뒤에는 1억 달러로 늘어났고 다시 그로부터 20년이 지나서는 10억 달러가 되었다. 1900년이 되자 미국 최고의 부자는 유럽 최고의 부자(영국의 귀족이었다)보다 20배나 많은 자산을 보유했다. 로스차일드 집안(Rothschilds, 금융업), 크루프집안(Krupps, 강철 기계 무기), 베이트집안(Beits, 영국/남아프리카의 금/다이어몬드 자본)도 미국의 부호와 겨룰 수가 없었다.

　미국에서 극초부자가 등장할 수 있었던 요인은 복합적이다. 우선은 국내시장의 규모가 방대했고, 자연자원이 풍부했으며, 자본주의 경제의 발전을 저해하는 정치적 법적 제약이 없었다. 이 밖에도 산업구조 자체의 상승효과를 무시할 수 없다. 예컨대, 록펠러가 입신할 수 있었던 진정한 계기는 미국의 자동차 산업이 열어준 백년에 한 번 만나기도 어려운 기회였다. 미국에서는 농업을 배경으로 하여 일어선 대재벌이 없다. 마찬가지로 영국에서도 부호는 모두가 금융업, 신문업, 금광과 다이아몬드 광업을 통해 부를 축적했고 대규모 농지를 바탕으로 축적한 경우는 없었다. 물론 도시의 토지는 부자들이 깊은 관심을 갖는 투자의 대상이었다.[195]

서방세계 전체에서(어쩌면 러시아는 제외되어야 할지도 모르지만) 19세기 70년대는 '새로운' 등급이 분명한 부자가 배출된 시대였다. 가장 아래층에는 보통 부자인 백만장자 또는 반(半) 백만장자가 있었다. 자본 엘리트들의 문화적 품위에도 변화가 생겼다. 구식 부자는 신식 부자들의 돈 자랑, 저속하고 교양 없는 표현을 비난하고 우스꽝스러운 귀족 흉내를 비웃었다.

전혀 새로운 변화도 나타났다. 19세기 30, 40년대에 미국에서는 잭슨(Andrew Jackson) 대통령이 집권했고(1829-1837), 프랑스에서는 7월 왕조(Monarchie de Juillet, 1830 – 1848)가 들어섰다. 영국에서는 의회 개혁법(Reform Act, 1832)이 통과되었고, 독일에서는 3월 혁명(Märzrevolution, 1848)이 일어났다. 미국의 부자들 가운데는 여전히 다수가 정치적으로는 민주주의 또는 자유주의를 지지했다. 그런데 이제는 (아무리 늦어도 19세기 80년대에) 전통적인 금권정치가 등장했다. 정치적 자유주의는 내부에서 분열했다. 부자들 사이에서 보수파 또는 우파 자유주의 정당이 자신들의 이익을 대변한다는 인식이 형성되었다. 유럽이나 미국의 부자와 초부자가 모두 보수적 가치관의 열렬한 지지자는 아니었다. 그러나 이때부터 '자유주의자 부호'란 말은 모순적인 개념이 되었다.

## 아시아의 부자

미국과 마찬가지로 아시아의 부호 가운데 '중세기'나 혼란스러웠던 17세기부터 부를 축적한 사례는 없었다. 아시아에서 개인이 부를 형성한 환경과 조건은 유럽 또는 신유럽의 경우와는 달랐다. 만주족이 중원을 점령하고 청 왕조를 세운 1644년 이전에 중국에는 토지를 소유한 세습귀족이 없었다. 다시 말해 대토지 소유제는 중국의 전형적인 제도가 아니었다. 엘리트 신분을 획득하는 경로는 부가 아니라 교육이었다. 관직을 통해 생계를 도모하는 사람은 의식주 걱정을 하지 않아도 되는 수준까지는 부를 축적할 수 있었지만 거부가 되기는 어려웠고 몇 대에 걸쳐 부를 전승시킬 수 있는 사람은 아주 드물었다.

18세기와 19세기 초의 중국에서 돈을 가장 많이 가진 부자는 당연히 만주족 팔기(八旗) 후손이었고(그들은 황궁으로 가는 간선도로 주변에 자리 잡은 거대한 저택 깊숙한 곳에서 살았다)[196] 일부는 정부의 전매품으로 돈을 번 상인, 예컨대 염상(鹽商)과 산서(山西)성의 은행가(표호票號)였다. 19세기에 들어온 뒤로 일부 통상항에서 외국 상인을 위해 중개인 노릇을 하던 상인(이른바 매판買辦)도 부자의 행렬에 합류했다. 중국에서 상인의 사회적 이미지와 지위는 물질적으로는 부유하지 않은 관료 사대부 아래였다. 상인은 돈을 맘대로 뿌리고 다닐 수 있어도 문인 관료들로부터 벼락부자라 멸시받았다. 그래서 영리한 상인들이 찾아낸 방법은 토지자산을 사들이고, 관직을 사들이고, 자식을 교육받게 하는 것이었다. 하룻밤 사이에 거부가 된 사례는 중국에서는 좀체 보기 어려웠다.

19세기에 아시아의 진정한 부호는 식민지 동남아시아(예컨대 바타비아)의 화교 출신의 상인, 징세 청부업자(tax farmer), 광산소유주 가운데서 나왔다. 일찍이 17세기 초부터 화교는 이 지역에서 중요한 경제적 세력으로 뿌리내렸다. 18세기에 중국에서 이주해온 쿠(Khouw, 許)씨 집안은 1880년 무렵 바타비아와 그 인근 지역 최대의 지주였다. 이들은 도시의 가장 요지에 자리 잡은 저택에서 제왕과 같은 생활을 누렸다.[197)]

중국인은 일반적으로 부유함을 드러내기를 좋아하지 않았다. 관부의 주목을 받게 되면 불필요한 골칫거리가 생길 뿐이었기 때문이다. 쿠씨 일가가 살던 거대한 저택은 유럽 귀족이나 미국의 부호를 모방한 부의 표시였다. 중국 본토에서는 이런 사례는 찾아보기 힘들었다. 왕조 말기의 중국에서 '부자'는 사회적 모범이 아니었다. 청 왕실은 세계 최대의 궁전에서 살았지만 왕실의 부는 10-20명 남짓한 왕실 직계가족 소유가 아니라 수천 명에 이르는 왕족의 소유였다.

일본의 사회제도는 중국과 완전히 달랐지만 현실적인 결과는 상당이 비슷했다. '상민'(常民)과 명확하게 구분되는 신분을 가지고 귀족의 특권을 누리는 사무라이(武士) 신분은 유럽의 기준으로는 비유의 상대를 찾기 어려운 부자였다. 사무라이의 주 수입원은 그들이 예속된 봉건영주('다이묘' 大名)가 주는 세습봉록과 관직에 따라 주어지는 약간의 봉급이었다. 봉건 다이묘만이 영지로부터 세금을 징수할 수 있었다. 많은 사무라이들이 객관적인 면도 있지만 그보다는 훨씬 더 많이 주관적인 감성상의 빈곤 때문에 점차 에도(江戶)정권에 대해 불만을 품게 되었다. 사무라이의 불만은 19세기 60년대 중반의 메이지유신(明治維新)을 통해 정치적 요구로 표출되었다.[198)]

외형으로 보자면 에도시대는 근엄한 중국과는 달리 부를 드러내는 소비의 시대였다. 엘리아스*가 일본식 '왕권제도'라고 이름붙인 천황제하에서 근대 일본의 실질적 통치자인 도쿠가와 막부(德川幕府)는 참근교대(參勤交代산킨코타이) ─ 또는 참근교체(參觀交替)라고

---

* Norbert Elias (1897 – 1990). 독일 출신의 사회학자.

도 했다 —라는 제도를 통해 지방 영주를 통제했다. 이 제도 아래서 각 번(藩)의 다이묘는 정기적으로 에도로 와서 막부의 최고 실력자인 '쇼군'(將軍)의 궁정에서 일정 기간 동안 지내야 했다. 에도는 봉건 다이묘와 그 가신들이 부를 뽐내는 무대가 되었다. 저택의 규모, 연회석의 차림과 예물의 가치, 처첩의 숫자 등 어느 하나도 다이묘들 사이에서 부와 권위를 경쟁하는 상징이 아닌 것이 없었다.

체면을 중시하는 다이묘는 자신의 가신에게까지도 풍성한 씀씀이를 보이도록 강요했다. 재력이 부족한 일부 다이묘는 사치 경쟁에 내몰렸다가 파산할 지경에 이르렀다. 사무라이들에게 봉록을 지급하고 집안의 일상 지출에 충당하고 나면 대부분 다이묘의 금고는 텅텅 비었다.[199] 이 때문에 메이지시대에 들어온 이후 방대한 가산을 가진 지방 영주는 극소수였다.

1868년, 봉건 다이묘는 권력을 박탈당하고 일정 금액의 하사금을 받은 뒤 원래 소유하던 영지를 내놓아야 했다. 불과 몇 년 사이에 사무라이의 특권도 완전히 폐지되었다. 1870년 이후의 일본은 프로이센, 영국, 러시아보다 더 '시민화'된 사회로 바뀌었다. 공업화 과정에서 등장한 소수의 새로운 부자(일부는 도쿠가와막부 시기에 상업을 통해 부를 축적했다)는 '부자계층'을 형성하지 못했고 개인적으로 부를 과시하는 현상도 보기 드물었다. 호화로운 저택을 지어 부를 과시하는 것은 예의에 어긋나는 행위로 취급되었다.

남아시아와 동남아시아에서 부는 전통적으로 봉건 통치자가 장악하고 있었다. 유럽 식민자의 침입 이후 봉건 통치자가 부를 축적할 수 있는 기회는 크게 줄어들었고 그들의 화려한 생활도 영향을 받았다. 그러나 식민열강의 침입은 동시에 무역 분야에서 새로운 부를 획득할 기회를 제공했다. 예컨대, 벵골의 상인은 (1870년대에 서부 인도의 면방업자들이 그랬듯) 1815년 이후 큰 부를 축적했다.

아시아와 북아프리카의 여러 지역에서 각종 사회단체가 소유하고 있던 자산은 종교개혁과 프랑스대혁명 이전에 교회가 갖고 있던 자산에 비해 결코 적지 않았다. 종족집단의 여러 형태의 사당, 불교 사원, 무슬림 성소와 신도 조직이 점유하거나 임대한 토지(waqf)는 신성불가침이어서 정부도 간섭할 수 없었다.[200] 18, 19세기에 대규모 사적인 부의 축적은 흔히 종교적 또는 종족적 소수집단 ── 예컨대 유대인, 조로아스터교도, 아르메니아인, 오스만제국의 그리스인, 동남아시아시아 화교 ── 에서 나타났다.

우리는 상인 왕조 ── 인도의 마하라자, 말라야의 술탄, 필리핀의 지주, 티베트 라마 사원 ── 의 재산 상황에 대해 아는 것이 거의 없기 때문에 유럽의 부자들이 가진 부와 비교할 수가 없다. 그러나 한 가지 분명한 것은 이들은 풍요와 사치 사이의 어디엔가 위치하는 삶을 살았다는 사실이다. 서방의 귀족이나 상층 부르주아와 유사한 생활방식은 아시아에서는 따라야 할 표본으로 인식되지 않았다. 인도의 군주와 19세기 중엽 이전 에도시대의 일본의 봉건 다이묘의 사치스러운 생활을 제외한다면, 부를 과시하는 방식의 사치품 소비가 아시아에서 하나의 풍습으로 자리 잡지 못한 이유는 아시아 사회가 결코 보편적이며 상대적으로 빈곤해서 만이 아니라 문화를 끌어가는 데 있어서 물질적인 성공의 역할이 인정받지 못했기 때문이었다.


## 빈곤의 유형

사회적 사다리의 맨 아래 칸에 있는 가난한 사람들 사이의 차이는 언뜻 보기에는 그리 크지 않은 것처럼 보인다. 자세히 관찰하면 그들 사이의 차이는 매우 다양하다. 1900년 무렵의 런던을 예로 든다면, 사회개혁가 찰스 부스(Charles Booth)의 조사에 따르면 '부유한' 수준에 못 미치는 생활을 하는 사람들은 5종류로 나눌 수 있었다. 부유함의 가장 중요한 판정 기준은 (주거의 자가 여부와는 상관없이) 상시적으로 한 사람 이상의 가사노동자를 고용하고 있는지 여부였다. 부유한(well-to-do) 수준에서부터 '구차한 양반'(shabby gentility) 수준을 거쳐 다시 직설적으로 가난한 사람에 이르기까지 그 거리는 아득하게 멀었다. 부의 역사에서 19세기가 부자와 초부자의 등장 때문에 특별한 위치를 차지한다면 빈곤의 역사에서 19세기는 어떻게 평가되어야 할까.

빈곤과 부는 상대적이며 문화적 특성을 지닌 개념이다. 예컨대, 사하라사막 이남의 아프리카지역에서는 토지의 소유보다 의존하는 사람에 대한 통제가 빈부를 나누는 기준으로서 훨씬 더 중요한 의미를 가졌다. 식민지가 되기 이전의 아프리카에서 대부분의 통치자들이 소유한, 보존 가능한 부는 백성들에 비해 그렇게 많지 않았다. 통치자의 우월한 지위는 소유한 여자, 노예, 가축의 수와 식량창고의 규모로 표현되었다. 부는 과시적 소비와 후한 인심을 보여줄 수 있을 만큼의 노동력을 동원할 수 있는 능력을 의미했다.

아프리카에서 가난한 사람은 생활 조건이 특별히 취약한 사람, 다른 사람의 노동력을 동원할 수 있는 능력이 아주 적거나 아예 없는 사람을 가리켰다. 그중에서도 가장 가난한 사람은 결혼하지 않았거나 자식이 없는 사람, 특히 신체적 장애 때문에 노동할 수 없는 사람과 (걱정 없이 살지라도) 노예였다. 아프리카에서는 가난한 사람을 수용하여 돌보는 전문기구를 설치한 국가가 있었지만 그렇지 않은 나라—기독교국가 에티오피아가 여기에 포함됐다—도 있었다. 식민화되기 이전, 포용적인 공동체에서 살면서 '보살펴주는 아프리카'는 낭만적 신화일 뿐이다.[201]

토지 소유권보다 인신에 대한 통제를 더 중시하는 가치관은 아프리카만의 독특한 현상은 아니었다. 부의 보편적 정의는 희소한 자원에 대한 점유이다. 예컨대, 1861년 농노제가 폐지되기 전의 러시아에서 지주와 사회적 거물의 신분은 물질적 부의 규모가 아니라 관할하는 농노의 숫자에 따라 평가되었다. 같은 시대의 브라질에서 대농장주의 지위를 판단하는 기준은 소유한 노예의 숫자였다. 19세기 초의 바타비아에서 사회적으로 인정받는 신분이 되고자 하는 유럽인이라면 흑인 노예를 고용하는 데 인색할 수는 없었다.[202]

유목사회 — 아프리카뿐만 아니라 서아시아, 아나톨리아, 아프가니스탄과 몽고를 포함하여 — 에서 부를 가늠하는 표준은 가축무리의 규모였다. 이동생활에서 방대한 자산의 축적과 주택에 대한 투자는 장애가 될 뿐이었다. 유럽의 빈부 관념은 유목민에게는 적용될 수가 없었다. 그렇기 때문에 아프리카 목축민, 몽골인, 베두인족의 생활을 직접 보고 온 유럽의 여행자들이 한 결 같이 그들은 너무나 고통스럽게 산다고 평했다. 이런 관찰은 한 가지 면에서는 정확했다. 과거에는 물론이고 현재도 유목민족의 생활은 항시 위험으로 가득 차 있다. 유목민의 생활은 끊임없이 농경민의 이익과 충돌했고 가뭄과 기아의 위협에 노출되었다. 흉년이 들면 충격은 유목민에게 가장 먼저 찾아왔다. 유목민들에게 가축을 잃는다는 것은 생존의 수단을 잃을 뿐만 아니라 재난이 지난 후 다시 일어설 기회까지도 사라진다는 의미였다.[203]

1차 대전이 폭발하기 전, 아프리카 남부지역에서 빈곤은 인구 밀집도가 높은 유럽과 아시아 사회에서 흔히 나타나는 방식으로 시작되었다. 토지의 상실은 개인의 신체적 장애와 마찬가지로 물질생활의 악화를 가져오는 중요한 원인이었다. 정부의 지원을 받은 외래 정착민의 토지 점유는 빈곤을 유발하는 전형적인 원인이었다. 아프리카의 빈곤문제에서 도시의 역할은 유럽과는 달랐다. 아무리 늦어도 19세기 후반부터 유럽에서는 도시의 빈곤현상이 돌출되기 시작했고 그 정도는 농촌보다 훨씬 심각했다. 그러나 아프리카의 빈곤은 주로 농촌지역에서 '만들어졌고' 지금도 '만들어지고' 있다. 당연히 요하네스버그의 빈민가에 사는 가난한 사람들은 농촌의 친지들보다 잘 살고 있다고 생각했을 것이다. 극단적으로 구조적인 빈곤은 도시로 이주한 노동능력을 가진 남성보다 (1920년대까지도 기근이 발생했을 때 구호조치를 기대하기 어려웠던) 농촌지역에 남은 가족들에게 더 심각한 위협이었다.

그럼에도 불구하고 도시의 일용노동자가 농촌의 친지와 연결을 유지하는 데는 한 가지 이점이 있기 때문이었다. 끊임없이 확장되는 아프리카의 도시에서 가난한 사람들 가운데서 더 가난한 사람들은 위기상황을 만났을 때 돌아갈 고향이 없었다. 현재까지 활용 가능한 자료를 근거로 할 때, 아프리카와 중국을 포함하는 세계 대부분의 지역에서 각자의 기준에 따라 '가난한 사람'으로 정의된 사람들의 생활수준이 19세기 동안에 눈에 띄게 개선되었다고 결론 내리기는 어렵다.

상대적으로 말하자면, 도시에서는 빈곤을 판단하기가 비교적 쉬웠다. 도시에서는 완전한 범위의 소득집단 ── 거지에서부터 부유한 공장주, 은행가, 대지주에 이르기까지 ── 을 정확하게 관찰할 수 있었기 때문이다. 이 밖에도 초기에 개발된 새로운 사회조사 수단은 도시 공간만을 대상으로 하여 주민의 소득과 생활수준을 파악하는 모델이었다. 영국의 도시에서는 1860년 무렵이 전환점이었다. 이 시점에서 저층 인구의 영양상태가 향상되기 시작했고 최악의 주거환경(계량적으로 표시하자면 방 하나에 성인 두 사람 이상이 거주하는 상황)이 개선되기 시작했다. 이런 변화에 이르게 된 부분적인 원인은 도시 노동자들을 위한 교외 주거지가 개발되었기 때문이었다. 그러나 지구상에서 가장 부유한 국가인 영국에서도 도시 하층민 집단의 운명에는 근본적인 변화가 일어날 수 없었다. 영국의 구빈원(救貧院 workhouse)에 거주하는 노동력을 가진 남성의 숫자는 도시의 극단적인 빈곤의 규모를 판단할 수 있는 중요한 지표였다. 1860년부터 1차 대전이 일어날 때까지 이런 사람의 숫자는 의미 있는 감소세를 보이

지 않았다. 돌아갈 집이 없어 '부랑자'로 분류된 사람의 숫자도 마찬가지였다.[204]

19세기 전 세계의 빈곤 상황을 계량적으로 파악하는 것은 불가능한 일이다. 극히 제한된 조건에서 우리는 유럽과 다른 문명 사이의 일정한 수치 비교를 통해 상황을 이해할 수 있을 뿐이다. 그러나 극단적 빈곤집단의 규모를 파악하고자 한다면 도시지역을 대상으로 할지라도 불가능한 일이다. 최저 소득계층에 대해서는 임금 지급상황이 기록으로 남아 있는 지방에서 임금소득을 바탕으로 어느 정도라도 빈곤의 수준을 파악할 수 있을 뿐이다. 이런 제약 아래서 우리가 내릴 수 있는 부분적인 결론은, 1500~1850년 사이에 유럽 최대의 도시 이스탄불의 비숙련 건설노동자의 실질 임금은 지중해 북쪽 유럽 대도시의 총체적인 추세를 따르고 있었다는 것이다.

이스탄불의 임금이 유럽에 비해 낮아진 것은 1850년 이후의 일이었다. 다른 추산에 의하면, 1800년 직전 이스탄불과 카이로의 노동자의 (밀로 환산한) 실질 임금은 라이프치히와 빈에 비해 높았고 인도와 양자강 삼각주 지역에 비해서는 훨씬 높았다.[205] 그러나 유럽이 아시아보다 보편적으로 우위에 있었다고 추정해서는 안 된다. 지역, 노동의 종류, 노동자의 사회적 지위와 성별에 따른 차이를 밝혀내야 한다. 18세기의 마지막으로 다가갈수록 런던 또는 암스테르담의 비숙련 남성 노동자의 생활수준은 중국 대도시보다 훨씬 높았고 이 간격은 19세기에 더욱 넓어졌다. 그러나 중국의 좀더 개발된 지역과 (공업화의 물결에서 떨어져 있던) 남부 유럽과 동부 유럽을 비교하면 차이는 그렇게 선명하지 않았다.

## 구걸과 자선

19세기 말부터 독일과 일부 유럽 국가에서 복지국가의 건설이 중요한 화두로 등장했다. 이와 함께 우리는 세계의 여러 지역에서 19세기 말은 빈민구제를 목표로 한 자선활동이 새로운 동력을 얻은 시기였음을 기억해야 한다. 많은 유럽 국가의 사례를 보면 정부 또는 사회단체를 통해, 공공 재정이 부담하는 구빈활동과 개인의 자선행위가 병행했던 사실을 알 수 있다. 지역마다 양자 사이의 비중은 달랐고 배후의 동기도 다양했다. 러시아에서는 (영국의 구빈법의 제정부터 1834년 이 법이 폐지되기 전까지의 빈민구제 제도 같은) 공공 구제활동이라고 부를 만한 체계가 없었다. 사례가 많지는 않았지만 일부 대지주와 관료의 이타적 행위는 일정 정도는 유럽에서 사회참여의 표본으로서 추종과 모방의 대상이 되었다.[206]

유럽 이외의 지역에서 선명하게 대비되는 사례는 이슬람세계의 자선행위였다. 이집트에서는 오래된 자선의 전통이 지켜지고 있었다. 이슬람 교리에 따르면 자선행위는 공개적으로 과시해서는 안 되며 은밀히 완성되어야 할 행위였다. 자선행위는 일종의 도덕적 책무였다. 많은 경우에 이 책무는 재단 같은 사적 조직이 담당했다. 무슬림 특유의 구빈행위는 유럽의 관찰자들에게 깊은 인상을 남겼고, 그래서 거지로 변장한 부자 얘기의 동화도 나오게 되었다.

이런 이집트에서도 19세기에는 빈민구제를 국가의 책무로 인식하는 경향이 나타났다. 사회적 구제 문제에 있어서 우리는 서유럽과 이슬람세계의 차이, 서유럽과 북아메리카 사이의 차이를 과장해서는 안된다. 복지국가로의 발전과정이 직선 궤적을 보인 나라는 없었고, 가정 또는 공동체 단위의 구제 방식이 새로운 방식의 국가구조 체계와 병행했다. 이집트정부가 도시의 구걸행위 문제를 대처하는 데 있어서 서유럽 국가보다 무능했던 이유의 일정 정도는 구걸행위에 대해 대중이 갖고 있던 관대한 인식과 태도에서 찾아야 할 것이다(러시아의 상황도 이와 비슷했다).

물론 이집트는 여러 면에서 유럽과 달랐다. ① 상대적으로 낙후한 경제발전 수준 때문에 이집트정부는 빈민구제 사업에 필요한 재원을 조달하는 데 제약이 많았다. ② 이집트의 빈민굴은 가난한 사람의 일시적 주소에 불과했다. 영국식의 구빈원으로 진화하지 않았다. ③ 기독교 선교사의 출현과 1882년 영국의 이집트 점령 이후 식민정부의 개입으로 이집트의 빈민구제 체계는 식민주의의 영향을 받았다. ④ 이집트에서 빈민은 공공장소에서 사라지지 않고 공개적으로 사회를 향해 강하게 호소했다. 이것이 영국의 도시에서 생활하는 하층계급과 분명하게 다른 점이었다. 1860년대부터 영국에서는 빈민구제 체계의 도움을 받거나 거리에서 구걸하는 행위는 존엄을 포기한 수치로 인식되었다.[207]

역사에서 구걸행위가 근절된 사회를 찾아보기는 힘들다. 아마도 20세기 이전에는 이런 목표를 달성한 국가는 없었을 것이다. 우리는 19세기에도 구걸행위가 여전히 정상적인 사회현상의 일부로 수용되었다는 사실을 잊어서는 안 된다. 구걸행위는 빈곤 또는 극빈상황의 매우 정확한 지표이면서 동시에 그 이상의 실상을 설명해주는 상징이었다. 다시 말해 구걸행위는, 복잡한 조직을 갖추고(중국의 경우는 조합과 유사했다) 일정한 한계 내에서는 상시적으로 통치자의 용인을 받는 기생경제(寄生經濟)의 존재를 나타내는 상징이었다. 빅토리아시대의 용어인 '지하사회'(underworld)는 이런 현상을 묘사하기에는 적절치 못한 단어다.

19세기의 유럽에서 한 푼도 없는 사회적 기아(棄兒) ─ 슈베르트(Franz Schubert)의 「겨울 나그네」(Winterreise)(1828년)에 나오는 거리의 악사와 채플린(Charlie Chaplin)이 연기한 몰락한 방랑자(1914년에 만들어진 캐릭터)의 중간쯤 되는 존재 ─ 는 여전히 (사회적 신분으로서) 확고하게 존재를 드러내고 있었다. 달리 말하자면, 그들은 '생존배려'(Daseinvorsorge) 대상으로서 공공복지 체계 안에 수용되고 있었다. 하층 깊숙한 곳의 생존을 위한 투쟁을 그들이 보여주었다.

# 9. 소비의 지구화

농촌에서든 도시에서든 극단적인 빈곤은 지속적인 영양결핍 상태라고 정의될 수 있을 것이다. 목숨을 잃을 정도가 아니면서 그렇다고 극복할 수도 없는 기아의 문턱 배후에서 우리는 섭취하는 음식물의 차이가 다른 소비지출의 차이보다 훨씬 적다는 사실을 발견할 수 있다. 달리 말하자면, 가난한 사람보다 소득이 100배 많은 부자가 일상생활에서 섭취하는 음식물이 가난한 사람이 섭취하는 음식물보다 100배나 좋은 것은 아니다. 브로델이 지적했듯이, 상이한 문명 사이의 영양체계의 차이는 동일 문명 내부의 종적인 (영양체계의) 차이보다 훨씬 중요하다.[208) 부자가 먹는 식품의 종류는 더 풍부하고, 더 영양이 많고, 더 신선하고, 전문가 또는 요리사의 가공을 거쳐 완성된 것이지만 통상적인 상황이라면 그 변화는 동일한 음식체계라는 큰 틀 안에 머물고 있다. 전 지구적 역사의 관점에서 볼 때 우리는 다음과 같은 보편적 법칙 몇 가지를 도출할 수 있다.

16세기부터 서로 다른 음식체계가 대륙을 건너 전 방위로 상호 영향을 주기 시작했다.[209) '콜럼버스의 교류'(Columbian Exchange)는 유럽의 농작물과 동물을 신대륙으로 옮겨놓았고 동시에 아메리카의 농작물을 아시아와 아프리카로 옮겨놓았다. 근대 초기의 전 지구적 식물 이동현상의 대상은 소수의 희귀 사치식물에 한정되지 않았으며, 농업경제와 조경업 경제를 바꾸어놓았고, 세계의 많은 지역에서 생산성과 소비행태에 거대한 영향을 미쳤다.

1600년 직전에 처음으로 감자가 유럽에 소개된 뒤로 독일, 네덜란드, 영국에서 감자가 중요한 주식으로 자리 잡기까지 대략 200년이 걸렸다. 이보다 훨씬 앞서 고수확 품종 쌀의 등장으로 동남아시아와 중국의 쌀 생산량이 크게 늘어났다. 감자가 유럽에 도입되던 때와 같은 시기에 마닐라에서 중국으로 고구마가 전해졌다. 옥수수, 담배, 땅콩 등의 작물도 이 시기에 중국에 들어왔고 사천요리의 중요한 재료인 고추도 신대륙으로부터 전해졌다. 중국의 음식문화는 수십 년이란 짧은 시간 동안에 이 새로운 재료들을 전부 자기 것으로 만들었다. 이때 이후 중국 음식은 기본적으로 큰 변화가 없었다.[210] 아메리카의 카사바가 아프리카에 전해진 뒤 처음에는 포르투갈이 통치하는 지역에서 재배되었다.

　　19세기의 마지막 30년 동안 식민정부 또는 아프리카 현지 정부의 장려로 카사바 재배는 아프리카대륙 전체로 확산되었다. 오늘날 카사바는 아프리카 열대지역에서 재배면적이 가장 넓은 작물이다. 아메리카 대륙으로부터 바다를 건너 '구세계'에 도착한 경제작물은 새로운 용도와 수요가 나타난 뒤에야 점차 유럽인들에게 받아들여졌는데, 그 사이에 수백 년의 시간이 흘러갔다. 땅콩도 그런 식용작물 가운데 하나였다. 땅콩은 맨 처음 브라질에서 재배되기 시작했고 이어서 페루의 잉카인이 받아들였다. 중국에 전래된 후 땅콩은 빠른 속도로 식용유의 원료로 변신했다.

　　19세기에 미국에서 땅콩의 주 용도는 가축 사료였다. 어느 날 사람들이 땅콩이 병충해 피해를 입은 면화의 대체작물이 될 수 있다는 사실을 알아낸 뒤로 상황이 변했다. 땅콩은 지금은 아시아와 서아프리카의 많은 지역에서 빠질 수 없는 요리재료가 되었고 고온에 견디는 특성 때문에 유럽에서도 환영받게 되었다. 열대산 식물성 기름(식품으로서 뿐만 아니라 비누와 화장품의 원료로 쓰인다)의 보급은 19세기의 가장 중요한 교류의 성과 가운데 하나였다.[211] 대륙 사이의 활발한 농산품 교역 덕분에 열대과일의 재배가 불가능한 지역에서도 그 것을 맛볼 수 있게 되었다.


## 음식의 이동

서로 다른 요리문화는 새로운 음식을 받아들일 때의 반응에서도 큰 차이를 보인다. 거의 모든 음식습관이 해외에서 수입된 미국 같은 나라에서 이런 상황은 선명하게 드러났다. 19세기에 이민이 쏟아져 들어오면서 새로운 미각도 따라왔다. 19세기 중반에 사금채취 열풍이 불면서 많은 이탈리아 이민이 캘리포니아로 와서 정착하거나 미국의 다른 지역으로 이주했다. 그들은 파스타를 만들 때 쓰는 고향 특유의 밀*을 가지고 왔다. 이 사실을 통해 우리는 세계적인 이탈리아 음식의 전파는 피자가 세상을 풍미하기 전에 시작되었음을 알 수 있다.[212]

음식문화의 영향력의 지리적 분포와 정치적·경제적 세력의 분포는 일치하지 않는다. 예컨대, 이미 16세기에 음식문화 방면의 강렬한 학습욕을 보여주었고, 아편전쟁 이후 강압에 의해 나라의 문을 열면서 정치적으로 크게 약화된 중국은 그래도 자신의 음식문화에 대한 자부심을 잃지 않았다. 이런 태도는 1900년 이후 약간 변했다. (중국에서 생산되었고 대부분 중국 회사가 만든 것이었지만) 서방의 기술을 사용한 세 가지 '백색' 대중 소비제품 ──밀가루, 쌀, 설탕──이 도시 지역에서 상당한 인기를 끌었다.

19세기 60년대부터 중국의 일부 대도시에 소규모 양식당이 나타나

---

\* 듀럼밀(durum wheat, 또는 마카로니밀, 파스타밀)은 유럽 중부와 동부에서 기원전 7,000년 전부터 식량으로 사용되어왔다. durum은 라틴어로 딱딱하다는 뜻이며 밀 종류로는 가장 딱딱하다.

기 시작했다. 19세기 80년대 이후, 하얀 식탁보가 깔리고 은으로 만든 포크와 나이프가 놓인 양식당을 친구와 함께 찾는 것은 부자들이 부를 자랑하고 신분을 과시하는 일종의 유행이었다. 그러나 중국의 구매력을 갖춘 계층은 서방 음식과 소비제품에 대해 보편적으로 냉담했다.[213] 일본은 많은 분야에서 서방에 대해 상당히 개방적인 태도를 보였지만 음식에 관해서는 최소한 19세기까지는 서방을 모방한 사례가 많지 않았다. 유일한 예외는 육류소비의 증가였다. 일본인은 육류소비를 문명이 고도로 발달한 징표로 받아들였고 서방인의 신체가 강대한 비결은 육식이라고 생각했다.

반면에, 마르코 폴로의 뒤를 이어서 유럽으로부터 온 많은 여행자와 선교사, 광저우에 정착한 서방 상인들은 중국음식에 관한 직접 경험담을 문자로 기록해 남겼다. 19세기 40년대에 중국이 대외 개방을 시작한 이후 통상항에 거주하는 수많은 외국인이 중국 식당을 찾거나 개인적으로 요리사를 고용하여 중국의 음식문화를 이해하게 되었다. 물론 중국 음식에 익숙해지지 않거나 중국음식을 원치 않아서 돈과 인력을 들여 끼니마다 서방음식을 먹는 사람도 많았다.

중국 밖에서 사람들은 오랫동안 중국음식을 맛볼 기회를 찾을 수가 없었다. 중국인 쿨리가 출입하는 음식점과 유럽과 미국의 차이나타운에 있는 중국 음식점을 찾는 외국인은 거의 없었다. 기자였던 마크 트웨인(Mark Twain)은 아시아인이 아니면서 젓가락으로 음식을 먹은 경험을 문자로 기록한 첫 번째 서방인이었다. 1884년 런던 사우스켄싱턴(South Kensington)에서 열린 국제건강박람회(International Health Exhibition of 1884)에 공식 참가한 중국음식점이 유럽에서 첫 번째로 문을 연 중국식당이었다. 유럽인들에게 마침내 중국음식을 맛볼 수 있는 기회가 찾아왔다. 이 박람회에 중국음식점이 참가하도록 주선한 인물은 당시 중국정부의 해관총세무사(海關總稅務司) 사장(司長)이었던 아일랜드인 로버트 하트 경(Robert Hart, Sir, 1835-

1911)이었다.* 그러나 이것이 중국음식이 서방 세계를 정복하는 첫걸음은 아니었다. 그 첫걸음은 20세기 20년대에 캘리포니아에서 시작되었다. 중국음식이 진정한 의미에서 '세계화'된 것은 1945년 이후의 일이었다.[214] 반면에, 서방음식이 호화로운 호텔이나 동아시아의 조계지가 아닌 곳에서 동아시아의 식습관에 의미 있는 영향을 주게 된 것은 20세기의 마지막 30년 동안에 ── 그것도 대량생산된 공업 상품의 형태로 ── 일어난 일이었다.

19세기말, 유럽의 식품점에는 점차 더 많은 '식민지 상품'이 등장했다. 런던과 영국의 대도시에서 18세기에는 소수의 전문 매장에서 설탕, 차, 기타 이국 상품을 살 수 있었다.[215] 수입식품과 사치품의 중요도에 있어서 유럽의 어느 나라도 영국과 비견될 수 없었다. 동인도회사는 (특히 1784년 차 수입관세가 대폭 낮아진 이후) 영국인을 차 마시기에 매료된 민족으로 바꾸어놓았다. 1820년 무렵 영국의 매년 차 소비량은 3,000만 파운드에 가까웠다.[216]

협소한 사치품 시장을 벗어나 대중의 식습관에 중대한 영향을 미친 또 하나의 수입상품은 바로 설탕이었다. 이미 17, 18세기에 설탕의 수요가 카리브 해와 브라질의 플랜테이션 경제와 대서양 노예무역의 번창을 자극했다. 그러나 18세기 말에 이르러 설탕은 일상생활 가운데서 널리 보급되었고 차의 보충적 감미료의 지위를 벗어나 진정한 의미의 대중 소비상품이 되었다. 19세기에 들어와 설탕 소비량은 큰 폭으로 늘어나기 시작했다. 전 세계 설탕 생산량은 1880-1900년 사이에 두 배로 늘었고 그 뒤 1914년까지 다시 두 배로 늘었다.[217] 19세기를 통틀어 영국인의 평균 칼로리 섭취량 가운데서 설

* 하트는 1854년 5월, 19세의 나이로 중국어 통역으로서 영국 정부의 외교관 생활을 시작했다. 청 정부의 요청으로 중국의 세관업무를 총괄하는 해관총세무사 사장(海關總稅務司司長)에 취임해 무려 반세기(1861 - 1911)동안 일했다.

탕이 차지하는 비중은 2퍼센트에서 14퍼센트로 높아졌다. 인류학자 민츠(Sydney W. Mintz)가 많은 분야에 영향을 미친 자신의 저서에서 지적했듯이 설탕은 가난한 사람들의 식품, 공업화 시대에 심각한 착취를 당하는 영국의 노동계급에게 제공된 신속한 체력보충제였다.[218]

설탕이 대중 소비재가 될 수 있었던 것은 19세기 내내 설탕의 '실질적' 소매가격이 지속적으로 하락했기 때문이었다.[219] 설탕은 두 종류뿐이다. 하나는 열대지역에서 자라는 사탕수수로 만들고 다른 하나는 온대지역에서 자라는 사탕무로 만든다. 이에 반해 소금은 여러 가지 방식으로 만들 수 있고 그렇기 때문에 설탕과 비교해서 특정 지역과의 연계성이 강했다.

목축업도 이와 유사하다. 목축업은 도축업과 마찬가지로 전통적인 지역 산업이다. 육류는 신선도를 유지할 수 있는 기간이 상대적으로 짧은 특징이 중요한 원인이었다. 19세기 식품산업에 나타난 큰 추세는 육류생산의 공업화와 육류시장의 세계화였다. 근대 초기 서유럽 지역의 1인당 평균 육류 소비량은 완만하게 내려갔다. 19세기에 들어와서도 이 추세는 어떤 지역에서는 한동안 지속되었고 때로는 수요가 줄어드는 착시현상도 나타났다.

파리의 가난한 사람들은 기근이 발생했을 때 고양이 고기까지 먹었다.[220] 아무리 늦어도 19세기 중엽부터 하층집단을 포함한 서유럽 각국의 육류식품 소비량은 분명하게 증가했다. 19세기 60년대부터 90년대까지 영국 노동자 가정의 육류소비는 두 배 증가했는데, 매 주 1인 평균 1파운드 이상을 소비했다.[221]

일본은 메이지시대에 진입한 이후 여러 방면에서 여전히 도쿠가와 시대의 습관을 유지했지만 채식을 좋아하던 일본인도 점차 육식 쪽으로 기울기 시작했다. 1866년 이전에는 일본의 특정 집단, 예컨대 사무라이와 스모 선수들은 평소에도 다량의 육류를 섭취했다. 그러나 19세기의 마지막 30년 동안에 일본인은 점차 서방인의 신체가 강건한 까닭은 육식 습관과 긴밀한 관계가 있으며 '문명국'이라면 채식은 자랑스러운 전통이 아니라고 믿었다.[222]

육류 수요가 확대되면서 1865-92년 유럽에서 사육되는 가축 수의 증가 속도는 인구증가 속도를 초월했다. 이와 함께 미국의 서부, 캐나다, 아르헨티나, 파라과이, 우루과이, 오스트레일리아, 뉴질랜드에서 목축업이 크게 일어났다. 1876년, 아르헨티나에서 생산된 소고기가 처음으로 냉장선에 실려 유럽에 도착했다.[223] 대략 1880년부터 새로운 냉장기술이 등장하여 소고기를 아르헨티나와 대양주 각국으로부터 대규모로 유럽에 공급할 수 있게 되었다. 1900년 이후 아르헨티나는 전 세계에서 가장 중요한 소고기 수출국으로 성장했다. 이 무렵 미국에서는 방대한 소고기 생산량이 빠르게 확대되는 시장수요를 만족시키고 있었다.[224]

아르헨티나의 유럽에 대한 소고기 수출량이 증가한 직접적인 원인은 영국 정부의 정책이었다. 영국 정부는 남아프리카에서 전쟁 중인 (보어전쟁) 영국군에 통조림 소고기와 냉동 소고기를 공급하기로 결정했다. 그러나 아르헨티나의 소고기 수출의 진정한 번영은 1907년부터 시작되었다. 이해에 현대적인 냉장기술을 보유한 미국의 식육포장회사가 아르헨티나의 유럽 수출업무를 맡았다. 이것은 아르헨티나와 미국 사이의 첫 번째 합작투자였다. 이런 일은 이전에는 영국 경제계의 세력권에 속했다. 그러나 아르헨티나 기업의 미국 시장 진입은 허락되지 않았다.[225] 미국의 카우보이, 아르헨티나의 가우초(gaucho)처럼 낭만적인 색채가 가득한 사회 집단은 전 지구적 육류산업 가운데서 유동(流動) 프롤레타리아의 역할을 담당했다.

미국의 '황야의 서부' 목장주는 점차 시카고의 거대한 도축장의 공급상으로 변해갔다. 이 도시의 남쪽에 관광객의 눈길을 끄는 독특한 풍경이 등장했다. 소와 돼지를 위해 지상에 마련된 공업화된 지옥은 철도망의 완비와 함께 번영했다. 이곳 도축공장의 지옥과 같은 풍경과 겨룰 수 있는 곳은 동물의 공동묘지 같은 부에노스아이레스의 도축장 지역뿐이었다.

식품생산의 공업화는 새로운 발명품인 분유와 육류 통조림의 거대한 수요를 폭발시킨 미국의 내전과 함께 시작되었다. 신시내티에 이어서 북부 여러 주의 수요를 충족시킨 시카고는 그래서 '돼지고기 도시'(Porkopolis)라 불렸다. 이곳의 도축장은 2만 1,000마리의 소와 7만 5,000마리의 돼지를 동시에 가공할 수 있었다. 1905년 한 해 동안 시카고에서 도축된 가축이 1,700만 마리였다.[226)

업턴 싱클레어(Upton Sinclair)의 소설 『정글』(*Jungle*)(1906년)의 배경은 시카고의 도축장이었다. 이 작품은 오늘날까지도 미국 자본주의를 가장 예리하게 비판한 작품으로 꼽히고 있다. 작가는 이 작품에서 에밀 졸라(Émile Zola) 풍의 자연주의 기법을 사용하여 시카고의 도축장을 단테(Dante Alighieri)식의 지옥으로 그려냈다. 이 소설은 출판되자 바로 베스트셀러가 되었다. 많은 독자들이 소설을 읽은 후 육류 음식에 대한 혐오감을 갖게 되었고 시장에서 한때 육류 판매가 줄어들었다. 20세기가 시작될 무렵 미국 중서부의 평범한 성인의 1일 평균 섭취 열량은 대체로 4,000칼로리였다. 같은 시기에 영국 노동자의 1일 평균 섭취 열량은 2,400칼로리였다.[227)] 미국인의 소갈비 사랑은 육류 공급의 과잉시대였던 이때에 시작되었다. 아르헨티나를 제외하고는 다른 어떤 나라도 미국처럼 소갈비를 신성한 존재로 떠받들지 않았다.


## 백화점과 레스토랑

서방세계에서 식품 생산의 공업화——독일의 경우는 19세기 70년대에 시작했다——는 사회 다른 분야의 변혁과 연동하여 일어났다.[228] 노동계층과 중하층 여성의 취업률이 높아지자 그들이 집안일에 쓸 수 있는 시간이 크게 줄어들었고 이 때문에 식품 반제품의 수요가 증가했다. 이런 제품은 지역의 경계를 넘는 공급체계가 있어야 최종 소비자에게 전달될 수 있었다. 그러자면 자급자족적 농가, 정기시장, 동네 푸줏간과 빵가게 등의 활동 영역을 초월하여 도매시장이나 도매상으로부터 정기적으로 상품을 공급받는 식료잡화점이 있어야 했다. 이런 판매 체계는 19세기 말이 되어서야 유럽에 등장하기 시작했는데, 점포의 분포나 취급 상품의 내용이 균질적이지 못했다. 19세기를 통틀어 대부분의 농촌지역에서 타지역 상품의 공급은 행상인과 봇짐장수가 담당했다. 이런 판매체계는 같은 시대의 중국과 본질적으로 다른 게 없었다. 중국에서는 정기적인 지역시장과 함께 행상인으로 구성된 거미줄처럼 정교한 공급망이 작동하고 있었다. 시장으로부터 상점(상점의 변종인 소비조합을 포함하여)으로의 전환은 식품 생산의 공업화와 국제화의 필연적인 부산물이었다.[229]

19세기에 상업분야의 가장 극적인 혁신은 백화점이었다. 백화점 등장의 전제조건은 상품의 표준화와 대량 생산이었다. 백화점의 등장은 전혀 새로운 상업적·사회적 공간을 열었다. 백화점은 상품의 세계를 보여주는 모형 세계박람회였다. 최초의 백화점 형태의 상점은 19세기 50년대에 파리에서 문을 열었다. 철학자이자 문명사가인 발터 베냐민(Walter Benjamin)은 프랑스의 자본주의 문화를 분석하면서 백화점을 (파리의 유명한 아케이드와 함께) 핵심 논제로 채택했다.[230] 파리는 런던이나 함부르크 같은 항구도시나 국제적인 화물 중개 중심지도 아니었고, 뉴욕이나 베를린처럼 공업의 중심지도 아니었다. 프랑스에서 수공업이 공업화된 대규모 생산으로부터 받은 충격의 정도는 미국에 크게 못 미쳤고, 공업과 수공업은 병존하면서 파리시민의 독특한 소비문화를 형성했다.[231]

19세기 30년대와 40년대는 파리 아케이드의 전성기였고 백화점의 황금기는 '아름다운 시대'(Belle Époque)라 불리던 1880-1914년이었다. 런던에서 백화점의 등장은 파리에 비해 몇 년 늦었으나 집 안에서 필요한 것은 모두 갖춘다는 원칙에 있어서는 더 철저했다. 런던의 백화점은 심지어 장례용품까지도 팔았다. 19세기 80년대에 찰스 해로드(Charles Digby Harrod)는 상점과 클럽을 통합한 백화점을 세웠다.232) 뉴욕의 첫 번째 백화점은 런던보다 이른 1851년에 등장했다. 이때 파리의 바람은 아직 뉴욕까지 불어오지 않았다. 알렉산더 스튜어트(Alexander T. Stewart)는 브로드웨이에 5층짜리 르네상스풍의 대리석 건물을 짓고 백화점 문을 열었다. 이때부터 미국에서 백화점 건축 경쟁이 벌어졌다. 시카고를 위시하여 각지 신흥 도시에 백화점이 들어섰다.233) 그러나 이런 상품 유통방식이 발전된 나라의 모든 대도시에서 주목을 받았던 것은 아니었다. 독일에서 1875-85년 동안의 10년은 베르트하임(Wertheim), 티츠(Tietz), 카르슈타트(Karstadt), 알트호프(Althoff) 등 가족기업이 생겨나고 백화점이 세워지던 시기였다. 작센주 괴를리츠(Görlitz)에는 아르 데코(Art Déco) 형식의 백화점 '카우프하우스'(Kaufhaus)가 세워져 다른 대도시와 도시경관의 아름다움을 겨루었다. 그러나 유럽의 또 하나의 소비 중심지인 빈에서는 19세기 말에 와서야 백화점이 대형 전문상점을 대체했다.234)

도쿄의 첫 번째 백화점은 메이지시대 말에 등장했다. 1886년, 한 오래된 비단상점이 유럽식 옷을 팔기 시작했다. 그러자 대형 상점들이 변화를 시도했다. 이 도시의 첫 번째 전화가 이들 상점에 가설되었고, 여성 점원이 등장했다(일본의 전통에 따르면 남자만 점포에 나올 수 있었다). 1908년, 첫 번째 서양풍의 대형 상점이 문을 열었다. 변화는 거기서 끝나지 않았다. '칸코바'(勸工場, 공업을 장려하는 장소란 뜻이다)란 이름의 복합 상점이 등장했다. 이런 형태의 상점은 동양 전통시장의 규범을 지키면서 파리 식의 아케이드를 접목시켰다. 독립된 상점들이 하나의 건물 안에 모인 이곳은 오늘날의 쇼핑몰의 원형을 보여주었다. 그러나 20세기 20년대에 들어와 백화점이 복합 상점을 몰아냈다.[235]

　19세기의 또 하나의 혁신적인 사물인 레스토랑은 사실상 유럽의 발명품은 아니다. 상업적으로 음식과 서비스를 제공하는 식당의 기원에 관해서는 여러 주장이 있다. 레스토랑은 많은 나라의 예부터 있던 주점, 식당, 여관, 혹은 차방과는 성격상 두 가지 차이가 있다. 하나는 높은 수준의 요리 기술이다. 돈을 지불할 능력이 있으면 누구든지 이곳에서 이전이라면 궁정이나 귀족과 부호의 저택에서 즐길 수 있었던 미식을 먹을 수 있다. 달리 말하면, 레스토랑은 미식 감상 기회의 민주화를 실현했다. 다른 하나는 레스토랑의 주인은 조합이나 기업에 속하지 않은 독립적인 경영자이다. 그는 소비자를 위해 상품과 서비스를 제공한다. 새로운 세계가 이곳에서 탄생했고 그 세계의 중심은 지금까지도 파리이다. 이곳에서 음식을 만들고 먹는다는 것은 단순히 생리적 욕구를 만족시키기 위한 행위가 아니라 예술적 열정을 발산하고 즐기는 행위이다. 복잡 미묘한 문화사적 포장을 걷어내면 파리가 미식의 중심이 되기까지의 신기하지도 않고 흥미롭지도 않은 실제적인 과정이 드러난다.

　프랑스대혁명은 미식의 세계에서 사치와 유행의 극치를 누리던 프랑스 궁정을 붕괴시켰다. 왕공과 귀족은 재산을 몰수당하고 국외로 달아났다. 궁정과 귀족을 위해 온힘을 다하던 요리사들이 실직자가 되었다. 이 사람들이 새로운 시장을 찾아 나섰다. 이들이 소비자에게 제공한 것은 이전에는 볼 수 없었던 상품이었다. 이렇게 하여 구매력을 가진 도시 시민계층은 요리예술을 즐길 수 있게 되었다. 19세기에 소비자 집단은 갈수록 국제화했다. 호화로운 관광을 원하는 사람들에게 파리의 매력 가운데 하나는 고급 레스토랑을 찾아가 비교할 수 없는 미식을 즐기는 식도락이었다.[236] 그러나 우리가 여기서 언급하고자 하는 대상은 소수의 값비싼 고급 레스토랑만이 아니다. 요리예술의 전당 가운데는 위로는 호화스러운 정상급 레스토랑으로부터 아래로는 노동자 거주지역의 작은 주점에 이르기까지 다양한 종류의 레스토랑이 존재했다.

또한 민족문화의 특성도 중요한 역할을 했다. 해협을 건너 영국에는 2,600개의 생선 감자튀김(fish-and-chip) 가게가 있었고 이곳에서 소비되는 식용유는 매주 1,000톤을 넘었다. 영국 노동자계급이 즐기는 대구와 감자튀김의 조합이 언제 발명된 것인지는 명확히 알 수는 없으나 아마도 19세기 60년대로 추정된다. 이때부터 피시 앤드 칩스는 쟁반 위에 담긴 영국 국민성의 상징이자 영국인의 정체성의 표지가 되었다.[237)]

중국에서 높은 수준의 상업적 레스토랑은 오래전부터 존재했고, 따라서 프랑스인이 레스토랑을 '발명했다'는 주장은 설득력이 없다. 명 왕조 말기, 특히 16세기에 대외 무역이 번성하면서 부유한 상인계층이 등장했고 중국의 도시문화가 상당한 정도로 부르주아지화하자 민간의 레스토랑도 번성하기 시작했다. 대중이 쉽게 접근할 수 있는 레스토랑의 규모는 17세기의 각종 풍운과 변화를 겪으면서도 끊임없이 확대되었다. 후세의 무수한 기록과 문학작품이 풍부하고 다채롭게 묘사했듯이 중국의 미식과 대중 레스토랑은 번영했다. 길거리 음식과 작은 식당에서부터 화려한 연회장까지, 어떤 가격대의 수요이든 이곳에서는 만족시킬 수 있었다.

유럽이나 일본과 비교할 때 중국 근대사회의 계층의식과 신분의식은 상대적으로 희박했고 대중문화와 엘리트문화의 경계도 비교적 모호했다. 이 밖에도 호화로움과 기품으로 논한다면 정자와 누각을 갖춘 중국 부호의 저택도 프랑스의 시골별장(hôtel)이나 파리와 런던 시내의 귀족의 저택에 한참 못 미쳤다. 중국의 대중은 상대적으로 일찍이 고급 미식을 접촉할 수 있었다. 프랑스인들이 대혁명을 통해 쟁취한 것이 중국에서는 일찍부터 통상적인 것이었다.

일본의 상황은 어땠을까. 일본에서 첫 번째 레스토랑은 18세기에 등장했다. 19세기 이전의 일본 사회와 문화는 신분제 성격이 강했다. 여러 종류의 레스토랑은 그러므로 유럽이나 중국보다 더 분명하게 사회적 지위와 신분을 나타냈다. 1883년, 첫 번째의 중국식 레스토랑이 일본에서 문을 열었을 때 매우 신기한 일로 받아들여졌고 서방식 레스토랑은 찾아보기 어려웠다. 미식의 세계에서는 '섬세한 차이'도 쉽게 드러나는 법이다. 요컨대, 레스토랑은 동아시아와 유럽에서 나란히 등장한 발명품이었다. 동아시아가 식도락의 문화에서는 앞섰던 것이 분명하지만 (18세기의 원예예술처럼) 유럽이 중국의 레스토랑을 '거울삼았다'는 증거는 없다.[238]

음식과 소비습관의 변화는 새로운 마케팅 방식과 함께 나타났다. 마케팅 분야에서는 미국이 세계의 선도자였고 독일이 그 뒤를 따랐다. 19세기 80년대에 군사작전 같은 전략적인 상표 마케팅이 탄생했다. 싱어(Singer) 재봉틀과 독특한 유리병에 담은 운더베르크(Underberg) 약초액이 상표 중심 마케팅 시대의 새벽을 알렸다. 소비제품의 연속적인 대량생산 기술이 갖추어졌기 때문에 이런 상품이 세상에 나올 수 있었다. 지금까지 소비자는 구매하는 상품의 내력에 대해 아무것도 몰랐지만 이제부터 소비자는 담배, 비누, 통조림 포장지에 적힌 상품의 이름과 표식을 보고 생산자에 관한 정보를 얻을 수 있게 되었다. 상표와 특허관련 법은 새로운 조직적인 대량 소비시대의 중요한 표지였다.[239] 이처럼 문화사적으로나 경제사적으로도 중대한 전환점을 만든 대표적인 상품을 꼽으라고 한다면, 약제사 존 펨버튼(John StythPemberton)이 1886년 5월 8일 애틀랜타에서 출시한 끈적거리는 갈색 액체의 숙취와 두통치료제를 빼놓을 수 없다. 코카콜라(Coca-Cola)의 판매량은 1887년의 1,500갤런에서 1913년에는 675백만 갤런으로 수직상승했다.[240]

코카콜라는 공업적 대량생산 식품과 음료의 제1세대에 속했다. 이런 생산방식은 19세기 80년대에 미국에서 시작되었고 그 영향을 받아 곧 유럽에서도 식품과 음료 생산기업이 속속 등장했다. 이 시기에 등장한 하인즈(Heinz) 토마토케첩, 켈로그(Kellogg) 콘푸로스트, 레버(Lever) 마가린(마저린) 등은 모두가 실험실에서 태어났다. 이들 유명 상표는 세계로 퍼져나갔다. 20세기 초에는 중국의 외진 농촌마을에서도 록펠러가 창업한 스탠더드 오일이 생산한 석유가 등불을 밝혔고 서방의 화학비료와 담배가 팔렸다.

복잡하고 새로운 판매망의 중요한 한 부분이면서 시장 점유율에 결정적인 작용을 하는 요소가 우편판매였다. 이 판매방식도 역시 미국인의 발명품이었다. 광대한 국토, 많은 농가가 오지에 자리 잡은 지리적 조건이 이 발명을 자극한 중요한 요인이었다. 우편판매에서 빼놓을 수 없는 전제 조건은 철도였다. 미국정부의 우정부가 1913년부터 시작한 우편낭 배달 서비스는 시장을 더욱 넓혀놓았다.[241]

상술한 여러 가지 변화와 현상을 종합할 때, 이 새로운 사회의 형태를 '소비자 사회'라고 부를 수 있지 않을까. 20세기 80년대 초에 와서야 역사학자들은 소비자를 재발견했고, 이때부터 공업화가 가져온 생산성 증가에만 주목해왔던 편협한 역사관에서 빠져나왔다. 인간 행위의 바퀴를 원활하게 돌아가게 하는 것은 수요와 경쟁, 향락과 유행이었다. 이것은 문화사적으로도 흥미 있는 현상일 뿐만 아니라 경제발전을 설명하는 데도 중요한 의미를 지닌다. 충분한 수요가 있어야 생산을 합리화하려는 추진력을 거시 경제적 성장 과정으로 전환시킬 수 있(었)기 때문이다.

그렇다면 소비자 사회는 언제부터 시작되었을까. 소비자 사회는 풍요로운 사회—거의 '모든 사람'이 소비 자체를 목표로 추구하는 사회—와 다르다고 이해한다면, 소수의 전통적인 엘리트를 넘어서 사회에 다양한 소비자 계층이 존재한다는 현실을 주목한다면 우리는 18세기 영국을 소비자 사회라고 정의할 수 있을 것이다.[242] 그러나 다음과 같은 의문을 제기하는 사람도 있을 것이다. 거칠게 보아 1550-1644년의 중국도 그렇다면 소비자 사회로 불릴 수 있지 않을까. 용어에 다소간 문제가 있을지 모르지만 근대 초기의 이스탄불도 그렇지 않았을까. 궁정과 관료집단 이외에도 구매력을 갖춘 광범위한 집단이 분명히 존재했다. 그리고 유행은 당시에는 아시아에 알려지지 않은 18세기 유럽만의 특징이라는 진부한 주장도 명 말기의 사례를 들어 반박할 수 있다. 이 시기 중국에서 국가가 제정한 복식제도는 철저하게 무시되었고, 이를 두고 풍습이 타락했다며 탄식하고 원망하는 소리가 높았다.[243]

한네스 지크리스트(Hannes Siegrist, 1947- )*는 소비자 사회의 이상적인 모형을 다음과 같이 정의했다. "상당한 규모에 이른 부가 소수 엘리트에게 집중되지 않은 사회. 가장 기본적인 시민의 평등과 정치적 권리가 보장되는 사회. 광범위한 중산층과 사회의 유동성과 경쟁이 존재하는 사회. 이 밖에도 상당한 정도의 가치의 다원성과 세속적 또는 종교적 동기에서 유발된 근로의욕과 노동윤리 그리고 부를 축적하려는 욕구가 일반적 관습과 법령에 의해 인정되는 사회. 농업, 공업, 교역의 영역에서 노동의 분업과 합리화가 일정 수준에 도달한 사회. 이 밖에도 가족이 일, 전문적인 생활, 이윤추구와 관련하여 외향적인 지향성을 가진 사회. 충분히 세분화된 제도와 법률 체계를 갖춘 사회. 예견할 수 있는 행위를 장려하고 용인하는 이성적 지식이 지배하는 사회. 재화의 생산자, 중간유통자, 소비자 사이의 소통을 촉진시키는 문화적 장치를 갖춘 사회. 이 모든 과정에서 화폐가 교환의 도구로서 보편적으로 인정되고 작용하는 사회."[244]

상술한 정의의 요소들은 명 왕조 말기의 중국에서 거의 모두 갖추

---

* 독일의 사회학자.

어져 있었다. 그러나 중국은 거기서 더 발전하지 못하고 많은 나라와 마찬가지로 19세기에 유럽에게 추월당했다. 반면에 유럽과 북아메리카에서는 지크리스트가 제시한 이상적인 모형으로 나아가는 장기적 추세가 형성되었다. 이 과정에서 민족문화의 차이는 더 강화되었을까 아니면 축소되었을까. 이 문제는 이른바 '유럽의 미국화'와 관련하여 20세기에 가장 광범위하게 논의된 주제였다. 전 지구적 역사의 관점에 볼 때 보다 의미 있는 측면은, 19세기에 다른 나라들에서 유럽-미국식 소비목표와 모형이 어느 정도로 받아들여졌는가 하는 것이다. 이 질문에 대한 보편적인 답은 없고, 구체적인 사례를 통해 답을 찾아갈 수 있을 뿐이다.

새로운 라틴아메리카 공화국들의 크레올 엘리트 사이에서는 분명하게 유럽화된 소비추세가 나타났다. 라틴아메리카 독립 직후에 영국산 직물이 이 지역으로 쏟아져 들어왔다. 아직 철도가 부설되지 않은 상황에서 나귀 떼가 영국산 면포를 항구와 도시로부터 멕시코와 페루의 고원과 협곡으로 실어날랐다. 라틴아메리카 시장이 영국산 상품으로 포화상태에 이르는 데는 20-30년이면 충분했다. 수입상품 가운데서 극소수만 도시의 경계를 넘어 내지의 장원과 광산에 도달할 수 있었다. 구매력을 갖춘 엘리트 집단은 점점 더 유럽식 생활방식에 젖어들었다. 현지의 낙후된 생산력 때문에 서방의 선진적 성취를 대표하고 신분과 지위를 상징하는 상품들만 (영국, 독일, 이탈리아, 프랑스, 미국으로부터) 수입되었다. 그런 상품들은 기계에서부터 프랑스산 포도주에 이르기까지, 마차, 안경, 자전거에서부터 부자들의 집을 꾸며줄 대리석에 이르기까지 없는 것이 없었다.

질베르토 프레이레*(Gilberto de Mello Freyre, 1900－87)가 지적했듯이, 19세기 초에 브라질의 부자들은 자신들이 프로테스탄트 이교

---

\* 프레이레는 브라질의 사회학자, 인류학자, 역사학자, 작가, 저널리스트, 정치인이다.

도라며 경멸해왔던 영국인을 모방하여 의치까지 사용했다.[245] 소규모 라틴아메리카 소비자 집단이 부를 과시하기 위해 유럽식 생활을 즐겼지만 그들이 생각하는 유럽에는 원래의 우상 스페인은 포함되지 않았다. 19세기 중엽부터 부에노스아이레스 등 도시에서도 유사한 풍조가 나타나기 시작했다. 도시에 상점가, 호화로운 호텔, '차 살롱'(Salón de té), 프랑스 과자점이 생겨났다. 유럽식 생활방식으로의 전환은 새로운 인종주의와 병행했다. 사람들은 아프리카계가 운영하는 빵가게로부터 발길을 돌려 제대로 된 프랑스식 파티씨에(patissier)를 찾았다. 지금까지 대부분 흑인이었던 피아노 가정교사는 아예 유럽에서 직접 초빙한 가정교사로 대체되었다.[246] 라틴아메리카가 유럽으로 (커피, 구리, 구아노 비료를) 수출하여 벌어들인 돈은 대부분 유럽에서 수입한 상품을 소비하는 데 지불되었다. 그렇지만 대다수 민중의 입장에서 사회의 현대화는 자신들의 생활과는 관련이 없었다.

옷차림은 소비의 기호를 보여주는 좋은 지표이다. 라틴아메리카에서, 특히 원주민의 비율이 높은 나라에서 사회는 식민지시대의 옷차림을 유지하는 시골 사람들과, '미개한' 동포와는 옷차림에서부터 구분되기를 원하는 도시 거주민 둘로 나뉘어졌다. 메스티조(Mestizo, 백인과 원주민 혼혈인)도 눈부시게 광이 나는 가죽구두를 신는 등 세밀한 부분에 이르기까지 옷차림을 중시했다. 그 밖의 영역에서도 도시와 농촌의 물질문명의 차이는 빠르게 확대되었다.

19세기가 끝나고 20세기가 시작되는 '아름다운 시대'에 라틴아메리카 상류사회가 영국과 프랑스 문화와 상품을 신분의 표지로 받드는 풍조는 정점으로 치달았다. 그들은 '발달'과 '외국'을 동일시했고, 따라서 그들에게 모든 외국상품은 고를 필요도 없는 현대화의 상징이었다. 그들의 수출형 경제는 동시에 수입형 사회였다. 그러므로 그들의 나라는 어느 쪽에서 보든 국제질서의 주변부에 속했다. 라틴아메리카 국가의 번영의 기반은 공업생산이 아니었기 때문에 도시 생활 전부가 유럽에서 수입된 사물—패션과 가구뿐만 아니라 당대 유럽의 표지가 되는 레스토랑, 극장, 오페라극장, 무도회 등—로 채워졌다. 최고의 요리사는 앞다퉈 프랑스로부터 초빙되었다. 1910년의 독립기념 공식 연회에서 멕시코 현지 요리는 단 한 접시도 식탁에 오르지 않았다. 리마(LIM)에서는 골프와 경마가 한 시대를 휩쓰는 운동이 되었다. 어느 곳에서나 기차역은 파리와 런던 기차역의 복사판이었다.

유럽화의 극단적인 사례를 들자면 열대와 아열대에 속하는 라틴아메리카 각국에 영국식의 중후한 양복이 도입된 것이었다. 영국인들은 인도에서 같은 규범을 정착시켰다. 1740년 무렵 인도 총독 콘월리스 후작(Lord Cornwallis)은 공식 만찬에 셔츠만 입고 참석해도 좋다는 명령을 내렸다. 그러나 그로부터 20년이 지나 식민지 엘리트와 그 가족들은 뜨거운 여름에도 정장을 입고 연회에 참석하는 것을 불문율로 받아들였다.

1830년, 동인도회사의 고위층은 직원들에게 인도식 복장으로 정식 회의에 참석하는 것을 금하는 명령을 내렸다.[247] 라틴아메리카 지역에서 복장에 관한 규범은 엄격하기가 인도에서보다 더하면 더했지 결코 뒤지지 않았다. 리우데자네이루와 기타 도시에서 기온과 습도에 관계없이 어떤 경우에든 공공장소에 나가는 신사는 검정색 연미복에 풀 먹인 흰색 셔츠, 그 위에 흰색 조끼, 넥타이, 흰색 장갑, 실크 햇을 갖추어 입어야 했다. 이런 차림을 사람들은 '펭귄복장'이라 불렀다. 귀부인들은 온 몸을 조이는 코르셋과 몇 겹씩 두터운 치마를 입어야 했다. 19세기 60년대 말까지도 크리놀린(crinoline)*은 브라질 숙녀의 표준 복장이었다. 복장 때문에 감내해야 하는 신체적 고통은

---

* 크리놀린은 여성의 치마를 부풀어 오르게 하기 위해 치마 아래에 입는 빳빳한 페티코트.

'문명'을 위해 지불해야 할 대가였다.

열대문명에서 '문명'으로 가는 길은 상층계급도 적응하기 힘들었다. 상층계급 인사라도 공개적인 장소에 얼굴을 내밀 때 유럽인이나 무슬림처럼 자신의 몸을 철저하게 가리기는 쉬운 일이 아니었다. 태국의 개혁적인 군주 출라롱코른(Chulalongkorn)은 백성들이 옷을 입을 때 단추를 잠그도록 가르치기 위해 온갖 노력을 다했다. 20세기에 진입한 후 도시 주민들은 마침내 긴 소매 옷을 받아들였다.[248] 나이지리아의 라고스(Lagos)에서는 서방 물질문명을 숭상하는 사회 상류층의 좁은 범위 안에서 19세기 70, 80년대부터 예복과 화려한 숙녀복을 입고 교회에 가고, 무도회와 음악회에 참석하고, 크리켓 시합을 보러가는 것이 사교생활의 중요한 부분이 되었다.[249]

검소한 생활과 박애주의를 주장한 위대한 정치지도자 간디는 생활방식을 완전히 바꾼 인물이었다. 사진에 찍혀 있는 젊은 시절의 그의 모습은 빅토리아시대 말기의 멋쟁이 청년이지만 후반에 가서는 처칠이 경멸스럽게 표현한 바와 같이 '홀랑 벗은 고행승'으로 변했다.[250] 유럽의 물질문명을 무비판적으로 받아들였다는 점에서 라틴아메리카를 따라갈 나라와 지역은 없었다. 어쩌면 이스마일(Ismail) 총독 통치하의 이집트에서는(1863-79) 물질적 소비행태를 맹목적으로 추종한 라틴아메리카와 유사한 면이 일부 있었다고 할 수 있을 것이다.[251]

서아시아와 동아시아의 문화적 저항은 강했다. 술탄 마무드 2세는 오스만제국의 고급 관리들은 반드시 서방식 복장을 하도록 명령했고 군대의 제복도 유럽식으로 바꾸었다. 그러나 패션에 관한 유럽식 인식이 이집트인에게 내면화되지는 않았고 단지 특정 직업군의 제복의 외형만 변했을 뿐이었다. 그 변화는 궁정과 관료체제의 상층부 안에만 머물렀다. 이스탄불 거리의 남자들은 대다수가 여전히 전통 복장을 입었다. 19세기 70년대 이전의 사진을 보면 서방식 의상을 입은 부녀자의 모습은 전혀 보이지 않는다. 수백 년 동안 외국의 영향을 받은 것이라고는 전통복장을 제작할 때 겉 옷감으로서 새로운 재료—주로 프랑스산 또는 중국산 실크—를 채택한 것뿐이었다. 19세기의 마지막 20, 30년에 이르러서야 유럽식 복장이 문화적 저항 없이 대중에게 받아들여졌다.[252] 옷을 만들 때 수입 천을 사용한 것은 의도적인 문화적 모방이 아니었다. 자국의 방직업이 유럽으로부터 수입된 상품 때문에 철저하게 붕괴된 나라에서 이것은 부득이한 선택이었다. 19세기 80년대에 아직 식민지로 전락하지 않은 모로코에서 사람들이 입고 있는 옷은 모두가 수입된 면포로 만들어진 것이었다.[253]

　일본은 라틴아메리카와는 달리 유럽과 식민지의 과거를 공유하지 않았다. 1853년 이전 일본과 서방 사이의 접촉은 매우 제한적이었고 전체적으로 보아 그것이 일본 사회에 분명한 영향을 미친 적도 없었다. 1853년 이후, 특히 1868년 메이지유신으로 정치체제가 바뀐 뒤로 일본은 서방을 향해 문을 열고 서방—우선은 유럽, 그다음으로는 미국—의 국가체제, 사법제도, 경제조직을 모방함으로써 현대화 개혁 작업을 시작했다. 그러나 전면적이고 구조적인 유럽화 개혁에도 불구하고 민간의 생활에서 상응하는 '탈일본화'는 일어나지 않았다. 일본 전통복장(기모노着物)은 여전히 우세를 유지했다. 1872년에 태정관령(太政官令)이 반포된 뒤로 천황을 포함하여 메이지정부의 수뇌들은 공식석상에서는 유럽식 제복을 입었다. 19세기 80년대 이후는 직위가 낮은 지방 관원도 서방식 제복을 입었다. 그러나 사적인 자리에서는 일본의 민족복장이 변함없이 압도적인 주류를 이루었다. 비용이 많이 드는 복장의 전면적인 서방화보다는 전통 복장의 적절한 '개량'이 대세를 이루었다. 물질문화의 다른 영역에서도 전통이 굳게 지켜졌다. 반면에, 일본인은 일찍부터 가죽신(구두)에 대해서는 큰 관심을 보였는데, 구두를 신고 걸을 때 나는 삐걱거리는 소리가 '노래'처럼 들린다고 해서 특별히 좋아했다. 전통과 현대를 한 몸에 융합시키고 싶은 사람은 전통복장을 입고 구두를 신었다.

아시아 여러 지역의 불교 승려들은 오늘날까지도 이런 조합의 옷차림을 선호한다.[254] 중절모(中折帽, silk hat)는 세계적으로 부르주아 예법의 표지로 자리 잡았다. 아프리카나 인도의 변호사 또는 폴란드 공업도시 로즈(Lodz)의 형편이 괜찮은 노동자가 주말 외출을 할 때처럼 일본의 공무원은 과시하기 위해 모자를 썼다.[255] 20세기 20년대에 케말 아타튀르크(Kemal Atatürk)는 터키 남성에게 (1823년에 국가개혁의 상징으로 도입한 후 줄곧 사용되어 왔던 페즈[fez] 모자를 버리고) 중절모로 바꾸어 쓰라는 명령을 내렸다. 19세기의 오스만제국에서 중절모는 비무슬림 소수민족에게만 허용된 복식이었다. 중절모 착용이 의무화되기 전에 청년터키당 당원들은 오스만제국에 대한 저항의 의미로 '코카서스' 펠트모자(Caucasian cap)를 썼다.[256]

외국에서 도입된 소비모형에 대한 저항은 일본보다 중국에서 훨씬 더 강했다. 서방식 복장은 1900년 청 왕조의 군사제도 개혁을 통해 받아들여졌다. 1919년에 벌어진 민족주의 시위운동(중국에서는 '5·4운동'이라 부른다)을 촬영한 사진과 영상자료를 보면 베이징시내의 거리를 휩쓸고 다니던 정치적 급진주의자들은 유럽문화를 깊이 연구한 교수와 학생들이었는데 그들이 입고 있는 옷은 전통적으로 중국의 학자들이 입는 장삼(長衫)이다. 바로 이 집단이 20세기 20년대에 들어와서야 받아들이기 시작한 긴 바지와 서방식 상의는 전통적으로는 중국의 농민과 병사들의 일상 복장이었다.[257]

홍콩, 상하이와 기타 항구도시에서 19세기 중엽 이후 사업상 유럽 상인과 긴밀한 관계를 맺어오던 중국 상인조차도 조상 대대로 내려온 생활방식을 굳건하게 지키면서 유럽에서 수입된 사치품에 대해서는 별로 관심을 보이지 않았다. 20세기 20년대가 되어서야 중국의 도시에서 서방 소비상품이 주목을 받기 시작했다. 그러나 이때도

'서방 제국주의자들'의 물건에 대해 관심을 갖는 것은 민족적 반역 행위라는 의식이 강하게 남아 있었다. 중국의 도시 소비자들이 유럽과 북아메리카의 생활방식과 상품에 대해 진정한 의미에서 개방적인 자세를 보이기 시작한 것은 라틴아메리카에 비해 온전히 한 세기가 늦은 20세기 80년대 중반의 일이었다. 이런 흐름을 일으킨 동력은 국가의 전면적인 공업화 정책과 광범위한 해적판 상품의 보급이었다.

상반되는 현상도 있다. 유럽인이 아시아의 관습에 적응한 문화적 변용이 그런 것이다. 중국과 특히 인도에서 이런 '토착화'(going native) 행위는 종족 간의 신분 장벽을 허무는 일이라 하여 비난받았다. 반대방향의 변용도 비난받기는 마찬가지였다. 훗날 아프리카에서는 '바지 입은 니그로'(Hosenneger)가 조롱의 대상이었듯이 19세기 초의 인도에서 영국인은 서방식 복장에 구두를 신은 인도인을 받아들이지 않았다. 인도인이 영국인을 흉내 내는 것은 건방진 일이며 인도의 중산층은 당연히 인도 스타일의 옷을 입어야 한다는 게 영국인의 생각이었다. 인도의 한 저명한 의상 디자이너는 봉건시대의 유물인 왕공과 귀족들을 위해 전문적으로 화려한 '민족의상'을 설계하기도 했다.

1911년 12월, 영국 국왕(이자 인도의 황제인) 조지 5세가 뉴델리의 다바(Durbar, 왕궁)에서 인도의 왕공들을 접견할 때 인도의 가장 존귀한 왕 가운데 한 사람이자 개혁적인 성향으로 명성이 높았던 바로다(Baroda) 왕국의 마하라자(Maharajah, 국왕) 게콰드 3세(Savaji Rao Gaekwad III)가 다이어몬드 장식이 달린 전통복장을 한 다른 왕들과는 달리 아래위 온통 흰색의 서방식 복장을 하고 서방식 지팡이를 짚고—규정에는 칼을 차게 되어 있었다—나타나자 장내가 크게 술렁거렸다.[258] 그의 행위는 손가락질 받아야 할 일로 인식되었다.

18세기에 반대방향의 문화적 변용은 흔한 일이었다. 당시에 자발적으로 인도의 생활방식을 받아들이는 사례는 흔했고 사람들은 이 것을 쉽게 포용하고 이해했다.[259] 19세기에도 네덜란드령 동인도에 서는 이런 상황이 여전히 존재했다. 18세기에 이곳에 거주하던 백인 들의 '동방화' 정도가 어느 정도로 심했냐 하면, (1811-16년의 나폴 레옹전쟁 동안에 자바를 점령한) 영국인이 '퇴폐한' 네덜란드 식민자 들을 대상으로 '문명화' 교육──네덜란드 남자는 현지 여성과의 뻔 뻔스러운 동거를 해서는 안 되며 네덜란드 여자는 게으름, 동방식 복 장, 빈랑(檳榔)열매 씹기 등 나쁜 습관을 버려야 한다──을 실시하기 로 결정했을 지경이었다. 결과는 너무 실망스러웠다. 바타비아에 사 는 유럽인과 화교의 생활방식은 이전보다 더 아시아화했다. 그들은 인도네시아식 쌀 요리를 먹고, 사롱(sarongs)치마를 (최소한 집에 있 을 때는) 즐겨 입었고, 낮잠을 (심지어 해가 질 때까지) 즐겼다.[260]

많은 경우에, 유럽문화에 대한 적응은 자발적인 과정이었다. 이 점 은 아무리 강조해도 지나치지 않다. 식민정부와 선교사들이 때때 로 크고 작은 역할을 한 것은 사실이지만 그것이 일반적인 규칙은 아 니었다. 이를 증명할 수 있는 여러 사례들이 있다. 아프리카와 아시 아의 일부 식민지로 전락하지 않은 나라, 또는 반(半)식민지 지역에 서도 각종 유럽식의 건축이 등장했다. 청의 황제는 예수회 선교사들 에게 명해 베이징 교외에 로코코풍의 여름궁전*을 짓게했다. 베트남 의 통치자 응우옌 푹 아인(Nguyễn Phúc Ánh, 阮福暎)은 다년간의 전

* 원명원(圓明園). 1707년, 청조 4대 황제 강희제(康熙帝)가 넷째 아들 윤진(胤禛, 훗날의 옹정제雍正帝 )에게 하사한 정 원이 기원이다. 윤진이 옹정제로 즉위한 이후 1725년(雍正 3 년) 여러 건물이 증축되었고, 정원도 확장되었다. 다음 황제 인 건륭제 때에 서방풍의 건물이 증축되었는데, 유럽 선교 사들이 설계했다. 사고전서(四庫全書)의 정본을 소장했다. 1856년(함풍咸豐 6년)의 제2차 아편전쟁 때 영·불 연합군 이 철저히 파괴했고 소장되어 있던 문화재도 모조리 약탈당 했다.

란을 치르고 베트남을 통일한 후 1806년에 잘롱 황제(嘉隆帝, Vua Gia Long)로 즉위했다. 그는 프랑스의 저명한 군사기술자 보방(Sébastien Le Prestre de Vauban)*의 이론을 차용하여 새로운 수도 하노이뿐만 아니라 전국 주요 도시에 요새를 지었다. 건설공사를 실제로 지휘·감독한 인물은 프랑스군 장교였다(프랑스 정부와 공식적인 관계는 없었고 잘롱 황제에게 보수를 받고 고용된 기술자 신분이었다). 잘롱 황제가 그때까지 베트남이 모범으로 받들던 중국식 건축을 버리고 유럽식 건축을 선택한 이유는 프랑스가 영향력을 행사했거나 황제가 프랑스풍의 매력에 감동해서가 아니라 건축물 자체의 뛰어난 실용성 때문이었다. 잘롱 황제는 서방 추종자가 아니라 제시된 상품목록을 보고 가장 좋은 물건을 고른 자유로운 구매자였다. 그는 가톨릭 선교사들과 친밀한 관계를 유지했지만 자기 주변의 문무관원에게는 먼저 유학(儒学)에 정통할 것을 요구했다.261)

마지막으로 다른 예를 살펴보기로 하자. 1896년에 프랑스 식민지가 된 마다가스카르섬에는 19세기 20년대부터 유럽의 아마추어 건축가가 설계한 상상력이 풍부한 건축양식이 등장했다. 이 양식은 원래 한 선교사의 소박한 구상에서 시작되었고 장 라보르드(Jean Laborde)에 의해 구체화되었다. 라보르드는 원래 탐험가였는데, 1831년에 풍랑을 만난 배가 좌초하는 바람에 우연히 마다가스카르에 오게 되었다. 1839년, 그는 섬의 여왕을 위해 새로운 궁전을 지었다. 그는 현지 양식과 네오고딕 양식을 교묘하게 융합하고 유럽의 건축기술을 사용하여 더 튼튼한 구조의 건축물을 완성했다. 다른 공공건물을 지으면서 그는 인도를 여행하면서 보았던 인도 양식을 건축에 반영했다. 후세의 건축가들이 이 건물에 화강암 외벽을 보강하고

---

* Sébastien Le Prestre de Vauban(1633–1707): 루이 14세 시대의 저명한 프랑스 군사기술자, 건축가. 일생 동안 180여 곳의 요새를 지었다.

발코니와 로마네스크 양식의 둥근 천정을 첨가했다.

이렇게 하여 완전히 새로운 관변 건축양식이 탄생했다. 궁정 귀부인들이 파리와 런던의 패션으로 치장하고 안타나나리보 (Antananarivo)의 거리를 거니는 모습은 이 나라 수도에 또 하나의 독특한 풍경을 보태주었다. 그러나 그 시대에 메리나(Merina) 왕조는 급진적인 서방화의 모범생이라고 부르기엔 거리가 멀었다. 정치적으로 이 나라는 여러 차례 쇄국정책을 시행했고, 백성들은 유럽인에 대해 맘속 깊이 의심을 품고 있었다.[262]

물질적 환경의 표지로서, 또는 신체적 안락함을 평가하는 기준으로서 생활수준은 규모가 크고 분화된 사회에서는 어떤 부분에서는 본질적으로 동일하지만 한 사회 내부에서도 사회적 신분이나 지역에 따라, 또는 성별과 피부색에 따라 크게 달라질 수 있다. 예컨대, 한 사회의 구성원으로서 소득에는 차이가 있어도 전염병 문제와 직면하면 처지는 같아진다. 천연두와 말라리아가 유행할 때 부자라고 해서 가난한 사람보다 안전하지는 않다. 한편으로는, 국가의 생활수준을 거칠게 계량화하여 순서를 매길 수 있다. 그렇게 하면 스위스의 오늘의 '삶'이 아이티보다 나을 것은 분명하다.

다른 한편으로는, 다른 사회 또는 다른 형태의 사회는 다른 잣대를 기준으로 작동한다. 쌀농사를 짓는 농부들이 소유한 부는 베두인족이나 상인이 생각하는 부와는 다르다. 다른 사회뿐만 아니라 사회 내부의 집단사이에서도 '질병'에 대한 인식과 '질병'을 표현할 때 사용하는 언어가 다르다. 어떤 질병은 명확한 시대적 특징을 갖고 있다. 19세기 말에 중부유럽 사람들은 '신경쇠약증'(Neurasthenia)을 호소했지만 오늘날 의학계에서 이런 증상과 병명은 사라지고 없다.[263]

반대로, 19세기에는 '정신적 압력'(Stress)이란 병명을 들어본 사람이 없었다. 이 용어는 20세기 30년대에 재료학에서 빌려온 개념이다. 그렇다고 해서 오늘날의 기준에서 볼 때 19세기 사람들은 정신적 압력이 전혀 없는 세상에서 살았다는 의미는 아니다. 빈곤과 부유함, 질병과 건강, 기아와 적절한 영양 등 인간의 생활상황을 묘사하는 데 사용되는 모든 개념은 상대적이며 유행하는 말로 표현하자면 '문화적으로 구성된'(culturally constructed) 것이다. 그럼에도 이 모든 개념들이 가리키는 바는 감지할 수 있는 신체적·물질적 생활의 진실한 상태이다.

전 지구적 시각에서 19세기를 살펴보면 인류 대부분의 삶의 물질적 조건이 의심의 여지 없이 개선된 시대였다. 계몽시대 이후 대서양 양안 세계의 문화의 기본 이념인 진보에 대해 의문을 품을 이유는 충분하지만 그렇다고 해서 이념 자체가 부정될 수는 없다. 그러나 또 다른 시각에서 말하자면, 이런 막연한 판단은 깊이가 없다는 비판을 면하기 어렵다. 좀더 깊이 살펴보면 흥미롭게도 모든 변화의 추세가 같은 방향으로 나아가지 않았으며, 변화의 추세가 상호 모순적인 경우가 흔했다는 사실을 알게 된다.

이를 입증할 수 있는 많은 사례를 열거할 수 있다. 19세기 초에 대도시에 거주하는 사람들이 농촌지역에 거주하는 사람들보다 대체로 소득이 높았지만 생활환경은 더 열악했다. 동일한 사회 내에서 생활수준의 차이는 높고 낮음, 많고 적음이란 기준으로 간단하게 표시될 수 없었다. 생활수준이란 다양한 경제적 논리를 반영했다. 19세기에 노동자 가정의 소득은 기본적인 생존을 겨우 유지할 수 있는 정도였고, 그래서 그들은 비교적 짧은 미래의 생활계획만 세울 수 있었다. 이들과 비교할 때 교육받은 계층 또는 중산층 가정은 여러 경로를 통한 소득을 바탕으로 미래에 대해 장기적인 계획을 세울 수 있었다.[264] 영양이란 면에서도 상황은 유사했다.

18세기를 1840년대까지 이어지는 '긴' 18세기로 본다면 유럽의 18세기는 여전히 기아의 세기였다. 그런데 19세기 중엽부터 유럽에서는 분명한 기아의 '탈지역화'(Delokalisierung) 현상이 나타났다. 즉, 인간은 원거리에서 식량을 실어올 수 있는 능력을 갖게 되었다. 운송기술의 발전, 식품 저장방식의 개선, 식품가공 산업의 등장 등이 이런 변화를 가져온 중요한 원인이었다.[265] 그러나 경제발전 수준이 낮은 식량생산 지역의 입장에서는 식량 유통범위의 확대는 (인도의 기근이 증명했듯이) 오히려 재난의 원인이었다. 그러므로 발전의 피해자는 혁신에서 '뒤쳐진' 나라나 혁신이 비켜간 나라만이 아니었다. 쉼 없는 '현대화'의 침입도 비극적 결과를 초래할 수 있었다.

　본 장에서 다루지 못한 생활수준의 여러 면이 있다. 예컨대, 취약집단—아동, 노년, 장애자, 만성 질병을 가진 사람—에 관해서는 거의 언급되지 않았다. 한 시대와 한 사회의 특성을 분명하게 반영하려면 이들에 대한 언급이 빠져서는 안 된다.[266] 이 문제에 관해서는 언급되어야 할 게 너무나 많다. 인류가 19세기와 그 이후에 이루어낸 발전이 경제성장 곡선의 변화로만 표시되는 게 아니라면 아동과 장애자를 포함하는 취약집단의 생존확률도 마찬가지로 높아졌어야 한다. 그래야 우리는 이 세계가 좀더 인간이 살 만한 곳으로 변했는지를 판단할 수 있다.

1) Reinhard, Wolfgang: *Lebensformen Europas.* p.453. 그 밖에 Argyle, Michael: *"Subjective Well-Being"* (Offer, Avner[ed.]: In *Persuit of Quality of Life*, Oxford, 996, pp.18–45에 수록)에 나오는 몇 가지 행복지수도 참조할 것.

2) Bengtsson, Tommy(et al.): *Life under Pressure: Mortality and Living Standards in Europe and Asia, 1700-1900*, Cambridge, MA, 2004, p.33.

3) Zanden, Jan L. van: *"Wages and Standard of Living in Europe, 1500-1800"* (European Review of Economic History, v.2[1999], pp.175–97에 수록. 인용된 부분은 pp.191–193).

4) 다른 분석으로서, Clark, Gregory: *A Farewell to Alms, a Malthusian Look at Economic History*, Princeton, NJ, 2007, pp.319, 324f를 참조할 것.

5) Bourguignon, François/Morrison, Christian: *"Inequality among World Citizens, 1820-1991"* (American Economic Review, v.92[2002], pp.727–44에 수록).

6) 메디슨과 다른 관점으로서 *Ibid*, p.728을 참조할 것.

7) 메디슨의 관점을 기초로 한 심층적 분석으로서 Easterlin, Richard Ainley: *"The Worldwide Standard of Living since 1800"* (Journal of Economic Perspectives, v.14[2000], pp.7–26에 수록)을 참조할 것.

8) Lavely, William/Wong, R. Bin: *"Revising the Malthusian Narrative."* p.723.

9) Maddison, Angus: *Contours of the World Economy, 1-2030 AD.* p.30(Tab.1-5a). 또한 Fogel, Robert William: *The Escape from Hunger and Premature Death, 1700–2100: Europe, America, and the Third World.* New York, 2004, p.2(Tab.1-1)도 참조할 것.

10) Hanley, Susan B.: *Everyday Things in Premodern Japan: The Hidden Legacy of Material Culture*, Berkeley, CA, 1997과 함께 일본과 영국을 비교한 Macfarlane, Alan: *The Savage Wars of Peace*를 참조할 것.

11) Imhof, Arthur E.: *Die Lebenszeit. Vom aufgeschobenen Tod und von der Kunst des Lebens*, München, 1988, p.63. Imhof의 광범위한 연구가 이 주제의 기반이다.

12) Clark, Gregory: *A Farewell to Alms*, pp.45, 95.

13) Fogel, Robert William: *The Escape from Hunger and Premature Death, 1700–2100*, pp.2, 8.

14) Szreter, Simon/Mooney, Graham: *"Urbanization, Mortality and the Standard of Living Debate. New Estimates of the Life at Birth in Nineteenth Century British Cities"* (Economic History Review, v.51[1998], pp.84–112에 수록. 인용된 부분은 pp.108f).

15) Voth, Hans-Joachim: *"Living Standard and Urban Environment"* (Floud, Roderick/Johnson, Paul: *The Cambridge Economic History of Britain*, Cambridge,

2014, v.1, pp.268-294에 수록. 인용된 부분은 p.293).

16) 뛰어난 개설서로서 Siemann, Wolfram: *Vom Staatenbund zum Nationalstaat.*
*Deutschland 1806-1871,* München, 1995, pp.149-152와 Wehler, Hans-Ulrich:
*Deutsche Gesellschaftsgeschichte.* München, 1987 - 2008, v.2. pp.281-96을 참조할
것.

17) Fogel, Robert William: *The Escape from Hunger and Premature Death, 1700-2100,*
pp.11, 18, 35, 38, 40.

18) Riley, James C.: *Rising Life Expectancy,* Cambridge, 2001, p.84. Imhof, Arthur
E.: *Die Lebenszeit.* p.84.

19) Campbell, Caemron: *"Mortality Change and the Epidemological Transition in Beijing,*
*1644-1990"* (Liu Ts'ui-jung 劉翠溶 [et. al]: *Asian Population History,* 2001, pp.221-
247에 수록). 오늘날 중화인민공화국의 기대수명은 서방의 가장 부유한 나라
보다 5년 짧다.

20) Riley, James C.: *Rising Life Expectancy,* p.39.

21) 관련한 훌륭한 묘사를 King, C.: *Black Sea. A History,* Oxford, 2004, pp.168-
72에서 볼 수 있다.

22) Derek Fraser, *The evolution of the British welfare state: a history of social policy since*
*the Industrial Revolution,* Basingstoke, 1973, pp.66-78. 미국에 관한 분석은
Rosen, George: *A History of Public Health.* New York, 1958, pp.233-48을 참
조할 것.

23) Burrows, Edwin G./Wallace, Mike: *Gotham: A History of New York City to*
*1898,* Oxford, 1999, pp.625-27.

24) Porter, Roy: *London: A Social History,* London, 1994, pp.265f.

25) Münch, Peter: *Stadthygiene im 19. Jahrhundert und 20. Jahrhundert. Die*
*Wasserversorgung, Abwasser- und Abfallbeseitigung unter besonderer Beruecksichtigung*
*Muenchens,* Goettingen, 1993, pp.1283, 132-136, 191.

26) Weintraub, Stanley: *Uncrowned King: The Life of Prince Albert.* New York, 1997,
pp.430, 435. 진실한 사망원인은 위암이었다.

27) Porter, Roy: *London,* pp.263f. Inwood, Stephen: *A History of London,* London,
1998, pp.433f. Halliday, Stephen: *The Great Stink of London: Sir Joseph*
*Bazalgette and the Cleansing of the Victorian Capital,* Stroud, 1999, pp.84, 91-99.
Fahmy, Khaled: *"An Olfactory Tale of Two Cities. Cairo in the Nineteenth Century"*
(Edwards, Jill [ed.]: *Historians in Cairo. Essays in Honour of George Scanlon,* Kairo,
2002, pp.155-87에 수록).

28) 도시 오염의 문화적 인식을 강조한 Winiwarter, Verena: *"Where did All the*
*Waters Go? The Introduction of Sewage Systems in Urban Settlemens"* (Bernhardt,
Christoph [ed.]: *Environmental Problems in European Cities in the 19th and 20th Century,*

Muenster, 2001, pp.106-19에 수록)를 참조할 것.

29) Halliday, Stephen: *The Great Stink of London*, p.103.

30) Wedewer, Hermann: *Reise nach dem Orient*, Regensburg, 1877, p.216. 이스탄불의 급수 현대화 이전의 급수 상황에 대해서는 Kreiser, Klaus: *Istanbul*, pp.58-64를 참조할 것. 근동지역 기타 도시의 관련 상황에 대해서는 Raymond, André: *Grandes ville arabes à l'époque ottomane*, Paris, 1985, pp.155-67을 참조할 것.

31) Dossal, Mariam: *Imperial Design and the Indian Realities. The Planning of Bombay City, 1845-1875,* Bombay, 1996, p.116.

32) Arnold, David: *Colonizing the Body: State Medicine and Epidemic Disease in Nineteenth-Century India.* Berkeley, CA, 1993, p167.

33) MacPherson, Kerrie L.: *A Wilderness of Marshes: The Origins of Public Health in Shanghai in 1843-1893,* Hongkong, 1987, p.145.

34) Daunton, Martin J.: *Progress and Poverty: An Economic and Social History of Britain 1700–1850,* Oxford, 1995, p.439.

35) North, Douglass C.: *Understanding the Process of Economic Change*, Princeton, 2005, p.97(삽화 7.10). Steckel, Richard H./Floud, Roderick: *"Conclusion"* (Steckel, Richard H./Floud, Roderick[ed.]: *Health and Welfare during Industrialization.* Chicago, 1997, pp.423-49에 수록. 인용된 부분은 p.424. 숫자는 p.424[Tab.11.1]. Steckel 등의 회귀분석에 의하면 미국 인구는 1830-1860년에 정체기를 맞았다가 이후 지속적인 성장기를 맞았다).

36) Steckel, Richard H./Floud, Roderick[ed.]: *Health and Welfare during Industrialization,* p.436.

37) Vögele, Jörg: *Sozialgeschichte städtischer Gesundheitsverhältnisse während der Urbanisierung,* Berlin, 2001, pp.84, 87f. Arnold, David: *Colonizing the Body,* p.167. Harrison, Mark: *Public Health in British India: Anglo-Indian Preventive Medicine 1859-1914,* Cambridge, 1994, p.99f.

38) Vögele, Jörg: *Urban Mortality Change in England and Germany, 1870–1910*, Liverpool, 1998, p.213.

39) Waite, Gloria: *"Public Health in Precolonial East-Center Africa"* (Feierman/Janzen[ed.]: Social Basis, 1992, pp.212-231에 수록). 저자는 여기서 광의의 "공중"이란 개념을 사용하고 있다. 따라서 현대 이전의 상황에 대해서도 같은 결론을 내리고 있다.

40) Labisch, Alfons: *Homo Hygienicus. Gesundheit und Medizin in der Neuzeit.* Frankfurt a. M., 1992, p.134.

41) Rosen, George: *A History of Public Health.* pp.147-51.

42) Huerkamp, Claudia: *Der Aufstieg der Ärzte im 19. Jahrhundert. Vom gelehrten Stand*

*zum professionellen Experten: Das Beispiel Preussens,* Göttingen, 1985, pp.177f.

43) Witzler, Beate: *Großstadt und Hygiene. Kommunale Gesundheitpolitik in der Epoche der Urbanisierung,* Stuttgart, 1995, pp.131–38.

44) Higman, Barry W.: *Slave Population of the British Caribbean, 1807-1834,* Baltimore, MD, 1984, pp.262–64, 271, 328, 341.

45) Riley, James C.: *Rising Life Expectancy,* p.21–24.

46) Dormandy, Thomas: *The White Death: A History of Tuberculosis.* New York, 1999와 Barnes, David S.: *The Making of a Social Disease: Tuberculosis in Nineteenth-Century France,* Berkeley, CA, 1995를 참조할 것.

47) 이와 관련한 뛰어난 논저로서 Hays, Jo N.: *The Burdens of Disease. Epidemics and Human Response in Western History,* New Brunswick, NJ, 1998, pp.168–71을 참조할 것.

48) Kiple, Kenneth F.(ed.): *The Cambridge World History of Human Disease,* Cambridge, 1993, p.403.

49) Johnston, William: *The Modern Epidemic. A History of Tuberculosis in Japan,* Cambridge, MA, 1995, pp.70, 73, 90, 135f, 305–308(통계표).

50) Watts, Sheldon: *Epidemics and History: Disease, Power and Imperialism.* New Haven, CT, 1997, p.25

51) Barry, John M.: *The Great Influenza,* pp.398, 450.

52) Kiple, Kenneth F.(ed.): *The Cambridge World History of Human Disease,* p.101.

53) Kuhnke, LaVerne: *Lives at Risk: Public Health in Nineteenth-Century Egypt.* Berkeley, CA, 1990, pp.113–15.

54) Porter, Roy: *Die Kunst des Heilens. Eine medizinische Geschichte der Menschheit von der Antike bis heute.* Heidelberg, 2000, p.424.

55) Jannetta, Ann Bowman: *The Vaccinators: Smallpox, Medical Knowledge, and the "Opening" of Japan,* Stanford CA. 2007, pp.71, 145.

56) Winkle, Stefan: *Geißeln der Menschheit. Kulturgeschichte der Seuchen,* Düsseldorf, 1997, pp.893f. Smallman–Raynor, Matthew/Cliff, Andrew: *War Epidemics : An Historical Geography of Infectious Diseases in Military Conflict and Civil Strife, 1850-2000,* Oxford, 2004, pp.452–69.

57) Higman, Barry W.: *Slave Population of the British Caribbean, 1807-1834,* pp.278f.

58) Hopkins, Donald R.: *Princes and Peasants: Smallpox in History,* Chicago, 1983, pp.149–54.

59) Shepherd, John R.: "*Smallpox and Patterns of Mortality in Late Nineteenth Century Taiwan*" (Liu Ts'ui-jung [劉翠溶][et al.]: *Asian Population History,* 2001, pp.270–91에 수록).

60) Kiple, Kenneth F.(ed.): *The Cambridge World History of Human Disease,*

pp.403f.

61) Hopkins, Donald R.: *Princes and Peasants,* pp.194, 303.

62) Huerkamp: *Smallpox Vaccinations,* 1985, pp.622f.

63) Hopkins, Donald R.: *Princes and Peasants,* pp.186, 189.

64) Terwiel, Barend Jan: *"Acceptance and Rejection. The First Inoculation and Vaccination Campaign in Thailand"* (Journal of Siam Society, v.76[1988], pp.183-201에 수록).

65) 한 나라의 "내부 주변부"에서도 유사한 현상을 관찰할 수 있다. 예컨대, 일본 북부 북해도 지역에서 정부는 원주민 아이누 족을 상대로 "현대화" 실험을 했다. Walker, Brett L.: *"The Early Modern Japanese State and the Ainu Vaccinations. Redefining the Body Politics 1799-1868"* (Past & Present, v.163[1999], pp.121-60 에 수록)을 참조할 것.

66) 세균학의 초기역사에 관해서는 Gradmann, Christoph: *Krankheit im Labor. Robert Koch und die medizinische Bakteriologie,* Göttingen, 2005, pp.31f를 참조할 것.

67) Riley, James C.: *Rising Life Expectancy,* p.113.

68) Iliffe, John: *East African Doctors : A History of the Modern Profession,* Cambridge, 1998, p.11.

69) Rosner, Erhard: *Medizingeschichte Japans,* Leiden, 1989, pp.113-17. Nakayama Shigeru: *Academic and Scientific Tradition in China, Japan and the West,* Tokyo, 1984, pp.197-200.

70) Watts, Sheldon: *Epidemics and History,* p.24.

71) 18세기의 방역 방식의 발전과정에 관해서는 Panzac, Daniel: *Quarantaines et lazarets. L'Europe et la peste d'Orient, XVIIe au XXe siècles,* Aix-en-Provence, 1986, pp.31-56(항구), 61(프랑스의 방역봉쇄선), 67-78(발칸의 방역봉쇄선) 을 참조할 것.

72) Winkle, Stefan: *Geißeln der Menschheit,* pp.498f.

73) 전파 경로의 세부적인 내용에 관해서는 Daniel Panzac: *Quarantaines et lazarets. L'Europe et la peste d'Orient, XVIIe au XXe siècles,* pp.134-73을 참조할 것.

74) 이 숫자도 1802년 프랑스 군대의 아이티 정복 과정에서 질병으로 인한 사 망자(전체 사망자 수의 3/4)에 비하면 아무것도 아니다. Laurens, Henry: *L'expédition d'Égypte, 1798-1801,* Paris, 1989, p.468.

75) Moltke, Helmuth von: *Briefe über Zustände und Begebenheiten in der Türkei aus den Jahren 1835 bis 1839[1841],* ed. by Helmut Arndt, Noerdlingen, 1987, pp.146-51.

76) 오스만제국에서 페스트의 소멸 과정에 관해서는 Panzac, Daniel: *Quarantaines et lazarets. L'Europe et la peste d'Orient,* p.79를 참조할 것.

77) *Ibid,* p.79.

78) Bickford-Smith, Vivian: *Cape Town: the Making of a City*, Claremont, South Africa, 1998, p.19.

79) Hirst, Leonard Fabian: *The Conquest of Plague: A Study of the Evolution of Epidemiology*, Oxford, 1953은 오늘날까지도 이 분야의 최고 걸작이다. 관련된 논술은 pp.254, 378f에 나온다. 오스트레일리아의 상황에 관해서는 Young, Christabel M.: *"Epidemics and Infectious Disease in Australia prior to 1914"* (Charbonneau, Hubert/Larose, André [ed.]: *The Great Mortalities. Methodological Studies of Demographic Crises in the Past*, Lüttich(Belgie), 1979, pp.207-27에 수록. 인용된 부분은 p.216).

80) Hull, Terence H.: *"Plague in Java"* (Owen, Norman G.: *Death*, 1987, pp210-34에 수록. 인용된 부분은 p.210f.).

81) Winkle, Stefan: *Geißeln der Menschheit*. pp.511, 514.

82) Papin, Philippe: *Histoire de Hanoi*, Paris, 2001, p.252

83) Jannetta, Ann Bowman: *Epidemics and Mortality in Tokugawa Japan: 1600-1868*, 1983, p.194.

84) Benedict, Carol: *Bubonic Plague in Nineteenth-Century China*. Stanford, CA, 1996, pp.25f. 이 단락의 나머지 부분도 Benedict의 고전적 논저로부터 자료를 인용했다.

85) Arnold, David: *Colonizing the Body*, pp.200-39.

86) *Ibid*, p.203.

87) Hubert, Valeska: *"The Unification of Globe by Disease? The International Sanitary Conference on Cholera, 1851-1894"* (Historical Journal, v.49[2006], pp.453-76에 수록).

88) Echenberg, Myron: *"Pestis Redux,"* pp.432, 444f.

89) Rosenberg, Charles E.: *The Cholera Years: The United States in 1832, 1849 and 1866*, Chicago, 1962, p.38.

90) MacPherson, Kerrie L.: *"Cholera in China: An Aspects of Internationalization of Infectious Disease"* (Elvin, Mark/Liu Ts'ui-jung[ed.]: *Sediments of Time: Environment and Society in Chinese History*. Cambridge, (1998), pp.487-519에 수록. 인용된 부분은 pp.498, 511). 또한 Harrison, Mark: *Climate and Constitutions. Health, Race, Environment and British Imperialism in India, 1600-1850*, New Dehli, 1999, pp.190f를 참조할 것.

91) 1823년 이후 콜레라가 서유럽으로 번져간 과정의 깊이 있는 연구로서 Dettke, Barbara: *Die asiatische Hydra. Die Cholera von 1830/31 in Berlin und den preußischen Provinzen Posen, Preußen und Schlesien*, Berlin, 1995, pp.26f를 참조할 것.

92) Winkle, Stefan: *Geißeln der Menschheit*, p.191.

93) Bourdelais, Patrice/Raulot, Jean-Yves: *Histoire du choléra en France : une peur bleue, 1832 et 1854,* Paris, 1987, p.85.

94) Rosenberg, Charles E.: *The Cholera Years,* p.226.

95) Strachey, Lytton: *Eminent Victorians: Cardinal Manning, Florence Nightingale, Dr Arnold, General Gordon (1918),* definitive ed., London, 2002, pp.132-36.

96) Smallman-Raynor, Matthew/Cliff, Andrew: *War Epidemics,* p.417. Gruzinski, Serge: *Histoire de Mexico,* Paris, 1996, p.413.

97) Münch, Peter: *Stadthygiene im 19. Jahrhundert und 20. Jahrhundert.* pp.134f.

98) Evans, Richard J.: *Death In Hamburg: Society And Politics In The Cholera Years, 1830–1910,* Oxford, 1987, pp.285f.

99) Sullivan, Rodney: *"Cholera and Colonialism in the Philippines, 1899-1903"* (MacLeod, Roy/Lewis, Milton: *Disease, Medicine and Empire: Perspectives on Western Medicine and the Experience of European Expansion,* London, 1988, pp.284-300에 수록. 인용된 부분은 p.284).

100) Snowden, Frank M.: *Naples in the Time of Cholera, 1884–1911,* Cambridge, 2002, pp.247f.

101) Arnold, David: *Colonizing the Body,* p.161.

102) Evans, Richard J.: *Death In Hamburg,* pp.293f.

103) Delaporte, François: *Disease and Civilization: The Cholera in Paris, 1832,* Cambridge, MA, pp.10-18, 47, 97f. 또한 이 분야의 기념비적 저작인 Briese, Olaf: *Angst in den Zeiten der Cholera*(4 Bände), Berlin, 2003과 Reichert, Ramón: *Der Diskurs der Seuche. Sozialpathologien 1700-1900,* München, 1997 을 참조할 것.

104) Vigier, Philippe: *Paris pendant la monarchie de juillet 1830-1848,* Paris, 1991, pp.76, 80, 85. Willms, Johannes: *Paris. Hauptstadt Europas 1789–1914,* München, 1988, pp.275-87.

105) Kudlick, Catherine J.: *Cholera in Post-Revolutionary Paris. A Cultural History,* Berkeley, CA, 1996, pp.81f.

106) Arnold, David: *Colonizing the Body,* p.178.

107) Baldwin, Peter: *Contagion and the State in Europe, 1830-1930,* Cambridge, 1999, p.140.

108) *Ibid,* pp.43-45.

109) *Ibid,* p.190.

110) Kassir, Samir: *Histoire de Beyrouth,* Paris, 2003, p.129.

111) 캐나다의 예는 Bilson, Geoffrey: *A Darkened House. Cholera in Nineteenth Century Canada,* Toronto, 1980, pp.8f를 참조할 것.

112) Igler, David: *"Diseased Goods: Global Exchanges in the Eastern Pacific Basin,*

*1770–1850*" (American Historical Review, v.109 [June, 2004], pp.693-719에 수록)을 참조할 것. 저자는 병균의 전파원으로서 선원의 역할을 강조한다.

113) Virchow, Rudolf: *Sämtliche Werke*, ed. by Christian Andree, Berlin/Hildesheim, 1992, v.4, pp.357-482. 인용된 부분은 p.374. 기근과 전염병 문제에 관해서는 pp.420f를 참조할 것.

114) Smallman-Raynor, Matthew/Cliff, Andrew: *War Epidemics*, pp.370f.

115) Curtin, Philip D.: *Disease and Empire. The Health of European Troops in the Conquest of Africa*, Cambridge, 1998, p.177.

116) McNeill, William H.: *Plagues and Peoples*. Garden City, NY, 1976, p.261. Curtin, Philip D.: *Death by Migration: Europe's Encounter with the Tropical World in the Nineteenth Century*, Cambridge, 1989, p.13.

117) Curtin, Philip D.: *Death by Migration*, pp.62-68.

118) Bowler, Peter J./Morus, I. R.: *Making Modern Science: A Historical Survey*, Chicago, 2005, p.450. Sternberger, Dolf: *Panorama oder Ansichten vom 19. Jahrhundert*, (Hamburg, 1938), Frankfurt a. Main, 1974, pp.70-76.

119) (프랑스를 중심으로 한) "위생혁명"에 관한 뛰어난 분석으로서 La Berge, Ann Elizabeth Fowler: *Mission and Method: The Early Nineteenth-Century French Public Health Movement*, Cambridge, 2002를 참조할 것.

120) Easterlin, Richard A.: *Growth Triumphant. The Twenty-First Century in Historical Perceptive*, Ann Arbor, MI, 1997, p.161.

121) Miller, Shawn William: *An Environmental History of Latin America*. Cambridge, 2007, p.110. Sachs, Jeffrey D.: *Tropical Underdevelopment*, Cambridge, MA, 2001, pp.15-18.

122) Winchester, Simon: *A Crack in the Edge of the World: America and the Great California Earthquake of 1906*, New York, 2005, pp.259, 271.

123) 2008년 중국 사천성에서 지진이 발생했을 때 사람들이 보인 반응이 이와 비슷했다. 위기는 민중의 애국열정을 동원하는 계기가 되었다.

124) Lockwood, Jeffrey A.: *Locust: The devastating rise and mysterious disappearance of the insect that shaped the American frontier*, New York, 2004, pp.83f.

125) Winchester, Simon: *Krakatau. Der Tag, an dem die Welt zerbrach, 27, August 1883*. München, 2003.

126) de Jong Boers, Bernice: "*Tambora 1815: De geschiedenis van een vulkanaanuitbarsting in Indonesië*" (Tijdschrift voor Geschiedenis v.107 [1994], pp.371-92에 수록. 인용된 부분은 pp.375-77, 382-85). Bade, Klaus Jürgen: *Europa in Bewegung*, pp.129-31.

127) Kaiwar, Vasant: "*Nature, Property and Polity in Colonial Bombay*" (Journal of Peasant Studies, v.27 [2000], pp.1-49에 수록. 인용된 부분은 p.25).

128) Ali, Imran: *The Punjab under Imperialism, 1885-1947*, Princeton, NJ, 1988, pp.8-61. Beinart, William/Hughes, Lotte: *Environment and Empire*, Oxford, 2007, pp.130-47. 관개와 학질의 연관성에 대해서는 Radkau, Joachim: *Natur und Macht. Eine Weltgeschichte der Umwelt*. München, 2000, pp.154-9를 참조할 것.

129) 이와 관련된 중국의 사례연구로서 Schoppa, R. Keith: *Xiang Lake. Nine Centuries of Chinese Life*, New Haven, CT, 1989를 참조할 것.

130) Amelung, Iwo : *Der Gelbe Fluß in Shandong (1851–1911)*. Wiesbaden, 2000, pp.1, 28-37, 43, 55. Esherick, Joseph W.: *The Origins of the Boxer Uprising*, Berkeley, CA, 1987, pp.7f.

131) Amelung, Iwo : *Der Gelbe Fluß in Shandong (1851–1911)*. pp.379-81. 약간 다른 관점으로서 Elvin, Mark: *The Retreat of Elephants*. pp.115-24를 참조할 것.

132) Srinivasan, T. N.: "*Undernutritions: Concepts, Measurements and Policy Implications*" (Osmani, S. R.[ed.]: *Nutrition and Poverty*, Oxford, 1992, pp.97-120 에 수록. 인용된 부분은 p.97).

133) Abel, Wilhelm: "*Landwirtschaft 1648-1800*" (Aubin, Hermann/Zorn, Wolfgang: *Handbuch der deutschen Wirtschafts- und Sozialgeschichte*, Stuttgart, 1971, vol.1, pp.524에 수록). Woolf, Stuart: *A History of Italy 1700-1860: The Social Constraints of Political Change*, London, 1979, p.279. 부국이든 네덜란드도 1840년대의 기근 가운데서 6만 명의 인구를 잃었다. 그 밖에도 플랑드르 지역에서 5만 명 가까이가 죽었다.

134) Wells, Roger: *Wretched Faces. Famine in Wartime England 1793-1801*, Gloucester, 1988.

135) Tortella, Gabriel: *The Development of Modern Spain*, pp.33f. Kaukiainen, Yrjö: "*Finnland 1860–1913.*" (Fischer, Wolfram[ed.]: *Handbuch der Europäischen Wirtschafts- und Sozialgeschichte*, v.5, Stuttgart 1985, pp.261 – 85에 수록. 인용된 부분은 p.274).

136) 재난 구호조처에 관해서는 Nelson, Marie C.: *Bitter Bread. The Famine in Norrbotten 1867-1868*, Stockholm, 1988, pp.117f를 참조할 것.

137) Devine, Thomas Martin: *The Great Highland Famine: Hunger, Emigration and the Scottish Highlands in the Nineteenth Century*, Edinburgh, 1988, pp.33f.

138) 다음의 저작들을 참조할 것. Daly, Mary E.: *The Famine in Ireland*. Dublin, 1986. Kinealy, Christine: *A Death-Dealing Famine. The Great Hunger in Ireland*, London, 1997. Kinealy, Christine: *The Great Famine in Ireland, Impact, Ideology and Rebellion*, London, 2002. Ó Gráda, Cormac: *Ireland: A New Economic History, 1780-1939*. Oxford, 1994, pp.85, 97, 173-209, Ó Gráda, Cormac: *The Great Irish Famine in History, Economy, and Memory*. Princeton, NJ, 1999.

Clarkson, Leslie/Crawford, Margaret: *Feast and Famine: Food and Nutrition in Ireland, 1500-1920,* Oxford, 2001.

139) Robbins, Richard G.: *Famine in Russia, 1891–1892.* New York, 1975, pp.3, 10, 176f.

140) McCaa, Robert: "*The Peopling of Mexico from Origins to Revolution*" (Haines, Michael R./Steckel, Richard H.[ed.]: *A Population History of North America,* Cambridge, 2000, pp.241-304에 수록. 인용된 부분은 p.288). Livi-Bacci, Massimo: *Population and Nutrition: An Essay on European Demographic History,* Cambridge, 1991, pp.68f.

141) Lambton, Ann K. S.: "*Land Tenure and Land Revenue Administration in Nineteenth Century*" (Bailey, Harold[ed.]: *Cambridge History of Iran,* v.7, pp.459-505에 수록. 인용된 부분은 p.469).

142) Gado, Boureima Alpha: *Une histoire des famines au Sahel : étude des grandes crises alimentaires (XIXe-XXe siècles),* Paris, 1993, pp.67 — 88, 104.

143) Miller, Joseph C.: "*The Significance of Drought, Disease and Famine in the Agriculturally Marginal Zones of West-Central Africa*" (Journal of African History. v.23[1982], pp.17 - 61에 수록, 인용된 부분은 pp.21, 23, 25-31).

144) Zeleza, Paul Tiyambe: *An Economic History of Africa. Vol I: The Nineteenth Century,* pp.35-40. Coquery-Vidrovitch, Catherine: *Africa: Endurance and Change South of the Sahara,* Berkeley, CA, 1988, p.32.

145) Bolitho, Harold: "*The Tempō Crisis*" (Jansen, Marius[ed.]: *The Nineteenth Century: Cambridge History of Japan,* Vol. 5. Cambridge, 1989, pp.116-167에 수록. 인용된 부분은 pp.117-120). Totman, Conrad: *Early Modern Japan,* p.236-42.

146) Jansen, Marius(ed.): *The Nineteenth Century: Cambridge History of Japan,* Vol. 5. pp.4-6, 504f.

147) Davis, Mike: *Late Victorian Holocausts,* p.7(수치).

148) Wallace, Alfred Russel: *The Wonderful Century. Its Successes and Its Failures* , London, 1898, p.375.

149) 기근 관련 수치에 관해서는 Bhatia, Bal Mokand: *Famine in India,* Dehli, 1991(3rd ed.)를 참조할 것.

150) Davis, Mike: *Late Victorian Holocausts,* p.50.

151) Bhatia, Bal Mokand: *Famine in India,* p.241f.

152) *Ibid.* p.9.

153) Ludden, David: *An Agrarian History of South Asia,* Cambridge, 1999, pp.199-201. 채권자의 활동과 정부의 비간여 정책의 영향에 관해서는 Hardiman, David: *Feeding the Baniya: Peasants and Usurers in Western India,* Oxford, 1996, pp.57-61, 272f. 개괄적인 분석으로서 Seavoy, Ronald E.:

*Famine in Peasant Societies,* London, 1986, pp.241-85를 참조할 것. Amartiya Sen의 "권리론"에 관한 최신의 논술은 Chakrabarti, Malabika: *The Famine of 1896–1897 in Bengal. Availability or Entitlement Crisis?* New Dehli, 2004를 참조할 것.

154) Li, Lillian M.: *Fighting Famine in North China: State, Market, and Environmental Decline, 1690s-1990s,* Stanford, CA, 2007, pp.272-7. 이 책 8-10도 참조할 것.

155) Bohr, Paul R.; *Famine in China and the Missionary: Timothy Richard as Relief Administrator and Advocate of National Reform, 1876-1884,* Cambridge, MA, 2002, pp.13-26.

156) 사례분석으로서 Rankin, MaryBackus: "*Managed by the People. Officials, Gentry and Foshan Charitable Granary, 1795-1845*" (Late Imperial China, v.15[1994], pp.1-52에 수록)을 참조할 것.

157) Will, Pierre-Étienne: *Bureaucratie et famine en Chine au XVIIIe siècle*, Paris, 1980을 참조할 것.

158) Will, Pierre-Étienne/Wong, Bin R.: *Nourish the People : The State Civilian Granary System in China, 1650-1850,* Ann Arbor, MI, 1991, pp.75-92.

159) Tombs, Robert: "*The War Against Paris*" (Förster, Stig/Nagler, Jörg[ed.]: *On the Road to Total War: The American Civil War and the German Wars of Unification, 1861-1871,* Cambridge, 1997, pp.542-64에 수록. 인용된 부분은 p.550).

160) Crossley, Pamela Kyle: *Orphan Warriors: Three Manchu Generations and the End of the Qing World,* Princeton, NJ, 1990, pp.132f.

161) 이것은 무궁무진하지만 역사학자들 사이에서 깊이 연구된 적이 없는 화제이다. 그러므로 이 문제 관해서 이 책에서는 간략하게 설명할 수밖에 없다. 현재까지 가장 권위 있는 관점으로서 Paul Bairoch, "*Les trois révolutions agricoles du monde développé : rendements et productivité de 1800 à 1985*" (Annales. Économies, Sociétés, Civilisations, vol.44[1989], pp.317-53에 수록).

162) Grigg, David: *The Transformation of Agriculture in the West*, Oxford, 1992, p.19(Tab.2.2).

163) Federico, Giovanni: *Feeding the World. An Economic History of Agriculture, 1800-2000,* Princeton, NJ, 2005, pp.33f(Tab.4.1).

164) *Ibid*, pp.8, 206(Tab.3.1, 3.2).

165) Bairoch, Paul: *Victoires et déboires : histoire économique et sociale du monde du XVIe siècle à nos jours, en trois tomes,* v.1/3, Paris, 1997, p.278

166) Bray, Francesca: *The Rice Economies : Technology and Development in Asian Societies,* Oxford, 1986, p.95.

167) 수치는 다음 저작에서 나왔다. Hans Pohl: *Aufbruch der Weltwirtschaft,* Stuttgart 1989, pp.99f.

168) Fischer, Wolfram: *"Wirtschaft and Gesellschaft in Europas, 1850-1914"* (Fischer, Wolfram[ed.]: *Handbuch der europaeischen Wirtschaft- und Sozialgeschichte*, v.5, pp.1-207에 수록. 인용된 부분은 pp.137f.). Grigg, David: *The Transformation of Agriculture in the West*, p.19(Tab.3.1).

169) 관련 개념에 대한 분석은 Overton, Mark: *Agricultural Revolution in England: The Transformation of the Agrarian Economy, 1500-1850*, Cambridge, 1996, Ch.1을 참조할 것. 농업사회의 총체적인 전환을 공업화의 일부로 보는 시각 (예컨대, Kar Marx, Richard H. Tawney, Hammond 부부)도 있지만 이 책에서는 이를 채택하지 않는다.

170) Ibid. pp.8, 206.

171) 학계의 최근 연구 성과로는 영국의 농업 생산량의 대폭적인 증가는 1800년 이후에 시작되었다고 한다. 이 분석이 정확하다고 한다면 농업혁명은 "공업혁명"의 전주곡이 아니라 사회 전체의 전환의 동보적(同步的) 과정이다. Turner, Michael E.(et al): *Farm Production in England 1700-1914*, Oxford, 2001을 참조할 것.

172) Bairoch, Paul: *Victoires et déboires*, v.1, pp.273f. Daunton, Martin J.: *Progress and Poverty*, p.44. Allen, Robert C.: *"Agriculture during the Industrial Revolution"* (Floud, Roderick/Johnson, Paul: *The Cambridge Economic History of Britain*, v.1, pp.96-116에 수록. 인용된 부분은 p.96).

173) Overton, Mark: *Agricultural Revolution in England*, pp.121. 124.

174) Grigg, David: *The Transformation of Agriculture in the West*, pp.48-50.

175) 18세기 유럽 농업에 대한 파노라마식 묘사에 관해서는 Cameron, Rondo E.: *A Concise Economic History of the World: From Paleolithic Times to the Present*, Oxford, 1997(3rd ed.), pp.109-114를 참조할 것.

176) Braudel, Fernand: *Sozialgeschichte des 15.–18. Jahrhunderts*. München, 1985, v.1/3, p.159. Chaudhuri, Kirti Narayan: *Asia before Europe*. pp.233-38.

177) Huang, Philip C. C.: *The Peasant Family and Rural Development in Yanzi Delta, 1350-1988*, Stanford, CA, 1990, pp.77f. Pomeranz, Kenneth: *The Great Divergence*, pp.215f.

178) Bray, Francesca: *Rice Economies*, Oxford, 1986, pp.55, 205.

179) Achilles, Walter: *Deutsche Agrargeschichte im Zeitalter der Reformen und der Industrialisierung*, Stuttgart, 1993, p.206.

180) Fischer, Wolfram: *"Wirtschaft und Geselschaft in Europas, 1850-1914"* (Fischer, Wolfram[ed.]: *Handbuch der Europäischen Wirtschafts- und Sozialgeschichte*, v.5, pp.1-207에 수록. 인용된 부분은 p.140[Tab. 38]).

181) Overton, Mark: *Agricultural Revolution in England*, p.131.

182) Robert C. Allen은 발전기는 1700-1850년이라 주장한다. 그의 논문

*"Agriculture during the Industrial Revolution"* (Floud, Roderick/Johnson, Paul: *The Cambridge Economic History of Britain*, v.1, pp.103f에 수록)을 참조할 것.

183) 환경사를 중심으로 한 고전적 거작 Dunlap, Thomas R.: *Nature and the English Diaspora*를 참조할 것. 인도 부분은 Markovits, Claude(et al): *A History of Modern India, 1480–1950.* London, 2002, pp.306–8을 참조할 것.

184) Offer, Avner: *The First World War: An Agrarian Interpretation,* Oxford, 1990, pp.404f.

185) 이런 관점의 저작으로서 Koning, Niek: *Failure of Agrarian Capitalism. Agrarian Politics in U. K., Germany, the Netherland and the U.S.A., 1846-1919,* London, 1994, pp.71f를 참조할 것.

186) Jones, Gareth Stedman: *An End to Poverty?* London, 2004를 참조할 것.

187) Kaelble, Hartmut: *Industrialisierung und soziale Ungleichheit. Europa im 19. Jahrhundert. Eine Bilanz,* Göttingen, 1983, p.55. Heywood, Colin: *"Society"* (Blanning, T. C. W.[ed.]: *The Short Oxford History of Europe,* vol. 9: *The Nineteenth Century,* Oxford, 2000, pp.47-77에 수록. 인용된 부분은 pp.57f). 또한 계량적으로 논증한 Hoffman, Philip T.[et al]: *"Real Inequality in Europe"* (Journal of Economic History, v.62[2002], pp.348-51에 수록)을 참조할 것.

188) Lieven, Dominic: *Abschied von Macht und Würden. Der europäische Adel 1815–1914,* Frankfurt am Main, 1995, Ch.2.

189) 사회사와 건축사의 고전적 저작인 Crook, J. Mordaunt: *The Rise of the Nouveaux Riches: Style and Status in Victorian and Edwardian Architecture,* London, 1999, pp.37f를 참조할 것. 또한 Peter Mandler, *The Fall and Rise of the Stately Home,* New Haven CT, 1997도 참조할 것.

190) Rubinstein, William D.: Wealth and the Wealthy in the Modern World , London, 1980의 영국, 프랑스, 이탈리아, 미국에 대한 연구부분을 참조할 것. 미국에 관한 논저로서 Cayton, Mary Kupiec [et al. ed.): *Encyclopedia of American Social History,* New York, 1993, v.2/3, pp.1517-31과 pp.1533-39에 각기 수록된 Lee, Soltow: *"Wealth and Income Distribution"*과 Story, Ronald: *"The Aristocracy of Inherited Wealth"*를 참조할 것.

191) Williamson, Jeffrey Gale/Lindert, Peter H.: *American Inequality. A. Macro Economic History,* New York, 1980, pp.75-77. Huston, James L.: *Fruits of Labor. The American Concept of Wealth Distribution, 1765-1900,* Los Angeles, CA, 1998, pp.339f.

192) Homberger, Eric: *Mrs. Astor's New York: Money and Social Power in a Gilded Age,* New Haven, CT, 2002, pp.1f. Bushman, Richard L.: *The Refinement of America: Persons, Houses, Cities.* New York, 1993. p.413. Sarasin, Philipp: *Stadt der Bürger: bürgerliche Macht und städtische Gesellschaft. Basel 1846–1914,*

Göttingen, 1997(2nd ed.), ch.4.

193) Clark, Gregory: *A Farewell to Alms*, pp.236, 298f.

194) Carosso, Vincent P./Carosso, Rose C.; *The Morgans: Private International Bankers, 1854-1913*, Cambridge, MA, 1987, p.644. 현재 가치로 환산하면 8억 달러이다.

195) Rubinstein, William D.: *"Introduction"* (같은 저자의 편저 *Wealth and the Wealthy in the Modern World*, pp.9-45에 수록. 인용된 부분은 pp.18-21). Cannadine, David: *The Decline and Fall of the British Aristocracy*, New Haven, CT, 1990, pp.90.f. Beckert, Sven: *The Monied Metropolis*. Cambridge, 2001, p.28.

196) Naquin, Susan: *Peking: Temples and City Life, 1400-1900*, Berkeley, CA. 2000, pp.392-94(평면 조감도는 p.393을 참조할 것..

197) Abeyasakere, Susan: *Jakarta*, p.62.

198) 사무라이 제도와 문화에 관해서는 McClain, James L.: *Japan: A Modern History,* New York 2002, pp.120-24를 참조할 것.

199) Ravina, Mark: *Land and Lordship in Early Modern Japan*. Stanford, CA, 1999, p.68.

200) 18세기의 신도조직에 관한 철저한 분석으로서 Leeuwen, Richard van: *Waqfs and Urban Structures: the Case of Ottoman Damascus*, Boston, 1999, p.207를 참조할 것.

201) Iliffe, John: *The African Poor : A History*, Cambridge, 1987, pp.14, 29, 114, 124, 143, 148, 164f.

202) Lieven, Dominic: *Abschied von Macht und Würden*. p.74. Freyre, Gilberto: *Das Land in der Stadt. Die Entwicklung der urbanen Gesellschaft Brasiliens*, Stuttgart, 1982, p.26. Abeyasakere, Susan: *Jakarta*, p.37.

203) Iliffe, John: *The African Poor*, pp.65-81. 유목생활의 제도적 조건에 관해서는 Khazanov, Anatoly Mikhailovich: *Nomads and the Outside World*, Madison, WI, 1994(2nd ed.)을 참조할 것.

204) Boyer, George R.: "Living Standard, 1860-1939" (Floud, Roderick/Johnson, Paul: *The Cambridge Economic History of Britain*, v.2, pp.280-313에 수록. 인용된 부분은 pp.298f).

205) Özmucur, Süleyman; Pamuk, Şevket: "Real wages and the standards of living in the Ottoman Empire 1489–1914" (International Journal of Middle East Studies. v.37(2004), pp. 293 – 321에 수록. 인용된 부분은 pp.316f.). Clark, Gregory: *A Farewell to Alms*, p.49(tab.3.5).

206) Lindenmeyer, *Poverty*, 1996, pp.142-44를 참조할 것. 프랑스, 독일, 러시아를 포함하는 "북유럽지역"의 빈곤구제 문제에 관해서는 Grell, Ole Peter/ Cunningham, Andrew(ed.): *Health Care and Poor Relief in 18th and 19th*

*Century Northern Europe*, Aldershot, 2002를 참조할 것.

207) Ener, Mine: *Managing Egypt's Poor and Politics of Benevolence, 1800-1952*, Princeton, NJ, 2003, pp.19-23.

208) Braudel, Fernand: *Sozialgeschichte des 15.–18. Jahrhunderts.* v.1, pp.193f.

209) 체계적인 논술로서 Wendt, Reinhard: *Vom Kolonialismus zur Globalisierung: Europa und die Welt seit 1500*, Paderborn, 2007, pp. 83-5, 184-90, 372를 참조할 것. 음식 하나하나에 대한 논술은 Kiple, Kenneth F.: *A Movable Feast: Ten Millennia of Food Globalization*, Cambridge, 2007을 참조할 것.

210) Anderson, Eugene N.: *The Food of China.* New Haven, CT, 1988; pp.97f.

211) Péhaut, Yves: "*The Invasion of Foreign Food*" (Flandrin, Jean-Louis/Montanari, Massimo[ed.]: *Food: A Culinary History from Antiquity to the Present*, New York, 1999, pp.457-70에 수록. 인용된 부분은 pp.457-61)

212) Williams, Peter W.: "*Foodways*" (Cayton, Mary Kupiec [et al. ed.]: *Encyclopedia of American Social History*, v.2/3, pp.1331-44에 수록. 인용된 부분은 p.1337).

213) Hamilton Gary G.: *Commerce and Capitalism in Chinese Societies*, London, 2006, pp.76f.

214) Roberts, J.A.G.: *China to Chinatown: Chinese Food in the West*, London, 2002, pp.161-71.

215) Walvin, James: *Fruits of Empire. Exotic Produce and British Taste, 1660-1800*, Basinstoke, 1997, pp.168-73.

216) *Ibid*, p.30.

217) Hans Pohl: *Aufbruch der Weltwirtschaft*, p.111.

218) Mintz, Sidney: *Sweetness and Power: The Place of Sugar in Modern History*, New York, 1985, pp.78, 114-20, 133, 148, 180f. Mintz는 영국의 특수한 상황으로 본다.

219) Galloway, J.H.: *The Sugar Cane Industry*, p.239.

220) Vigier, Philippe: *Paris pendant la monarchie de juillet 1830-1848*, p.316.

221) Oddy, D. "*Food, Drink and Nutrition*" (Thompson, F.M.L. [ed.]: *The Cambridge Social History of Britain*, v.2/3, Cambridge, 1990, pp.251-278에 수록. 인용된 부분은 pp.270f).

222) Hanley, Susan B.: *Everyday Things in Premodern Japan*, p.162.

223) Mokyr, Joel: *The Lever of Riches: Technological Creativity and Economic Progress*, New York, 1990, p.141.

224) Hans Pohl: *Aufbruch der Weltwirtschaft*, pp.106f.

225) Rock, David: *Argentina, 1516-1987.* pp.171f.

226) Cronon, William: *Nature's metropolis: Chicago and the Great West*, New York, 1991, pp.207-12, 225-47. 미국 육식문화의 비중에 관해서는 Horowitz,

Roger(et al): *"Meat for Multitudes, Market Culture in Paris, New York City and Mexico over the Long Century"* (American Historical Review, v.109[2004], pp.1055-83에 수록).

227) Williams, Peter W.: *Foodways*" (Cayton, Mary Kupiec [et al. ed.]: *Encyclopedia of American Social History*, v.2/3, p.1336에 각기 수록). Oddy, D. J.: *"Food, Drink and Nutrition"* (Thompson, F.M.L. [ed.]: *The Cambridge Social History of Britain*, v.2/3, pp.274f)를 참조할 것.

228) Ellerbrock, Karl-Peter: *Geschichte der deutschen Nahrungs- und Gemussmittelindustrie 1790-1914*, Stuttgart, 1993, p.235.

229) Pounds, Norman J. G.: *Hearth and Home. A History of Material Culture*, Bloomington, IN, 1989, pp.394f. 1914년 이전 독일 사회의 전반적인 상황에 관해서는 Spiekermann, Uwe: *Basis der Konsumgesellschaft. Geschichte des modernen Kleinhandels in Deutschland 1850–1914*, München, 1999를 참조할 것.

230) Benjamin, Walter: *Das Passagen-Werk (1928–1929, 1934–1940)*, ed. by Rolf Tiedemann, Vol.1/5, Frankfurt am Main, 1982, pp.83f. 또한 Crossick, Geoffrey Joel/Gaumain, Serge[ed.]: *Cathedrals of Consumption: the European Department Store 1850–1939*, Aldershot, 1999와 Spiekermann, Uwe: *Basis der Konsumgesellschaft* 를 참조할 것.

231) Higonnet, Patrice L.: *Paris: Capital of the World*, Cambridge, MA, 2002, pp.194-200.

232) Porter, Roy: *London*, p.201.

233) Burrows, Edwin G./Wallace, Mike: *Gotham*, pp.667f.

234) Bled, Jean-Paul: *Wien. Residenz, Metropole, Hauptstadt*, Wien, 2002, p.236.

235) Seidensticker, Edward: *Low City, High City: Tokyo from Edo to the Earthquake: How the Shogun's Ancient Capital Became a Great Modern City, 1867–1923*, New York, 1983, pp.110-14.

236) Jean-Robert Pitte가 산문형식으로 묘사한 *"The Rise of the Restaurant"* (Flandrin, Jean-Louis/Montanari, Massimo[ed.]: *Food: A Culinary History from Antiquity to the Present*, pp.471-80에 수록)을 참조할 것. 복잡한 문화사적 관점에서 이 문제를 논한 저작으로서 Spang, Rebecca L.: *The Invention of the Restaurant: Paris and Modern Gastronomic Culture*, Cambridge, MA, 2000, pp.150f 를 참조할 것.

237) Walton, John: *Fish and Chips and the British Working Class, 1870-1940*, Leicester, 1992, pp.5, 8, 25.

238) Hanley, Susan B.: *Everyday Things in Premodern Japan*, p.164. Nishiyama, Matsunosuke: *Edo Culture: Daily Life and Diversions in Urban Japan, 1600–1868*, Honolulu, 1997, pp.164-78.

239) König, Wolfgang: *Geschichte der Konsumgesellschaft,* Stuttgart, 2000, p.94.

240) Tedlow, Richard S.: *New and Improved: The Story of Mass Marketing in America,* New York, 1990, pp.14f.

241) König, Wolfgang: *Geschichte der Konsumgesellschaft,* pp.94f.

242) McKendrick, Neil(et al): *The Birth of a Consumer Society: The Commercialization of Eighteenth-century England,* London, 1983. Brewer, John/Porter, Roy(ed.): *Consumption and the World of Goods,* London, 1993.

243) Brook, Timothy: *The Confusions of Pleasure: Commerce and Culture in Ming China.* Berkeley, CA., pp.190-237. 패션에 관해서는 pp.218f를 참조할 것.

244) Siegrist, Hannes: "*Konsum, Kultur und Gesellschaft im modernen Europa*" ( *Zur Gesellschafts- und Kulturgeschichte des Konsums 18. bis 20. Jahrhundert,* Frankfurt am Main, 1997, pp.3-48에 수록. 인용된 부분은 pp.18f.)

245) Freyre, Gilberto: *Das Land in der Stadt,* p.241. 회중시계의 유사한 상징적 의미에 관해서는 이 책 제2장을 참조할 것.

246) Bernand, Carmen: *Histoire de Buenos Aires,* pp.187-89, 198.

247) Cohn, Bernard S.: *Colonialism and Its Forms of Knowledge. The British in India,* Princeton, NJ, 1996, p.112(영국령 인도 식민지 군대의 복장이 동방식으로 복귀한 과정에 관해서는 p.123을 참조할 것.. Mukherjee, S. N.: *Calcutta. Essays n Urban History,* Kalkutta, 1993, p.90.

248) Baker, Christopher John/Phongpaichit, Pasuk: *A History of Thailand,* Cambridge, 2009, p.100.

249) Zachernuk, Philip Serge: *Colonial Subjects: An African Intelligentsia and Atlantic Ideas,* Charlottesville, VA, 2000, p.30

250) 인도의 영국인과 소수의 인도인이 본 "나체" 문제에 관해서는 Cohn, Bernard S.: *Colonialism and Its Forms of Knowledge.* pp.129f를 참조할 것.

251) Bauer, Arnold: *Goods, Power, History: Latin America's Material Culture,* Cambridge, 2001. Needell, Jeffrey D.; *A Tropical Belle Epoque: Elite Culture and Society in Turn-of-the-Century,* Cambridge, 1987, pp.156f(Needell이 말한 "consumer fetishism"에 관해서는 p.156을 참조할 것.. 이집트의 물질숭배주의에 관해서는 Luthi, Jean-Jacques: *La vie quotidienne en Egypte au temps des Khédives. 1863-1914,* Paris, 1998을 참조할 것.

252) Jirousek, Charlotte: "*The Transition to Mass Fashion Dress in the Later Ottoman Empire*" (Quataert, Donald[ed.]: *Consumption Studies and the History of the Ottoman Empire,* New York, 2000, pp.201-41에 수록. 인용된 부분은 pp.208, 210, 223, 229.).

253) Abu-Lughod, Janet Lippman: *Rabat, Urban Apartheid in Morocco.* Princeton, NJ, 1981, p.107.

254) Seidensticker, Edward: *Low City, High City*, pp, 10, 97. Hanley, Susan B.: *Everyday Things in Premodern Japan*, pp.173-75, 196. 또한 이 분야의 고전적 저작인 Esenbel, Selcuk: *"The Anguish of Civilized Behavior. The Use of Western Cultural Forms in the Everyday Lives of the Meiji Japanese and Ottoman Turks During the Nineteenth Century"* (Japan Review, v.5[1994], pp.145-85에 수록)를 참조할 것.

255) Pietrow-Ennker, Bianka: *"Wirtschaftsburger und Burgerlichkeit im Koenigreich Polen. Das Beispiel vom Lodz, dem 'Menchester des Ostens'"* (Geschichte und Gesellschaft, v.31[2005], pp.169-202에 수록, 인용된 부분은 p.200).

256) Esenbel, Selcuk: *"The Anguish of Civilized Behavior,"* p.168f.

257) 이 분야의 고전적 명작인 Finnane, Antonia: *Changing Clothes in China: Fashion, History, Nation*, New York, 2008, p.77을 참조할 것.

258) Nuckolls, Charles: *"The Durbar Incident"* (Modern Asian Studies, v.24[1990], pp.529-59에 수록. 인용된 부분은 pp.127-29).

259) 정교하면서도 가독성이 뛰어난 명저 Dalrymple, William: *White Mughals. Love and Betrayal in Eighteenth Century India*, London, 2002를 참조할 것.

260) Taylor, Jean Gelman: *The Social World of Batavia: European and Eurasian in Dutch Asia*, Madison, WI, 1984, pp.112f. Abeyasekere, Susan: *Jakarta*, p.75.

261) Papin, Philippe: *Histoire de Hanoi*, pp.197, 200.

262) Wright, G.: *Politics of Design*, 1991, pp.236-43.

263) Radkau, Joachim: *Das Zeitalter der Nervosität. Deutschland zwischen Bismarck und Hitler*, München/Wien, 1998, pp.17-23.

264) Tenfelde, Klaus: *"Klassenspezifische Konsummeristerim Deutschen Kaiserreich"* (Siegrist, Hannes[et al. ed.]: *Europäische Konsumgeschichte*. pp. 256-59).

265) Montanari, Massimo: *Der Hunger und der Überfluß. Kulturgeschichte der Ernährung in Europa*, München, 1999, pp.155, 189.

266) Dasgupta, Partha Sarathi: *An Inquiry into Well-Being and Destitution*. Oxford, 1993. 작자는 이 책에서 생활수준과 관련된 다양한 시각을 모두 모아놓았다. 서술은 전면적이지만 일정 부분 수학공식 같은 색채가 강하게 드러난다.

# 찾아보기

무함마드 203, 205
~ 2세 220
~ 알리 91, 468, 560
문명세계 95, 312, 317, 443, 583
문화 디아스포라 358
문화권 106, 107, 129, 154, 196, 308
물라토 429
미국 국내의 노예교역 431
미국 귀족 636
미국 이민자 수 480
미국내전 → 남북전쟁
미슐레, 쥘 199
미첼 → 멜바, 넬리
미테라우어, 미카엘 37
민족주의 27, 31, 33, 34, 92, 99, 207,
　222, 226, 246, 340, 343, 344, 362,
　403, 447, 449, 450, 453, 454, 488,
　493, 669
민츠, 시드니 654
밀, 제임스 102
밀로, 모와즈 140
밀턴, 존 129

ㅂ
바그너, 리하르트 76, 79
바르트, 하인리히 110, 295
바이런 447, 546
바잘제트, 조셉 546
바쿠닌, 미하일 436
박물관 72, 81, 88-93, 96, 99, 155
반유대인 폭동 454
반유대주의 453, 455, 456

반제국주의 209, 237
발자크, 오노레 드 105, 106, 109
발진 티푸스 588
발칸반도 214, 225, 302, 319, 326, 331,
　360, 409, 450, 569, 603
발칸전쟁 318, 451, 452
배로우, 존 296
백과전서 30, 35, 94, 96-99, 110
백일유신 237, 444
백화점 657-659
뱅크스, 조지프 296
버드, 이사벨라 297
버튼, 리처드 110
벌린, 아이라 338
범라틴주의 300
범슬라브주의 317
베냐민, 발터 657
베렌트, 이반 342
베르디, 주세페 71, 76, 79, 155, 556
베를리오즈, 엑토르 230, 254
베를린회의 316, 409, 451, 455
베버, 막스 37, 102, 116, 211
베블렌, 소스타인 636
베일리, 크리스토프 31-34, 223
베토벤, 루트비히 판 147, 230
벤더빌트, 콘수엘로 635, 636
벨리니, 빈첸초 76, 79
벵골의 상인 641
벼락부자 634, 636, 639
변경 이민 425
변경이론 336
보들레르, 샤를 200

### 위르겐 오스터함멜(Jürgen Osterhammel, 1952-   )

오스터함멜은 1980년 독일에 있는 카셀대학에서 현대사 연구로 박사학위를 받았다. 이후 독일의 프라이부르크대학, 하겐대학, 콘스탄츠대학에서 가르쳤으며, 스위스의 '국제연구 대학원'(Graduate Institute of International Studies), '네덜란드 암스테르담 연구소'(Netherlands Institute for Advanced Study in the Humanities and Social Sciences), 런던에 있는 '독일 역사연구소 런던'(German Historical Institute London)에서 연구했다. 현재 독일 콘스탄츠대학의 명예교수이며 2010년 독일에서 가장 중요한 연구 관련 상인 라이프니츠상을 수상했다. 또한 세계사 연구의 업적을 인정받아 2017년에는 사회과학 분야의 최고상인 토인비상, 2018년에는 발찬(Balzan)상을 받았다. 국내 출간된 저서로는 『식민주의: 식민주의의 역사를 다시 해부한다』(2006), 『글로벌화의 역사』(2013, 공저)가 있으며 이번에 한길사에서 총 세 권으로 출간하는 『대변혁: 19세기의 역사풍경』이 있다.

## 박종일(朴鍾一)

1950년에 태어났으며 1975년 고려대학교 정치외교학과를 졸업했다.
이후 기업에서 30여 년간 일한 뒤 은퇴하여 번역가로 활동 중이다.
주요 번역서로는『벌거벗은 제국주의』(2008),『중국통사上, 下』(2009),
『다원주의와 지적 설계론』(2009),『생태혁명』(2010),『라과디아』(2010),
『학살의 정치학』(2011),『아편전쟁에서 5 · 4운동까지』(2013),
『근세 백년 중국문물유실사』(2014),『중국의 형상 1, 2』(2016)가 있으며
이번에 한길사에서 총 세 권으로 출간하는『대변혁: 19세기의 역사풍경』이 있다.

# 대변혁 I

19세기의 역사풍경

**지은이** 위르겐 오스터함멜
**옮긴이** 박종일
**펴낸이** 김언호

**펴낸곳** (주)도서출판 한길사
**등록** 1976년 12월 24일
**주소** 10881 경기도 파주시 광인사길 37
**홈페이지** www.hangilsa.co.kr
**전자우편** hangilsa@hangilsa.co.kr
**전화** 031-955-2000~3  **팩스** 031-955-2005

**부사장** 박관순  **총괄이사** 김서영  **관리이사** 곽명호
**영업이사** 이경호  **경영이사** 김관영  **편집주간** 백은숙
**편집** 노유연 김지연 김지수 최현경 김영길
**관리** 이주환 문주상 이희문 원선아 이진아  **마케팅** 정아린
**디자인** 창포 031-955-2097
**CTP출력·인쇄** 예림  **제본** 경일제책사

제1판 제1쇄 2021년 10월  5일
제1판 제2쇄 2021년 11월 15일

값 40,000원

ISBN 978-89-356-6499-3 94080
ISBN 978-89-356-6427-6 (세트)

● 잘못 만들어진 책은 구입하신 서점에서 바꿔드립니다.

# 한길그레이트북스 인류의 위대한 지적 유산을 집대성한다